肇庆市
标准地名录
下

肇庆市民政局
肇庆市地理信息与规划编制研究中心 | 编

广州·上海·西安·北京

图书在版编目（CIP）数据

肇庆市标准地名录 / 肇庆市民政局，肇庆市地理信息与规划编制研究中心编 . — 广州：世界图书出版广东有限公司，2020.6
　　ISBN 978-7-5192-7398-9

　　Ⅰ . ①肇… Ⅱ . ①肇… ②肇… Ⅲ . ①地名—肇庆—名录 Ⅳ . ① K926.53-62

中国版本图书馆 CIP 数据核字（2020）第 047241 号

书　　名	肇庆市标准地名录 ZHAOQING SHI BIAOZHUN DIMING LU
编　　者	肇庆市民政局　肇庆市地理信息与规划编制研究中心
责任编辑	程　静
装帧设计	米非米
责任技编	刘上锦
出版发行	世界图书出版广东有限公司
地　　址	广州市新港西路大江冲 25 号
邮　　编	510300
电　　话	020-84451969　84453623　84184026　84459579
网　　址	http://www.gdst.com.cn
邮　　箱	wpc_gdst@163.com
印　　刷	广州小明数码快印有限公司
开　　本	787 mm × 1092 mm 1/16
印　　张	120.75
字　　数	1570 千字
版　　次	2020 年 6 月第 1 版　2020 年 6 月第 1 次印刷
国际书号	ISBN 978-7-5192-7398-9
定　　价	398.00 元（全 3 册）

版权所有，侵权必究

咨询、投稿：020-84451258　gdstchj@126.com

目 录

高要市

概 况 ·· 1277
  一、现今地名 ··· 1278
    （一）行政区域类 ··· 1278
    （二）非行政区域类 ··· 1279
    （三）群众自治组织类 ·· 1375
    （四）居民点类 ·· 1387
    （五）交通运输设施类 ·· 1449
    （六）水利、电力、通信设施类 ···························· 1484
    （七）纪念地、旅游胜地类 ·································· 1489
    （八）建筑物类 ·· 1490
    （九）单位类 ··· 1490
    （十）陆地水系类 ··· 1504
    （十一）陆地地形类 ·· 1505
  二、历史地名 ··· 1656
  三、地名文化遗产保护 ·· 1660

四会市

概 况 ·· 1665
  一、现今地名 ··· 1666
    （一）行政区域类 ··· 1666
    （二）非行政区域类 ··· 1667
    （三）群众自治组织类 ·· 1675

（四）居民点类 1680
（五）交通运输设施类 1746
（六）水利、电力、通信设施类 1800
（七）纪念地、旅游胜地类 1802
（八）建筑物类 1817
（九）单位类 1828
（十）陆地水系类 1867
（十一）陆地地形类 1870
二、历史地名 1900
三、地名文化遗产保护 1901

肇庆市 11 类地名收录范围 1903

地名分类索引表 1905

后　记 1907

肇庆市标准地名录 高要市

河台开耕节

金利赛龙舟

高要蚬岗镇八卦村

概 况

高要市，位于肇庆市南部，属广东省辖县级市，肇庆市代管。东邻佛山市三水区，南与佛山市高明区、云浮市新兴县接壤，西连云浮市和德庆县，北接广宁县、四会市。在北纬22°47′~23°26′、东经112°11′~112°50′之间。2014年辖南岸街道和河台、乐城、水南、禄步、小湘、大湾、新桥、白诸、莲塘、活道、蛟塘、回龙、白土、金渡、蚬岗、金利等16镇，共辖73个社区和273个行政村；土地面积2185.62平方千米。2014年末户籍人口80.07万人，常住人口77.56万人。有海外华侨、港澳台同胞9万多人，是肇庆市侨乡之一。市人民政府驻南岸街道府前大街25号，邮政编码：526100。

西汉元鼎六年（公元前111）置高要县，因西江羚羊峡居高而扼要取名"高要"，属苍梧郡。南朝梁天监六年（507）九月，高要由县升为郡，置广州都督府于高要郡。隋开皇九年（589）废郡属端州。隋大业三年（607）改属信安郡。唐武德四年（621）复置端州。北宋元符三年（1100）改称兴庆军节度。北宋政和八年（1118）属肇庆府。1914—1920年属粤海道。1936年属广东省第三行政督察区。1947年属第四行政督察区。1949年5月，高要属第十一行政区；1949年10月18日解放后隶属西江专区。1952年属粤中行政区。1956年属高要专区。1958年属江门专区。1961年属肇庆专区。1986年，高要县城由肇庆市（县级）迁往南岸镇。1988年属肇庆市，并划广利、永安、沙浦3镇设鼎湖区。1993年，高要撤县设市。

高要市地势从西北向东南倾斜，北部多山地，南部多丘陵、平原。最高峰三县顶山海拔918米。主要河流有大迳河、横江河、双金河、西江、新兴江等。距广州90千米、香港138海里，处于以广州为中心的1小时经济圈内。境内有广茂铁路、南广高铁、广梧高速公路、广昆高速公路、江肇高速公路、国道G321线、国道G324线和西江航道。

高要市是中国罗氏沼虾养殖基地、中国罗非鱼养殖基地、中国肉桂之乡。主要矿产资源有金、高岭土、砚石、石灰石等30多种。其中黄金储量居华南之首，被誉为"广东黄金之乡"；高岭土资源丰富，为"粤西地区最大的瓷土出产地"。土特产有活道大米、剑花、肉桂、南药、粉葛、沙糖桔、罗非鱼、麦溪鲤、罗氏沼虾、花席、洋篮、红木家具等，主要旅游景点有金钟山省级森林公园、砚坑紫云谷景区、宋隆小镇、黎槎八卦村、"雄才故里"白土坑尾村。省级文物保护单位有文明塔、茅岗建筑遗址、端石老坑洞遗址。省级非物质文化遗产有金渡花席编织技艺、高要春社。特色民俗有茶果节、春社、开耕节、赛龙舟等。

2014年，高要市地区生产总值373.77亿元，三次产业比例为17.02：59.46：23.52，规模以上工业增加值236.80亿元，人均地区生产总值4.82万元；固定资产投资242.10亿元，社会消费品零售总额84.31亿元，外贸出口总额6.68亿美元，外贸进口总额2.34亿美元，实际吸收外资2.78亿美元；地方一般公共预算收入27.64亿元，城镇常住居民人均收入2.21万元，农村常住居民人均收入1.41万元。

一、现今地名

（一）行政区域类

标准名称	汉语拼音	地名类别	相对位置	驻地
高要市	Gāoyào Shì	县级行政区	广东省中部	南岸府前大街25号
新桥镇	Xīnqiáo Zhèn	乡级行政区	高要市西南部	新桥镇联兴路62号
白诸镇	Báizhū Zhèn	乡级行政区	高要市西南部	白诸镇府前路1号
禄步镇	Lùbù Zhèn	乡级行政区	高要市西北部	禄步镇禄兴路1号
小湘镇	Xiǎoxiāng Zhèn	乡级行政区	高要市西北部	小湘镇湘兴路88号
河台镇	Hétái Zhèn	乡级行政区	高要市西北部	河台镇府前大街8号
乐城镇	Lèchéng Zhèn	乡级行政区	高要市西北部	乐城镇政通一路1号
水南镇	Shuǐnán Zhèn	乡级行政区	高要市西北部	水南镇保民路51号
大湾镇	Dàwān Zhèn	乡级行政区	高要市中西部	大湾镇窦头街1号
南岸街道	Nán'àn Jiēdào	乡级行政区	高要市中部	南岸镇前路8号
活道镇	Huódào Zhèn	乡级行政区	高要市南部	活道镇府前路38号
莲塘镇	Liántáng Zhèn	乡级行政区	高要市东南部	莲塘镇新市路1号
蚬岗镇	Xiǎngǎng Zhèn	乡级行政区	高要市东部	蚬岗镇为民路1号
蛟塘镇	Jiāotáng Zhèn	乡级行政区	高要市东南部	蛟塘镇镇南路2号
白土镇	Báitǔ Zhèn	乡级行政区	高要市东南部	白土镇振兴路8号
回龙镇	Huílóng Zhèn	乡级行政区	高要市东南部	回龙镇肇江路5号

（续上表）

标准名称	汉语拼音	地名类别	相对位置	驻地
金利镇	Jīnlì Zhèn	乡级行政区	高要市东部	金利镇府前路22号
金渡镇	Jīndù Zhèn	乡级行政区	高要市中部	金渡镇府前路1号

（二）非行政区域类

标准名称	汉语拼音	别名	地名类别	相对位置
民政农场	Mínzhèng Nóngcháng	石洞农场	农区	金利镇政府驻地西部
河台茶场	Hétái Cháchǎng	——	农区	河台镇政府驻地南部
大陇林场	Dàlǒng Línchǎng	——	林区	高要市政府驻地西部
高要林场	Gāoyào Línchǎng	——	林区	高要市城区西部
金鸡坑林场	Jīnjīkēng Línchǎng	——	林区	南岸镇西部
河海林场	Héhǎi Línchǎng	——	林区	河台镇东部
金渡工业集聚基地	Jīndù Gōngyè Jíjùjīdì	——	工业区	金渡镇政府驻地东部
金盛工业集聚基地	Jīnshèng Gōngyè Jíjùjīdì	——	工业区	金利镇政府驻地西北部
金利工业园区	Jīnlì Gōngyèyuánqū	——	工业区	金利镇政府驻地西北部
天资工业集聚基地	Tiānzī Gōngyè Jíjùjīdì	——	工业区	高要市城区西部
平步工业区	Píngbù Gōngyèqū	——	工业区	高要市政府驻地东部
杨树坑	Yángshù Kēng	——	地片	河台镇西北部
广廊坑	Guǎngláng Kēng	——	地片	河台镇北部
洋七坳	Yángqī Ào	——	地片	水南镇东部
企岭脚	Qǐlǐngjiǎo	——	地片	水南镇东部
上排	Shàngpái	——	地片	小湘镇政府驻地东部
横水尾	Héngshuǐwěi	——	地片	乐城镇南部
后坑磅	Hòukēngpáng	——	地片	小湘镇政府驻地东北部
蛇坑	Shékēng	——	地片	小湘镇政府驻地东北部
松江咀	Sōngjiāngzuǐ	——	地片	小湘镇政府驻地北部
下降坑尾	Xiàjiàng Kēngwěi	——	地片	禄步镇西北部
种芋坑	Zhǒngyù Kēng	——	地片	禄步镇北部
三马坑	Sānmǎ Kēng	——	地片	乐城镇南部
洗身坑	Xǐshēn Kēng	——	地片	禄步镇北部

（续上表）

标准名称	汉语拼音	别名	地名类别	相对位置
石坑	Shíkēng	——	地片	小湘镇政府驻地北部
乐桃坪	Lètáo Píng	——	地片	禄步镇西部
云壬坑尾	Yúnrén Kēngwěi	——	地片	禄步镇西北部
云英坑尾	Yúnyīng Kēngwěi	——	地片	禄步镇西北部
桃仔坑	Táozǎi Kēng	——	地片	小湘镇政府驻地东部
下塱	Xiàlǎng	——	地片	回龙镇北部
大屈坳	Dàqū Ào	——	地片	蛟塘镇西部
小洲	Xiǎozhōu	——	地片	禄步镇东北部
大荒田	Dàhuāngtián	——	地片	水南镇东南部
伯公坑	Bógōng Kēng	——	地片	禄步镇西北部
大坑	Dàkēng	——	地片	禄步镇西南部
龙沙	Lóngshā	——	地片	白土镇政府驻地东部
河边	Hébiān	——	地片	白土镇政府驻地东北部
坑尾	Kēngwěi	——	地片	白土镇政府驻地东北部
五片路	Wǔpiànlù	——	地片	白土镇政府驻地西部
羊勒圳	Yánglèzhèn	——	地片	白土镇政府驻地西部
猪窑嘴	Zhūyáozuǐ	——	地片	白土镇政府驻地西部
西垌	Xīdòng	——	地片	白土镇政府驻地东部
大王田	Dàwángtián	——	地片	白土镇政府驻地东部
大湾塱尾	Dàwānlǎngwěi	——	地片	白土镇政府驻地东部
东垌	Dōngdòng	——	地片	白土镇政府驻地东部
塱背	Lǎngbèi	——	地片	白土镇政府驻地东部
大石冲坑	Dàshíchōng Kēng	——	地片	白土镇政府驻地东部
牛黄	Niúhuáng	——	地片	白土镇政府驻地东部
乙塘	Yǐtáng	——	地片	白土镇政府驻地东部
思河	Sīhé	——	地片	白土镇政府驻地东部
六塱	Liùlǎng	——	地片	白土镇政府驻地东部
白岭侧田	Báilǐngcètián	——	地片	白土镇政府驻地东北部
塘尾	Tángwěi	——	地片	白土镇政府驻地东北部
岗口	Gǎngkǒu	——	地片	白土镇政府驻地东北部

(续上表)

标准名称	汉语拼音	别名	地名类别	相对位置
机耕田	Jīgēngtián	——	地片	白土镇政府驻地东北部
东望天	Dōngwàngtiān	——	地片	白土镇政府驻地东北部
西望天	Xīwàngtiān	——	地片	白土镇政府驻地东北部
水塱	Shuǐlǎng	——	地片	白土镇政府驻地东北部
庙门口	Miàoménkǒu	——	地片	白土镇政府驻地西北部
三贯	Sānguàn	——	地片	白土镇政府驻地西北部
河木坑	Hémù Kēng	——	地片	白土镇政府驻地西部
大逻塱	Dàluólǎng	——	地片	白土镇政府驻地西部
三贯塱	Sānguànlǎng	——	地片	白土镇政府驻地西北部
廖贝塱	Liàobèilǎng	——	地片	白土镇政府驻地西北部
十字坎	Shízìkǎn	——	地片	白土镇政府驻地西部
上榄根	Shànglǎngēn	——	地片	白土镇政府驻地西部
文先垌	Wénxiān Dòng	——	地片	白土镇政府驻地西部
塘深	Tángshēn	——	地片	白土镇政府驻地西部
瓦窦口	Wǎdòukǒu	——	地片	白土镇政府驻地西部
矮咀塱	Ǎizuǐlǎng	——	地片	白土镇政府驻地西部
圩地	Xūdì	——	地片	白土镇政府驻地西部
新塘坳	Xīntáng Ào	——	地片	白土镇政府驻地西部
马眼洲	Mǎyǎnzhōu	——	地片	白土镇政府驻地西部
围塘	Wéitáng	——	地片	白土镇政府驻地西部
钟元塘	Zhōngyuán Táng	——	地片	白土镇政府驻地西南部
大头猛	Dàtóuměng	——	地片	白土镇政府驻地西南部
沙坑	Shākēng	——	地片	白土镇政府驻地西南部
三比岗坑	Sānbǐgǎng Kēng	——	地片	白土镇政府驻地西南部
鱼鳅坑	Yúqiū Kēng	——	地片	白土镇政府驻地西南部
禾坑仔田	Hékēngzǎitián	——	地片	白土镇政府驻地南部
竹围尾	Zhúwéiwěi	——	地片	白土镇政府驻地西部
将塘	Jiāngtáng	——	地片	白土镇政府驻地西部
荒田坳	Huāngtián Ào	——	地片	白土镇政府驻地西部
过岗岭	Guògǎng Lǐng	——	地片	白土镇政府驻地西部

（续上表）

标准名称	汉语拼音	别名	地名类别	相对位置
肖岭	Xiāolǐng	——	地片	白土镇政府驻地南部
大河垌	Dàhé Dòng	——	地片	白土镇政府驻地南部
茆山村门口塘	Máoshāncūn Ménkǒutáng	——	地片	白土镇政府驻地西部
大塱	Dàlǎng	——	地片	白土镇政府驻地西部
蛟莲塘垌	Jiāoliántángyǒng	——	地片	白土镇政府驻地西部
火烧垌	Huǒshāoyǒng	——	地片	白土镇政府驻地西部
松垌	Sōngyǒng	——	地片	白土镇政府驻地西部
攀垌	Pānyǒng	——	地片	白土镇政府驻地西部
大沙围	Dàshāwéi	——	地片	白土镇政府驻地西部
犁田洞	Lítián Dòng	——	地片	白土镇政府驻地西南部
青草坑	Qīngcǎo Kēng	——	地片	白土镇政府驻地西部
下底坑	Xiàdǐ Kēng	——	地片	白土镇政府驻地西部
乌榄塱	Wūxuèlǎng	——	地片	白土镇政府驻地北部
富科路	Fùkēlù	——	地片	白土镇政府驻地东部
林塘塱	Líntánglǎng	——	地片	白土镇政府驻地北部
三板石	Sānbǎnshí	——	地片	白土镇政府驻地东北部
下六塱	Xiàliùlǎng	——	地片	白土镇政府驻地北部
大包塱	Dàbāolǎng	——	地片	白土镇政府驻地北部
黄枝湾	Huángzhīwān	——	地片	白土镇政府驻地北部
西边尾	Xībiānwěi	——	地片	白土镇政府驻地西北部
清州湾	Qīngzhōuwān	——	地片	白土镇政府驻地北部
南坑岗仔	Nánkēnggǎngzǎi	——	地片	白土镇政府驻地南部
三丫斗	Sānyādǒu	——	地片	白土镇政府驻地南部
黄蕲塘	Huángqí Táng	——	地片	白土镇政府驻地西部
岗尾	Gǎngwěi	——	地片	白土镇政府驻地西部
西坑塘	Xīkēng Táng	——	地片	白土镇政府驻地西部
大片	Dàpiàn	——	地片	白土镇政府驻地西部
大荒尾	Dàhuāngwěi	——	地片	白土镇政府驻地西南部
岗围	Gǎngwéi	——	地片	白土镇政府驻地北部
宝地	Bǎodì	——	地片	白土镇政府驻地北部

（续上表）

标准名称	汉语拼音	别名	地名类别	相对位置
社坳	Shè'ào	——	地片	白土镇政府驻地西部
雅了岗咀	Yǎlegǎngzuǐ	——	地片	白土镇政府驻地西北部
大岭	Dàlǐng	——	地片	白土镇政府驻地西部
平布岗	Píngbù Gǎng	——	地片	白土镇政府驻地西部
猪肚坑	Zhūdù Kēng	——	地片	白诸镇政府驻地南部
坳它	Àotā	——	地片	白诸镇政府驻地南部
背底垌	Bèidǐ Dòng	——	地片	白诸镇政府驻地南部
网顶	Wǎngdǐng	——	地片	白诸镇政府驻地南部
文前塘	Wénqián Táng	——	地片	白诸镇政府驻地南部
黄竹园	Huángzhúyuán	——	地片	白诸镇政府驻地南部
沙田边	Shātiánbiān	——	地片	白诸镇政府驻地南部
叉丫路	Chāyālù	——	地片	白诸镇政府驻地南部
竹坑	Zhúkēng	——	地片	白诸镇政府驻地南部
李坑	Lǐkēng	——	地片	白诸镇政府驻地北部
马嗟口	Mǎjiēkǒu	——	地片	白诸镇政府驻地北部
屈丫	Qūyā	——	地片	白诸镇政府驻地北部
河氹	Hédàng	——	地片	白诸镇政府驻地北部
横坑	Héng Kēng	——	地片	白诸镇政府驻地北部
牛栏坑	Niúlán Kēng	——	地片	白诸镇政府驻地北部
下迳塘	Xiàjìng Táng	——	地片	白诸镇政府驻地北部
庙门口	Miàoménkǒu	——	地片	白诸镇政府驻地北部
干坑	Gànkēng	——	地片	白诸镇政府驻地北部
吉蒙	Jíméng	——	地片	白诸镇政府驻地北部
天湖底	Tiānhúdǐ	——	地片	白诸镇政府驻地北部
凤多门口田	Fèngduō Ménkǒutián	——	地片	白诸镇政府驻地北部
盲婆凹	Mángpó Ào	——	地片	白诸镇政府驻地西部
笛竹坳	Dízhú Ào	——	地片	白诸镇政府驻地西北部
后底坑	Hòudǐ Kēng	——	地片	白诸镇政府驻地西北部
梅仔坑	Méizǎi Kēng	——	地片	白诸镇政府驻地西部
大田头	Dàtiántóu	——	地片	白诸镇政府驻地西部

（续上表）

标准名称	汉语拼音	别名	地名类别	相对位置
万心坑	Wànxīn Kēng	——	地片	白诸镇政府驻地西北部
下复船岗	Xiàfùchuán Gǎng	——	地片	白诸镇政府驻地西部
西眼崛	Xīyǎnjué	——	地片	白诸镇政府驻地西部
鹤咀	Hèzuǐ	——	地片	白诸镇政府驻地西部
山底	Shāndǐ	——	地片	白诸镇政府驻地西部
横坑仔	Héngkēngzǎi	——	地片	白诸镇政府驻地西部
榄坑	Lǎnkēng	——	地片	白诸镇政府驻地西部
西塘底	Xītángdǐ	——	地片	白诸镇政府驻地西部
泊岗脊	Bógǎngjǐ	——	地片	白诸镇政府驻地西部
镇龙寺田	Zhènlóngsìtián	——	地片	白诸镇政府驻地西部
云龙坑	Yúnlóng Kēng	——	地片	白诸镇政府驻地西部
麻蓝坑	Málán Kēng	——	地片	白诸镇政府驻地东北部
禾虾岗	Héxiā Gǎng	——	地片	白诸镇政府驻地东部
瓦窑垌	Wǎyáo Dòng	——	地片	白诸镇政府驻地东北部
塘肚	Tángdù	——	地片	白诸镇政府驻地东部
沉坡塘	Chénpō Táng	——	地片	白诸镇政府驻地东北部
崩坑	Bēngkēng	——	地片	白诸镇政府驻地东部
坡头	Pōtóu	——	地片	白诸镇政府驻地东部
蛇头	Shétóu	——	地片	白诸镇政府驻地北部
长沙面	Chángshāmiàn	——	地片	白诸镇政府驻地西北部
茶坑	Chákēng	——	地片	白诸镇政府驻地西北部
塔石坑	Tǎshí Kēng	——	地片	白诸镇政府驻地西北部
云坳	Yún'ào	——	地片	白诸镇政府驻地西北部
石大头田	Shídàtóutián	——	地片	白诸镇政府驻地北部
吊钟屈	Diàozhōngqū	——	地片	白诸镇政府驻地西南部
牛坑	Niúkēng	——	地片	白诸镇政府驻地西南部
长坑	Chángkēng	——	地片	白诸镇政府驻地西北部
碟仔坑	Diézǎi Kēng	——	地片	白诸镇政府驻地西北部
东叶塘	Dōngyè Táng	——	地片	白诸镇政府驻地西北部
云龙龟	Yúnlóngguī	——	地片	白诸镇政府驻地北部

(续上表)

标准名称	汉语拼音	别名	地名类别	相对位置
上降坑	Shàngjiàng Kēng	——	地片	白诸镇政府驻地北部
西丫	Xīyā	——	地片	白诸镇政府驻地北部
岭尾	Lǐngwěi	——	地片	白诸镇政府驻地西北部
东村门口田	Dōngcūn Ménkǒutián	——	地片	白诸镇政府驻地西北部
罗简垌	Luójiǎn Dòng	——	地片	白诸镇政府驻地西北部
担水坑	Dānshuǐ Kēng	——	地片	白诸镇政府驻地西南部
角头坑	Jiǎotóu Kēng	——	地片	白诸镇政府驻地西北部
西横坑	Xīhéng Kēng	——	地片	白诸镇政府驻地西部
心水田	Xīnshuǐtián	——	地片	白诸镇政府驻地西部
西坑	Xīkēng	——	地片	白诸镇政府驻地西部
东尧塘化	Dōngyáotánghuà	——	地片	白诸镇政府驻地西部
大坟	Dàfén	——	地片	白诸镇政府驻地西部
中木薑	Zhōngmùjiàng	——	地片	白诸镇政府驻地西部
岗头元	Gǎngtóuyuán	——	地片	白诸镇政府驻地西部
丹竹垌	Dānzhú Dòng	——	地片	白诸镇政府驻地西部
燕子垌	Yànzǐ Dòng	——	地片	白诸镇政府驻地西部
蓝田	Lántián	——	地片	白诸镇政府驻地西部
庙前	Miàoqián	——	地片	白诸镇政府驻地西部
浦坑	Pǔkēng	——	地片	白诸镇政府驻地西部
水坑	Shuǐkēng	——	地片	白诸镇政府驻地西部
南蛇劳	Nánshéláo	——	地片	白诸镇政府驻地西部
水仁坑	Shuǐrén Kēng	——	地片	白诸镇政府驻地西部
大塘低	Dàtángdī	——	地片	白诸镇政府驻地西部
力菜坑	Lìcài Kēng	——	地片	白诸镇政府驻地西部
东叶坑	Dōngyè Kēng	——	地片	白诸镇政府驻地西部
大沙	Dàshā	——	地片	白诸镇政府驻地西部
鱼花边	Yúhuābiān	——	地片	白诸镇政府驻地西部
长坑	Chángkēng	——	地片	白诸镇政府驻地西南部
双蕨塘	Shuāngjué Táng	——	地片	白诸镇政府驻地西南部
云枝坑	Yúnzhī Kēng	——	地片	白诸镇政府驻地南部

（续上表）

标准名称	汉语拼音	别名	地名类别	相对位置
罗章坡	Luózhāngpō	——	地片	白诸镇政府驻地南部
罗吉洞下	Luójídòngxià	——	地片	白诸镇政府驻地南部
坎底	Kǎndǐ	——	地片	白诸镇政府驻地南部
吉墩	Jídūn	——	地片	白诸镇政府驻地南部
河绿塘	Hélù Táng	——	地片	白诸镇政府驻地南部
禾镰坑	Hélián Kēng	——	地片	白诸镇政府驻地南部
罗核坑	Luóhé Kēng	——	地片	白诸镇政府驻地南部
横基底	Héngjīdǐ	——	地片	白诸镇政府驻地南部
下莲湖	Xiàliánhú	——	地片	白诸镇政府驻地南部
湴坑	Bànkēng	——	地片	白诸镇政府驻地南部
洼流	Wāliú	——	地片	白诸镇政府驻地南部
禾地岗	Hédì Gǎng	——	地片	白诸镇政府驻地南部
三区	Sānqū	——	地片	白诸镇政府驻地东北部
云霖坑	Yúnlín Kēng	——	地片	白诸镇政府驻地东南部
小坑	Xiǎokēng	——	地片	白诸镇政府驻地南部
四区	Sìqū	——	地片	白诸镇政府驻地北部
二区	Èrqū	——	地片	白诸镇政府驻地北部
尧坑	Yáokēng	——	地片	白诸镇政府驻地南部
庙门口	Miàoménkǒu	——	地片	白诸镇政府驻地南部
十二根杨	Shí'èrgēnyáng	——	地片	白诸镇政府驻地东南部
下塱边	Xiàlǎngbiān	——	地片	白诸镇政府驻地南部
江边田	Jiāngbiāntián	岗边田	地片	白诸镇政府驻地南部
大坑崀	Dàkēnglàng	——	地片	白诸镇政府驻地南部
蛇窿破仔垌	Shélóng Pòzǎidòng	——	地片	白诸镇政府驻地西部
井头	Jǐngtóu	——	地片	白诸镇政府驻地西部
上榄	Shànglǎn	——	地片	白诸镇政府驻地西部
大沙	Dàshā	——	地片	白诸镇政府驻地西部
简头田	Jiǎntóutián	——	地片	白诸镇政府驻地西部
龙脊	Lóngjǐ	——	地片	白诸镇政府驻地西部
里排田	Lǐpáitián	——	地片	白诸镇政府驻地西部

(续上表)

标准名称	汉语拼音	别名	地名类别	相对位置
富楼门口垌	Fùlóu Ménkǒudòng	——	地片	白诸镇政府驻地西部
马山崀	Mǎshānlàng	——	地片	白诸镇政府驻地西部
细坑	Xìkēng	——	地片	白诸镇政府驻地西部
茶坑田	Chákēngtián	——	地片	白诸镇政府驻地西部
云衿洞	Yúnjīn Dòng	——	地片	白诸镇政府驻地西部
水鸡坑	Shuǐjī Kēng	——	地片	白诸镇政府驻地西部
黎坑	Líkēng	——	地片	白诸镇政府驻地西部
白鸡咀	Báijīzuǐ	——	地片	白诸镇政府驻地西部
大垌	Dàdòng	——	地片	白诸镇政府驻地西部
石口	Shíkǒu	——	地片	白诸镇政府驻地西部
白泥地	Báinídì	——	地片	白诸镇政府驻地西部
崩口	Bēngkǒu	——	地片	白诸镇政府驻地北部
石场坑	Shíchǎng Kēng	——	地片	白诸镇政府驻地北部
珍竹围门口田	Zhēnzhúwéi Ménkǒutián	——	地片	白诸镇政府驻地北部
就红	Jiùhóng	——	地片	白诸镇政府驻地北部
大角	Dàjiǎo	——	地片	白诸镇政府驻地西北部
先山塱	Xiānshānlǎng	——	地片	白诸镇政府驻地北部
大象坑	Dàxiàng Kēng	——	地片	白诸镇政府驻地西北部
勒坡布	Lèpōbù	——	地片	白诸镇政府驻地北部
邓坑	Dèngkēng	——	地片	白诸镇政府驻地北部
六角坑	Liùjiǎo Kēng	——	地片	白诸镇政府驻地西部
大灶	Dàzào	——	地片	白诸镇政府驻地西部
老女	Lǎonǚ	——	地片	白诸镇政府驻地西部
浮坑	Fúkēng	——	地片	白诸镇政府驻地西部
牛头圈	Niútóuquān	——	地片	白诸镇政府驻地西部
坑口碑	Kēngkǒubēi	——	地片	白诸镇政府驻地西部
单坑	Dānkēng	——	地片	白诸镇政府驻地西部
白泥化	Báiníhuà	——	地片	白诸镇政府驻地西部
狗胜	Gǒubì	——	地片	白诸镇政府驻地西部
大头荒	Dàtóuhuāng	——	地片	白诸镇政府驻地西部

（续上表）

标准名称	汉语拼音	别名	地名类别	相对位置
马坑口	Mǎkēngkǒu	——	地片	白诸镇政府驻地西部
荔枝坑	Lìzhī Kēng	——	地片	白诸镇政府驻地西部
牛栏坑	Niúlán Kēng	——	地片	白诸镇政府驻地西部
杉坑	Shānkēng	——	地片	白诸镇政府驻地西部
掘龙坑	Juélóng Kēng	——	地片	白诸镇政府驻地西部
赤古塘	Chìgǔ Táng	——	地片	白诸镇政府驻地西部
官桥	Guānqiáo	——	地片	白诸镇政府驻地北部
长坑	Chángkēng	——	地片	白诸镇政府驻地北部
大窝	Dàwō	——	地片	白诸镇政府驻地北部
桥头	Qiáotóu	——	地片	白诸镇政府驻地北部
罗例田	Luólìtián	——	地片	白诸镇政府驻地北部
罗苏	Luósū	——	地片	白诸镇政府驻地北部
坑侧	Kēngcè	——	地片	白诸镇政府驻地北部
河口	Hékǒu	——	地片	白诸镇政府驻地北部
罗连塘	Luólián Táng	——	地片	白诸镇政府驻地北部
森木坑	Sēnmù Kēng	——	地片	白诸镇政府驻地西部
大冲坑	Dàchōng Kēng	——	地片	白诸镇政府驻地西部
力竹根	Lìzhúgēn	——	地片	白诸镇政府驻地西部
细塱	Xìlǎng	——	地片	白诸镇政府驻地西部
田头岗	Tiántóu Gǎng	——	地片	白诸镇政府驻地西部
田垌	Tiándòng	——	地片	白诸镇政府驻地西部
旱坑仔	Hànkēngzǎi	——	地片	白诸镇政府驻地西部
林坑	Línkēng	——	地片	白诸镇政府驻地西南部
降口	Jiàngkǒu	——	地片	白诸镇政府驻地西南部
猪六坑顶	Zhūliù Kēngdǐng	——	地片	白诸镇政府驻地西部
下坳	Xià'ào	——	地片	白诸镇政府驻地西部
旧村屈	Jiùcūnqū	——	地片	白诸镇政府驻地西部
正坑	Zhèngkēng	——	地片	白诸镇政府驻地西部
二斗五田	Èrdǒuwǔtián	——	地片	白诸镇政府驻地西部
瓦窑口	Wǎyáokǒu	——	地片	白诸镇政府驻地西部

（续上表）

标准名称	汉语拼音	别名	地名类别	相对位置
大枝坑	Dàzhī Kēng	——	地片	白诸镇政府驻地西南部
陈坑	Chénkēng	——	地片	白诸镇政府驻地西南部
水流坑	Shuǐliú Kēng	——	地片	白诸镇政府驻地西南部
榄坑	Lǎnkēng	——	地片	白诸镇政府驻地西南部
半坑垌	Bànkēng Dòng	——	地片	白诸镇政府驻地西南部
雷公坑	Léigōng Kēng	——	地片	白诸镇政府驻地西南部
咸鱼坑	Xiányú Kēng	——	地片	白诸镇政府驻地西南部
门口田	Ménkǒutián	——	地片	白诸镇政府驻地西南部
真竹坑	Zhēnzhú Kēng	——	地片	白诸镇政府驻地西南部
均都塘田	Jūndōutángtián	——	地片	白诸镇政府驻地西南部
石岭坑	Shílǐng Kēng	——	地片	白诸镇政府驻地西南部
小台湾	Xiǎotáiwān	——	地片	白诸镇政府驻地西南部
松咀门口垌	Sōngzuǐ Ménkǒudòng	——	地片	白诸镇政府驻地西南部
云槎门口垌	Yúnchá Ménkǒudòng	——	地片	白诸镇政府驻地西南部
黄蜞塘	Huángqí Táng	——	地片	白诸镇政府驻地西南部
木头田	Mùtóutián	——	地片	白诸镇政府驻地南部
单坑	Dānkēng	——	地片	白诸镇政府驻地南部
水母塘	Shuǐmǔ Táng	——	地片	白诸镇政府驻地南部
上泥塘	Shàngní Táng	——	地片	白诸镇政府驻地南部
多蚬坑	Duōxiǎn Kēng	——	地片	白诸镇政府驻地南部
冷水坑	Lěngshuǐ Kēng	——	地片	白诸镇政府驻地南部
大播湖	Dàbōhú	——	地片	白诸镇政府驻地南部
大播	Dàbō	——	地片	白诸镇政府驻地南部
江边垌	Jiāngbiān Dòng	——	地片	白诸镇政府驻地南部
下泥塘	Xiàní Táng	——	地片	白诸镇政府驻地南部
沙耙垌	Shāpá Dòng	——	地片	白诸镇政府驻地南部
狗塱坡	Gǒulǎngpō	——	地片	白诸镇政府驻地西南部
大坑	Dàkēng	——	地片	白诸镇政府驻地西南部
河塘	Hétáng	——	地片	白诸镇政府驻地西南部
大窝劣	Dàwōliè	——	地片	白诸镇政府驻地西南部

（续上表）

标准名称	汉语拼音	别名	地名类别	相对位置
十字口	Shízìkǒu	——	地片	白诸镇政府驻地西南部
大塘边	Dàtángbiān	——	地片	白诸镇政府驻地西南部
沉船尾	Chénchuánwěi	——	地片	白诸镇政府驻地西南部
大坑	Dàkēng	——	地片	白诸镇政府驻地南部
大园	Dàyuán	——	地片	白诸镇政府驻地西南部
九坑	Jiǔkēng	——	地片	白诸镇政府驻地南部
石迳塱	Shíjìnglǎng	——	地片	白诸镇政府驻地南部
云茶塘	Yúnchá Táng	——	地片	白诸镇政府驻地南部
塘仔口	Tángzǎikǒu	——	地片	白诸镇政府驻地南部
多氹坑	Duōdàng Kēng	——	地片	白诸镇政府驻地南部
黄田	Huángtián	——	地片	白诸镇政府驻地西南部
云稔坑	Yúnrěn Kēng	——	地片	白诸镇政府驻地西部
黄蜞坑	Huángqí Kēng	——	地片	白诸镇政府驻地西北部
大坑	Dàkēng	——	地片	白诸镇政府驻地西部
向群门口田	Xiàngqún Ménkǒutián	白坟坑	地片	白诸镇政府驻地西北部
坑口塘	Kēngkǒu Táng	——	地片	白诸镇政府驻地西部
水边门口田	Shuǐbiān Ménkǒutián	——	地片	白诸镇政府驻地西部
龙眼头	Lóngyǎntóu	——	地片	白诸镇政府驻地西北部
龙古坑	Lónggǔ Kēng	——	地片	白诸镇政府驻地西部
马深坑	Mǎshēn Kēng	——	地片	白诸镇政府驻地西北部
石屋	Shíwū	——	地片	白诸镇政府驻地西部
荔枝坑	Lìzhī Kēng	——	地片	白诸镇政府驻地西部
大坑口	Dàkēngkǒu	——	地片	白诸镇政府驻地西部
介排	Jièpái	——	地片	白诸镇政府驻地西部
过路塘	Guòlù Táng	——	地片	白诸镇政府驻地西部
大塘	Dàtáng	——	地片	白诸镇政府驻地西部
迳坑	Jìngkēng	——	地片	白诸镇政府驻地西部
大坑口	Dàkēngkǒu	——	地片	白诸镇政府驻地西部
坑塘	Kēngtáng	——	地片	白诸镇政府驻地西部
长坑	Chángkēng	——	地片	白诸镇政府驻地西部

（续上表）

标准名称	汉语拼音	别名	地名类别	相对位置
龟坑	Guīkēng	—	地片	白诸镇政府驻地西部
大塘峒	Dàtáng Dòng	—	地片	白诸镇政府驻地西部
涾头	Bàntóu	—	地片	白诸镇政府驻地西部
白洞尾	Báidòngwěi	—	地片	白诸镇政府驻地西部
牛屎塱	Niúshǐlǎng	—	地片	白诸镇政府驻地北部
大坜田	Dàlìtián	—	地片	白诸镇政府驻地北部
由甲咀	Yóuyuēzuǐ	—	地片	白诸镇政府驻地北部
横坑	Héngkēng	—	地片	白诸镇政府驻地北部
高峒	Gāodòng	—	地片	白诸镇政府驻地北部
黄背坳	Huángbèi Ào	—	地片	白诸镇政府驻地北部
庙前	Miàoqián	—	地片	白诸镇政府驻地北部
门口田	Ménkǒutián	—	地片	白诸镇政府驻地东北部
则岗坑	Zégǎng Kēng	—	地片	白诸镇政府驻地北部
其塱	Qílǎng	—	地片	大湾镇政府驻地西部
猪狗基	Zhūgǒujī	—	地片	大湾镇政府驻地西部
棠华门口峒	Tánghuá Ménkǒudòng	—	地片	大湾镇政府驻地西部
鹅㙟塱	Énǎlǎng	—	地片	大湾镇政府驻地西部
下流	Xiàliú	—	地片	大湾镇政府驻地西部
山坜	Shānlì	—	地片	大湾镇政府驻地西部
塘尾	Tángwěi	—	地片	大湾镇政府驻地西部
江边坜	Jiāngbiānlì	—	地片	大湾镇政府驻地西部
坑仔塘	Kēngzǎi Táng	—	地片	大湾镇政府驻地西部
板门	Bǎnmén	—	地片	大湾镇政府驻地西部
大块田	Dàkuài Tián	—	地片	大湾镇政府驻地西部
新竹	Xīnzhú	—	地片	大湾镇政府驻地西部
西基塘	Xījī Táng	—	地片	大湾镇政府驻地西部
大塘尾	Dàtángwěi	—	地片	大湾镇政府驻地西部
军塘	Jūntáng	—	地片	大湾镇政府驻地西部
三湖	Sānhú	—	地片	大湾镇政府驻地西部
石九坑	Shíjiǔ Kēng	—	地片	大湾镇政府驻地西部

（续上表）

标准名称	汉语拼音	别名	地名类别	相对位置
山田	Shāntián	——	地片	大湾镇政府驻地西部
养螺	Yǎngluó	——	地片	大湾镇政府驻地西部
禾仔地	Hézǎidì	——	地片	大湾镇政府驻地西部
横路下	Hénglùxià	——	地片	大湾镇政府驻地西部
进尾	Jìnwěi	——	地片	大湾镇政府驻地西部
牛屎湖	Niúshǐhú	——	地片	大湾镇政府驻地西部
坳底	Àodǐ	——	地片	大湾镇政府驻地西部
牛岭头	Niúlǐngtóu	——	地片	大湾镇政府驻地西南部
塱心	Lǎngxīn	——	地片	大湾镇政府驻地西部
侧边	Cèbiān	——	地片	大湾镇政府驻地西部
田螺坑	Tiánluó Kēng	——	地片	大湾镇政府驻地西南部
下留坑	Xiàliú Kēng	——	地片	大湾镇政府驻地西部
大塱	Dàlǎng	——	地片	大湾镇政府驻地西部
大船	Dàchuán	——	地片	大湾镇政府驻地西部
洋塘	Yángtáng	——	地片	大湾镇政府驻地西部
平地坑	Píngdì Kēng	——	地片	大湾镇政府驻地西部
黎村垌	Lícūn Dòng	——	地片	大湾镇政府驻地西北部
莫田垌	Mòtián Dòng	——	地片	大湾镇政府驻地西北部
坑尾塘	Kēngwěi Táng	——	地片	大湾镇政府驻地西北部
莫头垌	Mòtóu Dòng	——	地片	大湾镇政府驻地西北部
塘基底	Tángjīdǐ	——	地片	大湾镇政府驻地西北部
大荒	Dàhuāng	——	地片	大湾镇政府驻地西北部
书房口	Shūfángkǒu	——	地片	大湾镇政府驻地北部
门塘底	Méntángdǐ	——	地片	大湾镇政府驻地北部
大田地顶	Dàtiándìdǐng	——	地片	大湾镇政府驻地北部
赤坭洲	Chìnízhōu	——	地片	大湾镇政府驻地西北部
亚婆坑田	Yàpó Kēngtián	——	地片	大湾镇政府驻地北部
沙洲	Shāzhōu	——	地片	大湾镇政府驻地北部
枇杷塘	Pípa Táng	——	地片	大湾镇政府驻地西部
新塘	Xīntáng	——	地片	大湾镇政府驻地西部

（续上表）

标准名称	汉语拼音	别名	地名类别	相对位置
石磨洞	Shímó Dòng	——	地片	大湾镇政府驻地西部
琼船上塘	Qióngchuán Shàngtáng	——	地片	大湾镇政府驻地西部
琼船下塘	Qióngchuán Xiàtáng	——	地片	大湾镇政府驻地西部
麦溪	Màixī	——	地片	大湾镇政府驻地西部
麦塘	Màitáng	——	地片	大湾镇政府驻地西部
上庙前	Shàngmiàoqián	——	地片	大湾镇政府驻地西部
大犁田	Dàlítián	——	地片	大湾镇政府驻地西部
马步	Mǎbù	——	地片	大湾镇政府驻地西部
石塘	Shítáng	——	地片	大湾镇政府驻地西部
罗劳	Luóláo	——	地片	大湾镇政府驻地西部
下茶州塘	Xiàcházhōu Táng	——	地片	大湾镇政府驻地西部
坑田化	Kēngtiánhuà	——	地片	大湾镇政府驻地西部
茶朝坑	Cháchàokēng	——	地片	大湾镇政府驻地西部
油甘坑	Yóugān Kēng	——	地片	大湾镇政府驻地西部
水路田	Shuǐlùtián	——	地片	大湾镇政府驻地西部
大塱峒	Dàlǎng Dòng	——	地片	大湾镇政府驻地西部
大田峒	Dàtián Dòng	——	地片	大湾镇政府驻地西部
社布坑	Shèbù Kēng	——	地片	大湾镇政府驻地西北部
干坑	Gànkēng	——	地片	大湾镇政府驻地西北部
荔枝仔	Lìzhīzǎi	——	地片	大湾镇政府驻地西部
坑塘峒	Kēngtáng Dòng	——	地片	大湾镇政府驻地西部
泥湖	Níhú	——	地片	大湾镇政府驻地西部
章塘	Zhāngtáng	——	地片	大湾镇政府驻地西北部
迳口门口峒	Jìngkǒu Ménkǒudòng	——	地片	大湾镇政府驻地西南部
大湖峒	Dàhú Dòng	——	地片	大湾镇政府驻地西南部
大峒	Dàdòng	——	地片	大湾镇政府驻地南部
大沥	Dàlì	——	地片	大湾镇政府驻地西部
文先塘	Wénxiān Táng	——	地片	大湾镇政府驻地西北部
上大路	Shàngdàlù	——	地片	大湾镇政府驻地西北部
沙园头	Shāyuántóu	——	地片	大湾镇政府驻地西部

（续上表）

标准名称	汉语拼音	别名	地名类别	相对位置
大坪横坑	Dàpíng Héngkēng	——	地片	大湾镇政府驻地西部
大犁坑	Dàlí Kēng	——	地片	大湾镇政府驻地西部
龙塘尾	Lóngtángwěi	——	地片	大湾镇政府驻地西部
双碟尾	Shuāngdiéwěi	——	地片	大湾镇政府驻地西部
鸡关石	Jīguānshí	——	地片	大湾镇政府驻地西部
括村	Kuòcūn	——	地片	大湾镇政府驻地西部
尾吊	Wěidiào	——	地片	大湾镇政府驻地西部
格岗	Gégǎng	——	地片	大湾镇政府驻地西部
下垌	Xiàdòng	——	地片	大湾镇政府驻地西部
坪脚尾	Píngjiǎowěi	——	地片	大湾镇政府驻地西部
坪脚	Píngjiǎo	——	地片	大湾镇政府驻地西部
蛇坑尾	Shékēngwěi	——	地片	大湾镇政府驻地西部
长蛇	Chángshé	——	地片	大湾镇政府驻地西部
破龙塘	Pòlóng Táng	——	地片	大湾镇政府驻地西部
播尾	Bōwěi	——	地片	大湾镇政府驻地西部
大坑底	Dàkēngdǐ	——	地片	大湾镇政府驻地西部
大梨	Dàlí	——	地片	大湾镇政府驻地西部
崩坑尾	Bēngkēngwěi	——	地片	大湾镇政府驻地西部
黄蜂崖	Huángfēngyá	——	地片	大湾镇政府驻地西部
牛劣田	Niúlièmián	——	地片	大湾镇政府驻地西部
黄泥坎	Huángníkǎn	——	地片	大湾镇政府驻地西部
洲田	Zhōutián	——	地片	大湾镇政府驻地西部
林坳	Lín'ào	——	地片	大湾镇政府驻地西部
横洞	Héngdòng	——	地片	大湾镇政府驻地西部
鸭舌咀	Yāshézuǐ	——	地片	大湾镇政府驻地西北部
飞禽顶	Fēiqíndǐng	——	地片	大湾镇政府驻地西北部
槎航门口垌	Cháháng Ménkǒudòng	——	地片	大湾镇政府驻地西北部
隔水基	Géshuǐjī	——	地片	大湾镇政府驻地西北部
红岗州	Hónggǎngzhōu	——	地片	大湾镇政府驻地西部
孝友村门口垌	Xiàoyǒucūn Ménkǒudòng	——	地片	大湾镇政府驻地西部

(续上表)

标准名称	汉语拼音	别名	地名类别	相对位置
背岗	Bèigǎng	—	地片	大湾镇政府驻地西部
罗探	Luótàn	—	地片	大湾镇政府驻地西部
牛栏门坑	Niúlánmén Kēng	—	地片	大湾镇政府驻地西部
黄坑口	Huángkēngkǒu	—	地片	河台镇南部
大王垌	Dàwáng Dòng	—	地片	河台镇南部
南坑门口垌	Nánkēng Ménkǒudòng	—	地片	河台镇南部
水打迳田	Shuǐdǎjìngtián	—	地片	河台镇南部
石村口	Shícūnkǒu	—	地片	河台镇南部
劲松二门口垌	Jìnsōng'èr Ménkǒudòng	—	地片	河台镇北部
岑唐门口垌	Céntáng Ménkǒudòng	—	地片	河台镇北部
荷包田门口垌	Hébāotián Ménkǒudòng	—	地片	河台镇北部
单头崀	Dāntóulàng	—	地片	河台镇北部
横石垌	Héngshí Dòng	—	地片	河台镇北部
沙塘仔	Shātángzǎi	—	地片	河台镇北部
劲松一门口垌	Jìnsōngyī Ménkǒudòng	—	地片	河台镇北部
榄根	Lǎngēn	—	地片	河台镇北部
大崀垌	Dàlàngdòng	—	地片	河台镇北部
大崀门口垌	Dàlàng Ménkǒudòng	—	地片	河台镇东北部
洋崀	Yánglàng	—	地片	河台镇东北部
大崀垌	Dàlàng Dòng	—	地片	河台镇东北部
亚公坑	Yàgōng Kēng	—	地片	河台镇东北部
降底坑	Jiàngdǐ Kēng	—	地片	河台镇北部
花红塘	Huāhóng táng	—	地片	河台镇西南部
麻坑	Mákēng	—	地片	河台镇北部
沉子坑	Chénzǐ Kēng	—	地片	河台镇西北部
旧围垌	Jiùwéi Dòng	—	地片	河台镇西北部
白上垌	Báishàng Dòng	—	地片	河台镇西北部
河恩垌	Hé'ēn Dòng	—	地片	河台镇西部
大沙垌	Dàshā Dòng	—	地片	河台镇西部
三云田垌	Sānyúntián Dòng	—	地片	河台镇西部

(续上表)

标准名称	汉语拼音	别名	地名类别	相对位置
河坪峒	Hépíng Dòng	——	地片	河台镇西部
民先岭田峒	Mínxiānlǐng Tiándòng	——	地片	河台镇西南部
沉管峒	Chénguǎn Dòng	——	地片	河台镇西南部
石屋	Shíwū	——	地片	河台镇西南部
双竹坑	Shuāngzhú Kēng	——	地片	河台镇西部
黄沙坑	Huángshā Kēng	——	地片	河台镇西部
中圳	Zhōngzhèn	——	地片	河台镇西部
古新门口田	Gǔxīn Ménkǒutián	——	地片	河台镇西部
大崩田	Dàbēngtián	——	地片	河台镇西部
多鱼坳	Duōyú Ào	——	地片	河台镇西部
罗务峒	Luówù Dòng	——	地片	河台镇西部
树坑峒	Shùkēng Dòng	——	地片	河台镇西部
大塘峒	Dàtáng Dòng	——	地片	河台镇西部
大忽峒	Dàhū Dòng	——	地片	河台镇西部
古龙门口峒	Gǔlóng Ménkǒudòng	——	地片	河台镇西部
河灌峒	Héguàn Dòng	——	地片	河台镇西北部
大沙拊	Dàshābù	——	地片	河台镇西北部
风水墩	Fēngshuǐdūn	——	地片	河台镇西北部
塘基下	Tángjīxià	——	地片	河台镇西部
崩山峒	Bēngshān Dòng	——	地片	河台镇西部
迳口峒	Jìngkǒu Dòng	——	地片	河台镇西部
坑口田	Kēngkǒutián	——	地片	河台镇西部
对面峒	Duìmiàn Dòng	——	地片	河台镇西部
崩头峒	Bēngtóu Dòng	——	地片	河台镇西部
沉娘坑	Chénniáng Kēng	——	地片	河台镇南部
大峒心	Dàdòngxīn	——	地片	河台镇南部
三角峒	Sānjiǎo Dòng	——	地片	河台镇南部
双绿坑	Shuānglǜ Kēng	——	地片	河台镇南部
寻宝坑	Xúnbǎo Kēng	——	地片	河台镇南部
后迳门口峒	Hòujìng Ménkǒudòng	——	地片	河台镇东南部

(续上表)

标准名称	汉语拼音	别名	地名类别	相对位置
水务崀	Shuǐwùlàng	——	地片	河台镇东南部
罗文坑田	Luówén Kēngtián	——	地片	河台镇东南部
温公田	Wēngōngtián	——	地片	河台镇东南部
上岭垌	Shànglǐng Dòng	——	地片	河台镇南部
尚台门口垌	Shàngtái Ménkǒudòng	——	地片	河台镇南部
下台垌	Xiàtái Dòng	——	地片	河台镇南部
尾矿库	Wěikuàngkù	——	地片	镇政府南部
罗晨屈	Luóchénqū	——	地片	河台镇南部
崩坑	Bēngkēng	——	地片	河台镇南部
石仁塘	Shírén Táng	——	地片	河台镇东南部
迦口田	Jiākǒutián	——	地片	河台镇东南部
罗带湾	Luódàiwān	——	地片	河台镇东南部
河敏	Hémǐn	——	地片	河台镇东南部
上横垌	Shànghéng Dòng	——	地片	河台镇东南部
元州	Yuánzhōu	——	地片	河台镇东南部
边垌	Biāndòng	——	地片	河台镇东南部
罗金田	Luójīntián	——	地片	河台镇东南部
双企坑	Shuāngqǐ Kēng	——	地片	河台镇东南部
对面田	Duìmiàntián	——	地片	河台镇东北部
船二垌	Chuán'èr Dòng	——	地片	河台镇东北部
莲庄垌	Liánzhuāng Dòng	——	地片	河台镇东北部
潭力垌	Tánlì Dòng	——	地片	河台镇东北部
秧地崀	Yāngdìlàng	——	地片	河台镇北部
河边崀田	Hébiānlàngtián	——	地片	河台镇东部
河边垌	Hébiān Dòng	——	地片	河台镇东北部
河芒垌	Hémáng Dòng	——	地片	河台镇东北部
波柘垌	Bōzhè Dòng	——	地片	河台镇东北部
庙角田	Miàojiǎotián	——	地片	河台镇东北部
船塘垌	Chuántáng Dòng	——	地片	河台镇东北部
船塘一门口垌	Chuántángyī Ménkǒudòng	——	地片	河台镇东北部

（续上表）

标准名称	汉语拼音	别名	地名类别	相对位置
楼下田	Lóuxiàtián	——	地片	河台镇东北部
大段田	Dàduàntián	——	地片	河台镇东北部
双坝坑	Shuāngbà Kēng	——	地片	河台镇东部
河苏峒田	Hésūdòngtián	——	地片	河台镇东部
双严峒口	Shuāngyán Dòngkǒu	——	地片	河台镇东部
崀牛坑田	Làngniúkēngtián	——	地片	河台镇东部
伯公下田	Bógōngxiàtián	——	地片	河台镇东部
河海峒口	Héhǎi Dòngkǒu	——	地片	河台镇东部
河南峒	Hénán Dòng	——	地片	河台镇东部
虎抓峒田	Hǔzhuādòngtián	——	地片	河台镇东部
塘角门口峒	Tángjiǎo Ménkǒudòng	——	地片	河台镇东部
双窝塘	Shuāngwō Táng	——	地片	河台镇北部
双落坑	Shuāngluò Kēng	——	地片	河台镇东北部
芩苟坑	Qíngǒu Kēng	——	地片	河台镇北部
坑口田	Kēngkǒutián	——	地片	河台镇东北部
双泽坑	Shuāngzé Kēng	——	地片	河台镇东北部
塘尾门口峒	Tángwěi Ménkǒudòng	——	地片	河台镇东北部
双角门口峒	Shuāngjiǎo Ménkǒudòng	——	地片	河台镇东北部
塘深田	Tángshēntián	——	地片	河台镇东北部
双笔田	Shuāngbǐtián	——	地片	河台镇东北部
榄根垠	Lǎngēn'ěn	——	地片	河台镇东北部
根竹根	Gēnzhúgēn	——	地片	河台镇东北部
大坑崀门口田	Dàkēnglàng Ménkǒutián	——	地片	河台镇东北部
廊源峒	Lángyuán Dòng	——	地片	河台镇东北部
公路下田	Gōnglùxiàtián	——	地片	河台镇东北部
大田门口田	Dàtián Ménkǒutián	——	地片	河台镇东北部
坑洲田	Kēngzhōutián	——	地片	河台镇北部
罗坪门田	Luópíngméntián	——	地片	河台镇北部
塘仔	Tángzǎi	——	地片	河台镇北部
挖锅田	Wāguōtián	——	地片	河台镇北部

（续上表）

标准名称	汉语拼音	别名	地名类别	相对位置
塘基峒	Tángjī Dòng	—	地片	河台镇东北部
芒种田	Mángzhǒngtián	—	地片	河台镇北部
对面田	Duìmiàntián	—	地片	河台镇北部
屋头坪	Wūtóu Píng	—	地片	河台镇北部
龙城门口峒	Lóngchéng Ménkǒudòng	—	地片	河台镇北部
三丫坪峒	Sānyāpíng Dòng	—	地片	河台镇北部
下崀峒	Xiàlàng Dòng	—	地片	河台镇西北部
云槎门口峒	Yúnchá Ménkǒudòng	—	地片	河台镇西北部
沙头峒	Shātóu Dòng	—	地片	河台镇北部
坑仔尾	Kēngzǎiwěi	—	地片	河台镇北部
笔禄坪门口峒	Bǐlùpíng Ménkǒudòng	—	地片	河台镇北部
下佛田	Xiàfótián	—	地片	河台镇北部
沙坪坑口	Shāpíng Kēngkǒu	—	地片	河台镇北部
长坑崀	Chángkēnglàng	—	地片	河台镇东南部
增常塘峒	Zēngchángtáng Dòng	—	地片	河台镇东部
河盟峒	Héméng Dòng	—	地片	河台镇东部
黄蜂墩上峒	Huángfēngdūnshàng Dòng	—	地片	河台镇东部
长玩沙峒	Chángwánshā Dòng	—	地片	河台镇东南部
长玩峒	Chángwán Dòng	—	地片	河台镇东南部
河畔上峒	Hépànshàng Dòng	—	地片	河台镇东部
氹井口	Dàngjǐngkǒu	—	地片	河台镇东南部
担水坑	Dānshuǐ Kēng	—	地片	河台镇东部
河潮峒	Hécháo Dòng	—	地片	河台镇东部
双桂口	Shuāngguìkǒu	—	地片	河台镇东北部
猪肠塘	Zhūcháng Táng	—	地片	河台镇东北部
河迸峒	Hébìng Dòng	—	地片	河台镇东南部
竹坑口	Zhúkēngkǒu	—	地片	河台镇东北部
双项峒	Shuāngxiàng Dòng	—	地片	河台镇东北部
大坑口	Dàkēngkǒu	—	地片	河台镇东北部
松山脚	Sōngshānjiǎo	—	地片	河台镇东北部

（续上表）

标准名称	汉语拼音	别名	地名类别	相对位置
河栏峒	Hélán Dòng	——	地片	河台镇东部
河蛤峒	Héhá Dòng	——	地片	河台镇东南部
沉埠峒	Chénbù Dòng	——	地片	河台镇东部
围河峒	Wéihé Dòng	——	地片	河台镇东部
马槽	Mǎcáo	——	地片	河台镇西部
坑尾	Kēngwěi	——	地片	河台镇西部
替明峒	Tánmíng Dòng	——	地片	河台镇西部
河麦峒	Hémài Dòng	——	地片	河台镇西部
崀头	Làngtóu	——	地片	河台镇西部
河轮峒	Hélún Dòng	——	地片	河台镇西部
乌石	Wūshí	——	地片	河台镇西部
白土峒	Báitǔ Dòng	——	地片	河台镇西部
十二坑	Shí'èr Kēng	——	地片	河台镇西部
河立峒	Hélì Dòng	——	地片	河台镇西部
黄坭方	Huángnífāng	——	地片	河台镇西南部
双宝坑	Shuāngbǎo Kēng	——	地片	河台镇西部
大岭峒	Dàlǐng Dòng	——	地片	河台镇西部
长坑	Chángkēng	——	地片	河台镇西部
古渡坑	Gǔdù Kēng	——	地片	河台镇西南部
长湾门口峒	Chángwān Ménkǒudòng	——	地片	河台镇西北部
麻屈	Máqū	——	地片	河台镇西北部
崀仔	Làngzǎi	——	地片	河台镇西北部
鱼散峒	Yúsàn Dòng	——	地片	河台镇西北部
下环峒	Xiàhuán Dòng	——	地片	河台镇西北部
绿麦峒	Lǜmài Dòng	——	地片	河台镇西北部
大积岭峒	Dàjīlǐng Dòng	——	地片	河台镇西部
棚根峒	Pénggēn Dòng	——	地片	河台镇西部
罗闪门口峒	Luóshǎn Ménkǒudòng	——	地片	河台镇西部
河边沙	Hébiānshā	——	地片	河台镇西部
大降底	Dàjiàngdǐ	——	地片	河台镇西北部

（续上表）

标准名称	汉语拼音	别名	地名类别	相对位置
长滩垌	Chángtān Dòng	——	地片	河台镇西北部
水牛崀	Shuǐniúlǎng	——	地片	河台镇西北部
崀尾垌	Làngwěi Dòng	——	地片	河台镇西部
桥头	Qiáotóu	——	地片	河台镇西北部
大石垌	Dàshí Dòng	——	地片	河台镇西部
大塘垌	Dàtáng Dòng	——	地片	河台镇西北部
河琪垌	Héqí Dòng	——	地片	河台镇西部
鹅镜门口垌	Éjìng Ménkǒudòng	——	地片	河台镇西部
长迳垌	Chángjìng Dòng	——	地片	河台镇西部
沉榨垌	Chénzhà Dòng	——	地片	河台镇西部
鹅头咀	Étóuzuǐ	——	地片	河台镇西部
罗马垌	Luómǎ Dòng	——	地片	河台镇西部
对新门口垌	Duìxīn Ménkǒudòng	——	地片	河台镇西北部
下岑垌	Xiàcén Dòng	——	地片	河台镇西北部
上岑塘	Shàngcén Táng	——	地片	河台镇西北部
对田坑	Duìtián Kēng	——	地片	河台镇西部
上面河垌	Shàngmiànhé Dòng	——	地片	河台镇西部
南沙垌	Nánshā Dòng	——	地片	河台镇西北部
大坪垌	Dàpíng Dòng	——	地片	河台镇西南部
大塘角门口垌	Dàtángjiǎo Ménkǒudòng	——	地片	河台镇西南部
大乌田	Dàwūtián	——	地片	河台镇西南部
河木崀	Hémùlàng	——	地片	河台镇西南部
田坑仔	Tiánkēngzǎi	——	地片	河台镇西南部
荔枝根门口垌	Lìzhīgēn Ménkǒudòng	——	地片	河台镇西南部
猫儿凹门口田	Māo'ér'āo Ménkǒutián	——	地片	河台镇西南部
大山垌	Dàshān Dòng	——	地片	河台镇南部
坑仔口	Kēngzǎikǒu	——	地片	河台镇南部
大河垌	Dàhé Dòng	——	地片	河台镇南部
葫芦坑门口田	Húlúkēng Ménkǒutián	——	地片	河台镇南部
分中坳	Fēnzhōng Ào	——	地片	河台镇西南部

(续上表)

标准名称	汉语拼音	别名	地名类别	相对位置
双肺坑	Shuāngfèi Kēng	——	地片	河台镇西南部
群车	Qúnchē	——	地片	河台镇南部
双木坑	Shuāngmù Kēng	——	地片	河台镇南部
葫芦田	Húlútián	——	地片	河台镇南部
大坑	Dàkēng	——	地片	河台镇南部
水对坑	Shuǐduì Kēng	——	地片	河台镇南部
行街垌	Hángjiē Dòng	——	地片	河台镇南部
潭冻	Tándòng	——	地片	河台镇南部
沉古坑	Chéngǔ Kēng	——	地片	河台镇西南部
便坑	Biànkēng	——	地片	河台镇南部
土地咀垌	Tǔdìzuǐ Dòng	——	地片	河台镇南部
带路口	Dàilùkǒu	——	地片	河台镇南部
云东门口垌	Yúndōng Ménkǒudòng	——	地片	河台镇南部
后底坑	Hòudǐ Kēng	——	地片	河台镇南部
大碗	Dàwǎn	——	地片	河台镇南部
塘尾	Tángwěi	——	地片	河台镇西北部
冰塘坑	Bīngtáng Kēng	——	地片	河台镇西北部
香炉坑	Xiānglú Kēng	——	地片	河台镇西北部
屋头坑	Wūtóu Kēng	——	地片	河台镇西北部
谷仓垌	Gǔcāng Dòng	——	地片	河台镇西北部
五星崀	Wǔxīnglàng	——	地片	河台镇西北部
大崀垌	Dàlàng Dòng	——	地片	河台镇西北部
花石垌	Huāshí Dòng	——	地片	河台镇西北部
蕾笃田	Tándǔtián	——	地片	河台镇西北部
甲木根	Jiǎmùgēn	——	地片	河台镇西北部
旭山笼	Xùshānlóng	——	地片	河台镇西北部
狐狸沉	Húlichén	——	地片	河台镇西北部
公塘田	Gōngtángtián	——	地片	河台镇西北部
大垌	Dàdòng	——	地片	河台镇西北部
和尚崀	Héshànglàng	——	地片	河台镇西北部

(续上表)

标准名称	汉语拼音	别名	地名类别	相对位置
神吻坑	Shénwěn Kēng	——	地片	河台镇西北部
官相垌	Guānxiàng Dòng	——	地片	河台镇西北部
南眉门口垌	Nánméi Ménkǒudòng	——	地片	河台镇西北部
崀尾田	Làngwěitián	——	地片	河台镇西北部
长坑垌	Chángkēng Dòng	——	地片	河台镇西北部
双金垌	Shuāngjīn Dòng	——	地片	河台镇西北部
大崀垌	Dàlàng Dòng	——	地片	河台镇西北部
长垌	Chángdòng	——	地片	河台镇西北部
银平垌	Yínpíng Dòng	——	地片	河台镇西北部
田垌	Tiándòng	——	地片	河台镇西北部
围塘	Wéitáng	——	地片	河台镇西北部
赤黎根	Chìlígēn	下塑咀	地片	河台镇西北部
鸡毛坑	Jīmáo Kēng	——	地片	河台镇西北部
鹅尾月	Éwěiyuè	——	地片	河台镇西北部
大垌	Dàdòng	——	地片	河台镇西北部
云宝门口垌	Yúnbǎo Ménkǒudòng	——	地片	河台镇西北部
芝麻崀	Zhīmálàng	——	地片	河台镇西北部
亚婆田	Yàpótián	——	地片	河台镇西北部
程垌	Chéngdòng	——	地片	河台镇西北部
长坑	Chángkēng	——	地片	河台镇西北部
观田坑	Guāntián Kēng	——	地片	河台镇西北部
牛栏坑	Niúlán Kēng	——	地片	河台镇西北部
横刀坑	Héngdāo Kēng	——	地片	河台镇西北部
木饭垌	Mùfàn Dòng	——	地片	河台镇西北部
沙塘垌	Shātáng Dòng	——	地片	河台镇西部
西屯门口垌	Xītún Ménkǒudòng	——	地片	河台镇西部
屋背垌	Wūbèi Dòng	——	地片	河台镇西北部
沉杷崀	Chénpálàng	——	地片	河台镇西北部
龙村坑	Lóngcūn Kēng	——	地片	河台镇西北部
塘窝	Tángwō	——	地片	河台镇西北部

（续上表）

标准名称	汉语拼音	别名	地名类别	相对位置
燕岩坑	Yànyán Kēng	——	地片	河台镇西北部
龙村门口垌	Lóngcūn Ménkǒudòng	——	地片	河台镇西北部
双塘坑	Shuāngtáng Kēng	——	地片	河台镇南部
秧地诺	Yāngdìnuò	——	地片	河台镇南部
白石田	Báishítián	——	地片	河台镇南部
东坑崀	Dōngkēng'ěn	——	地片	河台镇南部
牛镯坳	Niúzhuó Ào	——	地片	河台镇南部
黄泥坳	Huángní Ào	——	地片	河台镇南部
大塘坑	Dàtáng Kēng	——	地片	河台镇南部
蛇头	Shétóu	——	地片	河台镇南部
西牛塘门口垌	Xīniútáng Ménkǒudòng	——	地片	河台镇西南部
石澳田	Shí'àotián	——	地片	河台镇南部
勒沉田	Lèchéntián	——	地片	河台镇南部
崩下田	Bēngxiàtián	——	地片	河台镇西南部
猪㙟塱	Zhūnǎlǎng	——	地片	河台镇西南部
朗尾	Làngwěi	——	地片	河台镇西南部
秧地坑田	Yāngdì Kēngtián	——	地片	河台镇西南部
河砵坑	Hé'bō Kēng	——	地片	河台镇西南部
赤岭	Chìlǐng	——	地片	回龙镇东部
塘心口	Tángxīnkǒu	——	地片	回龙镇东部
沙咀	Shāzuǐ	——	地片	回龙镇东部
竹园田	Zhúyuántián	——	地片	回龙镇东部
黄草尾	Huángcǎowěi	——	地片	回龙镇东部
塘豆埇	Tángdòuyǒng	——	地片	回龙镇东部
蛇墩	Shédūn	——	地片	回龙镇东部
瓦灶口塱	Wǎzàokǒulǎng	——	地片	回龙镇东部
农川塱	Nóngchuānlǎng	——	地片	回龙镇东部
高基	Gāojī	——	地片	回龙镇东部
岗头	Gǎngtóu	——	地片	回龙镇东南部
垌心	Dòngxīn	——	地片	回龙镇西南部

（续上表）

标准名称	汉语拼音	别名	地名类别	相对位置
那边水	Nàbiānshuǐ	——	地片	回龙镇西南部
官塘	Guāntáng	——	地片	回龙镇南部
大塱	Dàlǎng	——	地片	回龙镇南部
小塱	Xiǎolǎng	——	地片	回龙镇南部
增步	Zēngbù	——	地片	回龙镇西部
长埇塘	Chángyǒng Táng	——	地片	回龙镇西北部
大田	Dàtián	——	地片	回龙镇西北部
蛟精屈	Jiāojīngqū	——	地片	回龙镇政府驻地西部
老鼠尾	Lǎoshǔwěi	——	地片	回龙镇西部
大芏塘	Dàdù Táng	——	地片	回龙镇西部
深埇	Shēnyǒng	——	地片	回龙镇北部
二万塱	Èrwànlǎng	——	地片	回龙镇北部
松头塘	Sōngtóu Táng	——	地片	回龙镇北部
屋宅咀	Wūzháizuǐ	——	地片	回龙镇北部
破竹塘	Pòzhú Táng	——	地片	回龙镇北部
塘榜	Tángbǎng	——	地片	回龙镇北部
东湖塱	Dōnghúlǎng	——	地片	回龙镇北部
西塱	Xīlǎng	——	地片	回龙镇北部
罗温寺	Luówēnsì	——	地片	回龙镇东北部
庙尾	Miàowěi	——	地片	回龙镇北部
十字路	Shízìlù	——	地片	回龙镇东北部
山塘尾	Shāntángwěi	——	地片	回龙镇东北部
半边月	Bànbiānyuè	——	地片	回龙镇东北部
大啰	Dàluō	——	地片	回龙镇东北部
大塘口	Dàtángkǒu	——	地片	回龙镇东北部
下塱	Xiàlǎng	——	地片	回龙镇东北部
上塱	Shànglǎng	——	地片	回龙镇东北部
香根	Xiānggēn	——	地片	回龙镇东北部
狗孖埇	Gǒumāyǒng	——	地片	回龙镇东北部
颇根	Pōgēn	——	地片	回龙镇东北部

（续上表）

标准名称	汉语拼音	别名	地名类别	相对位置
面前田	Miànqiántián	——	地片	回龙镇东北部
等岗田	Děnggǎngtián	——	地片	回龙镇东北部
大园地	Dàyuándì	——	地片	回龙镇东北部
猫爪坑	Māozhǎo Kēng	——	地片	回龙镇东北部
大坟	Dàfén	——	地片	回龙镇东南部
山峒	Shāndòng	——	地片	回龙镇东南部
水抱塘	Shuǐbào Táng	——	地片	回龙镇东南部
岗背峒	Gǎngbèi Dòng	——	地片	回龙镇东南部
花根	Huāgēn	——	地片	回龙镇东南部
罗高田	Luógāotián	——	地片	回龙镇东南部
长湖	Chánghú	——	地片	回龙镇东北部
圣塘	Shèngtáng	——	地片	回龙镇东部
花根埇	Huāgēnyǒng	——	地片	回龙镇东南部
官田脚	Guāntiánjiǎo	——	地片	回龙镇东部
豆泽埇	Dòuzéyǒng	——	地片	回龙镇东部
入岗坳	Rùgǎng Ào	——	地片	回龙镇北部
横过峒	Héngguò Dòng	——	地片	回龙镇东北部
沙板	Shābǎn	——	地片	回龙镇东北部
文塔	Wéntǎ	——	地片	回龙镇东北部
下坑	Xiàkēng	——	地片	回龙镇东北部
涊路田	Bànlùtián	——	地片	回龙镇东北部
增边田	Zēngbiāntián	——	地片	回龙镇东北部
白坭湖	Báiníhú	——	地片	回龙镇东北部
均塘	Jūntáng	——	地片	回龙镇东北部
面前峒	Miànqián Dòng	——	地片	回龙镇东北部
金龙板	Jīnlóngbǎn	——	地片	回龙镇东北部
下塱	Xiàlǎng	——	地片	回龙镇东部
新村田	Xīncūntián	——	地片	回龙镇东北部
柏木	Bǎimù	——	地片	回龙镇东北部
区板	Ōubǎn	——	地片	回龙镇东北部

(续上表)

标准名称	汉语拼音	别名	地名类别	相对位置
金龙坑	Jīnlóng Kēng	——	地片	回龙镇东部
櫈仔桥	Dèngzǎiqiáo	——	地片	回龙镇北部
牛角沙	Niújiǎoshā	——	地片	回龙镇北部
先埇	Xiānyǒng	——	地片	回龙镇北部
水舟逻	Shuǐzhōuluó	——	地片	回龙镇东北部
沙墩	Shādūn	——	地片	回龙镇东北部
浮龟	Fúguī	——	地片	回龙镇东北部
新坑	Xīnkēng	——	地片	回龙镇东北部
地塘脚	Dìtángjiǎo	——	地片	回龙镇东北部
门前塱	Ménqiánlǎng	——	地片	回龙镇北部
大塱	Dàlǎng	——	地片	回龙镇北部
大草佈	Dàcǎobù	——	地片	回龙镇北部
细岗碑	Xìgǎngbēi	——	地片	回龙镇北部
大埇尾	Dàyǒngwěi	——	地片	回龙镇西北部
小木头	Xiǎomùtóu	——	地片	回龙镇西北部
旱田	Hàntián	——	地片	回龙镇西北部
长仔埇	Chángzǎiyǒng	——	地片	回龙镇西北部
基围脚	Jīwéijiǎo	——	地片	回龙镇西北部
新塘下塘	Xīntángxià Táng	——	地片	回龙镇北部
大海碑	Dàhǎibēi	——	地片	回龙镇北部
上塘	Shàngtáng	——	地片	回龙镇东北部
东丫塘	Dōngyā Táng	——	地片	回龙镇东北部
头塱	Tóulǎng	——	地片	回龙镇东北部
边坑	Biānkēng	——	地片	回龙镇东北部
东丫塘脚	Dōngyātángjiǎo	——	地片	回龙镇东北部
大谷田	Dàgǔtián	——	地片	回龙镇东北部
庙布元	Miàobùyuán	——	地片	回龙镇东北部
山塘埇	Shāntángyǒng	——	地片	回龙镇东部
水尾塘	Shuǐwěi Táng	——	地片	回龙镇东部
大坪	Dàpíng	——	地片	回龙镇东部

（续上表）

标准名称	汉语拼音	别名	地名类别	相对位置
上坪	Shàngpíng	——	地片	回龙镇东部
连塘坪	Liántáng Píng	——	地片	回龙镇东南部
河田	Hétián	——	地片	回龙镇东南部
竹园垌	Zhúyuán Dòng	——	地片	活道镇政府驻地东南部
茅迳坑	Máojìng Kēng	——	地片	活道镇政府驻地东南部
花岭田	Huālǐngtián	——	地片	活道镇政府驻地东南部
官坑	Guānkēng	——	地片	活道镇政府驻地东南部
大烂田	Dàlàntián	——	地片	活道镇政府驻地东南部
大坑	Dàkēng	——	地片	活道镇政府驻地东南部
鳌头村门口垌	Áotóucūn Ménkǒudòng	——	地片	活道镇政府驻地东南部
竹坑门口田	Zhúkēng Ménkǒutián	——	地片	活道镇政府驻地北部
蕉花	Jiāohuā	——	地片	活道镇政府驻地西北部
寻坑	Xúnkēng	——	地片	活道镇政府驻地北部
上坑	Shàngkēng	——	地片	活道镇政府驻地北部
塱心西	Lǎngxīnxī	——	地片	活道镇政府驻地北部
横坑门口田	Héngkēng Ménkǒutián	——	地片	活道镇政府驻地北部
垌面	Dòngmiàn	——	地片	活道镇政府驻地北部
大众田	Dàzhòngtián	——	地片	活道镇政府驻地北部
大沙	Dàshā	——	地片	活道镇政府驻地西北部
大坑	Dàkēng	——	地片	活道镇政府驻地北部
下上洞	Xiàshàng Dòng	——	地片	活道镇政府驻地西南部
上洞	Shàngdòng	——	地片	活道镇政府驻地西南部
牛屎塘	Niúshǐ Táng	——	地片	活道镇政府驻地西南部
牛山田	Niúshāntián	——	地片	活道镇政府驻地西南部
庙边田	Miàobiāntián	——	地片	活道镇政府驻地西南部
马头田	Mǎtóutián	——	地片	活道镇政府驻地西南部
马头岗田	Mǎtóugǎngtián	——	地片	活道镇政府驻地西南部
高山一屋背塱	Gāoshānyī Wūbèilǎng	——	地片	活道镇政府驻地西南部
大圳坑田	Dàzhèn Kēngtián	——	地片	活道镇政府驻地西南部
大涆田	Dàbàntián	——	地片	活道镇政府驻地西南部

(续上表)

标准名称	汉语拼音	别名	地名类别	相对位置
乌榄坪	Wūlǎn Píng	——	地片	活道镇政府驻地东南部
蛟塘	Jiāotáng	——	地片	活道镇政府驻地东南部
高沙垌	Gāoshā Dòng	——	地片	活道镇政府驻地东南部
东坑	Dōngkēng	——	地片	活道镇政府驻地东南部
大头片	Dàtóupiàn	——	地片	活道镇政府驻地东南部
大趟	Dàtàng	——	地片	活道镇政府驻地东南部
长江尾	Chángjiāngwěi	——	地片	活道镇政府驻地西南部
燕子尾	Yànzǐwěi	——	地片	活道镇政府驻地西南部
稳岗田	Wěngǎngtián	——	地片	活道镇政府驻地西南部
山崀田	Shānlàngtián	——	地片	活道镇政府驻地西南部
庙门口	Miàoménkǒu	——	地片	活道镇政府驻地西南部
梁垌	Liángdòng	——	地片	活道镇政府驻地西南部
崀仔	Làngzǎi	——	地片	活道镇政府驻地西南部
井坑口	Jǐngkēngkǒu	——	地片	活道镇政府驻地西南部
河田垌	Hétián Dòng	——	地片	活道镇政府驻地西南部
禾虾面	Héxiāmiàn	——	地片	活道镇政府驻地西南部
大禾水	Dàhéshuǐ	——	地片	活道镇政府驻地西南部
下横圳	Xiàhéngzhèn	——	地片	活道镇政府驻地东部
水塘	Shuǐtáng	——	地片	活道镇政府驻地东部
石陂头门口垌	Shíbēitóu Ménkǒudòng	——	地片	活道镇政府驻地东部
杉根	Shāngēn	——	地片	活道镇政府驻地东部
庙前垌	Miàoqián Dòng	——	地片	活道镇政府驻地东部
庙脊	Miàojǐ	——	地片	活道镇政府驻地东部
龙岗门口垌	Lónggǎng Ménkǒudòng	——	地片	活道镇政府驻地东部
荔枝塘	Lìzhī Táng	——	地片	活道镇政府驻地东北部
黄泥坑口	Huángní Kēngkǒu	——	地片	活道镇政府驻地东部
坟䃹	Féntán	——	地片	活道镇政府驻地东部
大坑䃹	Dàkēngtán	——	地片	活道镇政府驻地东部
大坑口	Dàkēngkǒu	——	地片	活道镇政府驻地东北部
仓边垌	Cāngbiān Dòng	——	地片	活道镇政府驻地东部

(续上表)

标准名称	汉语拼音	别名	地名类别	相对位置
八角田	Bājiǎotián	——	地片	活道镇政府驻地东部
杨山底	Yángshāndǐ	——	地片	活道镇政府驻地西部
杨梅咀	Yángméizuǐ	——	地片	活道镇政府驻地西部
大边面	Dàbiānmiàn	——	地片	活道镇政府驻地西南部
边坑	Biānkēng	——	地片	活道镇政府驻地南部
新围门口田	Xīnwéi Ménkǒutián	——	地片	活道镇政府驻地西部
田介面	Tiánjièmiàn	——	地片	活道镇政府驻地西部
三沥	Sānlì	——	地片	活道镇政府驻地西北部
坭湖田	Níhútián	——	地片	活道镇政府驻地西部
麦地	Màidì	——	地片	活道镇政府驻地西部
林塱	Línlǎng	——	地片	活道镇政府驻地西部
桔墩	Júdūn	——	地片	活道镇政府驻地西部
金星垌	Jīnxīng Dòng	——	地片	活道镇政府驻地西部
高星地	Gāoxīngdì	——	地片	活道镇政府驻地西部
洞汪	Dòngwāng	——	地片	活道镇政府驻地西部
大田顶	Dàtián Dǐng	——	地片	活道镇政府驻地西北部
大塘心	Dàtángxīn	——	地片	活道镇政府驻地西北部
牛角田	Niújiǎotián	——	地片	活道镇政府驻地东部
烂路田	Lànlùtián	——	地片	活道镇政府驻地东部
鹤咀村门口田	Hèzuǐcūn Ménkǒutián	——	地片	活道镇政府驻地东部
下洲	Xiàzhōu	——	地片	活道镇政府驻地北部
蛇头	Shétóu	——	地片	活道镇政府驻地北部
马骝岗	Mǎliú Gǎng	——	地片	活道镇政府驻地北部
罗塘	Luótáng	——	地片	活道镇政府驻地北部
老鼠咀	Lǎoshǔzuǐ	——	地片	活道镇政府驻地北部
黄竹根	Huángzhúgēn	——	地片	活道镇政府驻地北部
黄灌	Huángguàn	——	地片	活道镇政府驻地北部
岗背	Gǎngbèi	——	地片	活道镇政府驻地北部
垌心	Dòngxīn	——	地片	活道镇政府驻地北部
大荒	Dàhuāng	——	地片	活道镇政府驻地北部

（续上表）

标准名称	汉语拼音	别名	地名类别	相对位置
毕喱塘	Bìlí Táng	——	地片	活道镇政府驻地西北部
水石	Shuǐshí	——	地片	活道镇政府驻地南部
两头塘	Liǎngtóu Táng	——	地片	活道镇政府驻地西南部
迳口垌	Jìngkǒu Dòng	——	地片	活道镇政府驻地西南部
活村门口垌	Huócūn Ménkǒudòng	——	地片	活道镇政府驻地南部
河文塘	Héwén Táng	——	地片	活道镇政府驻地南部
东风社	Dōngfēngshè	——	地片	活道镇政府驻地南部
大崩垌	Dàbēng Dòng	——	地片	活道镇政府驻地南部
云豆	Yúndòu	——	地片	活道镇政府驻地东部
鸭颈塘	Yājǐng Táng	——	地片	活道镇政府驻地东部
钱坑口	Qiánkēngkǒu	——	地片	活道镇政府驻地西部
㽺笃	Nángdǔ	——	地片	活道镇政府驻地南部
关塑	Guānlǎng	——	地片	活道镇政府驻地南部
垌心	Dòngxīn	——	地片	活道镇政府驻地东部
大塘山门口垌	Dàtángshān Ménkǒudòng	——	地片	活道镇政府驻地东部
大塘侧	Dàtángcè	——	地片	活道镇政府驻地西部
大㽺坑	Dànáng Kēng	——	地片	活道镇政府驻地南部
屋侧边	Wūcèbiān	——	地片	活道镇政府驻地西部
沙头	Shātóu	——	地片	活道镇政府驻地西部
南坑	Nánkēng	——	地片	活道镇政府驻地西部
连墈塘	Liánkàn Táng	——	地片	活道镇政府驻地西部
井头	Jǐngtóu	——	地片	活道镇政府驻地西部
横垌	Héngdòng	——	地片	活道镇政府驻地西部
河弯	Héwān	——	地片	活道镇政府驻地西部
大塘尾	Dàtángwěi	——	地片	活道镇政府驻地西南部
大路田	Dàlùtián	——	地片	活道镇政府驻地西部
白木垌	Báimù Dòng	——	地片	活道镇政府驻地西部
长木田	Chángmùtián	——	地片	活道镇政府驻地西部
深水	Shēnshuǐ	——	地片	活道镇政府驻地西部
山坳	Shān'ào	——	地片	活道镇政府驻地西部

（续上表）

标准名称	汉语拼音	别名	地名类别	相对位置
坑仔垌	Kēngzǎi Dòng	——	地片	活道镇政府驻地西部
迳心村门口垌	Jìngxīncūn Ménkǒudòng	——	地片	活道镇政府驻地西部
大碑田	Dàbēitián	——	地片	活道镇政府驻地西部
车田	Chētián	——	地片	活道镇政府驻地西部
边垌	Biāndòng	——	地片	活道镇政府驻地西部
崩田澳	Bēngtián'ào	——	地片	活道镇政府驻地西部
鸭面田	Yāmiàntián	——	地片	活道镇政府驻地西南部
下竹山底	Xiàzhúshāndǐ	——	地片	活道镇政府驻地西南部
上竹山底	Shàngzhúshāndǐ	——	地片	活道镇政府驻地西南部
猛头	Měngtóu	——	地片	活道镇政府驻地西南部
坑底	Kēngdǐ	——	地片	活道镇政府驻地西南部
冲碑	Chōngbēi	——	地片	活道镇政府驻地西南部
虾啰尾	Xiāluōwěi	——	地片	活道镇政府驻地北部
十字坑	Shízì Kēng	——	地片	活道镇政府驻地西北部
山塘尾	Shāntángwěi	——	地片	活道镇政府驻地北部
离间圳	Líjiānzhèn	——	地片	活道镇政府驻地北部
简头江	Jiǎntóujiāng	——	地片	活道镇政府驻地北部
湖律垌	Húlù Dòng	——	地片	活道镇政府驻地北部
大寨田	Dàzhàitián	——	地片	活道镇政府驻地北部
大坑排	Dàkēngpái	——	地片	活道镇政府驻地西北部
杨梅腰垌	Yángméiyāo Dòng	——	地片	活道镇政府驻地西部
双河塘	Shuānghé Táng	——	地片	活道镇政府驻地西部
沙播	Shābō	——	地片	活道镇政府驻地西部
黄泥窝	Huángní Wō	——	地片	活道镇政府驻地西部
河播	Hébō	——	地片	活道镇政府驻地西部
禾昌面	Héchāngmiàn	——	地片	活道镇政府驻地西部
高洲	Gāozhōu	——	地片	活道镇政府驻地西部
石头崀	Shítóulàng	——	地片	活道镇政府驻地东南部
军营	Jūnyíng	——	地片	活道镇政府驻地东南部
湖圳头	Húzhèntóu	——	地片	活道镇政府驻地东南部

(续上表)

标准名称	汉语拼音	别名	地名类别	相对位置
大塘	Dàtáng	——	地片	活道镇政府驻地东南部
大坑田	Dàkēngtián	——	地片	活道镇政府驻地东南部
船湾	Chuánwān	——	地片	活道镇政府驻地东南部
蝉蜍口田	Chánchúkǒutián	——	地片	活道镇政府驻地东南部
长岗边垌	Chánggǎngbiān Dòng	——	地片	活道镇政府驻地东南部
沙田坑	Shātián Kēng	——	地片	活道镇政府驻地东南部
沙塘田	Shātángtián	——	地片	活道镇政府驻地东南部
牛垌	Niúdòng	——	地片	活道镇政府驻地东南部
面先坑	Miànxiān Kēng	——	地片	活道镇政府驻地东南部
岭仔	Lǐngzǎi	——	地片	活道镇政府驻地东南部
和尚岗田	Héshànggǎngtián	——	地片	活道镇政府驻地东南部
猪嫲坑	Zhūmá Kēng	——	地片	活道镇政府驻地东南部
下片塘	Xiàpiàn Táng	——	地片	活道镇政府驻地东南部
下大垌	Xiàdà Dòng	——	地片	活道镇政府驻地东南部
深塘	Shēntáng	——	地片	活道镇政府驻地东南部
上大垌	Shàngdà Dòng	——	地片	活道镇政府驻地东南部
旱坑	Hànkēng	——	地片	活道镇政府驻地东南部
孖竹	Māzhú	——	地片	活道镇政府驻地南部
小坑	Xiǎokēng	——	地片	活道镇政府驻地南部
下碟门口垌	Xiàdié Ménkǒudòng	——	地片	活道镇政府驻地南部
苏垌	Sūdòng	——	地片	活道镇政府驻地南部
石苔	Shítái	——	地片	活道镇政府驻地南部
沙尾垌	Shāwěi Dòng	——	地片	活道镇政府驻地南部
沙咀垌	Shāzuǐ Dòng	——	地片	活道镇政府驻地南部
马路	Mǎlù	——	地片	活道镇政府驻地东南部
六头地	Liùtóudì	——	地片	活道镇政府驻地南部
雷公塘	Léigōng Táng	——	地片	活道镇政府驻地南部
坑塘	Kēngtáng	——	地片	活道镇政府驻地南部
官田顶	Guāntiándǐng	——	地片	活道镇政府驻地南部
高田	Gāotián	——	地片	活道镇政府驻地南部

（续上表）

标准名称	汉语拼音	别名	地名类别	相对位置
峒顶	Dòngdǐng	——	地片	活道镇政府驻地南部
大峒	Dàdòng	——	地片	活道镇政府驻地东南部
碑屈塘	Bēiqū Táng	——	地片	活道镇政府驻地南部
竹园头	Zhúyuántóu	——	地片	活道镇政府驻地西部
文前河	Wénqiánhé	——	地片	活道镇政府驻地西部
水口峒	Shuǐkǒu Dòng	——	地片	活道镇政府驻地西部
山仔背	Shānzǎibèi	——	地片	活道镇政府驻地西部
沙舟边	Shāzhōubiān	——	地片	活道镇政府驻地西部
沙田	Shātián	——	地片	活道镇政府驻地西部
门口汪田	Ménkǒuwāngtián	——	地片	活道镇政府驻地西部
河坡	Hépō	——	地片	活道镇政府驻地西部
大坑	Dàkēng	——	地片	活道镇政府驻地西部
虾尾洞	Xiāwěi Dòng	——	地片	活道镇政府驻地西南部
瓦岗	Wǎgǎng	——	地片	活道镇政府驻地西南部
田冲坑口	Tiánchōng Kēngkǒu	——	地片	活道镇政府驻地西南部
石龙岗门口峒	Shílónggǎng Ménkǒudòng	——	地片	活道镇政府驻地西南部
沙岗门口峒	Shāgǎng Ménkǒudòng	——	地片	活道镇政府驻地西南部
沙边	Shābiān	——	地片	活道镇政府驻地西南部
塱仔根	Lǎngzǎigēn	——	地片	活道镇政府驻地西南部
迳口	Jìngkǒu	——	地片	活道镇政府驻地西南部
黄泥地界	Huángnídìjiè	——	地片	活道镇政府驻地西南部
湖坳	Hú'ào	——	地片	活道镇政府驻地西南部
大荒	Dàhuāng	——	地片	活道镇政府驻地西南部
樟木头	Zhāngmùtóu	——	地片	活道镇政府驻地东南部
六田	Liùtián	——	地片	活道镇政府驻地东南部
横峒	Héngdòng	——	地片	活道镇政府驻地东南部
东坑	Dōngkēng	——	地片	活道镇政府驻地东南部
云丽门口田	Yúnlì Ménkǒutián	——	地片	活道镇政府驻地南部
下塘坑	Xiàtáng Kēng	——	地片	活道镇政府驻地东南部
松柏坑	Sōngbǎi Kēng	——	地片	活道镇政府驻地南部

（续上表）

标准名称	汉语拼音	别名	地名类别	相对位置
石坑	Shíkēng	——	地片	活道镇政府驻地东南部
上窑坑	Shàngyáo Kēng	——	地片	活道镇政府驻地南部
庙氹	Miàodàng	——	地片	活道镇政府驻地东南部
黄桐坑	Huángtóngkēng	——	地片	活道镇政府驻地东南部
河坝	Hébà	——	地片	活道镇政府驻地东南部
艮河咀	Gènhézuǐ	——	地片	活道镇政府驻地东南部
朝胜门口田	Cháoshèng Ménkǒutián	——	地片	活道镇政府驻地东南部
丫仔	Yāzǎi	——	地片	活道镇政府驻地南部
无忧洞村门口垌	Wúyōudòngcūn Ménkǒudòng	——	地片	活道镇政府驻地南部
石头面垌	Shítóumiàn Dòng	——	地片	活道镇政府驻地南部
上塘	Shàngtáng	——	地片	活道镇政府驻地南部
东间塘	Dōngjiān Táng	——	地片	活道镇政府驻地南部
长坑崀	Chángkēnglàng	——	地片	活道镇政府驻地东部
鸭颈塱	Yājǐnglǎng	——	地片	活道镇政府驻地东部
西沙	Xīshā	——	地片	活道镇政府驻地东南部
石碑	Shíbēi	——	地片	活道镇政府驻地东部
木迳	Mùjìng	——	地片	活道镇政府驻地东部
梅根	Méigēn	——	地片	活道镇政府驻地东南部
兰口垌	Lánkǒu Dòng	——	地片	活道镇政府驻地东部
坎头横崀	Kǎntóuhénglàng	——	地片	活道镇政府驻地东部
黄塘窝	Huángtáng Wō	——	地片	活道镇政府驻地东部
黄泥坑	Huángní Kēng	——	地片	活道镇政府驻地东部
黄榄根	Huánglǎngēn	——	地片	活道镇政府驻地东部
黄降劣	Huángjiàngliè	——	地片	活道镇政府驻地东部
横垌	Héngdòng	——	地片	活道镇政府驻地东南部
高坪	Gāopíng	——	地片	活道镇政府驻地东部
东沙	Dōngshā	——	地片	活道镇政府驻地东部
低场	Dīchǎng	——	地片	活道镇政府驻地东部
大磅	Dàpáng	——	地片	活道镇政府驻地东部

（续上表）

标准名称	汉语拼音	别名	地名类别	相对位置
崩岗坑	Bēnggǎng Kēng	——	地片	活道镇政府驻地东部
坳边垌	Àobiān Dòng	——	地片	活道镇政府驻地东部
长桥	Chángqiáo	——	地片	活道镇政府驻地东南部
张木坑	Zhāngmù Kēng	——	地片	活道镇政府驻地东部
新村门口垌	Xīncūn Ménkǒudòng	——	地片	活道镇政府驻地东南部
仙人脚	Xiānrénjiǎo	——	地片	活道镇政府驻地东南部
水尾	Shuǐwěi	——	地片	活道镇政府驻地东南部
狮子垌	Shīzǐ Dòng	——	地片	活道镇政府驻地东南部
社边	Shèbiān	——	地片	活道镇政府驻地东南部
南塘	Nántáng	——	地片	活道镇政府驻地东部
剑脊	Jiànjǐ	——	地片	活道镇政府驻地东南部
胡须坑	Húxū Kēng	——	地片	活道镇政府驻地东南部
大迳口	Dàjìngkǒu	——	地片	活道镇政府驻地东南部
大基石	Dàjīshí	——	地片	活道镇政府驻地东南部
长塘口	Chángtángkǒu	——	地片	活道镇政府驻地西南部
鸭山头	Yāshāntóu	——	地片	活道镇政府驻地西南部
石田垌	Shítián Dòng	——	地片	活道镇政府驻地西南部
石降底	Shíjiàngdǐ	——	地片	活道镇政府驻地南部
山塘	Shāntáng	——	地片	活道镇政府驻地西南部
龙把塘	Lóngbǎ Táng	——	地片	活道镇政府驻地西南部
荒田坑	Huāngtián Kēng	——	地片	活道镇政府驻地南部
横垌	Héngdòng	——	地片	活道镇政府驻地西南部
河路	Hélù	——	地片	活道镇政府驻地西南部
高坎	Gāokǎn	——	地片	活道镇政府驻地西南部
大王田	Dàwángtián	——	地片	活道镇政府驻地西南部
大岗面侧	Dàgǎngmiàncè	——	地片	活道镇政府驻地西南部
崩塘坑	Bēngtáng Kēng	——	地片	活道镇政府驻地南部
下长岭	Xiàcháng Lǐng	——	地片	活道镇政府驻地南部
坪地底田	Píngdìdǐtián	——	地片	活道镇政府驻地南部
官塘坑	Guāntáng Kēng	——	地片	活道镇政府驻地南部

(续上表)

标准名称	汉语拼音	别名	地名类别	相对位置
岗背	Gǎngbèi	——	地片	活道镇政府驻地南部
大塘垌	Dàtáng Dòng	——	地片	活道镇政府驻地南部
云美村门口垌	Yúnměicūn Ménkǒudòng	——	地片	活道镇政府驻地东南部
圆岗仔	Yuángǎngzǎi	——	地片	活道镇政府驻地东部
鸭颈	Yājǐng	——	地片	活道镇政府驻地东部
西坑田	Xīkēngtián	——	地片	活道镇政府驻地东部
偷狗坑口	Tōugǒu Kēngkǒu	——	地片	活道镇政府驻地东部
山下	Shānxià	——	地片	活道镇政府驻地东部
山塘底	Shāntángdǐ	——	地片	活道镇政府驻地东部
山厂坑	Shānchǎng Kēng	——	地片	活道镇政府驻地东部
南塘坑	Nántáng Kēng	——	地片	活道镇政府驻地东部
明坑	Míngkēng	——	地片	活道镇政府驻地东南部
烂田	Làntián	——	地片	活道镇政府驻地东部
官田头	Guāntiántóu	——	地片	活道镇政府驻地东部
村咀	Cūnzuǐ	——	地片	活道镇政府驻地东部
崩岗沙	Bēnggǎngshā	——	地片	活道镇政府驻地东部
板头崀	Bǎntóulàng	——	地片	活道镇政府驻地东部
新田底	Xīntiándǐ	——	地片	活道镇政府驻地南部
下独江	Xiàdújiāng	——	地片	活道镇政府驻地南部
上独江	Shàngdújiāng	——	地片	活道镇政府驻地西南部
榕树头	Róngshùtóu	——	地片	活道镇政府驻地西南部
庙前垌	Miàoqián Dòng	——	地片	活道镇政府驻地南部
六坑	Liùkēng	——	地片	活道镇政府驻地西南
合水河	Héshuǐhé	——	地片	活道镇政府驻地南部
大塘面田	Dàtángmiàntián	——	地片	活道镇政府驻地西南部
大石尾	Dàshíwěi	——	地片	活道镇政府驻地南部
边垌	Biāndòng	——	地片	活道镇政府驻地南部
基芋垌	Jīyù Dòng	——	地片	蛟塘镇西北部
结鸦	Jiéyā	——	地片	蛟塘镇西北部
松洲	Sōngzhōu	——	地片	蛟塘镇西部

（续上表）

标准名称	汉语拼音	别名	地名类别	相对位置
大沙	Dàshā	——	地片	蛟塘镇西部
地塘尾	Dìtángwěi	——	地片	蛟塘镇西部
深尾	Shēnwěi	——	地片	蛟塘镇西部
沙布	Shābù	——	地片	蛟塘镇西部
石养坑	Shíyǎng Kēng	——	地片	蛟塘镇西部
花根垌	Huāgēn Dòng	——	地片	蛟塘镇西部
岗布田	Gǎngbùtián	——	地片	蛟塘镇西北部
荔枝园	Lìzhīyuán	——	地片	蛟塘镇西北部
石埇	Shíyǒng	——	地片	蛟塘镇西北部
芏塘垌	Dùtáng Dòng	——	地片	蛟塘镇北部
下田垌	Xiàtián Dòng	——	地片	蛟塘镇西北部
大塘	Dàtáng	——	地片	蛟塘镇西北部
大塘埇	Dàtángyǒng	——	地片	蛟塘镇西部
大山埇	Dàshānyǒng	——	地片	蛟塘镇西部
山仔埇	Shānzǎiyǒng	——	地片	蛟塘镇西部
洞心	Dòngxīn	——	地片	蛟塘镇西北部
观田垌	Guāntián Dòng	——	地片	蛟塘镇西部
三叉口	Sānchākǒu	——	地片	蛟塘镇西部
南沥	Nánlì	——	地片	蛟塘镇西部
狮埇	Shīyǒng	——	地片	蛟塘镇西部
长埇	Chángyǒng	——	地片	蛟塘镇西部
文仙垌	Wénxiān Dòng	——	地片	蛟塘镇北部
田埇尾	Tiányǒngwěi	——	地片	蛟塘镇西南部
白石坪垌	Báishípíng Dòng	——	地片	蛟塘镇西南部
对面田洞	Duìmiàntián Dòng	——	地片	蛟塘镇西南部
南青山埇	Nánqīngshānyǒng	——	地片	蛟塘镇西南部
塘土	Tángtǔ	——	地片	蛟塘镇西南部
南水垌	Nánshuǐ Dòng	——	地片	蛟塘镇西南部
牛头埇	Niútóuyǒng	——	地片	蛟塘镇西南部
九墩坳口	Jiǔdūn'àokǒu	——	地片	蛟塘镇西南部

（续上表）

标准名称	汉语拼音	别名	地名类别	相对位置
更山上峒	Gèngshānshàng Dòng	——	地片	蛟塘镇西南部
文庙	Wénmiào	——	地片	蛟塘镇西南部
塱仔	Lǎngzǎi	——	地片	蛟塘镇北部
文先塱	Wénxiānlǎng	——	地片	蛟塘镇北部
车涌	Chēyǒng	——	地片	蛟塘镇北部
婆湾	Pówān	——	地片	蛟塘镇北部
基坎脚	Jīkǎnjiǎo	——	地片	蛟塘镇西北部
车布岗	Chēbù Gǎng	——	地片	蛟塘镇北部
水井涌	Shuǐjǐngyǒng	——	地片	蛟塘镇北部
下塱	Xiàlǎng	——	地片	蛟塘镇北部
山峒	Shāndòng	——	地片	蛟塘镇西北部
山埇	Shānyǒng	——	地片	蛟塘镇西北部
上高洞	Shànggāo Dòng	——	地片	蛟塘镇西北部
大沙	Dàshā	——	地片	蛟塘镇西部
山塘埇	Shāntángyǒng	——	地片	蛟塘镇西北部
沙布峒	Shābù Dòng	——	地片	蛟塘镇西部
花头田	Huātóutián	——	地片	蛟塘镇西北部
大岗咀	Dàgǎngzuǐ	——	地片	蛟塘镇北部
黄霸丫	Huángbàyā	——	地片	蛟塘镇西北部
旱塘	Hàntáng	——	地片	蛟塘镇西北部
石梯门口峒	Shítī Ménkǒudòng	——	地片	蛟塘镇西部
犁燕埇	Líyànyǒng	——	地片	蛟塘镇西南部
九墩塘	Jiǔdūn Táng	——	地片	蛟塘镇西南部
面先峒	Miànxiān Dòng	——	地片	蛟塘镇西南部
禾地脚	Hédìjiǎo	——	地片	蛟塘镇西南部
梭罗坑	Suōluó Kēng	——	地片	蛟塘镇西部
虾逻	Xiāluó	——	地片	蛟塘镇东北部
大量	Dàliàng	——	地片	蛟塘镇东北部
大塱	Dàlǎng	——	地片	蛟塘镇北部
塱田	Lǎngtián	——	地片	蛟塘镇北部

（续上表）

标准名称	汉语拼音	别名	地名类别	相对位置
香迳	Xiāngjìng	——	地片	蛟塘镇北部
瓦灶顶	Wǎzàodǐng	——	地片	蛟塘镇北部
氹龙	Dànglóng	——	地片	蛟塘镇西部
大王岭塱	Dàwánglǐnglǎng	——	地片	蛟塘镇西部
山背埇	Shānbèiyǒng	——	地片	蛟塘镇西部
官井顶	Guānjǐng Dǐng	——	地片	蛟塘镇西部
旱塘	Hàntáng	——	地片	蛟塘镇西部
单竹塘	Dānzhú Táng	——	地片	蛟塘镇西部
公路上	Gōnglùshàng	——	地片	蛟塘镇西部
大塘尾	Dàtángwěi	——	地片	蛟塘镇西部
庙洲	Miàozhōu	——	地片	蛟塘镇西部
高垌	Gāodòng	——	地片	蛟塘镇西部
南丫	Nányā	——	地片	蛟塘镇西部
正坑	Zhèngkēng	——	地片	蛟塘镇西部
河播	Hébō	——	地片	蛟塘镇西部
大沙	Dàshā	——	地片	蛟塘镇西部
松木塘	Sōngmù Táng	——	地片	蛟塘镇西部
崩坑	Bēngkēng	——	地片	蛟塘镇西南部
黄泥山尾	Huángníshānwěi	——	地片	蛟塘镇西南部
井口垌	Jǐngkǒu Dòng	——	地片	蛟塘镇西部
上头垌	Shàngtóu Dòng	——	地片	蛟塘镇西南部
深水塱	Shēnshuǐlǎng	——	地片	蛟塘镇西部
罗塘口	Luótángkǒu	——	地片	蛟塘镇西部
沙口	Shākǒu	——	地片	蛟塘镇西部
长鸦	Chángyā	——	地片	蛟塘镇北部
岗咀	Gǎngzuǐ	——	地片	蛟塘镇北部
沙板	Shābǎn	——	地片	蛟塘镇北部
地堂坳	Dìtáng Ào	——	地片	蛟塘镇北部
山园	Shānyuán	——	地片	蛟塘镇北部
虎田	Hǔtián	——	地片	蛟塘镇北部

（续上表）

标准名称	汉语拼音	别名	地名类别	相对位置
牛路塘	Niúlù Táng	—	地片	蛟塘镇北部
水田下	Shuǐtiánxià	—	地片	蛟塘镇北部
水井坳	Shuǐjǐng Ào	—	地片	蛟塘镇北部
高基	Gāojī	—	地片	蛟塘镇北部
大罗	Dàluó	—	地片	蛟塘镇北部
岗埇	Gǎngyǒng	—	地片	蛟塘镇北部
良家埇	Liángjiāyǒng	—	地片	蛟塘镇北部
三坳	Sān'ào	—	地片	蛟塘镇北部
江地	Jiāngdì	—	地片	蛟塘镇北部
田湖	Tiánhú	—	地片	蛟塘镇北部
八面垌	Bāmiàn Dòng	—	地片	蛟塘镇北部
禾塘	Hétáng	—	地片	蛟塘镇北部
老虎坑	Lǎohǔ Kēng	—	地片	蛟塘镇西部
新社垌	Xīnshè Dòng	—	地片	蛟塘镇西部
落龙田	Luòlóngtián	—	地片	蛟塘镇西部
洲坳	Zhōu'ào	—	地片	蛟塘镇东北部
草塘	Cǎotáng	—	地片	蛟塘镇东北部
底岗田	Dǐgǎngtián	—	地片	蛟塘镇东部
二社	Èrshè	—	地片	蛟塘镇东北部
黄根	Huánggēn	—	地片	蛟塘镇东部
吊鬼埇	Diàoguǐyǒng	—	地片	蛟塘镇北部
黄氹	Huángdàng	—	地片	蛟塘镇东北部
群顶	Qúndǐng	—	地片	蛟塘镇东北部
高基	Gāojī	—	地片	蛟塘镇东北部
埇督	Yǒngdū	—	地片	蛟塘镇东北部
细岗	Xìgǎng	—	地片	蛟塘镇北部
泽路	Zélù	—	地片	蛟塘镇北部
上岭	Shànglǐng	—	地片	蛟塘镇北部
庙尾	Miàowěi	—	地片	蛟塘镇北部
上塱	Shànglǎng	—	地片	蛟塘镇北部

（续上表）

标准名称	汉语拼音	别名	地名类别	相对位置
塘基脚	Tángjījiǎo	——	地片	蛟塘镇北部
三乡峒	Sānxiāng Dòng	——	地片	蛟塘镇北部
下峒	Xiàdòng	——	地片	蛟塘镇东部
上峒	Shàngdòng	——	地片	蛟塘镇东部
沙园	Shāyuán	——	地片	蛟塘镇东南部
二十九公里	Èrshíjiǔ Gōnglǐ	——	地片	蛟塘镇东南部
白沙土地下	Báishā Tǔdìxià	——	地片	蛟塘镇东南部
下塘	Xiàtáng	——	地片	蛟塘镇东南部
大塱	Dàlǎng	——	地片	蛟塘镇东部
羊吗屋	Yángmawū	——	地片	蛟塘镇东南部
大湾坑	Dàwān Kēng	——	地片	蛟塘镇西部
大沙	Dàshā	——	地片	蛟塘镇西南部
塱心门口峒	Lǎngxīn Ménkǒudòng	——	地片	蛟塘镇西南部
面前峒	Miànqián Dòng	——	地片	蛟塘镇西南部
面先岗田	Miànxiāngǎngtián	——	地片	蛟塘镇西南部
辽田	Liáotián	——	地片	蛟塘镇西南部
同古塘	Tónggǔ Táng	——	地片	蛟塘镇西部
下圳水	Xiàzhènshuǐ	——	地片	蛟塘镇西部
水雾塘	Shuǐwù Táng	——	地片	蛟塘镇西部
庙门口	Miàoménkǒu	——	地片	蛟塘镇西部
涩田仔	Bàntiánzǎi	——	地片	蛟塘镇西部
下角咀	Xiàjiǎozuǐ	——	地片	蛟塘镇西部
枉根咀	Wǎnggēnzuǐ	——	地片	蛟塘镇西部
横峒	Héngdòng	——	地片	蛟塘镇西部
石人	Shírén	——	地片	蛟塘镇西部
沙洞门口峒	Shādòng Ménkǒudòng	——	地片	蛟塘镇西部
塘面	Tángmiàn	——	地片	蛟塘镇西部
氹片	Dàngpiàn	——	地片	蛟塘镇北部
牛上路	Niúshànglù	——	地片	蛟塘镇西部
大谷田	Dàgǔtián	——	地片	蛟塘镇北部

(续上表)

标准名称	汉语拼音	别名	地名类别	相对位置
花洲塱	Huāzhōulǎng	——	地片	金渡镇政府驻地东北部
下塘	Xiàtáng	——	地片	金渡镇政府驻地东北部
新河塱	Xīnhélǎng	——	地片	金渡镇政府驻地东北部
大榄崀	Dàlǎnlàng	——	地片	金渡镇政府驻地东部
镇州门口田	Zhènzhōu Ménkǒutián	——	地片	金渡镇政府驻地东北部
青地	Qīngdì	——	地片	金渡镇政府驻地东北部
田垌地	Tiándòngdì	——	地片	金渡镇政府驻地东北部
横田	Héngtián	——	地片	金渡镇政府驻地东部
横路	Hénglù	——	地片	金渡镇政府驻地东部
患芏	Huàndù	——	地片	金渡镇政府驻地东部
西企	Xīqǐ	——	地片	金渡镇政府驻地东部
拾人	Shírén	——	地片	金渡镇政府驻地东部
下潭顶	Xiàtán Dǐng	——	地片	金渡镇政府驻地东部
大埔尾	Dàpǔwěi	——	地片	金渡镇政府驻地东部
鸭利嘴	Yālìzuǐ	——	地片	金渡镇政府驻地东部
塘田	Tángtián	——	地片	金渡镇政府驻地东部
靓头咀	Liàngtóuzuǐ	——	地片	金渡镇政府驻地东部
黄坑社区对头岗	Huángkēngshèqū Duìtóugǎng	——	地片	金渡镇政府驻地东部
鱼尾	Yúwěi	——	地片	金渡镇政府驻地东部
大中田	Dàzhōngtián	——	地片	金渡镇政府驻地东部
深水	Shēnshuǐ	——	地片	金渡镇政府驻地东北部
黎坑	Líkēng	——	地片	金渡镇政府驻地西南部
长湖基	Chánghújī	——	地片	金渡镇政府驻地东部
瓦寮	Wǎliáo	——	地片	金渡镇政府驻地东部
正尾坑	Zhèngwěi Kēng	——	地片	金渡镇政府驻地东部
塱涎	Lǎngbàn	——	地片	金渡镇政府驻地东部
水冲	Shuǐchōng	——	地片	金渡镇政府驻地东部
行头	Hángtóu	——	地片	金渡镇政府驻地东部
蛟塘湾	Jiāotángwān	——	地片	金渡镇政府驻地东部

（续上表）

标准名称	汉语拼音	别名	地名类别	相对位置
洲尾	Zhōuwěi	——	地片	金渡镇政府驻地东部
上塱头	Shànglǎngtóu	——	地片	金渡镇政府驻地东部
河塘	Hétáng	——	地片	金渡镇政府驻地东部
牛围脚	Niúwéijiǎo	——	地片	金渡镇政府驻地东北部
思霖塱	Sīlínlǎng	——	地片	金渡镇政府驻地东部
新河基	Xīnhéjī	——	地片	金渡镇政府驻地东部
沙坦	Shātǎn	——	地片	金渡镇政府驻地东部
火烧塱	Huǒshāolǎng	——	地片	金渡镇政府驻地东部
蛟塘塱	Jiāotánglǎng	——	地片	金渡镇政府驻地东北部
社前地	Shèqiándì	——	地片	金渡镇政府驻地东北部
大洲地	Dàzhōudì	——	地片	金渡镇政府驻地东北部
上水汽	Shàngshuǐqì	——	地片	金渡镇政府驻地东北部
下芦	Xiàlú	——	地片	金渡镇政府驻地东北部
大塘田	Dàtángtián	——	地片	金渡镇政府驻地东北部
秋风树	Qiūfēngshù	——	地片	金渡镇政府驻地东部
五片田	Wǔpiàntián	——	地片	金渡镇政府驻地东部
一二三片田	Yī'èrsānpiàntián	——	地片	金渡镇政府驻地东部
地脚	Dìjiǎo	——	地片	金渡镇政府驻地东部
三队田	Sānduìtián	——	地片	金渡镇政府驻地东北部
五股九队狗市地	Wǔgǔjiǔduì Gǒushìdì	——	地片	金渡镇政府驻地东北部
十二队羊勒洲	Shí'èrduì Yánglèzhōu	——	地片	金渡镇政府驻地东北部
五股一队下塱田	Wǔgǔyīduì Xiàlǎngtián	——	地片	金渡镇政府驻地东北部
塘口	Tángkǒu	——	地片	金渡镇政府驻地东部
河元	Héyuán	——	地片	金渡镇政府驻地东部
大江	Dàjiāng	——	地片	金渡镇政府驻地东部
新抱江	Xīnbàojiāng	——	地片	金渡镇政府驻地东部
大坑庙	Dàkēngmiào	——	地片	金渡镇政府驻地东部
粮厅田	Liángtīngtián	——	地片	金渡镇政府驻地东部
加工场	Jiāgōngchǎng	——	地片	金渡镇政府驻地东部
荔枝塘	Lìzhī Táng	——	地片	金渡镇政府驻地东部

（续上表）

标准名称	汉语拼音	别名	地名类别	相对位置
大塱	Dàlǎng	—	地片	金渡镇政府驻地东部
当面塱	Dāngmiànlǎng	—	地片	金渡镇政府驻地东部
大竹塱	Dàzhúlǎng	—	地片	金渡镇政府驻地东部
塱园	Lǎngyuán	—	地片	金利镇北部
大包	Dàbāo	—	地片	金利镇西部
基根田	Jīgēntián	—	地片	金利镇西部
小湾塱	Xiǎowānlǎng	—	地片	金利镇西南部
新塱	Xīnlǎng	—	地片	金利镇西部
沾洲塱	Zhānzhōulǎng	—	地片	金利镇西部
大九比	Dàjiǔbǐ	大狗比	地片	金利镇西部
大谷塱	Dàgǔlǎng	—	地片	金利镇南部
牛路	Niúlù	—	地片	金利镇南部
细涌口	Xìyǒngkǒu	—	地片	金利镇南部
横湖	Hénghú	—	地片	金利镇南部
塱仔	Lǎngzǎi	—	地片	金利镇南部
行头	Hángtóu	—	地片	金利镇东南部
九根	Jiǔgēn	—	地片	金利镇南部
九骨	Jiǔgǔ	—	地片	金利镇南部
横岭	Hénglǐng	—	地片	金利镇南部
竹洞窦	Zhúdòngdòu	—	地片	金利镇南部
东围	Dōngwéi	—	地片	金利镇南部
六豆地	Liùdòudì	—	地片	金利镇南部
大小官涌	Dàxiǎoguānyǒng	—	地片	金利镇南部
沙冲塱	Shāchōnglǎng	—	地片	金利镇东南部
企岭	Qǐlǐng	—	地片	金利镇南部
蛇洲塱	Shézhōulǎng	—	地片	金利镇北部
水瓯	Shuǐnáng	—	地片	金利镇北部
东围塱	Dōngwéilǎng	—	地片	金利镇南部
心湖	Xīnhú	—	地片	金利镇南部
第三田	Dìsāntián	—	地片	金利镇西南部

（续上表）

标准名称	汉语拼音	别名	地名类别	相对位置
第五田	Dìwǔtián	——	地片	金利镇西南部
第七田	Dìqītián	——	地片	金利镇西南部
塱角	Lǎngjiǎo	——	地片	金利镇南部
第一斗	Dìyīdǒu	——	地片	金利镇南部
牛佬湖	Niúlǎohú	——	地片	金利镇南部
河眉塘	Héméi Táng	——	地片	金利镇南部
松桂塱	Sōngguìlǎng	——	地片	金利镇南部
第二斗	Dì'èrdǒu	——	地片	金利镇南部
第四斗	Dìsìdǒu	——	地片	金利镇南部
邓家村塱	Dèngjiācūnlǎng	——	地片	金利镇南部
基外	Jīwài	——	地片	金利镇南部
垣地	Yuándì	——	地片	金利镇南部
鬼涌尾	Guǐyǒngwěi	——	地片	金利镇南部
瑞贤塱	Ruìxiánlǎng	——	地片	金利镇南部
大塱	Dàlǎng	——	地片	金利镇南部
高基	Gāojī	——	地片	金利镇南部
下大塘	Xiàdà Táng	——	地片	金利镇东南部
东白塱	Dōngbáilǎng	——	地片	金利镇东南部
星西田	Xīngxītián	——	地片	金利镇东南部
三丫头	Sānyātóu	——	地片	金利镇东南部
下王坭塱	Xiàwángnílǎng	——	地片	金利镇东南部
上塱	Shànglǎng	——	地片	金利镇东南部
底岗	Dǐgǎng	——	地片	金利镇东南部
七亩八方	Qīmǔbāfāng	——	地片	金利镇南部
荔枝底	Lìzhīdǐ	——	地片	金利镇东南部
行窦	Hángdòu	——	地片	金利镇南部
新基口	Xīnjīkǒu	——	地片	金利镇南部
上塱	Shànglǎng	——	地片	金利镇南部
寨对面	Zhàiduìmiàn	——	地片	金利镇南部
新塱外塱	Xīnlǎngwàilǎng	——	地片	金利镇南部

（续上表）

标准名称	汉语拼音	别名	地名类别	相对位置
企坑	Qǐkēng	——	地片	金利镇东南部
上塘口田	Shàngtángkǒutián	——	地片	金利镇东南部
大氹	Dànáng	——	地片	金利镇南部
下塱	Xiàlǎng	——	地片	金利镇南部
外岭	Wàilǐng	——	地片	金利镇南部
南洋塱	Nányánglǎng	——	地片	金利镇南部
新塱里塱	Xīnlǎnglǐlǎng	——	地片	金利镇南部
里塱	Lǐlǎng	——	地片	金利镇南部
牛屎劣田	Niúshǐlièitián	——	地片	金利镇西北部
大岭头	Dàlǐngtóu	——	地片	金利镇西北部
石桥头	Shíqiáotóu	——	地片	金利镇南部
下水口	Xiàshuǐkǒu	——	地片	金利镇南部
涌口	Yǒngkǒu	——	地片	金利镇南部
六颈	Liùjǐng	——	地片	金利镇南部
行头塘	Hángtóu Táng	——	地片	金利镇南部
土寮	Tǔliáo	——	地片	金利镇南部
下坑塱	Xiàkēnglǎng	——	地片	金利镇南部
中心塱	Zhōngxīnlǎng	——	地片	金利镇南部
大坑	Dàkēng	新增	地片	金利镇南部
内塞	Nèisāi	——	地片	金利镇西部
外塞	Wàisāi	——	地片	金利镇西南部
礼祥湖	Lǐxiánghú	——	地片	金利镇西部
六桶塱	Liùtǒnglǎng	——	地片	金利镇西部
宝鸭塱	Bǎoyālǎng	——	地片	金利镇西部
氹洲	Dàngzhōu	——	地片	金利镇西部
大塱底	Dàlǎngdǐ	——	地片	金利镇西部
祥开塱	Xiángkāilǎng	——	地片	金利镇西南部
石岐	Shíqí	——	地片	金利镇西南部
竹湾涌尾	Zhúwānyǒngwěi	——	地片	金利镇西南部
蚌壳洲	Bàngkézhōu	——	地片	金利镇西部

（续上表）

标准名称	汉语拼音	别名	地名类别	相对位置
三有塱	Sānyǒulǎng	——	地片	金利镇西部
镇角	Zhènjiǎo	——	地片	金利镇西南部
庙后塘	Miàohòu Táng	——	地片	金利镇西南部
大塘底田	Dàtángdǐtián	——	地片	金利镇西南部
茅岗村塘塱	Máogǎngcūn Tánglǎng	——	地片	金利镇西南部
新涌塱	Xīnyǒnglǎng	——	地片	金利镇西南部
石洲门口	Shízhōuménkǒu	——	地片	金利镇西南部
行头田	Hángtóutián	——	地片	金利镇西南部
下塱片	Xiàlǎngpiàn	——	地片	金利镇南部
黄鱼塱	Huángyúlǎng	——	地片	金利镇南部
黄茅塱	Huángmáolǎng	——	地片	金利镇南部
长塘东	Chángtángdōng	——	地片	金利镇南部
大塱东	Dàlǎngdōng	——	地片	金利镇南部
定丰塱	Dìngfēnglǎng	——	地片	金利镇南部
长塘	Chángtáng	——	地片	金利镇南部
长连	Chánglián	——	地片	金利镇南部
新塘口塱	Xīntángkǒulǎng	——	地片	金利镇南部
西丫尾	Xīyāwěi	——	地片	金利镇南部
猪肚凼	Zhūdùnáng	——	地片	金利镇南部
坑凹	Kēng'āo	——	地片	金利镇南部
红坭墩	Hóngnídūn	——	地片	金利镇南部
大潭口	Dàtánkǒu	——	地片	金利镇南部
要东下教	Yàodōngxiàjiào	——	地片	金利镇南部
要新村前塱	Yàoxīncūn Qiánlǎng	——	地片	金利镇西南部
东围塱	Dōngwéilǎng	——	地片	金利镇南部
上塱	Shànglǎng	——	地片	金利镇南部
大状塱	Dàzhuànglǎng	——	地片	金利镇南部
大潭	Dàtán	——	地片	金利镇南部
官湖	Guānhú	——	地片	金利镇南部
三底裤	Sāndǐkù	——	地片	金利镇南部

(续上表)

标准名称	汉语拼音	别名	地名类别	相对位置
要西围塱	Yàoxīwéilǎng	——	地片	金利镇南部
榄坑塱	Lǎnkēnglǎng	——	地片	金利镇南部
斗塱	Dǒulǎng	——	地片	金利镇西南部
竹基贝	Zhújībèi	——	地片	金利镇西北部
牛塘扔	Niútángrēng	——	地片	金利镇西北部
大田	Dàtián	——	地片	金利镇西北部
禾婆墩	Hépódūn	——	地片	金利镇西部
木豆口	Mùdòukǒu	——	地片	金利镇西部
大湖	Dàhú	——	地片	金利镇西部
二路	Èrlù	——	地片	金利镇西部
大西丫	Dàxīyā	——	地片	金利镇西南部
大三文	Dàsānwén	——	地片	金利镇西南部
大头涌	Dàtóuyǒng	——	地片	金利镇西南部
三角塘	Sānjiǎo Táng	——	地片	金利镇西南部
上百丈塱	Shàngbǎizhànglǎng	——	地片	金利镇西南部
下塱	Xiàlǎng	——	地片	金利镇西南部
如齐塱	Rúqílǎng	——	地片	金利镇西南部
大基头	Dàjītóu	——	地片	金利镇西南部
蜞𫚒田	Qínǎtián	——	地片	金利镇西南部
石鬼塱	Shíguǐlǎng	——	地片	金利镇西南部
冚塱	Nánglǎng	——	地片	金利镇西部
小湾塱	Xiǎowānlǎng	——	地片	金利镇西部
沙头	Shātóu	——	地片	金利镇西部
下塱	Xiàlǎng	——	地片	金利镇西部
白塔侧	Báitǎcè	——	地片	金利镇西部
榄洲塘	Lǎnzhōu Táng	——	地片	金利镇西部
榄洲垌	Lǎnzhōu Dòng	——	地片	金利镇西部
曲湾塱	Qǔwānlǎng	——	地片	金利镇西部
旱坑塱	Hànkēnglǎng	——	地片	金利镇西部
前塱	Qiánlǎng	——	地片	金利镇西部

（续上表）

标准名称	汉语拼音	别名	地名类别	相对位置
门口塱	Ménkǒulǎng	——	地片	金利镇西部
三角塱	Sānjiǎolǎng	——	地片	金利镇西部
欧村垌	Ōucūn Dòng	——	地片	金利镇西部
欧村塱	Ōucūnlǎng	——	地片	金利镇西部
坑田	Kēngtián	——	地片	金利镇北部
沙坦	Shātǎn	——	地片	金利镇北部
瓦窑田	Wǎyáotián	——	地片	金利镇北部
门口田	Ménkǒutián	——	地片	金利镇北部
摸塱	Mōlǎng	——	地片	金利镇东南部
下垣	Xiàyuán	——	地片	金利镇东南部
村后田	Cūnhòutián	——	地片	金利镇南部
门口田	Ménkǒutián	——	地片	金利镇南部
墩湖	Dūnhú	——	地片	金利镇东南部
山尾	Shānwěi	——	地片	金利镇东南部
村后	Cūnhòu	——	地片	金利镇东南部
外沙坦	Wàishātǎn	——	地片	金利镇东南部
荷包湖	Hébāohú	——	地片	金利镇东南部
洲尾	Zhōuwěi	——	地片	金利镇东南部
手争曲	Shǒuzhēngqǔ	——	地片	金利镇东南部
细塱	Xìlǎng	——	地片	金利镇东南部
大塱	Dàlǎng	——	地片	金利镇东南部
州大基	Zhōudàjī	——	地片	金利镇东南部
元洲江秧地	Yuánzhōujiāngyāngdì	——	地片	金利镇东南部
上横埇	Shànghéngyǒng	——	地片	金利镇东南部
细洲	Xìzhōu	——	地片	金利镇北部
洲塱	Zhōulǎng	——	地片	金利镇北部
上氹	Shàngdàng	——	地片	金利镇东北部
新塱	Xīnlǎng	——	地片	金利镇东北部
新塱	Xīnlǎng	——	地片	金利镇南部
庙涌	Miàoyǒng	——	地片	金利镇南部

（续上表）

标准名称	汉语拼音	别名	地名类别	相对位置
上下阶梯	Shàngxiàjiētī	——	地片	金利镇南部
大塱	Dàlǎng	——	地片	金利镇南部
梅坑	Méikēng	——	地片	金利镇南部
布浮村门口洞	Bùfúcūn Ménkǒudòng	——	地片	乐城镇政府驻地西北部
沉放村后洞	Chénfàngcūn Hòudòng	——	地片	乐城镇政府驻地西部
横坑	Héngkēng	——	地片	乐城镇政府驻地西北部
河希洞	Héxī Dòng	——	地片	乐城镇政府驻地西北部
波力洞	Bōlì Dòng	——	地片	乐城镇政府驻地北部
罗月洞	Luóyuè Dòng	——	地片	乐城镇政府驻地北部
罗磨田	Luómótián	——	地片	乐城镇政府驻地北部
松坑口	Sōngkēngkǒu	——	地片	乐城镇政府驻地西北部
荒田	Huāngtián	——	地片	乐城镇政府驻地西北部
大坪口	Dàpíngkǒu	——	地片	乐城镇政府驻地西北部
大坪田	Dàpíngtián	——	地片	乐城镇政府驻地西北部
黄茂门口洞	Huángmào Ménkǒudòng	——	地片	乐城镇政府驻地北部
下横洞	Xiàhéng Dòng	——	地片	乐城镇政府驻地北部
播党洞	Bōdǎng Dòng	——	地片	乐城镇政府驻地北部
沉板洞	Chénbǎn Dòng	——	地片	乐城镇政府驻地北部
乞儿丫	Qǐ'éryā	——	地片	乐城镇政府驻地北部
新崀	Xīnlàng	——	地片	乐城镇政府驻地北部
高崀	Gāolàng	——	地片	乐城镇政府驻地北部
大洞塘	Dàdòng Táng	——	地片	乐城镇政府驻地北部
沉放门口洞	Chénfàng Ménkǒudòng	——	地片	乐城镇政府驻地西部
波云坑	Bōyún Kēng	——	地片	乐城镇政府驻地东部
波云崀洞	Bōyúnlàng Dòng	——	地片	乐城镇政府驻地东部
罗计洞	Luójì Dòng	——	地片	乐城镇政府驻地东部
多㽖洞	Duōnáng Dòng	——	地片	乐城镇政府驻地东部
三格圳洞	Sāngézhèn Dòng	——	地片	乐城镇政府驻地东部
石下洞	Shíxià Dòng	——	地片	乐城镇政府驻地东部
瓦厂洞	Wǎchǎng Dòng	——	地片	乐城镇政府驻地东部

（续上表）

标准名称	汉语拼音	别名	地名类别	相对位置
下垠洞	Xià'ěn Dòng	—	地片	乐城镇政府驻地东部
多含坑	Duōhán Kēng	—	地片	乐城镇政府驻地东部
扇坑	Shànkēng	—	地片	乐城镇政府驻地北部
良坑	Liángkēng	—	地片	乐城镇政府驻地北部
大洞	Dàdòng	—	地片	乐城镇政府驻地北部
牛栏坑口	Niúlán Kēngkǒu	—	地片	乐城镇政府驻地北部
横洞	Héngdòng	—	地片	乐城镇政府驻地北部
上平拔塘	Shàngpíngbá Táng	—	地片	乐城镇政府驻地北部
河溯洞	Hésù Dòng	—	地片	乐城镇政府驻地北部
河边沙	Hébiānshā	—	地片	乐城镇政府驻地北部
大塱	Dàlǎng	—	地片	乐城镇政府驻地北部
为力口	Wéilìkǒu	—	地片	乐城镇政府驻地北部
花崀	Huālàng	—	地片	乐城镇政府驻地北部
大垠坑	Dà'ěn Kēng	—	地片	乐城镇政府驻地北部
松勿洞	Sōngwù Dòng	—	地片	乐城镇政府驻地北部
佛仔洞	Fózǎi Dòng	—	地片	乐城镇政府驻地北部
黄青门口洞	Huángqīng Ménkǒudòng	—	地片	乐城镇政府驻地北部
庙崀面前洞	Miàolàng Miànqiándòng	—	地片	乐城镇政府驻地北部
杨梅坪	Yángméi Píng	—	地片	乐城镇政府驻地东北部
大下洞	Dàxià Dòng	—	地片	乐城镇政府驻地北部
河砧洞	Hézhēn Dòng	—	地片	乐城镇政府驻地北部
沉官坑	Chéngguān Kēng	—	地片	乐城镇政府驻地北部
沙咀洞	Shāzuǐ Dòng	—	地片	乐城镇政府驻地北部
湾口洞	Wānkǒu Dòng	—	地片	乐城镇政府驻地北部
长沙洞	Chángshā Dòng	—	地片	乐城镇政府驻地北部
社学洞	Shèxué Dòng	—	地片	乐城镇政府驻地北部
沉暗洞	Chén'àn Dòng	—	地片	乐城镇政府驻地北部
毛神咀	Máoshénzuǐ	—	地片	乐城镇政府驻地北部
崩塘	Bēngtáng	—	地片	乐城镇政府驻地北部
河立洞	Hélì Dòng	—	地片	乐城镇政府驻地北部

（续上表）

标准名称	汉语拼音	别名	地名类别	相对位置
破汕洞	Pòshàn Dòng	——	地片	乐城镇政府驻地北部
河洋洞	Héyáng Dòng	——	地片	乐城镇政府驻地北部
黄洞	Huáng Dòng	——	地片	乐城镇政府驻地北部
担塘坑	Dāntáng Kēng	——	地片	乐城镇政府驻地北部
大坑	Dàkēng	——	地片	乐城镇政府驻地西北部
长坑	Chángkēng	——	地片	乐城镇政府驻地北部
沉仙坑	Chénxiān Kēng	——	地片	乐城镇政府驻地北部
北江坑	Běijiāng Kēng	——	地片	乐城镇政府驻地北部
大沙洞	Dàshā Dòng	——	地片	乐城镇政府驻地北部
麻坑	Mákēng	——	地片	乐城镇政府驻地北部
沉保坑	Chénbǎo Kēng	——	地片	乐城镇政府驻地北部
牛尾崀	Niúwěilàng	——	地片	乐城镇政府驻地北部
亚婆崀	Yàpólàng	——	地片	乐城镇政府驻地北部
上云洲门口洞	Shàngyúnzhōu Ménkǒudòng	——	地片	乐城镇政府驻地北部
过坳塘	Guò'àotáng	——	地片	乐城镇政府驻地北部
岑山塘门口洞	Cénshāntáng Ménkǒudòng	——	地片	乐城镇政府驻地北部
长塘	Chángtáng	——	地片	乐城镇政府驻地北部
山咀洞门口洞	Shānzuǐdòng Ménkǒudòng	——	地片	乐城镇政府驻地北部
双锦门口洞	Shuāngjǐn Ménkǒudòng	——	地片	乐城镇政府驻地北部
坟坪洞	Fénpíng Dòng	——	地片	乐城镇政府驻地东北部
开洞门口洞	Kāidòng Ménkǒudòng	——	地片	乐城镇政府驻地东部
塘下田	Tángxiàtián	——	地片	乐城镇政府驻地东部
云林门口洞	Yúnlín Ménkǒudòng	——	地片	乐城镇政府驻地东北部
罗西排洞	Luóxīpái Dòng	——	地片	乐城镇政府驻地东北部
多蛇坑	Duōshé Kēng	——	地片	乐城镇政府驻地东北部
罗带村门口洞	Luódàicūn Ménkǒudòng	——	地片	乐城镇政府驻地东北部
园保窝门口洞	Yuánbǎowō Ménkǒudòng	——	地片	乐城镇政府驻地东部
潭风洞	Tánfēng Dòng	——	地片	乐城镇政府驻地东部

（续上表）

标准名称	汉语拼音	别名	地名类别	相对位置
边岭田	Biānlǐngtián	——	地片	乐城镇政府驻地南部
边河洞	Biānhé Dòng	——	地片	乐城镇政府驻地东南部
龙马洞	Lóngmǎ Dòng	——	地片	乐城镇政府驻地东南部
大沙洞	Dàshā Dòng	——	地片	乐城镇政府驻地东南部
社山洞	Shèshān Dòng	——	地片	乐城镇政府驻地东南部
大塘洞	Dàtáng Dòng	——	地片	乐城镇政府驻地东南部
沙松坪田	Shāsōngpíngtián	——	地片	乐城镇政府驻地东部
鱼花塘田	Yúhuātángtián	——	地片	乐城镇政府驻地东南部
琴白塘	Qínbái Táng	——	地片	乐城镇政府驻地东南部
沙硉田	Shālùtián	——	地片	乐城镇政府驻地东南部
麻勒洞	Málè Dòng	——	地片	乐城镇政府驻地东南部
罗板洞	Luóbǎn Dòng	——	地片	乐城镇政府驻地东南部
花头崀	Huātóulàng	——	地片	乐城镇政府驻地东南部
崩口田	Bēngkǒutián	——	地片	乐城镇政府驻地东部
茅岗坑	Máogǎng Kēng	——	地片	乐城镇政府驻地南部
九坑田	Jiǔkēngtián	——	地片	乐城镇政府驻地南部
吾念咀田	Wúniànzuǐtián	——	地片	乐城镇政府驻地南部
九坑口	Jiǔkēngkǒu	——	地片	乐城镇政府驻地南部
茂龙	Màolóng	——	地片	乐城镇政府驻地南部
河木头田	Hémùtóutián	——	地片	乐城镇政府驻地南部
社播寨门口洞	Shèbōzhài Ménkǒudòng	——	地片	乐城镇政府驻地南部
新村门口洞	Xīncūn Ménkǒudòng	——	地片	乐城镇政府驻地东南部
兰坑	Lánkēng	——	地片	乐城镇政府驻地南部
石榴口洞	Shíliúkǒu Dòng	——	地片	乐城镇政府驻地南部
双界洞	Shuāngjiè Dòng	——	地片	乐城镇政府驻地南部
思可村门前洞	Sīkěcūn Ménqiándòng	——	地片	乐城镇政府驻地南部
羊辽洞	Yángliáo Dòng	——	地片	乐城镇政府驻地南部
兰下洞	Lánxià Dòng	——	地片	乐城镇政府驻地东南部
大碗洞东	Dàwǎndòngdōng	——	地片	乐城镇政府驻地东南部
大碗洞西	Dàwǎndòngxī	——	地片	乐城镇政府驻地南部

（续上表）

标准名称	汉语拼音	别名	地名类别	相对位置
沉坪洞	Chénpíng Dòng	——	地片	乐城镇政府驻地南部
社公洞	Shègōng Dòng	——	地片	乐城镇政府驻地北部
石桂糖	Shíguì Táng	——	地片	乐城镇政府驻地东部
车轮洞	Chēlún Dòng	——	地片	乐城镇政府驻地北部
罗屈洞	Luóqū Dòng	——	地片	乐城镇政府驻地西部
沉罗洞	Chénluó Dòng	——	地片	乐城镇政府驻地南部
沉木底	Chénmùdǐ	——	地片	乐城镇政府驻地南部
谢村洞	Xiècūn Dòng	——	地片	乐城镇政府驻地东北部
大洞心洞	Dàdòngxīn Dòng	——	地片	乐城镇政府驻地东部
和尚灶	Héshàngzào	——	地片	乐城镇政府驻地东部
大朴崀	Dàpǔlàng	——	地片	乐城镇政府驻地东部
罗塱洞	Luólǎng Dòng	——	地片	乐城镇政府驻地西北部
河活洞	Héhuó Dòng	——	地片	乐城镇政府驻地东南部
大花口洞	Dàhuākǒu Dòng	——	地片	乐城镇政府驻地南部
南沙	Nánshā	——	地片	乐城镇政府驻地东部
大石崀田	Dàshílàngtián	——	地片	乐城镇政府驻地北部
高片洞	Gāopiàn Dòng	——	地片	乐城镇政府驻地北部
大碑洞	Dàbēi Dòng	——	地片	乐城镇政府驻地北部
里坑门口洞	Lǐkēng Ménkǒudòng	——	地片	乐城镇政府驻地北部
尾深洞	Wěishēn Dòng	——	地片	乐城镇政府驻地北部
上社前洞	Shàngshèqián Dòng	——	地片	乐城镇政府驻地北部
息源洞	Xīyuán Dòng	——	地片	乐城镇政府驻地北部
云月门口洞	Yúnyuè Ménkǒu Dòng	——	地片	乐城镇政府驻地北部
坑口洞	Kēngkǒu Dòng	——	地片	乐城镇政府驻地北部
黄蟮洞	Huángshàn Dòng	——	地片	乐城镇政府驻地北部
区坑	Qūkēng	——	地片	乐城镇政府驻地西南部
水松塘	Shuǐsōng Táng	——	地片	乐城镇政府驻地南部
油田洞	Yóutián Dòng	——	地片	乐城镇政府驻地南部
猪肚洞	Zhūdǔ Dòng	——	地片	乐城镇政府驻地南部
芙洋田	Fúyángtián	——	地片	乐城镇政府驻地南部

（续上表）

标准名称	汉语拼音	别名	地名类别	相对位置
长田头洞	Chángtiántóu Dòng	——	地片	乐城镇政府驻地南部
沙边洞	Shābiān Dòng	——	地片	乐城镇政府驻地南部
大岭岗田	Dàlǐnggǎngtián	——	地片	乐城镇政府驻地南部
石碑角门口洞	Shíbēijiǎo Ménkǒudòng	——	地片	乐城镇政府驻地南部
苦竹崀	Kǔzhúlàng	——	地片	乐城镇政府驻地南部
沉石尾	Chénshíwěi	——	地片	乐城镇政府驻地南部
罗白洞	Luóbái Dòng	——	地片	乐城镇政府驻地南部
横洞	Héngdòng	——	地片	乐城镇政府驻地南部
沙咀	Shāzuǐ	——	地片	乐城镇政府驻地南部
过河田	Guòhétián	——	地片	乐城镇政府驻地南部
深水洞	Shēnshuǐ Dòng	——	地片	乐城镇政府驻地南部
官洞	Guāndòng	——	地片	乐城镇政府驻地南部
崀头田	Làngtóutián	——	地片	乐城镇政府驻地南部
河口洞	Hékǒu Dòng	——	地片	乐城镇政府驻地南部
屋地崀	Wūdìlàng	——	地片	乐城镇政府驻地南部
大王洞	Dàwáng Dòng	——	地片	乐城镇政府驻地西南部
烂寨田	Lànzhàitián	——	地片	乐城镇政府驻地西南部
双白崀	Shuāngbáilàng	——	地片	乐城镇政府驻地南部
豆口	Dòukǒu	——	地片	莲塘镇政府驻地西部
下岗夹	Xiàgǎngjiá	——	地片	莲塘镇政府驻地东部
陈旭塘	Chénxù Táng	——	地片	莲塘镇政府驻地南部
上夹岗	Shàngjiá Gǎng	——	地片	莲塘镇政府驻地南部
鬼屈	Guǐqū	——	地片	莲塘镇政府驻地东南部
陈上	Chénshàng	——	地片	莲塘镇政府驻地南部
下黄屈	Xiàhuángqū	——	地片	莲塘镇政府驻地东部
察汪	Cháwāng	——	地片	莲塘镇政府驻地西北部
沙朗	Shālǎng	——	地片	莲塘镇政府驻地北部
塘湾	Tángwān	——	地片	莲塘镇政府驻地北部
丁字基	Dīngzìjī	——	地片	莲塘镇政府驻地北部
军汪	Jūnwāng	——	地片	莲塘镇政府驻地西北部

（续上表）

标准名称	汉语拼音	别名	地名类别	相对位置
外塱	Wàilǎng	——	地片	莲塘镇政府驻地北部
大汪顶	Dàwāngdǐng	——	地片	莲塘镇政府驻地北部
大氹	Dànáng	——	地片	莲塘镇政府驻地北部
龙船湾	Lóngchuánwān	——	地片	莲塘镇政府驻地北部
成塘	Chéngtáng	——	地片	莲塘镇政府驻地北部
牛屎水	Niúshǐshuǐ	——	地片	莲塘镇政府驻地南部
沉桐田	Chéntóngtián	——	地片	莲塘镇政府驻地南部
对面河	Duìmiànhé	——	地片	莲塘镇政府驻地南部
廖村	Liàocūn	——	地片	莲塘镇政府驻地东南部
下塱	Xiàlǎng	——	地片	莲塘镇政府驻地南部
村边田	Cūnbiāntián	——	地片	莲塘镇政府驻地南部
长岗田	Chánggǎngtián	——	地片	莲塘镇政府驻地东南部
山根门口田	Shāngēn Ménkǒutián	——	地片	莲塘镇政府驻地东南部
大岗边	Dàgǎngbiān	——	地片	莲塘镇政府驻地东南部
岭黄侧	Lǐnghuángcè	——	地片	莲塘镇政府驻地东南部
高山田	Gāoshāntián	——	地片	莲塘镇政府驻地南部
西坑门口田	Xīkēng Ménkǒutián	——	地片	莲塘镇政府驻地南部
西坑	Xīkēng	——	地片	莲塘镇政府驻地南部
活村门口田	Huócūn Ménkǒutián	——	地片	莲塘镇政府驻地南部
油炸埇	Yóuzhàyǒng	——	地片	莲塘镇政府驻地南部
洲仔	Zhōuzǎi	——	地片	莲塘镇政府驻地东北部
运岗	Yùngǎng	——	地片	莲塘镇政府驻地东部
石狗布	Shígǒubù	——	地片	莲塘镇政府驻地东北部
黄屈	Huángqū	——	地片	莲塘镇政府驻地东部
水对	Shuǐduì	——	地片	莲塘镇政府驻地东部
大松荒	Dàsōnghuāng	——	地片	莲塘镇政府驻地东部
上唇塘	Shàngchún Táng	——	地片	莲塘镇政府驻地东部
小坳田	Xiǎo'àotián	——	地片	莲塘镇政府驻地东南部
横峒	Héngdòng	——	地片	莲塘镇政府驻地东部
狗坑塱	Gǒukēnglǎng	——	地片	莲塘镇政府驻地东部

（续上表）

标准名称	汉语拼音	别名	地名类别	相对位置
高塱	Gāolǎng	——	地片	莲塘镇政府驻地东部
油麻布	Yóumábù	——	地片	莲塘镇政府驻地东部
下垌	Xiàdòng	——	地片	莲塘镇政府驻地东部
横圳	Héngzhèn	——	地片	莲塘镇政府驻地东部
沙塘	Shātáng	——	地片	莲塘镇政府驻地东部
西边垌	Xībiān Dòng	——	地片	莲塘镇政府驻地东部
白坟	Báifén	——	地片	莲塘镇政府驻地东部
朝塘	Cháotáng	——	地片	莲塘镇政府驻地东部
田川	Tiánchuān	——	地片	莲塘镇政府驻地东部
北岸塘	Běi'àn Táng	——	地片	莲塘镇政府驻地东部
官田	Guāntián	——	地片	莲塘镇政府驻地东部
卖埇垌	Màiyǒng Dòng	——	地片	莲塘镇政府驻地东部
细田坑	Xìtián Kēng	——	地片	莲塘镇政府驻地北部
鹅头咀	Étóuzuǐ	——	地片	莲塘镇政府驻地北部
大塱垌	Dàlǎngdòng	——	地片	莲塘镇政府驻地北部
鸡冲	Jīchōng	——	地片	莲塘镇政府驻地北部
小塘尾	Xiǎotángwěi	——	地片	莲塘镇政府驻地北部
沙咀	Shāzuǐ	——	地片	莲塘镇政府驻地北部
教顶	Jiàodǐng	——	地片	莲塘镇政府驻地西北部
油甘咀	Yóugānzuǐ	——	地片	莲塘镇政府驻地西北部
簪坡	Tánpō	——	地片	莲塘镇政府驻地西部
大塘口田	Dàtángkǒutián	——	地片	莲塘镇政府驻地西部
大磨坑	Dàmó Kēng	——	地片	莲塘镇政府驻地南部
杨鼠尾	Yángshǔwěi	——	地片	莲塘镇政府驻地西南部
泮湖	Bànhú	——	地片	莲塘镇政府驻地西部
沙坡	Shāpō	——	地片	莲塘镇政府驻地西部
大井头	Dàjǐngtóu	——	地片	莲塘镇政府驻地西部
大屈	Dàqū	——	地片	莲塘镇政府驻地东部
南坑	Nánkēng	——	地片	莲塘镇政府驻地东部
麻芝荒	Mázhīhuāng	——	地片	莲塘镇政府驻地东部

（续上表）

标准名称	汉语拼音	别名	地名类别	相对位置
北角垌	Běijiǎo Dòng	——	地片	莲塘镇政府驻地西部
里官塘	Lǐguān Táng	——	地片	莲塘镇政府驻地西部
窑屈	Yáoqū	——	地片	莲塘镇政府驻地西部
风水墩	Fēngshuǐdūn	——	地片	莲塘镇政府驻地西部
小佈	Xiǎobù	——	地片	莲塘镇政府驻地东部
岗背塘	Gǎngbèi Táng	——	地片	莲塘镇政府驻地东部
大田头	Dàtiántóu	——	地片	莲塘镇政府驻地东部
大荒	Dàhuāng	——	地片	莲塘镇政府驻地东部
大坳坪	Dà'ào Píng	——	地片	莲塘镇政府驻地东部
长埇口	Chángyǒngkǒu	——	地片	莲塘镇政府驻地东部
马蹄氹	Mǎtídàng	——	地片	莲塘镇政府驻地东部
梅园	Méiyuán	——	地片	莲塘镇政府驻地东部
大坳垌	Dà'ào Dòng	——	地片	莲塘镇政府驻地东部
水坑	Shuǐkēng	——	地片	莲塘镇政府驻地东部
横垌	Héngdòng	——	地片	莲塘镇政府驻地东部
石咀	Shízuǐ	——	地片	莲塘镇政府驻地东部
埇边坑	Yǒngbiān Kēng	——	地片	莲塘镇政府驻地东部
观音埇口	Guānyīnyǒngkǒu	——	地片	莲塘镇政府驻地东北部
金鸡咀	Jīnjīzuǐ	——	地片	莲塘镇政府驻地东北部
黄岗岭	Huánggǎng Lǐng	——	地片	莲塘镇政府驻地东北部
黄尾底	Huángwěidǐ	——	地片	莲塘镇政府驻地北部
塘仔塱	Tángzǎilǎng	——	地片	莲塘镇政府驻地北部
乌草	Wūcǎo	——	地片	莲塘镇政府驻地西北部
坪坳塘	Píng'ào Táng	——	地片	莲塘镇政府驻地北部
虾萝尾	Xiāluówěi	——	地片	莲塘镇政府驻地北部
大围顶	Dàwéidǐng	——	地片	莲塘镇政府驻地西北部
大塱塘	Dàlǎng Táng	——	地片	莲塘镇政府驻地北部
甲屈	Jiǎqū	——	地片	莲塘镇政府驻地北部
塘鹅塱	Táng'élǎng	——	地片	莲塘镇政府驻地南部
新塘窦	Xīntángdòu	——	地片	莲塘镇政府驻地西南部

（续上表）

标准名称	汉语拼音	别名	地名类别	相对位置
大沥	Dàlì	——	地片	莲塘镇政府驻地南部
正垌	Zhèngdòng	——	地片	莲塘镇政府驻地西部
多带田	Duōdàitián	——	地片	莲塘镇政府驻地西部
罗国田	Luóguótián	——	地片	莲塘镇政府驻地西部
三棵树	Sānkēshù	——	地片	莲塘镇政府驻地西南部
云丽田	Yúnlìtián	——	地片	莲塘镇政府驻地西南部
石厂门口田	Shíchǎng Ménkǒutián	——	地片	莲塘镇政府驻地西南部
白沙脊	Báishājǐ	——	地片	莲塘镇政府驻地西南部
云埇	Yúnyǒng	——	地片	莲塘镇政府驻地西南部
木头田	Mùtóutián	——	地片	莲塘镇政府驻地西部
杉坑	Shānkēng	——	地片	莲塘镇政府驻地西南部
水坑田	Shuǐkēngtián	——	地片	莲塘镇政府驻地东部
下氹水	Xiàdàngshuǐ	——	地片	莲塘镇政府驻地东部
学田	Xuétián	——	地片	莲塘镇政府驻地东部
上办田汪	Shàngbàntiánwāng	——	地片	莲塘镇政府驻地东部
沙田	Shātián	——	地片	莲塘镇政府驻地东部
办尾	Bànwěi	——	地片	莲塘镇政府驻地东部
鸡长坑口	Jīcháng Kēngkǒu	——	地片	禄步镇西北部
鸡长坑尾	Jīcháng Kēngwěi	——	地片	禄步镇西北部
连迳坑	Liánjìng Kēng	——	地片	禄步镇西北部
正降坑	Zhèngjiàng Kēng	——	地片	禄步镇西北部
石达坑	Shídá Kēng	——	地片	禄步镇西北部
坑仔	Kēngzǎi	——	地片	禄步镇西部
河坑	Hékēng	——	地片	禄步镇西北部
白梅坑	Báiméi Kēng	——	地片	禄步镇西部
雾水坑	Wùshuǐ Kēng	——	地片	禄步镇西部
罗田	Luótián	——	地片	禄步镇西北部
文光田	Wénguāngtián	——	地片	禄步镇西北部
水电张田	Shuǐdiànzhāngtián	——	地片	禄步镇西北部
东岸田	Dōng'àntián	——	地片	禄步镇西北部

（续上表）

标准名称	汉语拼音	别名	地名类别	相对位置
下罗茶田	Xiàluóchátián	——	地片	禄步镇西北部
澟峒坑	Bàndòng Kēng	——	地片	禄步镇西北部
大粪坪岗	Dàfènpíng Gǎng	——	地片	禄步镇西北部
罗茶田	Luóchátián	——	地片	禄步镇西北部
毕碌坑	Bìlù Kēng	——	地片	禄步镇西部
仙人桥坑	Xiānrénqiáo Kēng	——	地片	禄步镇西北部
山厂	Shānchǎng	——	地片	禄步镇西北部
大旺坑	Dàwàng Kēng	——	地片	禄步镇西北部
石九塘边	Shíjiǔtángbiān	——	地片	禄步镇西部
大洲	Dàzhōu	——	地片	禄步镇政府驻地西部
甫竹坑	Fǔzhú Kēng	——	地片	禄步镇西部
白石坑	Báishí Kēng	——	地片	禄步镇西部
新塘峒	Xīntáng Dòng	——	地片	禄步镇西部
甘塘	Gāntáng	——	地片	禄步镇西部
洞心	Dòngxīn	——	地片	禄步镇西部
谢坑	Xièkēng	——	地片	禄步镇西部
扑芋坑	Pūyù Kēng	——	地片	禄步镇西南部
石骨坑	Shígǔ Kēng	——	地片	禄步镇西南部
呕坑田	Ǒukēngtián	——	地片	禄步镇西南部
大圳田	Dàzhèntián	——	地片	禄步镇西南部
南丫田	Nányātián	——	地片	禄步镇西南部
长塱田	Zhǎnglǎngtián	——	地片	禄步镇西南部
横峒	Héngdòng	——	地片	禄步镇西南部
三亮	Sānliàng	——	地片	禄步镇西南部
大边底	Dàbiāndǐ	——	地片	禄步镇西南部
大路边	Dàlùbiān	——	地片	禄步镇西南部
勒根咀	Lègēnzuǐ	——	地片	禄步镇西南部
将军坑	Jiāngjūn Kēng	——	地片	禄步镇东北部
格河	Géhé	——	地片	禄步镇东北部
蟾蜍塘	Chánchú táng	——	地片	禄步镇北部

（续上表）

标准名称	汉语拼音	别名	地名类别	相对位置
坑心田	Kēngxīntián	——	地片	禄步镇东北部
圩头垌	Xūtóu Dòng	——	地片	禄步镇北部
大播	Dàbō	——	地片	禄步镇北部
细双里坑	Xìshuānglǐ Kēng	——	地片	禄步镇北部
垌心田	Dòngxīntián	——	地片	禄步镇东北部
洲尾	Zhōuwěi	——	地片	禄步镇西部
大田	Dàtián	——	地片	禄步镇西部
河佑田	Héyòutián	——	地片	禄步镇西南部
南塘边田	Nántángbiāntián	——	地片	禄步镇西南部
低田	Dītián	——	地片	禄步镇西南部
秧地田	Yāngdìtián	——	地片	禄步镇西南部
马岗坑	Mǎgǎng Kēng	——	地片	禄步镇西南部
大沙地	Dàshādì	——	地片	禄步镇西南部
山塱地	Shānlǎngdì	——	地片	禄步镇西南部
茶亭背	Chátíngbèi	——	地片	禄步镇西南部
机房沙子	Jīfángshāzǐ	——	地片	禄步镇西南部
大牛古坡	Dàniúgǔpō	——	地片	禄步镇东北部
大王地	Dàwángdì	——	地片	禄步镇北部
大田	Dàtián	——	地片	禄步镇东北部
七社塱	Qīshèlǎng	——	地片	禄步镇东北部
马尾田	Mǎwěitián	——	地片	禄步镇东北部
老塘	Lǎotáng	——	地片	禄步镇东北部
牛栏垌	Niúlán Dòng	——	地片	禄步镇东北部
广西洲	Guǎngxīzhōu	——	地片	禄步镇北部
大塱	Dàlǎng	——	地片	禄步镇东北部
双降坑	Shuāngjiàng Kēng	——	地片	禄步镇西南部
荒田	Huāngtián	——	地片	禄步镇西南部
芒豆坑	Mángdòu Kēng	——	地片	禄步镇西南部
高段田	Gāoduàntián	——	地片	禄步镇西南部
横垌	Héngdòng	——	地片	禄步镇西南部

(续上表)

标准名称	汉语拼音	别名	地名类别	相对位置
九县	Jiǔxiàn	—	地片	禄步镇西南部
石蜡崀	Shílàlàng	—	地片	禄步镇西南部
陈田	Chéntián	—	地片	禄步镇西南部
崀仔	Làngzǎi	—	地片	禄步镇西南部
二坜	Èrlì	—	地片	禄步镇西南部
葫芦坑	Húlú Kēng	—	地片	禄步镇西南部
坳岗田	Aogǎngtián	—	地片	禄步镇西南部
垌心	Dòngxīn	—	地片	禄步镇西南部
沙田	Shātián	—	地片	禄步镇西南部
河贤	Héxián	—	地片	禄步镇西南部
庙前	Miàoqián	—	地片	禄步镇西南部
早熟田	Zǎoshútián	—	地片	禄步镇南部
门口田	Ménkǒutián	—	地片	禄步镇南部
匹碌坑	Pǐlù Kēng	—	地片	禄步镇北部
双姜坑	Shuāngjiāng Kēng	—	地片	禄步镇北部
凉坑	Liángkēng	—	地片	禄步镇北部
降坑尾	Jiàngkēngwěi	—	地片	禄步镇北部
田崀	Tiánlàng	—	地片	禄步镇北部
芒坪坑	Mángpíng Kēng	—	地片	禄步镇北部
大坑尾茶地	Dàkēngwěi Chádì	—	地片	禄步镇北部
高磅	Gāopáng	—	地片	禄步镇北部
小云荖	Xiǎoyúnlǎo	—	地片	禄步镇北部
崀仔坑	Làngzǎi Kēng	—	地片	禄步镇北部
下崩坑	Xiàbēng Kēng	—	地片	禄步镇北部
榄田垌	Lǎntián Dòng	—	地片	禄步镇北部
垌心	Dòngxīn	—	地片	禄步镇北部
西坑	Xīkēng	—	地片	禄步镇北部
罗头垌	Luótóu Dòng	—	地片	禄步镇北部
蔗垌	Zhèdòng	—	地片	禄步镇北部
罗级坑	Luójí Kēng	—	地片	禄步镇北部

（续上表）

标准名称	汉语拼音	别名	地名类别	相对位置
双碌坑	Shuānglù Kēng	——	地片	禄步镇北部
凹江	Āojiāng	——	地片	禄步镇北部
双蚬	Shuāngxiǎn	——	地片	禄步镇北部
横坑仔	Héngkēngzǎi	——	地片	禄步镇北部
罗东	Luódōng	——	地片	禄步镇北部
罗级垌	Luójí Dòng	——	地片	禄步镇北部
上下垌	Shàngxià Dòng	——	地片	禄步镇北部
大塘田	Dàtángtián	——	地片	禄步镇北部
大田面	Dàtiánmiàn	——	地片	禄步镇北部
留间坪	Liújiān Píng	——	地片	禄步镇北部
曲源门口垌	Qǔyuán Ménkǒudòng	——	地片	禄步镇北部
塘心	Tángxīn	——	地片	禄步镇北部
八斗	Bādǒu	——	地片	禄步镇北部
莲塘	Liántáng	——	地片	禄步镇北部
长林田	Chánglíntián	——	地片	禄步镇北部
大溚	Dàbàn	——	地片	禄步镇北部
绿水门口田	Lǜshuǐ Ménkǒutián	——	地片	禄步镇北部
黄榄坑	Huánglǎn Kēng	——	地片	禄步镇北部
大石脚	Dàshíjiǎo	——	地片	禄步镇北部
土地坑	Tǔdì Kēng	——	地片	禄步镇北部
燕脊	Yànjǐ	——	地片	禄步镇北部
西陀坑尾	Xītuó Kēngwěi	——	地片	禄步镇北部
西陀坑	Xītuó Kēng	——	地片	禄步镇北部
牛桅坑	Niúwéi Kēng	——	地片	禄步镇北部
金鸡湖门口垌	Jīnjīhú Ménkǒudòng	——	地片	禄步镇北部
牛栏坑垌	Niúlán Kēngdòng	——	地片	禄步镇北部
坑仔	Kēngzǎi	——	地片	禄步镇北部
黄泥坑	Huángní Kēng	——	地片	禄步镇北部
官塘垌	Guāntáng Dòng	——	地片	禄步镇北部
含村垌	Háncūn Dòng	——	地片	禄步镇东北部

（续上表）

标准名称	汉语拼音	别名	地名类别	相对位置
芝麻崀	Zhīmálàng	——	地片	禄步镇东北部
罗水峒	Luóshuǐ Dòng	——	地片	禄步镇北部
横峒	Héngdòng	——	地片	禄步镇东北部
仄山峒	Zèshān Dòng	——	地片	禄步镇政府北部
大坑田	Dàkēngtián	——	地片	禄步镇东北部
鹏公坑	Pénggōng Kēng	——	地片	禄步镇东北部
大坑	Dàkēng	——	地片	禄步镇东北部
格桥坑	Géqiáo Kēng	——	地片	禄步镇东北部
牛角坑	Niújiǎo Kēng	——	地片	禄步镇东北部
中站田	Zhōngzhàntián	——	地片	禄步镇东北部
坪头田	Píngtóutián	——	地片	禄步镇东北部
石门田	Shíméntián	——	地片	禄步镇东北部
三折坑	Sānshé Kēng	——	地片	禄步镇东北部
学竹坑	Xuézhú Kēng	——	地片	禄步镇东北部
企岭坑	Qǐlǐng Kēng	——	地片	禄步镇东北部
斩鬼坑田	Zhǎnguǐ Kēngtián	——	地片	禄步镇东北部
石册	Shícè	——	地片	禄步镇东北部
塘婆田	Tángpótián	——	地片	禄步镇东北部
册落坑	Cèluò Kēng	——	地片	禄步镇东北部
大坪田	Dàpíngtián	——	地片	禄步镇东北部
旱坑	Hànkēng	——	地片	禄步镇东北部
塘婆坑	Tángpó Kēng	——	地片	禄步镇东北部
黄垊田	Huángmíntián	——	地片	禄步镇东北部
正坑	Zhèngkēng	——	地片	禄步镇东北部
灶屈坑	Zàoqū Kēng	——	地片	禄步镇东北部
长坑田	Chángkēngtián	——	地片	禄步镇东北部
大坡坑门口	Dàpōkēng Ménkǒu	——	地片	禄步镇东北部
松坳	Sōng'ào	——	地片	禄步镇东北部
棚根	Shāngēn	——	地片	禄步镇东北部
洲背	Zhōubèi	——	地片	禄步镇东北部

（续上表）

标准名称	汉语拼音	别名	地名类别	相对位置
大岗脚	Dàgǎngjiǎo	——	地片	禄步镇东北部
大口崀	Dàkǒulàng	——	地片	禄步镇东北部
太平门口田	Tàipíng Ménkǒutián	——	地片	禄步镇东北部
陂头坑	Bēitóukēng	——	地片	禄步镇东北部
大比焕垌	Dàbǐhuàndòng	——	地片	禄步镇东北部
细良口	Xìliángkǒu	——	地片	禄步镇东北部
濑坑	Làikēng	——	地片	禄步镇东北部
江延	Jiāngyán	——	地片	禄步镇东北部
栗菜坑	Lìcài Kēng	——	地片	禄步镇西部
溪书口	Xīshūkǒu	——	地片	禄步镇西部
腐竹坑	Fǔzhú Kēng	——	地片	禄步镇西部
社址脚	Shèzhǐjiǎo	——	地片	禄步镇西部
下塘	Xiàtáng	——	地片	禄步镇西部
猪仔崀	Zhūzǎilàng	——	地片	禄步镇西部
何包笃	Hébāodǔ	——	地片	禄步镇西部
黄肚塘	Huángdù Táng	——	地片	禄步镇西部
黄泥塘	Huángní Táng	——	地片	禄步镇西部
木范仔田	Mùfànzǎitián	——	地片	禄步镇西北部
石灰碑垌	Shíhuībēi Dòng	——	地片	禄步镇西部
将军塘	Jiāngjūn Táng	——	地片	禄步镇西部
蕉坑	Jiāokēng	——	地片	禄步镇西部
上塘	Shàngtáng	——	地片	禄步镇西部
坑口	Kēngkǒu	——	地片	禄步镇西北部
丁挂坑	Dīngguà Kēng	——	地片	禄步镇西北部
桃坑仔	Táokēngzǎi	——	地片	禄步镇西北部
横坑仔	Héngkēngzǎi	——	地片	禄步镇西北部
旱坑垌	Hànkēng Dòng	——	地片	禄步镇西北部
勒竹坑	Lèzhú Kēng	——	地片	禄步镇西北部
寻物坑	Xúnwù Kēng	——	地片	禄步镇西北部
鸡打口	Jīdǎkǒu	——	地片	禄步镇西北部

（续上表）

标准名称	汉语拼音	别名	地名类别	相对位置
卯垌	Mǎodòng	——	地片	禄步镇西北部
大石岗坑	Dàshígǎng Kēng	——	地片	禄步镇西北部
木榜垌	Mùbǎng Dòng	——	地片	禄步镇西北部
坑口排	Kēngkǒupái	——	地片	禄步镇西北部
上高桥	Shànggāoqiáo	——	地片	禄步镇西北部
松岗坑	Sōnggǎng Kēng	——	地片	禄步镇西北部
连坑	Liánkēng	——	地片	禄步镇西北部
洞面	Dòngmiàn	——	地片	禄步镇西北部
上社底	Shàngshèdǐ	——	地片	禄步镇西北部
良田布	Liángtiánbù	——	地片	禄步镇西北部
禾地脚	Hédìjiǎo	——	地片	禄步镇西北部
白石垌	Báishí Dòng	——	地片	禄步镇西北部
三塘车	Sāntángchē	——	地片	禄步镇西北部
小桃坑	Xiǎotáo Kēng	——	地片	禄步镇西北部
洲坳	Zhōu'ào	——	地片	禄步镇西北部
龙科	Lóngkē	——	地片	禄步镇西部
大禾田	Dàhétián	——	地片	禄步镇西北部
下铁路	Xiàtiělù	——	地片	禄步镇西部
桐油崀	Tóngyóulàng	——	地片	禄步镇南部
梅仔坑	Méizǎi Kēng	——	地片	禄步镇西南部
迟坑	Chíkēng	——	地片	禄步镇西南部
鸭尾坑	Yāwěi Kēng	——	地片	禄步镇西南部
禄镇围门口垌	Lùzhènwéi Ménkǒudòng	——	地片	禄步镇南部
大坳垌	Dà'ào Dòng	——	地片	禄步镇西南部
新村崀	Xīncūnlàng	——	地片	禄步镇西南部
大步垌	Dàbù Dòng	——	地片	禄步镇南部
鹅公楼	Égōnglóu	——	地片	禄步镇北部
塘盆坑	Tángpén Kēng	——	地片	禄步镇北部
乌石坑	Wūshí Kēng	——	地片	禄步镇北部
白石坑	Báishí Kēng	——	地片	禄步镇北部

（续上表）

标准名称	汉语拼音	别名	地名类别	相对位置
蛇岭咀	Shélǐngzuǐ	——	地片	禄步镇北部
坳头	Àotóu	——	地片	禄步镇北部
下凼湖	Xiàdànghú	——	地片	禄步镇北部
半月田	Bànyuètián	——	地片	禄步镇北部
山塘仔	Shāntángzǎi	——	地片	禄步镇北部
桐油坑	Tóngyóu Kēng	——	地片	禄步镇北部
罗金洞	Luójīn Dòng	——	地片	禄步镇北部
根竹坑	Gēnzhú Kēng	——	地片	禄步镇北部
坑仔	Kēngzǎi	——	地片	禄步镇北部
南山岗	Nánshān Gǎng	——	地片	禄步镇西南部
水路面	Shuǐlùmiàn	——	地片	禄步镇西南部
上路口	Shànglùkǒu	——	地片	禄步镇西南部
关信塘	Guānxìn Táng	——	地片	禄步镇西南部
村边田	Cūnbiāntián	——	地片	禄步镇西南部
屋寿塘	Wūshòu Táng	——	地片	禄步镇西南部
坑心	Kēngxīn	——	地片	禄步镇西南部
庙前	Miàoqián	——	地片	禄步镇西南部
正经坑	Zhèngjīng Kēng	——	地片	禄步镇东南部
杨梅洲	Yángméizhōu	——	地片	禄步镇东南部
正坑尾	Zhèngkēngwěi	——	地片	禄步镇东南部
大塘田	Dàtángtián	——	地片	禄步镇东南部
细塘田	Xìtángtián	——	地片	禄步镇东南部
高段田	Gāoduàntián	——	地片	禄步镇东南部
大头竹根	Dàtóuzhúgēn	——	地片	禄步镇东南部
沙地坳	Shādì Ào	——	地片	禄步镇东部
白石咀	Báishízuǐ	——	地片	禄步镇东南部
广塘地	Guǎngtángdì	——	地片	禄步镇东南部
正经坑口	Zhèngjīng Kēngkǒu	——	地片	禄步镇东南部
蓝参田	Láncāntián	——	地片	禄步镇东南部
上运田	Shàngyùntián	——	地片	禄步镇东南部

(续上表)

标准名称	汉语拼音	别名	地名类别	相对位置
古寅塘	Gǔyín Táng	——	地片	禄步镇东南部
黄地田	Huángdìtián	——	地片	禄步镇东南部
深塘坑	Shēntáng Kēng	——	地片	禄步镇南部
笋头坑	Sǔntóu Kēng	——	地片	禄步镇政府北部
茶坑	Chákēng	——	地片	禄步镇东北部
双沙坑	Shuāngshā Kēng	——	地片	禄步镇东北部
双禁坑	Shuāngjìn Kēng	——	地片	禄步镇东北部
白土垌	Báitǔ Dòng	——	地片	禄步镇东北部
猪崀	Zhūlàng	——	地片	禄步镇北部
里奇	Lǐqí	——	地片	禄步镇北部
珠江垌	Zhūjiāng Dòng	——	地片	禄步镇东北部
河播	Hébō	——	地片	禄步镇东北部
亚公坑	Yàgōng Kēng	——	地片	禄步镇东北部
布月	Bùyuè	——	地片	禄步镇北部
大坑	Dàkēng	——	地片	禄步镇东北部
大田	Dàtián	——	地片	禄步镇东北部
白土垌	Báitǔ Dòng	——	地片	禄步镇东北部
坑头田	Kēngtóutián	——	地片	禄步镇东北部
大田头	Dàtiántóu	——	地片	禄步镇西北部
陈青垌	Chénqīng Dòng	——	地片	禄步镇西部
牛泮	Niúbàn	——	地片	禄步镇北部
萝卜垌	Luóbo Dòng	——	地片	禄步镇北部
大坑	Dàkēng	——	地片	禄步镇北部
横垌	Héngdòng	——	地片	禄步镇北部
大田头	Dàtiántóu	——	地片	禄步镇北部
大方洞	Dàfāng Dòng	——	地片	禄步镇北部
大窦面	Dàdòumiàn	——	地片	禄步镇北部
龙气	Lóngqì	——	地片	禄步镇西北部
大垌脚	Dàdòngjiǎo	——	地片	禄步镇北部
岗背垌	Gǎngbèi Dòng	——	地片	禄步镇西南部

（续上表）

标准名称	汉语拼音	别名	地名类别	相对位置
大基头	Dàjītóu	——	地片	禄步镇西南部
情清崀	Qíngqīnglàng	——	地片	禄步镇西部
大荒地	Dàhuāngdì	——	地片	禄步镇西部
新围	Xīnwéi	——	地片	禄步镇南部
云英坑	Yúnyīng Kēng	——	地片	禄步镇西北部
夹坑口	Jiákēngkǒu	——	地片	禄步镇西北部
寻婆口田	Xúnpókǒutián	——	地片	禄步镇西北部
坑洲	Kēngzhōu	——	地片	禄步镇西北部
高简	Gāojiǎn	——	地片	禄步镇西北部
深塘	Shēntáng	——	地片	禄步镇西北部
大坑崀	Dàkēnglàng	——	地片	禄步镇西部
大垌田	Dàdòngtián	——	地片	禄步镇西北部
罗弯田	Luówāntián	——	地片	禄步镇西部
软塘田	Ruǎntángtián	——	地片	禄步镇西北部
车坑	Chēkēng	——	地片	禄步镇东北部
双料尾	Shuāngliàowěi	——	地片	禄步镇东北部
第四丫	Dìsìyā	——	地片	禄步镇东北部
塘洲门口垌	Tángzhōu Ménkǒudòng	——	地片	禄步镇东北部
牛角坑	Niújiǎo Kēng	——	地片	禄步镇东北部
马安坑	Mǎ'ān Kēng	——	地片	禄步镇东北部
沙律垌	Shālù Dòng	——	地片	禄步镇东北部
把碌坑	Bǎlù Kēng	——	地片	禄步镇东北部
第一丫	Dìyīyā	——	地片	禄步镇东北部
高崀垌	Gāolàng Dòng	——	地片	禄步镇东北部
双树垌	Shuāngshù Dòng	——	地片	禄步镇东北部
大崀垌	Dàlàng Dòng	——	地片	禄步镇东北部
白狗屈	Báigǒuqū	——	地片	禄步镇东北部
云凼坑	Yúndàng Kēng	——	地片	禄步镇北部
隔岭门口垌	Gélǐng Ménkǒudòng	——	地片	禄步镇北部
罗学门口田	Luóxué Ménkǒutián	——	地片	禄步镇北部

（续上表）

标准名称	汉语拼音	别名	地名类别	相对位置
担水坑	Dānshuǐ Kēng	——	地片	禄步镇北部
南青峒	Nánqīng Dòng	——	地片	禄步镇北部
简崀峒	Jiǎnlàng Dòng	——	地片	禄步镇北部
中心浰	Zhōngxīnliè	——	地片	南岸街道西南部
南字号	Nánzìhào	——	地片	南岸街道西南部
丫飞	Yāfēi	——	地片	南岸街道西南部
太平岸塱	Tàipíng'ànlǎng	——	地片	南岸街道西南部
冷水塱	Lěngshuǐlǎng	——	地片	南岸街道西南部
沙田尾	Shātiánwěi	——	地片	南岸街道西南部
后塱	Hòulǎng	——	地片	南岸街道西南部
边海	Biānhǎi	——	地片	南岸街道西南部
前塱	Qiánlǎng	——	地片	南岸街道西南部
外塱	Wàilǎng	——	地片	南岸街道西南部
老鼠咀	Lǎoshǔzuǐ	——	地片	南岸街道西部
塱口	Lǎngkǒu	——	地片	南岸街道西部
庙前	Miàoqián	——	地片	南岸街道西部
大山坑	Dàshān Kēng	——	地片	南岸街道西部
木头埌	Mùtóulàng	——	地片	南岸街道西部
大埌塘	Dàlàng Táng	——	地片	南岸街道西部
金瓜塱	Jīnguālǎng	——	地片	南岸街道西南部
埌边	Làngbiān	——	地片	南岸街道西南部
牛角	Niújiǎo	——	地片	南岸街道西南部
南丫	Nányā	——	地片	南岸街道西南部
田深	Tiánshēn	——	地片	南岸街道西南部
塘汪	Tángwāng	——	地片	南岸街道西南部
下鲮	Xiàlíng	——	地片	南岸街道西南部
细塱	Xìlǎng	——	地片	南岸街道西南部
上鲮	Shànglíng	——	地片	南岸街道西南部
江口咀	Jiāngkǒuzuǐ	——	地片	南岸街道东部
凤田坑	Fèngtián Kēng	——	地片	南岸街道东部

（续上表）

标准名称	汉语拼音	别名	地名类别	相对位置
磨刀坑	Módāo Kēng	——	地片	南岸街道西部
南蛇坑	Nánshé Kēng	——	地片	南岸街道西部
长顺石场	Chángshùnshíchǎng	——	地片	南岸街道西部
社公田	Shègōngtián	——	地片	南岸街道西南部
水库口	Shuǐkùkǒu	——	地片	南岸街道西部
大塱	Dàlǎng	——	地片	南岸街道西南部
马安地	Mǎ'āndì	——	地片	南岸街道西南部
下坑大田	Xiàkēngdàtián	——	地片	南岸街道西南部
焦园地	Jiāoyuándì	——	地片	南岸街道西南部
沙地塱	Shādìlǎng	——	地片	南岸街道西南部
犁口塘	Líkǒu Táng	——	地片	南岸街道西部
沙科田	Shākētián	——	地片	南岸街道西南部
油菜田	Yóucàitián	——	地片	南岸街道南部
磨菇坑	Mógū Kēng	——	地片	南岸街道南部
风柜口	Fēngguìkǒu	——	地片	南岸街道南部
蚌岗尾	Bànggǎngwěi	——	地片	南岸街道南部
西瓜地	Xīguādì	——	地片	南岸街道南部
坦场村门口田	Tǎnchǎngcūn Ménkǒutián	——	地片	南岸街道东南部
蕉坑	Jiāokēng	——	地片	南岸街道东南部
萝卜地尾	Luóbodìwěi	——	地片	南岸街道东部
禾地头	Hédìtóu	——	地片	南岸街道东部
里头坑	Lǐtóu Kēng	——	地片	南岸街道东部
长坑	Chángkēng	——	地片	南岸街道西部
大窝塱	Dàwōlǎng	——	地片	南岸街道西南部
大汪	Dàwāng	——	地片	南岸街道西南部
大坡头	Dàpōtóu	——	地片	南岸街道西南部
旭塘	Xùtáng	——	地片	南岸街道西南部
河文头	Héwéntóu	——	地片	南岸街道西南部
横头	Héngtóu	——	地片	南岸街道西南部
沙只顶	Shāzhī Dǐng	——	地片	南岸街道西南部

（续上表）

标准名称	汉语拼音	别名	地名类别	相对位置
牛角尖	Niújiǎojiān	—	地片	南岸街道西南部
河文咀	Héwénzuǐ	—	地片	南岸街道西南部
直上	Zhíshàng	—	地片	南岸街道西南部
大汪塘	Dàwāng Táng	—	地片	南岸街道西南部
牛坡沙	Niúpōshā	—	地片	南岸街道西南部
横界	Héngjiè	—	地片	南岸街道西南部
复船岗	Fùchuán Gǎng	—	地片	南岸街道南部
牛春塱	Niúchūnlǎng	—	地片	南岸街道西南部
蛤㟍咀	Hánǎzuǐ	—	地片	南岸街道西南部
鸭屋	Yāwū	—	地片	南岸街道西南部
横枝根	Héngzhīgēn	—	地片	南岸街道西南部
北字号	Běizìhào	—	地片	南岸街道西南部
牛湖凹	Niúhú Āo	—	地片	水南镇东部
岗凹	Gǎng'āo	—	地片	水南镇东部
石人公坑	Shíréngōng Kēng	—	地片	水南镇东部
姓官坑底	Xìngguān Kēngdǐ	—	地片	水南镇东部
罗沙垌	Luóshā Dòng	—	地片	水南镇西北部
坑告门口垌	Kēnggào Ménkǒudòng	—	地片	水南镇西北部
龙垌	Lóngdòng	—	地片	水南镇西北部
沉有坑	Chényǒu Kēng	—	地片	水南镇西北部
双报田	Shuāngbàotián	—	地片	水南镇西北部
米坑塱	Mǐkēnglàng	—	地片	水南镇西北部
白石迳门口田	Báishíjìng Ménkǒutián	—	地片	水南镇西北部
桂丫坑	Guìyā Kēng	—	地片	水南镇西北部
竹同坑田	Zhútóng Kēngtián	—	地片	水南镇西北部
逢礼门口垌	Fénglǐ Ménkǒudòng	—	地片	水南镇西北部
龙湾墩	Lóngwāndūn	—	地片	水南镇北部
对面塱	Duìmiànlàng	—	地片	水南镇北部
云语门口垌	Yúnyǔ Ménkǒudòng	—	地片	水南镇北部
河边梯田	Hébiāntītián	—	地片	水南镇西北部

（续上表）

标准名称	汉语拼音	别名	地名类别	相对位置
坑告崀	Kēnggàolàng	——	地片	水南镇西北部
沉朵田	Chénduǒtián	——	地片	水南镇北部
山仔田	Shānzǎitián	——	地片	水南镇北部
沉甘田	Chéngāntián	——	地片	水南镇北部
河劣田	Héliètián	——	地片	水南镇北部
番塘田	Fāntángtián	——	地片	水南镇北部
庙下水田	Miàoxiàshuǐtián	——	地片	水南镇北部
湾督	Wāndū	——	地片	水南镇北部
双祐坑	Shuāngyòu Kēng	——	地片	水南镇北部
沙勒底	Shālèdǐ	——	地片	水南镇东南部
大马畔	Dàmǎpàn	——	地片	水南镇东南部
猪仲口田	Zhūzhòngkǒutián	——	地片	水南镇东南部
石子见	Shízǐjiàn	——	地片	水南镇东南部
石桥头门口田	Shíqiáotóu Ménkǒutián	——	地片	水南镇东南部
大见	Dàjiàn	——	地片	水南镇东南部
菜园坑	Càiyuán Kēng	——	地片	水南镇东南部
大王见门口田	Dàwángjiàn Ménkǒutián	——	地片	水南镇东南部
大茶坑	Dàchá Kēng	——	地片	水南镇东北部
山塘田	Shāntángtián	——	地片	水南镇东部
下坪门口垌	Xiàpíng Ménkǒudòng	——	地片	水南镇东部
暗山角	Ànshānjiǎo	——	地片	水南镇东部
朱石垌	Zhūshí Dòng	——	地片	水南镇东部
瘌痢石坑	Làlìshí Kēng	——	地片	水南镇东北部
沙坑	Shākēng	——	地片	水南镇东部
大石坑	Dàshí Kēng	——	地片	水南镇东北部
大塱垌	Dàlǎng Dòng	——	地片	水南镇北部
边岗	Biāngǎng	——	地片	水南镇北部
大坑塘	Dàkēng Táng	——	地片	水南镇北部
鱼汕	Yúshàn	——	地片	水南镇北部
下垌	Xiàdòng	——	地片	水南镇北部

(续上表)

标准名称	汉语拼音	别名	地名类别	相对位置
上峒	Shàngdòng	——	地片	水南镇北部
深塘头坑	Shēntángtóu Kēng	——	地片	水南镇北部
大郁坑	Dàyù Kēng	——	地片	水南镇东北部
大坑	Dàkēng	——	地片	水南镇北部
沉桥	Chénqiáo	——	地片	水南镇北部
罗林坑	Luólín Kēng	——	地片	水南镇东北部
鸭屎播门口峒	Yāshǐbō Ménkǒudòng	——	地片	水南镇西南部
竹岗门口峒	Zhúgǎng Ménkǒudòng	——	地片	水南镇西南部
洲仔	Zhōuzǎi	——	地片	水南镇西南部
大田仔	Dàtiánzǎi	——	地片	水南镇西南部
洲仔峒	Zhōuzǎi Dòng	——	地片	水南镇西南部
大芒头	Dàmángtóu	——	地片	水南镇南部
沙边	Shābiān	——	地片	水南镇南部
头崀峒	Tóulàng Dòng	——	地片	水南镇南部
大尾田	Dàwěitián	——	地片	水南镇南部
大崀峒	Dàlàng Dòng	——	地片	水南镇南部
屋背岗	Wūbèi Gǎng	——	地片	水南镇东南部
门口田	Ménkǒutián	——	地片	水南镇南部
下云路	Xiàyúnlù	——	地片	水南镇东南部
石坝	Shíbà	——	地片	水南镇东南部
上峒	Shàngdòng	——	地片	水南镇东南部
上博坑	Shàngbó Kēng	——	地片	水南镇东南部
梅坑	Méikēng	——	地片	水南镇东南部
庙坑	Miàokēng	——	地片	水南镇西南部
河木岗门口田	Hémùgǎng Ménkǒutián	——	地片	水南镇北部
熟咀	Shúzuǐ	——	地片	水南镇北部
横峒	Héngdòng	——	地片	水南镇北部
陈密崀田	Chénmìlàngtián	——	地片	水南镇北部
百块田	Bǎikuàitián	——	地片	水南镇北部
油房坑	Yóufáng Kēng	——	地片	水南镇东北部

（续上表）

标准名称	汉语拼音	别名	地名类别	相对位置
河岩峒	Héyán Dòng	—	地片	水南镇北部
门口坑	Ménkǒu Kēng	—	地片	水南镇北部
熟坑	Shúkēng	—	地片	水南镇北部
双社	Shuāngshè	—	地片	水南镇北部
新田见	Xīntiánjiàn	—	地片	水南镇东部
河树窝田	Héshùwōtián	—	地片	水南镇东南部
松头排田	Sōngtóupáitián	—	地片	水南镇东南部
长坑	Chángkēng	—	地片	水南镇东南部
花香炉田	Huāxiānglútián	—	地片	水南镇东部
大坪门口田	Dàpíng Ménkǒutián	—	地片	水南镇东部
四围田	Sìwéitián	—	地片	水南镇东部
菜园窝	Càiyuánwō	—	地片	水南镇东部
石洋尾	Shíyángwěi	—	地片	水南镇东部
黄泥田	Huángnítián	—	地片	水南镇东南部
新田	Xīntián	—	地片	水南镇东南部
上岗田	Shànggǎngtián	—	地片	水南镇东南部
中崀	Zhōnglàng	—	地片	水南镇东南部
下崀	Xiàlàng	—	地片	水南镇东南部
石坑尾	Shíkēngwěi	—	地片	水南镇东南部
对门坑	Duìmén Kēng	—	地片	水南镇东部
桃花坑	Táohuā Kēng	—	地片	水南镇东南部
担小坑	Dānxiǎo Kēng	—	地片	水南镇东部
大塘	Dàtáng	—	地片	水南镇北部
大塘下	Dàtángxià	—	地片	水南镇北部
七咀崀	Qīzuǐlàng	—	地片	水南镇北部
南和峒	Nánhé Dòng	—	地片	水南镇北部
亚林迳	Yàlínjìng	—	地片	水南镇北部
南山尾	Nánshānwěi	—	地片	水南镇东北部
牛栏坑	Niúlán Kēng	—	地片	水南镇北部
大龙田	Dàlóngtián	—	地片	水南镇东北部

（续上表）

标准名称	汉语拼音	别名	地名类别	相对位置
麦坑	Màikēng	——	地片	水南镇北部
架简峒	Jiàjiǎn Dòng	——	地片	水南镇东部
峨眉坳	Éméi Ào	——	地片	水南镇东部
石基播	Shíjībō	——	地片	水南镇东部
罗文门口峒	Luówén Ménkǒudòng	——	地片	水南镇东部
胡洋坑门口峒	Húyángkēng Ménkǒudòng	——	地片	水南镇东部
湾髻潭门口峒	Wānjìtán Ménkǒudòng	——	地片	水南镇东部
塘下坑	Tángxià Kēng	——	地片	水南镇东南部
菠萝坑门口峒	Bōluókēng Ménkǒudòng	——	地片	水南镇东南部
蓝廖坑	Lánliào Kēng	——	地片	水南镇东部
高尾峒	Gāowěi Dòng	——	地片	水南镇东部
塘坑窝	Tángkēng Wō	——	地片	水南镇东部
架简峒	Jiàjiǎn Dòng	——	地片	水南镇东部
老坑门口峒	Lǎokēng Ménkǒudòng	——	地片	水南镇东部
禾地岗	Hédì Gǎng	——	地片	水南镇东南部
水学田	Shuǐxuétián	——	地片	水南镇东北部
坑口门口峒	Kēngkǒu Ménkǒudòng	——	地片	水南镇东北部
降下坑	Jiàngxià Kēng	——	地片	水南镇东北部
浪见坑	Làngjiàn Kēng	——	地片	水南镇东北部
水南村门口峒	Shuǐnáncūn Ménkǒudòng	——	地片	水南镇东部
河播	Hébō	——	地片	水南镇东部
新田	Xīntián	——	地片	水南镇东部
长坑	Chángkēng	——	地片	水南镇东南部
瓦厂	Wǎchǎng	——	地片	水南镇东部
大湴田	Dàbàntián	——	地片	水南镇东部
枫坑峒	Fēngkēng Dòng	——	地片	水南镇东部
石深	Shíshēn	——	地片	水南镇东部
石下门口田	Shíxià Ménkǒutián	——	地片	水南镇东部
黎下坝田	Líxiàbàtián	——	地片	水南镇东部
五堂车田	Wǔtángchētián	——	地片	水南镇东北部

（续上表）

标准名称	汉语拼音	别名	地名类别	相对位置
云婆口	Yúnpókǒu	——	地片	水南镇东部
赤勒田口	Chìlètiánkǒu	——	地片	水南镇东部
大黄滩	Dàhuángtān	——	地片	水南镇东部
见板	Jiànbǎn	——	地片	水南镇东部
三丫塘	Sānyā Táng	——	地片	水南镇东南部
上坑	Shàngkēng	——	地片	水南镇东北部
牛角窝	Niújiǎo Wō	——	地片	水南镇东部
同罗田	Tóngluótián	——	地片	水南镇东北部
胜地古垌	Shèngdì Gǔdòng	——	地片	水南镇东北部
河背	Hébèi	——	地片	水南镇东北部
沙边垌	Shābiān Dòng	——	地片	水南镇东北部
双吹垌	Shuāngchuī Dòng	——	地片	水南镇东北部
罗企垌	Luóqǐ Dòng	——	地片	水南镇东北部
大湖口	Dàhúkǒu	——	地片	水南镇东北部
围坪垌	Wéipíng Dòng	——	地片	水南镇东北部
田崀	Tiánlàng	——	地片	水南镇东北部
秋风坑	Qiūfēng Kēng	——	地片	水南镇东北部
九比	Jiǔbǐ	——	地片	蚬岗镇西南部
六队田	Liùduìtián	——	地片	蚬岗镇西南部
横路下	Hénglùxià	——	地片	蚬岗镇西南部
塘丫	Tángyā	——	地片	蚬岗镇西部
榄坑口	Lǎnkēngkǒu	——	地片	蚬岗镇西部
大车尾	Dàchēwěi	——	地片	蚬岗镇南部
运河外田	Yùnhéwàitián	——	地片	蚬岗镇西南部
芒果埇	Mángguǒyǒng	——	地片	蚬岗镇南部
古迳路下	Gǔjìnglùxià	——	地片	蚬岗镇西南部
大榄咀	Dàlǎnzuǐ	——	地片	蚬岗镇西南部
古迳路上	Gǔjìnglùshàng	——	地片	蚬岗镇西南部
黄泥丫	Huángníyā	——	地片	蚬岗镇南部
下黄洲	Xiàhuángzhōu	——	地片	蚬岗镇南部

（续上表）

标准名称	汉语拼音	别名	地名类别	相对位置
大窑山	Dàyáoshān	——	地片	蚬岗镇东南部
石洲塱	Shízhōulǎng	——	地片	蚬岗镇东部
洋塱	Yánglǎng	——	地片	蚬岗镇东南部
萝笃塱	Luódǔlǎng	——	地片	蚬岗镇东部
新围塱	Xīnwéilǎng	——	地片	蚬岗镇东南部
三洲塱	Sānzhōulǎng	——	地片	蚬岗镇东部
苏塱	Sūlǎng	——	地片	蚬岗镇南部
中间坑	Zhōngjiān Kēng	——	地片	蚬岗镇北部
高坑基	Gāokēngjī	——	地片	蚬岗镇北部
天成塱	Tiānchénglǎng	——	地片	蚬岗镇北部
中舍上塱	Zhōngshěshànglǎng	——	地片	蚬岗镇东北部
中舍下塱	Zhōngshěxiàlǎng	——	地片	蚬岗镇东北部
鱼埗塱	Yúbùlǎng	——	地片	蚬岗镇北部
黎口咀	Líkǒuzuǐ	——	地片	蚬岗镇北部
旧村	Jiùcūn	——	地片	蚬岗镇北部
军茅山	Jūnmáoshān	——	地片	蚬岗镇西北部
公花屯	Gōnghuātún	——	地片	蚬岗镇西北部
上麦塱塘	Shàngmàilǎng Táng	——	地片	蚬岗镇西南部
彭桂塱	Pénggùilǎng	——	地片	蚬岗镇东部
社前	Shèqián	——	地片	蚬岗镇西北部
低田	Dītián	——	地片	蚬岗镇西部
牛路围	Niúlùwéi	——	地片	蚬岗镇南部
湾肚塱	Wāndùlǎng	——	地片	蚬岗镇东北部
莲塘垌	Liántáng Dòng	——	地片	蚬岗镇西部
鱼田	Yútián	——	地片	蚬岗镇西部
陈村垌	Chéncūn Dòng	——	地片	蚬岗镇西部
大科垌	Dàkē Dòng	——	地片	蚬岗镇西部
大碑头南	Dàbēitóunán	——	地片	蚬岗镇西部
蛇尾	Shéwěi	——	地片	蚬岗镇西部
塱仔	Lǎngzǎi	——	地片	蚬岗镇东南部

（续上表）

标准名称	汉语拼音	别名	地名类别	相对位置
土塱	Tǔlǎng	—	地片	蚬岗镇东南部
狗碑	Gǒubēi	—	地片	蚬岗镇东部
三丫口	Sānyākǒu	—	地片	蚬岗镇南部
大碑头	Dàbēitóu	—	地片	蚬岗镇东南部
文庙	Wénmiào	—	地片	蚬岗镇南部
塘下	Tángxià	—	地片	蚬岗镇东南部
榄塘	Lǎntáng	—	地片	蚬岗镇东南部
三鸟场	Sānniǎochǎng	—	地片	蚬岗镇东南部
上矮岗	Shàng'ǎi Gǎng	—	地片	蚬岗镇东南部
三根荔枝	Sāngēnlìzhī	—	地片	蚬岗镇西部
横庄西	Héngzhuāngxī	—	地片	蚬岗镇西北部
磨多坑	Móduō Kēng	—	地片	蚬岗镇西北部
掘头圳	Juétóuzhèn	—	地片	蚬岗镇西北部
上塱	Shànglǎng	—	地片	蚬岗镇南部
大岭	Dàlǐng	—	地片	蚬岗镇南部
垌心	Dòngxīn	—	地片	蚬岗镇南部
新碑	Xīnbēi	—	地片	蚬岗镇南部
刘村迳	Liúcūnjìng	—	地片	蚬岗镇南部
大沙坪	Dàshā Píng	—	地片	蚬岗镇南部
区岭	Ōulǐng	—	地片	蚬岗镇南部
大良坑	Dàliáng Kēng	—	地片	蚬岗镇南部
高塱	Gāolǎng	—	地片	蚬岗镇西部
垌心	Dòngxīn	—	地片	蚬岗镇西部
大珍塘	Dàzhēn Táng	—	地片	蚬岗镇西部
李加洲塱	Lǐjiāzhōulǎng	—	地片	蚬岗镇西南部
塱坦	Lǎngtǎn	洲咀	地片	蚬岗镇西南部
塘斗	Tángdǒu	—	地片	蚬岗镇西部
周塘	Zhōutáng	—	地片	蚬岗镇西部
鸭㙟坦	Yānǎtǎn	—	地片	蚬岗镇西部
坭庙	Nímiào	—	地片	蚬岗镇西部

（续上表）

标准名称	汉语拼音	别名	地名类别	相对位置
大围	Dàwéi	——	地片	蚬岗镇西南部
领头门口垌	Lǐngtóu Ménkǒudòng	——	地片	蚬岗镇北部
秧地头	Yāngdìtóu	——	地片	蚬岗镇北部
范塘门口垌	Fàntáng Ménkǒudòng	——	地片	蚬岗镇东北部
新下塱	Xīnxiàlǎng	——	地片	蚬岗镇东北部
东塱	Dōnglǎng	——	地片	蚬岗镇东北部
上社碑头	Shàngshèbēitóu	——	地片	蚬岗镇北部
企岭	Qǐlǐng	——	地片	蚬岗镇东北部
土坑	Tǔkēng	——	地片	蚬岗镇北部
稔坑	Rěnkēng	——	地片	小湘镇政府驻地东北部
长度坑	Chángdù Kēng	——	地片	小湘镇政府驻地东北部
后坑	Hòukēng	——	地片	小湘镇政府驻地东北部
官山坑	Guānshānkēng	——	地片	小湘镇政府驻地东北部
沙碑园	Shābēiyuán	——	地片	小湘镇政府驻地东北部
深坑仔	Shēnkēngzǎi	——	地片	小湘镇政府驻地东北部
粪江窝	Fènjiāngwō	——	地片	小湘镇政府驻地东北部
细科	Xìkē	——	地片	小湘镇政府驻地东北部
马鞍石	Mǎ'ānshí	——	地片	小湘镇政府驻地东北部
云油坑	Yúnyóu Kēng	——	地片	小湘镇政府驻地北部
大头竹坑	Dàtóuzhú Kēng	——	地片	小湘镇政府驻地东北部
屋角坑	Wūjiǎo Kēng	——	地片	小湘镇政府驻地北部
桂树坑	Guìshù Kēng	——	地片	小湘镇政府驻地东北部
榄坑	Lǎnkēng	——	地片	小湘镇政府驻地东北部
灯芯坑	Dēngxīn Kēng	——	地片	小湘镇政府驻地东北部
菜园坑	Càiyuán Kēng	——	地片	小湘镇政府驻地北部
粪岗窝	Fèngǎngwō	——	地片	小湘镇政府驻地北部
蓝湖窝	Lánhúwō	——	地片	小湘镇政府驻地北部
深坑	Shēnkēng	——	地片	小湘镇政府驻地东北部
老屋圈	Lǎowūquān	——	地片	小湘镇政府驻地东北部
佛凹门口垌	Fó'āo Ménkǒudòng	——	地片	小湘镇政府驻地东北部

（续上表）

标准名称	汉语拼音	别名	地名类别	相对位置
苏河坝	Sūhébà	——	地片	小湘镇政府驻地东北部
菜仔	Càizǎi	——	地片	小湘镇政府驻地东北部
担水坑	Dānshuǐ Kēng	——	地片	小湘镇政府驻地北部
云油坑	Yúnyóu Kēng	——	地片	小湘镇政府驻地北部
樟木坑	Zhāngmù Kēng	——	地片	小湘镇政府驻地北部
牛栏坑	Niúlán Kēng	——	地片	小湘镇政府驻地东北部
长坑口	Chángkēngkǒu	——	地片	小湘镇政府驻地北部
禾地脚田	Hédìjiǎotián	——	地片	小湘镇政府驻地北部
杉坑	Shānkēng	——	地片	小湘镇政府驻地北部
新碑头	Xīnbēitóu	——	地片	小湘镇政府驻地东北部
密仔塱	Mìzǎilǎng	——	地片	小湘镇政府驻地北部
沙美	Shāměi	——	地片	小湘镇政府驻地东北部
甲勒口	Jiǎlèkǒu	——	地片	小湘镇政府驻地北部
横块	Héngkuài	——	地片	小湘镇政府驻地东北部
沙勒下塱	Shālèxiàlǎng	——	地片	小湘镇政府驻地东北部
白坆	Báiméi	——	地片	小湘镇政府驻地东北部
大浪坑	Dàlàng Kēng	——	地片	小湘镇政府驻地东北部
尾背顶田	Wěibèidǐngtián	——	地片	小湘镇政府驻地东北部
斩船坳	Zhǎnchuán Ào	——	地片	小湘镇政府驻地东北部
狗咀	Gǒuzuǐ	——	地片	小湘镇政府驻地东北部
杜苏坑	Dùsū Kēng	——	地片	小湘镇政府驻地东北部
大坑	Dàkēng	——	地片	小湘镇政府驻地东北部
担柴坑	Dānchái Kēng	——	地片	小湘镇政府驻地东北部
炭厂	Tànchǎng	——	地片	小湘镇政府驻地东部
菜园坑	Càiyuán Kēng	——	地片	小湘镇政府驻地东部
荷树坑	Héshù Kēng	——	地片	小湘镇政府驻地东部
土皮坑	Tǔpí Kēng	——	地片	小湘镇政府驻地东北部
刀背坑	Dāobèi Kēng	——	地片	小湘镇政府驻地东北部
刀背坑口	Dāobèi Kēngkǒu	——	地片	小湘镇政府驻地东北部
富竹坑	Fùzhú Kēng	——	地片	小湘镇政府驻地东部

（续上表）

标准名称	汉语拼音	别名	地名类别	相对位置
对叉坑	Duìchā Kēng	——	地片	小湘镇政府驻地东北部
蕉坑	Jiāokēng	——	地片	小湘镇政府驻地东北部
茶坑凹	Chákēng Āo	——	地片	小湘镇政府驻地东部
三稔正坑	Sānrěnzhèng Kēng	——	地片	小湘镇政府驻地东北部
掘头坑	Juétóu Kēng	——	地片	小湘镇政府驻地东部
白哨塘	Báishào Táng	——	地片	小湘镇政府驻地东北部
稔田门口垌	Rěntián Ménkǒudòng	——	地片	小湘镇政府驻地东北部
后坑门口垌	Hòukēng Ménkǒudòng	——	地片	小湘镇政府驻地东北部
石崀	Shílàng	——	地片	小湘镇政府驻地东北部
大圳下	Dàzhènxià	——	地片	小湘镇政府驻地东北部
岗尾田	Gǎngwěitián	——	地片	小湘镇政府驻地东北部
上垌田	Shàngdòngtián	——	地片	小湘镇政府驻地东北部
撒麻田	Sāmátián	——	地片	小湘镇政府驻地东北部
大松坑	Dàsōng Kēng	——	地片	小湘镇政府驻地东北部
旧疗坑	Jiùliáo Kēng	——	地片	小湘镇政府驻地东部
黄蜞崀	Huángqílàng	——	地片	小湘镇政府驻地东北部
南坑仔田	Nánkēngzǎitián	——	地片	小湘镇政府驻地东北部
大树坑尾	Dàshù Kēngwěi	——	地片	小湘镇政府驻地东北部
水涨	Shuǐzhǎng	——	地片	小湘镇政府驻地东北部
河田	Hétián	——	地片	小湘镇政府驻地东北部
亚麻坑尾	Yàmá Kēngwěi	——	地片	小湘镇政府驻地北部
大头坑	Dàtóu Kēng	——	地片	小湘镇政府驻地北部
长坑	Chángkēng	——	地片	小湘镇政府驻地东北部
相公坑	Xiànggōng Kēng	——	地片	小湘镇政府驻地北部
菜园坑	Càiyuán Kēng	——	地片	小湘镇政府驻地北部
大坪垌	Dàpíng Dòng	——	地片	小湘镇政府驻地北部
下布	Xiàbù	——	地片	小湘镇政府驻地北部
河木塘	Hémù Táng	——	地片	小湘镇政府驻地北部
杉头	Shāntóu	——	地片	小湘镇政府驻地东北部
大崀顶	Dàlàngdǐng	——	地片	小湘镇政府驻地东北部

（续上表）

标准名称	汉语拼音	别名	地名类别	相对位置
圳口	Zhènkǒu	——	地片	小湘镇政府驻地东北部
上布	Shàngbù	——	地片	小湘镇政府驻地北部
杨梅坑	Yángméi Kēng	——	地片	小湘镇政府驻地东北部
夹树坑	Jiáshù Kēng	——	地片	小湘镇政府驻地北部
牛胝	Niúbì	——	地片	小湘镇政府驻地西北部
小东坑	Xiǎodōng Kēng	——	地片	小湘镇政府驻地西北部
大塘垌	Dàtáng Dòng	——	地片	小湘镇政府驻地西北部
湴垠	Bànyín	——	地片	小湘镇政府驻地西北部
西尾垌	Xīwěi Dòng	——	地片	小湘镇政府驻地西北部
豆腐田	Dòufǔtián	——	地片	小湘镇政府驻地西北部
西汪垌	Xīwāng Dòng	——	地片	小湘镇政府驻地西北部
布江	Bùjiāng	——	地片	小湘镇政府驻地西北部
下集矿	Xiàjíkuàng	——	地片	小湘镇政府驻地西北部
白份田	Báifèntián	——	地片	小湘镇政府驻地西北部
牛坑尾	Niúkēngwěi	——	地片	小湘镇政府驻地北部
灯芯尾	Dēngxīnwěi	——	地片	小湘镇政府驻地北部
中坑仔	Zhōngkēngzǎi	——	地片	小湘镇政府驻地北部
杉坑	Shānkēng	——	地片	小湘镇政府驻地北部
长蛇垌	Chángshé Dòng	——	地片	小湘镇政府驻地北部
横水门口垌	Héngshuǐ Ménkǒudòng	——	地片	小湘镇政府驻地北部
蓝青仔坑	Lánqīngzǎi Kēng	——	地片	小湘镇政府驻地北部
大窝	Dàwō	——	地片	小湘镇政府驻地北部
吊简坑	Diàojiǎn Kēng	——	地片	小湘镇政府驻地北部
四边坑	Sìbiān Kēng	——	地片	小湘镇政府驻地西北部
大禾坑	Dàhé Kēng	——	地片	小湘镇政府驻地西北部
南坑	Nánkēng	——	地片	小湘镇政府驻地北部
秧地坑	Yāngdì Kēng	——	地片	小湘镇政府驻地北部
蕉坑	Jiāokēng	——	地片	小湘镇政府驻地北部
荔枝根垌	Lìzhīgēn Dòng	——	地片	小湘镇政府驻地北部
桔材村门口垌	Júcáicūn Ménkǒudòng	——	地片	小湘镇政府驻地北部

（续上表）

标准名称	汉语拼音	别名	地名类别	相对位置
西坑	Xīkēng	——	地片	小湘镇政府驻地北部
屋头坑	Wūtóu Kēng	——	地片	小湘镇政府驻地西北部
地腰	Dìyāo	——	地片	小湘镇政府驻地西北部
大石板	Dàshíbǎn	——	地片	小湘镇政府驻地西部
由甲坑尾	Yóuyuē Kēngwěi	——	地片	小湘镇政府驻地北部
挖坑	Wākēng	——	地片	小湘镇政府驻地北部
浦沉坑	Pǔchén Kēng	——	地片	小湘镇政府驻地北部
西边	Xībiān	——	地片	小湘镇政府驻地北部
流洞	Liúdòng	——	地片	小湘镇政府驻地北部
塱口村门口洞	Lǎngkǒucūn Ménkǒudòng	——	地片	小湘镇政府驻地北部
大坑	Dàkēng	——	地片	小湘镇政府驻地北部
分边	Fēnbiān	——	地片	小湘镇政府驻地北部
塞塘	Sāitáng	——	地片	小湘镇政府驻地西北部
五塱塘	Wǔlǎng Táng	——	地片	小湘镇政府驻地西北部
龟塘咀	Guītángzuǐ	——	地片	小湘镇政府驻地北部
冲坑	Chōngkēng	——	地片	小湘镇政府驻地北部
正坑	Zhèngkēng	——	地片	小湘镇政府驻地东南部
下坑	Xiàkēng	——	地片	小湘镇政府驻地东南部
荔枝坑	Lìzhī Kēng	——	地片	小湘镇政府驻地东南部
晒谷田	Shàigǔtián	——	地片	小湘镇政府驻地西部
冲口咀	Chōngkǒuzuǐ	——	地片	小湘镇政府驻地西部
冲口河地	Chōngkǒuhédì	——	地片	小湘镇政府驻地东部
长地田	Chángdìtián	——	地片	小湘镇政府驻地东部
担水坑	Dānshuǐ Kēng	——	地片	小湘镇政府驻地东部
茶湾崀	Cháwānlàng	——	地片	小湘镇政府驻地西部
龙坐口	Lóngzuòkǒu	——	地片	小湘镇政府驻地北部
灯草坑坳	Dēngcǎo Kēng'ào	——	地片	小湘镇政府驻地北部
梅树坑	Méishù Kēng	——	地片	小湘镇政府驻地北部
云带口	Yúndàikǒu	——	地片	小湘镇政府驻地北部
岗尾门口垌	Gǎngwěi Ménkǒudòng	——	地片	小湘镇政府驻地北部

（续上表）

标准名称	汉语拼音	别名	地名类别	相对位置
大坑塱	Dàkēnglǎng	——	地片	小湘镇政府驻地北部
黄岐律	Huángqílǜ	——	地片	小湘镇政府驻地北部
凤原坑	Fèngyuán Kēng	——	地片	小湘镇政府驻地北部
扒坑	Bākēng	——	地片	小湘镇政府驻地北部
水对坑口	Shuǐduì Kēngkǒu	——	地片	小湘镇政府驻地北部
甲元坑	Jiǎyuán Kēng	——	地片	小湘镇政府驻地北部
大垌	Dàdòng	——	地片	小湘镇政府驻地北部
冰塘坑	Bīngtáng Kēng	——	地片	小湘镇政府驻地北部
水对坑	Shuǐduì Kēng	——	地片	小湘镇政府驻地北部
深垌口	Shēndòngkǒu	——	地片	小湘镇政府驻地北部
扒坑口	Bākēngkǒu	——	地片	小湘镇政府驻地北部
九崀	Jiǔlàng	——	地片	小湘镇政府驻地北部
大塘田	Dàtángtián	——	地片	小湘镇政府驻地北部
桔材坑	Júcái Kēng	——	地片	小湘镇政府驻地北部
麦坑口	Màikēngkǒu	——	地片	小湘镇政府驻地北部
大坪田	Dàpíngtián	——	地片	小湘镇政府驻地北部
沙坝坑	Shābà Kēng	——	地片	小湘镇政府驻地北部
四块田	Sìkuàitián	——	地片	小湘镇政府驻地北部
大塘	Dàtáng	——	地片	小湘镇政府驻地西部
上芒坑	Shàngmáng Kēng	——	地片	小湘镇政府驻地西南部
马兰	Mǎlán	——	地片	小湘镇政府驻地南部
黄竹塘	Huángzhú Táng	——	地片	小湘镇政府驻地西部
大塱水田	Dàlǎngshuǐtián	——	地片	小湘镇政府驻地西部
勒塔石	Lètǎshí	——	地片	小湘镇政府驻地西部
坦尾田	Tǎnwěitián	——	地片	小湘镇政府驻地西部
长田尾	Chángtiánwěi	——	地片	小湘镇政府驻地西南部
更铺口	Gèngpùkǒu	——	地片	小湘镇政府驻地西部
岭咀	Lǐngzuǐ	——	地片	小湘镇北部
岭咀见	Lǐngzuǐjiàn	——	地片	小湘镇政府驻地北部
坑尾	Kēngwěi	——	地片	小湘镇政府驻地北部

（续上表）

标准名称	汉语拼音	别名	地名类别	相对位置
黄作尾门口田	Huángzuòwěi Ménkǒutián	——	地片	小湘镇政府驻地北部
伯公坑田	Bógōng Kēngtián	——	地片	小湘镇政府驻地北部
碰浪田	Pènglàngtián	——	地片	小湘镇政府驻地北部
双简坑口	Shuāngjiǎn Kēngkǒu	——	地片	小湘镇政府驻地北部
树坑	Shùkēng	——	地片	小湘镇政府驻地北部
上坑	Shàngkēng	——	地片	小湘镇政府驻地西北部
麻布田	Mábùtián	——	地片	小湘镇政府驻地西北部
大塱塘肚	Dàlǎngtángdù	——	地片	小湘镇政府驻地西北部
南坑	Nánkēng	——	地片	小湘镇政府驻地西北部
小洲塘	Xiǎozhōu Táng	——	地片	小湘镇政府驻地西北部
大洲塘	Dàzhōu Táng	——	地片	小湘镇政府驻地西北部
大汪垌	Dàwāng Dòng	——	地片	小湘镇政府驻地西北部
木田坑	Mùtián Kēng	——	地片	小湘镇政府驻地东北部
粪江坑	Fènjiāng Kēng	——	地片	小湘镇政府驻地东北部
苏逢门口垌	Sūféng Ménkǒudòng	——	地片	小湘镇政府驻地东北部
段心垌	Duànxīn Dòng	——	地片	小湘镇政府驻地东北部
独田	Dútián	——	地片	小湘镇政府驻地东北部
田心门口垌	Tiánxīn Ménkǒudòng	——	地片	小湘镇政府驻地东北部
干坑	Gànkēng	——	地片	小湘镇政府驻地西南部
宽大田	Kuāndàtián	——	地片	小湘镇政府驻地西南部
桂地坑	Guìdì Kēng	——	地片	小湘镇政府驻地西南部
隔坑	Gékēng	——	地片	小湘镇政府驻地西南部
油柑墩	Yóugāndūn	——	地片	小湘镇政府驻地西部
水秧头	Shuǐyāngtóu	——	地片	小湘镇政府驻地西南部
崩岗	Bēnggǎng	——	地片	小湘镇政府驻地西南部
担水坑	Dānshuǐ Kēng	——	地片	小湘镇政府驻地西部
垌田	Dòngtián	——	地片	小湘镇政府驻地西部
仙人	Xiānrén	——	地片	小湘镇政府驻地西南部
石梯	Shítī	——	地片	小湘镇政府驻地西南部
塘底	Tángdǐ	——	地片	小湘镇政府驻地西南部

（续上表）

标准名称	汉语拼音	别名	地名类别	相对位置
沉塱	Chénlǎng	——	地片	新桥镇政府驻地东北部
庙坑	Miàokēng	——	地片	新桥镇政府驻地东北部
白沙洲	Báishāzhōu	——	地片	新桥镇政府驻地东北部
红旗菜园地	Hóngqí Càiyuándì	——	地片	新桥镇政府驻地西南部
新基	Xīnjī	——	地片	新桥镇政府驻地西部
金屋门口田	Jīnwū Ménkǒutián	——	地片	新桥镇政府驻地西北部
庙前汪	Miàoqiánwāng	——	地片	新桥镇政府驻地北部
井塘门口田	Jǐngtáng Ménkǒutián	——	地片	新桥镇政府驻地西北部
礼堂	Lǐtáng	——	地片	新桥镇政府驻地北部
鸭颈	Yājǐng	——	地片	新桥镇政府驻地北部
军田	Jūntián	——	地片	新桥镇政府驻地北部
崩塘	Bēngtáng	——	地片	新桥镇政府驻地西北部
晒谷地	Shàigǔdì	——	地片	新桥镇政府驻地北部
小塱头	Xiǎolǎngtóu	——	地片	新桥镇政府驻地北部
小塱	Xiǎolǎng	——	地片	新桥镇政府驻地北部
基围角	Jīwéijiǎo	——	地片	新桥镇政府驻地西南部
深水	Shēnshuǐ	——	地片	新桥镇政府驻地西南部
大塘	Dàtáng	——	地片	新桥镇政府驻地西南部
多等门口田	Duōděng Ménkǒutián	——	地片	新桥镇政府驻地西南部
大办	Dàbàn	——	地片	新桥镇政府驻地西部
文塘	Wéntáng	——	地片	新桥镇政府驻地西部
塱旺	Lǎngwàng	——	地片	新桥镇政府驻地西部
南坳	Nán'ào	——	地片	新桥镇政府驻地西部
樟岗汪	Zhānggǎngwāng	——	地片	新桥镇政府驻地西部
盲降头	Mángjiàngtóu	——	地片	新桥镇政府驻地西部
下坩	Xiàgān	——	地片	新桥镇政府驻地西北部
大吴旱地	Dàwúhàndì	——	地片	新桥镇政府驻地西部
金鱼塘	Jīnyú Táng	——	地片	新桥镇政府驻地西部
羊田	Yángtián	——	地片	新桥镇政府驻地西部
大吴门口田	Dàwú Ménkǒutián	——	地片	新桥镇政府驻地西部

（续上表）

标准名称	汉语拼音	别名	地名类别	相对位置
黄牛田	Huángniútián	——	地片	新桥镇政府驻地西部
上圹	Shànggān	——	地片	新桥镇政府驻地西部
上下沙	Shàngxiàshā	——	地片	新桥镇政府驻地西部
水边门口田	Shuǐbiān Ménkǒutián	——	地片	新桥镇政府驻地西部
大竹园	Dàzhúyuán	——	地片	新桥镇政府驻地西部
渣汪	Zhāwāng	——	地片	新桥镇政府驻地西部
北皇母	Běihuángmǔ	——	地片	新桥镇政府驻地西北部
蛇头汪	Shétóuwāng	——	地片	新桥镇政府驻地西北部
元汪	Yuánwāng	——	地片	新桥镇政府驻地西部
瓦塘	Wǎtáng	——	地片	新桥镇政府驻地西部
塘基头门口田	Tángjītóu Ménkǒutián	——	地片	新桥镇政府驻地西部
鹤咀	Hèzuǐ	——	地片	新桥镇政府驻地西部
茅园	Máoyuán	——	地片	新桥镇政府驻地西北部
罗布彭门口田	Luóbùpéng Ménkǒutián	——	地片	新桥镇政府驻地西部
大海表	Dàhǎibiǎo	——	地片	新桥镇政府驻地西部
沙田张门口田	Shātiánzhāng Ménkǒutián	——	地片	新桥镇政府驻地西部
大汪	Dàwāng	——	地片	新桥镇政府驻地西部
塱田	Lǎngtián	——	地片	新桥镇政府驻地西部
牛渡	Niúdù	——	地片	新桥镇政府驻地西部
沙沥	Shālì	——	地片	新桥镇政府驻地西部
井头	Jǐngtóu	——	地片	新桥镇政府驻地西部
正坑	Zhèngkēng	——	地片	新桥镇政府驻地西部
鹤塘坑	Hètáng Kēng	——	地片	新桥镇政府驻地西部
土九坑	Tǔjiǔ Kēng	——	地片	新桥镇政府驻地西部
林宋园	Línsòngyuán	——	地片	新桥镇政府驻地西部
罗布塱	Luóbùlǎng	——	地片	新桥镇政府驻地西部
湖丫	Húyā	——	地片	新桥镇政府驻地西北部
沙梨坑	Shālí Kēng	——	地片	新桥镇政府驻地西部
荔枝汪	Lìzhīwāng	——	地片	新桥镇政府驻地西部
山脚垌	Shānjiǎo Dòng	——	地片	新桥镇政府驻地西北部

（续上表）

标准名称	汉语拼音	别名	地名类别	相对位置
上沙基	Shàngshājī	——	地片	新桥镇政府驻地西北部
里汪	Lǐwāng	——	地片	新桥镇政府驻地西北部
连塘汪	Liántángwāng	——	地片	新桥镇政府驻地西北部
黄贝	Huángbèi	——	地片	新桥镇政府驻地西北部
上汪	Shàngwāng	——	地片	新桥镇政府驻地西北部
下沥	Xiàlì	——	地片	新桥镇政府驻地西北部
十二张田	Shí'èrzhāngtián	——	地片	新桥镇政府驻地西北部
大科	Dàkē	——	地片	新桥镇政府驻地西北部
大田脚	Dàtiánjiǎo	——	地片	新桥镇政府驻地北部
螺边坑	Luóbiān Kēng	——	地片	新桥镇政府驻地北部
横洞	Héngdòng	——	地片	新桥镇政府驻地东北部
洞底	Dòngdǐ	——	地片	新桥镇政府驻地东北部
清水汪	Qīngshuǐwāng	——	地片	新桥镇政府驻地北部
亚公塘	Yàgōng Táng	——	地片	新桥镇政府驻地北部
园岗仔	Yuángǎngzǎi	——	地片	新桥镇政府驻地北部
沙坦	Shātǎn	——	地片	新桥镇政府驻地西北部
低田	Dītián	——	地片	新桥镇政府驻地西北部
鹅陆侧	Élùcè	——	地片	新桥镇政府驻地西北部
下长湖冲	Xiàchánghúchōng	——	地片	新桥镇政府驻地西北部
石坟前	Shífénqián	——	地片	新桥镇政府驻地西北部
荔枝园	Lìzhīyuán	——	地片	新桥镇政府驻地西北部
新基角旱地	Xīnjījiǎo Hàndì	——	地片	新桥镇政府驻地西北部
上长湖冲	Shàngchánghúchōng	——	地片	新桥镇政府驻地西北部
上苏汪	Shàngsūwāng	——	地片	新桥镇政府驻地西北部
良汪	Liángwāng	——	地片	新桥镇政府驻地西北部
湾头园	Wāntóuyuán	——	地片	新桥镇政府驻地西北部
龙船坳边	Lóngchuán'àobiān	——	地片	新桥镇政府驻地西部
冲坑	Chōngkēng	——	地片	新桥镇政府驻地西部
下冲坑	Xiàchōng Kēng	——	地片	新桥镇政府驻地西部
太公坟尾	Tàigōngfénwěi	——	地片	新桥镇政府驻地西北部

（续上表）

标准名称	汉语拼音	别名	地名类别	相对位置
围河	Wéihé	——	地片	新桥镇政府驻地北部
凤湖坡	Fēnghúpō	——	地片	新桥镇政府驻地北部
茅儿坡	Máo'érpō	——	地片	新桥镇政府驻地北部
瓦窑坡	Wǎyáopō	——	地片	新桥镇政府驻地北部
竹园头	Zhúyuántóu	——	地片	新桥镇政府驻地北部
塘冲坡	Tángchōngpō	——	地片	新桥镇政府驻地北部
大片	Dàpiàn	——	地片	新桥镇政府驻地北部
山坳底	Shān'àodǐ	——	地片	新桥镇政府驻地北部
塘丫坡	Tángyāpō	——	地片	新桥镇政府驻地东北部
大坳冲	Dà'àochōng	——	地片	新桥镇政府驻地北部
竹坑塘	Zhúkēng Táng	——	地片	新桥镇政府驻地北部
塘基脚	Tángjījiǎo	——	地片	新桥镇政府驻地北部
炮岗冲	Pàogǎngchōng	——	地片	新桥镇政府驻地北部
河源塱	Héyuánlǎng	——	地片	新桥镇政府驻地北部
桥头	Qiáotóu	——	地片	新桥镇政府驻地东北部
青沙坱	Qīngshāyǎng	——	地片	新桥镇政府驻地东北部
簪田	Tántián	低田	地片	新桥镇政府驻地北部
蜢塘基围侧	Měngtángjī Wéicè	——	地片	新桥镇政府驻地东北部
林公塱	Língōnglǎng	——	地片	新桥镇政府驻地东北部
树园	Shùyuán	——	地片	新桥镇政府驻地东北部
茶坑塘	Chákēng Táng	——	地片	新桥镇政府驻地东北部
鲶鱼汪	Niányúwāng	——	地片	新桥镇政府驻地北部
冲坡	Chōngpō	——	地片	新桥镇政府驻地北部
坡咀	Pōzuǐ	——	地片	新桥镇政府驻地北部
下汪	Xiàwāng	——	地片	新桥镇政府驻地北部
办冲	Bànchōng	——	地片	新桥镇政府驻地北部
办塘	Bàntáng	——	地片	新桥镇政府驻地北部
横巷	Héngxiàng	——	地片	新桥镇政府驻地北部
润塘	Rùntáng	——	地片	新桥镇政府驻地北部
后坳	Hòu'ào	——	地片	新桥镇政府驻地北部

（续上表）

标准名称	汉语拼音	别名	地名类别	相对位置
石磋塱	Shícuōlǎng	—	地片	新桥镇政府驻地北部
蟚塘塱	Měngtánglǎng	—	地片	新桥镇政府驻地东北部
杜冲	Dùchōng	—	地片	新桥镇政府驻地东北部
高塱	Gāolǎng	—	地片	新桥镇政府驻地东北部
大坡	Dàpō	—	地片	新桥镇政府驻地东北部
大岗边	Dàgǎngbiān	—	地片	新桥镇政府驻地东北部
十八罗	Shíbāluó	—	地片	新桥镇政府驻地东北部
沉涝塘	Chénlào Táng	—	地片	新桥镇政府驻地东北部
下路水田	Xiàlùshuǐtián	—	地片	新桥镇政府驻地东部
井坑底	Jǐngkēngdǐ	—	地片	新桥镇政府驻地东北部
南蛇坑	Nánshé Kēng	—	地片	河台镇西部
牛栏坑	Niúlán Kēng	—	地片	河台镇政府驻地北部
茅坪	Máopíng	—	地片	河台镇南部
车白坑	Chēbái Kēng	—	地片	河台镇西北部
正坑	Zhèngkēng	—	地片	活道镇政府驻地东部
罗坑	Luókēng	—	地片	水南镇东南部
担水坑	Dānshuǐ Kēng	—	地片	水南镇南部
丹竹坑尾	Dānzhú Kēngwěi	—	地片	禄步镇东北部
沙田坑	Shātián Kēng	—	地片	白诸镇南部
长埇	Zhǎngyǒng	—	地片	回龙镇东北部
马鞍大湖	Mǎāndàhú	—	地片	镇政府驻地西南部
三堂车	Sāntángchē	—	地片	水南镇东部
大罗岗	Dàluó Gǎng	—	地片	蚬岗镇政府驻地东部
新兴尾	Xīnxìngwěi	—	地片	河台镇东南部
围仔	Wéizǎi	—	地片	小湘镇西南部
杨桃坪	Yángtáo Píng	—	地片	禄步镇东北部
高杯石	Gāobēishí	—	地片	小湘镇东北部
河头	Hétóu	—	地片	禄步镇东北部
蕉麻坑	Jiāomá Kēng	—	地片	小湘镇东北部
大屋	Dàwū	—	地片	小湘镇东北部

(续上表)

标准名称	汉语拼音	别名	地名类别	相对位置
云洲笃	Yúnzhōudǔ	——	地片	小湘镇北部
兰芬坑	Lánfēn Kēng	——	地片	小湘镇政府驻地北部
桩坎	Zhuāngkǎn	——	地片	小湘镇北部
长尾口	Zhǎngwěikǒu	——	地片	小湘镇北部
抽麻屈	Chōumáqū	——	地片	小湘镇政府驻地北部
大头朗	Dàtóulàng	——	地片	水南镇东部
新田崀	Xīntiánlàng	——	地片	乐城镇南部
井甲口	Jǐngjiǎkǒu	——	地片	乐城镇南部
飞鹅头	Fēiétóu	——	地片	水南镇西北部
河沙尾	Héshāwěi	——	地片	乐城镇西南部
双富坑	Shuāngfù Kēng	——	地片	乐城镇南部
金鸡坑	Jīnjī Kēng	——	地片	禄步镇南部
小榕洞	Xiǎoróng Dòng	——	地片	金利镇西南部
佛仔前	Fózǎiqián	——	地片	金利镇西南部
榕洞	Róngdòng	——	地片	禄步镇西南部
黎岭头	Lílǐngtóu	——	地片	大湾镇南部
长其坦	Zhǎngqítǎn	——	地片	南岸街道西南部
逢坑	Féngkēng	——	地片	大湾镇西部
云河	Yúnhé	——	地片	白诸镇西北部
九迳	Jiǔjìng	——	地片	大湾镇政府驻地西部
下田	Xiàtián	——	地片	金渡镇东北部
虎爪	Hǔzhǎo	——	地片	蚬岗镇东南部
上黄洲	Shànghuángzhōu	——	地片	蚬岗镇西南部
藕耕	Ǒugēng	——	地片	金渡镇东部
万芳	Wànfāng	——	地片	金渡镇东部
砚坑口	Yànkēngkǒu	——	地片	金渡镇政府驻地东北部
白坭洲	Báinízhōu	——	地片	金渡镇东部
陈婆洲	Chénpózhōu	——	地片	金渡镇南部
鱼梁窦	Yúliángdòu	——	地片	新桥镇北部
葫芦塘	Húlú Táng	——	地片	白诸镇西部

(续上表)

标准名称	汉语拼音	别名	地名类别	相对位置
愠耳岗	Yùn'ěr Gǎng	——	地片	新桥镇东部
河丽亭	Hélìtíng	——	地片	白诸镇西北部
圆岗仔	Yuángǎngzǎi	——	地片	镇政府驻地东南部
新路口	Xīnlùkǒu	——	地片	白诸镇西南部
天资塘	Tiānzī Táng	——	地片	南岸街道南部
观音堂	Guānyīntáng	——	地片	白土镇东部
蕃稔园	Fānrěnyuán	——	地片	白土镇西部
豆姑	Dòugū	——	地片	白土镇政府驻地西南部
水坑	Shuǐkēng	——	地片	莲塘镇政府驻地北部
新岗	Xīngǎng	——	地片	金利镇西部
庙岗	Miàogǎng	——	地片	金利镇北部
下环	Xiàhuán	——	地片	活道镇东部
水竹径	Shuǐzhújìng	——	地片	活道镇政府驻地西部
白花洲	Báihuāzhōu	——	地片	莲塘镇东北部
地堂岗	Dìtáng Gǎng	——	地片	蛟塘镇北部
小坳	Xiǎo'ào	——	地片	蛟塘镇西部
官径	Guānjìng	——	地片	回龙镇东南部
细坑	Xìkēng	——	地片	河台镇西北部
梘坑	Jiǎnkēng	——	地片	河台镇西北部
沉西	Chénxī	——	地片	乐城镇西部
七尺	Qīchǐ	——	地片	乐城镇东部
坑尾	Kēngwěi	——	地片	水南镇东部
麻子坳	Mázǐ Ào	——	地片	小湘镇政府驻地东北部
田尾	Tiánwěi	——	地片	小湘镇西北部
双降口	Shuāngjiàngkǒu	——	地片	禄步镇北部
洋七口	Yángqīkǒu	——	地片	水南镇东部
茅岭坳	Máolǐng Ào	——	地片	活道镇政府驻地西南部
白坭崀	Báinílàng	——	地片	活道镇政府驻地西部
云稔	Yúnrěn	——	地片	莲塘镇政府驻地西南部

(续上表)

标准名称	汉语拼音	别名	地名类别	相对位置
新城开发区	Xīnchéng Kāifāqū	——	区片	南岸街道西部

（三）群众自治组织类

标准称	汉语拼音	地名类别	相对位置
上孔村委会	Shàngkǒng Cūnwěihuì	村民委员会	白诸镇政府驻地北部
稳裕村委会	Wěnyù Cūnwěihuì	村民委员会	白诸镇政府驻地西南部
白沙村委会	Báishā Cūnwěihuì	村民委员会	白诸镇政府驻地西南部
庙村村委会	Miàocūn Cūnwěihuì	村民委员会	白诸镇政府驻地西部
东村村委会	Dōngcūn Cūnwěihuì	村民委员会	白诸镇政府驻地西北部
区村村委会	Ōucūn Cūnwěihuì	村民委员会	白诸镇政府驻地北部
下坡村委会	Xiàpō Cūnwěihuì	村民委员会	白诸镇东北部
姚村村委会	Yáocūn Cūnwěihuì	村民委员会	白诸镇政府驻地东北部
上洞村委会	Shàngdòng Cūnwěihuì	村民委员会	白诸镇政府驻地西北部
罗乐村委会	Luólè Cūnwěihuì	村民委员会	白诸镇政府驻地南部
四联村委会	Sìlián Cūnwěihuì	村民委员会	白诸镇政府驻地西部
高山村委会	Gāoshān Cūnwěihuì	村民委员会	白诸镇政府驻地西部
朗第村委会	Lǎngdì Cūnwěihuì	村民委员会	大湾镇政府驻地西部
高第村委会	Gāodì Cūnwěihuì	村民委员会	大湾政府镇驻地西北部
金桂村委会	Jīnguì Cūnwěihuì	村民委员会	大湾政府镇驻地西部
白丈村委会	Báizhàng Cūnwěihuì	村民委员会	大湾镇政府驻地西部
合成村委会	Héchéng Cūnwěihuì	村民委员会	大湾镇政府驻地西部
大江洞村委会	Dàjiāngdòng Cūnwěihuì	村民委员会	大湾镇政府驻地西部
高熊村委会	Gāoxióng Cūnwěihuì	村民委员会	大湾镇政府驻地北部
村头村委会	Cūntóu Cūnwěihuì	村民委员会	大湾镇政府驻地西部
棠孔村委会	Tángkǒng Cūnwěihuì	村民委员会	大湾镇政府驻地西部
禄岸村委会	Lù'àn Cūnwěihuì	村民委员会	大湾镇政府驻地西部
孝友村委会	Xiàoyǒu Cūnwěihuì	村民委员会	大湾镇政府驻地西部
古西村委会	Gǔxī Cūnwěihuì	村民委员会	大湾镇政府驻地西部
小唐村委会	Xiǎotáng Cūnwěihuì	村民委员会	大湾镇政府驻地西部
都棠村委会	Dōutáng Cūnwěihuì	村民委员会	大湾镇政府驻地西部

（续上表）

标准称	汉语拼音	地名类别	相对位置
大坑边村委会	Dàkēngbiān Cūnwěihuì	村民委员会	河台镇南部
五联村委会	Wǔlián Cūnwěihuì	村民委员会	河台镇西南部
三围村委会	Sānwéi Cūnwěihuì	村民委员会	河台镇南部
罗仁村委会	Luórén Cūnwěihuì	村民委员会	河台镇西部
三联村委会	Sānlián Cūnwěihuì	村民委员会	河台镇南部
多宝村委会	Duōbǎo Cūnwěihuì	村民委员会	河台镇西北部
河海村委会	Héhǎi Cūnwěihuì	村民委员会	河台镇东部
罗建村委会	Luójiàn Cūnwěihuì	村民委员会	河台镇东部
罗西村委会	Luóxī Cūnwěihuì	村民委员会	河台镇西部
河边崀村委会	Hébiānlàng Cūnwěihuì	村民委员会	河台镇东北部
四联村委会	Sìlián Cūnwěihuì	村民委员会	河台镇西北部
罗闪村委会	Luóshǎn Cūnwěihuì	村民委员会	河台镇西部
龙城村委会	Lóngchéng Cūnwěihuì	村民委员会	河台镇北部
廊源村委会	Lángyuán Cūnwěihuì	村民委员会	河台镇东北部
大崀村委会	Dàlàng Cūnwěihuì	村民委员会	河台镇东北部
双保村委会	Shuāngbǎo Cūnwěihuì	村民委员会	河台镇西北部
尚德村委会	Shàngdé Cūnwěihuì	村民委员会	河台镇西北部
古旁村委会	Gǔpáng Cūnwěihuì	村民委员会	河台镇东南部
高村村委会	Gāocūn Cūnwěihuì	村民委员会	河台镇南部
大井村委会	Dàjǐng Cūnwěihuì	村民委员会	回龙镇北部
松塘村委会	Sōngtáng Cūnwěihuì	村民委员会	回龙镇北部
旺洞村委会	Wàngdòng Cūnwěihuì	村民委员会	回龙镇东部
大田塱村委会	Dàtiánlǎng Cūnwěihuì	村民委员会	回龙镇东北部
槎塘村委会	Chátáng Cūnwěihuì	村民委员会	回龙镇东部
松山村委会	Sōngshān Cūnwěihuì	村民委员会	回龙镇北部
大塘边村委会	Dàtángbiān Cūnwěihuì	村民委员会	回龙镇北部
清湖村委会	Qīnghú Cūnwěihuì	村民委员会	回龙镇北部
光荣村委会	Guāngróng Cūnwěihuì	村民委员会	回龙镇东北部
槎岗村委会	Chágǎng Cūnwěihuì	村民委员会	回龙镇东部
同攸岗村委会	Tóngyōugǎng Cūnwěihuì	村民委员会	回龙镇东北部

(续上表)

标准称	汉语拼音	地名类别	相对位置
澄湖村委会	Chénghú Cūnwěihuì	村民委员会	回龙镇西南部
刘村村委会	Liúcūn Cūnwěihuì	村民委员会	回龙镇东北部
宽郊村委会	Kuānjiāo Cūnwěihuì	村民委员会	回龙镇东南部
大端村委会	Dàduān Cūnwěihuì	村民委员会	活道镇政府驻地西南部
福禄洞村委会	Fúlùdòng Cūnwěihuì	村民委员会	活道镇政府驻地西部
山塘口村委会	Shāntángkǒu Cūnwěihuì	村民委员会	活道镇政府驻地西北部
法洞村委会	Fǎdòng Cūnwěihuì	村民委员会	活道镇政府驻地西北部
牛围村委会	Niúwéi Cūnwěihuì	村民委员会	活道镇政府驻地北部
横石村委会	Héngshí Cūnwěihuì	村民委员会	活道镇政府驻地北部
槎头村委会	Chátóu Cūnwěihuì	村民委员会	活道镇政府驻地北部
禾地咀村委会	Hédìzuǐ Cūnwěihuì	村民委员会	活道镇政府驻地西南部
严村村委会	Yáncūn Cūnwěihuì	村民委员会	活道镇政府驻地西南部
松坑村委会	Sōngkēng Cūnwěihuì	村民委员会	活道镇政府驻地西南部
活村村委会	Huócūn Cūnwěihuì	村民委员会	活道镇政府驻地西南部
真竹村委会	Zhēnzhú Cūnwěihuì	村民委员会	活道镇政府驻地西南部
洞心村委会	Dòngxīn Cūnwěihuì	村民委员会	活道镇政府驻地西南部
洚上村委会	Jiàngshàng Cūnwěihuì	村民委员会	活道镇政府驻地西南部
水口村委会	Shuǐkǒu Cūnwěihuì	村民委员会	活道镇政府驻地西部
无忧洞村委会	Wúyōudòng Cūnwěihuì	村民委员会	活道镇政府驻地南部
刘村村委会	Liúcūn Cūnwěihuì	村民委员会	活道镇政府驻地西南部
官塘村委会	Guāntáng Cūnwěihuì	村民委员会	活道镇政府驻地西南部
首岭村委会	Shǒulǐng Cūnwěihuì	村民委员会	活道镇政府驻地东南部
塘苟村委会	Tánggǒu Cūnwěihuì	村民委员会	活道镇政府驻地东南部
鳌头村委会	Áotóu Cūnwěihuì	村民委员会	活道镇政府驻地东南部
新迳村委会	Xīnjìng Cūnwěihuì	村民委员会	活道镇政府驻地东南部
仙洞村委会	Xiāndòng Cūnwěihuì	村民委员会	活道镇政府驻地东南部
上横江村委会	Shànghéngjiāng Cūnwěihuì	村民委员会	活道镇政府驻地东南部
石村村委会	Shícūn Cūnwěihuì	村民委员会	活道镇政府驻地东南部
云美村委会	Yúnměi Cūnwěihuì	村民委员会	活道镇政府驻地东南部
塘坑村委会	Tángkēng Cūnwěihuì	村民委员会	活道镇政府驻地东南部

（续上表）

标准称	汉语拼音	地名类别	相对位置
鹤咀村委会	Hèzuǐ Cūnwěihuì	村民委员会	活道镇政府驻地东部
迳心村委会	Jìngxīn Cūnwěihuì	村民委员会	活道镇政府驻地西南部
姚村村委会	Yáocūn Cūnwěihuì	村民委员会	活道镇政府驻地西南部
石塘村委会	Shítáng Cūnwěihuì	村民委员会	活道镇政府驻地东南部
东横江村委会	Dōnghéngjiāng Cūnwěihuì	村民委员会	活道镇政府驻地东南部
活道村委会	Huódào Cūnwěihuì	村民委员会	活道镇政府驻地东部
迳洞村委会	Jìngdòng Cūnwěihuì	村民委员会	蛟塘镇西南部
沥南村委会	Lìnán Cūnwěihuì	村民委员会	蛟塘镇西部
企岭村委会	Qǐlǐng Cūnwěihuì	村民委员会	蛟塘镇东北部
天鸦村委会	Tiānyā Cūnwěihuì	村民委员会	蛟塘镇北部
三江村委会	Sānjiāng Cūnwěihuì	村民委员会	蛟塘镇东北部
禄栏村委会	Lùlán Cūnwěihuì	村民委员会	蛟塘镇北部
高埗村委会	Gāobù Cūnwěihuì	村民委员会	蛟塘镇西部
合山村委会	Héshān Cūnwěihuì	村民委员会	蛟塘镇北部
坪岭村委会	Pínglǐng Cūnwěihuì	村民委员会	蛟塘镇政府驻地西部
良村村委会	Liángcūn Cūnwěihuì	村民委员会	蛟塘镇西部
赤坳村委会	Chǐào Cūnwěihuì	村民委员会	蛟塘镇西部
洞口村委会	Dòngkǒu Cūnwěihuì	村民委员会	蛟塘镇西南部
奕庆村委会	Yìqìng Cūnwěihuì	村民委员会	蛟塘镇西南部
大埗村委会	Dàbù Cūnwěihuì	村民委员会	蛟塘镇西北部
龙剑村委会	Lóngjiàn Cūnwěihuì	村民委员会	蛟塘镇北部
云路村委会	Yúnlù Cūnwěihuì	村民委员会	蛟塘镇西部
竹围村委会	Zhúwéi Cūnwěihuì	村民委员会	蛟塘镇北部
蛟塘村委会	Jiāotáng Cūnwěihuì	村民委员会	蛟塘镇西北部
新塘村委会	Xīntáng Cūnwěihuì	村民委员会	蛟塘镇东南部
塱下村委会	Lǎngxià Cūnwěihuì	村民委员会	蛟塘镇北部
北门村委会	Běimén Cūnwěihuì	村民委员会	金利镇西部
罗客村委会	Luókè Cūnwěihuì	村民委员会	金利镇南部
罗新村委会	Luóxīn Cūnwěihuì	村民委员会	金利镇西部
金洲村委会	Jīnzhōu Cūnwěihuì	村民委员会	金利镇东南部

（续上表）

标准称	汉语拼音	地名类别	相对位置
东围村委会	Dōngwéi Cūnwěihuì	村民委员会	金利镇南部
竹洞村委会	Zhúdòng Cūnwěihuì	村民委员会	金利镇南部
西坝村委会	Xībà Cūnwěihuì	村民委员会	金利镇西南部
爱群村委会	Àiqún Cūnwěihuì	村民委员会	金利镇北部
山斗村委会	Shāndǒu Cūnwěihuì	村民委员会	金利镇西南部
建群村委会	Jiànqún Cūnwěihuì	村民委员会	金利镇北部
梧岭村委会	Wúlǐng Cūnwěihuì	村民委员会	金利镇西部
显茅村委会	Xiǎnmáo Cūnwěihuì	村民委员会	金利镇西部
东坝村委会	Dōngbà Cūnwěihuì	村民委员会	金利镇西南部
三要村委会	Sānyào Cūnwěihuì	村民委员会	金利镇南部
茅岗村委会	Máogǎng Cūnwěihuì	村民委员会	金利镇西南部
金江村委会	Jīnjiāng Cūnwěihuì	村民委员会	金利镇东南部
振星村委会	Zhènxīng Cūnwěihuì	村民委员会	金利镇东南部
蟠龙村委会	Pánlóng Cūnwěihuì	村民委员会	金利镇南部
南围村委会	Nánwéi Cūnwěihuì	村民委员会	金利镇南部
社播村委会	Shèbō Cūnwěihuì	村民委员会	乐城镇政府驻地南部
仙人坑村委会	Xiānrénkēng Cūnwěihuì	村民委员会	乐城镇政府驻地南部
罗院村委会	Luóyuàn Cūnwěihuì	村民委员会	乐城镇政府驻地东南部
银村村委会	Yíncūn Cūnwěihuì	村民委员会	乐城镇政府驻地南部
思可村委会	Sīkě Cūnwěihuì	村民委员会	乐城镇政府驻地南部
洞源村委会	Dòngyuán Cūnwěihuì	村民委员会	乐城镇政府驻地东部
罗带村委会	Luódài Cūnwěihuì	村民委员会	乐城镇政府驻地东部
领村村委会	Lǐngcūn Cūnwěihuì	村民委员会	乐城镇政府驻地北部
金鸡村委会	Jīnjī Cūnwěihuì	村民委员会	乐城镇政府驻地东北部
罗板村委会	Luóbǎn Cūnwěihuì	村民委员会	乐城镇政府驻地北部
息源村委会	Xīyuán Cūnwěihuì	村民委员会	乐城镇政府驻地北部
河社村委会	Héshè Cūnwěihuì	村民委员会	乐城镇政府驻地北部
伍村村委会	Wǔcūn Cūnwěihuì	村民委员会	乐城镇政府驻地南部
布浮村委会	Bùfú Cūnwěihuì	村民委员会	乐城镇政府驻地西部
官塘村委会	Guāntáng Cūnwěihuì	村民委员会	莲塘镇政府驻地东北部

（续上表）

标准称	汉语拼音	地名类别	相对位置
荔枝村委会	Lìzhī Cūnwěihuì	村民委员会	莲塘镇政府驻地东部
波洞村委会	Bōdòng Cūnwěihuì	村民委员会	莲塘镇政府驻地东南部
罗勒村委会	Luólè Cūnwěihuì	村民委员会	莲塘镇政府驻地东部
温贯村委会	Wēnguàn Cūnwěihuì	村民委员会	莲塘镇政府驻地东部
伍村村委会	Wǔcūn Cūnwěihuì	村民委员会	莲塘镇政府驻地西部
波西村委会	Bōxī Cūnwěihuì	村民委员会	莲塘镇政府驻地东北部
荷村村委会	Hécūn Cūnwěihuì	村民委员会	莲塘镇政府驻地东南部
活村村委会	Huócūn Cūnwěihuì	村民委员会	莲塘镇政府驻地南部
上察村委会	Shàngchá Cūnwěihuì	村民委员会	莲塘镇政府驻地北部
高斗村委会	Gāodǒu Cūnwěihuì	村民委员会	莲塘镇政府驻地西南部
下围村委会	Xiàwéi Cūnwěihuì	村民委员会	莲塘镇政府驻地西部
坳边村委会	Àobiān Cūnwěihuì	村民委员会	莲塘镇政府驻地北部
稔岗村委会	Rěngǎng Cūnwěihuì	村民委员会	莲塘镇政府驻地东部
察步村委会	Chábù Cūnwěihuì	村民委员会	莲塘镇政府驻地北部
镇安村委会	Zhèn'ān Cūnwěihuì	村民委员会	莲塘镇政府驻地西部
围安村委会	Wéi'ān Cūnwěihuì	村民委员会	莲塘镇政府驻地西部
柑园村委会	Gānyuán Cūnwěihuì	村民委员会	莲塘镇政府驻地西部
大竹园村委会	Dàzhúyuán Cūnwěihuì	村民委员会	莲塘镇政府驻地西部
龙塘村委会	Lóngtáng Cūnwěihuì	村民委员会	莲塘镇政府驻地东南部
外坑村委会	Wàikēng Cūnwěihuì	村民委员会	禄步镇西南部
双马村委会	Shuāngmǎ Cūnwěihuì	村民委员会	禄步镇西北部
螺村岗村委会	Luócūngǎng Cūnwěihuì	村民委员会	禄步镇北部
黄洲村委会	Huángzhōu Cūnwěihuì	村民委员会	禄步镇东北部
平水村委会	Píngshuǐ Cūnwěihuì	村民委员会	禄步镇北部
洞头村委会	Dòngtóu Cūnwěihuì	村民委员会	禄步镇东北部
樟路村委会	Zhānglù Cūnwěihuì	村民委员会	禄步镇西南部
禄镇围村委会	Lùzhènwéi Cūnwěihuì	村民委员会	禄步镇西南部
北根村委会	Běigēn Cūnwěihuì	村民委员会	禄步镇西北部
黄田堡村委会	Huángtiánbǎo Cūnwěihuì	村民委员会	禄步镇北部
白土一村委会	Báitǔyī Cūnwěihuì	村民委员会	禄步镇东北部

(续上表)

标准称	汉语拼音	地名类别	相对位置
白土二村委会	Báitǔ'èr Cūnwěihuì	村民委员会	禄步镇北部
镇南村委会	Zhènnán Cūnwěihuì	村民委员会	禄步镇东南部
石塘村委会	Shítáng Cūnwěihuì	村民委员会	禄步镇东北部
乐洞村委会	Lèdòng Cūnwěihuì	村民委员会	禄步镇西北部
圩头村委会	Xūtóu Cūnwěihuì	村民委员会	禄步镇北部
隔岭村委会	Gélǐng Cūnwěihuì	村民委员会	禄步镇北部
绿水村委会	Lǜshuǐ Cūnwěihuì	村民委员会	禄步镇北部
禄步村委会	Lùbù Cūnwěihuì	村民委员会	禄步镇西南部
新洲村委会	Xīnzhōu Cūnwěihuì	村民委员会	禄步镇西南部
岩口村委会	Yánkǒu Cūnwěihuì	村民委员会	禄步镇东北部
大连村委会	Dàlián Cūnwěihuì	村民委员会	禄步镇西南部
大榕村委会	Dàróng Cūnwěihuì	村民委员会	禄步镇西北部
将军村委会	Jiāngjūn Cūnwěihuì	村民委员会	禄步镇西部
桐槎村委会	Tóngchá Cūnwěihuì	村民委员会	禄步镇政府驻地西部
定江村委会	Dìngjiāng Cūnwěihuì	村民委员会	南岸街道西南部
坦场村委会	Tǎnchǎng Cūnwěihuì	村民委员会	南岸街道东南部
新江一村委会	Xīnjiāngyī Cūnwěihuì	村民委员会	南岸街道西南部
新江二村委会	Xīnjiāng'èr Cūnwěihuì	村民委员会	南岸街道西南部
乌榕村委会	Wūróng Cūnwěihuì	村民委员会	南岸街道东部
坳兰村委会	Àolán Cūnwěihuì	村民委员会	莲塘镇政府驻地西南部
水南村委会	Shuǐnán Cūnwěihuì	村民委员会	水南镇东部
山寮村委会	Shānliáo Cūnwěihuì	村民委员会	水南镇东南部
对口村委会	Duìkǒu Cūnwěihuì	村民委员会	水南镇东部
社坑村委会	Shèkēng Cūnwěihuì	村民委员会	水南镇东部
江背坑村委会	Jiāngbèikēng Cūnwěihuì	村民委员会	水南镇东部
西牛村委会	Xīniú Cūnwěihuì	村民委员会	水南镇东北部
坑告村委会	Kēnggào Cūnwěihuì	村民委员会	水南镇西北部
双波村委会	Shuāngbō Cūnwěihuì	村民委员会	水南镇东北部
下坪村委会	Xiàpíng Cūnwěihuì	村民委员会	水南镇东部
洲村村委会	Zhōucūn Cūnwěihuì	村民委员会	水南镇北部

（续上表）

标准称	汉语拼音	地名类别	相对位置
坑口村委会	Kēngkǒu Cūnwěihuì	村民委员会	水南镇北部
大播村委会	Dàbō Cūnwěihuì	村民委员会	水南镇北部
分界村委会	Fēnjiè Cūnwěihuì	村民委员会	水南镇北部
南村村委会	Náncūn Cūnwěihuì	村民委员会	蚬岗镇西南部
范山村委会	Fànshān Cūnwěihuì	村民委员会	蚬岗镇西部
古迳村委会	Gǔjìng Cūnwěihuì	村民委员会	蚬岗镇西南部
八联村委会	Bālián Cūnwěihuì	村民委员会	蚬岗镇西部
富佛村委会	Fùfó Cūnwěihuì	村民委员会	蚬岗镇西部
芙罗村委会	Fúluó Cūnwěihuì	村民委员会	蚬岗镇南部
杜村村委会	Dùcūn Cūnwěihuì	村民委员会	蚬岗镇南部
蚬三村委会	Xiǎnsān Cūnwěihuì	村民委员会	蚬岗镇北部
蚬一村委会	Xiǎnyī Cūnwěihuì	村民委员会	蚬岗镇西北部
蚬二村委会	Xiǎn'èr Cūnwěihuì	村民委员会	蚬岗镇西部
三股村委会	Sāngǔ Cūnwěihuì	村民委员会	小湘镇政府驻地北部
孔湾村委会	Kǒngwān Cūnwěihuì	村民委员会	小湘镇政府驻地西北部
塱口村委会	Lǎngkǒu Cūnwěihuì	村民委员会	小湘镇政府驻地北部
大白村委会	Dàbái Cūnwěihuì	村民委员会	小湘镇政府驻地北部
桔材村委会	Júcái Cūnwěihuì	村民委员会	小湘镇政府驻地北部
大塘村委会	Dàtáng Cūnwěihuì	村民委员会	小湘镇政府驻地北部
九源村委会	Jiǔyuán Cūnwěihuì	村民委员会	小湘镇政府驻地北部
石印村委会	Shíyìn Cūnwěihuì	村民委员会	小湘镇政府驻地北部
爱村村委会	Àicūn Cūnwěihuì	村民委员会	小湘镇政府驻地北部
太平围村委会	Tàipíngwéi Cūnwěihuì	村民委员会	小湘镇政府驻地西北部
三稔村委会	Sānrěn Cūnwěihuì	村民委员会	小湘镇政府驻地东北部
杨梅村委会	Yángméi Cūnwěihuì	村民委员会	小湘镇政府驻地西部
上围村委会	Shàngwéi Cūnwěihuì	村民委员会	小湘镇政府驻地西部
西一村委会	Xīyī Cūnwěihuì	村民委员会	小湘镇政府驻地东北部
迳口村委会	Jìngkǒu Cūnwěihuì	村民委员会	小湘镇政府驻地西北部
汉塘村委会	Hàntáng Cūnwěihuì	村民委员会	小湘镇政府驻地北部
脉源村委会	Mòyuán Cūnwěihuì	村民委员会	小湘镇政府驻地东北部

（续上表）

标准称	汉语拼音	地名类别	相对位置
笋围村委会	Sǔnwéi Cūnwěihuì	村民委员会	小湘镇政府驻地西北部
湾边村委会	Wānbiān Cūnwěihuì	村民委员会	新桥镇政府驻地西北部
赤坎村委会	Chìkǎn Cūnwěihuì	村民委员会	新桥镇政府驻地北部
道悦村委会	Dàoyuè Cūnwěihuì	村民委员会	新桥镇政府驻地东北部
珠江村委会	Zhūjiāng Cūnwěihuì	村民委员会	新桥镇政府驻地西部
布塘村委会	Bùtáng Cūnwěihuì	村民委员会	新桥镇政府驻地北部
长湖村委会	Zhǎnghú Cūnwěihuì	村民委员会	新桥镇政府驻地西北部
广塘村委会	Guǎngtáng Cūnwěihuì	村民委员会	新桥镇政府驻地东北部
坭塘村委会	Nítáng Cūnwěihuì	村民委员会	新桥镇政府驻地东北部
沙田村委会	Shātián Cūnwěihuì	村民委员会	新桥镇政府驻地西部
塱鹤村委会	Lǎnghè Cūnwěihuì	村民委员会	白土镇政府驻地西部
下山村委会	Xiàshān Cūnwěihuì	村民委员会	白土镇政府驻地西部
久留村委会	Jiǔliú Cūnwěihuì	村民委员会	白土镇政府驻地西北部
下灶村委会	Xiàzào Cūnwěihuì	村民委员会	白土镇政府驻地北部
大旗村委会	Dàqí Cūnwěihuì	村民委员会	白土镇政府驻地东部
长塘村委会	Zhǎngtáng Cūnwěihuì	村民委员会	白土镇政府驻地西部
茆山村委会	Máoshān Cūnwěihuì	村民委员会	白土镇政府驻地西部
大辂头村委会	Dàlùtóu Cūnwěihuì	村民委员会	白土镇政府驻地西部
冷水一村委会	Lěngshuǐyī Cūnwěihuì	村民委员会	白土镇政府驻地西南部
横岗村委会	Hénggǎng Cūnwěihuì	村民委员会	白土镇政府驻地西北部
九山村委会	Jiǔshān Cūnwěihuì	村民委员会	白土镇政府驻地西北部
富科村委会	Fùkē Cūnwěihuì	村民委员会	白土镇政府驻地东北部
洲龙村委会	Zhōulóng Cūnwěihuì	村民委员会	白土镇政府驻地东北部
冷水二村委会	Lěngshuǐ'èr Cūnwěihuì	村民委员会	白土镇政府驻地西南部
罗有村委会	Luóyǒu Cūnwěihuì	村民委员会	白土镇政府驻地西部
桂岗村委会	Guìgǎng Cūnwěihuì	村民委员会	白土镇政府驻地西北部
乐堂村委会	Lètáng Cūnwěihuì	村民委员会	白土镇政府驻地西部
幕村村委会	Mùcūn Cūnwěihuì	村民委员会	白土镇政府驻地西部
南岗村委会	Nángǎng Cūnwěihuì	村民委员会	白土镇政府驻地南部
沿塱村委会	Yánlǎng Cūnwěihuì	村民委员会	白土镇政府驻地东南部

（续上表）

标准称	汉语拼音	地名类别	相对位置
东岸村委会	Dōng'àn Cūnwěihuì	村民委员会	白土镇政府驻地东南部
竹山村委会	Zhúshān Cūnwěihuì	村民委员会	白土镇政府驻地西北部
马安村委会	Mǎ'ān Cūnwěihuì	村民委员会	白土镇政府驻地西南部
河洞村委会	Hédòng Cūnwěihuì	村民委员会	白诸镇政府驻地南部
新星村委会	Xīnxīng Cūnwěihuì	村民委员会	白诸镇政府驻地西部
北凤村委会	Běifèng Cūnwěihuì	村民委员会	白诸镇政府驻地北部
布院村委会	Bùyuàn Cūnwěihuì	村民委员会	白诸镇政府驻地西部
松云村委会	Sōngyún Cūnwěihuì	村民委员会	白诸镇政府驻地西南部
石下村委会	Shíxià Cūnwěihuì	村民委员会	白诸镇政府驻地北部
大基头村委会	Dàjītóu Cūnwěihuì	村民委员会	白诸镇政府驻地东北部
金平长村委会	Jīnpíngzhǎng Cūnwěihuì	村民委员会	白诸镇政府驻地西南部
湾头村委会	Wāntóu Cūnwěihuì	村民委员会	白诸镇政府驻地南部
大湾镇圩镇居委会	Dàwān Zhèn Xūzhèn Jūwěihuì	社区居委会	大湾镇政府驻地南部
龙冲居委会	Lóngchōng Jūwěihuì	社区居委会	大湾镇政府驻地西部
冲口居委会	Chōngkǒu Jūwěihuì	社区居委会	金渡镇政府驻地东北部
大坑居委会	Dàkēng Jūwěihuì	社区居委会	金渡镇政府驻地东部
耕沙居委会	Gēngshā Jūwěihuì	社区居委会	金渡镇政府驻地东部
黄坑居委会	Huángkēng Jūwěihuì	社区居委会	金渡镇政府驻地东部
金渡居委会	Jīndù Jūwěihuì	社区居委会	金渡镇政府驻地北部
沙头居委会	Shātóu Jūwěihuì	社区居委会	金渡镇政府驻地东部
榄塘居委会	Lǎntáng Jūwěihuì	社区居委会	金渡镇政府驻地东南部
白土镇圩镇居委会	Báitǔ Zhèn Xūzhèn Jūwěihuì	社区居委会	白土镇政府驻地西北部
乐城镇圩镇居委会	Lèchéng Zhèn Xūzhèn Jūwěihuì	社区居委会	乐城镇政府驻地东部
蚬岗镇圩镇居委会	Xiǎngǎng Zhèn Xūzhèn Jūwěihuì	社区居委会	蚬岗镇政府驻地西北部
廖甘居委会	Liàogān Jūwěihuì	社区居委会	白诸镇政府驻地北部
平布居委会	Píngbù Jūwěihuì	社区居委会	金渡镇政府驻地东部
水边居委会	Shuǐbiān Jūwěihuì	社区居委会	金渡镇政府驻地东北部
水口居委会	Shuǐkǒu Jūwěihuì	社区居委会	金渡镇政府驻地东北部

（续上表）

标准称	汉语拼音	地名类别	相对位置
铁岗居委会	Tiěgǎng Jūwěihuì	社区居委会	金渡镇政府驻地东北部
五股居委会	Wǔgǔ Jūwěihuì	社区居委会	金渡镇政府驻地东北部
西头居委会	Xītóu Jūwěihuì	社区居委会	金渡镇政府驻地东南部
砚坑居委会	Yànkēng Jūwěihuì	社区居委会	金渡镇政府驻地东北部
腰岗居委会	Yāogǎng Jūwěihuì	社区居委会	金渡镇政府驻地东部
茶岗居委会	Chágǎng Jūwěihuì	社区居委会	金渡镇政府驻地东北部
回龙镇圩镇居委会	Huílóng Zhèn Xūzhèn Jūwěihuì	社区居委会	回龙镇政府驻地东南部
新桥镇圩镇居委会	Xīnqiáo Zhèn Xūzhèn Jūwěihuì	社区居委会	新桥镇政府驻地西南部
银江居委会	Yínjiāng Jūwěihuì	社区居委会	新桥镇政府驻地西部
樟岗居委会	Zhānggǎng Jūwěihuì	社区居委会	新桥镇政府驻地西部
白联居委会	Báilián Jūwěihuì	社区居委会	白土镇政府驻地东部
联星居委会	Liánxīng Jūwěihuì	社区居委会	小湘镇政府驻地东部
小湘镇圩镇居委会	Xiǎoxiāng Zhèn Xūzhèn Jūwěihuì	社区居委会	小湘镇政府驻地北部
活道镇圩镇居委会	Huódào Zhèn Xūzhèn Jūwěihuì	社区居委会	活道镇政府驻地南部
砚清居委会	Yànqīng Jūwěihuì	社区居委会	南岸街道东部
南亭居委会	Nántíng Jūwěihuì	社区居委会	南岸街道南部
西环居委会	Xīhuán Jūwěihuì	社区居委会	南岸街道西部
西区居委会	Xīqū Jūwěihuì	社区居委会	南岸街道西部
文峰居委会	Wénfēng Jūwěihuì	社区居委会	南岸街道东部
夏岗居委会	Xiàgǎng Jūwěihuì	社区居委会	南岸街道西南部
天资居委会	Tiānzī Jūwěihuì	社区居委会	南岸街道南部
岗灶居委会	Gǎngzào Jūwěihuì	社区居委会	南岸街道西南部
河台镇圩镇居委会	Hétái Zhèn Xūzhèn Jūwěihuì	社区居委会	河台镇南部
都权居委会	Dōuquán Jūwěihuì	社区居委会	河台镇西北部
江口居委会	Jiāngkǒu Jūwěihuì	社区居委会	南岸街道东部
科德居委会	Kēdé Jūwěihuì	社区居委会	南岸街道西部
德星居委会	Déxīng Jūwěihuì	社区居委会	南岸街道西南部
马安居委会	Mǎ'ān Jūwěihuì	社区居委会	南岸街道西南部

（续上表）

标准称	汉语拼音	地名类别	相对位置
山口居委会	Shānkǒu Jūwěihuì	社区居委会	南岸街道东南部
湖西居委会	Húxī Jūwěihuì	社区居委会	南岸街道南部
珠江居委会	Zhūjiāng Jūwěihuì	社区居委会	金利镇东北部
海口居委会	Hǎikǒu Jūwěihuì	社区居委会	金利镇东部
小塱居委会	Xiǎolǎng Jūwěihuì	社区居委会	金利镇西部
小洲居委会	Xiǎozhōu Jūwěihuì	社区居委会	金利镇北部
西围居委会	Xīwéi Jūwěihuì	社区居委会	金利镇西南部
禄村居委会	Lùcūn Jūwěihuì	社区居委会	金利镇西北部
石林居委会	Shílín Jūwěihuì	社区居委会	金利镇北部
水南镇圩镇居委会	Shuǐnán Zhèn Xūzhèn Jūwěihuì	社区居委会	水南镇东部
沙坪居委会	Shāpíng Jūwěihuì	社区居委会	蛟塘镇政府驻地西北部
莲塘镇圩镇居委会	Liántáng Zhèn Xūzhèn Jūwěihuì	社区居委会	莲塘镇政府驻地西部
金利居委会	Jīnlì Jūwěihuì	社区居委会	金利镇城北中路
金运居委会	Jīnyùn Jūwěihuì	社区居委会	金利镇南部
金二居委会	Jīn'èr Jūwěihuì	社区居委会	金利镇南部
金利镇圩镇居委会	Jīnlì Zhèn Xūzhèn Jūwěihuì	社区居委会	金利镇政府驻地南部
金三居委会	Jīnsān Jūwěihuì	社区居委会	金利镇南部
金一居委会	Jīnyī Jūwěihuì	社区居委会	金利镇东南部
大田居委会	Dàtián Jūwěihuì	社区居委会	大湾镇政府驻地西部
白诸镇圩镇居委会	Báizhū Zhèn Xūzhèn Jūwěihuì	社区居委会	白诸镇政府办公大楼内
禄步居委会	Lùbù Jūwěihuì	社区居委会	禄步镇政府驻地西南部
蝉坑居委会	Chánkēng Jūwěihuì	社区居委会	白土镇政府驻地南部
赤水塘居委会	Chìshuǐtáng Jūwěihuì	社区居委会	回龙镇北部
富金居委会	Fùjīn Jūwěihuì	社区居委会	蚬岗镇北部
黎槎居委会	Líchá Jūwěihuì	社区居委会	回龙镇北部
新村居委会	Xīncūn Jūwěihuì	社区居委会	白土镇政府驻地北部
雅瑶居委会	Yǎyáo Jūwěihuì	社区居委会	白土镇政府驻地西北部
长坑居委会	Chángkēng Jūwěihuì	社区居委会	白土镇政府驻地西北部
中岗居委会	Zhōnggǎng Jūwěihuì	社区居委会	白土镇政府驻地东部

（四）居民点类

标准名称	汉语拼音	别名	地名类别	相对位置
肇庆祈福海岸花园	Zhàoqìng Qífúhǎi'àn Huāyuán	——	城镇	南岸街道海岸路 8 号
至翠苑	Zhìcuì Yuàn	——	城镇	南岸街道文峰路 30 号
美好家园	Měihǎo Jiāyuán	——	城镇	南岸街道世纪大道一路 10 号
朗晴居	Lǎngqíng Jū	——	城镇	南岸街道文峰路 69 号
兴华苑	Xīnghuá Yuàn	——	城镇	南岸街道湖西二路 45 号
恒福花苑	Héngfú Huāyuán	——	城镇	南岸街道府前大街 17 号
海景豪苑	Hǎijǐng Háoyuàn	——	城镇	南岸街道府前大街 2 号
广新花苑	Guǎngxīn Huāyuàn	——	城镇	南岸街道广新路 145 号
富康花园	Fùkāng Huāyuán	——	城镇	南岸街道广新路 145 号
富民商业城	Fùmín Shāngyècháng	富民	城镇	南岸街道南兴三路 3 号
文峰豪苑	Wénfēng Háoyuàn	——	城镇	南岸街道文峰路 25 号
富兴新村	Fùxīng Xīncūn	——	城镇	南岸街道南兴一路 195 号
旺景花苑	Wàngjǐng Huāyuán	——	城镇	南岸街道南兴二路 30 号
都市华庭	Dūshì Huátíng	——	城镇	南岸街道南兴一路 138 号
富临名庭	Fùlín Míngtíng	——	城镇	南岸街道彩虹路 3 号
盛福花园	Shèngfú Huāyuán	——	城镇	南岸街道要南一路 51 号
丽江苑	Lìjiāng Yuàn	——	城镇	南岸街道南亭路 2 号
江畔湾花园	Jiāngpànwān Huāyuán	——	城镇	南岸街道沿江二路 6 号
名仕豪苑	Míngshì Háoyuàn	——	城镇	南岸街道要南一路 1 号
美怡居	Měiyí Jū	——	城镇	南岸街道文峰二路 37 号
丽晶花苑	Lìjīng Huāyuán	——	城镇	南岸街道沿江一路 8 号
富裕家园	Fùyù Jiāyuán	——	城镇	南岸街道南兴三路 68 号
金沙咀	Jīnshāzuǐ	——	城镇	南岸街道沿江二路 28 号
畔江苑	Pànjiāng Yuàn	畔江苑商住小区	城镇	南岸街道振兴路与文峰路转角处
兴业花园	Xīngyè Huāyuán	——	城镇	南岸街道振兴一路 4 号
江湾名苑	Jiāngwān Míngyuàn	——	城镇	南岸街道振兴一路 3 号

（续上表）

标准名称	汉语拼音	别名	地名类别	相对位置
帝景蓝湾	Dìjǐnglánwān	——	城镇	南岸街道府前大街4号
金威郦都	Jīnwēi Lìdū	——	城镇	南岸街道要南二路59号
美晴居	Měiqíng Jū	——	城镇	南岸街道要南一路11号之1
翠景苑	Cuìjǐng Yuàn	——	城镇	南岸街道要南一路9号
富源华庭	Fùyuán Huátíng	——	城镇	南岸街道和平路8号
中源明珠	Zhōngyuán Míngzhū	——	城镇	南岸街道南兴四路12号
尚景西苑	Shàngjǐng Xīyuàn	——	城镇	南岸街道南兴四路239号
盈峰家园	Yíngfēng Jiāyuán	——	城镇	南岸街道和平路12号
翡翠名苑	Fěicuì Míngyuàn	——	城镇	南岸街道南兴四路锦纶街3号
明珠花苑	Míngzhū Huāyuàn	——	城镇	南岸街道文峰路72号
肇庆碧桂园	Zhàoqìng Bìguì Yuán	——	城镇	南岸街道湖西一路18号
丽景花园	Lìjǐng Huāyuán	——	城镇	南岸街道湖西二路2号
伍洞坑	Wǔdòng Kēng	——	农村	禄步镇东北部
蕨坑	Juékēng	——	农村	活道镇政府驻地西部
文塱	Wénlǎng	——	农村	活道镇政府驻地西北部
云河	Yúnhé	——	农村	白诸镇西部
坦场村	Tǎnchǎngcūn	——	农村	南岸街道东南部
乌榕新村	Wūróng Xīncūn	——	农村	南岸街道东部
乌榕村	Wūróngcūn	——	农村	南岸街道东部
镇塘村	Zhèntángcūn	——	农村	南岸街道东南部
陈孔	Chénkǒng	——	农村	南岸街道南部
上清湾村	Shàngqīngwāncūn	——	农村	南岸街道西部
南亭新村	Nántíng Xīncūn	——	农村	南岸街道南部
大巷口	Dàxiàngkǒu	——	农村	南岸街道东南部
下南岸	Xiànán'àn	——	农村	南岸街道东部
上南岸	Shàngnán'àn	——	农村	南岸街道西北部
马安新村	Mǎ'ān Xīncūn	——	农村	南岸街道西南部
西岸水	Xī'ànshuǐ	——	农村	南岸街道西南部

（续上表）

标准名称	汉语拼音	别名	地名类别	相对位置
下坑	Xiàkēng	——	农村	南岸街道西南部
马安旧村	Mǎ'ānjiùcūn	——	农村	南岸街道西南部
上村	Shàngcūn	——	农村	南岸街道西南部
村头	Cūntóu	——	农村	南岸街道西南部
山口旧村	Shānkǒu Jiùcūn	——	农村	南岸街道南部
龙湾新村	Lóngwān Xīncūn	——	农村	南岸街道南部
下龙湾	Xiàlóngwān	——	农村	南岸街道南部
山口村	Shānkǒucūn	——	农村	南岸街道南部
上龙湾	Shànglóngwān	——	农村	南岸街道南部
梅江新村	Méijiāng Xīncūn	——	农村	南岸街道南部
村头	Cūntóu	——	农村	南岸街道西南部
巷口	Xiàngkǒu	——	农村	南岸街道西南部
和平新村	Hépíng Xīncūn	——	农村	南岸街道西南部
塘基头	Tángjītóu	——	农村	南岸街道西南部
格塘	Gétáng	——	农村	南岸街道西南部
新江二村	Xīnjiāng'èrcūn	——	农村	南岸街道西南部
塘尾	Tángwěi	——	农村	南岸街道西南部
榕塘	Róngtáng	——	农村	南岸街道西南部
胜利二村	Shènglì'èrcūn	——	农村	南岸街道西南部
胜利一村	Shènglìyīcūn	——	农村	南岸街道西南部
翻身	Fānshēn	——	农村	南岸街道西南部
新一五队	Xīnyīwǔduì	——	农村	南岸街道西南部
上云河	Shàngyúnhé	——	农村	白诸镇西部
下云河	Xiàyúnhé	——	农村	白诸镇西部
白石	Báishí	——	农村	白诸镇西部
吉斗	Jídǒu	——	农村	白诸镇西部
新圩	Xīnxū	——	农村	白诸镇西部
后岗坑	Hòugǎng Kēng	——	农村	白诸镇北部
山竹根村	Shānzhúgēncūn	——	农村	白诸镇北部
基围头村	Jīwéitóucūn	——	农村	白诸镇北部

（续上表）

标准名称	汉语拼音	别名	地名类别	相对位置
黎屋围	Líwūwéi	——	农村	白诸镇北部
荷木园	Hémùyuán	——	农村	白诸镇北部
松坑	Sōngkēng	——	农村	白诸镇南部
麦坑	Màikēng	——	农村	白诸镇南部
白沙	Báishā	——	农村	白诸镇南部
荔枝坑	Lìzhī Kēng	——	农村	白诸镇西北部
金塘	Jīntáng	——	农村	白诸镇北部
马城	Mǎchéng	——	农村	白诸镇北部
东村	Dōngcūn	——	农村	白诸镇西北部
云河	Yúnhé	——	农村	白诸镇西北部
首丫塘	Shǒuyā Táng	——	农村	白诸镇西北部
河洞	Hédòng	——	农村	白诸镇南部
双凤	Shuāngfèng	——	农村	白诸镇南部
大坡路	Dàpōlù	——	农村	白诸镇南部
罗乐村	Luólècūn	——	农村	白诸镇南部
门坳	Mén'ào	——	农村	白诸镇南部
坡咀	Pōzuǐ	——	农村	白诸镇南部
小坡	Xiǎopō	——	农村	白诸镇南部
格塘	Gétáng	——	农村	白诸镇南部
坡仔	Pōzǎi	——	农村	白诸镇北部
勒竹巷	Lèzhúxiàng	——	农村	白诸镇东北部
梁屋	Liángwū	——	农村	白诸镇北部
荷屋一	Héwūyī	——	农村	白诸镇北部
门楼	Ménlóu	——	农村	白诸镇北部
松根	Sōnggēn	——	农村	白诸镇北部
荷屋二	Héwū'èr	——	农村	白诸镇北部
大坡园	Dàpōyuán	——	农村	白诸镇西南部
彭洞	Péngdòng	——	农村	白诸镇西南部
云槎	Yúnchá	——	农村	白诸镇西南部
罗沁	Luóqìn	——	农村	白诸镇西南部

（续上表）

标准名称	汉语拼音	别名	地名类别	相对位置
松咀	Sōngzuǐ	——	农村	白诸镇西南部
白土二村	Báitǔ'èrcūn	——	农村	禄步镇东北部
围岗	Wéigǎng	——	农村	禄步镇东北部
锦鱼咀	Jǐnyúzuǐ	——	农村	禄步镇东北部
白土一村	Báitǔyīcūn	——	农村	禄步镇东北部
龙出岗	Lóngchū Gǎng	——	农村	禄步镇西北部
北根村	Běigēncūn	——	农村	禄步镇西北部
西角	Xījiǎo	——	农村	禄步镇北部
新冲村	Xīnchōngcūn	——	农村	禄步镇西南部
莲塘	Liántáng	——	农村	禄步镇西南部
兴仁村	Xīngréncūn	——	农村	禄步镇西南部
新发西	Xīnfāxī	——	农村	禄步镇西南部
大地	Dàdì	——	农村	禄步镇西南部
芒坑	Mángkēng	——	农村	小湘镇政府驻地南部
下围	Xiàwéi	——	农村	小湘镇政府驻地西部
中围	Zhōngwéi	——	农村	小湘镇政府驻地西部
獭咀	Tǎzuǐ	——	农村	小湘镇政府驻地西北部
上围村	Shàngwéicūn	——	农村	小湘镇政府驻地西部
金湖	Jīnhú	——	农村	小湘镇北部
圆珠岗	Yuánzhū Gǎng	——	农村	小湘镇北部
白田园	Báitiányuán	——	农村	小湘镇北部
盘古乐	Pángǔlè	——	农村	小湘镇政府驻地北部
石印	Shíyìn	——	农村	小湘镇政府驻地北部
大王塅	Dàwángduàn	——	农村	小湘镇政府驻地北部
金瓜寮	Jīnguāliáo	——	农村	小湘镇政府驻地北部
下宝鸭塘	Xiàbǎoyā Táng	——	农村	小湘镇政府驻地北部
大坪托	Dàpíngtuō	——	农村	小湘镇政府驻地北部
宝鸭塘	Bǎoyā Táng	——	农村	小湘镇北部
黄作尾	Huángzuòwěi	——	农村	小湘镇政府驻地北部
笋围村	Sǔnwéicūn	——	农村	小湘镇西北部

（续上表）

标准名称	汉语拼音	别名	地名类别	相对位置
太平围村	Tàipíngwéicūn	——	农村	小湘镇政府驻地西北部
东村	Dōngcūn	——	农村	小湘镇政府驻地西北部
苍源洞	Cāngyuán Dòng	——	农村	小湘镇东北部
塘下	Tángxià	——	农村	小湘镇东北部
塘上	Tángshàng	——	农村	小湘镇东北部
坑口	Kēngkǒu	——	农村	小湘镇东北部
石楼基	Shílóujī	——	农村	小湘镇政府驻地东北部
蝴蝶咀	Húdiézuǐ	——	农村	小湘镇政府驻地东北部
坪头见	Píngtóujiàn	——	农村	小湘镇政府驻地东北部
大洞	Dàdòng	——	农村	小湘镇政府驻地东北部
大胜坑	Dàshèng Kēng	——	农村	小湘镇政府驻地东北部
苏逢	Sūféng	——	农村	小湘镇政府驻地东北部
田心	Tiánxīn	——	农村	小湘镇政府驻地东北部
上杨梅	Shàngyángméi	——	农村	小湘镇西南部
大磅	Dàpáng	——	农村	小湘镇西南部
元江	Yuánjiāng	——	农村	小湘镇西南部
坑口	Kēngkǒu	——	农村	小湘镇西部
下杨梅	Xiàyángméi	——	农村	小湘镇政府驻地西南部
坑尾	Kēngwěi	——	农村	小湘镇政府驻地西南部
太平	Tàipíng	——	农村	小湘镇政府驻地西南部
上寨	Shàngzhài	——	农村	活道镇政府驻地东北部
水云楼	Shuǐyúnlóu	——	农村	活道镇政府驻地东部
石陂头	Shíbēitóu	——	农村	活道镇政府驻地东部
法洞新村	Fǎdòng Xīncūn	——	农村	活道镇政府驻地东部
广塘	Guǎngtáng	——	农村	活道镇政府驻地东部
松柏	Sōngbǎi	——	农村	活道镇政府驻地东部
龙岗	Lónggǎng	——	农村	活道镇政府驻地东部
石田	Shítián	——	农村	活道镇政府驻地东北部
福禄洞村	Fúlùdòngcūn	——	农村	活道镇政府驻地西南部
官塘村	Guāntángcūn	——	农村	活道镇政府驻地南部

（续上表）

标准名称	汉语拼音	别名	地名类别	相对位置
下塱	Xiàlǎng	——	农村	活道镇政府驻地西北部
新围	Xīnwéi	——	农村	活道镇政府驻地西北部
塱尾新村	Lǎngwěi Xīncūn	——	农村	活道镇政府驻地西北部
禾地咀村	Hédìzuǐcūn	——	农村	活道镇政府驻地西北部
平地	Píngdì	——	农村	活道镇政府驻地西北部
大湖塘	Dàhú Táng	——	农村	活道镇政府驻地西北部
禄洞	Lùdòng	——	农村	活道镇政府驻地西部
塱尾	Lǎngwěi	——	农村	活道镇政府驻地西部
大简	Dàjiǎn	——	农村	活道镇政府驻地西北部
鹤咀村	Hèzuǐcūn	——	农村	活道镇政府驻地东部
大科尾	Dàkēwěi	——	农村	活道镇政府驻地东部
横石村	Héngshícūn	——	农村	活道镇政府驻地北部
禾塘	Hétáng	——	农村	活道镇政府驻地西北部
九龙坑村	Jiǔlóng Kēngcūn	——	农村	活道镇政府驻地西北部
活村村	Huócūncūn	——	农村	活道镇政府驻地西南部
同元	Tóngyuán	——	农村	活道镇政府驻地东部
泥湖	Níhú	——	农村	活道镇政府驻地东南部
活道村	Huódàocūn	——	农村	活道镇政府驻地东部
好洞	Hǎodòng	——	农村	活道镇政府驻地西北部
城村	Chéngcūn	——	农村	活道镇政府驻地东南部
活道新村	Huódào Xīncūn	——	农村	活道镇政府驻地东部
蟠龙围	Pánlóngwéi	——	农村	活道镇政府驻地南部
大塘山	Dàtángshān	——	农村	活道镇政府驻地东部
文岗	Wéngǎng	——	农村	活道镇政府驻地东部
湖坑	Húkēng	——	农村	活道镇政府驻地南部
凤初	Fèngchū	——	农村	活道镇政府驻地南部
上岸	Shàng'àn	——	农村	活道镇政府驻地东南部
沙尾店	Shāwěidiàn	——	农村	活道镇政府驻地东部
坑边	Kēngbiān	——	农村	白诸镇西部
新围	Xīnwéi	——	农村	白诸镇西部

（续上表）

标准名称	汉语拼音	别名	地名类别	相对位置
庙村	Miàocūn	——	农村	白诸镇西部
富楼	Fùlóu	——	农村	白诸镇西部
高山	Gāoshān	——	农村	白诸镇政府驻地西部
罗古	Luógǔ	——	农村	白诸镇政府驻地西部
铁炉	Tiělú	——	农村	白诸镇政府驻地西部
下坑	Xiàkēng	——	农村	白诸镇政府驻地西部
大基头	Dàjītóu	——	农村	白诸镇东北部
李村	Lǐcūn	——	农村	白诸镇东北部
黄村	Huángcūn	——	农村	白诸镇东北部
冯村	Féngcūn	——	农村	白诸镇东北部
廖村	Liàocūn	——	农村	白诸镇政府驻地东北部
门口坡	Ménkǒupō	——	农村	白诸镇东北部
徐村	Xúcūn	——	农村	白诸镇东北部
新村	Xīncūn	——	农村	白诸镇东北部
卢村	Lúcūn	——	农村	白诸镇东北部
岑村	Céncūn	——	农村	白诸镇东北部
大坡地	Dàpōdì	——	农村	白诸镇东北部
布平	Bùpíng	——	农村	白诸镇政府驻地西部
布院	Bùyuàn	——	农村	白诸镇政府驻地西部
上世	Shàngshì	——	农村	白诸镇政府驻地西部
北岸	Běi'àn	——	农村	白诸镇政府驻地北部
凤多	Fèngduō	——	农村	白诸镇政府驻地北部
圩头村	Xūtóucūn	——	农村	禄步镇北部
云㘵	Yúnnáng	——	农村	禄步镇北部
马岗	Mǎgǎng	——	农村	禄步镇西南部
沙寮	Shāliáo	——	农村	禄步镇西南部
梅坑水	Méikēngshuǐ	——	农村	禄步镇西南部
新洲	Xīnzhōu	——	农村	禄步镇西南部
竹岗	Zhúgǎng	——	农村	禄步镇西南部
二村	Èrcūn	——	农村	水南镇东部

（续上表）

标准名称	汉语拼音	别名	地名类别	相对位置
三村	Sāncūn	——	农村	水南镇东部
坑告村	Kēnggàocūn	坑降崀	农村	水南镇西北部
逢礼	Fénglǐ	——	农村	水南镇西北部
白石迳	Báishíjìng	——	农村	水南镇西北部
云语	Yúnyǔ	——	农村	水南镇北部
牛牯洞	Niúgǔ Dòng	——	农村	水南镇北部
坑口村	Kēngkǒucūn	——	农村	水南镇北部
社坑村	Shèkēngcūn	——	农村	水南镇东部
老坑	Lǎokēng	——	农村	水南镇东部
庙坑坑尾	Miàokēng Kēngwěi	——	农村	水南镇东部
杨梅坑尾	Yángméi Kēngwěi	——	农村	水南镇东部
六炉	Liùlú	——	农村	水南镇东部
湾罾潭	Wānjìtán	——	农村	水南镇东部
胡洋坑	Húyáng Kēng	——	农村	水南镇东部
蓝湖尾	Lánhúwěi	——	农村	水南镇东部
书房下	Shūfángxià	——	农村	水南镇东部
杨梅坪	Yángméi Píng	坑口、杨梅一队	农村	水南镇东部
庙坑坑口	Miàokēng Kēngkǒu	——	农村	水南镇东部
罗文	Luówén	——	农村	水南镇东部
崀仔尾	Làngzǎiwěi	——	农村	水南镇东南部
新屋	Xīnwū	——	农村	水南镇东南部
菠萝坑	Bōluó Kēng	——	农村	水南镇东南部
石田	Shítián	——	农村	水南镇东南部
大弯	Dàwān	——	农村	水南镇东南部
焦坑	Jiāokēng	——	农村	水南镇东南部
坑口	Kēngkǒu	——	农村	水南镇东北部
大坑边	Dàkēngbiān	——	农村	水南镇东北部
双波	Shuāngbō	——	农村	水南镇东北部
坑尾	Kēngwěi	——	农村	水南镇东北部

（续上表）

标准名称	汉语拼音	别名	地名类别	相对位置
大石坑	Dàshí Kēng	——	农村	水南镇东北部
蓝山	Lánshān	——	农村	水南镇东北部
小良	Xiǎoliáng	——	农村	水南镇东部
大塅	Dàduàn	——	农村	水南镇东部
上双壬	Shàngshuāngrén	——	农村	水南镇东部
下双壬	Xiàshuāngrén	——	农村	水南镇东北部
高排	Gāopái	——	农村	水南镇东部
梅子坪	Méizǐ Píng	——	农村	水南镇东北部
双料坑	Shuāngliào Kēng	双料坑口	农村	水南镇东北部
田心	Tiánxīn	——	农村	水南镇东北部
乌石岗	Wūshí Gǎng	——	农村	水南镇东北部
两丫田	Liǎngyātián	——	农村	水南镇东北部
石降下	Shíjiàngxià	降下、拱下	农村	水南镇东北部
烂书房	Lànshūfáng	——	农村	水南镇东部
坪头岗	Píngtóu Gǎng	——	农村	水南镇东北部
上河	Shànghé	——	农村	水南镇北部
水南村	Shuǐnáncūn	——	农村	水南镇东部
大田	Dàtián	——	农村	水南镇东北部
下河	Xiàhé	——	农村	水南镇东北部
石下	Shíxià	——	农村	水南镇东部
青湾	Qīngwān	——	农村	水南镇东北部
塘新村	Tángxīncūn	——	农村	水南镇东部
旧村	Jiùcūn	——	农村	水南镇东部
旱丫	Hànyā	——	农村	水南镇东北部
路面瓦灶村	Lùmiàn Wǎzàocūn	——	农村	水南镇东部
黎下坝	Líxiàbà	——	农村	水南镇东部
井塘	Jǐngtáng	——	农村	水南镇东部
石坳	Shí'ào	——	农村	水南镇东部
瓦灶	Wǎzào	——	农村	水南镇东部

（续上表）

标准名称	汉语拼音	别名	地名类别	相对位置
石角	Shíjiǎo	——	农村	水南镇东北部
胜地古	Shèngdìgǔ	——	农村	水南镇东北部
同罗田	Tóngluótián	——	农村	水南镇东北部
双吹口	Shuāngchuīkǒu	——	农村	水南镇东北部
罗独	Luódú	——	农村	水南镇东北部
槟榔岗	Bīnláng Gǎng	——	农村	水南镇东北部
西牛村	Xīniúcūn	——	农村	水南镇东北部
冲坑排	Chōngkēngpái	——	农村	水南镇东北部
罗企	Luóqǐ	——	农村	水南镇东北部
围坪	Wéipíng	——	农村	水南镇东北部
伯公见	Bógōngjiàn	——	农村	水南镇东北部
对面岗	Duìmiàn Gǎng	——	农村	水南镇东部
旱田	Hàntián	——	农村	水南镇东部
更古楼	Gènggǔlóu	——	农村	水南镇东部
鲩鱼状	Huànyúzhuàng	——	农村	水南镇东部
大杉尾	Dàshānwěi	——	农村	水南镇东部
大崩岗	Dàbēng Gǎng	——	农村	水南镇东部
大坑	Dàkēng	——	农村	水南镇东部
石凹	Shí'āo	——	农村	水南镇东部
丹竹坑口	Dānzhú Kēngkǒu	——	农村	水南镇东部
丹竹坑尾	Dānzhú Kēngwěi	——	农村	水南镇东部
朱石	Zhūshí	——	农村	水南镇东部
下坪村	Xiàpíngcūn	——	农村	水南镇东部
长圳坑	Chángzhèn Kēng	——	农村	水南镇东部
八田	Bātián	八块田	农村	水南镇东部
山猪寮	Shānzhūliáo	——	农村	水南镇东部
山塘	Shāntáng	——	农村	水南镇东部
谭九	Tánjiǔ	——	农村	水南镇南部
芋合塘	Yùhé Táng	——	农村	水南镇东南部
陂头尾	Bēitóuwěi	——	农村	水南镇东南部

（续上表）

标准名称	汉语拼音	别名	地名类别	相对位置
坳兰村	àolán cūn	——	农村	水南镇南部
头崀	Tóulàng	——	农村	水南镇南部
上云路	Shàngyúnlù	——	农村	水南镇东南部
双白坑	Shuāngbái Kēng	——	农村	水南镇南部
鸭屎播	Yāshǐbō	——	农村	水南镇西南部
竹岗	Zhúgǎng	——	农村	水南镇西南部
新屋	Xīnwū	——	农村	水南镇东南部
高水崀	Gāoshuǐlàng	——	农村	水南镇北部
沉甘	Chén'gān	——	农村	水南镇北部
大播	Dàbō	——	农村	水南镇北部
陈密崀	Chénmìlàng	沈密崀	农村	水南镇北部
禾地仔	Hédìzǎi	——	农村	水南镇北部
田心	Tiánxīn	——	农村	水南镇北部
大崀坑	Dàlàng Kēng	——	农村	水南镇北部
双任口	Shuāngrènkǒu	——	农村	水南镇北部
河木岗	Hémù Gǎng	河木江	农村	水南镇北部
五斗田	Wǔdǒutián	——	农村	水南镇东部
青皮竹	Qīngpízhú	——	农村	水南镇东部
石牛头	Shíniútóu	——	农村	水南镇东南部
桃花尾	Táohuāwěi	——	农村	水南镇东南部
下岗	Xiàgǎng	——	农村	水南镇东南部
坪头	Píngtóu	——	农村	水南镇东部
洋七	Yángqī	——	农村	水南镇东南部
大坪	Dàpíng	——	农村	水南镇东部
石洋尾	Shíyángwěi	——	农村	水南镇东部
花生见	Huāshēngjiàn	——	农村	水南镇东部
双杞	Shuāngqǐ	——	农村	水南镇东部
竹科	Zhúkē	——	农村	水南镇东部
枫树窝	Fēngshù Wō	——	农村	水南镇东部
半坑	Bànkēng	——	农村	水南镇东部

（续上表）

标准名称	汉语拼音	别名	地名类别	相对位置
半排	Bànpái	——	农村	水南镇东部
石洋口	Shíyángkǒu	——	农村	水南镇东部
对口村	Duìkǒucūn	对坑口	农村	水南镇东部
老屋	Lǎowū	——	农村	水南镇东南部
禾塘背	Hétángbèi	——	农村	水南镇东南部
禾塘岗	Hétáng Gǎng	——	农村	水南镇东南部
大陂头	Dàbēitóu	——	农村	水南镇东北部
麦坑口	Màikēngkǒu	——	农村	水南镇北部
烂地塘	Làndì Táng	——	农村	水南镇东北部
蓝湖咀	Lánhúzuǐ	——	农村	水南镇东北部
三梅墩	Sānméidūn	——	农村	水南镇东北部
南和洞	Nánhé Dòng	——	农村	水南镇北部
岭背	Lǐngbèi	——	农村	水南镇东北部
葫芦田	Húlútián	——	农村	水南镇东北部
新屋	Xīnwū	——	农村	水南镇北部
河坑	Hékēng	——	农村	水南镇北部
分界村	Fēnjiècūn	——	农村	水南镇北部
黄禁	Huángjìn	——	农村	小湘镇政府驻地东南部
茶湾	Cháwān	——	农村	小湘镇西部
柑树	Gānshù	——	农村	小湘镇政府驻地东北部
田螺村	Tiánluócūn	——	农村	小湘镇政府驻地东南部
冲口	Chōngkǒu	——	农村	小湘镇南部
水口	Shuǐkǒu	——	农村	小湘镇政府驻地东部
凤田	Fèngtián	——	农村	小湘镇政府驻地东北部
鸭𪖏寮	Yānǎliáo	——	农村	小湘镇东北部
利和龙	Lìhélóng	——	农村	小湘镇东北部
佛凹	Fó'āo	——	农村	小湘镇东北部
勒脚	Lèjiǎo	——	农村	小湘镇东北部
坑岗	Kēnggǎng	——	农村	小湘镇东北部
百旺口	Bǎiwàngkǒu	——	农村	小湘镇东北部

（续上表）

标准名称	汉语拼音	别名	地名类别	相对位置
西坑	Xīkēng	——	农村	小湘镇东北部
蛇坑	Shékēng	——	农村	小湘镇东北部
脉源村	Mòyuáncūn	——	农村	小湘镇东北部
长度	Chángdù	——	农村	小湘镇政府驻地东北部
粟地坪	Sùdì Píng	——	农村	小湘镇政府驻地东北部
官山	Guānshān	——	农村	小湘镇政府驻地东北部
东生口	Dōngshēngkǒu	——	农村	小湘镇政府驻地东北部
河田	Hétián	——	农村	小湘镇政府驻地东北部
勒竹	Lèzhú	——	农村	小湘镇东北部
九仔湾	Jiǔzǎiwān	——	农村	小湘镇东部
沙艿	Shānǎi	——	农村	小湘镇东北部
黄塘	Huángtáng	——	农村	小湘镇政府驻地东北部
新屋	Xīnwū	——	农村	小湘镇政府驻地东北部
和睦岗	Hémù Gǎng	——	农村	小湘镇政府驻地东北部
龙同岗	Lóngtóng Gǎng	——	农村	小湘镇政府驻地东北部
新铺	Xīnpù	——	农村	小湘镇政府驻地东北部
沙咀	Shāzuǐ	——	农村	小湘镇政府驻地东北部
大新	Dàxīn	——	农村	小湘镇政府驻地东北部
云油口	Yúnyóukǒu	——	农村	小湘镇政府驻地东北部
彭村	Péngcūn	——	农村	小湘镇政府驻地东北部
黎元	Líyuán	——	农村	小湘镇东北部
三稔	Sānrěn	——	农村	小湘镇东北部
小汉塘	Xiǎohàn Táng	——	农村	小湘镇政府驻地东北部
婆爱	Pó'ài	——	农村	小湘镇政府驻地东北部
后坑	Hòukēng	——	农村	小湘镇政府驻地东北部
垌尾	Dòngwěi	——	农村	政府驻地东北部小湘镇
解塘	Jiětáng	——	农村	小湘镇政府驻地东北部
下营	Xiàyíng	——	农村	小湘镇政府驻地东北部
稔田	Rěntián	——	农村	小湘镇政府驻地东北部
栗子岗	Lìzǐ Gǎng	——	农村	白诸镇西部

（续上表）

标准名称	汉语拼音	别名	地名类别	相对位置
云衿	Yúnjīn	——	农村	白诸镇西部
罗板	Luóbǎn	——	农村	白诸镇西部
珍竹围	Zhēnzhúwéi	——	农村	白诸镇北部
区村	Ōucūn	——	农村	白诸镇北部
正丫	Zhèngyā	——	农村	白诸镇北部
山厂	Shānchǎng	——	农村	白诸镇北部
石下	Shíxià	——	农村	白诸镇北部
三安坑	Sān'ān Kēng	——	农村	白诸镇北部
上孔村	Shàngkǒngcūn	——	农村	白诸镇北部
谭河	Tánhé	——	农村	白诸镇南部
湾头	Wāntóu	——	农村	白诸镇南部
新排	Xīnpái	——	农村	白诸镇政府驻地西北部
新龙头围	Xīnlóngtóuwéi	——	农村	白诸镇政府驻地西北部
上洞	Shàngdòng	——	农村	白诸镇政府驻地西北部
旧排	Jiùpái	——	农村	白诸镇政府驻地西北部
罗曲	Luóqǔ	——	农村	白诸镇政府驻地西北部
绿水村	Lǜshuǐcūn	——	农村	禄步镇北部
新围	Xīnwéi	——	农村	小湘镇政府驻地北部
大坪	Dàpíng	——	农村	小湘镇政府驻地北部
大社	Dàshè	——	农村	小湘镇政府驻地东北部
石围墙	Shíwéiqiáng	——	农村	小湘镇政府驻地东北部
天湖岗	Tiānhú Gǎng	——	农村	小湘镇西北部
迳口村	Jìngkǒucūn	——	农村	小湘镇政府驻地西北部
书房	Shūfáng	——	农村	小湘镇北部
牛坑	Niúkēng	——	农村	小湘镇北部
横水	Héngshuǐ	——	农村	小湘镇政府驻地北部
文武坳	Wénwǔ Ào	——	农村	小湘镇政府驻地北部
新屋	Xīnwū	——	农村	小湘镇政府驻地北部
乌榄	Wūlǎn	——	农村	小湘镇政府驻地北部
排巷	Páixiàng	——	农村	小湘镇政府驻地北部

（续上表）

标准名称	汉语拼音	别名	地名类别	相对位置
牙英石	Yáyīngshí	——	农村	小湘镇政府驻地北部
二岐	Èrqí	——	农村	小湘镇政府驻地北部
三岐	Sānqí	——	农村	小湘镇政府驻地北部
上村	Shàngcūn	——	农村	小湘镇政府驻地北部
蓝青	Lánqīng	——	农村	小湘镇政府驻地北部
大王湾	Dàwángwān	——	农村	小湘镇政府驻地北部
桔材村	Júcáicūn	——	农村	小湘镇北部
杨梅塘	Yángméi Táng	——	农村	小湘镇北部
孔湾村	Kǒngwāncūn	——	农村	小湘镇西北部
霞乐	Xiálè	——	农村	小湘镇北部
塱口村	Lǎngkǒucūn	——	农村	小湘镇北部
上水村	Shàngshuǐcūn	——	农村	小湘镇西部
大湘口村	Dàxiāngkǒucūn	——	农村	小湘镇西部
联星社区	Liánxīngshèqū	——	农村	小湘镇南部
龙头围	Lóngtóuwéi	——	农村	新桥镇政府驻地西南部
新村	Xīncūn	——	农村	新桥镇政府驻地西南部
仁厚里	Rénhòulǐ	——	农村	新桥镇政府驻地东南部
塘头	Tángtóu	——	农村	新桥镇政府驻地西北部
银江	Yínjiāng	——	农村	新桥镇政府驻地西北部
北寨	Běizhài	——	农村	新桥镇政府驻地西北部
井塘	Jǐngtáng	——	农村	新桥镇政府驻地西北部
庙前	Miàoqián	——	农村	新桥镇政府驻地西北部
金山	Jīnshān	——	农村	新桥镇政府驻地西北部
多等	Duōděng	——	农村	新桥镇政府驻地西北部
牛渡头	Niúdùtóu	——	农村	新桥镇政府驻地西北部
全村	Quáncūn	——	农村	新桥镇政府驻地西部
出头伍	Chūtóuwǔ	——	农村	新桥镇政府驻地西北部
水边	Shuǐbiān	——	农村	新桥镇政府驻地西北部
岗头	Gǎngtóu	——	农村	新桥镇政府驻地西北部
塘基头	Tángjītóu	——	农村	新桥镇政府驻地西北部

（续上表）

标准名称	汉语拼音	别名	地名类别	相对位置
村头	Cūntóu	——	农村	新桥镇政府驻地西北部
柿根	Shìgēn	——	农村	新桥镇政府驻地西北部
大莫	Dàmò	——	农村	新桥镇政府驻地西北部
龙潭	Lóngtán	——	农村	新桥镇政府驻地西北部
新村	Xīncūn	——	农村	新桥镇政府驻地西北部
麦村	Màicūn	——	农村	新桥镇政府驻地西北部
珠江三	Zhūjiāngsān	——	农村	新桥镇政府驻地西北部
樟湖头	Zhānghútóu	——	农村	新桥镇政府驻地西北部
樟岗	Zhānggǎng	——	农村	新桥镇政府驻地西部
高塱	Gāolǎng	——	农村	白诸镇南部
边坑	Biānkēng	——	农村	白诸镇南部
边围	Biānwéi	——	农村	白诸镇南部
长沙	Chángshā	——	农村	白诸镇南部
平沙	Píngshā	——	农村	白诸镇南部
金元	Jīnyuán	——	农村	白诸镇南部
稳裕新村	Wěnyù Xīncūn	——	农村	白诸镇南部
布章	Bùzhāng	——	农村	白诸镇南部
云九	Yúnjiǔ	——	农村	白诸镇西南部
探坑	Tànkēng	——	农村	白诸镇西南部
稳裕	Wěnyù	——	农村	白诸镇西南部
下坡村	Xiàpōcūn	——	农村	白诸镇西部
福园	Fúyuán	——	农村	白诸镇西部
水边	Shuǐbiān	——	农村	白诸镇西部
大园	Dàyuán	——	农村	白诸镇西部
凤尾	Fèngwěi	——	农村	白诸镇西北部
大庙	Dàmiào	——	农村	白诸镇西部
向群	Xiàngqún	——	农村	白诸镇西部
高岗围	Gāogǎngwéi	——	农村	白诸镇西南部
平布社区	Píngbù Shèqū	——	农村	金渡镇政府驻地东部
水边社区	Shuǐbiān Shèqū	——	农村	金渡镇政府驻地东北部

（续上表）

标准名称	汉语拼音	别名	地名类别	相对位置
新村	Xīncūn	——	农村	金渡镇政府驻地东北部
水口社区	Shuǐkǒu Shèqū	——	农村	金渡镇政府驻地东北部
竹园	Zhúyuán	——	农村	金渡镇政府驻地东北部
沙田	Shātián	——	农村	金渡镇政府驻地东北部
铁岗社区	Tiěgǎng Shèqū	——	农村	金渡镇政府驻地东北部
铁岗新村	Tiěgǎng Xīncūn	——	农村	金渡镇政府驻地东北部
张顶村	Zhāngdǐngcūn	——	农村	金渡镇政府驻地东北部
五股社区	Wǔgǔ Shèqū	——	农村	金渡镇政府驻地东北部
西头社区	Xītóu Shèqū	——	农村	金渡镇政府驻地东南部
西头新村	Xītóu Xīncūn	——	农村	金渡镇政府驻地东南部
砚坑	Yànkēng	——	农村	金渡镇政府驻地东北部
文殊	Wénshū	——	农村	金渡镇政府驻地东北部
杨梅田	Yángméitián	——	农村	金渡镇政府驻地东北部
上田	Shàngtián	——	农村	金渡镇政府驻地东北部
虎坑村	Hǔkēngcūn	——	农村	金渡镇政府驻地东北部
腰岗社区	Yāogǎng Shèqū	——	农村	金渡镇政府驻地东部
茶岗社区	Chágǎng Shèqū	——	农村	金渡镇政府驻地东北部
槎头	Chátóu	——	农村	活道镇政府驻地北部
横坑	Héngkēng	——	农村	活道镇政府驻地北部
竹坑	Zhúkēng	——	农村	活道镇政府驻地北部
官田	Guāntián	——	农村	活道镇政府驻地北部
长岐	Chángqí	——	农村	活道镇政府驻地北部
大端村	Dàduāncūn	——	农村	活道镇政府驻地西南部
高山二	Gāoshān'èr	——	农村	活道镇政府驻地西南部
高山一	Gāoshānyī	——	农村	活道镇政府驻地西南部
东横江新圩	Dōnghéngjiāng Xīnxū	——	农村	活道镇政府驻地东南部
东横江村	Dōnghéngjiāngcūn	——	农村	活道镇政府驻地东南部
洞心村	Dòngxīncūn	——	农村	活道镇政府驻地西南部
南冲	Nánchōng	——	农村	活道镇政府驻地东部
观音塱	Guānyīnlǎng	——	农村	活道镇政府驻地东部

（续上表）

标准名称	汉语拼音	别名	地名类别	相对位置
新村	Xīncūn	——	农村	活道镇政府驻地东北部
水湖	Shuǐhú	——	农村	活道镇政府驻地东北部
法洞村	Fǎdòngcūn	——	农村	活道镇政府驻地东北部
横岗山	Hénggǎngshān		农村	水南镇北部
洲村	Zhōucūn		农村	水南镇北部
罗梳	Luóshū		农村	水南镇北部
边村	Biāncūn		农村	水南镇北部
一村	Yīcūn		农村	水南镇东部
赤水塘村	Chìshuǐtángcūn	——	农村	回龙镇西北部
光明移民村	Guāngmíng Yímíncūn	三峡移民村	农村	回龙镇北部
大井村	Dàjǐngcūn	——	农村	回龙镇北部
大塘边村	Dàtángbiāncūn	——	农村	回龙镇北部
大田塱村	Dàtiánlǎngcūn	——	农村	回龙镇东北部
长江	Chángjiāng	——	农村	回龙镇东北部
新村	Xīncūn	——	农村	回龙镇东北部
上莲塘	Shànglián Táng	——	农村	回龙镇东北部
三多	Sānduō	——	农村	回龙镇东北部
旧村	Jiùcūn	——	农村	回龙镇东北部
宽郊村	Kuānjiāocūn	——	农村	回龙镇东南部
黎槎村	Líchácūn	——	农村	回龙镇东北部
岗尾	Gǎngwěi	——	农村	小湘镇北部
大坑塱	Dàkēnglǎng	——	农村	小湘镇北部
大白村	Dàbáicūn	——	农村	小湘镇北部
云夜	Yúnyè	——	农村	小湘镇北部
云带	Yúndài	——	农村	小湘镇北部
东昌	Dōngchāng	——	农村	小湘镇北部
田心	Tiánxīn	——	农村	小湘镇东部
天堂	Tiāntáng	——	农村	小湘镇东部
高利	Gāolì	——	农村	小湘镇东部

（续上表）

标准名称	汉语拼音	别名	地名类别	相对位置
白云岗	Báiyún Gǎng	——	农村	小湘镇北部
相思坪	Xiāngsī Píng	——	农村	小湘镇北部
后岗	Hòugǎng	——	农村	小湘镇东部
大埗	Dàbù	——	农村	小湘镇北部
塘济新村	Tángjì Xīncūn	——	农村	小湘镇北部
塘济	Tángjì	——	农村	小湘镇北部
甲元坑	Jiǎyuán Kēng	——	农村	小湘镇北部
圩镇	Xūzhèn	——	农村	小湘镇东北部
新屋	Xīnwū	——	农村	小湘镇北部
汉塘村	Hàntángcūn	——	农村	小湘镇北部
古迳新村	Gǔjìng Xīncūn	——	农村	蚬岗镇西部
古迳	Gǔjìng	——	农村	蚬岗镇西南部
上南村	Shàngnáncūn	——	农村	蚬岗镇西南部
中间村	Zhōngjiāncūn	中南村	农村	蚬岗镇西南部
下南村	Xià'náncūn	——	农村	蚬岗镇西南部
南村	Náncūn	——	农村	蚬岗镇西南部
水围	Shuǐwéi	——	农村	新桥镇西部
沙田蒙	Shātiánméng	——	农村	新桥镇西部
村头	Cūntóu	——	农村	新桥镇西部
塘肚	Tángdù	——	农村	新桥镇西部
罗布龙	Luóbùlóng	——	农村	新桥镇西部
湖边	Húbiān	——	农村	新桥镇西部
沙田黎	Shātiánlí	黎村	农村	新桥镇西部
竹圩	Zhúxū	——	农村	新桥镇西部
下围	Xiàwéi	——	农村	新桥镇西部
沙田莫	Shātiánmò	湖边莫	农村	新桥镇西部
罗布区	Luóbù'ōu	——	农村	新桥镇西部
林宋	Línsòng	——	农村	新桥镇西部
罗布彭	Luóbùpéng	——	农村	新桥镇西部
沙田张	Shātiánzhāng	——	农村	新桥镇西部

（续上表）

标准名称	汉语拼音	别名	地名类别	相对位置
麦塘	Màitáng	六队	农村	新桥镇西部
长湖	Chánghú	——	农村	新桥镇西北部
蓝田	Lántián	——	农村	新桥镇东部
道悦	Dàoyuè	——	农村	新桥镇东部
水围	Shuǐwéi	二队	农村	新桥镇东部
塘基山	Tángjīshān	三队	农村	新桥镇东部
湾边村	Wānbiāncūn	——	农村	新桥镇中部
布塘村	Bùtángcūn	——	农村	新桥镇北部
塱底	Lǎngdǐ	——	农村	新桥镇东部
坑塘	Kēngtáng	——	农村	新桥镇政府驻地东北部
新村	Xīncūn	——	农村	新桥镇政府驻地西南部
旧村	Jiùcūn	——	农村	新桥镇政府驻地东北部
赤坎村	Chìkǎncūn	——	农村	新桥镇政府驻地北部
塘边村	Tángbiāncūn	——	农村	新桥镇政府驻地北部
张屋村	Zhāngwūcūn	——	农村	新桥镇政府驻地北部
广塘村	Guǎngtángcūn	——	农村	新桥镇政府驻地东北部
荷田	Hétián	——	农村	新桥镇政府驻地东部
鹧鸪坑	Zhègū Kēng	——	农村	新桥镇政府驻地东北部
新村	Xīncūn	——	农村	新桥镇政府驻地西北部
山咀夏新村	Shānzuǐxià Xīncūn	——	农村	白土镇政府驻地西北部
山咀夏	Shānzuǐxià	——	农村	白土镇政府驻地西北部
长塘村	Chángtángcūn	——	农村	白土镇政府驻地西北部
长塘新村	Chángtáng Xīncūn	——	农村	白土镇政府驻地西北部
中岗村新村	Zhōnggǎngcūn Xīncūn	——	农村	白土镇政府驻地西南部
中岗村	Zhōnggǎngcūn	——	农村	白土镇政府驻地南部
洲龙村	Zhōulóngcūn	——	农村	白土镇政府驻地北部
思礼	Sīlǐ	——	农村	白土镇政府驻地西北部
竹山村	Zhúshāncūn	——	农村	白土镇政府驻地西北部
竹根村	Zhúgēncūn	——	农村	白土镇政府驻地东南部

（续上表）

标准名称	汉语拼音	别名	地名类别	相对位置
陈咀村	Chénzuǐcūn	——	农村	白土镇政府驻地东南部
围边村	Wéibiāncūn	——	农村	白土镇政府驻地东南部
坑大村	Kēngdàcūn	——	农村	白土镇政府驻地东南部
区边村	Ōubiāncūn	——	农村	白土镇政府驻地东部
大洲莫	Dàzhōumò	——	农村	白土镇政府驻地东部
大洲	Dàzhōu	——	农村	白土镇政府驻地东部
仁里	Rénlǐ	——	农村	白土镇政府驻地东部
任村	Rèncūn	——	农村	白土镇政府驻地东部
新潘	Xīnpān	——	农村	白土镇政府驻地东部
细洲	Xìzhōu	——	农村	白土镇政府驻地东南部
造美	Zàoměi	——	农村	白土镇政府驻地东南部
坑口	Kēngkǒu	——	农村	白土镇政府驻地东南部
河边村	Hébiāncūn	——	农村	白土镇政府驻地东南部
坑尾	Kēngwěi	——	农村	白土镇政府驻地东南部
龙沙	Lóngshā	——	农村	白土镇政府驻地东南部
龙岗	Lónggǎng	——	农村	白土镇政府驻地东北部
蝉安居	Chán'ānjū	——	农村	白土镇政府驻地南部
蝉坑村	Chánkēngcūn	——	农村	白土镇政府驻地南部
蚬三区二村	Xiǎnsānqū Èrcūn	——	农村	蚬岗镇北部
蚬三区三村	Xiǎnsānqū Sāncūn	——	农村	蚬岗镇西北部
蚬三区一村	Xiǎnsānqū Yīcūn	——	农村	蚬岗镇北部
大安村	Dà'āncūn	——	农村	蚬岗镇西北部
蚬二区三村	Xiǎn'èrqū Sāncūn	——	农村	蚬岗镇西部
松柏村	Sōngbǎicūn	——	农村	蚬岗镇西北部
西上村	Xīshàngcūn	——	农村	蚬岗镇西北部
蚬二区二村	Xiǎn'èrqū Èrcūn	——	农村	蚬岗镇西北部
下冼	Xiàxiǎn	——	农村	蚬岗镇西北部
蚬二区一村	Xiǎn'èrqū Yīcūn	——	农村	蚬岗镇西北部
南社	Nánshè	——	农村	蚬岗镇西部
元江	Yuánjiāng	——	农村	蚬岗镇西部

（续上表）

标准名称	汉语拼音	别名	地名类别	相对位置
东社	Dōngshè	东北社	农村	蚬岗镇西部
长旗	Chángqí	——	农村	蚬岗镇西部
西社	Xīshè	——	农村	蚬岗镇西部
村头	Cūntóu	——	农村	蚬岗镇西部
新田	Xīntián	——	农村	蚬岗镇西部
山居	Shānjū	——	农村	蚬岗镇西部
胡村	Húcūn	——	农村	蚬岗镇西部
陈村	Chéncūn	——	农村	蚬岗镇西部
龙山	Lóngshān	——	农村	蚬岗镇西部
杜村	Dùcūn	——	农村	蚬岗镇东南部
横江	Héngjiāng	——	农村	蚬岗镇东南部
二村新村	Èrcūn Xīncūn	——	农村	蚬岗镇南部
一村新村	Yīcūn Xīncūn	——	农村	蚬岗镇东南部
三村新村	Sāncūn Xīncūn	——	农村	蚬岗镇南部
范山新村	Fànshān Xīncūn	——	农村	蚬岗镇西北部
范山村	Fànshāncūn	——	农村	蚬岗镇西北部
芙罗村	Fúluócūn	——	农村	蚬岗镇南部
富二	Fù'èr	——	农村	蚬岗镇西部
富四	Fùsì	——	农村	蚬岗镇西部
南向	Nánxiàng	富三	农村	蚬岗镇西部
富佛村	Fùfócūn	——	农村	蚬岗镇西部
西面	Xīmiàn	富一	农村	蚬岗镇西部
富金村	Fùjīncūn	——	农村	蚬岗镇北部
山口	Shānkǒu	——	农村	蚬岗镇西北部
岭头	Lǐngtóu	——	农村	蚬岗镇北部
范塘	Fàntáng	——	农村	蚬岗镇东北部
振兴移民村	Zhènxīng Yímíncūn	移民村	农村	蛟塘镇东部
小塘	Xiǎotáng	——	农村	蛟塘镇西部
良村	Liángcūn	——	农村	蛟塘镇西部
龙剑村	Lóngjiàncūn	——	农村	蛟塘镇北部

(续上表)

标准名称	汉语拼音	别名	地名类别	相对位置
龙剑新村	Lóngjiàn Xīncūn	——	农村	蛟塘镇北部
禄栏村	Lùláncūn	——	农村	蛟塘镇北部
坪峡	Píngxiá	——	农村	蛟塘镇东南部
矮岭	Ǎilǐng	——	农村	回龙镇东部
军屯	Jūntún	——	农村	回龙镇东部
刘村	Liúcūn	——	农村	回龙镇东北部
新洲	Xīnzhōu	——	农村	回龙镇东北部
板塘	Bǎntáng	——	农村	回龙镇东北部
坪洲	Píngzhōu	——	农村	回龙镇东北部
新莲塘	Xīnliántáng	——	农村	回龙镇东北部
大良	Dàliáng	——	农村	回龙镇东北部
下荷禄	Xiàhélù	——	农村	回龙镇东北部
大松迳	Dàsōngjìng	——	农村	回龙镇东北部
丹塘	Dāntáng	——	农村	回龙镇北部
清湖村	Qīnghúcūn	——	农村	回龙镇北部
松山村	Sōngshāncūn	——	农村	回龙镇北部
松塘村	Sōngtángcūn	——	农村	回龙镇北部
同攸岗村	Tóngyōugǎngcūn	——	农村	回龙镇东北部
旺洞村	Wàngdòngcūn	——	农村	回龙镇东部
元福	Yuánfú	——	农村	回龙镇东部
槎岗村	Chágǎngcūn	——	农村	回龙镇东部
槎塘村	Chátángcūn	——	农村	回龙镇东部
黎城	Líchéng	——	农村	回龙镇东部
槎村	Chácūn	——	农村	回龙镇东部
澄湖村	Chénghúcūn	——	农村	回龙镇南部
思可村	Sīkěcūn	——	农村	乐城镇南部
新村	Xīncūn	——	农村	乐城镇东南部
龙源山	Lóngyuánshān	——	农村	乐城镇东南部
双界	Shuāngjiè	——	农村	乐城镇南部
侧山	Cèshān	——	农村	乐城镇南部

（续上表）

标准名称	汉语拼音	别名	地名类别	相对位置
井贯	Jǐngguàn	——	农村	乐城镇南部
伍村	Wǔcūn	——	农村	乐城镇西南部
息源村	Xīyuáncūn	——	农村	乐城镇北部
近月塘村	Jìnyuètángcūn	——	农村	乐城镇北部
新山口村	Xīnshānkǒucūn	——	农村	乐城镇北部
黄蟮坑新村	Huángshànkēng Xīncūn	——	农村	乐城镇北部
高崀	Gāolàng	——	农村	乐城镇北部
云月	Yúnyuè	——	农村	乐城镇北部
黄蟮坑	Huángshàn Kēng	——	农村	乐城镇北部
榄坑	Lǎnkēng	——	农村	乐城镇北部
里坑	Lǐkēng	——	农村	乐城镇北部
黎村	Lícūn	——	农村	乐城镇南部
长田头	Chángtiántóu	——	农村	乐城镇南部
大王坪	Dàwáng Píng	——	农村	乐城镇南部
坑尾	Kēngwěi	——	农村	乐城镇西南部
石咀	Shízuǐ	——	农村	乐城镇南部
坑口	Kēngkǒu	——	农村	乐城镇南部
坑仔口	Kēngzǎikǒu	——	农村	乐城镇南部
南源	Nányuán	——	农村	乐城镇南部
坑十口	Kēngshíkǒu	——	农村	乐城镇南部
白元洞	Báiyuándòng	——	农村	乐城镇南部
石碑角	Shíbēijiǎo	——	农村	乐城镇南部
周塘	Zhōutáng	——	农村	乐城镇西南部
大竹根	Dàzhúgēn	——	农村	乐城镇南部
高桥头	Gāoqiáotóu	——	农村	乐城镇南部
苦竹崀	Kǔzhúlàng	——	农村	乐城镇南部
新屋崀	Xīnwūlàng	——	农村	乐城镇南部
大坪	Dàpíng	——	农村	乐城镇南部
庙崀	Miàolàng	——	农村	乐城镇南部

（续上表）

标准名称	汉语拼音	别名	地名类别	相对位置
银村	Yíncūn	——	农村	乐城镇南部
罗纯	Luóchún	——	农村	乐城镇南部
镇州	Zhènzhōu	——	农村	金渡镇政府驻地东北部
冲口莫新村	Chōngkǒumò Xīncūn	——	农村	金渡镇政府驻地东北部
冲口莫	Chōngkǒumò	——	农村	金渡镇政府驻地东北部
冲口钟	Chōngkǒuzhōng	——	农村	金渡镇政府驻地东北部
冲口钟新村	Chōngkǒuzhōng Xīncūn	——	农村	金渡镇政府驻地东北部
赤顶	Chìdǐng	——	农村	金渡镇政府驻地东北部
冲口村	Chōngkǒucūn	——	农村	金渡镇政府驻地东北部
大坑社区	Dàkēng Shèqū	——	农村	金渡镇政府驻地东部
上沙村	Shàngshācūn	——	农村	金渡镇政府驻地东部
耕沙	Gēngshā	——	农村	金渡镇政府驻地东部
黄坑社区	Huángkēng Shèqū	——	农村	金渡镇政府驻地东部
三英村	Sānyīngcūn	——	农村	金渡镇政府驻地东北部
大巷	Dàxiàng	——	农村	金渡镇政府驻地东北部
大洞	Dàdòng	——	农村	金渡镇政府驻地南部
沙头	Shātóu	——	农村	金渡镇政府驻地西北部
金渡村	Jīndùcūn	——	农村	金渡镇政府驻地东北部
榄塘社区	Lǎntáng Shèqū	——	农村	金渡镇政府驻地东南部
榄塘新村	Lǎntáng Xīncūn	——	农村	金渡镇政府驻地东南部
大旗村	Dàqícūn	——	农村	白土镇政府驻地东部
兴隆村	Xīnglóngcūn	——	农村	白土镇政府驻地东部
大旗新村	Dàqí Xīncūn	——	农村	白土镇政府驻地东部
东岸村	Dōngàncūn	——	农村	白土镇政府驻地东南部
草塱村	Cǎolǎngcūn	——	农村	白土镇政府驻地东南部
富科村	Fùkēcūn	——	农村	白土镇政府驻地东北部
桂岗村	Guìgǎngcūn	——	农村	白土镇政府驻地西部
思福	Sīfú	——	农村	白土镇政府驻地西北部
横岗园	Hénggǎngyuán	——	农村	白土镇政府驻地西北部

（续上表）

标准名称	汉语拼音	别名	地名类别	相对位置
大巷	Dàxiàng	——	农村	白土镇政府驻地西北部
横岗村	Hénggǎngcūn	——	农村	白土镇政府驻地西部
老梁	Lǎoliáng	——	农村	白土镇政府驻地西北部
新村	Xīncūn	——	农村	白土镇政府驻地西北部
老村	Lǎocūn	——	农村	白土镇政府驻地西北部
老邓	Lǎodèng	——	农村	白土镇政府驻地西北部
姓钟	Xìngzhōng	——	农村	白土镇政府驻地西北部
新钟	Xīnzhōng	——	农村	白土镇政府驻地西北部
新宅	Xīnzhái	——	农村	白土镇政府驻地西北部
久留村	Jiǔliúcūn	——	农村	白土镇政府驻地西北部
久留新村	Jiǔliú Xīncūn	——	农村	白土镇政府驻地西北部
坑伸	Kēngshēn	——	农村	白土镇政府驻地西部
岭脚	Lǐngjiǎo	——	农村	白土镇政府驻地西部
塱鹤圩	Lǎnghèxū	——	农村	白土镇政府驻地西北部
塱鹤村	Lǎnghècūn	——	农村	白土镇政府驻地西北部
塘口	Tángkǒu	——	农村	白土镇政府驻地西北部
塘口坊	Tángkǒufāng	——	农村	白土镇政府驻地西北部
乐堂村	Lètángcūn	——	农村	白土镇政府驻地西北部
冷水二村	Lěngshuǐ'èrcūn	——	农村	白土镇政府驻地西南部
冷水一新村	Lěngshuǐyī Xīncūn	——	农村	白土镇政府驻地西南部
冷水一村	Lěngshuǐyīcūn	——	农村	白土镇政府驻地西南部
山头	Shāntóu	——	农村	白土镇政府驻地西部
罗有村	Luóyǒucūn	——	农村	白土镇政府驻地西部
马安村	Mǎ'āncūn	——	农村	白土镇政府驻地南部
茆山村	Máoshāncūn	——	农村	白土镇政府驻地西部
幕村村	Mùcūncūn	——	农村	白土镇政府驻地西南部
南岗村	Nángǎngcūn	——	农村	白土镇政府驻地南部
塱尾	Lǎngwěi	——	农村	白土镇政府驻地西部
下山村	Xiàshāncūn	——	农村	白土镇政府驻地西部
下山新村	Xiàshān Xīncūn	——	农村	白土镇政府驻地西部

（续上表）

标准名称	汉语拼音	别名	地名类别	相对位置
下灶村	Xiàzàocūn	——	农村	白土镇政府驻地北部
新村村	Xīncūncūn	——	农村	白土镇政府驻地北部
雅瑶村	Yǎyáocūn	——	农村	白土镇政府驻地北部
清珠岗	Qīngzhū Gǎng	——	农村	白土镇政府驻地西北部
沿塱村	Yánlǎngcūn	——	农村	白土镇政府驻地南部
山咀文	Shānzuǐwén	——	农村	白土镇政府驻地西北部
西三巷	Xīsānxiàng	——	农村	白土镇政府驻地西北部
大塘基	Dàtángjī	——	农村	白土镇政府驻地西北部
坑尾夏	Kēngwěixià	——	农村	白土镇政府驻地西北部
坑尾谭	Kēngwěitán	——	农村	白土镇政府驻地西北部
坑尾岑	Kēngwěicén	——	农村	白土镇政府驻地西北部
坑梁	Kēngliáng	——	农村	白土镇政府驻地西北部
坑尾邓	Kēngwěidèng	——	农村	白土镇政府驻地西北部
坑口谭	Kēngkǒután	——	农村	白土镇政府驻地西北部
坑口夏	Kēngkǒuxià	——	农村	白土镇政府驻地西北部
坑口邓	Kēngkǒudèng	——	农村	白土镇政府驻地西北部
咀头	Zuǐtóu	——	农村	白土镇政府驻地西北部
鹅巷	Éxiàng	——	农村	白土镇政府驻地西北部
外迳	Wàijìng	——	农村	大湾镇西北部
高熊村	Gāoxióngcūn	——	农村	大湾镇北部
沙头陈	Shātóuchén	——	农村	大湾镇北部
圩地	Xūdì	——	农村	大湾镇北部
古西新村	Gǔxī Xīncūn	——	农村	大湾镇东部
围仔	Wéizǎi	——	农村	大湾镇东部
古西村	Gǔxīcūn	——	农村	大湾镇东部
古南	Gǔnán	——	农村	大湾镇西部
古北	Gǔběi	——	农村	大湾镇西部
太平围	Tàipíngwéi	——	农村	大湾镇中部
合成村	Héchéngcūn	——	农村	大湾镇中部
新围	Xīnwéi	——	农村	大湾镇西部

（续上表）

标准名称	汉语拼音	别名	地名类别	相对位置
坳山	Àoshān	——	农村	大湾镇西部
金桂村	Jīnguìcūn	——	农村	大湾镇西部
朗第	Lǎngdì	——	农村	大湾镇北部
蚌岗	Bànggǎng	——	农村	大湾镇北部
新村	Xīncūn	——	农村	大湾镇北部
社布	Shèbù	——	农村	大湾镇北部
六队	Liùduì	——	农村	大湾镇北部
九队	Jiǔduì	——	农村	大湾镇北部
十一队	Shíyīduì	——	农村	大湾镇北部
十队	Shíduì	——	农村	大湾镇北部
八队	Bāduì	——	农村	大湾镇北部
十八队	Shíbāduì	——	农村	大湾镇北部
七队	Qīduì	——	农村	大湾镇北部
三队	Sānduì	——	农村	大湾镇北部
涌里村	Yǒnglǐcūn	——	农村	大湾镇东部
沙田园	Shātiányuán	——	农村	大湾镇东部
龙冲社区	Lóngchōng Shèqū	——	农村	大湾镇东部
下岸村	Xià'àncūn	——	农村	大湾镇东部
刘地村	Liúdìcūn	——	农村	东部大湾镇
迳口	Jìngkǒu	——	农村	大湾镇南部
佛仔	Fózǎi	——	农村	大湾镇东南部
黄洞	Huángdòng	——	农村	大湾镇西部
龙塘	Lóngtáng	——	农村	大湾镇西部
禄岸村	Lù'àncūn	——	农村	大湾镇西部
黄茅	Huángmáo	——	农村	大湾镇西部
小麦坑	Xiǎomài Kēng	——	农村	大湾镇西部
朗尾	Lǎngwěi	——	农村	大湾镇中部
棠孔村	Tángkǒngcūn	——	农村	大湾镇中部
官田	Guāntián	——	农村	大湾镇西部
小唐村	Xiǎotángcūn	——	农村	大湾镇政府驻地西北部

（续上表）

标准名称	汉语拼音	别名	地名类别	相对位置
槎航	Cháháng	——	农村	大湾镇西部
下围	Xiàwéi	——	农村	大湾镇西北部
上围	Shàngwéi	——	农村	大湾镇西北部
孝友村	Xiàoyǒucūn	——	农村	大湾镇政府驻地西部
白丈村	Báizhàngcūn	——	农村	大湾镇政府驻地西部
棠华	Tánghuá	——	农村	大湾镇西部
留棠	Liútáng	——	农村	大湾镇西部
村心	Cūnxīn	——	农村	白土镇政府驻地西部
上围	Shàngwéi	——	农村	白土镇政府驻地西部
下围	Xiàwéi	——	农村	白土镇政府驻地西部
禾昌	Héchāng	——	农村	禄步镇西南部
楼墩村	Lóudūncūn	——	农村	禄步镇西南部
六社	Liùshè	——	农村	禄步镇西南部
天科	Tiānkē	——	农村	禄步镇西南部
市东	Shìdōng	——	农村	禄步镇西南部
江头	Jiāngtóu	——	农村	禄步镇西南部
大埗村	Dàbùcūn	——	农村	蛟塘镇西北部
岐山	Qíshān	——	农村	蛟塘镇北部
沙岗	Shāgǎng	——	农村	蛟塘镇西南部
永安	Yǒng'ān	——	农村	蛟塘镇西南部
新村	Xīncūn	——	农村	蛟塘镇西南部
羌山	Qiāngshān	——	农村	蛟塘镇西南部
新坪	Xīnpíng	——	农村	蛟塘镇西南部
大坳	Dà'ào	——	农村	蛟塘镇西南部
花根坪	Huāgēn Píng	——	农村	蛟塘镇西南部
洞口村	Dòngkǒucūn	——	农村	蛟塘镇西南部
高埗村	Gāobùcūn	——	农村	蛟塘镇西部
古定	Gǔdìng	——	农村	蛟塘镇北部
合山村	Héshāncūn	——	农村	蛟塘镇北部
蛟塘村	Jiāotángcūn	——	农村	蛟塘镇西北部

（续上表）

标准名称	汉语拼音	别名	地名类别	相对位置
荷塘	Hétáng	——	农村	蛟塘镇西南部
对挣	Duìzhèng	——	农村	蛟塘镇西南部
松柏塘	Sōngbǎi Táng	——	农村	蛟塘镇西南部
迳心	Jìngxīn	——	农村	蛟塘镇西南部
福沙头	Fúshātóu	——	农村	蛟塘镇西南部
上洞	Shàngdòng	——	农村	蛟塘镇西南部
南洞	Nándòng	——	农村	蛟塘镇西南部
石梯	Shítī	——	农村	蛟塘镇西部
塱下村	Lǎngxiàcūn	——	农村	蛟塘镇北部
马岭	Mǎlǐng	——	农村	蛟塘镇西部
沥水	Lìshuǐ	——	农村	蛟塘镇西部
南塘	Nántáng	——	农村	蛟塘镇西部
姚村	Yáocūn	——	农村	活道镇政府驻地西南部
祖坑	Zǔkēng	——	农村	活道镇政府驻地南部
云美村	Yúnměicūn	——	农村	活道镇政府驻地东南部
真竹村	Zhēnzhúcūn	——	农村	活道镇政府驻地西南部
鳌头村	Áotóucūn	——	农村	活道镇政府驻地东南部
村陈	Cūnchén	——	农村	大湾镇政府驻地西北部
村陈新村	Cūnchén Xīncūn	——	农村	大湾镇政府驻地西北部
龙头岗	Lóngtóu Gǎng	——	农村	大湾镇西部
村黄	Cūnhuáng	——	农村	大湾镇西部
沙汶塘	Shāwèn Táng	——	农村	大湾镇政府驻地西部
上坡	Shàngpō	——	农村	大湾镇政府驻地西部
下坡	Xiàpō	——	农村	大湾镇政府驻地西部
严村	Yáncūn	——	农村	大湾镇政府驻地西部
石头坑	Shítóu Kēng	——	农村	大湾镇政府驻地西部
水坑	Shuǐkēng	——	农村	大湾镇西部
宝案	Bǎo'àn	——	农村	大湾镇西部
西坑	Xīkēng	——	农村	大湾镇西部
金围	Jīnwéi	——	农村	大湾镇西部

（续上表）

标准名称	汉语拼音	别名	地名类别	相对位置
竹围	Zhúwéi	—	农村	大湾镇西部
子围	Zǐwéi	—	农村	大湾镇西部
鲁村	Lǔcūn	—	农村	大湾镇西部
旧村	Jiùcūn	—	农村	大湾镇西部
大田新村	Dàtián Xīncūn	留地	农村	大湾镇政府驻地西部
勒根	Lègēn	—	农村	大湾镇政府驻地西部
大田社区	Dàtián Shèqū	—	农村	大湾镇政府驻地西部
陈屋	Chénwū	—	农村	大湾镇西部
坑尾	Kēngwěi	—	农村	大湾镇西部
大巷	Dàxiàng	—	农村	大湾镇西部
岗顶	Gǎngdǐng	—	农村	大湾镇西部
井田	Jǐngtián	—	农村	大湾镇政府驻地西部
都棠村	Dōutángcūn	—	农村	大湾镇西部
高第村	Gāodìcūn	—	农村	大湾镇政府驻地西北部
榄坑尾	Lǎnkēngwěi	—	农村	蛟塘镇西部
新社	Xīnshè	—	农村	蛟塘镇西部
中洞	Zhōngdòng	—	农村	蛟塘镇西部
桐油根	Tóngyóugēn	—	农村	蛟塘镇西部
企岭村	Qǐlǐngcūn	—	农村	蛟塘镇东部
三江村	Sānjiāngcūn	—	农村	蛟塘镇东北部
天鸦村	Tiānyācūn	—	农村	蛟塘镇北部
新塘村	Xīntángcūn	—	农村	蛟塘镇东部
水口	Shuǐkǒu	—	农村	蛟塘镇东南部
沙帽头	Shāmàotóu	—	农村	蛟塘镇南部
新金龙	Xīnjīnlóng	—	农村	蛟塘镇东南部
塱心一	Lǎngxīnyī	—	农村	蛟塘镇西南部
尖峰	Jiānfēng	—	农村	蛟塘镇西南部
奕庆村	Yìqìngcūn	—	农村	蛟塘镇西南部
塱心二	Lǎngxīn'èr	—	农村	蛟塘镇西南部
新安	Xīn'ān	—	农村	蛟塘镇西南部

（续上表）

标准名称	汉语拼音	别名	地名类别	相对位置
大坪	Dàpíng	——	农村	蛟塘镇西南部
新城	Xīnchéng	——	农村	蛟塘镇西南部
新庄	Xīnzhuāng	——	农村	蛟塘镇西南部
羊坑	Yángkēng	——	农村	蛟塘镇西南部
焦坑	Jiāokēng	——	农村	蛟塘镇西部
云路村	Yúnlùcūn	——	农村	蛟塘镇西部
沙洞	Shādòng	——	农村	蛟塘镇西部
白石嘴	Báishízuǐ	白石咀	农村	蛟塘镇西部
凤田	Fèngtián	——	农村	蛟塘镇西部
十字路	Shízìlù	——	农村	蛟塘镇西部
茅迳	Máojìng	——	农村	蛟塘镇西部
沙坪	Shāpíng	——	农村	蛟塘镇东南部
新江	Xīnjiāng	——	农村	蛟塘镇北部
竹围	Zhúwéi	——	农村	蛟塘镇北部
罗容	Luóróng	——	农村	蛟塘镇西部
金龙	Jīnlóng	蚬岗岭	农村	蛟塘镇西北部
铁场	Tiěchǎng	——	农村	蛟塘镇西部
金鸡	Jīnjī	——	农村	蛟塘镇西部
赤新	Chìxīn	——	农村	蛟塘镇西部
赤上	Chìshàng	——	农村	蛟塘镇西部
上环	Shànghuán	——	农村	活道镇政府驻地西部
隔湖新村	Géhú Xīncūn	——	农村	活道镇政府驻地西部
上塱	Shànglǎng	——	农村	活道镇政府驻地西部
湖坳	Hú'ào	——	农村	活道镇政府驻地西部
新村	Xīncūn	——	农村	活道镇政府驻地西部
大冲坑	Dàchōng Kēng	——	农村	活道镇政府驻地西部
湖洲围	Húzhōuwéi	——	农村	活道镇政府驻地西部
东坑口	Dōngkēngkǒu	——	农村	活道镇政府驻地西部
旧宅	Jiùzhái	——	农村	活道镇政府驻地西部
山脚	Shānjiǎo	——	农村	活道镇政府驻地西部

（续上表）

标准名称	汉语拼音	别名	地名类别	相对位置
水口圩	Shuǐkǒuxū	——	农村	活道镇政府驻地西部
将军咀	Jiāngjūnzuǐ	——	农村	活道镇政府驻地西部
沙尾	Shāwěi	——	农村	活道镇政府驻地西部
隔湖	Géhú	——	农村	活道镇政府驻地西部
西就坑	Xījiù Kēng	——	农村	活道镇政府驻地西部
石龙岗	Shílóng Gǎng	——	农村	活道镇政府驻地西南部
松坑村	Sōngkēngcūn	——	农村	活道镇政府驻地西南部
沙岗	Shāgǎng	——	农村	活道镇政府驻地西南部
塘苟村	Tánggǒucūn	——	农村	活道镇政府驻地东南部
云丽	Yúnlì	——	农村	活道镇政府驻地南部
朝胜	Cháoshèng	——	农村	活道镇政府驻地东南部
高屋	Gāowū	——	农村	活道镇政府驻地东南部
广塘	Guǎngtáng	——	农村	活道镇政府驻地东南部
塘坑	Tángkēng	——	农村	活道镇政府驻地东南部
无忧洞村	Wúyōudòngcūn	——	农村	活道镇政府驻地南部
村心洞	Cūnxīn Dòng	——	农村	活道镇政府驻地南部
廪溪	Lǐnxī	——	农村	活道镇政府驻地东南部
松根咀	Sōnggēnzuǐ	——	农村	活道镇政府驻地东南部
朱子塱	Zhūzǐlǎng	——	农村	活道镇政府驻地东南部
山咀	Shānzuǐ	——	农村	活道镇政府驻地东部
仙洞村	Xiāndòngcūn	——	农村	活道镇政府驻地东部
云傍	Yúnbàng	——	农村	活道镇政府驻地东部
东村	Dōngcūn	——	农村	活道镇政府驻地东部
芝湖塱	Zhīhúlǎng	——	农村	活道镇政府驻地东南部
新村	Xīncūn	——	农村	活道镇政府驻地东北部
大迳	Dàjìng	——	农村	活道镇政府驻地东北部
严村	Yáncūn	——	农村	活道镇政府驻地西南部
三甲	Sānjiǎ	——	农村	金利镇东南部
金江一村	Jīnjiāngyīcūn	——	农村	金利镇东南部
金江二村	Jīnjiāng'èrcūn	——	农村	金利镇东南部

（续上表）

标准名称	汉语拼音	别名	地名类别	相对位置
七甲	Qījiǎ	——	农村	金利镇南部
星西	Xīngxī	——	农村	金利镇南部
西村	Xīcūn	西头村	农村	金利镇南部
五甲村	Wǔjiǎcūn	——	农村	金利镇南部
六甲村	Liùjiǎcūn	——	农村	金利镇南部
一甲	Yījiǎ	——	农村	金利镇东南部
二甲	Èrjiǎ	——	农村	金利镇东南部
虎北	Hǔběi	——	农村	金利镇南部
虎南	Hǔnán	——	农村	金利镇南部
仕龙	Shìlóng	——	农村	金利镇南部
高塱	Gāolǎng	——	农村	金利镇南部
宅江	Zháijiāng	——	农村	金利镇南部
关家	Guānjiā	鹿新	农村	金利镇南部
鹿洲	Lùzhōu	钟家	农村	金利镇南部
长坑	Chángkēng	——	农村	金利镇东南部
上塘	Shàngtáng	——	农村	金利镇东南部
横洲	Héngzhōu	——	农村	金利镇东南部
海口	Hǎikǒu	——	农村	金利镇东南部
禄村新村	Lùcūn Xīncūn	——	农村	金利镇西北部
禄村	Lùcūn	——	农村	金利镇西北部
罗客村	Luókècūn	——	农村	金利镇南部
罗竹	Luózhú	——	农村	金利镇西部
新江	Xīnjiāng	——	农村	金利镇西部
南门	Nánmén	——	农村	金利镇西部
沙咀	Shāzuǐ	——	农村	金利镇西南部
榕根	Rónggēn	——	农村	金利镇西南部
水寨	Shuǐzhài	——	农村	金利镇西南部
南坑	Nánkēng	——	农村	金利镇西南部
江腰	Jiāngyāo	——	农村	金利镇西南部
庆隆	Qìnglóng	——	农村	金利镇西南部

(续上表)

标准名称	汉语拼音	别名	地名类别	相对位置
深巷	Shēnxiàng	——	农村	金利镇西南部
石路	Shílù	——	农村	金利镇西南部
书楼	Shūlóu	——	农村	金利镇西南部
石符村	Shífúcūn	符家	农村	金利镇南部
石莫村	Shímòcūn	莫家	农村	金利镇南部
瑞旧	Ruìjiù	——	农村	金利镇南部
瑞新村	Ruìxīncūn	——	农村	金利镇南部
飞鹅	Fēi'é	——	农村	金利镇南部
大叶	Dàyè	——	农村	金利镇南部
基头	Jītóu	——	农村	金利镇南部
陈家村	Chénjiācūn	——	农村	金利镇南部
冼地村	Xiǎndìcūn	——	农村	金利镇南部
中和村	Zhōnghécūn	——	农村	金利镇南部
珠江九队	Zhūjiāngjiǔduì	——	农村	金利镇北部
珠江新村	Zhūjiāng Xīncūn	——	农村	金利镇北部
梓里陈家村	Zǐlǐ Chénjiācūn	——	农村	金利镇政府驻地西南部
罗客新村	Luókè Xīncūn	——	农村	金利镇西南部
金洲圩	Jīnzhōuxū	——	农村	金利镇驻地南部
西村	Xīcūn	——	农村	金利镇南部
东村	Dōngcūn	——	农村	金利镇南部
中间村	Zhōngjiāncūn	——	农村	金利镇南部
江咀	Jiāngzuǐ	——	农村	金利镇南部
茅洲二	Máozhōu'èr	——	农村	金利镇南部
茅洲一	Máozhōuyī	——	农村	金利镇南部
小洲社区	Xiǎozhōu Shèqū	——	农村	金利镇驻地北部
村头	Cūntóu	——	农村	金利镇北部
旧屋	Jiùwū	——	农村	金利镇北部
新屋	Xīnwū	——	农村	金利镇北部
茅岗	Máogǎng	——	农村	金利镇西南部
石笋	Shísǔn	——	农村	金利镇南部

(续上表)

标准名称	汉语拼音	别名	地名类别	相对位置
石林	Shílín	——	农村	金利镇北部
梓里村	Zǐlǐcūn	——	农村	金利镇西南部
小塱	Xiǎolǎng	——	农村	金利镇西部
小洲	Xiǎozhōu	——	农村	金利镇北部
东庆	Dōngqìng	——	农村	金利镇东南部
茅洲	Máozhōu	——	农村	金利镇南部
东坝村	Dōngbàcūn	——	农村	金利镇驻地西南部
海口村	Hǎikǒucūn	——	农村	金利镇政府驻地东部
淳村	Chúncūn	——	农村	金利镇东南部
蟠龙村	Pánlóngcūn	——	农村	金利镇南部
金江村	Jīnjiāngcūn	——	农村	金利镇东南部
虎岗	Hǔgǎng	——	农村	金利镇南部
鹿洲	Lùzhōu	——	农村	金利镇南部
坪岭村	Pínglǐngcūn	——	农村	蛟塘镇西部
洚上村	Jiàngshàngcūn	——	农村	活道镇政府驻地西部
迳心村	Jìngxīncūn	——	农村	活道镇政府驻地西南部
凰岗坪	Huánggǎng Píng	——	农村	活道镇政府驻地西南部
洞尾	Dòngwěi	——	农村	活道镇政府驻地西部
刘村	Liúcūn	——	农村	活道镇政府驻地西南部
上文塱	Shàngwénlǎng	——	农村	活道镇政府驻地西北部
下文塱	Xiàwénlǎng	——	农村	活道镇政府驻地西北部
牛围村	Niúwéicūn	——	农村	活道镇政府驻地北部
简田坑	Jiǎntián Kēng	——	农村	活道镇政府驻地北部
三角金星	Sānjiǎojīnxīng	——	农村	活道镇政府驻地北部
塘科	Tángkē	——	农村	活道镇政府驻地北部
云塘山	Yúntángshān	——	农村	活道镇政府驻地北部
搭路	Dālù	——	农村	活道镇政府驻地北部
牛围新村	Niúwéi Xīncūn	——	农村	活道镇政府驻地北部
新围	Xīnwéi	——	农村	活道镇政府驻地北部
坑尾	Kēngwěi	——	农村	活道镇政府驻地西北部

（续上表）

标准名称	汉语拼音	别名	地名类别	相对位置
罗岗	Luógǎng	——	农村	活道镇政府驻地北部
吉田塱	Jítiánlǎng	——	农村	活道镇政府驻地西部
白石坑练队	Báishíkēng Liànduì	——	农村	活道镇政府驻地西部
下蕨坑	Xiàjué Kēng	——	农村	活道镇政府驻地西部
山塘口村	Shāntángkǒucūn	——	农村	活道镇政府驻地西部
上蕨坑	Shàngjué Kēng	——	农村	活道镇政府驻地西部
双河	Shuānghé	——	农村	活道镇政府驻地西部
白石坑	Báishí Kēng	——	农村	活道镇政府驻地西部
上横江村	Shànghéngjiāngcūn	——	农村	活道镇政府驻地东南部
石村村	Shícūncūn	——	农村	活道镇政府驻地东南部
月塱	Yuèlǎng	——	农村	活道镇政府驻地东南部
新片塘	Xīnpiàn Táng	——	农村	活道镇政府驻地东南部
石仔头	Shízǎitóu	——	农村	活道镇政府驻地东南部
片塘	Piàntáng	——	农村	活道镇政府驻地东南部
向阳	Xiàngyáng	——	农村	活道镇政府驻地南部
上碟	Shàngdié	——	农村	活道镇政府驻地南部
首岭村	Shǒulǐngcūn	——	农村	活道镇政府驻地东南部
明村	Míngcūn	——	农村	活道镇政府驻地南部
鸡聚塱	Jījùlǎng	——	农村	活道镇政府驻地南部
下碟	Xiàdié	——	农村	活道镇政府驻地南部
浆底	Jiàngdǐ	——	农村	活道镇政府驻地西部
东坑尾	Dōngkēngwěi	——	农村	活道镇政府驻地西部
圆珠村	Yuánzhūcūn	——	农村	莲塘镇政府驻地西部
向明村	Xiàngmíngcūn	——	农村	莲塘镇政府驻地西部
福宁	Fúníng	——	农村	莲塘镇政府驻地西部
保安	Bǎo'ān	——	农村	莲塘镇政府驻地西南部
东正里	Dōngzhènglǐ	——	农村	莲塘镇政府驻地西南部
新宅	Xīnzhái	——	农村	莲塘镇政府驻地南部
镇安	Zhèn'ān	——	农村	莲塘镇政府驻地西部
大巷	Dàxiàng	——	农村	莲塘镇政府驻地西部

（续上表）

标准名称	汉语拼音	别名	地名类别	相对位置
坳边村	Àobiāncūn	——	农村	莲塘镇政府驻地北部
水根	Shuǐgēn	——	农村	莲塘镇政府驻地北部
深塘	Shēntáng	——	农村	莲塘镇政府驻地北部
坎头	Kǎntóu	——	农村	莲塘镇政府驻地北部
大山	Dàshān	——	农村	莲塘镇政府驻地北部
平洲	Píngzhōu	——	农村	莲塘镇政府驻地北部
沉放	Chénfàng	——	农村	乐城镇西部
布浮村	Bùfúcūn	——	农村	乐城镇西北部
六村	Liùcūn	——	农村	乐城镇北部
黄茂	Huángmào	——	农村	乐城镇北部
朱耕	Zhūgēng	——	农村	乐城镇北部
料村	Liàocūn	——	农村	乐城镇北部
洞源村	Dòngyuáncūn	——	农村	乐城镇东部
云彬崀新村	Yúnbīnlàng Xīncūn	——	农村	乐城镇东部
多坊	Duōfāng	——	农村	乐城镇东部
云彬崀	Yúnbīnlàng	——	农村	乐城镇东部
罗计	Luójì	——	农村	乐城镇东部
河社村	Héshècūn	——	农村	乐城镇北部
伏迳	Fújìng	——	农村	乐城镇北部
合水口	Héshuǐkǒu	——	农村	乐城镇北部
牛栏坑新村	Niúlánkēng Xīncūn	——	农村	乐城镇北部
福洞	Fúdòng	——	农村	乐城镇北部
白石侧	Báishícè	——	农村	乐城镇北部
双元崀	Shuāngyuánlàng	——	农村	乐城镇北部
牛栏坑	Niúlán Kēng	——	农村	乐城镇北部
杨桃崀	Yángtáolàng	——	农村	乐城镇北部
沉城	Chénchéng	——	农村	乐城镇东北部
娘塘	Niángtáng	——	农村	乐城镇北部
黄青	Huángqīng	——	农村	乐城镇北部
金鸡村	Jīnjīcūn	——	农村	乐城镇东北部

（续上表）

标准名称	汉语拼音	别名	地名类别	相对位置
庙崀	Miàolàng	——	农村	乐城镇东北部
青塘新村	Qīngtáng Xīncūn	——	农村	乐城镇东北部
纸厂	Zhǐchǎng	——	农村	乐城镇东北部
多洪	Duōhóng	——	农村	乐城镇北部
塘尾	Tángwěi	——	农村	乐城镇东北部
下莫	Xiàmò	——	农村	乐城镇东北部
崀仔	Làngzǎi	——	农村	乐城镇北部
青塘	Qīngtáng	——	农村	乐城镇东北部
坑口	Kēngkǒu	——	农村	乐城镇东北部
领村村	Lǐngcūncūn	——	农村	乐城镇北部
河屈焕	Héqūhuàn	——	农村	乐城镇北部
合水河	Héshuǐhé	——	农村	乐城镇北部
营信洞	Yíngxìn Dòng	——	农村	乐城镇北部
河沙崀	Héshālàng	——	农村	乐城镇北部
竹鲜塘	Zhúxiān Táng	——	农村	乐城镇北部
高崀新村	Gāolàng Xīncūn	——	农村	乐城镇北部
荷村	Hécūn	——	农村	莲塘镇政府驻地东南部
山根	Shāngēn	——	农村	莲塘镇政府驻地东南部
新星	Xīnxīng	——	农村	莲塘镇政府驻地东南部
新村	Xīncūn	——	农村	莲塘镇政府驻地南部
中山	Zhōngshān	——	农村	莲塘镇政府驻地南部
龙湾塘	Lóngwān Táng	——	农村	莲塘镇政府驻地南部
西坑	Xīkēng	——	农村	莲塘镇政府驻地南部
南坑	Nánkēng	——	农村	莲塘镇政府驻地南部
良坑	Liángkēng	——	农村	莲塘镇政府驻地南部
龙岗村	Lónggǎngcūn	——	农村	莲塘镇政府驻地南部
江崀	Jiānglàng	——	农村	莲塘镇政府驻地南部
活村	Huócūn	——	农村	莲塘镇政府驻地南部
禾地咀	Hédìzuǐ	——	农村	莲塘镇政府驻地南部
云塱	Yúnlǎng	——	农村	莲塘镇政府驻地东部

（续上表）

标准名称	汉语拼音	别名	地名类别	相对位置
荔枝新村	Lìzhī Xīncūn	——	农村	莲塘镇政府驻地东部
荔枝村	Lìzhīcūn	——	农村	莲塘镇政府驻地东部
坑塘	Kēngtáng	——	农村	莲塘镇政府驻地东部
清塘	Qīngtáng	——	农村	莲塘镇政府驻地东部
龙塘村	Lóngtángcūn	——	农村	莲塘镇政府驻地东部
罗勒村	Luólècūn	——	农村	莲塘镇政府驻地东部
稔岗村	Rěngǎngcūn	——	农村	莲塘镇政府驻地东部
虾苟坪新村	Xiāgǒupíng Xīncūn	——	农村	莲塘镇政府驻地北部
上察新村	Shàngchá Xīncūn	——	农村	莲塘镇政府驻地北部
石咀	Shízuǐ	——	农村	莲塘镇政府驻地北部
岗头	Gǎngtóu	——	农村	莲塘镇政府驻地北部
上察	Shàngchá	——	农村	莲塘镇政府驻地北部
大磨村	Dàmócūn	——	农村	莲塘镇政府驻地西北部
梁宅	Liángzhái	——	农村	莲塘镇政府驻地西部
陆宅	Lùzhái	——	农村	莲塘镇政府驻地西部
旧圩	Jiùxū	——	农村	莲塘镇政府驻地西部
子边村	Zǐbiāncūn	——	农村	莲塘镇政府驻地西部
果园村	Guǒyuáncūn	——	农村	莲塘镇政府驻地西部
龙洲村	Lóngzhōucūn	——	农村	莲塘镇政府驻地西部
田头村	Tiántóucūn	——	农村	莲塘镇政府驻地西部
安南	Ānnán	——	农村	莲塘镇政府驻地西部
围安村	Wéi'āncūn	——	农村	莲塘镇政府驻地西部
温贯村	Wēnguàncūn	——	农村	莲塘镇政府驻地东部
双塘	Shuāngtáng	——	农村	莲塘镇政府驻地西南部
伍村	Wǔcūn	——	农村	莲塘镇政府驻地西部
下围村	Xiàwéicūn	——	农村	莲塘镇政府驻地西部
新尾	Xīnwěi	——	农村	莲塘镇政府驻地西部
下围新村	Xiàwéi Xīncūn	——	农村	莲塘镇政府驻地西部
龙村	Lóngcūn	——	农村	河台镇西北部
龙洞	Lóngdòng	——	农村	河台镇西北部

（续上表）

标准名称	汉语拼音	别名	地名类别	相对位置
凤围	Fèngwéi	——	农村	河台镇西北部
横洞	Héngdòng	——	农村	河台镇西北部
西屯	Xītún	——	农村	河台镇西北部
到运塘	Dàoyùn Táng	——	农村	河台镇西北部
米深坑	Mǐshēnkēng	——	农村	河台镇西北部
过涐	Guòbàn	——	农村	河台镇南部
仙口一	Xiānkǒuyī	——	农村	河台镇南部
田心	Tiánxīn	——	农村	河台镇西南部
仙口二	Xiānkǒu'èr	——	农村	河台镇西南部
宝鸭塘	Bǎoyā Táng	鸭史挟	农村	河台镇南部
西牛塘	Xīniú Táng	——	农村	河台镇西南部
大岃尾	Dàlàngwěi	——	农村	河台镇西南部
河砵塘	Hé'bō Táng	——	农村	河台镇西南部
双管	Shuāngguǎn	——	农村	河台镇东北部
近松一	Jìnsōngyī	——	农村	河台镇北部
大岃村	Dàlàngcūn	——	农村	河台镇东北部
云福	Yúnfú	——	农村	河台镇北部
大乌山	Dàwūshān	——	农村	河台镇东北部
三丫	Sānyā	——	农村	河台镇北部
近松二	Jìnsōng'èr	——	农村	河台镇北部
荷包田	Hébāotián	——	农村	河台镇北部
岑塘	Céntáng	——	农村	河台镇北部
罗闪村	Luóshǎncūn	——	农村	河台镇西部
坑仔口	Kēngzǎikǒu	——	农村	河台镇西部
旧围	Jiùwéi	——	农村	河台镇西北部
木薑	Mùjiàng	——	农村	河台镇西北部
石安	Shí'ān	——	农村	河台镇西北部
岭脚	Lǐngjiǎo	——	农村	河台镇西北部
长湾	Chángwān	——	农村	河台镇西北部
山心脚	Shānxīnjiǎo	——	农村	河台镇西北部

（续上表）

标准名称	汉语拼音	别名	地名类别	相对位置
茶岭	Chálǐng	——	农村	河台镇西北部
对新	Duìxīn	——	农村	河台镇西北部
大坪	Dàpíng	——	农村	河台镇西部
米西崀	Mǐxīlàng	——	农村	河台镇西部
金鸡	Jīnjī	——	农村	河台镇西部
对田	Duìtián	——	农村	河台镇西北部
罗马	Luómǎ	——	农村	河台镇西部
鹅境	Éjìng	——	农村	河台镇西部
下横坑	Xiàhéng Kēng	——	农村	河台镇西部
上横坑	Shànghéng Kēng	——	农村	河台镇西部
罗屈	Luóqū	——	农村	河台镇南部
芹磅	Qínpáng	——	农村	河台镇西南部
猫儿凹	Māo'ér Āo	——	农村	河台镇西南部
葫芦坑	Húlú Kēng	——	农村	河台镇南部
牛尾	Niúwěi	——	农村	河台镇南部
大石底	Dàshídǐ	——	农村	河台镇西南部
罗坪	Luópíng	——	农村	河台镇南部
飞鹅	Fēi'é	——	农村	河台镇南部
荔枝根	Lìzhīgēn	——	农村	河台镇西南部
梁村	Liángcūn	——	农村	河台镇西部
大乌坑	Dàwū Kēng	——	农村	河台镇西部
大塘角	Dàtángjiǎo	——	农村	河台镇西南部
河村	Hécūn	——	农村	河台镇南部
云岭	Yúnlǐng	——	农村	河台镇西南部
大山	Dàshān	——	农村	河台镇南部
尚德村	Shàngdécūn	——	农村	河台镇西北部
公塘	Gōngtáng	——	农村	河台镇西北部
南眉	Nánméi	——	农村	河台镇西北部
五星	Wǔxīng	——	农村	河台镇西北部
坑口	Kēngkǒu	——	农村	河台镇西北部

（续上表）

标准名称	汉语拼音	别名	地名类别	相对位置
山则	Shānzé	——	农村	河台镇西北部
永青	Yǒngqīng	——	农村	河台镇西北部
银平	Yínpíng	——	农村	河台镇西北部
大洞	Dàdòng	——	农村	河台镇西北部
云保	Yúnbǎo	——	农村	河台镇西北部
文建	Wénjiàn	——	农村	河台镇西北部
双金	Shuāngjīn	——	农村	河台镇西北部
畔坑一	Pànkēngyī	——	农村	河台镇西北部
望天崀	Wàngtiānlàng	——	农村	河台镇西北部
高崀	Gāolàng	——	农村	河台镇西北部
地伦坑	Dìlún Kēng	——	农村	河台镇南部
禾厂	Héchǎng	——	农村	河台镇南部
新村	Xīncūn	——	农村	河台镇南部
桐油坪	Tóngyóu Píng	——	农村	河台镇南部
南坑	Nánkēng	——	农村	河台镇南部
大坑边	Dàkēngbiān	——	农村	河台镇南部
双羌村	Shuāngqiāngcūn	——	农村	河台镇南部
田特	Tiántè	——	农村	河台镇南部
船塘一	Chuántángyī	——	农村	河台镇东北部
新田	Xīntián	——	农村	河台镇东北部
竹塘	Zhútáng	——	农村	河台镇北部
船塘二	Chuántáng'èr	——	农村	河台镇东北部
河边崀村	Hébiānlàngcūn	——	农村	河台镇东北部
波柘	Bōzhè	——	农村	河台镇东北部
甲世塘	Jiǎshì Táng	——	农村	河台镇东北部
黄屋	Huángwū	——	农村	河台镇东北部
庙角新村	Miàojiǎo Xīncūn	——	农村	河台镇东北部
飞鼠山	Fēishǔshān	——	农村	河台镇东部
水台	Shuǐtái	——	农村	河台镇东北部
大塘	Dàtáng	——	农村	河台镇东北部

（续上表）

标准名称	汉语拼音	别名	地名类别	相对位置
崩江	Bēngjiāng	——	农村	河台镇东北部
双学	Shuāngxué	双柿	农村	河台镇东北部
土坡角	Tǔpōjiǎo	——	农村	河台镇东北部
庙角	Miàojiǎo	——	农村	河台镇东北部
塘口	Tángkǒu	船塘口	农村	河台镇东北部
船塘	Chuántáng	——	农村	河台镇东北部
黄柞	Huángzhà	——	农村	河台镇东北部
深碰塘	Shēnpèng Táng	——	农村	河台镇东北部
石苟	Shígǒu	石九	农村	河台镇东北部
船塘尾	Chuántángwěi	——	农村	河台镇东北部
河里	Hélǐ	——	农村	河台镇东部
围墪崀	Wéidūnlàng	——	农村	河台镇东部
塘角村	Tángjiǎocūn	——	农村	河台镇东部
河头山	Hétóushān	——	农村	河台镇东部
崀牛寨	Làngniúzhài	——	农村	河台镇东部
河海	Héhǎi	——	农村	河台镇东部
围河	Wéihé	——	农村	河台镇东部
横洞	Héngdòng	——	农村	河台镇东部
奎楼	Kuílóu	——	农村	河台镇东部
万堵	Wàndǔ	——	农村	河台镇东部
崀牛坑	Làngniú Kēng	——	农村	河台镇东部
浪仔	Làngzǎi	——	农村	河台镇东部
西夹	Xījiá	——	农村	河台镇东部
坊塘村	Fāngtángcūn	——	农村	河台镇东部
风坑塘	Fēngkēng Táng	——	农村	河台镇东部
茅塘	Máotáng	——	农村	河台镇西南部
观田庄	Guāntiánzhuāng	——	农村	河台镇西北部
河播	Hébō	——	农村	河台镇西部
旧街	Jiùjiē	——	农村	河台镇西部
都权社区	Dōuquán Shèqū	——	农村	河台镇西北部

（续上表）

标准名称	汉语拼音	别名	地名类别	相对位置
沉管坑	Chénguǎn Kēng	——	农村	河台镇南部
山仔背	Shānzǎibèi	——	农村	河台镇西南部
云西	Yúnxī	——	农村	河台镇南部
云东	Yúndōng	——	农村	河台镇南部
鱼尾	Yúwěi	——	农村	河台镇南部
沙田	Shātián	——	农村	河台镇南部
上围	Shàngwéi	——	农村	河台镇南部
江根	Jiānggēn	——	农村	河台镇南部
山贤	Shānxián	——	农村	河台镇南部
譚明	Tánmíng	——	农村	河台镇西部
塘基下	Tángjīxià	——	农村	河台镇东北部
双金迳	Shuāngjīnjìng	——	农村	河台镇北部
船塘坑	Chuántáng Kēng	——	农村	河台镇东北部
畔坑二	Pànkēng'èr	——	农村	河台镇西北部
横坑	Héngkēng	——	农村	河台镇西部
双角	Shuāngjiǎo	——	农村	河台镇东北部
大坑崀	Dàkēnglàng	——	农村	河台镇东北部
芙崀	Fúlàng	——	农村	河台镇北部
象狮	Xiàngshī	——	农村	河台镇东北部
大田	Dàtián	——	农村	河台镇东北部
塘尾	Tángwěi	——	农村	河台镇东北部
罗坪	Luópíng	——	农村	河台镇北部
沉眉	Chénméi	——	农村	河台镇北部
廊源	Lángyuán	——	农村	河台镇东北部
塘仔燕	Tángzǎiyàn	——	农村	河台镇北部
云槎	Yúnchá	——	农村	河台镇西北部
思禄塘	Sīlù Táng	——	农村	河台镇北部
畔迳	Pànjìng	——	农村	河台镇北部
笔绿坪	Bǐlù Píng	——	农村	河台镇北部
三丫坪	Sānyā Píng	——	农村	河台镇北部

（续上表）

标准名称	汉语拼音	别名	地名类别	相对位置
龙城	Lóngchéng	——	农村	河台镇北部
杨梅坪	Yángméi Píng	——	农村	河台镇北部
下堀	Xiàkū	——	农村	河台镇北部
沙坪	Shāpíng	——	农村	河台镇北部
白盼	Báipàn	——	农村	河台镇北部
茶坑	Chákēng	——	农村	河台镇北部
半月	Bànyuè	——	农村	河台镇北部
南坑	Nánkēng	——	农村	河台镇西北部
高崀	Gāolàng	——	农村	河台镇北部
麻坑崀	Mákēnglàng	——	农村	河台镇北部
波置	Bōzhì	——	农村	河台镇东部
河良	Héliáng	——	农村	河台镇东部
大坑	Dàkēng	——	农村	河台镇东北部
罗建村	Luójiàncūn	——	农村	河台镇东部
罗仁村	Luóréncūn	——	农村	河台镇西部
波河	Bōhé	——	农村	乐城镇北部
沉秋口	Chénqiūkǒu	——	农村	乐城镇北部
近对	Jìnduì	——	农村	乐城镇北部
河东崀	Hédōnglàng	——	农村	乐城镇北部
白石塘	Báishí Táng	——	农村	乐城镇西北部
上云洲	Shàngyúnzhōu	——	农村	乐城镇北部
罗板村	Luóbǎncūn	——	农村	乐城镇北部
榄根崀	Lǎngēnlàng	——	农村	乐城镇北部
四斗种	Sìdǒuzhǒng	——	农村	乐城镇北部
岑山塘	Cénshān Táng	——	农村	乐城镇北部
群竹岗	Qúnzhú Gǎng	——	农村	乐城镇北部
长龙	Chánglóng	——	农村	乐城镇北部
田崀	Tiánlàng	——	农村	乐城镇北部
云洲	Yúnzhōu	——	农村	乐城镇北部
双锦	Shuāngjǐn	——	农村	乐城镇北部

（续上表）

标准名称	汉语拼音	别名	地名类别	相对位置
下云洲	Xiàyúnzhōu	——	农村	乐城镇北部
山咀洞	Shānzuǐ Dòng	——	农村	乐城镇北部
云月新村	Yúnyuè Xīncūn	——	农村	乐城镇东部
园保窝	Yuánbǎo Wō	——	农村	乐城镇东部
大田	Dàtián	——	农村	乐城镇东部
云林	Yúnlín	——	农村	乐城镇东北部
坑尾	Kēngwěi	——	农村	乐城镇东北部
罗带村	Luódàicūn	——	农村	乐城镇东北部
下辽	Xiàliáo	——	农村	乐城镇东北部
白石村	Báishícūn	——	农村	乐城镇东北部
罗冲新村	Luóchōng Xīncūn	——	农村	乐城镇东部
南坑	Nánkēng	——	农村	乐城镇东部
罗王凹	Luówáng Āo	——	农村	乐城镇东部
麒麟塘	Qílín Táng	——	农村	乐城镇东部
秀崀	Xiùlàng	——	农村	乐城镇东部
罗梳	Luóshū	——	农村	乐城镇东北部
开洞	Kāidòng	——	农村	乐城镇东部
罗社	Luóshè	——	农村	乐城镇东北部
云冲	Yúnchōng	——	农村	乐城镇东北部
石八种	Shíbāzhǒng	——	农村	乐城镇东北部
田心	Tiánxīn	——	农村	乐城镇东北部
云潭口	Yúntánkǒu	——	农村	乐城镇东北部
电屈	Diànqū	——	农村	乐城镇东北部
迳口	Jìngkǒu	——	农村	乐城镇东北部
云月	Yúnyuè	——	农村	乐城镇东部
罗院村	Luóyuàncūn	——	农村	乐城镇东南部
琴白	Qínbái	——	农村	乐城镇东南部
川坑	Chuānkēng	——	农村	乐城镇东部
白九山	Báijiǔshān	——	农村	乐城镇东南部
社山	Shèshān	——	农村	乐城镇东南部

（续上表）

标准名称	汉语拼音	别名	地名类别	相对位置
九坑	Jiǔkēng	——	农村	乐城镇东南部
三博	Sānbó	——	农村	乐城镇东南部
多闾	Duōlǘ	——	农村	乐城镇南部
新屋	Xīnwū	——	农村	乐城镇东南部
前坑	Qiánkēng	——	农村	乐城镇南部
大屋	Dàwū	——	农村	乐城镇南部
下环	Xiàhuán	——	农村	乐城镇南部
山仔	Shānzǎi	——	农村	乐城镇南部
白古坑	Báigǔ Kēng	——	农村	乐城镇南部
大王排	Dàwángpái	——	农村	乐城镇南部
石坳	Shí'ào	——	农村	乐城镇南部
老屋	Lǎowū	——	农村	乐城镇南部
吾念咀	Wúniànzuǐ	——	农村	乐城镇南部
瓦窑排	Wǎyáopái	——	农村	乐城镇南部
下角	Xiàjiǎo	——	农村	乐城镇南部
伯公坑	Bógōng Kēng	——	农村	乐城镇南部
社播寨	Shèbōzhài	——	农村	乐城镇南部
松岗	Sōnggǎng	——	农村	乐城镇东南部
合坑口	Hékēngkǒu	合口	农村	水南镇东北部
坪岗	Pínggǎng	——	农村	水南镇北部
大坪	Dàpíng	——	农村	水南镇东北部
下寨	Xiàzhài	——	农村	水南镇北部
马排	Mǎpái	——	农村	水南镇东南部
大王见	Dàwángjiàn	——	农村	水南镇东南部
山朱迳	Shānzhūjìng	——	农村	水南镇东南部
大石坑	Dàshí Kēng	——	农村	水南镇东南部
塘尾	Tángwěi	——	农村	水南镇东南部
石桥	Shíqiáo	——	农村	水南镇东南部
山朱坑	Shānzhū Kēng	——	农村	水南镇东南部
大坑	Dàkēng	——	农村	水南镇东南部

（续上表）

标准名称	汉语拼音	别名	地名类别	相对位置
长坑口	Chángkēngkǒu	——	农村	水南镇东南部
大崀坑	Dàlàng Kēng	——	农村	水南镇北部
对尾	Duìwěi	对坑尾	农村	水南镇东南部
石洋	Shíyáng	——	农村	水南镇东部
双杞	Shuāngqǐ	——	农村	水南镇东部
山寮	Shānliáo	——	农村	水南镇东南部
石桥头	Shíqiáotóu	——	农村	水南镇东南部
石田	Shítián	——	农村	水南镇东南部
庙坑	Miàokēng	——	农村	水南镇东部
杨梅	Yángméi	——	农村	水南镇东部
双壬	Shuāngrén	——	农村	水南镇东北部
下坪	Xiàpíng	——	农村	水南镇东部
更古楼	Gènggǔlóu	——	农村	水南镇东部
大屋	Dàwū	——	农村	水南镇东北部
付竹坑	Fùzhú Kēng	——	农村	水南镇东北部
要新村	Yàoxīncūn	——	农村	金利镇南部
要麦村	Yàomàicūn	——	农村	金利镇南部
要西	Yàoxī	要古中西会	农村	金利镇南部
要东	Yàodōng	要古东会	农村	金利镇南部
要古	Yàogǔ	——	农村	金利镇南部
山斗村	Shāndǒucūn	——	农村	金利镇西南部
石林二甲	Shílín'èrjiǎ	——	农村	金利镇北部
石林一甲	Shílínyījiǎ	——	农村	金利镇北部
凤形村	Fèngxíngcūn	——	农村	金利镇西北部
黄岗	Huánggǎng	黄江	农村	金利镇北部
梧岭村	Wúlǐngcūn	——	农村	金利镇西部
欧村	Ōucūn	——	农村	金利镇西部
西坝村	Xībàcūn	——	农村	金利镇西南部
梓里一村	Zǐlǐyīcūn	——	农村	金利镇西南部

（续上表）

标准名称	汉语拼音	别名	地名类别	相对位置
梓里二村	Zǐlǐ'èrcūn	——	农村	金利镇西南部
江边村	Jiāngbiāncūn	——	农村	金利镇西南部
伍岗村	Wǔgǎngcūn	伍江	农村	金利镇南部
中江村	Zhōngjiāngcūn	——	农村	金利镇西南部
显学村	Xiǎnxuécūn	——	农村	金利镇西部
茅湾	Máowān	——	农村	金利镇西部
榄洲	Lǎnzhōu	——	农村	金利镇西部
白塔	Báitǎ	——	农村	金利镇西部
亲珠	Qīnzhū	——	农村	金利镇西部
长江	Chángjiāng	——	农村	金利镇西部
上都播	Shàngdōubō	——	农村	金利镇北部
下都播	Xiàdōubō	——	农村	金利镇北部
谭村	Táncūn	——	农村	金利镇北部
良江	Liángjiāng	——	农村	金利镇北部
军屯村	Jūntúncūn	——	农村	金利镇北部
下良江	Xiàliángjiāng	——	农村	金利镇北部
都播	Dōubō	——	农村	金利镇北部
下小洲	Xiàxiǎozhōu	——	农村	金利镇北部
姚村	Yáocūn	——	农村	金利镇北部
上良江	Shàngliángjiāng	——	农村	金利镇北部
秦村	Qíncūn	——	农村	金利镇北部
上小洲	Shàngxiǎozhōu	——	农村	金利镇北部
上沙	Shàngshā	——	农村	金利镇东南部
东庆二	Dōngqìng'èr	——	农村	金利镇东南部
振星三组	Zhènxīngsānzǔ	——	农村	金利镇东南部
东庆一	Dōngqìngyī	——	农村	金利镇东南部
振星一组	Zhènxīngyīzǔ	——	农村	金利镇东南部
振星二组	Zhènxīng'èrzǔ	——	农村	金利镇东南部
振星四组	Zhènxīngsìzǔ	——	农村	金利镇东南部
振星五组	Zhènxīngwǔzǔ	——	农村	金利镇东南部

（续上表）

标准名称	汉语拼音	别名	地名类别	相对位置
竹洲	Zhúzhōu	——	农村	金利镇南部
外沙	Wàishā	——	农村	金利镇东南部
盘古	Pángǔ	——	农村	金利镇南部
锦江	Jǐnjiāng	——	农村	金利镇东北部
珠江村	Zhūjiāngcūn	——	农村	金利镇北部
帽江	Màojiāng	——	农村	金利镇东北部
下倚	Xiàyǐ	——	农村	金利镇北部
上倚	Shàngyǐ	——	农村	金利镇北部
竹洞新村	Zhúdòng Xīncūn	——	农村	金利镇南部
竹洞旧村	Zhúdòng Jiùcūn	——	农村	金利镇南部
鼎继村	Dǐngjìcūn	井底、爱群	农村	金利镇北部
明洲	Míngzhōu	——	农村	金利镇西部
北门村	Běiméncūn	——	农村	金利镇西部
塱心	Lǎngxīn	——	农村	金利镇南部
勃洲	Bózhōu	——	农村	金利镇南部
谷基	Gǔjī	——	农村	金利镇南部
墨江	Mòjiāng	——	农村	金利镇南部
眠江	Miánjiāng	——	农村	金利镇南部
平洲	Píngzhōu	——	农村	金利镇北部
横石	Héngshí	——	农村	金利镇北部
四甲村	Sìjiǎcūn	——	农村	金利镇南部
屋地坳	Wūdì Ào	——	农村	禄步镇北部
沃塘	Wòtáng	——	农村	禄步镇北部
罗石	Luóshí	——	农村	禄步镇北部
新田	Xīntián	——	农村	禄步镇北部
青砖屋	Qīngzhuānwū	——	农村	禄步镇北部
乐洞村	Lèdòngcūn	——	农村	禄步镇西北部
石梯	Shítī	——	农村	禄步镇西北部
逢练	Fénglià n	——	农村	禄步镇西北部

（续上表）

标准名称	汉语拼音	别名	地名类别	相对位置
上升	Shàngshēng	——	农村	禄步镇西北部
大桃	Dàtáo	——	农村	禄步镇西北部
松树坑	Sōngshù Kēng	——	农村	禄步镇北部
黎家寨	Líjiāzhài	——	农村	禄步镇西北部
官双	Guānshuāng	——	农村	禄步镇西北部
双外坑	Shuāngwài Kēng	——	农村	禄步镇西北部
上塅	Shàngduàn	——	农村	禄步镇西北部
王屋	Wángwū	——	农村	禄步镇西北部
小桃	Xiǎotáo	——	农村	禄步镇西北部
坑尾	Kēngwěi	——	农村	禄步镇西北部
坳仔	Àozǎi	——	农村	禄步镇西北部
瓦窑塱	Wǎyáolǎng	——	农村	禄步镇西北部
仄山	Zèshān	——	农村	禄步镇北部
大坪尾	Dàpíngwěi	——	农村	禄步镇北部
含村	Háncūn	——	农村	禄步镇东北部
兆塘	Zhàotáng	——	农村	禄步镇北部
李坑	Lǐkēng	——	农村	禄步镇北部
金鸡湖	Jīnjīhú	——	农村	禄步镇北部
大板田	Dàbǎntián	——	农村	禄步镇北部
大坪坑	Dàpíng Kēng	——	农村	禄步镇北部
平水村	Píngshuǐcūn	——	农村	禄步镇北部
官塘	Guāntáng	——	农村	禄步镇东北部
西陀口	Xītuókǒu	——	农村	禄步镇北部
东陀口	Dōngtuókǒu	——	农村	禄步镇北部
杉坑崀	Shānkēnglàng	——	农村	禄步镇北部
长岗咀	Chánggǎngzuǐ	——	农村	禄步镇东北部
石苟	Shígǒu	——	农村	禄步镇北部
塘婆坑	Tángpó Kēng	——	农村	禄步镇东北部
大坪	Dàpíng	——	农村	禄步镇北部
杨岗石	Yánggǎngshí	——	农村	禄步镇东北部

（续上表）

标准名称	汉语拼音	别名	地名类别	相对位置
大坑	Dàkēng	——	农村	禄步镇东南部
西陀	Xītuó	——	农村	禄步镇北部
将军村	Jiāngjūncūn	咀洞	农村	禄步镇西部
双喜	Shuāngxǐ	——	农村	河台镇西部
古新	Gǔxīn	——	农村	河台镇西部
古龙	Gǔlóng	——	农村	河台镇西部
双茶	Shuāngchá	——	农村	河台镇西部
多宝	Duōbǎo	——	农村	河台镇西北部
高村	Gāocūn	——	农村	河台镇南部
尚台	Shàngtái	——	农村	河台镇南部
德坑	Dékēng	——	农村	河台镇南部
后迳	Hòujìng	——	农村	河台镇东南部
红星	Hóngxīng	——	农村	河台镇南部
大洞	Dàdòng	——	农村	河台镇南部
古旁村	Gǔpángcūn	——	农村	河台镇东南部
后朗	Hòulǎng	——	农村	河台镇东南部
石田	Shítián	——	农村	河台镇东南部
河乾崀	Héqiánlàng	——	农村	河台镇南部
新江一村	Xīnjiāngyīcūn	——	农村	南岸街道西南部
沙帽岗新村	Shāmàogǎng Xīncūn	——	农村	南岸街道西南部
芒果根	Mángguǒgēn	——	农村	南岸街道西南部
陈村	Chéncūn	——	农村	南岸街道西南部
陆桂园	Lùguìyuán	——	农村	南岸街道西南部
郭杜新村	Guōdù Xīncūn	——	农村	南岸街道西南部
首洞新村	Shǒudòng Xīncūn	——	农村	南岸街道西部
石洞	Shídòng	——	农村	南岸街道西部
定江格塘村	Dìngjiāng Gétángcūn	——	农村	南岸街道西南部
太平岸	Tàipíng'àn	——	农村	南岸街道西南部
新围	Xīnwéi	——	农村	南岸街道西南部

（续上表）

标准名称	汉语拼音	别名	地名类别	相对位置
大标	Dàbiāo	——	农村	南岸街道西南部
首洞	Shǒudòng	——	农村	南岸街道西部
岗灶社区	Gǎngzào Shèqū	——	农村	南岸街道西南部
进塘	Jìntáng	——	农村	南岸街道西南部
下波	Xiàbō	——	农村	莲塘镇政府驻地东南部
上波	Shàngbō	——	农村	莲塘镇政府驻地东南部
金光	Jīnguāng	——	农村	莲塘镇政府驻地东南部
径口	Jìngkǒu	——	农村	莲塘镇政府驻地东南部
上波新村	Shàngbō Xīncūn	——	农村	莲塘镇政府驻地东南部
石脚	Shíjiǎo	——	农村	莲塘镇政府驻地东部
蒲邽	Púguī	——	农村	莲塘镇政府驻地东北部
蒲塘	Pútáng	——	农村	莲塘镇政府驻地东北部
波西	Bōxī	——	农村	莲塘镇政府驻地东北部
河塘	Hétáng	——	农村	莲塘镇政府驻地东北部
察步	Chábù	——	农村	莲塘镇政府驻地北部
石灵村	Shílíngcūn	——	农村	莲塘镇政府驻地西部
湖塘	Hútáng	——	农村	莲塘镇政府驻地北部
古寺	Gǔsì	——	农村	莲塘镇政府驻地西部
平坳	Píng'ào	——	农村	莲塘镇政府驻地西北部
石巷村	Shíxiàngcūn	——	农村	莲塘镇政府驻地西部
上巷村	Shàngxiàngcūn	——	农村	莲塘镇政府驻地西南部
子坊村	Zǐfāngcūn	——	农村	莲塘镇政府驻地西南部
柑园	Gānyuán	——	农村	莲塘镇政府驻地西南部
吉和	Jíhé	——	农村	莲塘镇政府驻地西部
高斗村	Gāodǒucūn	——	农村	莲塘镇政府驻地西南部
佛仔塱	Fózǎilǎng	——	农村	莲塘镇政府驻地西南部
高斗新村	Gāodǒu Xīncūn	——	农村	莲塘镇政府驻地西南部
石厂	Shíchǎng	——	农村	莲塘镇政府驻地西南部
沉塘口	Chéntángkǒu	——	农村	莲塘镇政府驻地西南部
竹山坳	Zhúshān Ào	——	农村	莲塘镇政府驻地西南部

（续上表）

标准名称	汉语拼音	别名	地名类别	相对位置
羊寮	Yángliáo	——	农村	莲塘镇政府驻地西部
真竹岗	Zhēnzhú Gǎng	——	农村	莲塘镇政府驻地西部
官塘	Guāntáng	——	农村	莲塘镇政府驻地东部
上山	Shàngshān	——	农村	莲塘镇政府驻地东北部
樟桂	Zhāngguì	——	农村	莲塘镇政府驻地南部
迳心	Jìngxīn	坪头村	农村	禄步镇东北部
石岚	Shílán	——	农村	禄步镇西南部
外坑村	Wàikēngcūn	——	农村	禄步镇西南部
寻边	Xúnbiān	——	农村	禄步镇西南部
船步	Chuánbù	——	农村	禄步镇西南部
寻边河南村	Xúnbiān Hénáncūn	——	农村	禄步镇西南部
杨江石	Yángjiāngshí	——	农村	禄步镇东北部
江灶坑	Jiāngzào Kēng	——	农村	禄步镇东北部
马腌	Mǎyān	——	农村	禄步镇东北部
岩口村	Yánkǒucūn	——	农村	禄步镇东北部
江灶坑旧村	Jiāngzàokēng Jiùcūn	——	农村	禄步镇东北部
皮山	Píshān	——	农村	禄步镇西北部
罗田	Luótián	——	农村	禄步镇西南部
洞尾	Dòngwěi	——	农村	禄步镇西南部
奇槎坑	Qíchá Kēng	——	农村	禄步镇西南部
苏路	Sūlù	——	农村	禄步镇西南部
江美	Jiāngměi	——	农村	禄步镇西南部
杨路	Yánglù	——	农村	禄步镇西南部
荷路	Hélù	——	农村	禄步镇西南部
林田	Líntián	——	农村	禄步镇西南部
樟路	Zhānglù	——	农村	禄步镇西南部
高段	Gāoduàn	——	农村	禄步镇西南部
江仔头	Jiāngzǎitóu	——	农村	禄步镇南部
禾合坑	Héhé Kēng	茅英坑	农村	禄步镇西南部
禄镇围村	Lùzhènwéicūn	——	农村	禄步镇西南部

（续上表）

标准名称	汉语拼音	别名	地名类别	相对位置
新村	Xīncūn	——	农村	禄步镇西南部
柑园	Gānyuán	——	农村	禄步镇西南部
寻宝	Xúnbǎo	——	农村	禄步镇西部
毕禄坑	Bìlù Kēng	——	农村	禄步镇西北部
天河长	Tiānhécháng	——	农村	禄步镇西北部
黄田堡	Huángtiánbǎo	——	农村	禄步镇北部
隔岭村	Gélǐngcūn	——	农村	禄步镇北部
干坑	Gànkēng	——	农村	禄步镇西部
大坑	Dàkēng	——	农村	禄步镇西部
南塘边	Nántángbiān	——	农村	禄步镇西南部
桃坑	Táokēng	——	农村	禄步镇西北部
到天光	Dàotiānguāng	——	农村	禄步镇北部
隔岭村	Gélǐngcūn	——	农村	禄步镇北部
罗学	Luóxué	——	农村	禄步镇北部
下圳村	Xiàzhèncūn	——	农村	禄步镇北部
崀顶	Làngdǐng	——	农村	禄步镇北部
青凤	Qīngfèng	——	农村	禄步镇北部
新村	Xīncūn	——	农村	禄步镇北部
茶根	Chágēn	——	农村	禄步镇北部
新塱	Xīnlǎng	——	农村	禄步镇西部
大坑迳	Dàkēngjìng	——	农村	禄步镇西部
坪岗	Pínggǎng	——	农村	禄步镇西部
杨木宅口	Yángmùzháikǒu	——	农村	禄步镇西部
南塘边	Nántángbiān	——	农村	禄步镇西南部
上暹	Shàngxiān	——	农村	禄步镇西部
大坑尾	Dàkēngwěi	——	农村	禄步镇西部
甘塘尾	Gāntángwěi	——	农村	禄步镇西部
坑口	Kēngkǒu	——	农村	禄步镇西部
干坑	Gànkēng	——	农村	禄步镇西部
桐槎村	Tóngchácūn	——	农村	禄步镇西部

（续上表）

标准名称	汉语拼音	别名	地名类别	相对位置
水塘边	Shuǐtángbiān	南塘边	农村	禄步镇西部
北南塘边	Běinántángbiān	——	农村	禄步镇西部
庙岗	Miàogǎng	——	农村	禄步镇西部
竹麻咀	Zhúmázuǐ	——	农村	禄步镇西部
白灰坟	Báihuīfén	——	农村	禄步镇西部
丹溪	Dānxī	——	农村	禄步镇东北部
云丰	Yúnfēng	——	农村	禄步镇东北部
菜园背	Càiyuánbèi	——	农村	禄步镇东北部
苦竹口	Kǔzhúkǒu	——	农村	禄步镇东北部
长岭岗	Chánglǐng Gǎng	——	农村	禄步镇东北部
坑口	Kēngkǒu	——	农村	禄步镇东北部
旱塘	Hàntáng	——	农村	禄步镇东北部
塘洲	Tángzhōu	——	农村	禄步镇东北部
洞头村	Dòngtóucūn	——	农村	禄步镇东北部
丹竹坑	Dānzhú Kēng	——	农村	禄步镇东北部
石门	Shímén	——	农村	禄步镇东北部
中站	Zhōngzhàn	——	农村	禄步镇东北部
崩松	Bēngsōng	——	农村	禄步镇东北部
大降	Dàjiàng	——	农村	禄步镇东北部
深槽	Shēncáo	——	农村	禄步镇东北部
三折	Sānzhé	——	农村	禄步镇东北部
塘婆	Tángpó	——	农村	禄步镇东北部
葵岭	Kuílǐng	——	农村	禄步镇东北部
对面村	Duìmiàncūn	——	农村	禄步镇东北部
同古口	Tónggǔkǒu	——	农村	禄步镇东北部
高崀村	Gāolàngcūn	——	农村	禄步镇东北部
松坑	Sōngkēng	——	农村	禄步镇东北部
坪头	Píngtóu	——	农村	禄步镇东北部
大屋	Dàwū	——	农村	禄步镇东北部
勒西	Lèxī	——	农村	禄步镇东北部

（续上表）

标准名称	汉语拼音	别名	地名类别	相对位置
下环	Xiàhuán	——	农村	禄步镇东南部
坂田	Bǎntián	——	农村	禄步镇东南部
杨竹	Yángzhú	——	农村	禄步镇南部
前进	Qiánjìn	——	农村	禄步镇东南部
深塘口村	Shēntángkǒucūn	——	农村	禄步镇南部
黄獍坑	Huángjīng Kēng	——	农村	禄步镇东南部
洪塘	Hóngtáng	——	农村	禄步镇南部
古寅	Gǔyín	——	农村	禄步镇东南部
南蛇坑	Nánshé Kēng	——	农村	禄步镇东南部
翠布	Cuìbù	——	农村	禄步镇东南部
枝湾	Zhīwān	——	农村	禄步镇东部
前沙	Qiánshā	——	农村	禄步镇东南部
六坑	Liùkēng	——	农村	禄步镇东南部
深塘	Shēntáng	——	农村	禄步镇南部
沙角	Shājiǎo	——	农村	禄步镇东南部
泥岩	Níyán	——	农村	禄步镇东南部
竹山	Zhúshān	——	农村	禄步镇东南部
坑尾	Kēngwěi	——	农村	禄步镇东南部
云致	Yúnzhì	——	农村	禄步镇北部
双里	Shuānglǐ	——	农村	禄步镇北部
留洞	Liúdòng	——	农村	禄步镇北部
隔水	Géshuǐ	——	农村	禄步镇北部
螺村岗	Luócūn Gǎng	——	农村	禄步镇北部
山磅	Shānpáng	——	农村	禄步镇北部
崀头	Làngtóu	——	农村	禄步镇北部
曲源	Qǔyuán	——	农村	禄步镇北部
江坳	Jiāng'ào	——	农村	禄步镇北部
罗文坑	Luówén Kēng	——	农村	禄步镇北部
鸡头坪	Jītóu Píng	——	农村	禄步镇北部
云荖	Yúnlǎo	——	农村	禄步镇北部

（续上表）

标准名称	汉语拼音	别名	地名类别	相对位置
双珠咀	Shuāngzhūzuǐ	——	农村	禄步镇北部
田崀	Tiánlàng	——	农村	禄步镇北部
寻宝口	Xúnbǎokǒu	——	农村	禄步镇西部
木范岗	Mùfàn Gǎng	——	农村	禄步镇西部
艾坪	Àipíng	蚁坪	农村	禄步镇西部
大岗	Dàgǎng	南坑	农村	禄步镇西部
将军村	Jiāngjūncūn	——	农村	禄步镇西部
槟洋界	Bīnyángjiè	槟榔界	农村	禄步镇西部
新屋	Xīnwū	灰沙禾地	农村	禄步镇西部
石灰碑	Shíhuībēi	——	农村	禄步镇西部
黄肚	Huángdù	黄土	农村	禄步镇西部
田寮	Tiánliáo	——	农村	禄步镇西部
溪书坑	Xīshū Kēng	——	农村	禄步镇西部
红砖屋	Hóngzhuānwū	——	农村	禄步镇西部
崩坑	Bēngkēng	——	农村	禄步镇西部
铺仔	Pùzǎi	——	农村	禄步镇西部
寻宝新村	Xúnbǎo Xīncūn	——	农村	禄步镇西部
下塘	Xiàtáng	——	农村	禄步镇西部
半坑	Bànkēng	——	农村	禄步镇西部
塘顶	Tángdǐng	——	农村	禄步镇东北部
太平	Tàipíng	——	农村	禄步镇东北部
坑仔	Kēngzǎi	——	农村	禄步镇东北部
黄洲村	Huángzhōucūn	——	农村	禄步镇东北部
龙九村	Lóngjiǔcūn	——	农村	禄步镇东北部
斗笃坑	Dǒudǔ Kēng	——	农村	禄步镇东北部
大坡坑	Dàpō Kēng	——	农村	禄步镇东北部
云峰塘	Yúnfēng Táng	——	农村	禄步镇东北部
沙岗	Shāgǎng	——	农村	禄步镇西部
大粪坪	Dàfèn Píng	——	农村	禄步镇西北部
大旺	Dàwàng	——	农村	禄步镇西北部

（续上表）

标准名称	汉语拼音	别名	地名类别	相对位置
出树坑	Chūshù Kēng	——	农村	禄步镇西北部
白梅坑	Báiméi Kēng	——	农村	禄步镇西部
茶亭	Chátíng	——	农村	禄步镇西北部
斗坑	Dǒukēng	——	农村	禄步镇西北部
黄坭田	Huángnítián	——	农村	禄步镇西北部
樟木头	Zhāngmùtóu	——	农村	禄步镇西北部
对面屋	Duìmiànwū	——	农村	禄步镇西北部
社贝	Shèbèi	社背	农村	禄步镇西北部
东岸	Dōng'àn	——	农村	禄步镇西北部
下围	Xiàwéi	——	农村	禄步镇西北部
上围	Shàngwéi	——	农村	禄步镇西北部
木坪	Mùpíng	旧寨、旧村	农村	禄步镇西北部
双马村	Shuāngmǎcūn	——	农村	禄步镇西北部
湴坑口	Bànkēngkǒu	——	农村	禄步镇西北部
西坑	Xīkēng	——	农村	禄步镇西北部
松崩	Sōngbēng	——	农村	禄步镇西北部
湴坑	Bànkēng	——	农村	禄步镇西北部
西河	Xīhé	——	农村	禄步镇西北部
天堂	Tiāntáng	——	农村	禄步镇西北部
塘仔尾	Tángzǎiwěi	——	农村	禄步镇西北部
山瑶田	Shānyáotián	——	农村	禄步镇西部
长天江	Chángtiānjiāng	——	农村	禄步镇西北部
庙前	Miàoqián	——	农村	禄步镇西北部
谷坑	Gǔkēng	——	农村	禄步镇西北部
鹅楼坑	Élóu Kēng	——	农村	禄步镇西北部
头步河	Tóubùhé	——	农村	禄步镇西北部
云壬坑	Yúnrén Kēng	——	农村	禄步镇西北部
毕禄坑	Bìlù Kēng	——	农村	禄步镇西北部
大坑	Dàkēng	——	农村	禄步镇西北部

（续上表）

标准名称	汉语拼音	别名	地名类别	相对位置
大榕对面围	Dàróng Duìmiànwéi	——	农村	禄步镇西北部
云禄坑	Yúnlù Kēng	——	农村	禄步镇西部
大榕	Dàróng	——	农村	禄步镇西北部
长坑	Chángkēng	——	农村	禄步镇西北部
寻婆口	Xúnpókǒu	——	农村	禄步镇西北部
云龙	Yúnlóng	——	农村	禄步镇西北部
王村	Wángcūn	——	农村	禄步镇西北部
邓村	Dèngcūn	——	农村	禄步镇西北部
赖村	Làicūn	——	农村	禄步镇西北部
云英谢	Yúnyīngxiè	——	农村	禄步镇西北部
云英杨	Yúnyīngyáng	——	农村	禄步镇西北部
新屋	Xīnwū	——	农村	禄步镇西北部
黄田坑	Huángtián Kēng	——	农村	禄步镇北部
包江坳	Bāojiāng Ào	——	农村	禄步镇北部
西坑	Xīkēng	——	农村	禄步镇北部
东坑	Dōngkēng	——	农村	禄步镇北部
田寮村	Tiánliáocūn	——	农村	禄步镇北部
新村	Xīncūn	——	农村	小湘镇政府驻地北部
横水	Héngshuǐ	——	农村	小湘镇政府驻地西南部
九龙	Jiǔlóng	——	农村	小湘镇政府驻地西南部
新村	Xīncūn	——	农村	小湘镇北部
爱村	Àicūn	——	农村	小湘镇北部
连更坑	Liángèng Kēng	——	农村	小湘镇北部
大坑	Dàkēng	——	农村	小湘镇政府驻地东北部
团结队	Tuánjiéduì	——	农村	南岸街道东部
永安队	Yǒng'ānduì	——	农村	南岸街道东部
南运村	Nányùncūn	——	农村	南岸街道东南部
江口新村	Jiāngkǒu Xīncūn	——	农村	南岸街道东部
广利村	Guǎnglìcūn	——	农村	南岸街道东部
凤田村	Fèngtiáncūn	——	农村	南岸街道东南部

（续上表）

标准名称	汉语拼音	别名	地名类别	相对位置
江口开发区	Jiāngkǒu Kāifāqū	——	农村	南岸街道东部
江口村	Jiāngkǒucūn	——	农村	南岸街道东部
银星村	Yínxīngcūn	——	农村	南岸街道西南部
新塘新村	Xīntáng Xīncūn	——	农村	南岸街道西部
新塘村	Xīntángcūn	——	农村	南岸街道西部
办塘村	Bàntángcūn	——	农村	南岸街道西南部
大田新村	Dàtián Xīncūn	——	农村	南岸街道西部
大田村	Dàtiáncūn	——	农村	南岸街道西部
大坑村	Dàkēngcūn	——	农村	南岸街道西部
科德社区居委会	Kēdé Shèqū Jūwěihuì	——	农村	南岸街道西部
新村	Xīncūn	——	农村	南岸街道西南部
南坑	Nánkēng	——	农村	南岸街道西部
旧村	Jiùcūn	——	农村	南岸街道西南部
上元	Shàngyuán	——	农村	南岸街道西部
上元新村	Shàngyuán Xīncūn	——	农村	南岸街道西部
螺胎	Luótāi	——	农村	大湾镇西部
四合村	Sìhécūn	——	农村	金渡镇政府驻地东南部
金屋	Jīnwū	——	农村	新桥镇政府西北部

（五）交通运输设施类

1. 公路运输、城镇交通运输

标准名称	汉语拼音	地名类别	相对位置	起讫点
321国道	321 Guódào	国道	高要市北部	广州—成都
324国道	324 Guódào	国道	高要市中西部	福州—昆明
石涧至禄步公路	Shíjiàn Zhì Lùbù Gōnglù	省道	高要市北部	广宁县石涧镇—禄步镇
肇庆至珠海公路	Zhàoqìng Zhì Zhūhǎi Gōnglù	省道	高要市中南部	肇庆市—珠海市
高要至铜鼓公路	Gāoyào Zhì Tónggǔ Gōnglù	省道	高要市西北部	高要市—江西省铜鼓县

（续上表）

标准名称	汉语拼音	地名类别	相对位置	起讫点
莲花山港至金渡公路	Liánhuāshāngǎng Zhì Jīndù Gōnglù	省道	高要市东部	莲花山港—金渡镇
广梧高速	Guǎngwú Gāosù	省道	高要市北部	——
广利至水南公路	Guǎnglì Zhì Shuǐnán Gōnglù	县道	高要市北部	鼎湖区广利镇—水南镇
禄步至任村公路	Lùbù Zhì Rèncūn Gōnglù	县道	高要市西北部	禄步村—任村村
河村至水南公路	Hécūn Zhì Shuǐnán Gōnglù	县道	高要市北部	德庆县武垄镇河村—水南镇
南岸街道至黄坑塘公路	Nán'ànjiēdào Zhì Huángkēngtáng Gōnglù	县道	高要市西部	南岸街道—云浮市思劳镇黄坑塘
白诸至思劳公路	Báizhū Zhì Sīláo Gōnglù	县道	高要市西南部	白诸镇—云浮市思劳镇
活道至围河公路	Huódào Zhì Wéihé Gōnglù	县道	高要市南部	活道镇—新兴县车岗镇
莲花至金利公路	Liánhuā Zhì Jīnlì Gōnglù	县道	高要市西部	鼎湖区莲花镇—金利镇
平水至宾亨公路	Píngshuǐ Zhì Bīnhēng Gōnglù	县道	高要市北部	平水村—宾亨镇
新桥至蛟塘公路	Xīnqiáo Zhì Jiāotáng Gōnglù	县道	高要市南部	新桥镇大桥头西南—蛟塘镇
白土至罗勒公路	Báitǔ Zhì Luólè Gōnglù	县道	高要市中南部	白土镇—罗勒村
江口至活道公路	Jiāngkǒu Zhì Huódào Gōnglù	县道	高要市南部	南岸街道江口村—活道镇
大湾至马安公路	Dàwān Zhì Mǎ'ān Gōnglù	县道	高要市中西部	大湾镇—马安
蚬岗至白土公路	Xiǎngǎng Zhì Báitǔ Gōnglù	县道	高要市东南部	蚬岗镇—白土镇
下坑至马安公路	Xiàkēng Zhì Mǎ'ān Gōnglù	乡道	高要市中部	下坑村—马安村
禄步至北根公路	Lùbù Zhì Běigēn Gōnglù	乡道	高要市中部偏北	禄步村—北根村
高腰交界至腰古林业站公路	Gāoyāojiāojiè Zhì Yāogǔlínyèzhàn Gōnglù	乡道	高要市西部	松云村—腰古林业站
小湘至上水公路	Xiǎoxiāng Zhì Shàngshuǐ Gōnglù	乡道	高要市中部偏北	小湘镇—上水村
迳口至孔湾公路	Jìngkǒu Zhì Kǒngwān Gōnglù	乡道	高要市中部偏北	迳口村—孔湾村

（续上表）

标准名称	汉语拼音	地名类别	相对位置	起讫点
新桥至竹墟公路	Xīnqiáo Zhì Zhúxū Gōnglù	乡道	高要市西南部	新桥镇—竹墟村
金渡至桂岗公路	Jīndù Zhì Guìgǎng Gōnglù	乡道	高要市中部	金渡村—桂岗村
白土至松塘公路	Báitǔ Zhì Sōngtáng Gōnglù	乡道	高要市中东部	白土镇—松塘村
回龙至澄湖公路	Huílóng Zhì Chénghú Gōnglù	乡道	高要市中东部	回龙镇—澄湖村
布浮桥至布浮村公路	Bùfú Qiáo Zhì Bùfúcūn Gōnglù	乡道	高要市北部	料村村—布浮村
河台至老鼠尾公路	Hétái Zhì Lǎoshǔwěi Gōnglù	乡道	高要市北部	河台镇—老鼠尾村
车牛至多宝公路	Chēniú Zhì duōbǎo Gōnglù	乡道	高要市北部	车牛村—多宝村
大良至上近松公路	Dàliáng Zhì Shàngjìnsōng Gōnglù	乡道	高要市北部	大良村—上近松村
坡荫至罗闪公路	Pōyīn Zhì Luóshǎn Gōnglù	乡道	高要市北部	坡荫村—罗闪村
河台至古旁公路	Hétái Zhì Gǔpáng Gōnglù	乡道	高要市北部	都权村—古旁村
河台至沙坪公路	Hétái Zhì Shāpíng Gōnglù	乡道	高要市北部	河台镇—沙坪村
西屯至云保公路	Xītún Zhì Yúnbǎo Gōnglù	乡道	高要市北部	西屯村—云保村
河台至大坑边公路	Hétái Zhì Dàkēngbiān Gōnglù	乡道	高要市北部	河台镇—大坑边村
乐城至黄青公路	Lèchéng Zhì Huángqīng Gōnglù	乡道	高要市北部	乐城镇—黄青
上围至太平公路	Shàngwéi Zhì Tàipíng Gōnglù	乡道	高要市中部偏北	上围村—太平村
木坪至白梅坑公路	Mùpíng Zhì Báiméikēng Gōnglù	乡道	高要市西北部	木坪村—白梅坑村
罗带至云冲公路	Luódài Zhì Yúnchōng Gōnglù	乡道	高要市北部	罗带村—云冲村
大竹根至尚台公路	Dàzhúgēn Zhì Shàngtái Gōnglù	乡道	高要市北部	大竹根村—坑尾村

（续上表）

标准名称	汉语拼音	地名类别	相对位置	起讫点
云月口至洞源公路	Yúnyuèkǒu Zhì Dòngyuán Gōnglù	乡道	高要市北部	云月口—洞源村
合水河至里坑公路	Héshuǐhé Zhì Lǐkēng Gōnglù	乡道	高要市北部	合水河—里坑村
岭村至猪耕公路	Lǐngcūn Zhì Zhūgēng Gōnglù	乡道	高要市北部	岭村村—猪耕村
合水河至云洲公路	Héshuǐhé Zhì Yúnzhōu Gōnglù	乡道	高要市北部	合水河—云州村
黄茂至白石塘公路	Huángmào Zhì Báishítáng Gōnglù	乡道	高要市北部	黄茂村—白石塘村
水南至长圳坑公路	Shuǐnán Zhì Chángzhènkēng Gōnglù	乡道	高要市北部	水南村—长圳坑村
下坪至岗背坑公路	Xiàpíng Zhì Gǎngbèikēng Gōnglù	乡道	高要市北部	下坪村—岗背坑村
水南至山寮公路	Shuǐnán Zhì Shānliáo Gōnglù	乡道	高要市北部	水南村—山寮村
双马至溿坑公路	Shuāngmǎ Zhì Bànkēng Gōnglù	乡道	高要市北部	双马村—溿坑村
禄步圩至北根公路	Lùbùxū Zhì Běigēn Gōnglù	乡道	高要市中部偏北	禄步圩—北根村
综合厂至大坑尾公路	Zōnghéchǎng Zhì Dàkēngwěi Gōnglù	乡道	高要市中部偏北	综合厂—大坑尾村
隔水至大坑边公路	Géshuǐ Zhì Dàkēngbiān Gōnglù	乡道	高要市中部偏北	隔水村—大坑边村
将军至云邦公路	Jiāngjūn Zhì Yúnbāng Gōnglù	乡道	高要市中部偏北	将军村—云邦村
禄步镇至洞尾公路	Lùbù Zhèn Zhì Dòngwěi Gōnglù	乡道	高要市中部偏北	禄步镇—洞尾村
敢鱼咀至葵岭公路	Gǎnyúzuǐ Zhì Kuílǐng Gōnglù	乡道	高要市中部偏北	敢鱼咀村—葵岭村
绿水路口至绿水公路	Lùshuǐlùkǒu Zhì Lùshuǐ Gōnglù	乡道	高要市中部偏北	绿水路口—绿水村
龙出岗塘至乐洞公路	Lóngchūgǎngtáng Zhì Lèdòng Gōnglù	乡道	高要市中部偏北	龙出岗塘村—乐洞村
农科所至煤矿公路	Nóngkēsuǒ Zhì Méikuàng Gōnglù	乡道	高要市中部偏北	农科所—煤矿

(续上表)

标准名称	汉语拼音	地名类别	相对位置	起讫点
禄步至西角公路	Lùbù Zhì Xījiǎo Gōnglù	乡道	高要市中部偏北	禄步村—西角村
新桥华中学至多等公路	Xīnqiáohuázhōngxué Zhì Duōděng Gōnglù	乡道	高要市中南部	新桥华中学—多等村
大榕至云龙公路	Dàróng Zhì Yúnlóng Gōnglù	乡道	高要市中部偏北	大榕村—云龙村
岩口至坑口公路	Yánkǒu Zhì Kēngkǒu Gōnglù	乡道	高要市中部偏北	岩口村—坑口村
高村至淘金游公路	Gāocūn Zhì Táojīnyóu Gōnglù	乡道	高要市北部	高村—淘金游村
石岚至寻边公路	Shílán Zhì Xúnbiān Gōnglù	乡道	高要市中部偏北	石岚村—寻边村
塘顶至黄洲公路	Tángdǐng Zhì Huángzhōu Gōnglù	乡道	高要市中部偏北	塘顶村—黄洲村
祆塘至隔岭公路	Aotáng Zhì Gélǐng Gōnglù	乡道	高要市中部偏北	祆塘村—隔岭村
笋围至石印公路	Sǔnwéi Zhì Shíyìn Gōnglù	乡道	高要市中部偏北	笋围村—石印村
大坝至西一公路	Dàbà Zhì Xīyī Gōnglù	乡道	高要市中部偏北	大坝村—西一村
上围至朗第公路	Shàngwéi Zhì Lǎngdì Gōnglù	乡道	高要市中部偏北	上围村—朗第村
三稔至洞尾公路	Sānrěn Zhì Dòngwěi Gōnglù	乡道	高要市中部偏北	三稔村—洞尾村
头岗圩至沙应公路	Tóugǎngxū Zhì Shāyìng Gōnglù	乡道	高要市中部偏北	头岗圩—沙应村
粮所至朗底公路	Liángsuǒ Zhì Lǎngdǐ Gōnglù	乡道	高要市中西部	朗底村—金库村
新桥至荷田公路	Xīnqiáo Zhì Hétián Gōnglù	乡道	高要市中西部	新桥村—荷田村
马安至坭塘咀公路	Mǎ'ān Zhì Nítángzuǐ Gōnglù	乡道	高要市中西部	马安村—泥塘咀村
竹圩至罗布闸公路	Zhúxū Zhì Luóbùzhá Gōnglù	乡道	高要市中西部	竹圩村—罗布闸村
青湾基至广塘公路	Qīngwānjī Zhì Guǎngtáng Gōnglù	乡道	高要市中部	青湾基—广塘村

（续上表）

标准名称	汉语拼音	地名类别	相对位置	起讫点
鱼梁窦至布塘公路	Yúliángdòu Zhì Bùtáng Gōnglù	乡道	高要市中西部	鱼良豆—布塘村
竹圩至长湖公路	Zhúxū Zhì Chánghú Gōnglù	乡道	高要市中西部	竹圩村—长湖村
竹圩至珠江公路	Zhúxū Zhì Zhūjiāng Gōnglù	乡道	高要市中西部	竹圩村—珠江村
银江至湾边公路	Yínjiāng Zhì Wānbiān Gōnglù	乡道	高要市中西部	银江村—湾边村
白诸至东村公路	Báizhū Zhì Dōngcūn Gōnglù	乡道	高要市西部	白诸镇—东村村
石下至下坑公路	Shíxià Zhì Xiàkēng Gōnglù	乡道	高要市西部	石下村—下坑村
东村至冲坑公路	Dōngcūn Zhì Chōngkēng Gōnglù	乡道	高要市西部	东村村—冲坑村
高山至上云河公路	Gāoshān Zhì Shàngyúnhé Gōnglù	乡道	高要市西部	高山村—上云河
新围至罗板公路	Xīnwéi Zhì Luóbǎn Gōnglù	乡道	高要市西部	新围村—罗板村
洞头至丹溪公路	Dòngtóu Zhì Dānxī Gōnglù	乡道	高要市北部	洞头村—丹溪村
坑口至新排公路	Kēngkǒu Zhì Xīnpái Gōnglù	乡道	高要市西部	坑口村—新排村
坑口至高岗围公路	Kēngkǒu Zhì Gāogǎngwéi Gōnglù	乡道	高要市西部	坑口村—高岗围村
平洲至大山公路	Píngzhōu Zhì Dàshān Gōnglù	乡道	高要市中部	平洲村—大山村
大基头至人和圩公路	Dàjītóu Zhì Rénhéxū Gōnglù	乡道	高要市中西部	大基头村—人和圩村
白沙至金坪长公路	Báishā Zhì Jīnpíngcháng Gōnglù	乡道	高要市西南部	白沙村—金坪长
金塘至马诚公路	Jīntáng Zhì Mǎchéng Gōnglù	乡道	高要市西部	金塘村—马城村
河洞至白沙公路	Hédòng Zhì Báishā Gōnglù	乡道	高要市西南部	河洞村—金坪长
石下至正丫公路	Shíxià Zhì Zhèngyā Gōnglù	乡道	高要市西部	石下村—正丫村

(续上表)

标准名称	汉语拼音	地名类别	相对位置	起讫点
布章至门坳公路	Bùzhāng Zhì Mén'ào Gōnglù	乡道	高要市西南部	布章村—门坳村
竹圩至大基头公路	Zhúxū Zhì Dàjītóu Gōnglù	乡道	高要市西部	竹圩—大基头村
莲塘至察步公路	Liántáng Zhì Chábù Gōnglù	乡道	高要市中部	莲塘—察步村
北门至榄洲公路	Běimén Zhì Lǎnzhōu Gōnglù	乡道	高要市东部	北门村—榄洲村
禄岸至小麦坑公路	Lù'àn Zhì Xiǎomàikēng Gōnglù	乡道	高要市西部	禄岸村—小麦坑村
柑园桥至活村公路	Gānyuán Qiáo Zhì Huócūn Gōnglù	乡道	高要市中南部	柑园村—活村
活村至西坑尾公路	Huócūn Zhì Xīkēngwěi Gōnglù	乡道	高要市中南部	活村村—下坑尾
围安至大磨公路	Wéi'ān Zhì Dàmó Gōnglù	乡道	高要市中南部	围安村—大磨村
伍村至双塘公路	Wǔcūn Zhì Shuāngtáng Gōnglù	乡道	高要市中南部	伍村村—双塘村
波西至罗有公路	Bōxī Zhì Luóyǒu Gōnglù	乡道	高要市中南部	波西村—罗有村
云朗至青塘公路	Yúnlǎng Zhì Qīngtáng Gōnglù	乡道	高要市中南部	云朗村—青塘村
上下波至迳口公路	Shàngxiàbo Zhì Jìngkǒu Gōnglù	乡道	高要市中南部	上下波村—迳口村
河村至山根公路	Hécūn Zhì Shāngēn Gōnglù	乡道	高要市中南部	河村村—山根村
荔枝至波西公路	Lìzhī Zhì Bōxī Gōnglù	乡道	高要市中南部	荔枝村—波西村
塱鹤至稔岗公路	Lǎnghè Zhì Rěngǎng Gōnglù	乡道	高要市中南部	朗学村—稔岗村
新桥至高斗公路	Xīnqiáo Zhì Gāodǒu Gōnglù	乡道	高要市西南部	高斗村—石厂
回龙圩至大田塱公路	Huílóngxū Zhì Dàtiánlǎng Gōnglù	乡道	高要市东南部	回龙圩—大田朗
坳边至波西砖厂公路	Àobiān Zhì Bōxīzhuānchǎng Gōnglù	乡道	高要市中南部	坳边村—波西砖厂
生态园至大旗公路	Shēngtàiyuán Zhì Dàqí Gōnglù	乡道	高要市东南部	生态园—大旗村

（续上表）

标准名称	汉语拼音	地名类别	相对位置	起讫点
松塘至松山公路	Sōngtáng Zhì Sōngshān Gōnglù	乡道	高要市东南部	松塘村—松山村
花果场至长江公路	Huāguǒchǎng Zhì Zhǎngjiāng Gōnglù	乡道	高要市东南部	花果场—长江村
同攸岗至槎村公路	Tóngyōugǎng Zhì Chácūn Gōnglù	乡道	高要市东南部	同攸岗边村—槎村
刘村至大良公路	Liúcūn Zhì Dàliáng Gōnglù	乡道	高要市东南部	刘村村—大良村
槎塘桥至槎岗公路	Chátáng Qiáo Zhì Chágǎng Gōnglù	乡道	高要市东南部	槎塘桥—槎岗村
刘村至旧村公路	Liúcūn Zhì Jiùcūn Gōnglù	乡道	高要市东南部	刘村村—旧村村
清湖至松塘公路	Qīnghú Zhì Sōngtáng Gōnglù	乡道	高要市东南部	清湖村—松塘村
回龙圩至元福屋公路	Huílóngxū Zhì Yuánfúwū Gōnglù	乡道	高要市东南部	回龙圩—元福屋村
大塘边至花果场公路	Dàtángbiān Zhì Huāguǒchǎng Gōnglù	乡道	高要市东南部	大塘边村—花果场
高明飞地至军屯村公路	Gāomíngfēidì Zhì Jūntún Cūn Gōnglù	乡道	高要市东南部	高明飞地—军屯村
大端至水口公路	Dàduān Zhì Shuǐkǒu Gōnglù	乡道	高要市西南部	大端村—水口村
活道至水口公路	Huódào Zhì Shuǐkǒu Gōnglù	乡道	高要市西南部	活道村—水口村
横石至大湖塘公路	Héngshí Zhì Dàhútáng Gōnglù	乡道	高要市西南部	横石村—大湖塘村
水口至水东公路	Shuǐkǒu Zhì Shuǐdōng Gōnglù	乡道	高要市西南部	水口村—水东村
石龙岗至松坑公路	Shílónggǎng Zhì Sōngkēng Gōnglù	乡道	高要市南部	石龙岗村—松坑村
水竹迳至吉田朗公路	Shuǐzhújìng Zhì Jítiánlǎng Gōnglù	乡道	高要市南部	水竹迳村—古田朗
蕨坑至白石坑公路	Juékēng Zhì Báishíkēng Gōnglù	乡道	高要市南部	蕨坑村—白石坑
牛围至云塘山公路	Niúwéi Zhì Yúntáng Shān Gōnglù	乡道	高要市南部	牛围村—云塘山村

（续上表）

标准名称	汉语拼音	地名类别	相对位置	起讫点
大冲坑至活道公路	Dàchōngkēng Zhì Huódào Gōnglù	乡道	高要市西南部	大冲坑村—活道村
灰窑至文岗公路	Huīyáo Zhì Wéngǎng Gōnglù	乡道	高要市南部	灰窑村—文岗村
法洞至水云楼公路	Fǎdòng Zhì Shuǐyúnlóu Gōnglù	乡道	高要市南部	法洞村—水云楼村
严村至迳心公路	Yáncūn Zhì Jìngxīn Gōnglù	乡道	高要市西南部	严村村—迳心村
迳口桥至松明朗公路	Jìngkǒu Qiáo Zhì Sōngmínglǎng Gōnglù	乡道	高要市南部	活村村—真竹村
上横江至鸭迳公路	Shànghéngjiāng Zhì Yājìng Gōnglù	乡道	高要市南部	上横江村—鸭迳村
东横至云美公路	Dōnghéng Zhì Yúnměi Gōnglù	乡道	高要市南部	东横村—云美村
新村至芝湖朗公路	Xīncūn Zhì Zhīhúlǎng Gōnglù	乡道	高要市南部	新村—芝湖朗村
浊水坑至大科尾公路	Zhuóshuǐkēng Zhì Dàkēwěi Gōnglù	乡道	高要市南部	活道村—鹤咀村
凛溪至云磅公路	Lǐnxī Zhì Yúnpáng Gōnglù	乡道	高要市南部	凛溪村—云磅村
大洞仔至穿心洞公路	Dàdòngzǎi Zhì Chuānxīndòng Gōnglù	乡道	高要市南部	大洞仔村—穿心洞
上环至东坑尾公路	Shànghuán Zhì Dōngkēngwěi Gōnglù	乡道	高要市西南部	上环村—东坑尾村
塘坑至云丽公路	Tángkēng Zhì Yúnlì Gōnglù	乡道	高要市南部	塘坑村—云丽村
上横岗至电站公路	Shànghénggǎng Zhì Diànzhàn Gōnglù	乡道	高要市南部	上横岗村—电站
下文塱至大坑排公路	Xiàwénlǎng Zhì Dàkēngpái Gōnglù	乡道	高要市南部	下文塱村—大坑排村
槎头至长歧公路	Chátóu Zhì Chángqí Gōnglù	乡道	高要市南部	槎头村—长歧村
近对至双锦公路	Jìnduì Zhì Shuāngjǐn Gōnglù	乡道	高要市北部	近对村—双锦村
山塘口至上塱公路	Shāntángkǒu Zhì Shànglǎng Gōnglù	乡道	高要市西南部	山塘口村—上塱村

（续上表）

标准名称	汉语拼音	地名类别	相对位置	起讫点
赤坳至坪岭公路	Chǐ'ào Zhì Pínglǐng Gōnglù	乡道	高要市南部	赤坳村—坪岭村
赤坳至奕庆公路	Chǐ'ào Zhì Yìqìng Gōnglù	乡道	高要市南部	尖峰村—奕庆村
渡水至仙洞公路	Dùshuǐ Zhì Xiāndòng Gōnglù	乡道	高要市南部	渡水—仙洞村
罗勒至察步桥公路	Luólè Zhì Chábù Qiáo Gōnglù	乡道	高要市中部偏南	罗勒村—察步桥
蛟塘村至大布村公路	Jiāotáng Cūn Zhì Dàbù Cūn Gōnglù	乡道	高要市南部	蛟塘村—大布村
云路至波洞公路	Yúnlù Zhì Bōdòng Gōnglù	乡道	高要市南部	云路村—波洞村
朗下桥至企岭公路	Lǎngxià Qiáo Zhì Qǐlǐng Gōnglù	乡道	高要市南部	朗下桥—企岭村
尖峰至羊坑公路	Jiānfēng Zhì Yángkēng Gōnglù	乡道	高要市南部	尖峰村—羊坑村
高布至马岭公路	Gāobù Zhì Mǎlǐng Gōnglù	乡道	高要市南部	高布村—马岭村
坡碌岗至沥南公路	Pōlùgǎng Zhì Lìnán Gōnglù	乡道	高要市南部	坡碌岗村—沥南村
高布至蛟塘村公路	Gāobù Zhì Jiāotáng Cūn Gōnglù	乡道	高要市南部	高布村—蛟塘村
洞口至花根坪公路	Dòngkǒu Zhì Huāgēnpíng Gōnglù	乡道	高要市南部	洞口村—花根村
迳口至对挣公路	Jìngkǒu Zhì Duìzhèng Gōnglù	乡道	高要市南部	迳口村—对挣村
云路至凤田公路	Yúnlù Zhì fèngtián Gōnglù	乡道	高要市南部	云路村—凤田村
细河至长坑公路	Xìhé Zhì Chángkēng Gōnglù	乡道	高要市西北部	细河村—长坑村
沙田坑至林科所公路	Shātiánkēng Zhì Línkēsuǒ Gōnglù	乡道	高要市中部	沙田坑村—林科所
沙田坑至大洞公路	Shātiánkēng Zhì Dàdòng Gōnglù	乡道	高要市中部	田坑村—大洞村
茶岗至涌口公路	Chágǎng Zhì Yǒngkǒu Gōnglù	乡道	高要市中部	茶岗村—涌口村
金渡至水边村公路	Jīndù Zhì Shuǐbiān Cūn Gōnglù	乡道	高要市中部	金渡村—水边村

(续上表)

标准名称	汉语拼音	地名类别	相对位置	起讫点
黄坑至沙田公路	Huángkēng Zhì Shātián Gōnglù	乡道	高要市中部	黄坑村—沙田村
镇洲至赤顶公路	Zhènzhōu Zhì Chìdǐng Gōnglù	乡道	高要市中部	镇洲村—赤顶村
金渡至水口公路	Jīndù Zhì Shuǐkǒu Gōnglù	乡道	高要市中部	金渡村—水口村
金渡至沙田坑公路	Jīndù Zhì Shātiánkēng Gōnglù	乡道	高要市中部	金渡村—沙田坑村
蚬岗至陈冲电站公路	Xiǎngǎng Zhì Chénchōng Diànzhàn Gōnglù	乡道	高要市东部	范塘村—东坝村
蚬岗至西岸公路	Xiǎngǎng Zhì Xī'àn Gōnglù	乡道	高要市东部	蚬岗镇—山口村
富罗圩至横江公路	Fùluóxū Zhì Héngjiāng Gōnglù	乡道	高要市东南部	芙罗圩村—横江村
陈塘桥至南村公路	Chéntáng Qiáo Zhì Náncūn Gōnglù	乡道	高要市东南部	陈塘桥—南村村
古迳至富佛公路	Gǔjìng Zhì Fùfó Gōnglù	乡道	高要市东南部	古迳村—富佛村
罗客至竹洞公路	Luókè Zhì Zhúdòng Gōnglù	乡道	高要市东南部	罗客村—竹洞村
八联至古迳新村公路	Bālián Zhì Gǔjìngxīn Cūn Gōnglù	乡道	高要市东南部	八联村—古迳新村
神坑至金岭公路	Shénkēng Zhì Jīnlǐng Gōnglù	乡道	高要市东南部	神坑村—金岭村
黄坑至岭头公路	Huángkēng Zhì Lǐngtóu Gōnglù	乡道	高要市东部	黄坑村—岭头村
三洲塱至横岗公路	Sānzhōulǎng Zhì Hénggǎng Gōnglù	乡道	高要市东部	三洲塱村—横岗村
蚬岗道班至山居公路	Xiǎngǎngdàobān Zhì Shānjū Gōnglù	乡道	高要市东部	蚬岗道班—山居村
泥庙至富佛公路	Nímiào Zhì Fùfó Gōnglù	乡道	高要市东部	泥庙村—富佛村
罗客东村至要西公路	Luókèdōng Cūn Zhì Yàoxī Gōnglù	乡道	高要市东部	罗客洞村—要西村
基围至金江西公路	Jīwéi Zhì Jīnjiāngxī Gōnglù	乡道	高要市东部	基围村—金江西村
竹洞窦至罗客公路	Zhúdòngdòu Zhì Luókè Gōnglù	乡道	高要市东部	竹洞窦村—罗客村

（续上表）

标准名称	汉语拼音	地名类别	相对位置	起讫点
石林至金淘公路	Shílín Zhì Jīntáo Gōnglù	乡道	高要市东部	石林村—金淘村
小塱至禄村新村公路	Xiǎolǎng Zhì Lùcūnxīn Cūn Gōnglù	乡道	高要市东部	小塱村—禄村村
金利至金洲公路	Jīnlì Zhì Jīnzhōu Gōnglù	乡道	高要市东部	金利镇—金州村
蟠龙至上南围公路	Pánlóng Zhì Shàngnánwéi Gōnglù	乡道	高要市东部	蟠龙村—上南围村
朗心至金江公路	Lǎngxīn Zhì Jīnjiāng Gōnglù	乡道	高要市东部	朗心村—金江村
金三至金洲公路	Jīnsān Zhì Jīnzhōu Gōnglù	乡道	高要市东部	金三村—金州村
金利一中至珠江公路	Jīnlìyīzhōng Zhì Zhūjiāng Gōnglù	乡道	高要市东部	金利一中—珠江村
南围至石莫公路	Nánwéi Zhì Shímò Gōnglù	乡道	高要市东部	南围村—石莫村
金利至马口岗公路	Jīnlì Zhì Mǎkǒugǎng Gōnglù	乡道	高要市东部	金利镇—马口岗村
大官塱至显茅公路	Dàguānlǎng Zhì Xiǎnmáo Gōnglù	乡道	高要市东部	大观塱村—显矛村
显学路口至显学岗公路	Xiǎnxuélùkǒu Zhì Xiǎnxuégǎng Gōnglù	乡道	高要市东部	显学路口—显学岗
小塱至山斗公路	Xiǎolǎng Zhì Shāndǒu Gōnglù	乡道	高要市东部	小塱村—山斗村
金淘至禄村公路	Jīntáo Zhì Lùcūn Gōnglù	乡道	高要市东部	金淘村—禄村
罗竹路口至新江公路	Luózhúlùkǒu Zhì Xīnjiāng Gōnglù	乡道	高要市东部	罗竹路口—新江村
金利牌坊至西坝公路	Jīnlìpáifāng Zhì Xībà Gōnglù	乡道	高要市东部	金利牌坊—西坝村
陈冲电站至东坝公路	Chénchōngdiànzhàn Zhì Dōngbà Gōnglù	乡道	高要市东部	陈冲电站—东坝村
沿塱至合山桥公路	Yánlǎng Zhì Héshān Qiáo Gōnglù	乡道	高要市东南部	沿塱村—合山桥
雅瑶至大坑公路	Yǎyáo Zhì Dàkēng Gōnglù	乡道	高要市中部偏东	雅瑶村—大坑村
白土至大旗公路	Báitǔ Zhì Dàqí Gōnglù	乡道	高要市中部偏东	白土镇—大旗村

（续上表）

标准名称	汉语拼音	地名类别	相对位置	起讫点
幕村至金龙水库公路	Mùcūn Zhì Jīnlóngshuǐkù Gōnglù	乡道	高要市中南部	幕村—金龙水库
九山至腰岗公路	Jiǔshān Zhì Yāogǎng Gōnglù	乡道	高要市中部	九山村—腰岗村
六塱至雅瑶公路	Liùlǎng Zhì Yǎyáo Gōnglù	乡道	高要市中东部	六塱村—雅瑶村
龙剑桥至三江村公路	Lóngjiàn Qiáo Zhì Sānjiāng Cūn Gōnglù	乡道	高要市南部	龙剑桥—三江村
九山至九山茶亭公路	Jiǔshān Zhì Jiǔshāncháting Gōnglù	乡道	高要市中部偏东	九山村—九山茶亭
白土至新村公路	Báitǔ Zhì Xīncūn Gōnglù	乡道	高要市中部偏东	白土镇—新村村
桂岗至塱学小学公路	Guìgǎng Zhì Lǎngxué Xiǎoxué Gōnglù	乡道	高要市中部偏东	大辂头村—塱鹤圩村
大辂头至塱学圩公路	Dàlùtóu Zhì Lǎngxuéxū Gōnglù	乡道	高要市中部偏东	塱鹤村—大辂头村
塱鹤圩至茆山公路	Lǎnghèxū Zhì Máoshān Gōnglù	乡道	高要市中部偏东	塱鹤圩—茆山村
官塘至罗有公路	Guāntáng Zhì Luóyǒu Gōnglù	乡道	高要市中部偏南	官塘村—罗有村
禄栏路口至禄栏公路	Lùlánlùkǒu Zhì Lùlán Gōnglù	乡道	高要市东南部	禄栏路口—禄栏村
排灌站至九山公路	Páiguànzhàn Zhì Jiǔshān Gōnglù	乡道	高要市中部偏东	排灌站—九山村
思福至乐堂公路	Sīfú Zhì Lètáng Gōnglù	乡道	高要市中部偏东	思福村—乐堂村
塱鹤至幕村公路	Lǎnghè Zhì Mùcūn Gōnglù	乡道	高要市中部偏南	塱鹤村—幕村
白土至大布公路	Báitǔ Zhì Dàbù Gōnglù	乡道	高要市中部偏东	白土镇—大布村
蝉坑至金龙水库公路	Chánkēng Zhì Jīnlóngshuǐkù Gōnglù	乡道	高要市中部偏东	蝉坑村—金龙水库
白土至富科公路	Báitǔ Zhì Fùkē Gōnglù	乡道	高要市中部偏东	白土镇—富科村
孝友至六塘公路	Xiàoyǒu Zhì Liùtáng Gōnglù	乡道	高要市西部	合成村—孝友村

（续上表）

标准名称	汉语拼音	地名类别	相对位置	起讫点
小塘至高第公路	Xiǎotáng Zhì Gāodì Gōnglù	乡道	高要市西部	小塘村—高第村
朗尾至社布公路	Lǎngwěi Zhì Shèbù Gōnglù	乡道	高要市西部	朗尾村—社布村
村头陈至古南公路	Cūntóuchén Zhì Gǔnán Gōnglù	乡道	高要市西部	村头陈村—古南村
槎航至古南公路	Cháháng Zhì Gǔnán Gōnglù	乡道	高要市西部	槎航村—古南村
村头黄至留棠公路	Cūntóuhuáng Zhì Liútáng Gōnglù	乡道	高要市西部	村头黄村—留棠村
合成圩至都棠公路	Héchéngxū Zhì Dūtáng Gōnglù	乡道	高要市西部	合成圩—都棠村
朗尾至棠孔公路	Lǎngwěi Zhì Tángkǒng Gōnglù	乡道	高要市西部	朗尾村—棠孔村
龙冲至棠华公路	Lóngchōng Zhì Tánghuá Gōnglù	乡道	高要市西部	龙冲村—棠华村
金桂至黄洞公路	Jīnguì Zhì Huángdòng Gōnglù	乡道	高要市西部	金桂村—黄洞村
马安桥头至进塘公路	Mǎ'ānqiáotóu Zhì Jìntáng Gōnglù	乡道	高要市中西部	马安桥头—进塘村
科德至办塘公路	Kēdé Zhì Bàntáng Gōnglù	乡道	高要市中部	科德村—办塘村
新江至鱼梁窦公路	Xīnjiāng Zhì Yúliángdòu Gōnglù	乡道	高要市中部	鱼梁窦村—定江村
定江至新村公路	Dìngjiāng Zhì Xīncūn Gōnglù	乡道	高要市中部	定江村—新村村
江灶至长湖公路	Jiāngzào Zhì Chánghú Gōnglù	乡道	高要市中部偏西	江灶村—长湖村
蚬三至范塘公路	Xiǎnsān Zhì Fàntáng Gōnglù	乡道	高要市东部	蚬三村—范塘村
圣岗至圩镇公路	Shènggǎng Zhì Xūzhèn Gōnglù	乡道	高要市东部	蚬岗—圩镇
洞心至古迳公路	Dòngxīn Zhì Gǔjìng Gōnglù	乡道	高要市东部	洞头村—古迳村
白鸽尾至风雨亭公路	Báigēwěi Zhì Fēngyǔtíng Gōnglù	乡道	高要市东部	白鸽尾村—风雨亭村

(续上表)

标准名称	汉语拼音	地名类别	相对位置	起讫点
金淘至禄村新村公路	Jīntáo Zhì Lùcūnxīn Cūn Gōnglù	乡道	高要市东部	金淘村—禄村新村
珠江至糖厂公路	Zhūjiāng Zhì Tángchǎng Gōnglù	乡道	高要市东部	珠江—糖厂
爱群至石林公路	Àiqún Zhì Shílín Gōnglù	乡道	高要市东部	爱群村—石林村
要西至罗客公路	Yàoxī Zhì Luókè Gōnglù	乡道	高要市东部	要西村—罗客村
罗客至西村公路	Luókè Zhì Xīcūn Gōnglù	乡道	高要市东部	罗客村—西村村
南进窦至东围公路	Nánjìndòu Zhì Dōngwéi Gōnglù	乡道	高要市东部	南进窦村—东围村
茶亭至要西公路	Chátíng Zhì Yàoxī Gōnglù	乡道	高要市东部	茶亭村—要西村
十字涌至眠岗公路	Shízìyǒng Zhì Miángǎng Gōnglù	乡道	高要市东部	十字涌村—眠岗村
茅岗至北门公路	Máogǎng Zhì Běimén Gōnglù	乡道	高要市东部	茅岗村—北门村
金盛至珠江公路	Jīnshèng Zhì Zhūjiāng Gōnglù	乡道	高要市东部	金盛村—珠江
新村桥至水口公路	Xīncūn Qiáo Zhì Shuǐkǒu Gōnglù	乡道	高要市中部	新村桥—水口村
茶岗桥至新村公路	Chágǎng Qiáo Zhì Xīncūn Gōnglù	乡道	高要市中部	茶岗桥—新村村
高速出入口至茶岗公路	Gāosùchūrùkǒu Zhì Chágǎng Gōnglù	乡道	高要市中部	高速入口—茶岗村
大湾广场至沙头村公路	Dàwān Guǎngchǎng Zhì Shātóu Cūn Gōnglù	乡道	高要市中部	大湾广场—沙头村
窦头圩至白象公路	Dòutóuxū Zhì Báixiàng Gōnglù	乡道	高要市西部	窦头圩—白象村
乌榕至江口公路	Wūróng Zhì Jiāngkǒu Gōnglù	乡道	高要市中部	乌榕村—江口
朗尾至新村公路	Lǎngwěi Zhì Xīncūn Gōnglù	乡道	高要市西部	朗尾村—新村村
石头坑至西坑公路	Shítóukēng Zhì Xīkēng Gōnglù	乡道	高要市西部	石头坑村—西坑村
排洪渠至高第公路	Páihóngqú Zhì gāodì Gōnglù	乡道	高要市西部	排洪渠—高第村

（续上表）

标准名称	汉语拼音	地名类别	相对位置	起讫点
合成圩至凹山公路	Héchéngxū Zhì 'āoshān Gōnglù	乡道	高要市西部	合成圩—凹山村
大江洞小学至沙汶塘公路	Dàjiāngdòng Xiǎoxué Zhì Shāwèntáng Gōnglù	乡道	高要市西部	大江洞小学—沙汶塘村
上横岗至月朗公路	Shànghénggǎng Zhì Yuèlǎng Gōnglù	乡道	高要市南部	上横岗村—月朗村
高屋至片塘公路	Gāowū Zhì Piàntáng Gōnglù	乡道	高要市南部	高屋村—片塘村
东村至朱子朗公路	Dōngcūn Zhì Zhūzǐlǎng Gōnglù	乡道	高要市南部	东村村—朱子朗村
学校至法洞公路	Xuéxiào Zhì Fǎdòng Gōnglù	乡道	高要市南部	学校—法洞村
横坑路口至横坑公路	Héngkēnglùkǒu Zhì Héngkēng Gōnglù	乡道	高要市南部	横坑路口—横坑村
新桥圩至火车站公路	Xīnqiáoxū Zhì Huǒchēzhàn Gōnglù	乡道	高要市中南部	新桥圩—火车站
竹圩至龙潭公路	Zhúxū Zhì Lóngtán Gōnglù	乡道	高要市中南部	竹圩—龙潭
金库至新兴江大堤公路	Jīnkù Zhì Xīnxīngjiāngdàdī Gōnglù	乡道	高要市中南部	金库村—新兴江大堤
新桥路口至坑塘公路	Xīnqiáolùkǒu Zhì Kēngtáng Gōnglù	乡道	高要市中南部	新桥路口—坑塘村
莲塘一中至围安公路	Liántángyīzhōng Zhì Wéi'ān Gōnglù	乡道	高要市中南部	莲塘一中—围安村
行头顶至水根公路	Xíngtóudǐng Zhì Shuǐgēn Gōnglù	乡道	高要市中南部	行头顶村—水根村
新桥圩至新村公路	Xīnqiáoxū Zhì Xīncūn Gōnglù	乡道	高要市中南部	新桥圩—金库村
蚌岗至大山公路	Bànggǎng Zhì Dàshān Gōnglù	乡道	高要市中南部	蚌岗村—大山村
荔枝至圆珠岗公路	Lìzhī Zhì Yuánzhūgǎng Gōnglù	乡道	高要市中南部	圆珠岗村—荔枝村
槎塘桥至黎槎公路	Chátáng Qiáo Zhì Líchá Gōnglù	乡道	高要市东南部	槎塘桥—黎槎村
刘村至鱿鱼水库公路	Liúcūn Zhì Yóuyúshuǐkù Gōnglù	乡道	高要市东南部	刘村—鱿鱼水库

（续上表）

标准名称	汉语拼音	地名类别	相对位置	起讫点
塱鹤圩至塱尾公路	Lǎnghèxū Zhì Lǎngwěi Gōnglù	乡道	高要市中南部	塱鹤圩—塱尾村
大旗至花果场公路	Dàqí Zhì huāguǒ Chǎng Gōnglù	乡道	高要市东南部	大旗村—花果场
沙坪至茶坑公路	Shāpíng Zhì Chákēng Gōnglù	乡道	高要市北部	沙坪村—茶坑村
新圩至沙帽头公路	Xīnxū Zhì Shāmàotóu Gōnglù	乡道	高要市东南部	新圩—沙帽头
江口桥至金库公路	Jiāngkǒu Qiáo Zhì Jīnkù Gōnglù	乡道	高要市中部	江口桥—金库村
首岭至三和洞公路	Shǒulǐng Zhì Sānhédòng Gōnglù	乡道	高要市南部	首岭村—三和洞村
大洲小学至桔村公路	Dàzhōu Xiǎoxué Zhì Júcūn Gōnglù	乡道	高要市中北部	大洲小学—桔村
良村至良村水库公路	Liángcūn Zhì Liángcūn Shuǐkù Gōnglù	乡道	高要市南部	良村—良村水库
西坑至黄田坑公路	Xīkēng Zhì Huángtiánkēng Gōnglù	乡道	高要市中北部	西坑村—黄田坑村
双里至云致公路	Shuānglǐ Zhì Yúnzhì Gōnglù	乡道	高要市北部	双里村—云致村
双里至云娄公路	Shuānglǐ Zhì Yúnlóu Gōnglù	乡道	高要市北部	双里村—云娄村
金洲至虎岗公路	Jīnzhōu Zhì Hǔgǎng Gōnglù	乡道	高要市东部	金州村—虎岗村
洞口至合水公路	Dòngkǒu Zhì Héshuǐ Gōnglù	乡道	高要市南部	洞口村—合水
白诸至下坡公路	Báizhū Zhì Xiàpō Gōnglù	乡道	高要市西南部	白诸镇—下坡村
罗院至九坑公路	Luóyuàn Zhì Jiǔkēng Gōnglù	乡道	高要市北部	罗院村—九坑村
云冲至坑尾公路	Yúnchōng Zhì Kēngwěi Gōnglù	乡道	高要市北部	云冲村—坑尾村
双马坑至前坑公路	Shuāngmǎkēng Zhì Qiánkēng Gōnglù	乡道	高要市北部	双马坑村—前坑村
新村至大磅公路	Xīncūn Zhì Dàpáng Gōnglù	乡道	高要市中部偏北	新村—大磅村

(续上表)

标准名称	汉语拼音	地名类别	相对位置	起讫点
上围渡口至镇南公路	Shàngwéidùkǒu Zhì Zhènnán Gōnglù	乡道	高要市中北部	上围渡口—镇南村
下围至上围公路	Xiàwéi Zhì Shàngwéi Gōnglù	乡道	高要市中北部	下围村—上围村
桥头围至南塘边公路	Qiáotóuwéi Zhì Nántángbiān Gōnglù	乡道	高要市中北部	桥头围村—南塘边村
久留至岭脚公路	Jiǔliú Zhì Lǐngjiǎo Gōnglù	乡道	高要市中部	久留村—岭脚村
姚村至祖坑公路	Yáocūn Zhì Zǔkēng Gōnglù	乡道	高要市南部	X431—姚村村二
松云至长沙公路	Sōngyún Zhì Chángshā Gōnglù	乡道	高要市西南部	松云村—长沙村
洞源至云彬朗公路	Dòngyuán Zhì Yúnbīnlǎng Gōnglù	乡道	高要市北部	洞源村—云彬朗
出树坑至大旺公路	Chūshùkēng Zhì Dàwàng Gōnglù	乡道	高要市西北部	出树坑村—大旺村
白土至石塘公路	Báitǔ Zhì Shítáng Gōnglù	乡道	高要市中北部	白土村—石塘村
官洲至上升公路	Guānzhōu Zhì Shàngshēng Gōnglù	乡道	高要市中北部	官洲村—上升村
官洲至桃坑公路	Guānzhōu Zhì Táokēng Gōnglù	乡道	高要市中北部	官洲村—桃坑村
沙角至深塘公路	Shājiǎo Zhì Shēntáng Gōnglù	乡道	高要市中北部	沙角村—深塘村
禄步中心站至车站公路	Lùbùzhōngxīnzhàn Zhì Chēzhàn Gōnglù	乡道	高要市中北部	禄步中心站—车站
沙坪至南坑公路	Shāpíng Zhì Nánkēng Gōnglù	乡道	高要市中北部	沙坪村—南坑村
龙城至廊源公路	Lóngchéng Zhì Lángyuán Gōnglù	乡道	高要市北部	龙城村—廊源村
对口至对坑尾公路	Duìkǒu Zhì Duìkēngwěi Gōnglù	乡道	高要市北部	对坑尾村—对坑尾村
坪岗至富竹坑公路	Pínggǎng Zhì Fùzhúkēng Gōnglù	乡道	高要市北部	坪岗村—富竹村
对口至石洋尾公路	Duìkǒu Zhì Shíyángwěi Gōnglù	乡道	高要市北部	对口村—石洋尾村
桃坑口至毕碌坑公路	Táokēngkǒu Zhì Bìlùkēng Gōnglù	乡道	高要市西北部	桃坑口村—毕碌坑村

（续上表）

标准名称	汉语拼音	地名类别	相对位置	起讫点
石塘桥至迳心公路	Shítáng Qiáo Zhì Jìngxīn Gōnglù	乡道	高要市西北部	石塘桥—迳心村
双坡至坑口公路	Shuāngpō Zhì Kēngkǒu Gōnglù	乡道	高要市北部	双坡村—坑口村
大端至高山公路	Dàduān Zhì Gāoshān Gōnglù	乡道	高要市西南部	大端村—高山村
腰岗至平布公路	Yāogǎng Zhì Píngbù Gōnglù	乡道	高要市中东部	腰岗村—平布村
马安连接线	Mǎ'ān Liánjiēxiàn	专用	高要市西南部	
广昆高速	Guǎngkūn Gāosù	快速路	高要市南部	广州—昆明
珠三角环线高速	Zhūsānjiǎo Huánxiàn Gāosù	快速路	高要市东部	——
府前大街	Fǔqián Dàjiē	主干路	南岸街道南部	要南大道—沿江路
湖西一路	Húxī 1 Lù	主干路	南岸城区南部	——
湖西二路	Húxī 2 Lù	主干路	南岸城区南部	——
南兴一路	Nánxīng 1 Lù	主干路	南岸城区中部	砚清路—连江路
南兴二路	Nánxīng 2 Lù	主干路	南岸城区中部	
南兴三路	Nánxīng 3 Lù	主干路	南岸城区中部	要南一路—港口路
南兴四路	Nánxīng 4 Lù	主干路	南岸城区西部	南兴五路—南兴二路
南兴五路	Nánxīng 5 Lù	主干路	南岸城区西部	南兴五路—南兴二路
要南三路	Yàonán 3 Lù	主干路	南岸城区西部	要南二路—要南三路
要南四路	Yàonán 4 Lù	主干路	南岸城区西部	要南三路—南兴五路
要南一路	Yàonán 1 Lù	主干路	南岸城区中部	沿江一路—南兴二路
要南二路	Yàonán 2 Lù	主干路	南岸城区中部	要南一路—德星路
金源大道	Jīnyuán Dàdào	主干路	金利镇北部	乡道小朗—禄村新村公路

（续上表）

标准名称	汉语拼音	地名类别	相对位置	起讫点
金利大道	Jīnlì Dàdào	主干路	金利镇东部	金贸路—金龙大道
商业大街	Shāngyè Dàjiē	主干路	禄步镇政府西部	连江路—禄步镇政府
沿江一路	Yánjiāng 1 Lù	次干路	南岸城区北部	西江大桥南端引桥脚—文峰路
沿江二路	Yánjiāng 2 Lù	次干路	南岸城区	文峰路—新兴江江口大桥
沿江三路	Yánjiāng 3 Lù	次干路	南岸城区新兴江畔	江口大桥—象山脚山口村
广新一路	Guǎngxīn 1 Lù	支路	南岸城区中部	砚清路—连江路
广新二路	Guǎngxīn 2 Lù	支路	南岸城区中部	连江路—要南二路
桂华路	Guìhuá Lù	支路	南岸街道北部	南兴路—镇前璐
桂源路	Guìyuán Lù	支路	南岸城区中部	南兴路—南金路
康宁路	Kāngníng Lù	支路	南岸街道中部	南金路—镇前路
连江路	Liánjiāng Lù	支路	南岸街道中部	南金路—江滨堤路
南亭路	Nántíng Lù	支路	南岸街道中部	湖西路—镇前路
上岸路	Shàng'àn Lù	支路	南岸街道中部	南金路—镇前路
世纪大道	Shìjì Dàdào	支路	高要市城区	府前大街—金渡城区大花坛
文峰路	Wénfēng Lù	支路	南岸街道东部	南金路—江滨堤路
西环一路	Xīhuán 1 Lù	支路	南岸城区西部	要南一路—桥东路
西环二路	Xīhuán 2 Lù	支路	南岸城区西部	桥东路—祈安路
下岸路	Xià'àn Lù	支路	南岸街道东部	南金路—南兴路
新城路	Xīnchéng Lù	支路	南岸城区中部	—
砚清路	Yànqīng Lù	支路	南岸城区东部	南金公路—江滨堤
振兴一路	Zhènxīng 1 Lù	支路	南岸街道北部	砚青路—要南路
振兴二路	Zhènxīng 2 Lù	支路	南岸街道北部	岸路—大桥路
镇前路	Zhènqián Lù	支路	南岸街道北部	要南路—康宁路

(续上表)

标准名称	汉语拼音	地名类别	相对位置	起讫点
宝砚路	Bǎoyàn Lù	支路	金渡镇政府东北部	鸿劲金属铝业有限公司—东升路
彩虹路	Cǎihóng Lù	支路	高要市政府西北部	南兴三路—西环一路
创文路	Chuàngwén Lù	支路	金渡镇政府东北部	世纪大道—东升路
德星路	Déxīng Lù	支路	高要市政府西南部	南兴四路—要南二路
德兴路	Déxīng Lù	支路	高要市政府西南部	南兴四路—新塘路
东升路	Dōngshēng Lù	支路	金渡镇政府东北部	高要市鸿滔隔热瓦厂—金沙路
福田路	Fútián Lù	支路	高要市政府西南部	德星路—新星路
福源路	Fúyuán Lù	支路	高要市政府西部	湖西二路—府前大街
富民路	Fùmín Lù	支路	金渡镇政府东北部	思进路—金渡幼儿园
港口路	Gǎngkǒu Lù	支路	高要市政府西北部	南兴三路—御鸡园农庄
广场东路	Guǎngchǎng Dōnglù	支路	金渡镇政府东部	世纪大道—广园路
广场西路	Guǎngchǎng Xīlù	支路	金渡镇政府东部	世纪大道—中华路
广园路	Guǎngyuán Lù	支路	金渡镇政府东部	金沙路—广场西路
和平路	Hépíng Lù	支路	高要市政府西南部	南兴四路—和平路
环城路	Huánchéng Lù	支路	高要市政府西南部	大湾—马安公路
建设路	Jiànshè Lù	支路	金渡镇政府东部	世纪大道—振兴路
教育路	Jiàoyù Lù	支路	高要市政府西南部	南兴五路—要南三路
教育路	Jiàoyù Lù	支路	金渡镇政府北部	金渡镇沙头中心幼儿园—世纪大道

（续上表）

标准名称	汉语拼音	地名类别	相对位置	起讫点
金城路	Jīnchéng Lù	支路	金渡镇政府北部	高要市东区供水公司—世纪大道
金晖街	Jīnhuī Jiē	支路	金渡镇政府东部	世纪大道—思进路
金马路	Jīnmǎ Lù	支路	高要市政府西南部	长虹路—德强金属制品有限公司
金马南路	Jīnmǎ Nánlù	支路	高要市政府西南部	幸福路—福州至昆明公路
金沙街	Jīnshā Jiē	支路	金渡镇政府东部	世纪大道—富民路
金沙路	Jīnshā Lù	支路	金沙镇政府东北部	肇庆二塔战备渡口—世纪大道
金星路	Jīnxīng Lù	支路	高要市政府西南部	科德—德星路
锦纶街	Jǐnlún Jiē	支路	高要市政府西部	——
聚贤路	Jùxián Lù	支路	金渡镇政府东北部	金渡—水边村公路
骏马路	Jùnmǎ Lù	支路	高要镇政府西南部	环城路—福州至昆明公路
康泰街	Kāngtài Jiē	支路	金渡镇政府东北部	东升路—世纪大道
科隆街	Kēlóng Jiē	支路	高要市政府西部	——
乐华路	Lèhuá Lù	支路	金渡镇政府东北部	——
马安大道	Mǎ'ān Dàdào	支路	高要市政府西南部	福州至昆明公路—环城路
南新街	Nánxīn Jiē	支路	高要市政府西南部	要南四路—南兴五路
盘福路	Pánfú Lù	支路	高要市政府西南部	骏马路—永和路
桥西一路	Qiáoxī 1 Lù	支路	高要市政府西北部	南兴三路—西环三路
青湾东街	Qīngwān Dōngjiē	支路	高要市政府西南部	教育路—南兴五路

（续上表）

标准名称	汉语拼音	地名类别	相对位置	起讫点
青湾西街	Qīngwān Xījiē	支路	高要市政府西南部	教育路—青湾中街
青湾中街	Qīngwān Zhōngjiē	支路	高要市政府西南部	南兴五路—要南四路
清湖路	Qīnghú Lù	支路	高要市政府东北部	南兴一路—振兴一路
清平路	Qīngpíng Lù	支路	高要市政府西南部	府前大街—南兴一路
日新路	Rìxīn Lù	支路	金渡镇政府东北部	——
上元路	Shàngyuán Lù	支路	高要市政府西南部	南兴四路—新塘路
思进路	Sījìn Lù	支路	金渡镇政府东北部	富民路—建设路
新安大街	Xīn'ān Dàjiē	支路	高要市政府西南部	福州至昆明公路—环城路
新塘路	Xīntáng Lù	支路	高要市政府西南部	上元路—德兴路
新星街	Xīnxīng Jiē	支路	高要市政府西南部	科德—南兴四路
兴业路	Xīngyè Lù	支路	金渡镇政府东北部	金城路—日新路
兴肇路	Xīngzhào Lù	支路	金渡镇政府东北部	东升路—世纪大道
幸福路	Xìngfú Lù	支路	高要市政府西南部	长虹路—坚艺火玻璃厂
银新街	Yínxīn Jiē	支路	高要市政府西南部	金星路—要南三路
永和路	Yǒnghé Lù	支路	高要市政府西南部	环城路—福州至昆明公路
友谊路	Yǒuyì Lù	支路	金渡镇政府东部	世纪大道—广园路
育才路	Yùcái Lù	支路	金渡镇政府东北部	金沙路—中华路
跃龙路	Yuèlóng Lù	支路	高要市政府西南部	环城路—福州至昆明公路

（续上表）

标准名称	汉语拼音	地名类别	相对位置	起讫点
长虹路	Chánghóng Lù	支路	高要市政府西南部	福州至昆明公路—幸福路
振兴路	Zhènxīng Lù	支路	金渡镇政府北部	——
中华路	Zhōnghuá Lù	支路	金渡镇政府东北部	——
镇中路	Zhènzhōng Lù	支路	活道镇政府驻地东部	高要至铜鼓公路—高要至铜鼓公路
宋隆路	Sònglóng Lù	支路	白土镇政府驻地东部	竹根村—雅瑶村
建新路	Jiànxīn Lù	支路	白土镇政府驻地西部	——
金贸路	Jīnmào Lù	支路	金利镇城区北部	金利镇城北西路—金利水泥厂
太平路	Tàipíng Lù	支路	金利镇南部	太平路—
创业四路	Chuàngyè 4 Lù	支路	金利镇东部	——
新荣街	Xīnróng Jiē	支路	水南镇政府驻地东南部	
前进路	Qiánjìn Lù	支路	蚬岗镇政府驻地西部	
城北路	Chéngběi Lù	支路	金利镇北部	沿江路—金贸大街
府前路	Fǔqián Lù	支路	金利镇政府驻地西部	——
民乐街	Mínlè Jiē	支路	禄步镇政府驻地西南部	新龙路—居仁路
文明路	Wénmíng Lù	支路	禄步镇政府驻地西南部	——
新龙路	Xīnlóng Lù	支路	禄步镇政府驻地西南部	土名"青龙首"—大地村
新城路	Xīnchéng Lù	支路	蚬岗镇政府驻地北部	西堡路—为民路
双金路	Shuāngjīn Lù	支路	蚬岗镇南部	

2. 铁路运输

标准名称	汉语拼音	地名类别	相对位置	起讫点
广茂铁路	Guǎngmào Tiělù	铁路	高要市中部	广州市—茂名市
南广高铁	Nánguǎng Gāotiě	铁路	高要市中部	南宁市—广州市

3. 桥梁

标准名称	汉语拼音	别名	地名类别	相对位置	所在线路	所跨河流（道路）
尚德桥	Shàngdé Qiáo	——	桥梁	河台镇西北部	车牛至多宝公路	大迳河
太迳桥	Tàijìng Qiáo	——	桥梁	小湘镇西北部	321国道	大迳河
笋围二桥	Sǔnwéi Èrqiáo	——	桥梁	小湘镇西北部	321国道	——
八达桥	Bādá Qiáo	——	桥梁	白土镇政府驻地东部	白土至大旗公路	宋隆水
清湖二桥	Qīnghú Èrqiáo	——	桥梁	回龙镇北部	蚬岗至白土公路	——
大辂头二桥	Dàlùtóu'èr Qiáo	——	桥梁	白土镇政府驻地西部	桂岗至朗学小学公路	——
乐城桥	Lèchéng Qiáo	——	桥梁	白土乐城镇政府驻地西部偏北	石洞至禄步公路	大迳河
水边桥	Shuǐbiān Qiáo	——	桥梁	白土金渡镇政府驻地东部	莲花山港至金渡公路	双金河
肇庆西江大桥	Zhàoqìng Xījiāng Dàqiáo	——	桥梁	高要市政府驻地西北部	广茂铁路	西江
旧江口大桥	Jiùjiāngkǒu Dàqiáo	——	桥梁	南岸街道江口村	世纪大道	新兴江
江口大桥	Jiāngkǒu Dàqiáo	——	桥梁	南岸街道江口村	肇庆至珠海公路	新兴江
迳口桥	Jìngkǒu Qiáo	——	桥梁	禄步镇政府驻地东部	迳口至孔湾公路	大迳河
松塘一桥	Sōngtángyī Qiáo	松塘桥	桥梁	白土镇政府驻地东部偏南	肇庆至珠海公路	——
多宝桥	Duōbǎo Qiáo	——	桥梁	河台镇政府驻地西北部	河村至水南公路	大迳河

（续上表）

标准名称	汉语拼音	别名	地名类别	相对位置	所在线路	所跨河流（道路）
对田桥	Duìtián Qiáo	——	桥梁	河台镇政府驻地西北部	——	大迳河
西屯桥	Xītún Qiáo	——	桥梁	河台镇政府驻地西北部	西屯至云保公路	大迳河
水南桥	Shuǐnán Qiáo	——	桥梁	水南镇政府驻地东部	广利至水南公路	大迳河
盘古桥	Pángǔ Qiáo	——	桥梁	水南镇政府驻地北部	平水至宾亨公路	大迳河
清湖三桥	Qīnghúsān Qiáo	——	桥梁	回龙镇政府驻地北部	平水至宾亨公路	宋隆水
清湖一桥	Qīnghúyī Qiáo	——	桥梁	回龙镇政府驻地北部	蚬岗至白土公路	刘村水
小湘桥	Xiǎoxiāng Qiáo	——	桥梁	小湘镇政府驻地东部偏西	321国道	小湘水
笋围一桥	Sǔnwéiyī Qiáo	——	桥梁	小湘镇政府驻地西部偏北	321国道	笋洞水
大辂头一桥	Dàlùtóuyī Qiáo	——	桥梁	高要市政府驻地东南部	桂岗至朗学小学公路	云路水
乐塘桥	Lètáng Qiáo	——	桥梁	高要市政府驻地东部	白土至罗勒公路	中心河
下灶桥	Xiàzào Qiáo	——	桥梁	高要市政府驻地东部	雅瑶至大坑公路	双金河
雅瑶桥	Yǎyáo Qiáo	——	桥梁	高要市政府驻地东部	雅瑶至大坑公路	宋隆水
思福桥	Sīfú Qiáo	——	桥梁	高要市政府驻地东部	白土至罗勒公路	新海
和顺桥	Héshùn Qiáo	——	桥梁	高要市政府驻地东部	金渡至桂岗公路	云路水
上世桥	Shàngshì Qiáo	——	桥梁	高要市政府驻地西南部	白诸至思劳公路	——
真竹桥	Zhēnzhú Qiáo	——	桥梁	高要市政府驻地西南部	白诸至东村公路	——
上洞桥	Shàngdòng Qiáo	——	桥梁	高要市政府驻地西南部	坑口至新排公路	吉斗运河

（续上表）

标准名称	汉语拼音	别名	地名类别	相对位置	所在线路	所跨河流（道路）
下坡桥	Xiàpō Qiáo	——	桥梁	高要市政府驻地西南部	白诸至下坡公路	白诸水
村头黄桥	Cūntóuhuáng Qiáo	——	桥梁	高要市政府驻地西部	村头黄至留棠公路	大湾水
石头坑桥	Shítóukēng Qiáo	——	桥梁	高要市政府驻地西部	南岸街道至黄坑塘公路	大湾水
古西桥	Gǔxī Qiáo	——	桥梁	高要市政府驻地西部	村头陈至古南公路	旧涌
合成桥	Héchéng Qiáo	——	桥梁	高要市政府驻地西部	南岸街道至黄坑塘公路	——
太平围桥	Tàipíngwéi Qiáo	——	桥梁	高要市政府驻地西部	笋围至石印公路	笋洞河
佛仔桥	Fózǎi Qiáo	——	桥梁	高要市政府驻地西部	南岸街道至黄坑塘公路	——
小塘桥	Xiǎotáng Qiáo	——	桥梁	高要市政府驻地西部	南岸街道至黄坑塘公路	旧涌
孝友桥	Xiàoyǒu Qiáo	——	桥梁	高要市政府驻地西部	——	——
云福桥	Yúnfú Qiáo	——	桥梁	高要市政府驻地北部	河台至老鼠尾公路	——
河台桥	Hétái Qiáo	——	桥梁	高要市政府驻地西北部	河台至大坑边公路	大迳河
罗建桥	Luójiàn Qiáo	——	桥梁	高要市政府驻地西北部	河村至水南公路	——
罗闪一桥	Luóshǎnyī Qiáo	——	桥梁	高要市政府驻地西北部	车牛至多宝公路	大迳河
畔坑桥	Pànkēng Qiáo	——	桥梁	高要市政府驻地西北部	西屯至云保公路	——
五联桥	Wǔlián Qiáo	——	桥梁	高要市政府驻地西北部	河台至大坑边公路	——
槎岗桥	Chágǎng Qiáo	——	桥梁	高要市政府驻地东南部	槎塘桥至槎岗公路	——
槎塘桥	Chátáng Qiáo	——	桥梁	高要市政府驻地东南部	回龙圩至大田朗公路	大沙河
大塘边桥	Dàtángbiān Qiáo	——	桥梁	高要市政府驻地东南部	大塘边至花果场公路	宋隆水

（续上表）

标准名称	汉语拼音	别名	地名类别	相对位置	所在线路	所跨河流（道路）
回龙桥	Huílóng Qiáo	——	桥梁	高要市政府驻地东南部	回龙至澄湖公路	宋隆水
刘村一桥	Liúcūnyī Qiáo	——	桥梁	高要市政府驻地东部	刘村至鱿鱼水库公路	刘村水
大湾碑桥	Dàwānbēi Qiáo	——	桥梁	高要市政府驻地东南部	清湖至松塘公路	宋隆水
水湖桥	Shuǐhú Qiáo	——	桥梁	高要市政府驻地南部	江口至活道公路	莲塘水
禄洞桥	Lùdòng Qiáo	——	桥梁	高要市政府驻地西南部	山塘口至上塱公路	——
下塱桥	Xiàlǎng Qiáo	——	桥梁	高要市政府驻地西南部	山塘口至上塱公路	——
迳口桥	Jìngkǒu Qiáo	——	桥梁	高要市政府驻地南部	活道至围河公路	大端水
迳心桥	Jìngxīn Qiáo	——	桥梁	高要市政府驻地西南部	严村至迳心公路	大端水
皇岗坪桥	Huánggǎngpíng Qiáo	——	桥梁	高要市政府驻地西南部	大冲坑至活道公路	大端水
上横江桥	Shànghéngjiāng Qiáo	——	桥梁	高要市政府驻地南部	上横岗至月朗公路	横江河
首岭桥	Shǒulǐng Qiáo	——	桥梁	高要市政府驻地南部	首岭至三和洞公路	横江河
东坑桥	Dōngkēng Qiáo	——	桥梁	高要市政府驻地西南部	上环至东坑尾公路	大端水
沙尾桥	Shāwěi Qiáo	——	桥梁	高要市政府驻地西南部	沙尾桥至松云公路	新兴江
上环桥	Shànghuán Qiáo	——	桥梁	高要市政府驻地西南部	大端至水口公路	——
石龙岗桥	Shílónggǎng Qiáo	——	桥梁	高要市政府驻地南部	严村至迳心公路	大端水
塘苟桥	Tánggǒu Qiáo	——	桥梁	高要市政府驻地南部	塘坑至云丽公路	横江河
坑塘桥	Kēngtáng Qiáo	——	桥梁	高要市政府驻地南部	塘坑至云丽公路	——
三江桥	Sānjiāng Qiáo	——	桥梁	高要市政府驻地东南部	龙剑桥至三江村公路	宋隆水

（续上表）

标准名称	汉语拼音	别名	地名类别	相对位置	所在线路	所跨河流（道路）
赤坳桥	Chì'ào Qiáo	——	桥梁	高要市政府驻地东南部	新桥至蛟塘公路	——
大布桥	Dàbù Qiáo	——	桥梁	高要市政府驻地东南部	蛟塘村至大布村公路	——
羌山桥	Qiāngshān Qiáo	——	桥梁	高要市政府驻地南部	洞口至合水公路	大沙河
合山桥	Héshān Qiáo	——	桥梁	高要市政府驻地东南部	沿朗至合山桥公路	——
蛟塘桥	Jiāotáng Qiáo	——	桥梁	高要市政府驻地东南部	新桥至蛟塘公路	——
蛟塘小桥	Jiāotángxiǎo Qiáo	——	桥梁	高要市政府驻地东南部	蛟塘圩至蛟塘村公路	——
云路桥	Yúnlù Qiáo	——	桥梁	高要市政府驻地东南部	赤坳至坪岭公路	云路水
龙剑桥	Lóngjiàn Qiáo	——	桥梁	高要市政府驻地东南部	龙剑桥至三江村公路	——
茶岗桥	Chágǎng Qiáo	——	桥梁	高要市政府驻地东北部	金渡至水边村公路	双金河
东坝二桥	Dōngbà'èr Qiáo	——	桥梁	高要市政府驻地东部	陈冲电站至东坝公路	双金河
东坝一桥	Dōngbàyī Qiáo	——	桥梁	高要市政府驻地东部	陈冲电站至东坝公路	双金河
圩尾桥	Xūwěi Qiáo	——	桥梁	高要市政府驻地东部	小朗至山斗公路	金利西围水
金三桥	Jīnsān Qiáo	——	桥梁	高要市政府驻地东部	金三至金洲公路	塱角塘
塱心桥	Lǎngxīn Qiáo	——	桥梁	高要市政府驻地东部	金三至金洲公路	——
竹洞窦桥	Zhúdòngdòu Qiáo	——	桥梁	高要市政府驻地东部	金利至金洲公路	双金河
山斗桥	Shāndòu Qiáo	——	桥梁	高要市政府驻地东部	小朗至山斗公路	双金河
西坝二桥	Xībà'èr Qiáo	——	桥梁	高要市政府驻地东部	金利牌坊至西坝公路	双金河
西坝桥	Xībà Qiáo	——	桥梁	高要市政府驻地东部	金利牌坊至西坝公路	双金河

（续上表）

标准名称	汉语拼音	别名	地名类别	相对位置	所在线路	所跨河流（道路）
金鸡桥	Jīnjī Qiáo	——	桥梁	高要市政府驻地北部	乐城至黄青公路	——
罗院桥	Luóyuàn Qiáo	——	桥梁	高要市政府驻地北部	罗院至九坑公路	大迳河
沉城桥	Chénchéng Qiáo	——	桥梁	高要市政府驻地北部	乐城至黄青公路	——
鸿源桥	Hóngyuán Qiáo	——	桥梁	高要市政府驻地南部	坳边至波西砖厂公路	——
水根桥	Shuǐgēn Qiáo	——	桥梁	高要市政府驻地南部	莲塘至察步公路	——
石脚桥	Shíjiǎo Qiáo	——	桥梁	高要市政府驻地东南部	新桥至蛟塘公路	新兴江
波西三桥	Bōxīsān Qiáo	——	桥梁	高要市政府驻地东南部	罗勒至察步桥公路	莲塘排灌渠
蒲硅桥	Púguī Qiáo	——	桥梁	高要市政府驻地东南部	荔枝至波西公路	莲塘排灌渠
察步桥	Chábù Qiáo	——	桥梁	高要市政府驻地南部	江口至活道公路	莲塘排灌渠
柑园桥	Gānyuán Qiáo	——	桥梁	高要市政府驻地南部	江口至活道公路	莲塘排洪渠
塘香桥	Tángxiāng Qiáo	——	桥梁	高要市政府驻地南部	河村至山根公路	莲塘水
上察桥	Shàngchá Qiáo	——	桥梁	高要市政府驻地南部	江口至活道公路	莲塘水
大磨桥	Dàmó Qiáo	——	桥梁	高要市政府驻地南部	围安至大磨公路	新兴江
头布河桥	Tóubùhé Qiáo	——	桥梁	高要市政府驻地西北部	禄步至任村公路	大榕水
细河桥	Xìhé Qiáo	——	桥梁	高要市政府驻地西北部	禄步至任村公路	大榕水
将军桥	Jiāngjūn Qiáo	——	桥梁	高要市政府驻地西北部	将军至云邦公路	大榕水
曲源桥	Qǔyuán Qiáo	——	桥梁	高要市政府驻地西北部	隔水至大坑边公路	大径河
平水桥	Píngshuǐ Qiáo	——	桥梁	高要市政府驻地西北部	平水至宾亨公路	——

（续上表）

标准名称	汉语拼音	别名	地名类别	相对位置	所在线路	所跨河流（道路）
枫木坪桥	Fēngmùpíng Qiáo	——	桥梁	高要市政府驻地西北部	禄步至任村公路	——
双马桥	Shuāngmǎ Qiáo	——	桥梁	高要市政府驻地西北部	禄步至任村公路	大榕水
桐槎桥	Tóngchá Qiáo	——	桥梁	高要市政府驻地西北部	综合厂至大坑尾公路	大榕水
樟路桥	Zhānglù Qiáo	——	桥梁	高要市政府驻地西北部	禄步镇至洞尾公路	——
三水桥	Sānshuǐ Qiáo	——	桥梁	高要市政府驻地西北部	隔水至大坑边公路	大径河
冠千桥	Guànqiān Qiáo	——	桥梁	高要市政府驻地西北部	敢鱼咀至葵岭公路	大迳河
南湾桥	Nánwān Qiáo	——	桥梁	高要市政府驻地西北部	南岸街道至黄坑塘公路	广茂铁路
社坑桥	Shèkēng Qiáo	——	桥梁	高要市政府驻地北部	广利至水南公路	大径河
三堂车桥	Sāntángchē Qiáo	——	桥梁	高要市政府驻地北部	广利至水南公路	大径河
西牛桥	Xīniú Qiáo	——	桥梁	高要市政府驻地北部	水南至长圳坑公路	社坑河
下坪桥	Xiàpíng Qiáo	——	桥梁	高要市政府驻地北部	水南至长圳坑公路	——
横江二桥	Héngjiāng'èr Qiáo	——	桥梁	高要市政府驻地东部	三洲朗至横岗公路	双金河
南村桥	Náncūn Qiáo	——	桥梁	高要市政府驻地东部	陈塘桥至南村公路	双金河
横江一桥	Héngjiāngyī Qiáo	——	桥梁	高要市政府驻地东部	三洲朗至横岗公路	双金河
五马槽桥	Wǔmǎcáo Qiáo	——	桥梁	高要市政府驻地东部	蚬岗至白土公路	双金河
神洲桥	Shénzhōu Qiáo	——	桥梁	高要市政府驻地东部	蚬岗至西岸公路	——
大塘桥	Dàtáng Qiáo	——	桥梁	高要市政府驻地北部	笋围至石印公路	——
汉塘桥	Hàntáng Qiáo	——	桥梁	高要市政府驻地北部	大坝至西一公路	大湘水

(续上表)

标准名称	汉语拼音	别名	地名类别	相对位置	所在线路	所跨河流（道路）
九源桥	Jiǔyuán Qiáo	——	桥梁	高要市政府驻地北部	笋围—石印公路	笋洞水
横水口桥	Héngshuǐkǒu Qiáo	——	桥梁	高要市政府驻地北部	笋围至石印公路	——
甲元坑桥	Jiǎyuánkēng Qiáo	——	桥梁	高要市政府驻地西北部	笋围至石印公路	——
脉源桥	Màiyuán Qiáo	——	桥梁	高要市政府驻地北部	大坝—西一公路	——
官山桥	Guānshān Qiáo	——	桥梁	高要市政府驻地北部	大坝至西一公路	——
勒竹桥	Lèzhú Qiáo	——	桥梁	高要市政府驻地北部	大坝至西一公路	大湘水
三稔桥	Sānrěn Qiáo	——	桥梁	高要市政府驻地北部	大坝至西一公路	大湘水
后坑桥	Hòukēng Qiáo	——	桥梁	高要市政府驻地北部	三稔至洞尾公路	大湘水
上围二桥	Shàngwéi'èr Qiáo	——	桥梁	高要市政府驻地西北部	下围至上围公路	——
南坑口一桥	Nánkēngkǒuyī Qiáo	——	桥梁	高要市政府驻地西北部	上围至朗第公路	——
太平围桥	Tàipíngwéi Qiáo	——	桥梁	高要市政府驻地西北部	上围至朗第公路	笋洞河
笋洞桥	Sǔndòng Qiáo	——	桥梁	高要市政府驻地北部	笋围至石印公路	笋洞水
水星桥	Shuǐxīng Qiáo	——	桥梁	高要市政府驻地北部	笋围至石印公路	——
洞阳桥	Dòngyáng Qiáo	——	桥梁	高要市政府驻地北部	笋围至石印公路	——
大黄湾桥	Dàhuángwān Qiáo	——	桥梁	高要市政府驻地北部	笋围至石印公路	——
大朗大桥	Dàlǎng Dàqiáo	——	桥梁	高要市西南部	广昆高速	——
定江大桥	Dìngjiāng Dàqiáo	——	桥梁	高要市西南部	广昆高速	——
栗元坑大桥	Lìyuánkēng Dàqiáo	——	桥梁	高要市西南部	广昆高速	——

(续上表)

标准名称	汉语拼音	别名	地名类别	相对位置	所在线路	所跨河流（道路）
平洲中桥	Píngzhōuzhōng Qiáo	——	桥梁	高要市东部	广昆高速	——
清水塘大桥	Qīngshuǐtáng Dàqiáo	——	桥梁	高要市西南部	广昆高速	——
松银大桥	Sōngyín Dàqiáo	——	桥梁	高要市西南部	广昆高速	——
桂岗桥	Guìgǎng Qiáo	——	桥梁	高要市政府驻地东部	肇庆至珠海公路	云路水
九山立交桥	Jiǔshān Lìjiāoqiáo	——	桥梁	高要市政府驻地东部	肇庆至珠海公路	广昆高速
思礼桥	Sīlǐ Qiáo	——	桥梁	高要市政府驻地东部	肇庆至珠海公路	——
白诸桥	Báizhū Qiáo	——	桥梁	高要市政府驻地西南部	福州至昆明公路	白诸水
大沙桥	Dàshā Qiáo	——	桥梁	高要市政府驻地东南部	肇庆至珠海公路	宋隆水
排洪站桥	Páihóngzhàn Qiáo	——	桥梁	高要市政府驻地东南部	肇庆至珠海公路	——
牛围桥	Niúwéi Qiáo	——	桥梁	高要市政府驻地南部	高要至铜鼓公路	——
新村桥	Xīncūn Qiáo	——	桥梁	高要市政府驻地南部	高要至铜鼓公路	——
塱下桥	Lǎngxià Qiáo	——	桥梁	高要市政府驻地东南部	肇庆至珠海公路	大沙河
竹围桥	Zhúwéi Qiáo	——	桥梁	高要市政府驻地东南部	肇庆至珠海公路	——
敬老院桥	Jìnglǎoyuàn Qiáo	——	桥梁	高要市政府驻地东部	肇庆至珠海公路	——
羽绒桥	Yǔróng Qiáo	——	桥梁	高要市政府驻地东部	肇庆至珠海公路	——
大坑桥	Dàkēng Qiáo	——	桥梁	高要市政府驻地东部	莲花山港至金渡公路	——
腰岗桥	Yāogǎng Qiáo	——	桥梁	高要市政府驻地东部	莲花山港至金渡公路	双金河
江边桥	Jiāngbiān Qiáo	——	桥梁	高要市政府驻地东部	莲花山港至金渡公路	双金河

（续上表）

标准名称	汉语拼音	别名	地名类别	相对位置	所在线路	所跨河流（道路）
金洲桥	Jīnzhōu Qiáo	——	桥梁	高要市政府驻地东部	莲花山港至金渡公路	——
茅岗桥	Máogǎng Qiáo	——	桥梁	高要市政府驻地东部	莲花山港至金渡公路	西围涌
布浮桥	Bùfú Qiáo	——	桥梁	高要市政府驻地北部	石涧至禄步公路	——
仙人坑桥	Xiānrénkēng Qiáo	——	桥梁	高要市政府驻地北部	石涧至禄步公路	——
马腌桥	Mǎyān Qiáo	——	桥梁	高要市政府驻地西北部	石涧至禄步公路	——
青湾桥	Qīngwān Qiáo	——	桥梁	高要市政府驻地西南部	福州至昆明公路	杨梅水
大碑头桥	Dàbēitóu Qiáo	——	桥梁	高要市政府驻地东部	莲花山港至金渡公路	双金河
石洲桥	Shízhōu Qiáo	——	桥梁	高要市政府驻地东部	莲花山港至金渡公路	双金河
竹墟桥	Zhúxū Qiáo	——	桥梁	高要市政府驻地西南部	福州至昆明公路	——
乐塘桥	Lètáng Qiáo	——	桥梁	高要市政府驻地东部	白土至罗勒公路	中心河
九山桥	Jiǔshān Qiáo	——	桥梁	高要市东部	九山至腰岗公路	云路水
新治桥	Xīnzhì Qiáo	——	桥梁	高要市西南部	白诸至思劳公路	白诸水
东村桥	Dōngcūn Qiáo	——	桥梁	高要市西部	——	——
吉田朗桥	Jítiánlǎng Qiáo	——	桥梁	高要市西南部	蕨坑至白石坑公路	——
活道桥	Huódào Qiáo	——	桥梁	高要市南部	镇中路	——
肇庆大桥	Zhàoqìng Dàqiáo	——	桥梁	金渡镇政府驻地东北部	高速出入口至茶岗公路	西江
黄坑桥	Huángkēng Qiáo	——	桥梁	高要市东部	——	宋隆水
金盛大桥	Jīnshèng Dàqiáo	——	桥梁	高要市东部	金盛至珠江公路	西围涌
金盛二桥	Jīnshèng'èr Qiáo	——	桥梁	高要市东部	——	西围涌
石脚桥	Shíjiǎo Qiáo	——	桥梁	高要市政府驻地东南部	新桥至蛟塘公路	新兴江

（续上表）

标准名称	汉语拼音	别名	地名类别	相对位置	所在线路	所跨河流（道路）
马安大桥	Mǎ'ān Dàqiáo	——	桥梁	高要市西南部	广昆高速	杨梅水
马安桥	Mǎ'ān Qiáo	——	桥梁	高要市西南部	——	杨梅水
罗青桥	Luóqīng Qiáo	——	桥梁	高要市东部		双金河
小汉塘桥	Xiǎohàntáng Qiáo	——	桥梁	高要市北部	三稔至洞尾公路	大湘水
新桥大桥	Xīnqiáo Dàqiáo	——	桥梁	新桥镇政府驻地西南部	高要至铜鼓公路	新兴江
迳口桥	Jìngkǒu Qiáo	——	桥梁	高要市政府驻地西部	大湾至马安公路	——

4. 其他类

标准名称	汉语拼音	地名类别	相对位置
高要粤运汽车站	Gāoyào Yuèyùn Qìchēzhàn	长途汽车站	南岸街道办驻地西南部
金利收费站	Jīnlì Shōufèizhàn	收费站	高要市政府驻地东部
蚬岗收费站	Xiǎngǎng Shōufèizhàn	收费站	高要市政府驻地东南部
回龙收费站	Huílóng Shōufèizhàn	收费站	高要市政府驻地东南部
白诸收费站	Báizhū Shōufèizhàn	收费站	高要市政府驻地西南部
白土收费站	Báitǔ Shōufèizhàn	收费站	高要市政府驻地东部
马安收费站	Mǎ'ān Shōufèizhàn	收费站	高要市西南部
新桥镇站	Xīnqiáozhèn Zhàn	火车站	新桥镇政府驻地北部
鹅仓站	Écāng Zhàn	公共交通车站	高要市政府驻地西北部
富民商业城站	Fùmín Shāngyèchéng Zhàn	公共交通车站	高要市政府驻地西北部
高要市府站	Gāoyàoshìfǔ Zhàn	公共交通车站	高要市政府驻地东部
高要市检察院站	Gāoyàoshì Jiǎncháyuàn Zhàn	公共交通车站	高要市政府驻地东北部
高要社保局站	Gāoyào Shèbǎojú Zhàn	公共交通车站	高要市政府驻地东南部
高要一中站	Gāoyào Yīzhōng Zhàn	公共交通车站	高要市政府驻地东部
高要中医院站	Gāoyào Zhōngyīyuàn Zhàn	公共交通车站	高要市政府驻地西部
国养公园站	Guóqiáo Gōngyuán Zhàn	公共交通车站	高要市政府驻地东部
锦纶街口站	Jǐnlúnjiēkǒu Zhàn	公共交通车站	高要市政府驻地西北部

（续上表）

标准名称	汉语拼音	地名类别	相对位置
康宁路站	Kāngnínglù Zhàn	公共交通车站	高要市政府驻地东北部
丽景渡口站	Lìjǐngdùkǒu Zhàn	公共交通车站	高要市政府驻地北部
毛纺厂站	Máofǎngchǎng Zhàn	公共交通车站	高要市政府驻地西北部
南亭路站	Nántínglù Zhàn	公共交通车站	高要市政府驻地北部
南兴三路站	Nánxìng 3 Lù Zhàn	公共交通车站	高要市政府驻地西北部
南兴一路站	Nánxìng 1 Lù Zhàn	公共交通车站	高要市政府驻地东北部
铁路桥西站	Tiělùqiáo Xīzhàn	公共交通车站	高要市政府驻地西北部
文峰路站	Wénfēnglù Zhàn	公共交通车站	高要市政府驻地东北部
布院道班	Bùyuàn Dàobān	道班	白诸镇政府西部
蛟塘道班	Jiāotáng Dàobān	道班	莲塘镇政府东部
金利出入口	Jīnlì Chūrùkǒu	环岛、路口	高要市政府驻地东部
白诸出入口	Báizhū Chūrùkǒu	环岛、路口	高要市政府驻地西南部
马安出入口	Mǎ'ān Chūrùkǒu	环岛、路口	高要市政府驻地西南部
蚬岗出入口	Xiǎngǎng Chūrùkǒu	环岛、路口	高要市政府驻地东南部
白土出入口	Báitǔ Chūrùkǒu	环岛、路口	高要市政府驻地东部
五龙加油站	Wǔlóng Jiāyóuzhàn	加油站	蛟塘镇政府驻地东北部
利星西加油站	Lìxīngxī Jiāyóuzhàn	加油站	金渡镇政府驻地东北部

（六）水利、电力、通信设施类

标准名称	汉语拼音	地名类别	相对位置
白诸湖	Báizhū Hú	池塘	白诸镇政府南部
祈福湖	Qífú Hú	池塘	高要市政府驻地南部
小塘	Xiǎotáng	池塘	蛟塘镇西北部
蕉坑水库	Jiāokēng Shuǐkù	水库	蛟塘镇政府驻地东部
花山水库	Huāshān Shuǐkù	水库	回龙镇政府东南部
羌塘水库	Qiāngtáng Shuǐkù	水库	禄步镇政府驻地北部
龙坛岗水库	Lóngtánggǎng Shuǐkù	水库	蚬岗镇政府驻地北部
良坑水库	Liángkēng Shuǐkù	水库	蚬岗镇政府驻地西南部
老虎坑水库	Lǎohǔkēng Shuǐkù	水库	蚬岗镇政府驻地东南部
大槐水库	Dàhuái Shuǐkù	水库	蚬岗镇政府驻地西部
金鸡山水库	Jīnjīshān Shuǐkù	水库	蚬岗镇政府驻地北部

（续上表）

标准名称	汉语拼音	地名类别	相对位置
蛟塘水库	Jiāotáng Shuǐkù	水库	蚬岗镇政府驻地北部
松根水库	Sōnggēn Shuǐkù	水库	蚬岗镇政府驻地北部
中心洲水库	Zhōngxīnzhōu Shuǐkù	水库	蚬岗镇政府驻地西部
双金水库	Shuāngjīn Shuǐkù	水库	河台镇政府驻地西北部
石陂水库	Shíbēi Shuǐkù	水库	莲塘镇政府驻地南部
云冲水库	Yúnchōng Shuǐkù	水库	乐城镇政府驻地东部
横水坑水库	Héngshuǐkēng Shuǐkù	水库	乐城镇政府驻地西部
小麦坑水库	Xiǎomàikēng Shuǐkù	水库	大湾镇政府驻地西部
双接坑水库	Shuāngjiēkēng Shuǐkù	水库	大湾镇政府驻地西部
龙岩水库	Lóngyán Shuǐkù	水库	蚬岗镇政府驻地南部
罗神岗水库	Luóshéngǎng Shuǐkù	水库	蚬岗镇政府驻地西南部
大芏塘水库	Dàdùtáng Shuǐkù	水库	蚬岗镇政府驻地西部
生狮岗水库	Shēngshīgǎng Shuǐkù	水库	蚬岗镇政府驻地西部
大坑水库	Dàkēng Shuǐkù	水库	禄步镇政府驻地西部
陂面水库	Bēimiàn Shuǐkù	水库	大湾镇政府驻地西部
金龙高水库	Jīnlónggāo Shuǐkù	水库	白土镇政府驻地西南部
沥塘水库	Lìtáng Shuǐkù	水库	大湾镇政府驻地西部
牛鼻咀水库	Niúbízuǐ Shuǐkù	水库	大湾镇政府驻地西北部
鹤坑水库	Hèkēng Shuǐkù	水库	白诸镇政府驻地西北部
崩坑下库	Bēngkēngxià Kù	水库	大湾镇政府驻地西北部
挟颈水库	Xiéjǐng Shuǐkù	水库	白土镇政府驻地西北部
猪屈水库	Zhūqū Shuǐkù	水库	蚬岗镇政府驻地北部
凉鞋水库	Liángxié Shuǐkù	水库	蚬岗镇政府驻地北部
胡村塘水库	Húcūntáng Shuǐkù	水库	蚬岗镇政府驻地西部
神坑水库	Shénkēng Shuǐkù	水库	蚬岗镇政府驻地西北部
鹅头二水库	Étóu'èr Shuǐkù	水库	蚬岗镇政府驻地南部
深冲水库	Shēnchōng Shuǐkù	水库	白土镇政府驻地西南部
鹅头一水库	Étóuyī Shuǐkù	水库	蚬岗镇政府驻地南部
梓岗水库	Zǐgǎng Shuǐkù	水库	金利镇政府驻地西南部
牛大肚水库	Niúdàdù Shuǐkù	水库	蚬岗镇政府驻地北部

（续上表）

标准名称	汉语拼音	地名类别	相对位置
久留水库	Jiǔliú Shuǐkù	水库	白土镇政府驻地西北部
大旗迳水库	Dàqíjìng Shuǐkù	水库	白土镇政府驻地北部
石头坑水库	Shítóukēng Shuǐkù	水库	白诸镇政府驻地北部
河白低水库	Hébáidī Shuǐkù	水库	白诸镇政府驻地西部
杨梅水库	Yángméi Shuǐkù	水库	白诸镇政府驻地北部
河白高水库	Hébáigāo Shuǐkù	水库	白诸镇政府驻地西部
水沙水库	Shuǐshā Shuǐkù	水库	回龙镇政府驻地东部
连环塘水库	Liánhuántáng Shuǐkù	水库	蛟塘镇政府驻地西部
赤岭水库	Chìlǐng Shuǐkù	水库	回龙镇政府驻地东部
三安坑水库	Sān'ānkēng Shuǐkù	水库	白诸镇政府驻地北部
大坑洞水库	Dàkēngdòng Shuǐkù	水库	南岸街道西部
樟坑水库	Zhāngkēng Shuǐkù	水库	南岸街道西北部
小湘坑水库	Xiǎoxiāngkēng Shuǐkù	水库	小湘镇政府驻地西部
崩坑上库	Bēngkēngshàng Kù	水库	大湾镇政府驻地西部
长坑埒水库	Chángkēngliè Shuǐkù	水库	莲塘镇政府驻地东南部
大冲水库	Dàchōng Shuǐkù	水库	活道镇政府驻地西南部
鲶鱼塘水库	Niányútáng Shuǐkù	水库	活道镇政府驻地东南部
木头塱水库	Mùtóulǎng Shuǐkù	水库	蛟塘镇政府驻地南部
沙尾水库	Shāwěi Shuǐkù	水库	活道镇政府驻地西部
塘仔水库	Tángzǎi Shuǐkù	水库	活道镇政府驻地南部
钟柱塘水库	Zhōngzhùtáng Shuǐkù	水库	白土镇政府驻地南部
大洞水库	Dàdòng Shuǐkù	水库	回龙镇政府驻地南部
金龙低水库	Jīnlóngdī Shuǐkù	水库	蛟塘镇政府驻地西北部
良村水库	Liángcūn Shuǐkù	水库	蛟塘镇政府驻地西南部
犁口咀水库	Líkǒuzuǐ Shuǐkù	水库	蛟塘镇政府驻地西南部
南坑水库	Nánkēng Shuǐkù	水库	活道镇政府驻地东部
鸡六坑水库	Jīliùkēng Shuǐkù	水库	莲塘镇政府驻地东南部
五尺峡水库	Wǔchǐxiá Shuǐkù	水库	莲塘镇政府驻地东南部
奇塘水库	Qítáng Shuǐkù	水库	白诸镇政府驻地南部
团结水库	Tuánjié Shuǐkù	水库	莲塘镇政府驻地东南部

(续上表)

标准名称	汉语拼音	地名类别	相对位置
冷水高岗水库	Lěngshuǐgāogǎng Shuǐkù	水库	白土镇政府驻地西南部
陈帝咀水库	Chéndìzuǐ Shuǐkù	水库	莲塘镇政府驻地南部
长犁田水库	Chánglítián Shuǐkù	水库	莲塘镇政府驻地东部
河碑水库	Hébēi Shuǐkù	水库	白土镇政府驻地西南部
马咀水库	Mǎzuǐ Shuǐkù	水库	回龙镇政府驻地东部
芏塘尾水库	Dùtángwěi Shuǐkù	水库	回龙镇政府驻地南部
黄芏塘水库	Huángdùtáng Shuǐkù	水库	蛟塘镇政府驻地西北部
富久留水库	Fùjiǔliú Shuǐkù	水库	蛟塘镇政府驻地西北部
莲藕塘水库	Lián'ǒutáng Shuǐkù	水库	白土镇政府驻地西南部
白水塘水库	Báishuǐtáng Shuǐkù	水库	白诸镇政府驻地南部
大头坑水库	Dàtóukēng Shuǐkù	水库	蛟塘镇政府驻地西南部
官塘水库	Guāntáng Shuǐkù	水库	活道镇政府驻地南部
鸭迳水库	Yājìng Shuǐkù	水库	活道镇政府驻地南部
姚村长塘水库	Yáocūnchángtáng Shuǐkù	水库	活道镇政府驻地西南部
下坑水库	Xiàkēng Shuǐkù	水库	活道镇政府驻地东北部
罗晚营水库	Luówǎnyíng Shuǐkù	水库	活道镇政府驻地南部
六栏水库	Liùlán Shuǐkù	水库	蛟塘镇政府驻地北部
高岗水库	Gāogǎng Shuǐkù	水库	白土镇政府驻地西南部
石榴三水库	Shíliúsān Shuǐkù	水库	活道镇政府驻地南部
云豆水库	Yúndòu Shuǐkù	水库	活道镇政府驻地东部
鸦了塘水库	Yāliǎotáng Shuǐkù	水库	蛟塘镇政府驻地北部
天湖堂水库	Tiānhútáng Shuǐkù	水库	活道镇政府驻地南部
大凤坑水库	Dàfèngkēng Shuǐkù	水库	活道镇政府驻地东部
木塘水库	Mùtáng Shuǐkù	水库	活道镇政府驻地东南部
马安水库	Mǎ'ān Shuǐkù	水库	白土镇政府驻地南部
大浲水库	Dàjiàng Shuǐkù	水库	活道镇政府驻地西部
鱿鱼水库	Yóuyú Shuǐkù	水库	回龙镇政府驻地东部
大旗坑尾水库	Dàqíkēngwěi Shuǐkù	水库	白土镇政府驻地东北部
猫爪水库	Māozhǎo Shuǐkù	水库	回龙镇政府驻地东北部
寻坑水库	Xúnkēng Shuǐkù	水库	活道镇政府驻地北部

（续上表）

标准名称	汉语拼音	地名类别	相对位置
横马岗水库	Héngmǎgǎng Shuǐkù	水库	蚬岗镇政府驻地南部
榄坑水库	Lǎnkēng Shuǐkù	水库	金利镇政府驻地西南部
珠岗水库	Zhūgǎng Shuǐkù	水库	金利镇政府驻地西北部
西坝水库	Xībà Shuǐkù	水库	金利镇政府驻地西南部
梧岭水库	Wúlǐng Shuǐkù	水库	金利镇政府驻地西部
东坝水库	Dōngbà Shuǐkù	水库	金利镇政府驻地西南部
榕塘水库	Róngtáng Shuǐkù	水库	莲塘镇政府驻地北部
水冲面水库	Shuǐchōngmiàn Shuǐkù	水库	白土镇政府驻地西部
鲤鱼尾水库	Lǐyúwěi Shuǐkù	水库	回龙镇政府驻地东南部
水香塘水库	Shuǐxiāngtáng Shuǐkù	水库	活道镇政府驻地南部
上坑水库	Shàngkēng Shuǐkù	水库	回龙镇政府驻地东北部
下蛟塘水库	Xiàjiāotáng Shuǐkù	水库	蚬岗镇政府驻地北部
蚬岗马咀水库	Xiǎngǎngmǎzuǐ Shuǐkù	水库	蚬岗镇政府驻地西部
长莲坑水库	Chángliánkēng Shuǐkù	水库	白土镇政府驻地西部
水塱水库	Shuǐlǎng Shuǐkù	水库	白土镇政府驻地东北部
竹洞水库	Zhúdòng Shuǐkù	水库	金利镇政府驻地西南部
元山凼水库	Yuánshāndàng Shuǐkù	水库	金渡镇政府驻地东部
亚婆垯水库	Yàpólie Shuǐkù	水库	金渡镇政府驻地东部
上大塘水库	Shàngdàtáng Shuǐkù	水库	活道镇政府驻地西南部
沙田坑水库	Shātiánkēng Shuǐkù	水库	金渡镇政府驻地西南部
沉塘坑水库	Chéntángkēng Shuǐkù	水库	南岸街道办驻地西南部
长塘水库	Chángtáng Shuǐkù	水库	禄步镇政府驻地西南部
竹麻坑水库	Zhúmákēng Shuǐkù	水库	禄步镇政府驻地西南部
富科大陂水库	Fùkēdàbēi Shuǐkù	水库	白土镇政府驻地北部
大岸山水库	Dà'ànshān Shuǐkù	水库	回龙镇政府驻地东北部
五柳迳水库	Wǔliǔjìng Shuǐkù	水库	大湾镇政府驻地西部
首洞迳水库	Shǒudòngjìng Shuǐkù	水库	大湾镇政府驻地南部
新塘水库	Xīntáng Shuǐkù	水库	大湾镇政府驻地西部
九迳水库	Jiǔjìng Shuǐkù	水库	大湾镇政府驻地西部
羊塘水库	Yángtáng Shuǐkù	水库	活道镇政府驻地南部

（续上表）

标准名称	汉语拼音	地名类别	相对位置
黄落冲水库	Huángluòchōng Shuǐkù	水库	蛟塘镇政府驻地西部
杨梅塘水库	Yángméitáng Shuǐkù	水库	蛟塘镇政府驻地西部
黎坑山塘	Líkēngshān Táng	水库	南岸街道办驻地西南部

（七）纪念地、旅游胜地类

标准名称	汉语拼音	别名	地名类别	相对位置
国荞公园	Guóqiáo Gōngyuán	文峰公园	公园	南岸街道办驻地东南部
神符岩摩崖石刻	Shénfúyán Móyáshíkè	——	风景区	莲塘镇政府驻地北部
肇庆市高尔夫度假村	Zhàoqìng Shì Gāo'ěrfū Dùjiǎcūn	——	风景区	回龙镇政府驻地北部
谭虔墓	Tánqián Mù	——	人物纪念地	回龙镇政府驻地东南部
高要烈士陵园	Gāoyào Lièshì Língyuán	——	人物纪念地	乐城镇政府驻地北部
芙罗李氏祠	Fúluó Lǐshì Cí	——	人物纪念地	蚬岗镇政府驻地南部
蚬西李氏大宗祠	Xiǎnxī Lǐshì Dàzōngcí	——	人物纪念地	蚬岗镇政府驻地西北部
三冈古社	Sāngāng Gǔshè	——	事件纪念地	金利镇政府驻地北部
禄步墟码头遗址	Lùbùxū Mǎtóu Yízhǐ	——	事件纪念地	禄步镇政府驻地南部
茅岗建筑遗址	Máogǎng Jiànzhù Yízhǐ	——	事件纪念地	金利镇政府驻地西南部
端石老坑洞遗址	Duānshílǎokēngdòng Yízhǐ	——	事件纪念地	西江羚羊峡南岸
三多红砂岩采石场遗址	Sānduōhóngshāyán Cǎishíchǎng Yízhǐ	——	事件纪念地	回龙镇政府驻地东北部
麻子坑砚石遗址	Mázǐkēngyànshí Yízhǐ	——	事件纪念地	金渡镇政府驻地东北部
坑仔岩砚石遗址	Kēngzǎiyányànshí Yízhǐ	——	事件纪念地	砚坑紫云谷内
万明寺	Wànmíng Sì	——	寺	金利镇政府驻地北部
宝莲寺	Bǎolián Sì	——	寺	莲塘镇政府驻地北部

（续上表）

标准名称	汉语拼音	别名	地名类别	相对位置
上清湾天主堂	Shàngqīngwān Tiānzhǔtáng	——	教堂	南岸街道办驻地西部

（八）建筑物类

标准名称	汉语拼音	地名类别	相对位置
高要县第一区农民自卫军总部旧址	Gāoyào Xiàn Dìyīqū Nóngmínzìwèijūn Zǒngbù Jiùzhǐ	房屋	乐城镇政府驻地北部
首届高要县人民政府成立旧址	Shǒujiè Gāoyào Xiàn Rénmínzhèngfǔ Chénglì Jiùzhǐ	房屋	活道镇政府驻地东南部
鳌头抗日自卫队成立旧址	Áotóu Kàngrì Zìwèiduì Chénglì Jiùzhǐ	房屋	活道镇政府驻地东南部
明新书院	Míngxīn Shūyuàn	房屋	白诸镇政府驻地西部
布院碉楼	Bùyuàn Diāolóu	房屋	白诸镇政府驻地西部
姚村水楼	Yáocūn Shuǐlóu	房屋	活道镇政府驻地西南部
碧桂园凤凰酒店	Bìguìyuán Fènghuáng Jiǔdiàn	房屋	南岸街道办驻地南部
丽晶大酒店	Lìjīng Dàjiǔdiàn	房屋	南岸街道办驻地北部
黎雄才艺术馆	Líxióngcái Yìshùguǎn	房屋	南岸街道办驻地南部
黎汉光图书馆	Líhànguāng Túshūguǎn	房屋	南岸街道办驻地南部
领村革命烈士纪念碑	Lǐngcūn Gémìnglièshì Jìniànbēi	碑	乐城镇政府驻地北部
花果山革命烈士纪念碑	Huāguǒshān Gémìnglièshì Jìniànbēi	碑	水南镇政府驻地东北部
巽峰塔	Xùnfēng Tǎ	塔	南岸街道办驻地东部
文明塔	Wénmíng Tǎ	塔	南岸街道办驻地东南部
莲塘镇文化广场	Liántáng Zhèn Wénhuà Guǎngchǎng	广场	莲塘镇政府驻地北部
高要市体育馆	Gāoyào Shì Tǐyùguǎn	体育场	南岸街道西南部

（九）单位类

标准名称	汉语拼音	地名类别	相对位置
白土工商所	Báitǔ Gōngshāngsuǒ	党政机关	白土镇中岗村
白土财政所	Báitǔ Cáizhèngsuǒ	党政机关	白土镇中岗村
白土镇人民政府	Báitǔ Zhèn Rénmínzhèngfǔ	党政机关	白土镇中岗村

(续上表)

标准名称	汉语拼音	地名类别	相对位置
白土人民法庭	Báitǔ Rénmínfǎtíng	党政机关	白土镇中岗村
白土国土所	Báitǔ Guótǔsuǒ	党政机关	白土镇竹山村
白土派出所	Báitǔ Pàichūsuǒ	党政机关	白土镇中岗村
动物防疫监督所白土分所	Dòngwù Fángyìjiāndūsuǒ Báitǔ Fēnsuǒ	党政机关	白土镇雅瑶村
新桥派出所	Xīnqiáo Pàichūsuǒ	党政机关	新桥镇布塘村
新桥人民法庭	Xīnqiáo Rénmínfǎtíng	党政机关	新桥镇赤坎村
新桥国土所	Xīnqiáo Guótǔsuǒ	党政机关	新桥镇赤坎村
新桥司法所	Xīnqiáo Sīfǎsuǒ	党政机关	新桥镇银江社区
新桥财政所	Xīnqiáo Cáizhèngsuǒ	党政机关	新桥镇赤坎村
新桥税务分局	Xīnqiáo Shuìwù Fēnjú	党政机关	新桥镇赤坎村
新桥住建所	Xīnqiáo Zhùjiànsuǒ	党政机关	新桥镇银江社区
新桥镇人民政府	Xīnqiáo Zhèn Rénmínzhèngfǔ	党政机关	新桥镇银江社区
新桥人力资源和社会保障服务所	Xīnqiáo Rénlìzīyuánhéshèhuìbǎozhàng Fúwùsuǒ	党政机关	新桥镇赤坎村
小湘镇人民政府	Xiǎoxiāng Zhèn Rénmínzhèngfǔ	党政机关	小湘镇联星社区
蚬岗派出所	Xiǎngǎng Pàichūsuǒ	党政机关	蚬岗镇蚬一村
蚬岗财政所	Xiǎngǎng Cáizhèngsuǒ	党政机关	蚬岗镇蚬一村
蚬岗国土所	Xiǎngǎng Guótǔsuǒ	党政机关	蚬岗镇蚬一村
蚬岗镇人民政府	Xiǎngǎng Zhèn Rénmínzhèngfǔ	党政机关	蚬岗镇蚬一村
水南财政所	Shuǐnán Cáizhèngsuǒ	党政机关	水南镇圩镇社区
水南镇人民政府	Shuǐnán Zhèn Rénmínzhèngfǔ	党政机关	水南镇圩镇社区保民路51号
水南派出所	Shuǐnán Pàichūsuǒ	党政机关	水南镇圩镇社区
水南司法所	Shuǐnán Sīfǎsuǒ	党政机关	水南镇圩镇社区
动物防疫监督所水南分所	Dòngwù Fángyì jiāndūsuǒ Shuǐnán Fēnsuǒ	党政机关	水南镇圩镇社区
高要市政府金融工作局	Gāoyào Shì Zhèngfǔjīnrónggōngzuòjú	党政机关	南岸街道西区社区
高要市环境保护局	Gāoyào Shì Huánjìngbǎohùjú	党政机关	南岸街道山口社区
高要市气象局	Gāoyào Shì Qìxiàngjú	党政机关	南岸街道西区社区
高要市住房和城乡建设局	Gāoyào Shì Zhùfánghéchéngxiāngjiànshèjú	党政机关	南岸街道科德社区

（续上表）

标准名称	汉语拼音	地名类别	相对位置
高要市市场监督管理局	Gāoyào Shì Shìchǎngjiāndūguǎnlǐjú	党政机关	南岸街道西区社区
高要市信访局	Gāoyào Shì Xìnfǎngjú	党政机关	南岸街道西区社区
南岸司法所	Nán'àn Sīfǎsuǒ	党政机关	南岸街道南亭社区
高要市司法局	Gāoyào Shì Sīfǎjú	党政机关	南岸街道西区社区
高要市粮食局	Gāoyào Shì Liángshíjú	党政机关	南岸街道西区社区
南岸街道办事处	Nán'ànjiēdào Bànshìchù	党政机关	南岸街道南亭社区
高要市水务局	Gāoyào Shì Shuǐwùjú	党政机关	南岸街道西区社区
高要市国家税务局	Gāoyào Shì Guójiāshuìwùjú	党政机关	南岸街道科德社区
高要市林业局	Gāoyào Shì Línyèjú	党政机关	南岸街道西区社区
高要市人民检察院	Gāoyào Shì Rénmínjiǎncháyuàn	党政机关	南岸街道西区社区
高要市人民法院	Gāoyào Shì Rénmínfǎyuàn	党政机关	南岸街道西区社区
高要市安全生产监督管理局	Gāoyào Shì Ānquánshēngchǎnjiāndūguǎnlǐjú	党政机关	南岸街道西区社区
高要市畜牧兽医局	Gāoyào Shì Chùmù Shòuyījú	党政机关	南岸街道西区社区
高要市卫生和计划生育局	Gāoyào Shì Wèishēnghéjìhuàshēngyùjú	党政机关	南岸街道文峰社区
高要市财政局	Gāoyào Shì Cáizhèngjú	党政机关	南岸街道文峰社区
高要市人民政府	Gāoyào Shì Rénmínzhèngfǔ	党政机关	南岸街道南亭社区
南岸财政所	Nán'àn Cáizhèngsuǒ	党政机关	南岸街道文峰社区
高要市教育局	Gāoyào Shì Jiàoyùjú	党政机关	南岸街道文峰社区
高要市农业局	Gāoyào Shì Nóngyèjú	党政机关	南岸街道文峰社区
肇庆市国土资源局高要分局	Zhàoqìng Shì Guótǔzīyuánjú Gāoyào Fēnjú	党政机关	南岸街道砚清社区
高要市发展改革和物价局	Gāoyào Shì Fāzhǎngǎigéhéwùjiàjú	党政机关	南岸街道南亭社区
肇庆市城乡规划局高要分局	Zhàoqìng Shì Chéngxiāngguīhuájú Gāoyào Fēnjú	党政机关	南岸街道西区社区
高要市交通运输局	Gāoyào Shì Jiāotōngyùnshūjú	党政机关	南岸街道西区社区
肇庆市公路局高要分局	Zhàoqìng Shì Gōnglùjú Gāoyào Fēnjú	党政机关	南岸街道西区社区
南岸派出所	Nán'àn Pàichūsuǒ	党政机关	南岸街道砚清社区
城东工商所	Chéngdōng Gōngshāngsuǒ	党政机关	南岸街道山口社区

(续上表)

标准名称	汉语拼音	地名类别	相对位置
城西工商所	Chéngxī Gōngshāngsuǒ	党政机关	南岸街道科德社区
南岸国土所	Nán'àn Guótǔsuǒ	党政机关	南岸街道西区社区
禄步镇人民政府	Lùbù Zhèn Rénmínzhèngfǔ	党政机关	禄步镇禄步村
莲塘财政所	Liántáng Cáizhèngsuǒ	党政机关	莲塘镇大竹园村
莲塘司法所	Liántáng Sīfǎsuǒ	党政机关	莲塘镇镇安村
莲塘镇人民政府	Liántáng Zhèn Rénmínzhèngfǔ	党政机关	莲塘镇镇安村
莲塘国土所	Liántáng Guótǔsuǒ	党政机关	莲塘镇大竹园村
莲塘派出所	Liántáng Pàichūsuǒ	党政机关	莲塘镇镇安村
乐城派出所	Lèchéng Pàichūsuǒ	党政机关	乐城镇伍村
乐城财政所	Lèchéng Cáizhèngsuǒ	党政机关	乐城镇伍村
乐城国土所	Lèchéng Guótǔsuǒ	党政机关	乐城镇伍村
乐城镇人民政府	Lèchéng Zhèn Rénmínzhèngfǔ	党政机关	乐城镇伍村
金利派出所	Jīnlì Pàichūsuǒ	党政机关	金利镇金一社区
金利税务分局	Jīnlì Shuìwù Fēnjú	党政机关	金利镇西围社区
金利司法所	Jīnlì Sīfǎsuǒ	党政机关	金利镇西围社区
金利国土所	Jīnlì Guótǔsuǒ	党政机关	金利镇政府驻地南部
金利工商所	Jīnlì Gōngshāngsuǒ	党政机关	金利镇政府驻地南部
金利镇人民政府	Jīnlì Zhèn Rénmínzhèngfǔ	党政机关	金利镇西围社区
金渡工商所	Jīndù Gōngshāngsuǒ	党政机关	金渡镇金渡社区
金渡派出所	Jīndù Pàichūsuǒ	党政机关	金渡镇金渡社区
金渡镇人民政府	Jīndù Zhèn Rénmínzhèngfǔ	党政机关	金渡镇金渡社区
金渡国土所	Jīndù Guótǔsuǒ	党政机关	金渡镇金渡社区
金渡镇食品药品监督管理所	Jīndù Zhèn Shípǐnyàopǐnjiāndūguǎnlǐsuǒ	党政机关	金渡镇金渡社区
动物防疫监督所金渡分所	Dòngwù Fángyì Jiāndūsuǒ Jīndù Fēnsuǒ	党政机关	金渡镇金渡社区
蛟塘派出所	Jiāotáng Pàichūsuǒ	党政机关	蛟塘镇竹围村
蛟塘司法所	Jiāotáng Sīfǎsuǒ	党政机关	蛟塘镇竹围村
蛟塘国土所	Jiāotáng Guótǔsuǒ	党政机关	蛟塘镇竹围村
蛟塘镇人民政府	Jiāotáng Zhèn Rénmínzhèngfǔ	党政机关	蛟塘镇竹围村
蛟塘财政所	Jiāotáng Cáizhèngsuǒ	党政机关	蛟塘镇竹围村

（续上表）

标准名称	汉语拼音	地名类别	相对位置
活道镇人民政府	Huódào Zhèn Rénmínzhèngfǔ	党政机关	活道镇活道村
活道司法所	Huódào Sīfǎsuǒ	党政机关	活道镇活道村
活道财政所	Huódào Cáizhèngsuǒ	党政机关	活道镇活道村
活道派出所	Huódào Pàichūsuǒ	党政机关	活道镇活道村
活道国土所	Huódào Guótǔsuǒ	党政机关	活道镇活道村
回龙镇人民政府	Huílóng Zhèn Rénmínzhèngfǔ	党政机关	回龙镇赤水塘村
回龙司法所	Huílóng Sīfǎsuǒ	党政机关	回龙镇赤水塘村
回龙派出所	Huílóng Pàichūsuǒ	党政机关	回龙镇赤水塘村
回龙市场监督管理所	Huílóng Shìchǎngjiāndūguǎnlǐsuǒ	党政机关	回龙镇赤水塘村
回龙国土所	Huílóng Guótǔsuǒ	党政机关	回龙镇赤水塘村
回龙财政所	Huílóng Cáizhèngsuǒ	党政机关	回龙镇赤水塘村
动物防疫监督所回龙分所	Dòngwù Fángyìjiāndūsuǒ Huílóng Fēnsuǒ	党政机关	回龙镇赤水塘村
河台国土所	Hétái Guótǔsuǒ	党政机关	河台镇罗建村
河台财政所	Hétái Cáizhèngsuǒ	党政机关	河台镇都权社区
河台镇人民政府	Hétái Zhèn Rénmínzhèngfǔ	党政机关	河台镇都权社区
河台派出所	Hétái Pàichūsuǒ	党政机关	河台镇罗建村
河台司法所	Hétái Sīfǎsuǒ	党政机关	河台镇罗建村
大湾镇人民政府	Dàwān Zhèn Rénmínzhèngfǔ	党政机关	大湾镇龙冲社区
大湾财政所	Dàwān Cáizhèngsuǒ	党政机关	大湾镇龙冲社区
大湾派出所	Dàwān Pàichūsuǒ	党政机关	大湾镇龙冲社区
大湾国土所	Dàwān Guótǔsuǒ	党政机关	大湾镇龙冲社区
白诸镇人民政府	Báizhū Zhèn Rénmínzhèngfǔ	党政机关	白诸镇廖甘社区
白诸国土所	Báizhū Guótǔsuǒ	党政机关	白诸镇廖甘社区
白诸财政所	Báizhū Cáizhèngsuǒ	党政机关	白诸镇廖甘社区
白诸派出所	Báizhū Pàichūsuǒ	党政机关	白诸镇廖甘社区
广东理工学院	Guǎngdōng Lǐgōng Xuéyuàn	事业单位	高要城区祈福大道南部
杨梅小学	Yángméi Xiǎoxué	事业单位	小湘镇杨梅村
布院小学	Bùyuàn Xiǎoxué	事业单位	白诸镇布院村
稳裕小学	Wěnyù Xiǎoxué	事业单位	白诸镇稳裕村

(续上表)

标准名称	汉语拼音	地名类别	相对位置
高山小学	Gāoshān Xiǎoxué	事业单位	白诸镇高山村
白土镇第二中心小学	Báitǔ Zhèn Dì'èr Zhōngxīn Xiǎoxué	事业单位	白土镇中岗村
南岗小学	Nángǎng Xiǎoxué	事业单位	白土镇南岗村
白土镇初级中学	Báitǔ Zhèn Chūjí Zhōngxué	事业单位	白土镇白联
沿塱学校	Yánlǎng Xuéxiào	事业单位	白土镇沿塱村
雅瑶小学	Yǎyáo Xiǎoxué	事业单位	白土镇雅瑶村
塱鹤小学	Lǎnghè Xiǎoxué	事业单位	白土镇塱鹤村
宋隆白土中心小学	Sònglóng Báitǔ Zhōngxīn Xiǎoxué	事业单位	白土镇白联
九山小学	Jiǔshān Xiǎoxué	事业单位	白土镇九山村
乐堂学校	Lètáng Xuéxiào	事业单位	白土镇乐堂村
大旗学校	Dàqí Xuéxiào	事业单位	白土镇大旗村
幕村小学	Mùcūn Xiǎoxué	事业单位	白土镇幕村
思福小学	Sīfú Xiǎoxué	事业单位	白土镇横岗村
布塘铁樑学校	Bùtáng Tiěliáng Xuéxiào	事业单位	新桥镇布塘村
珠江学校	Zhūjiāng Xuéxiào	事业单位	新桥镇珠江村
沙田黎汉光小学	Shātián Líhànguāng Xiǎoxué	事业单位	新桥镇沙田村
新桥中学	Xīnqiáo Zhōngxué	事业单位	新桥镇金库村
新桥华侨初级中学	Xīnqiáo Huáqiáo Chūjí Zhōngxué	事业单位	新桥镇银江社区
新桥中心小学	Xīnqiáo Zhōngxīn Xiǎoxué	事业单位	新桥镇银江社区
广塘小学	Guǎngtáng Xiǎoxué	事业单位	新桥镇广塘村
小湘镇初级中学	Xiǎoxiāng Zhèn Chūjí Zhōngxué	事业单位	小湘镇联星社区
小湘镇中心小学	Xiǎoxiāng Zhèn Zhōngxīn Xiǎoxué	事业单位	小湘镇联星社区
笋围小学	Sǔnwéi Xiǎoxué	事业单位	小湘镇笋围村
九源小学	Jiǔyuán Xiǎoxué	事业单位	小湘镇九源村
大白小学	Dàbái Xiǎoxué	事业单位	小湘镇大白村
脉源小学	Màiyuán Xiǎoxué	事业单位	小湘镇脉源村
三股小学	Sāngǔ Xiǎoxué	事业单位	小湘镇三股村

（续上表）

标准名称	汉语拼音	地名类别	相对位置
蚬岗镇初级中学	Xiǎngǎng Zhèn Chūjí Zhōngxué	事业单位	蚬岗镇蚬一村
蚬岗镇中心小学	Xiǎngǎng Zhèn Zhōngxīn Xiǎoxué	事业单位	蚬岗镇蚬一村
八联小学	Bālián Xiǎoxué	事业单位	蚬岗镇八联村
古迳小学	Gǔjìng Xiǎoxué	事业单位	蚬岗镇古迳村
六联小学	Liùlián Xiǎoxué	事业单位	水南镇坑口村
大坑边小学	Dàkēngbiān Xiǎoxué	事业单位	水南镇双波村
对口小学	Duìkǒu Xiǎoxué	事业单位	水南镇对口村
水南镇中心小学	Shuǐnán Zhèn Zhōngxīn Xiǎoxué	事业单位	水南镇水南村
水南镇初级中学	Shuǐnán Zhèn Chūjí Zhōngxué	事业单位	水南镇水南村
高要市第一小学	Gāoyào Shì Dìyī Xiǎoxué	事业单位	南岸街道南亭社区
广播电视大学	Guǎngbō Diànshì Dàxué	事业单位	南岸街道湖西社区
南岸中心小学	Nán'àn Zhōngxīn Xiǎoxué	事业单位	南岸街道西区社区
南岸初级中学	Nán'àn Chūjí Zhōngxué	事业单位	南岸街道西区社区
肇庆市实验中学	Zhàoqìng Shì Shíyàn Zhōngxué	事业单位	南岸街道西区社区
高要市第二小学	Gāoyào Shì Dì'èr Xiǎoxué	事业单位	南岸街道西区社区
高要市第一中学	Gāoyào Shì Dìyī Zhōngxué	事业单位	南岸街道西区社区
科德小学	Kēdé Xiǎoxué	事业单位	南岸街道科德社区
山口小学	Shānkǒu Xiǎoxué	事业单位	南岸街道山口社区
高要市第二中学	Gāoyào Shì Dì'èr Zhōngxué	事业单位	南岸街道科德社区
南岸马安中心小学	Nán'àn Mǎ'ān Zhōngxīn Xiǎoxué	事业单位	南岸街道定江村
马安初级中学	Mǎ'ān Chūjí Zhōngxué	事业单位	南岸街道定江村
禄步镇中心小学	Lùbù Zhèn Zhōngxīn Xiǎoxué	事业单位	禄步镇禄步村
禄步镇初级中学	Lùbù Zhèn Chūjí Zhōngxué	事业单位	禄步镇岩口村
禄步镇镇小学	Lùbù Zhèn Zhènxiǎoxué	事业单位	禄步镇大连村
圩头小学	Xūtóu Xiǎoxué	事业单位	禄步镇圩头村
平水小学	Píngshuǐ Xiǎoxué	事业单位	禄步镇平水村
隔岭小学	Gélǐng Xiǎoxué	事业单位	禄步镇隔岭村

(续上表)

标准名称	汉语拼音	地名类别	相对位置
双马学校	Shuāngmǎ Xuéxiào	事业单位	禄步镇双马村
桐槎小学	Tóngchá Xiǎoxué	事业单位	禄步镇桐槎村
镇南小学	Zhènnán Xiǎoxué	事业单位	禄步镇镇南村
岩口小学	Yánkǒu Xiǎoxué	事业单位	禄步镇岩口村
曲源学校	Qǔyuán Xuéxiào	事业单位	禄步镇螺村岗村
黄洲小学	Huángzhōu Xiǎoxué	事业单位	禄步镇黄洲村
白土小学	Báitǔ Xiǎoxué	事业单位	禄步镇白土一村
乐洞小学	Lèdòng Xiǎoxué	事业单位	禄步镇乐洞村
大榕小学	Dàróng Xiǎoxué	事业单位	禄步镇大榕村
北根小学	Běigēn Xiǎoxué	事业单位	禄步镇北根村
寻宝学校	Xúnbǎo Xuéxiào	事业单位	禄步镇将军村
外坑学校	Wàikēng Xuéxiào	事业单位	禄步镇外坑村
大中小学	Dàzhōng Xiǎoxué	事业单位	禄步镇樟路村
莲塘镇第二小学	Liántáng Zhèn Dì'èr Xiǎoxué	事业单位	莲塘镇镇安村
莲塘镇中心小学	Liántáng Zhèn Zhōngxīn Xiǎoxué	事业单位	莲塘镇围安村
莲塘镇初级中学	Liántángzhèn Chūjí Zhōngxué	事业单位	莲塘镇镇安村
万福小学	Wànfú Xiǎoxué	事业单位	莲塘镇上察村
罗勒小学	Luólè Xiǎoxué	事业单位	莲塘镇罗勒村
乐城镇中心小学	Lèchéng Zhèn Zhōngxīn Xiǎoxué	事业单位	乐城镇伍村
布浮小学	Bùfú Xiǎoxué	事业单位	乐城镇布浮村
社播小学	Shèbō Xiǎoxué	事业单位	乐城镇社播村
罗院小学	Luóyuàn Xiǎoxué	事业单位	乐城镇罗院村
乐城镇初级中学	Lèchéng Zhèn Chūjí Zhōngxué	事业单位	乐城镇布浮村
河社小学	Héshè Xiǎoxué	事业单位	乐城镇河社村
息源小学	Xīyuán Xiǎoxué	事业单位	乐城镇息源村
罗板小学	Luóbǎn Xiǎoxué	事业单位	乐城镇罗板村
金鸡小学	Jīnjī Xiǎoxué	事业单位	乐城镇金鸡村
领村小学	Lǐngcūn Xiǎoxué	事业单位	乐城镇领村村
罗带小学	Luódài Xiǎoxué	事业单位	乐城镇罗带村

(续上表)

标准名称	汉语拼音	地名类别	相对位置
洞源小学	Dòngyuán Xiǎoxué	事业单位	乐城镇洞源村
思可小学	Sīkě Xiǎoxué	事业单位	乐城镇思可村
银村小学	Yíncūn Xiǎoxué	事业单位	乐城镇银村
仙人坑小学	Xiānrénkēng Xiǎoxué	事业单位	乐城镇仙人坑村
金利中学	Jīnlì Zhōngxué	事业单位	金利镇珠江社区
金三小学	Jīnsān Xiǎoxué	事业单位	金利镇金三社区
金利镇中心小学	Jīnlì Zhèn Zhōngxīn Xiǎoxué	事业单位	金利镇金一社区
金利镇初级中学	Jīnlì Zhèn Chūjí Zhōngxué	事业单位	金利镇珠江社区
大塱小学	Dàlǎng Xiǎoxué	事业单位	金利镇罗新村
禄村学校	Lùcūn Xuéxiào	事业单位	金利镇禄村社区
振星学校	Zhènxīng Xuéxiào	事业单位	金利镇振星村
要古学校	Yàogǔ Xuéxiào	事业单位	金利镇三要村
褚国昌中心小学	Chǔguóchāng Zhōngxīn Xiǎoxué	事业单位	金渡镇金渡社区
金渡镇华侨初级中学	Jīndù Zhèn Huáqiáo Chūjí Zhōngxué	事业单位	金渡镇金渡社区
金渡镇第三中心小学	Jīndù Zhèn Dìsān Zhōngxīn Xiǎoxué	事业单位	金渡镇腰岗社区
金渡镇第二中心小学	Jīndù Zhèn Dì'èr Zhōngxīn Xiǎoxué	事业单位	金渡镇水边社区
蛟塘镇中心小学	Jiāotáng Zhèn Zhōngxīn Xiǎoxué	事业单位	蛟塘镇蛟塘村
蛟塘镇初级中学	Jiāotáng Zhèn Chūjí Zhōngxué	事业单位	蛟塘镇蛟塘村
洞口学校	Dòngkǒu Xuéxiào	事业单位	蛟塘镇洞口村
合山学校	Héshān Xuéxiào	事业单位	蛟塘镇合山村
赤坳小学	Chì'ào Xiǎoxué	事业单位	蛟塘镇赤坳村
云路学校	Yúnlù Xuéxiào	事业单位	蛟塘镇云路村
奕庆小学	Yìqìng Xiǎoxué	事业单位	蛟塘镇奕庆村
活道镇初级中学	Huódào Zhèn Chūjí Zhōngxué	事业单位	活道镇活道村
龙天禄学校	Lóngtiānlù Xuéxiào	事业单位	蛟塘镇禄栏村
横石学校	Héngshí Xuéxiào	事业单位	活道镇横石村
禾地咀学校	Hédìzuǐ Xuéxiào	事业单位	活道镇禾地咀村

（续上表）

标准名称	汉语拼音	地名类别	相对位置
活道镇中心小学	Huódào Zhèn Zhōngxīn Xiǎoxué	事业单位	活道镇活道村
大端学校	Dàduān Xuéxiào	事业单位	活道镇大端村
大姚村学校	Dàyáo Cūn Xuéxiào	事业单位	活道镇姚村
回龙镇初级中学	Huílóng Zhèn Chūjí Zhōngxué	事业单位	回龙镇政府驻地南部
侨光小学	Qiáoguāng Xiǎoxué	事业单位	回龙镇赤水塘村
光荣小学	Guāngróng Xiǎoxué	事业单位	回龙镇光荣村
刘村小学	Liúcūn Xiǎoxué	事业单位	回龙镇刘村
河台镇初级中学	Hétái Zhèn Chūjí Zhōngxué	事业单位	河台镇都权社区
河台镇第二小学	Hétái Zhèn Dì'èr Xiǎoxué	事业单位	河台镇罗建村
河台镇中心小学	Hétái Zhèn Zhōngxīn Xiǎoxué	事业单位	河台镇都权社区
河台镇广播电视站	Hétái Zhèn Guǎngbō Diànshìzhàn	事业单位	河台镇都权社区
尚德学校	Shàngdé Xuéxiào	事业单位	河台镇尚德村
廊源小学	Lángyuán Xiǎoxué	事业单位	河台镇廊源村
龙城小学	Lóngchéng Xiǎoxué	事业单位	河台镇龙城村
罗西小学	Luóxī Xiǎoxué	事业单位	河台镇罗西村
罗仁小学	Luórén Xiǎoxué	事业单位	河台镇罗仁村
三围村小学	Sānwéi Cūn Xiǎoxué	事业单位	河台镇三围村
大湾镇初级中学	Dàwān Zhèn Chūjí Zhōngxué	事业单位	大湾镇小唐村
大湾镇中心小学	Dàwān Zhèn Zhōngxīn Xiǎoxué	事业单位	大湾镇龙冲社区
禄岸小学	Lù'àn Xiǎoxué	事业单位	大湾镇禄岸村
大江洞容玲小学	Dàjiāngdòng Rónglíng Xiǎoxué	事业单位	大湾镇大江洞村
高第小学	Gāodì Xiǎoxué	事业单位	大湾镇高第村
朗第学校	Lǎngdì Xuéxiào	事业单位	大湾镇朗第村
金桂学校	Jīnguì Xuéxiào	事业单位	大湾镇金桂村
白诸镇中心小学	Báizhū Zhèn Zhōngxīn Xiǎoxué	事业单位	白诸镇廖甘社区
白诸镇初级中学	Báizhū Zhèn Chūjí Zhōngxué	事业单位	白诸镇廖甘社区
白沙小学	Báishā Xiǎoxué	事业单位	白诸镇白沙村

（续上表）

标准名称	汉语拼音	地名类别	相对位置
真理学校	Zhēnlǐ Xuéxiào	事业单位	活道镇上横江村
水口学校	Shuǐkǒu Xuéxiào	事业单位	活道镇水口村
马安学校	Mǎ'ān Xuéxiào	事业单位	白土镇马安村
冷水小学	Lěngshuǐ Xiǎoxué	事业单位	白土镇冷水一新村
宋隆中学	Sònglóng Zhōngxué	事业单位	白土镇圩镇
文德学校	Wéndé Xuéxiào	事业单位	新桥镇金库村
新桥镇卫生院	Xīnqiáo Zhèn Wèishēngyuàn	事业单位	新桥镇银江社区
小湘镇卫生院	Xiǎoxiāng Zhèn Wèishēngyuàn	事业单位	小湘镇联星社区
蚬岗镇卫生院	Xiǎngǎng Zhèn Wèishēngyuàn	事业单位	蚬岗镇蚬一村
水南镇卫生院	Shuǐnán Zhèn Wèishēngyuàn	事业单位	水南镇水南村
高要市慢性病防治站	Gāoyào Shì Mànxìngbìng Fángzhìzhàn	事业单位	南岸街道西区社区
高要市妇幼保健院	Gāoyào Shì Fùyòu Bǎojiànyuàn	事业单位	南岸街道西区社区
高要市疾病预防控制中心	Gāoyào Shì Jíbìng Yùfáng Kòngzhìzhōngxīn	事业单位	南岸街道西区社区
高要市中医院	Gāoyào Shì Zhōngyīyuàn	事业单位	南岸街道西区社区
禄步镇卫生院	Lùbù Zhèn Wèishēngyuàn	事业单位	禄步镇禄步村
莲塘镇卫生院	Liántáng Zhèn Wèishēngyuàn	事业单位	莲塘镇围安村
乐城镇卫生院	Lèchéng Zhèn Wèishēngyuàn	事业单位	乐城镇伍村
金利镇卫生院	Jīnlì Zhèn Wèishēngyuàn	事业单位	金利镇政府驻地西南部
金渡镇卫生院	Jīndù Zhèn Wèishēngyuàn	事业单位	金渡镇金渡社区
蛟塘镇卫生院	Jiāotáng Zhèn Wèishēngyuàn	事业单位	蛟塘镇蛟塘村
活道镇卫生院	Huódào Zhèn Wèishēngyuàn	事业单位	活道镇活道村
回龙镇卫生院	Huílóng Zhèn Wèishēngyuàn	事业单位	回龙镇政府驻地东北部
河台镇卫生院	Hétái Zhèn Wèishēngyuàn	事业单位	河台镇都权社区
大湾镇卫生院	Dàwān Zhèn Wèishēngyuàn	事业单位	大湾镇龙冲社区
白诸镇卫生院	Báizhū Zhèn Wèishēngyuàn	事业单位	白诸镇廖甘社区
白土镇卫生院	Báitǔ Zhèn Wèishēngyuàn	事业单位	白土镇中岗村
龙天禄小学	Lóngtiānlù Xiǎoxué	事业单位	蛟塘镇禄兰村
清大小学	Qīngdà Xiǎoxué	事业单位	回龙镇大井村

（续上表）

标准名称	汉语拼音	地名类别	相对位置
金龙高水库管理所	Jīnlónggāoshuǐkù Guǎnlǐsuǒ	事业单位	肇庆市高要市307乡道100米
肇庆护老颐养院	Zhàoqìng Hùlǎo Yíyǎngyuàn	事业单位	高要白土镇扶手坪
金龙低水库管理所	Jīnlóngdīshuǐkù Guǎnlǐsuǒ	事业单位	肇庆市高要市236乡道西100米
新桥公路管理站	Xīnqiáogōnglù Guǎnlǐzhàn	事业单位	新桥镇政府驻地西南部
杨梅水库管理所	Yángméishuǐkù Guǎnlǐsuǒ	事业单位	白诸镇政府驻地西北部
金利港务站金洲分站	Jīnlìgǎngwùzhàn Jīnzhōufēnzhàn	事业单位	金利镇政府驻地南部
金安围防汛四站	Jīn'ānwéi Fángxùnsìzhàn	事业单位	金利镇政府驻地东南部
肇庆中波转播站	Zhàoqìng Zhōngbō Zhuǎnbōzhàn	事业单位	金渡镇政府驻地西部
佳力田高果糖浆厂	Jiālìtián Gāoguǒ Tángjiāngchǎng	企业	水南镇坳兰村
飞亚实业有限公司	Fēiyà Shíyè Yǒuxiàngōngsī	企业	小湘镇联星社区
欣瑞联电子（肇庆）有限公司	Xīnruìlián Diànzǐ（Zhàoqìng）Yǒuxiàngōngsī	企业	小湘镇联星社区
广东省鸿泰科技股份有限公司	Guǎngdōng Shěng Hóngtài Kējì Gǔfènyǒuxiàngōngsī	企业	南岸街道科德社区
恒骏电器有限公司	Héngjùn Diànqì Yǒuxiàngōngsī	企业	南岸街道科德社区
高要市一统服饰有限公司	Gāoyào Shì Yītǒng Fúshì Yǒuxiàngōngsī	企业	南岸街道科德社区
永大金属有限公司	Yǒngdà Jīnshǔ Yǒuxiàngōngsī	企业	南岸街道新江二村
哈伊马角（高要）陶瓷有限公司	Hāyīmǎjiǎo（Gāoyào）Táocí Yǒuxiàngōngsī	企业	南岸街道新江二村
佳利印染有限公司	Jiālì Yìnrǎn Yǒuxiàngōngsī	企业	莲塘镇上寮村
南虹化工有限公司	Nánhóng Huàgōng Yǒuxiàngōngsī	企业	莲塘镇荔枝村
曼皮克皮业有限公司	Mànpíkè Píyè Yǒuxiàngōngsī	企业	乐城镇银村村
添林实业有限公司	Tiānlín Shíyè Yǒuxiàngōngsī	企业	金渡镇冲口社区
昆琪五金制品有限公司	Kūnqí Wǔjīnzhìpǐn Yǒuxiàngōngsī	企业	金渡镇五股社区
川越运动工业（肇庆）有限公司	Chuānyuè Yùndònggōngyè（Zhàoqìng）Yǒuxiàngōngsī	企业	金渡镇五股社区
金瑞强工业有限公司	Jīnruìqiáng Gōngyè Yǒuxiàngōngsī	企业	金渡镇五股社区

（续上表）

标准名称	汉语拼音	地名类别	相对位置
广东鸿图科技股份有限公司	Guǎngdōng Hóngtú Kējì Gǔfènyǒuxiàngōngsī	企业	金渡镇西头社区
广东鸿劲金属铝业有限公司	Guǎngdōng Hóngjìn Jīnshǔlǚyè Yǒuxiàngōngsī	企业	金渡镇西头社区
肇庆肯的乐玩具糖果有限公司	Zhàoqìng Kěndelè Wánjù Tángguǒ Yǒuxiàngōngsī	企业	金渡镇金渡社区
捷富五金企业有限公司	Jiéfù Wǔjīn Qǐyè Yǒuxiàngōngsī	企业	金渡镇金渡社区
捷胜五金企业有限公司	Jiéshèng Wǔjīn Qǐyè Yǒuxiàngōngsī	企业	金渡镇金渡社区
宏志达农副产品有限公司	Hóngzhìdá Nóngfùchǎnpǐn Yǒuxiàngōngsī	企业	莲塘镇镇安村
兴盛皮革有限公司	Xīngshèng Pígé Yǒuxiàngōngsī	企业	莲塘镇坳边村
信基环保塑胶制品有限公司	Xìnjī Huánbǎosùjiāozhìpǐn Yǒuxiàngōngsī	企业	活道镇东横江村
肇庆永生酒业有限公司	Zhàoqìng Yǒngshēng Jiǔyè Yǒuxiàngōngsī	企业	活道镇活道村
喜鹊新型建材有限公司	Xǐquè Xīnxíngjiàncái Yǒuxiàngōngsī	企业	活道镇塘坑村
东方花岗岩石材厂	Dōngfāng Huāgāngèyán Shícái Chǎng	企业	活道镇仙洞村与新迳村
振雄纺织有限公司	Zhènxióng Fǎngzhī Yǒuxiàngōngsī	企业	活道镇鳌头村
高要市新时代陶瓷有限公司	Gāoyào Shì Xīnshídài Táocí Yǒuxiàngōngsī	企业	白土镇南岗村
宏润陶瓷有限公司	Hóngrùn Táocí Yǒuxiàngōngsī	企业	白土镇南岗村
广东省陶一郎陶瓷有限公司	Guǎngdōng Shěng Táoyīláng Táocí Yǒuxiàngōngsī	企业	白土镇南岗村
力禾机械有限公司	Lìhé Jīxiè Yǒuxiàngōngsī	企业	白土镇东岸村
高要市业成塑料有限公司	Gāoyào Shì Yèchéng Sùliào Yǒuxiàngōngsī	企业	白土镇东岸村
顺胜陶瓷有限公司	Shùnshèng Táocí Yǒuxiàngōngsī	企业	白土镇沿塱村
高要市广南气体有限公司	Gāoyào Shì Guǎngnán Qìtǐ Yǒuxiàngōngsī	企业	蛟塘镇禄栏村
金顺饲料有限公司	Jīnshùn Sìliào Yǒuxiàngōngsī	企业	蛟塘镇竹围村

（续上表）

标准名称	汉语拼音	地名类别	相对位置
肇庆市欧陶新型材料有限公司	Zhàoqìng Shì Ōutáo Xīnxíngcáiliào Yǒuxiàngōngsī	企业	蛟塘镇塱下村
高要市伟业金属塑料制品有限公司	Gāoyào Shì Wěiyè Jīnshǔ sùliàozhìpǐn Yǒuxiàngōngsī	企业	蛟塘镇蛟塘村
太尔胶粘剂（广东）有限公司	Tài'ěr Jiāozhānjì（Guǎngdōng）Yǒuxiàngōngsī	企业	金利镇珠江社区
金岗水泥有限公司	Jīngǎng Shuǐní Yǒuxiàngōngsī	企业	金利镇金洲村
坚利五金制品有限公司	Jiānlì Wǔjīnzhìpǐn Yǒuxiàngōngsī	企业	金利镇小塱社区
金利镇祥兴金属制品有限公司	Jīnlì Zhèn Xiángxīng Jīnshǔzhìpǐn Yǒuxiàngōngsī	企业	金利镇金利社区
金箭不锈钢制品有限公司	Jīnjiàn Búxiùgāngzhìpǐn Yǒuxiàngōngsī	企业	金利镇显茅村
肇庆市华良金属精饰制品有限公司	Zhàoqìng Shì Huáliáng Jīnshǔ jīngshìzhìpǐn Yǒuxiàngōngsī	企业	金利镇小塱社区
开达五金装饰有限公司	Kāidá Wǔjīnzhuāngshì Yǒuxiàngōngsī	企业	金利镇显茅村
高要市恒基化工有限公司	Gāoyào Shì Héngjī Huàgōng Yǒuxiàngōngsī	企业	禄步镇禄镇围村
广东萨米特陶瓷有限公司	Guǎngdōng Sàmìtè Táocí Yǒuxiàngōngsī	企业	禄步镇白土一村
肇庆万隆纸业有限公司	Zhàoqìng Wànlóng Zhǐyè Yǒuxiàngōngsī	企业	蚬岗镇蚬一村
永骏不锈钢有限公司	Yǒngjùn Búxiùgāng yǒuxiàngōngsī	企业	蚬岗镇蚬一村
高要市枥兴工贸有限公司	Gāoyào Shì Lìxīng Gōngmào Yǒuxiàngōngsī	企业	蚬岗镇蚬一村
高要市鑫祥不锈钢制品有限公司	Gāoyào Shì Xīnxiáng Búxiùgāngzhìpǐn Yǒuxiàngōngsī	企业	蚬岗镇蚬一村
高要市利燐五金铸件制品厂	Gāoyào Shì Lìlín Wǔjīnzhùjiànzhìpǐnchǎng	企业	蚬岗镇蚬一村
联发砖厂	Liánfā Zhuānchǎng	企业	高要市白土镇大旗村
振业水产冷冻有限公司	Zhèn yèshuǐchǎnlěngdòng Yǒuxiàngōngsī	企业	高要市回龙镇清湖村815县道旁
希顺高分子材料厂	Xīshùn Gāofènzǐcáiliàochǎng	企业	蛟塘镇新塘水口肇江公路北100米

（续上表）

标准名称	汉语拼音	地名类别	相对位置
圣莎拉制衣发展有限公司	Shèngshālā Zhìyīfāzhǎn Yǒuxiàngōngsī	企业	高要市新桥镇金桥工业区
球欣礼品有限公司	Qiúxīn Lǐpǐn Yǒuxiàngōngsī	企业	高要市新桥镇布塘村
达成金属塑料制品有限公司	Dáchéng Jīnshǔsùliàozhìpǐn Yǒuxiàngōngsī	企业	白诸镇政府驻地东部
佛威精密机器有限公司	Fówēi Jīngmìjīqì Yǒuxiàngōngsī	企业	白土镇政府驻地东南部
鸿升纤维工业有限公司	Hóngshēng Xiānwéigōngyè Yǒuxiàngōngsī	企业	蛟塘镇政府驻地北部

（十）陆地水系类

1. 河流

标准名称	汉语拼音	地名类别	相对位置	发源地	所在（跨）行政区
白诸水	Báizhūshuǐ	河流	高要市西南部	云浮市云安县	白诸镇、新桥镇
大端水	Dàduānshuǐ	河流	高要市南部	活道镇	活道镇
大迳河	Dàjìng Hé	河流	高要市西北部	高要、德庆、广宁三县交界处	河台镇、乐城镇、禄步镇、水南镇、小湘镇
大榕水	Dàróngshuǐ	河流	高要市西部	禄步镇	禄步镇
大湾水	Dàwānshuǐ	河流	高要市西南部	大湾镇	大湾镇
大湘水	Dàxiāngshuǐ	河流	高要市西北部	小湘镇	小湘镇
横江河	Héngjiāng Hé	河流	高要市南部	活道镇	活道镇
莲塘水	Liántángshuǐ	河流	高要市中南部	莲塘镇	活道镇、莲塘镇、南岸街道
刘村水	Liúcūnshuǐ	河流	高要市东部	回龙镇	白土镇、回龙镇、金利镇
双金河	Shuāngjīn Hé	河流	高要市东部	蚬岗镇	白土镇、金渡镇、金利镇、蚬岗镇
宋隆水	Sònglóngshuǐ	河流	高要市中东部	荔枝山	白土镇、回龙镇、蛟塘镇、金渡镇
笋洞水	Sǔndòngshuǐ	河流	高要市西部	小湘镇	小湘镇
西江	Xī Jiāng	河流	高要市中部	云南省曲靖市沾益马雄山	大湾镇、金渡镇、金利镇、禄步镇、南岸街道、小湘镇

(续上表)

标准名称	汉语拼音	地名类别	相对位置	发源地	所在（跨）行政区
金利西围水	Jīnlì Xīwéishuǐ	河流	高要市东部	蚬岗镇	金利镇、蚬岗镇
小湘水	Xiǎoxiāngshuǐ	河流	高要市西北部	小湘镇	小湘镇
新兴江	Xīnxìng Jiāng	河流	高要市中部	恩平县天露山	白诸镇、活道镇、莲塘镇、南岸街道、新桥镇
杨梅水	Yángméishuǐ	河流	高要市中南部	白诸镇	白诸镇、南岸街道、新桥镇
云路水	Yúnlùshuǐ	河流	高要市中部	云路村	白土镇、蛟塘镇、莲塘镇
龙源水	Lóngyuánshuǐ	河流	高要市北部	坑口村	水南镇

2. 峡谷

标准名称	汉语拼音	地名类别	相对位置	所在（跨）行政区
大鼎峡	Dàdǐng Xiá	峡谷	肇庆市区西南部	大湾镇
三榕峡	Sānróng Xiá	峡谷	肇庆市区西部	大湾镇
羚羊峡	Língyáng Xiá	峡谷	高要市东部偏北	金渡镇

（十一）陆地地形类

标准名称	汉语拼音	别名	地名类别	相对位置	所在（跨）行政区
樟坑	Zhāngkēng	——	山谷、谷地	禄步镇西南部	禄步镇
牛栏坑	Niúlán Kēng	——	山谷、谷地	禄步镇西北部	禄步镇
大坪坑	Dàpíng Kēng	——	山谷、谷地	禄步镇北部	禄步镇
中华坑	Zhōnghuá Kēng	——	山谷、谷地	禄步镇北部	禄步镇
头坑	Tóukēng	——	山谷、谷地	禄步镇北部	禄步镇
蕉坑	Jiāokēng	——	山谷、谷地	禄步镇北部	禄步镇

（续上表）

标准名称	汉语拼音	别名	地名类别	相对位置	所在（跨）行政区
小坑	Xiǎokēng	——	山谷、谷地	禄步镇西部	禄步镇
蛇坑	Shékēng	——	山谷、谷地	禄步镇西北部	禄步镇
大榄坑	Dàlǎn Kēng	——	山谷、谷地	禄步镇西北部	禄步镇
黄榄坑	Huánglǎn Kēng	——	山谷、谷地	禄步镇东北部	禄步镇
芝麻坑	Zhīmá Kēng	——	山谷、谷地	禄步镇东北部	禄步镇
龙船坑	Lóngchuán Kēng	——	山谷、谷地	禄步镇西北部	禄步镇
大冬瓜坑	Dàdōngguā Kēng	——	山谷、谷地	禄步镇东北部	禄步镇
三坑	Sānkēng	——	山谷、谷地	禄步镇西部	禄步镇
苏坑	Sūkēng	——	山谷、谷地	金渡镇政府驻地东部	金渡镇
三娘坑	Sānniáng Kēng	——	山谷、谷地	金渡镇政府驻地东部	金渡镇
西坑	Xīkēng	——	山谷、谷地	金渡镇政府驻地东北部	金渡镇
区坑尾	Qūkēngwěi	——	山谷、谷地	乐城镇西南边部	乐城镇
到降坑	Dàojiàng Kēng	——	山谷、谷地	乐城镇东南部	乐城镇
塘坑	Tángkēng	——	山谷、谷地	水南镇北部	水南镇
板坑	Bǎnkēng	——	山谷、谷地	小湘镇政府驻地北部	小湘镇
大坑	Dàkēng	——	山谷、谷地	小湘镇驻地南部	小湘镇
冲坑尾顶	Chōngkēngwěi Dǐng	——	山峰	河台镇西北部	河台镇
白策顶	Báicè Dǐng	——	山峰	河台镇西北部	河台镇
山百坑顶	Shānbǎikēng Dǐng	——	山峰	河台镇西北部	河台镇
大顶头	Dàdǐngtóu	——	山峰	河台镇西北部	河台镇

（续上表）

标准名称	汉语拼音	别名	地名类别	相对位置	所在（跨）行政区
大降头顶	Dàjiàngtóu Dǐng	——	山峰	河台镇西北部	河台镇
大坑顶	Dàkēng Dǐng	——	山峰	禄步镇政府驻地西南部	禄步镇
双尖顶	Shuāngjiān Dǐng	——	山峰	禄步镇政府驻地西南部	禄步镇
南杀顶	Nánshā Dǐng	——	山峰	蛟塘镇东部	蛟塘镇
了顶岗顶	Lēdǐnggǎng Dǐng	——	山峰	禄步镇政府驻地东南部	禄步镇
西陀坑尾山顶	Xītuókēngwěi Shāndǐng	——	山峰	禄步镇政府驻地北部	禄步镇
金盘载玉	Jīnpánzǎiyù	——	山	禄步镇东南部	禄步镇
榄树顶	Lǎnshù Dǐng	——	山	禄步镇东南部	禄步镇
桃仔山	Táozǎi Shān	——	山	乐城镇西南部	乐城镇
天山	Tiānshān	——	山	乐城镇政府驻地北部	乐城镇
大塘山	Dàtáng Shān	——	山	乐城镇南部	乐城镇
河柱崀	Hézhùlàng	——	山	乐城镇西部	乐城镇
下丫山	Xiàyā Shān	——	山	乐城镇南部	乐城镇
庙山	Miàoshān	——	山	乐城镇东南部	乐城镇
老虎头	Lǎohǔtóu	——	山	乐城镇东部	乐城镇
伯公岭	Bógōng Lǐng	——	山	乐城镇南部	乐城镇
勤七山	Qínqī Shān	——	山	乐城镇西部	乐城镇
岗根山	Gǎnggēn Shān	——	山	乐城镇西南部	乐城镇
南蛇塘山	Nánshétáng Shān	——	山	乐城镇南部	乐城镇
鸡㗝山	Jīnǎ Shān	——	山	乐城镇南部	乐城镇
松坑尾	Sōngkēngwěi	——	山	乐城镇西北部	乐城镇
洞源村屋背岭	Dòngyuáncūn Wūbèi Lǐng	——	山	乐城镇东部	乐城镇
飞鹅咀	Fēi'ézuǐ	——	山	乐城镇北部	乐城镇
亚婆耳	Yàpó'ěr	——	山	乐城镇东南部	乐城镇
九坑屋背山	Jiǔkēngwūbèi Shān	——	山	乐城镇东南部	乐城镇
包洞山	Bāodòng Shān	——	山	乐城镇南部	乐城镇
麻林头山	Málíntóu Shān	——	山	乐城镇南部	乐城镇
丁烧坪	Dīngshāo Píng	——	山	乐城镇南部	乐城镇

（续上表）

标准名称	汉语拼音	别名	地名类别	相对位置	所在(跨)行政区
木鱼头	Mùyútóu	——	山	乐城镇南部	乐城镇
银村后龙岭	Yíncūn Hòulóng Lǐng	——	山	乐城镇南部	乐城镇
狗恋岗	Gǒuliàn Gǎng	——	山	乐城镇北部	乐城镇
苦丫根	Kǔyāgēn	——	山	乐城镇东南部	乐城镇
大枫山	Dàfēng Shān	——	山	乐城镇南部	乐城镇
松崩下山	Sōngbēngxià Shān	——	山	乐城镇东部	乐城镇
白九山背后山	Báijiǔshān Bèihòu Shān	——	山	乐城镇东南部	乐城镇
黄竹根	Huángzhúgēn	——	山	乐城镇南部	乐城镇
龙元顶	Lóngyuán Dǐng	——	山	乐城镇东南部	乐城镇
大塘岭	Dàtáng Lǐng	——	山	乐城镇南部	乐城镇
红泥山	Hóngní Shān	——	山	乐城镇东南部	乐城镇
九坑口山	Jiǔkēngkǒu Shān	——	山	乐城镇南部	乐城镇
湴丫山	Bànyā Shān	——	山	乐城镇南部	乐城镇
背底塘山	Bèidǐtáng Shān	——	山	乐城镇南部	乐城镇
崩山	Bēngshān	——	山	乐城镇东南部	乐城镇
猪水盘	Zhūshuǐpán	——	山	乐城镇南部	乐城镇
下沉劳	Xiàchénláo	——	山	乐城镇东部	乐城镇
离更山	Lígèng Shān	——	山	乐城镇南部	乐城镇
下双灿	Xiàshuāngcàn	——	山	乐城镇西北部	乐城镇
罗幼山	Luóyòu Shān	——	山	乐城镇东部	乐城镇
白花仔	Báihuāzǎi	——	山	乐城镇南部	乐城镇
沉柳山	Chénliǔ Shān	——	山	乐城镇南部	乐城镇
长杏岭	Chángxìng Lǐng	——	山	乐城镇东部	乐城镇
长丫山	Chángyā Shān	——	山	乐城镇南部	乐城镇
下桂山	Xiàguì Shān	——	山	乐城镇东北部	乐城镇
罗纯屋背山	Luóchún Wūbèi Shān	——	山	乐城镇南部	乐城镇
多浮山	Duōfú Shān	——	山	乐城镇东部	乐城镇

（续上表）

标准名称	汉语拼音	别名	地名类别	相对位置	所在(跨)行政区
波河背后岭	Bōhé Bèihòu Lǐng	——	山	乐城镇北部	乐城镇
多富吉	Duōfùjí	——	山	乐城镇东南部	乐城镇
花生地山	Huāshēngdì Shān	——	山	乐城镇东南部	乐城镇
上沉劳	Shàngchénláo	——	山	乐城镇东部	乐城镇
蜈蚣山	Wúgōng Shān	——	山	乐城镇东北部	乐城镇
沉山	Chénshān	——	山	乐城镇南部	乐城镇
化仔口	Huàzǎikǒu	——	山	乐城镇北部	乐城镇
庙后岭	Miàohòu Lǐng	——	山	乐城镇西北部	乐城镇
石庙山	Shímiào Shān	——	山	乐城镇北部	乐城镇
川坑塘	Chuānkēng Táng	——	山	乐城镇东部	乐城镇
干秀岭	Gànxiù Lǐng	——	山	乐城镇东部	乐城镇
思可迳山	Sīkějìng Shān	——	山	乐城镇南部	乐城镇
深塘山	Shēntáng Shān	——	山	乐城镇南部	乐城镇
盲公山	Mánggōng Shān	——	山	乐城镇北部	乐城镇
南蛇头	Nánshétóu	——	山	乐城镇北部	乐城镇
罗纯对面山	Luóchún Duìmiàn Shān	——	山	乐城镇南部	乐城镇
沉金山	Chénjīn Shān	——	山	乐城镇东部	乐城镇
简头山	Jiǎntóu Shān	——	山	乐城镇北部	乐城镇
粉头山	Fěntóu Shān	——	山	乐城镇北部	乐城镇
及步坑山	Jíbùkēng Shān	——	山	乐城镇东部	乐城镇
没干塘山	Méigàntáng Shān	——	山	乐城镇东南部	乐城镇
九坑禾地凹	Jiǔkēng Hédì Āo	——	山	乐城镇南部	乐城镇
西牛顶	Xīniú Dǐng	——	山	乐城镇南部	乐城镇
双氹坑山	Shuāngdàngkēng Shān	——	山	乐城镇东南部	乐城镇
前坑山	Qiánkēng Shān	——	山	乐城镇南部	乐城镇
西丫山	Xīyā Shān	——	山	乐城镇东部	乐城镇
旱坑山	Hànkēng Shān	——	山	乐城镇东部	乐城镇
多坊坑山	Duōfāngkēng Shān	——	山	乐城镇东部	乐城镇

（续上表）

标准名称	汉语拼音	别名	地名类别	相对位置	所在(跨)行政区
黄牛头	Huángniútóu	——	山	乐城镇北部	乐城镇
福洞背后山	Fúdòng Bèihòu Shān	——	山	乐城镇北部	乐城镇
营头岗	Yíngtóu Gǎng	——	山	乐城镇北部	乐城镇
松岭头	Sōnglǐngtóu	——	山	乐城镇北部	乐城镇
下角背岭	Xiàjiǎobèi Lǐng	——	山	乐城镇南部	乐城镇
坑汉山	Kēnghàn Shān	——	山	乐城镇南部	乐城镇
坟前山	Fénqián Shān	——	山	乐城镇东部	乐城镇
氹坑山	Dàngkēng Shān	——	山	乐城镇北部	乐城镇
沉豆山	Chéndòu Shān	——	山	乐城镇北部	乐城镇
田仔山	Tiánzǎi Shān	——	山	乐城镇东部	乐城镇
赖古塘山	Làigǔ Táng Shān	——	山	乐城镇东南部	乐城镇
下环屋背岭	Xiàhuán Wūbèi Lǐng	——	山	乐城镇南部	乐城镇
乌竹顶	Wūzhú Dǐng	——	山	乐城镇西南部	乐城镇
沉官坑山	Chénguānkēng Shān	——	山	乐城镇北部	乐城镇
大竹山	Dàzhú Shān	——	山	乐城镇北部	乐城镇
文笔山	Wénbǐ Shān	——	山	乐城镇东南部	乐城镇
沉豆尾	Chéndòuwěi	——	山	乐城镇东部	乐城镇
三角坪	Sānjiǎo Píng	——	山	乐城镇南部	乐城镇
福松岗	Fúsōng Gǎng	——	山	乐城镇北部	乐城镇
河膳塘	Héshàn Táng	——	山	乐城镇北部	乐城镇
岭仔山	Lǐngzǎi Shān	——	山	乐城镇北部	乐城镇
七星岗	Qīxīng Gǎng	——	山	乐城镇北部	乐城镇
石峡山	Shíxiá Shān	——	山	乐城镇南部	乐城镇
冬青降山	Dōngqīngjiàng Shān	——	山	乐城镇东部	乐城镇
新开田	Xīnkāitián	——	山	乐城镇北部	乐城镇
庙坑山	Miàokēng Shān	——	山	乐城镇南部	乐城镇
苦竹崀对面山	Kǔzhúlàng Duìmiàn Shān	——	山	乐城镇南部	乐城镇
波云坑山	Bōyúnkēng Shān	——	山	乐城镇东部	乐城镇

（续上表）

标准名称	汉语拼音	别名	地名类别	相对位置	所在(跨)行政区
双底坑口	Shuāngdǐ Kēngkǒu	——	山	乐城镇北部	乐城镇
岭坪	Lǐngpíng	——	山	乐城镇北部	乐城镇
乌龟山	Wūguī Shān	——	山	乐城镇北部	乐城镇
对面山	Duìmiàn Shān	——	山	乐城镇东南部	乐城镇
铁墩头	Tiědūntóu	——	山	乐城镇北部	乐城镇
板桥坑山	Bǎnqiáokēng Shān	——	山	乐城镇南部	乐城镇
煌炭窝山	Huángtànwō Shān	——	山	乐城镇北部	乐城镇
岑山塘后背岭	Cénshāntáng Hòubèi Lǐng	——	山	乐城镇北部	乐城镇
花生坪	Huāshēngpíng	——	山	乐城镇南部	乐城镇
坑口屋背山	Kēngkǒu Wūbèi Shān	——	山	乐城镇南部	乐城镇
狮子岭	Shīzǐ Lǐng	——	山	乐城镇北部	乐城镇
沉秋山	Chénqiū Shān	——	山	乐城镇北部	乐城镇
油房山	Yóufáng Shān	——	山	乐城镇北部	乐城镇
沉问山	Chénwèn Shān	——	山	乐城镇北部	乐城镇
大崩崀	Dàbēnglàng	——	山	乐城镇南部	乐城镇
飞鹅顶	Fēi'é Dǐng	——	山	乐城镇南部	乐城镇
沉砧山	Chénzhēn Shān	——	山	乐城镇西北部	乐城镇
多匘山	Duōnáng Shān	——	山	乐城镇东部	乐城镇
大坪大碑	Dàpíngdàbēi	——	山	乐城镇西北部	乐城镇
潭问山	Tánwèn Shān	——	山	乐城镇北部	乐城镇
双窿山	Shuānglóng Shān	——	山	乐城镇南部	乐城镇
大塘山	Dàtáng Shān	——	山	乐城镇南部	乐城镇
白虎头	Báihǔtóu	——	山	乐城镇南部	乐城镇
沉蚬山	Chénxiǎn Shān	——	山	乐城镇东部	乐城镇
座荫松	Zuòyīnsōng	——	山	乐城镇北部	乐城镇
高朗路上	Gāolǎnglùshàng	——	山	乐城镇北部	乐城镇
狐狸尾山	Húlíwěi Shān	——	山	乐城镇北部	乐城镇
金竹坑山	Jīnzhúkēng Shān	——	山	乐城镇南部	乐城镇

（续上表）

标准名称	汉语拼音	别名	地名类别	相对位置	所在(跨)行政区
茅岗	Máogǎng	——	山	乐城镇南部	乐城镇
大便崀	Dàbiànlàng	——	山	乐城镇南部	乐城镇
大岭岗	Dàlǐng Gǎng	——	山	乐城镇南部	乐城镇
双窿尾	Shuānglóngwěi	——	山	乐城镇西南部	乐城镇
大坑侧	Dàkēngcè	——	山	乐城镇北部	乐城镇
旱丫	Hànyā	——	山	乐城镇南部	乐城镇
林管坑	Línguǎn Kēng	——	山	乐城镇北部	乐城镇
横坑山	Héngkēng Shān	——	山	乐城镇西部	乐城镇
岗猪仔	Gǎngzhūzǎi	——	山	乐城镇东北部	乐城镇
上屋坪	Shàngwū Píng	——	山	乐城镇东北部	乐城镇
菠萝山	Bōluó Shān	——	山	乐城镇东北部	乐城镇
坑尾屋背山	Kēngwěi Wūbèi Shān	——	山	乐城镇西南部	乐城镇
崩塘凹	Bēngtáng Āo	——	山	乐城镇北部	乐城镇
环磅路山	Huánpánglù Shān	——	山	乐城镇北部	乐城镇
佛仔坪	Fózǎi Píng	——	山	乐城镇北部	乐城镇
和尚山	Héshàng Shān	——	山	乐城镇东北部	乐城镇
贼佬洞	Zéilǎo Dòng	——	山	乐城镇西南部	乐城镇
大排	Dàpái	——	山	乐城镇南部	乐城镇
上双灿	Shàngshuāngcàn	——	山	乐城镇西北部	乐城镇
高牌山	Gāopái Shān	——	山	乐城镇东部	乐城镇
罗冲新村屋背岭	Luóchōngxīncūn Wūbèi Lǐng	——	山	乐城镇东北部	乐城镇
对门山	Duìmén Shān	——	山	乐城镇北部	乐城镇
半坑山	Bànkēng Shān	——	山	乐城镇南部	乐城镇
上桂山	Shàngguì Shān	——	山	乐城镇东北部	乐城镇
冬瓜坪	Dōngguā Píng	——	山	乐城镇西南部	乐城镇
围壕山	Wéiháo Shān	——	山	乐城镇北部	乐城镇
山楂根	Shānzhāgēn	——	山	乐城镇北部	乐城镇
杉坑顶	Shānkēng Dǐng	——	山	乐城镇南部	乐城镇

（续上表）

标准名称	汉语拼音	别名	地名类别	相对位置	所在(跨)行政区
云坑磅	Yúnkēngpáng	—	山	乐城镇南部	乐城镇
云冲山	Yúnchōng Shān	—	山	乐城镇东北部	乐城镇
河难顶	Hénán Dǐng	—	山	乐城镇北部	乐城镇
旱塘山	Hàntáng Shān	—	山	乐城镇东部	乐城镇
车对门山	Chēduìmén Shān	—	山	乐城镇东北部	乐城镇
大尾山	Dàwěi Shān	—	山	乐城镇北部	乐城镇
罗梳坑口山	Luóshū Kēngkǒu Shān	—	山	乐城镇东北部	乐城镇
马头岗	Mǎtóu Gǎng	—	山	乐城镇东部	乐城镇
大树坪	Dàshù Píng	—	山	乐城镇北部	乐城镇
麻坑山	Mákēng Shān	—	山	乐城镇北部	乐城镇
岭坪头山	Lǐngpíngtóu Shān	—	山	乐城镇北部	乐城镇
斩鬼丫	Zhǎnguǐyā	—	山	乐城镇东部	乐城镇
猪岭崩	Zhūlǐngbēng	—	山	乐城镇东部	乐城镇
油金便	Yóujīnbiàn	—	山	乐城镇北部	乐城镇
云冲岭	Yúnchōng Lǐng	—	山	乐城镇东北部	乐城镇
猫依坑山	Māoyīkēng Shān	—	山	乐城镇北部	乐城镇
松岗侧	Sōnggǎngcè	—	山	乐城镇北部	乐城镇
雄岭	Xióng Lǐng	—	山	乐城镇北部	乐城镇
担水坑山	Dānshuǐkēng Shān	—	山	乐城镇东北部	乐城镇
抽风丫	Chōufēngyā	—	山	乐城镇东北部	乐城镇
黄岗佬	Huánggǎnglǎo	—	山	乐城镇北部	乐城镇
正永山	Zhèngyǒng Shān	—	山	乐城镇北部	乐城镇
山猪斗	Shānzhūdǒu	—	山	乐城镇南部	乐城镇
勤里山	Qínlǐ Shān	—	山	乐城镇东北部	乐城镇
长坑山	Chángkēng Shān	—	山	乐城镇北部	乐城镇
大迳路	Dàjìnglù	—	山	乐城镇西南部	乐城镇
云坑大竹阁	Yúnkēng Dàzhúgé	—	山	乐城镇南部	乐城镇
岜仔背	Làngzǎibèi	—	山	乐城镇北部	乐城镇

（续上表）

标准名称	汉语拼音	别名	地名类别	相对位置	所在(跨)行政区
高山崩	Gāoshānbēng	——	山	乐城镇北部	乐城镇
珠仔岗	Zhūzǎi Gǎng	——	山	乐城镇东部	乐城镇
下路山	Xiàlù Shān	——	山	乐城镇南部	乐城镇
白纸扇	Báizhǐshàn	——	山	乐城镇北部	乐城镇
项鬼尾	Xiàngguǐwěi	——	山	乐城镇北部	乐城镇
神福崀山	Shénfúlàng Shān	——	山	乐城镇北部	乐城镇
松崩山	Sōngbēng Shān	——	山	乐城镇西南部	乐城镇
南坑屋背岭	Nánkēng Wūbèi Lǐng	——	山	乐城镇东部	乐城镇
半坑高排	Bànkēnggāopái	——	山	乐城镇南部	乐城镇
正大尾	Zhèngdàwěi	——	山	乐城镇东北部	乐城镇
下八塘	Xiàbā Táng	——	山	乐城镇北部	乐城镇
焦氹	Jiāodàng	——	山	乐城镇北部	乐城镇
田羊尾	Tiányángwěi	——	山	乐城镇北部	乐城镇
大坪顶	Dàpíng Dǐng	——	山	乐城镇东北部	乐城镇
罗尿坑山	Luóniàokēng Shān	——	山	乐城镇东北部	乐城镇
云潭口山	Yúntánkǒu Shān	——	山	乐城镇东北部	乐城镇
榄坑半岭	Lǎnkēngbàn Lǐng	——	山	乐城镇北部	乐城镇
文先崩	Wénxiānbēng	——	山	乐城镇东北部	乐城镇
云冲坑塘尾	Yúnchōngkēng Tángwěi	——	山	乐城镇东部	乐城镇
正尾山	Zhèngwěi Shān	——	山	乐城镇南部	乐城镇
横丫山	Héngyā Shān	——	山	乐城镇东部	乐城镇
文先岗	Wénxiān Gǎng	——	山	乐城镇东北部	乐城镇
坳仔山	Àozǎi Shān	——	山	乐城镇北部	乐城镇
多蛇顶	Duōshé Dǐng	——	山	乐城镇东北部	乐城镇
担水坑山	Dānshuǐkēng Shān	——	山	乐城镇南部	乐城镇
牛头岭	Niútóu Lǐng	——	山	乐城镇东北部	乐城镇
石达山	Shídá Shān	——	山	乐城镇东北部	乐城镇
麒麟塘岭	Qílíntáng Lǐng	——	山	乐城镇东部	乐城镇

（续上表）

标准名称	汉语拼音	别名	地名类别	相对位置	所在(跨)行政区
石壁科顶	Shíbìkē Dǐng	——	山	乐城镇东北部	乐城镇
围壕顶	Wéiháo Dǐng	——	山	乐城镇西南部	乐城镇
油山岭	Yóushān Lǐng	——	山	乐城镇东北部	乐城镇
大崩	Dàbēng	——	山	乐城镇北部	乐城镇
蕉根岭顶	Jiāogēnlǐng Dǐng	——	山	乐城镇北部	乐城镇
南坑罗蚊	Nánkēngluówén	——	山	乐城镇东部	乐城镇
桐油窝	Tóngyóuwō	——	山	乐城镇东北部	乐城镇
竹篙围山	Zhúgāowéi Shān	——	山	乐城镇北部	乐城镇
黄牛头	Huángniútóu	——	山	乐城镇西南部	乐城镇
大平顶	Dàpíng Dǐng	——	山	乐城镇西南部	乐城镇
坑十顶	Kēngshí Dǐng	——	山	乐城镇南部	乐城镇
过江龙	Guòjiānglóng	——	山	乐城镇东部	乐城镇
大化山	Dàhuà Shān	——	山	乐城镇北部	乐城镇
石崩山	Shíbēng Shān	——	山	乐城镇北部	乐城镇
盘龙顶	Pánlóng Dǐng	——	山	乐城镇东北部	乐城镇
坑仔岭	Kēngzǎi Lǐng	——	山	乐城镇北部	乐城镇
石龟塘	Shíguī Táng	——	山	乐城镇北部	乐城镇
马鞍山	Mǎ'ān Shān	——	山	乐城镇北部	乐城镇
大竹坑脚	Dàzhú Kēngjiǎo	——	山	乐城镇东北部	乐城镇
鸡龙顶	Jīlóng Dǐng	——	山	乐城镇北部	乐城镇
大围岭	Dàwéi Lǐng	——	山	乐城镇东部	乐城镇
岗乱侧	Gǎngluàncè	——	山	乐城镇北部	乐城镇
广糖棕	Guǎngtángzōng	——	山	乐城镇南部	乐城镇
大化顶	Dàhuà Dǐng	——	山	乐城镇北部	乐城镇
蕉丫岭头	Jiāoyālǐngtóu	——	山	乐城镇东北部	乐城镇
大科坪	Dàkē Píng	——	山	乐城镇北部	乐城镇
石头见	Shítóujiàn	——	山	乐城镇东北部	乐城镇
旱坑山	Hànkēng Shān	——	山	乐城镇东北部	乐城镇
都委岭	Dōuwěi Lǐng	——	山	乐城镇北部	乐城镇

（续上表）

标准名称	汉语拼音	别名	地名类别	相对位置	所在（跨）行政区
塔石山	Tǎshí Shān	——	山	乐城镇北部	乐城镇
狮子围	Shīzǐwéi	——	山	乐城镇西南部	乐城镇
杉氹岭	Shāndàng Lǐng	——	山	乐城镇北部	乐城镇
上莫山	Shàngmò Shān	——	山	乐城镇东北部	乐城镇
黄豆科正尾顶	Huángdòukē Zhèngwěi Dǐng	——	山	乐城镇东北部	乐城镇
大崩孔	Dàbēngkǒng	——	山	乐城镇北部	乐城镇
大化山	Dàhuà Shān	——	山	乐城镇北部	乐城镇
下窝山	Xiàwō Shān	——	山	乐城镇东北部	乐城镇
公婆崀顶	Gōngpóláng Dǐng	——	山	乐城镇东北部	乐城镇
金钟顶	Jīnzhōng Dǐng	——	山	乐城镇北部	乐城镇
风门凹山	Fēngmén'āo Shān	——	山	乐城镇北部	乐城镇
杉仔埆	Shānzǎiquè	——	山	乐城镇北部	乐城镇
伯公科	Bógōngkē	——	山	乐城镇东北部	乐城镇
对门岗	Duìmén Gǎng	——	山	乐城镇东北部	乐城镇
棱角岗	Léngjiǎo Gǎng	——	山	莲塘镇政府驻地北部	莲塘镇
虎头尖	Hǔtóujiān	——	山	莲塘镇政府驻地东北部	莲塘镇
金鱼岗	Jīnyú Gǎng	——	山	莲塘镇政府驻地北部	莲塘镇
茶岗	Chágǎng	——	山	莲塘镇政府驻地北部	莲塘镇
岗贝山	Gǎngbèi Shān	——	山	莲塘镇政府驻地西部	莲塘镇
虾钳岗	Xiāqián Gǎng	——	山	莲塘镇政府驻地西北部	莲塘镇
松仔岗	Sōngzǎi Gǎng	——	山	莲塘镇政府驻地东北部	莲塘镇
黄牛路	Huángniúlù	——	山	莲塘镇政府驻地西南部	莲塘镇
松岗山	Sōnggǎng Shān	——	山	莲塘镇政府驻地北部	莲塘镇
新迳山	Xīnjìng Shān	——	山	莲塘镇政府驻地东北部	莲塘镇
花根山	Huāgēn Shān	——	山	莲塘镇政府驻地东北部	莲塘镇
元岗	Yuángǎng	——	山	莲塘镇政府驻地北部	莲塘镇
九龙岗	Jiǔlóng Gǎng	——	山	莲塘镇政府驻地西北部	莲塘镇
垌心岗	Dòngxīn Gǎng	——	山	莲塘镇政府驻地西北部	莲塘镇
天湖岗	Tiānhú Gǎng	——	山	莲塘镇政府驻地东部	莲塘镇

（续上表）

标准名称	汉语拼音	别名	地名类别	相对位置	所在（跨）行政区
青菜岗	Qīngcài Gǎng	——	山	莲塘镇政府驻地东部	莲塘镇
五塘咀	Wǔtángzuǐ	——	山	莲塘镇政府驻地东北部	莲塘镇
引龙山	Yǐnlóng Shān	——	山	莲塘镇政府驻地东部	莲塘镇
罗皮大岗	Luópí Dàgǎng	——	山	莲塘镇政府驻地东部	莲塘镇
蛇山	Shéshān	——	山	莲塘镇政府驻地东部	莲塘镇
大众岗	Dàzhòng Gǎng	——	山	莲塘镇政府驻地东部	莲塘镇
粪箕岗	Fènjī Gǎng	——	山	莲塘镇政府驻地东部	莲塘镇
赤松山	Chìsōng Shān	——	山	莲塘镇政府驻地东部	莲塘镇
上山后龙山	Shàngshān Hòulóng Shān	——	山	莲塘镇政府驻地东部	莲塘镇
大沉象	Dàchénxiàng	——	山	莲塘镇政府驻地西北部	莲塘镇
大路山	Dàlù Shān	——	山	莲塘镇政府驻地东部	莲塘镇
东心岗	Dōngxīn Gǎng	——	山	莲塘镇政府驻地东部	莲塘镇
南圳长山	Nánzhèncháng Shān	——	山	莲塘镇政府驻地东部	莲塘镇
大岗山	Dàgǎng Shān	——	山	莲塘镇政府驻地东部	莲塘镇
下五塘	Xiàwǔ Táng	——	山	莲塘镇政府驻地东部	莲塘镇
岗衣埇山	Gǎngyīyǒng Shān	——	山	莲塘镇政府驻地东部	莲塘镇
雷公	Léigōng	——	山	莲塘镇政府驻地东部	莲塘镇
蜢岗山	Měnggǎng Shān	——	山	莲塘镇政府驻地北部	莲塘镇
仙人掌	Xiānrénzhǎng	——	山	莲塘镇政府驻地北部	莲塘镇
松江	Sōngjiāng	——	山	莲塘镇政府驻地西北部	莲塘镇
乌石头	Wūshítóu	——	山	莲塘镇政府驻地西南部	莲塘镇
上水船	Shàngshuǐchuán	——	山	莲塘镇政府驻地东部	莲塘镇
温贯村后龙岗	Wēnguàncūn Hòulóng Gǎng	——	山	莲塘镇政府驻地东部	莲塘镇
上罗有岗	Shàngluóyǒu Gǎng	——	山	莲塘镇政府驻地东部	莲塘镇
村头岗	Cūntóu Gǎng	——	山	莲塘镇政府驻地西部	莲塘镇
察步后龙山	Chábùhòulóng Shān	——	山	莲塘镇政府驻地北部	莲塘镇
大岗	Dàgǎng	——	山	莲塘镇政府驻地北部	莲塘镇
福船岗	Fúchuán Gǎng	——	山	莲塘镇政府驻地西部	莲塘镇

(续上表)

标准名称	汉语拼音	别名	地名类别	相对位置	所在(跨)行政区
旭龙岗	Xùlóng Gǎng	——	山	莲塘镇政府驻地南部	莲塘镇
牛石顶	Niúshí Dǐng	——	山	莲塘镇政府驻地北部	莲塘镇
鬼山冲	Guǐshānchōng	——	山	莲塘镇政府驻地东部	莲塘镇
卖埇大岗	Màiyǒngdà Gǎng	——	山	莲塘镇政府驻地东部	莲塘镇
狮山	Shīshān	——	山	莲塘镇政府驻地东部	莲塘镇
大塘咀	Dàtángzuǐ	——	山	莲塘镇政府驻地北部	莲塘镇
宗塘山	Zōngtáng Shān	——	山	莲塘镇政府驻地东部	莲塘镇
象山	Xiàngshān	——	山	莲塘镇政府驻地东部	莲塘镇
咸婆着火	Xiánpózháohuǒ	——	山	莲塘镇政府驻地东部	莲塘镇
大砂岗	Dàshā Gǎng	——	山	莲塘镇政府驻地东部	莲塘镇
石壁埇	Shíbìyǒng	——	山	莲塘镇政府驻地东部	莲塘镇
长塘山	Chángtáng Shān	——	山	莲塘镇政府驻地东北部	莲塘镇
飞鼠山	Fēishǔ Shān	——	山	莲塘镇政府驻地东部	莲塘镇
老虎岗	Lǎohǔ Gǎng	——	山	莲塘镇政府驻地东部	莲塘镇
大山凹	Dàshān Āo	——	山	莲塘镇政府驻地东部	莲塘镇
白马岗	Báimǎ Gǎng	——	山	莲塘镇政府驻地北部	莲塘镇
金鸡山	Jīnjī Shān	——	山	莲塘镇政府驻地东部	莲塘镇
官田岗	Guāntián Gǎng	——	山	莲塘镇政府驻地东部	莲塘镇
大屈尾	Dàqūwěi	——	山	莲塘镇政府驻地北部	莲塘镇
罗带	Luódài	——	山	莲塘镇政府驻地西南部	莲塘镇
沙岗	Shāgǎng	——	山	莲塘镇政府驻地东部	莲塘镇
牛栏山	Niúlán Shān	——	山	莲塘镇政府驻地东部	莲塘镇
大塘岗	Dàtáng Gǎng	——	山	莲塘镇政府驻地西南部	莲塘镇
苏鱼岗	Sūyú Gǎng	——	山	莲塘镇政府驻地东北部	莲塘镇
多松岗	Duōsōng Gǎng	——	山	莲塘镇政府驻地南部	莲塘镇
竹山坳山	Zhúshān'ào Shān	——	山	莲塘镇政府驻地西南部	莲塘镇
莲塘坳	Liántáng Ào	——	山	莲塘镇政府驻地东部	莲塘镇
金星山	Jīnxīng Shān	——	山	莲塘镇政府驻地东南部	莲塘镇
廖村山	Liàocūn Shān	——	山	莲塘镇政府驻地东南部	莲塘镇

（续上表）

标准名称	汉语拼音	别名	地名类别	相对位置	所在(跨)行政区
鱿鱼侧	Yóuyúcè	——	山	莲塘镇政府驻地东部	莲塘镇
麻成咀	Máchéngzuǐ	——	山	莲塘镇政府驻地北部	莲塘镇
鹧鸪落田	Zhègūluòtián	——	山	莲塘镇政府驻地东部	莲塘镇
鹤仔斗	Hèzǎidǒu	——	山	莲塘镇政府驻地东部	莲塘镇
油麻塘山	Yóumátáng Shān	——	山	莲塘镇政府驻地东部	莲塘镇
岗咀	Gǎngzuǐ	——	山	莲塘镇政府驻地东部	莲塘镇
大岗	Dàgǎng	——	山	莲塘镇政府驻地东北部	莲塘镇
瓦窑口	Wǎyáokǒu	——	山	莲塘镇政府驻地南部	莲塘镇
波西岗	Bōxī Gǎng	——	山	莲塘镇政府驻地北部	莲塘镇
亚姐塘	Yàjiě Táng	——	山	莲塘镇政府驻地东部	莲塘镇
蛇头咀	Shétóuzuǐ	——	山	莲塘镇政府驻地东部	莲塘镇
冬瓜山	Dōngguā Shān	——	山	莲塘镇政府驻地东部	莲塘镇
佛仔塱后龙山	Fózǎilǎng Hòulóng Shān	——	山	莲塘镇政府驻地西部	莲塘镇
狮子山	Shīzǐ Shān	——	山	莲塘镇政府驻地东南部	莲塘镇
龟山	Guīshān	——	山	莲塘镇政府驻地东南部	莲塘镇
烂椰壳山	Lànyēké Shān	——	山	莲塘镇政府驻地东南部	莲塘镇
上大坪岗	Shàngdàpíng Gǎng	——	山	莲塘镇政府驻地东部	莲塘镇
松油屈	Sōngyóuqū	——	山	莲塘镇政府驻地北部	莲塘镇
猫儿岗	Māo'ér Gǎng	——	山	莲塘镇政府驻地西南部	莲塘镇
黄塘山	Huángtáng Shān	——	山	莲塘镇政府驻地东部	莲塘镇
夹口岗	Jiákǒu Gǎng	——	山	莲塘镇政府驻地南部	莲塘镇
白石岗	Báishí Gǎng	——	山	莲塘镇政府驻地南部	莲塘镇
猪仔塘山	Zhūzǎitáng Shān	——	山	莲塘镇政府驻地西部	莲塘镇
大山岗	Dàshān Gǎng	——	山	莲塘镇政府驻地北部	莲塘镇
长岗山	Chánggǎng Shān	——	山	莲塘镇政府驻地南部	莲塘镇
五眼塘	Wǔyǎn Táng	——	山	莲塘镇政府驻地东南部	莲塘镇
长埇山	Chángyǒng Shān	——	山	莲塘镇政府驻地东部	莲塘镇
金光后龙山	Jīnguāng Hòulóng Shān	——	山	莲塘镇政府驻地东部	莲塘镇

（续上表）

标准名称	汉语拼音	别名	地名类别	相对位置	所在(跨)行政区
岭黄侧山	Lǐnghuángcè Shān	—	山	莲塘镇政府驻地东南部	莲塘镇
月岭	Yuèlǐng	—	山	莲塘镇政府驻地东部	莲塘镇
南边山	Nánbiān Shān	—	山	莲塘镇政府驻地东部	莲塘镇
土地岗	Tǔdì Gǎng	—	山	莲塘镇政府驻地东部	莲塘镇
金鸡山	Jīnjī Shān	—	山	莲塘镇政府驻地东北部	莲塘镇
佛仔尾	Fózǎiwěi	—	山	莲塘镇政府驻地北部	莲塘镇
高斗村对面岗	Gāodǒucūn Duìmiàn Gǎng	—	山	莲塘镇政府驻地西南部	莲塘镇
沙佬屈	Shālǎoqū	—	山	莲塘镇政府驻地西南部	莲塘镇
鲩鱼塘山	Huànyútáng Shān	—	山	莲塘镇政府驻地东南部	莲塘镇
猪𤬅咀	Zhūnǎzuǐ	—	山	莲塘镇政府驻地南部	莲塘镇
牛栏坑山	Niúlánkēng Shān	—	山	莲塘镇政府驻地东部	莲塘镇
清塘大山	Qīngtáng Dàshān	—	山	莲塘镇政府驻地东部	莲塘镇
马头岭	Mǎtóu Lǐng	—	山	莲塘镇政府驻地东部	莲塘镇
石仔坳山	Shízǎi'ào Shān	—	山	莲塘镇政府驻地东南部	莲塘镇
大磨山	Dàmó Shān	—	山	莲塘镇政府驻地西南部	莲塘镇
下罗有岗	Xiàluóyǒu Gǎng	—	山	莲塘镇政府驻地东部	莲塘镇
白牛山	Báiniú Shān	—	山	莲塘镇政府驻地西南部	莲塘镇
白坟山	Báifén Shān	—	山	莲塘镇政府驻地西南部	莲塘镇
樟木山	Zhāngmù Shān	—	山	莲塘镇政府驻地东部	莲塘镇
蛇山	Shéshān	—	山	莲塘镇政府驻地西部	莲塘镇
焗茶盅	Júcházhōng	—	山	莲塘镇政府驻地东南部	莲塘镇
五尺峡山	Wǔchǐxiá Shān	—	山	莲塘镇政府驻地东南部	莲塘镇
蛇舌山	Shéshé Shān	—	山	莲塘镇政府驻地东南部	莲塘镇
狗嘴咀	Gǒuzuǐzuǐ	—	山	莲塘镇政府驻地西南部	莲塘镇
大山岗顶	Dàshāngǎng Dǐng	—	山	莲塘镇政府驻地北部	莲塘镇
芹塘山	Qíntáng Shān	—	山	莲塘镇政府驻地东部	莲塘镇
牛背岭	Niúbèi Lǐng	—	山	莲塘镇政府驻地东部	莲塘镇
金牛咀	Jīnniúzuǐ	—	山	莲塘镇政府驻地南部	莲塘镇
活村门前岗	Huócūn Ménqián Gǎng	—	山	莲塘镇政府驻地南部	莲塘镇

（续上表）

标准名称	汉语拼音	别名	地名类别	相对位置	所在（跨）行政区
飞凤山	Fēifèng Shān	—	山	莲塘镇政府驻地东南部	莲塘镇
六芦山	Liùlú Shān	—	山	莲塘镇政府驻地东部	莲塘镇
清塘后龙山	Qīngtáng Hòulóng Shān	—	山	莲塘镇政府驻地东南部	莲塘镇
龙塘村后龙山	Lóngtángcūn Hòulóng Shān	—	山	莲塘镇政府驻地东部	莲塘镇
北坑山	Běikēng Shān	—	山	莲塘镇政府驻地东南部	莲塘镇
白狗碌山	Báigǒulù Shān	—	山	莲塘镇政府驻地西南部	莲塘镇
大岗围	Dàgǎngwéi	—	山	莲塘镇政府驻地东南部	莲塘镇
大坪山	Dàpíng Shān	—	山	莲塘镇政府驻地东部	莲塘镇
萝卜山	Luóbo Shān	—	山	莲塘镇政府驻地南部	莲塘镇
沉桐山	Chéntóng Shān	—	山	莲塘镇政府驻地南部	莲塘镇
活村后龙山	Huócūn Hòulóng Shān	—	山	莲塘镇政府驻地南部	莲塘镇
虎爪山	Hǔzhǎo Shān	—	山	莲塘镇政府驻地东南部	莲塘镇
石岗山	Shígǎng Shān	—	山	莲塘镇政府驻地东部	莲塘镇
鹤塘山	Hètáng Shān	—	山	莲塘镇政府驻地北部	莲塘镇
蛇山	Shé Shān	—	山	莲塘镇政府驻地北部	莲塘镇
水山	Shuǐshān	—	山	莲塘镇政府驻地南部	莲塘镇
麦山	Màishān	—	山	莲塘镇政府驻地东南部	莲塘镇
大石底	Dàshídǐ	—	山	莲塘镇政府驻地西南部	莲塘镇
虎山	Hǔshān	—	山	莲塘镇政府驻地西南部	莲塘镇
山塘山	Shāntáng Shān	—	山	莲塘镇政府驻地东南部	莲塘镇
陈苟山	Chéngǒu Shān	—	山	莲塘镇政府驻地南部	莲塘镇
塘边岭山	Tángbiānlǐng Shān	—	山	莲塘镇政府驻地西南部	莲塘镇
将军山	Jiāngjūn Shān	—	山	莲塘镇政府驻地东部	莲塘镇
猪嫲山	Zhūmá Shān	—	山	莲塘镇政府驻地北部	莲塘镇
竹塘山	Zhútáng Shān	—	山	莲塘镇政府驻地西南部	莲塘镇
马山	Mǎshān	—	山	莲塘镇政府驻地东南部	莲塘镇
双涉山	Shuāngshè Shān	—	山	莲塘镇政府驻地西南部	莲塘镇
犁壁山	Líbì Shān	—	山	莲塘镇政府驻地东南部	莲塘镇

（续上表）

标准名称	汉语拼音	别名	地名类别	相对位置	所在(跨)行政区
长山顶	Chángshān Dǐng	——	山	莲塘镇政府驻地南部	莲塘镇
双骑	Shuāngqí	——	山	莲塘镇政府驻地南部	莲塘镇
坳林山	Àolín Shān	——	山	莲塘镇政府驻地东南部	莲塘镇
云相山	Yúnxiàng Shān	——	山	莲塘镇政府驻地西南部	莲塘镇
山根后龙山	Shāngēn Hòulóng Shān	——	山	莲塘镇政府驻地东南部	莲塘镇
大了坳	Dàle Ào	——	山	莲塘镇政府驻地西南部	莲塘镇
大杭山	Dàyuán Shān	——	山	莲塘镇政府驻地南部	莲塘镇
雷公山	Léigōng Shān	——	山	莲塘镇政府驻地西南部	莲塘镇
燕子窝	Yànzǐwō	——	山	莲塘镇政府驻地东南部	莲塘镇
罗带山	Luódài Shān	——	山	莲塘镇政府驻地西南部	莲塘镇
油麻地	Yóumádì	——	山	莲塘镇政府驻地北部	莲塘镇
东坑山	Dōngkēng Shān	——	山	莲塘镇政府驻地南部	莲塘镇
山楂头	Shānzhātóu	——	山	莲塘镇政府驻地南部	莲塘镇
落龙山	Luòlóng Shān	——	山	莲塘镇政府驻地南部	莲塘镇
长江臂	Chángjiāngbì	——	山	莲塘镇政府驻地北部	莲塘镇
长岭	Chánglǐng	——	山	莲塘镇政府驻地西南部	莲塘镇
黄瓜地山	Huángguādì Shān	——	山	莲塘镇政府驻地南部	莲塘镇
樟桂屋背底	Zhāngguì Wūbèidǐ	——	山	莲塘镇政府驻地南部	莲塘镇
上马石	Shàngmǎshí	——	山	莲塘镇政府驻地北部	莲塘镇
斑鱼山	Bānyú Shān	——	山	莲塘镇政府驻地东南部	莲塘镇
高排顶	Gāopái Dǐng	——	山	莲塘镇政府驻地南部	莲塘镇
深坑山	Shēnkēng Shān	——	山	莲塘镇政府驻地西南部	莲塘镇
铁钳尾	Tiěqiánwěi	——	山	莲塘镇政府驻地南部	莲塘镇
挂壁顶	Guàbì Dǐng	——	山	莲塘镇政府驻地西南部	莲塘镇
双茶山	Shuāngchá Shān	——	山	莲塘镇政府驻地东南部	莲塘镇
葫芦山	Húlú Shān	——	山	莲塘镇政府驻地南部	莲塘镇
神符山	Shénfú Shān	——	山	莲塘镇政府驻地东北部	莲塘镇
鹅围山	Éwéi Shān	——	山	莲塘镇政府驻地南部	莲塘镇

（续上表）

标准名称	汉语拼音	别名	地名类别	相对位置	所在(跨)行政区
仙人打坐	Xiānréndǎzuò	—	山	莲塘镇政府驻地东南部	莲塘镇
大牙教	Dàyájiào	—	山	莲塘镇政府驻地西南部	莲塘镇
大石底	Dàshídǐ	—	山	莲塘镇政府驻地南部	莲塘镇
马山	Mǎshān	—	山	莲塘镇政府驻地南部	莲塘镇
戏棚山	Xìpéng Shān	—	山	莲塘镇政府驻地南部	莲塘镇
蓝房尾	Lánfángwěi	—	山	莲塘镇政府驻地南部	莲塘镇
蛇背山	Shébèi Shān	—	山	莲塘镇政府驻地南部	莲塘镇
大水口	Dàshuǐkǒu	—	山	莲塘镇政府驻地南部	莲塘镇
三堆石	Sānduīshí	—	山	莲塘镇政府驻地南部	莲塘镇
大面岭山	Dàmiànlǐng Shān	—	山	莲塘镇政府驻地西南部	莲塘镇
旱坑顶	Hànkēng Dǐng	—	山	莲塘镇政府驻地西南部	莲塘镇
金鸡山	Jīnjī Shān	—	山	莲塘镇政府驻地西南部	莲塘镇
旱坑	Hànkēng	—	山	莲塘镇政府驻地西南部	莲塘镇
石豉山	Shíchǐ Shān	—	山	莲塘镇政府驻地西南部	莲塘镇
灯芯塘	Dēngxīn Táng	—	山	莲塘镇政府驻地南部	莲塘镇
大红岭	Dàhóng Lǐng	—	山	莲塘镇政府驻地南部	莲塘镇
大面岭	Dàmiàn Lǐng	—	山	莲塘镇政府驻地南部	莲塘镇
葫芦岗山	Húlúgǎng Shān	—	山	禄步镇西部	禄步镇
下岗坪	Xiàgǎng Píng	—	山	禄步镇东北部	禄步镇
竹麻山	Zhúmá Shān	—	山	禄步镇西部	禄步镇
木范岗	Mùfàn Gǎng	—	山	禄步镇西部	禄步镇
龙眼岗	Lóngyǎn Gǎng	—	山	禄步镇西南部	禄步镇
长田山	Chángtián Shān	—	山	禄步镇西北部	禄步镇
矮了岗	Ǎile Gǎng	—	山	禄步镇东南部	禄步镇
牛头山	Niútóu Shān	—	山	禄步镇西部	禄步镇
圆头岗	Yuántóu Gǎng	—	山	禄步镇东北部	禄步镇
高桑坪	Gāosāng Píng	—	山	禄步镇东北部	禄步镇
梨别坑	Líbié Kēng	—	山	禄步镇北部	禄步镇
通心坑	Tōngxīn Kēng	—	山	禄步镇北部	禄步镇
官山脚	Guānshānjiǎo	—	山	禄步镇西部	禄步镇

(续上表)

标准名称	汉语拼音	别名	地名类别	相对位置	所在(跨)行政区
木头山	Mùtóu Shān	——	山	禄步镇西北部	禄步镇
密龙山	Mìlóng Shān	——	山	禄步镇东北部	禄步镇
狗石岗山	Gǒushígǎng Shān	——	山	禄步镇西南部	禄步镇
石咀	Shízuǐ	——	山	禄步镇东北部	禄步镇
大凹	Dà'āo	——	山	禄步镇北部	禄步镇
土瓜塘山	Tǔguātáng Shān	——	山	禄步镇西部	禄步镇
庙背	Miàobèi	——	山	禄步镇西北部	禄步镇
猪姆地	Zhūnǎdì	——	山	禄步镇东部	禄步镇
锦鱼咀	Jǐnyúzuǐ	——	山	禄步镇东南部	禄步镇
中间山	Zhōngjiān Shān	——	山	禄步镇东南部	禄步镇
大坪	Dàpíng	——	山	禄步镇西北部	禄步镇
粪箕督	Fènjīdū	——	山	禄步镇西南部	禄步镇
白银山	Báiyín Shān	——	山	禄步镇西南部	禄步镇
雷公地	Léigōngdì	——	山	禄步镇北部	禄步镇
蛇牙勒	Shéyálè	——	山	禄步镇南部	禄步镇
蕉坑山	Jiāokēng Shān	——	山	禄步镇西部	禄步镇
庙坑山	Miàokēng Shān	——	山	禄步镇西部	禄步镇
塘便山	Tángbiàn Shān	——	山	禄步镇西北部	禄步镇
书坊阁	Shūfānggé	——	山	禄步镇西北部	禄步镇
多糯岭	Duōnuò Lǐng	——	山	禄步镇西北部	禄步镇
崩岗山	Bēnggǎng Shān	——	山	禄步镇南部	禄步镇
翠布屋背山	Cuìbùwūbèi Shān	——	山	禄步镇东南部	禄步镇
吊天龙	Diàotiānlóng	——	山	禄步镇西部	禄步镇
岗坳山	Gǎng'ào Shān	——	山	禄步镇西北部	禄步镇
金鸡咀	Jīnjīzuǐ	——	山	禄步镇东北部	禄步镇
刘坊山	Liúfāng Shān	——	山	禄步镇北部	禄步镇
官塘坑山	Guāntángkēng Shān	——	山	禄步镇西部	禄步镇
围合山	Wéihé Shān	——	山	禄步镇北部	禄步镇
崀田岗	Làngtián Gǎng	——	山	禄步镇东南部	禄步镇

（续上表）

标准名称	汉语拼音	别名	地名类别	相对位置	所在(跨)行政区
佛仔岗	Fózǎi Gǎng	—	山	禄步镇北部	禄步镇
屋背岗	Wūbèi Gǎng	—	山	禄步镇西北部	禄步镇
执菜坑山	Zhícàikēng Shān	—	山	禄步镇西部	禄步镇
田螺山	Tiánluó Shān	—	山	禄步镇东南部	禄步镇
大坳山	Dà'ào Shān	—	山	禄步镇东南部	禄步镇
大坪	Dàpíng	—	山	禄步镇东北部	禄步镇
牛道山	Niúdào Shān	—	山	禄步镇西北部	禄步镇
不赖山	Búlài Shān	—	山	禄步镇东南部	禄步镇
沙角屋背山	Shājiǎowūbèi Shān	—	山	禄步镇东南部	禄步镇
石槁脚	Shígǎojiǎo	—	山	禄步镇西部	禄步镇
柴九坑山	Cháijiǔkēng Shān	—	山	禄步镇西北部	禄步镇
禾狸背	Hélíbèi	—	山	禄步镇东北部	禄步镇
崩州山	Bēngzhōu Shān	—	山	禄步镇西南部	禄步镇
亭坑岭	Tíngkēng Lǐng	—	山	禄步镇西南部	禄步镇
石头山	Shítóu Shān	—	山	禄步镇西部	禄步镇
丙子坑山	Bǐngzǐkēng Shān	—	山	禄步镇西部	禄步镇
屋头坑山	Wūtóukēng Shān	—	山	禄步镇西部	禄步镇
赤黎头山	Chìlítóu Shān	—	山	禄步镇西北部	禄步镇
雷公坪	Léigōng Píng	—	山	禄步镇西南部	禄步镇
侧山	Cèshān	—	山	禄步镇北部	禄步镇
前进后龙山	Qiánjìn Hòulóng Shān	—	山	禄步镇东南部	禄步镇
范背岗	Fànbèi Gǎng	—	山	禄步镇东北部	禄步镇
吊天龙	Diàotiānlóng	—	山	禄步镇北部	禄步镇
鹤眼山	Hèyǎn Shān	—	山	禄步镇西北部	禄步镇
大坑山	Dàkēng Shān	—	山	禄步镇西部	禄步镇
塘坑山	Tángkēng Shān	—	山	禄步镇西部	禄步镇
白灰坟山	Báihuīfén Shān	—	山	禄步镇西部	禄步镇
茶苟岗	Chágǒu Gǎng	—	山	禄步镇北部	禄步镇
山珠诺	Shānzhūnuò	—	山	禄步镇东北部	禄步镇

（续上表）

标准名称	汉语拼音	别名	地名类别	相对位置	所在(跨)行政区
大松根	Dàsōnggēn	——	山	禄步镇东北部	禄步镇
石壁	Shíbì	——	山	禄步镇东北部	禄步镇
赤塘见	Chìtángjiàn	——	山	禄步镇北部	禄步镇
黄泥岗	Huángní Gǎng	——	山	禄步镇北部	禄步镇
新开田	Xīnkāitián	——	山	禄步镇西南部	禄步镇
落岭脚	Luòlǐngjiǎo	——	山	禄步镇西部	禄步镇
湴塘坑顶	Bàntángkēng Dǐng	——	山	禄步镇西北部	禄步镇
黄坭坑山	Huángníkēng Shān	——	山	禄步镇西北部	禄步镇
禾学	Héxué	——	山	禄步镇西北部	禄步镇
羊屎塘	Yángshǐ Táng	——	山	禄步镇北部	禄步镇
新塘尾	Xīntángwěi	——	山	禄步镇北部	禄步镇
莫路咀	Mòlùzuǐ	——	山	禄步镇西南部	禄步镇
公坑山	Gōngkēng Shān	——	山	禄步镇南部	禄步镇
门先山	Ménxiān Shān	——	山	禄步镇北部	禄步镇
岗咀山	Gǎngzuǐ Shān	——	山	禄步镇北部	禄步镇
花罗坑	Huāluó Kēng	——	山	禄步镇北部	禄步镇
楂仔根	Zhāzǎigēn	——	山	禄步镇东北部	禄步镇
井汶坑	Jǐngwèn Kēng	——	山	禄步镇西南部	禄步镇
陈家地	Chénjiādì	——	山	禄步镇西部	禄步镇
墨斗坪	Mòdǒu Píng	——	山	禄步镇西部	禄步镇
洲坑山	Zhōukēng Shān	——	山	禄步镇西部	禄步镇
姓黄岭	Xìnghuáng Lǐng	——	山	禄步镇西部	禄步镇
碑麻山	Bēimá Shān	——	山	禄步镇西北部	禄步镇
大岗山	Dàgǎng Shān	——	山	禄步镇西北部	禄步镇
古前塘山	Gǔqiántáng Shān	——	山	禄步镇东南部	禄步镇
陈坑山	Chénkēng Shān	——	山	禄步镇东北部	禄步镇
村前山	Cūnqián Shān	——	山	禄步镇西部	禄步镇
陈坑顶	Chénkēng Dǐng	——	山	禄步镇西部	禄步镇
马头岗	Mǎtóu Gǎng	——	山	禄步镇东北部	禄步镇
大龙王山	Dàlóngwáng Shān	——	山	禄步镇东北部	禄步镇

（续上表）

标准名称	汉语拼音	别名	地名类别	相对位置	所在(跨)行政区
坳岗	Àogǎng	——	山	禄步镇西南部	禄步镇
长岗山	Chánggǎng Shān	——	山	禄步镇北部	禄步镇
古田屈	Gǔtiánqū	——	山	禄步镇东北部	禄步镇
鸡屎岗	Jīshǐ Gǎng	——	山	禄步镇东北部	禄步镇
陈菜坑山	Chéncàikēng Shān	——	山	禄步镇西部	禄步镇
腐竹坑山	Fǔzhúkēng Shān	——	山	禄步镇西部	禄步镇
栗菜坑山	Lìcàikēng Shān	——	山	禄步镇西部	禄步镇
波礼坑山	Bōlǐkēng Shān	——	山	禄步镇西北部	禄步镇
梁坑山	Liángkēng Shān	——	山	禄步镇东部	禄步镇
马腰山	Mǎyāo Shān	——	山	禄步镇南部	禄步镇
杨竹山	Yángzhú Shān	——	山	禄步镇南部	禄步镇
软塘山	Ruǎntáng Shān	——	山	禄步镇西北部	禄步镇
将军坑山	Jiāngjūnkēng Shān	——	山	禄步镇东北部	禄步镇
竹山	Zhúshān	——	山	禄步镇西南部	禄步镇
仄山屋背山	Zèshān Wūbèi Shān	——	山	禄步镇东北部	禄步镇
学校背	Xuéxiàobèi	——	山	禄步镇北部	禄步镇
坭六坑口	Níliù Kēngkǒu	——	山	禄步镇西北部	禄步镇
高长顶	Gāocháng Dǐng	——	山	禄步镇北部	禄步镇
金钟山	Jīnzhōng Shān	——	山	禄步镇东南部	禄步镇
面前山	Miànqián Shān	——	山	禄步镇西北部	禄步镇
鹅尾	Éwěi	——	山	禄步镇东部	禄步镇
行头山	Hángtóu Shān	——	山	禄步镇东北部	禄步镇
马山	Mǎshān	——	山	禄步镇东北部	禄步镇
岩口后龙山	Yánkǒu Hòulóng Shān	——	山	禄步镇东北部	禄步镇
山根岭	Shāngēn Lǐng	——	山	禄步镇西南部	禄步镇
大坪岗	Dàpíng Gǎng	——	山	禄步镇西南部	禄步镇
双鼓坑岭	Shuānggǔkēng Lǐng	——	山	禄步镇北部	禄步镇
长坑口	Chángkēngkǒu	——	山	禄步镇东北部	禄步镇

（续上表）

标准名称	汉语拼音	别名	地名类别	相对位置	所在(跨)行政区
横埇山	Héngyǒng Shān	——	山	禄步镇西部	禄步镇
木榜	Mùbǎng	——	山	禄步镇西北部	禄步镇
下坑山	Xiàkēng Shān	——	山	禄步镇西部	禄步镇
牛角窝山	Niújiǎowō Shān	——	山	禄步镇西部	禄步镇
寻边后龙山	Xúnbiān Hòulóng Shān	——	山	禄步镇西南部	禄步镇
茶山	Cháshān	——	山	禄步镇北部	禄步镇
大岗山	Dàgǎng Shān	——	山	禄步镇西部	禄步镇
勒竹坑尾	Lèzhú Kēngwěi	——	山	禄步镇西北部	禄步镇
倒拖船	Dǎotuōchuán	——	山	禄步镇西北部	禄步镇
真竹岭	Zhēnzhú Lǐng	——	山	禄步镇南部	禄步镇
乌石坑山	Wūshíkēng Shān	——	山	禄步镇北部	禄步镇
高段山	Gāoduàn Shān	——	山	禄步镇东南部	禄步镇
独石岗	Dúshí Gǎng	——	山	禄步镇北部	禄步镇
斩田坑	Zhǎntián Kēng	斩头坑	山	禄步镇东北部	禄步镇
边山顶	Biānshān Dǐng	——	山	禄步镇西南部	禄步镇
松根杏	Sōnggēnxìng	——	山	禄步镇西南部	禄步镇
晒布坪	Shàibù Píng	——	山	禄步镇西南部	禄步镇
大坪	Dàpíng	——	山	禄步镇北部	禄步镇
塘尾山	Tángwěi Shān	——	山	禄步镇东北部	禄步镇
茶地	Chádì	——	山	禄步镇西南部	禄步镇
正亚山	Zhèngyà Shān	——	山	禄步镇东北部	禄步镇
大桃坪	Dàtáo Píng	——	山	禄步镇西北部	禄步镇
围寨	Wéizhài	——	山	禄步镇西部	禄步镇
太公田	Tàigōngtián	——	山	禄步镇西部	禄步镇
粪箕窝	Fènjīwō	——	山	禄步镇东北部	禄步镇
大王	Dàwáng	——	山	禄步镇西部	禄步镇
大坪山	Dàpíng Shān	——	山	禄步镇西南部	禄步镇
罗级山	Luójí Shān	——	山	禄步镇北部	禄步镇

（续上表）

标准名称	汉语拼音	别名	地名类别	相对位置	所在(跨)行政区
双碌山	Shuānglù Shān	—	山	禄步镇北部	禄步镇
庙坑	Miàokēng	—	山	禄步镇北部	禄步镇
石峰	Shífēng	—	山	禄步镇北部	禄步镇
李坑屋背	Lǐkēngwūbèi	—	山	禄步镇北部	禄步镇
双叫坑	Shuāngjiào Kēng	—	山	禄步镇北部	禄步镇
老鸦岗	Lǎoyā Gǎng	—	山	禄步镇东北部	禄步镇
大顶岗	Dàdǐng Gǎng	—	山	禄步镇西南部	禄步镇
黄地山	Huángdì Shān	—	山	禄步镇南部	禄步镇
大坑顶	Dàkēng Dǐng	—	山	禄步镇东南部	禄步镇
竹松岗	Zhúsōng Gǎng	—	山	禄步镇西北部	禄步镇
亚太山	Yàtài Shān	—	山	禄步镇东北部	禄步镇
塘面	Tángmiàn	—	山	禄步镇西北部	禄步镇
大旺屋背	Dàwàng Wūbèi	—	山	禄步镇西北部	禄步镇
水塘面	Shuǐtángmiàn	—	山	禄步镇西部	禄步镇
圆顶	Yuándǐng	—	山	禄步镇西南部	禄步镇
圆州坑	Yuánzhōu Kēng	—	山	禄步镇西部	禄步镇
榄坑山	Lǎnkēng Shān	—	山	禄步镇北部	禄步镇
高坑山	Gāokēng Shān	—	山	禄步镇东北部	禄步镇
双龙坑顶	Shuānglóng Kēngdǐng	—	山	禄步镇东北部	禄步镇
罗茶进面	Luóchájìnmiàn	—	山	禄步镇西北部	禄步镇
松山诺	Sōngshānnuò	—	山	禄步镇东北部	禄步镇
旱坑山	Hànkēng Shān	—	山	禄步镇西北部	禄步镇
对门坑山	Duìménkēng Shān	—	山	禄步镇西北部	禄步镇
连坑山	Liánkēng Shān	—	山	禄步镇西北部	禄步镇
青龙手	Qīnglóngshǒu	—	山	禄步镇东部	禄步镇
了顶岗	Ledǐng Gǎng	—	山	禄步镇东南部	禄步镇
龙公山	Lónggōng Shān	—	山	禄步镇南部	禄步镇
风范坑口	Fēngfàn Kēngkǒu	—	山	禄步镇西部	禄步镇
屋背旱涌	Wūbèihànyǒng	—	山	禄步镇西北部	禄步镇

（续上表）

标准名称	汉语拼音	别名	地名类别	相对位置	所在(跨)行政区
松间坑口	Sōngjiān Kēngkǒu	—	山	禄步镇西北部	禄步镇
蕉仔尾	Jiāozǎiwěi	—	山	禄步镇东北部	禄步镇
禾树尾山	Héshùwěi Shān	—	山	禄步镇西部	禄步镇
蕉坑	Jiāokēng	—	山	禄步镇东北部	禄步镇
双里塘山	Shuānglǐtáng Shān	—	山	禄步镇北部	禄步镇
公文田	Gōngwéntián	—	山	禄步镇北部	禄步镇
双龙山	Shuānglóng Shān	—	山	禄步镇北部	禄步镇
罗水坑山	Luóshuǐkēng Shān	—	山	禄步镇北部	禄步镇
大风厂	Dàfēng Chǎng	—	山	禄步镇东北部	禄步镇
龙袍岗	Lóngpáo Gǎng	—	山	禄步镇东北部	禄步镇
上运塘山	Shàngyùntáng Shān	—	山	禄步镇东北部	禄步镇
大细崀	Dàxìlàng	—	山	禄步镇东北部	禄步镇
林场山	Línchǎng Shān	—	山	禄步镇北部	禄步镇
平头咀	Píngtóuzuǐ	—	山	禄步镇南部	禄步镇
石黎岭	Shílílǐng	—	山	禄步镇西北部	禄步镇
横坑尾	Héngkēngwěi	—	山	禄步镇西北部	禄步镇
大围岗	Dàwéi Gǎng	—	山	禄步镇东北部	禄步镇
马头岗	Mǎtóu Gǎng	—	山	禄步镇东北部	禄步镇
石人脚山	Shírénjiǎo Shān	—	山	禄步镇北部	禄步镇
斩休坑山	Zhǎnxiūkēng Shān	—	山	禄步镇北部	禄步镇
大磅山	Dàpáng Shān	—	山	禄步镇西南部	禄步镇
园岗仔	Yuángǎngzǎi	—	山	禄步镇西南部	禄步镇
井问湖	Jǐngwènhú	—	山	禄步镇北部	禄步镇
大沙排	Dàshāpái	—	山	禄步镇北部	禄步镇
上台岭	Shàngtái Lǐng	—	山	禄步镇北部	禄步镇
河尾旁	Héwěipáng	—	山	禄步镇西北部	禄步镇
庙坑山	Miàokēng Shān	—	山	禄步镇西南部	禄步镇
伯公坪	Bógōng Píng	—	山	禄步镇西北部	禄步镇
狮坑山	Shīkēng Shān	—	山	禄步镇南部	禄步镇

（续上表）

标准名称	汉语拼音	别名	地名类别	相对位置	所在(跨)行政区
书房坑山	Shūfángkēng Shān	——	山	禄步镇北部	禄步镇
桂树坳	Guìshù Ào	——	山	禄步镇北部	禄步镇
山佬岭	Shānlǎo Lǐng	——	山	禄步镇北部	禄步镇
牛屎田	Niúshǐtián	——	山	禄步镇西部	禄步镇
桔茶坑山	Júchákēng Shān	——	山	禄步镇北部	禄步镇
死景山	Sǐjǐng Shān	——	山	禄步镇东北部	禄步镇
大松山	Dàsōng Shān	——	山	禄步镇北部	禄步镇
对面岗	Duìmiàn Gǎng	——	山	禄步镇东北部	禄步镇
龙九山	Lóngjiǔ Shān	——	山	禄步镇东北部	禄步镇
王屋屋背山	Wángwūwūbèi Shān	——	山	禄步镇西北部	禄步镇
松树坑顶	Sōngshùkēng Dǐng	——	山	禄步镇北部	禄步镇
大坑山	Dàkēng Shān	——	山	禄步镇东北部	禄步镇
大坑山	Dàkēng Shān	——	山	禄步镇北部	禄步镇
北根后龙山	Běigēn Hòulóng Shān	——	山	禄步镇西北部	禄步镇
大坪下	Dàpíngxià	——	山	禄步镇西北部	禄步镇
石大山	Shídà Shān	——	山	禄步镇西部	禄步镇
寻宝岭	Xúnbǎo Lǐng	——	山	禄步镇西部	禄步镇
横坑山	Héngkēng Shān	——	山	禄步镇东北部	禄步镇
赤犁头	Chìlítóu	——	山	禄步镇北部	禄步镇
油炸岭	Yóuzhà Lǐng	——	山	禄步镇北部	禄步镇
大松根	Dàsōnggēn	——	山	禄步镇北部	禄步镇
黄果排	Huángguǒpái	——	山	禄步镇北部	禄步镇
单竹诺	Dānzhúnuò	——	山	禄步镇东北部	禄步镇
杨桃尾山	Yángtáowěi Shān	——	山	禄步镇西部	禄步镇
担柴路山	Dāncháilù Shān	——	山	禄步镇西北部	禄步镇
山乐尾	Shānlèwěi	——	山	禄步镇西部	禄步镇
杨梅坑山	Yángméikēng Shān	——	山	禄步镇西部	禄步镇
竹岗山	Zhúgǎng Shān	——	山	禄步镇西南部	禄步镇

（续上表）

标准名称	汉语拼音	别名	地名类别	相对位置	所在（跨）行政区
茶地山	Chádì Shān	——	山	禄步镇西南部	禄步镇
水狗坑	Shuǐgǒu Kēng	——	山	禄步镇东部	禄步镇
鲁塘	Lǔtáng	——	山	禄步镇西南部	禄步镇
平水屋背山	Píngshuǐwūbèi Shān	——	山	禄步镇东北部	禄步镇
企山仔	Qǐshānzǎi	——	山	禄步镇东南部	禄步镇
婆太地	Pótàidì	——	山	禄步镇北部	禄步镇
平岗咀	Pínggǎngzuǐ	——	山	禄步镇东北部	禄步镇
双沙坑山	Shuāngshākēng Shān	——	山	禄步镇东北部	禄步镇
屋对面山	Wūduìmiàn Shān	——	山	禄步镇西北部	禄步镇
荀朗根东边山	Gǒulǎnggēn Dōngbiān Shān	——	山	禄步镇西北部	禄步镇
酒菜坑	Jiǔcài Kēng	——	山	禄步镇东北部	禄步镇
亚婆床	Yàpóchuáng	——	山	禄步镇东北部	禄步镇
牛湖坪	Niúhú Píng	——	山	禄步镇北部	禄步镇
大岭头	Dàlǐngtóu	——	山	禄步镇西北部	禄步镇
上围屋背山	Shàngwéi Wūbèi Shān	——	山	禄步镇西北部	禄步镇
望牛坑山	Wàngniúkēng Shān	——	山	禄步镇西部	禄步镇
灯盏坪	Dēngzhǎn Píng	——	山	禄步镇北部	禄步镇
禾地背	Hédìbèi	——	山	禄步镇西南部	禄步镇
众人山	Zhòngrén Shān	——	山	禄步镇西南部	禄步镇
罗头山	Luótóu Shān	——	山	禄步镇北部	禄步镇
牛仔岭头	Niúzǎilǐngtóu	——	山	禄步镇东北部	禄步镇
大排顶	Dàpái Dǐng	——	山	禄步镇东北部	禄步镇
孖鬓顶	Mābìn Dǐng	——	山	禄步镇东北部	禄步镇
田尾	Tiánwěi	——	山	禄步镇西北部	禄步镇
松仔顶山	Sōngzǎidǐng Shān	——	山	禄步镇西南部	禄步镇
龙堂山	Lóngtáng Shān	——	山	禄步镇东北部	禄步镇
蛇坑山	Shékēng Shān	——	山	禄步镇北部	禄步镇
黄旗尾	Huángqíwěi	——	山	禄步镇西北部	禄步镇

(续上表)

标准名称	汉语拼音	别名	地名类别	相对位置	所在(跨)行政区
旱禾坑顶	Hànhékēng Dǐng	—	山	禄步镇西部	禄步镇
白石聂	Báishíniè	—	山	禄步镇西部	禄步镇
火烧律	Huǒshāolǜ	—	山	禄步镇北部	禄步镇
东岸背	Dōng'ànbèi	—	山	禄步镇西北部	禄步镇
竹山	Zhúshān	—	山	禄步镇东北部	禄步镇
龟咀	Guīzuǐ	—	山	禄步镇东北部	禄步镇
狮塘坑	Shītáng Kēng	—	山	禄步镇西南部	禄步镇
大降山	Dàjiàng Shān	—	山	禄步镇东北部	禄步镇
天堂后龙山	Tiāntáng Hòulóng Shān	—	山	禄步镇西北部	禄步镇
果蒸坑	Guǒzhēng Kēng	—	山	禄步镇西北部	禄步镇
蛇颈山	Shéjǐng Shān	—	山	禄步镇东北部	禄步镇
黑煤炭	Hēiméitàn	—	山	禄步镇西南部	禄步镇
李坑仔山	Lǐkēngzǎi Shān	—	山	禄步镇北部	禄步镇
梅仔坑山	Méizǎikēng Shān	—	山	禄步镇北部	禄步镇
油柑屈	Yóugānqū	—	山	禄步镇东北部	禄步镇
大坑山	Dàkēng Shān	—	山	禄步镇东北部	禄步镇
铜鼓山	Tónggǔ Shān	—	山	禄步镇东北部	禄步镇
依山	Yī Shān	—	山	禄步镇北部	禄步镇
南蛇尾	Nánshéwěi	—	山	禄步镇东北部	禄步镇
星坑山	Xīngkēng Shān	—	山	禄步镇西南部	禄步镇
双养山	Shuāngyǎng Shān	—	山	禄步镇北部	禄步镇
大化磅	Dàhuàpáng	—	山	禄步镇北部	禄步镇
高崀冲	Gāolàngchōng	—	山	禄步镇东北部	禄步镇
树梁挖地顶	Shùliángwādì Dǐng	—	山	禄步镇东北部	禄步镇
翁坑山	Wēngkēng Shān	—	山	禄步镇东北部	禄步镇
高尾顶	Gāowěi Dǐng	—	山	禄步镇西北部	禄步镇
水塘面	Shuǐtángmiàn	—	山	禄步镇北部	禄步镇
大岗山	Dàgǎng Shān	—	山	禄步镇西南部	禄步镇

（续上表）

标准名称	汉语拼音	别名	地名类别	相对位置	所在（跨）行政区
松岗山	Sōnggǎng Shān	——	山	禄步镇西南部	禄步镇
柴坑岭	Cháikēng Lǐng	——	山	禄步镇西南部	禄步镇
狗利	Gǒulì	——	山	禄步镇北部	禄步镇
猪场岭顶	Zhūchǎnglǐng Dǐng	——	山	禄步镇东北部	禄步镇
石人头	Shíréntóu	——	山	禄步镇西南部	禄步镇
硖石坑山	Xiáshíkēng Shān	——	山	禄步镇北部	禄步镇
茅坪岗	Máopíng Gǎng	——	山	禄步镇西北部	禄步镇
新村背	Xīncūnbèi	——	山	禄步镇西北部	禄步镇
斩鬼坑	Zhǎnguǐ Kēng	——	山	禄步镇西部	禄步镇
渡槽湾	Dùcáowān	——	山	禄步镇北部	禄步镇
泣塘尾	Bàntángwěi	——	山	禄步镇北部	禄步镇
天湖塘口	Tiānhútángkǒu	——	山	禄步镇东北部	禄步镇
石屋	Shíwū	——	山	禄步镇东北部	禄步镇
大岗顶	Dàgǎng Dǐng	——	山	禄步镇东北部	禄步镇
牛虎岗	Niúhǔ Gǎng	——	山	禄步镇北部	禄步镇
大崩岗	Dàbēng Gǎng	——	山	禄步镇东南部	禄步镇
交椅山	Jiāoyǐ Shān	——	山	禄步镇东南部	禄步镇
笋头坑山	Sǔntóukēng Shān	——	山	禄步镇南部	禄步镇
鸡公顶	Jīgōng Dǐng	——	山	禄步镇东北部	禄步镇
茨良坑	Cíliáng Kēng	——	山	禄步镇西部	禄步镇
蛇岭	Shélǐng	——	山	禄步镇西部	禄步镇
光头顶	Guāngtóu Dǐng	——	山	禄步镇北部	禄步镇
坳仔	Àozǎi	——	山	禄步镇东北部	禄步镇
芒路	Mánglù	——	山	禄步镇西南部	禄步镇
马安坑山	Mǎānkēng Shān	——	山	禄步镇东北部	禄步镇
风范角	Fēngfànjiǎo	——	山	禄步镇西北部	禄步镇
山厂平山	Shānchǎngpíng Shān	——	山	禄步镇西部	禄步镇
屋塘坑山	Wūtángkēng Shān	——	山	禄步镇西部	禄步镇
牛角坳	Niújiǎo Ào	——	山	禄步镇西南部	禄步镇
大岭顶	Dàlǐng Dǐng	——	山	禄步镇北部	禄步镇

（续上表）

标准名称	汉语拼音	别名	地名类别	相对位置	所在(跨)行政区
白石坑山	Báishíkēng Shān	——	山	禄步镇东北部	禄步镇
深槽山	Shēncáo Shān	——	山	禄步镇东北部	禄步镇
坪头	Píngtóu	——	山	禄步镇东北部	禄步镇
燕子诺	Yànzǐnuò	——	山	禄步镇东北部	禄步镇
大头狂	Dàtóukuáng	——	山	禄步镇东北部	禄步镇
黄坑山	Huángkēng Shān	——	山	禄步镇南部	禄步镇
下围屋背山	Xiàwéi Wūbèi Shān	——	山	禄步镇西北部	禄步镇
竹麻岭	Zhúmá Lǐng	——	山	禄步镇西部	禄步镇
亚婆床	Yàpóchuáng	——	山	禄步镇北部	禄步镇
吊京坑	Diàojīng Kēng	——	山	禄步镇西部	禄步镇
上丫山	Shàngyā Shān	——	山	禄步镇东北部	禄步镇
高地	Gāodì	——	山	禄步镇西部	禄步镇
唐村大坑山	Tángcūn Dàkēng Shān	——	山	禄步镇西南部	禄步镇
高排山	Gāopái Shān	——	山	禄步镇东南部	禄步镇
高坑	Gāokēng	——	山	禄步镇东北部	禄步镇
黄榄根	Huánglǎngēn	——	山	禄步镇西部	禄步镇
旱禾坑山	Hànhékēng Shān	——	山	禄步镇西南部	禄步镇
掘坑山	Juékēng Shān	——	山	禄步镇东北部	禄步镇
绿水后龙山	Lùshuǐ Hòulóng Shān	——	山	禄步镇北部	禄步镇
禾和坑后龙山	Héhékēng Hòulóng Shān	——	山	禄步镇西南部	禄步镇
背岗山	Bèigǎng Shān	——	山	禄步镇东北部	禄步镇
云㘵坑山	Yúnnángkēng Shān	——	山	禄步镇北部	禄步镇
石人岭	Shírén Lǐng	——	山	禄步镇东部	禄步镇
禾虾岭	Héxiā Lǐng	——	山	禄步镇西南部	禄步镇
多翁坑顶	Duōwēngkēng Dǐng	——	山	禄步镇北部	禄步镇
黄竹坪	Huángzhú Píng	——	山	禄步镇北部	禄步镇
石牙头	Shíyá Tóu	——	山	禄步镇西北部	禄步镇

（续上表）

标准名称	汉语拼音	别名	地名类别	相对位置	所在(跨)行政区
勒底坪	Lèdǐ Píng	——	山	禄步镇西北部	禄步镇
大下山	Dàxià Shān	——	山	禄步镇东北部	禄步镇
车坑山	Chēkēng Shān	——	山	禄步镇东北部	禄步镇
大岗边	Dàgǎngbiān	——	山	禄步镇西部	禄步镇
蕈陀顶	Tántuó Dǐng	——	山	禄步镇北部	禄步镇
老山顶	Lǎoshān Dǐng	——	山	禄步镇北部	禄步镇
氹虎头山	Dànghǔtóu Shān	——	山	禄步镇东北部	禄步镇
青皮婆	Qīngpípó	——	山	禄步镇东北部	禄步镇
杨兰	Yánglán	——	山	禄步镇东北部	禄步镇
燕仔载	Yànzǎizǎi	——	山	禄步镇西北部	禄步镇
深坳	Shēn'ào	——	山	禄步镇西部	禄步镇
大降山	Dàjiàng Shān	——	山	禄步镇北部	禄步镇
牛屎岭	Niúshǐ Lǐng	——	山	禄步镇西部	禄步镇
北头坳	Běitóu Ào	——	山	禄步镇西部	禄步镇
双姜山	Shuāngjiāng Shān	——	山	禄步镇北部	禄步镇
罗水坑顶	Luóshuǐkēng Dǐng	——	山	禄步镇北部	禄步镇
大槐山	Dàhuái Shān	——	山	禄步镇东北部	禄步镇
埌塘碑	Làngtángbēi	——	山	禄步镇西北部	禄步镇
寻婆坑山	Xúnpókēng Shān	——	山	禄步镇西北部	禄步镇
斩柴山顶	Zhǎnchái Shāndǐng	——	山	禄步镇东北部	禄步镇
旧屋地	Jiùwūdì	——	山	禄步镇西南部	禄步镇
亚玛山	Yàmǎ Shān	——	山	禄步镇西南部	禄步镇
百步梯	Bǎibùtī	——	山	禄步镇西北部	禄步镇
高尾	Gāowěi	——	山	禄步镇西北部	禄步镇
石莑山	Shípéng Shān	——	山	禄步镇西南部	禄步镇
寻窿尾山	Xúnlóngwěi Shān	——	山	禄步镇西部	禄步镇
双里坑顶	Shuānglǐkēng Dǐng	——	山	禄步镇北部	禄步镇
四方松顶	Sìfāngsōng Dǐng	——	山	禄步镇西南部	禄步镇
大坟	Dàfén	——	山	禄步镇东北部	禄步镇
大洲	Dàzhōu	——	山	禄步镇东北部	禄步镇

（续上表）

标准名称	汉语拼音	别名	地名类别	相对位置	所在(跨)行政区
坑尾山	Kēngwěi Shān	——	山	禄步镇西北部	禄步镇
崩岗仔	Bēnggǎngzǎi	——	山	禄步镇北部	禄步镇
三坑见	Sānkēngjiàn	——	山	禄步镇北部	禄步镇
姓郭坑山	Xìngguōkēng Shān	——	山	禄步镇北部	禄步镇
大蓝头	Dàlán Tóu	——	山	禄步镇东北部	禄步镇
高地	Gāodì	——	山	禄步镇西北部	禄步镇
崩坑坳	Bēngkēng Ào	——	山	禄步镇西北部	禄步镇
云㘵坑山	Yúnnángkēng Shān	——	山	禄步镇北部	禄步镇
降面圳	Jiàngmiànzhèn	——	山	禄步镇北部	禄步镇
黄果垌	Huángguǒ Dòng	——	山	禄步镇西北部	禄步镇
冬瓜坑顶	Dōngguākēng Dǐng	——	山	禄步镇西北部	禄步镇
庙坑山	Miàokēng Shān	——	山	禄步镇西北部	禄步镇
南青坑山	Nánqīngkēng Shān	——	山	禄步镇北部	禄步镇
白石顶	Báishí Dǐng	——	山	禄步镇东北部	禄步镇
松崩	Sōngbēng	——	山	禄步镇东北部	禄步镇
大旺顶	Dàwàng Dǐng	——	山	禄步镇西部	禄步镇
河包挽山	Hébāowǎn Shān	——	山	禄步镇北部	禄步镇
蕉坑山	Jiāokēng Shān	——	山	禄步镇北部	禄步镇
枫饭坪	Fēngfàn Píng	——	山	禄步镇西南部	禄步镇
蓝黑尾	Lánhēiwěi	——	山	禄步镇北部	禄步镇
丰树排	Fēngshùpái	——	山	禄步镇北部	禄步镇
牛皮尾	Niúpíwěi	——	山	禄步镇西北部	禄步镇
长尾坑山	Chángwěikēng Shān	——	山	禄步镇西南部	禄步镇
花石尾	Huāshíwěi	——	山	禄步镇北部	禄步镇
长塘山	Chángtáng Shān	——	山	禄步镇北部	禄步镇
官音山	Guānyīn Shān	——	山	禄步镇东北部	禄步镇
田螺岗	Tiánluó Gǎng	——	山	禄步镇西部	禄步镇
横窝顶	Héngwō Dǐng	——	山	禄步镇东北部	禄步镇
黄草岗	Huángcǎo Gǎng	——	山	禄步镇西北部	禄步镇
大秧地顶	Dàyāngdì Dǐng	——	山	禄步镇东北部	禄步镇

（续上表）

标准名称	汉语拼音	别名	地名类别	相对位置	所在(跨)行政区
村督尾	Cūndūwěi	—	山	禄步镇西北部	禄步镇
望天罗岭	Wàngtiānluó Lǐng	—	山	禄步镇北部	禄步镇
天湖塘山	Tiānhútáng Shān	—	山	禄步镇东北部	禄步镇
大王坪	Dàwáng Píng	—	山	禄步镇西北部	禄步镇
石基坑顶	Shíjīkēng Dǐng	—	山	禄步镇北部	禄步镇
大尾顶	Dàwěi Dǐng	—	山	禄步镇西部	禄步镇
仙人骑鹤对面山	Xiānrénqíhè Duìmiàn Shān	—	山	禄步镇北部	禄步镇
雪顶	Xuědǐng	—	山	禄步镇西部	禄步镇
茶源顶	Cháyuán Dǐng	—	山	禄步镇东北部	禄步镇
马鬃顶	Mǎzōng Dǐng	—	山	禄步镇东北部	禄步镇
坑心山	Kēngxīn Shān	—	山	禄步镇东北部	禄步镇
仙人桥尾	Xiānrénqiáowěi	—	山	禄步镇西北部	禄步镇
荔枝坑根	Lìzhī Kēnggēn	—	山	禄步镇西南部	禄步镇
沙姜地	Shājiāngdì	—	山	禄步镇东北部	禄步镇
花生坪山	Huāshēngpíng Shān	—	山	禄步镇东北部	禄步镇
箭猪坑	Jiànzhū Kēng	—	山	禄步镇西北部	禄步镇
大塘山	Dàtáng Shān	—	山	禄步镇东北部	禄步镇
大官坑山	Dàguānkēng Shān	—	山	禄步镇南部	禄步镇
长坑顶	Chángkēng Dǐng	—	山	禄步镇东北部	禄步镇
大降顶	Dàjiàng Dǐng	—	山	禄步镇北部	禄步镇
三脚香炉山	Sānjiǎo Xiānglú Shān	—	山	禄步镇北部	禄步镇
胡佛	Húfó	—	山	禄步镇东北部	禄步镇
罗仔坟	Luózǎifén	—	山	禄步镇西部	禄步镇
高斜顶	Gāoxié Dǐng	—	山	禄步镇北部	禄步镇
阿公车坑	Āgōngchē Kēng	—	山	禄步镇西南部	禄步镇
陈湖岭	Chénhú Lǐng	—	山	禄步镇北部	禄步镇
百花林坪	Bǎihuālín Píng	—	山	禄步镇东北部	禄步镇
大崩凹	Dàbēng Āo	—	山	禄步镇东北部	禄步镇

（续上表）

标准名称	汉语拼音	别名	地名类别	相对位置	所在(跨)行政区
牛尾山	Niúwěi Shān	—	山	禄步镇西北部	禄步镇
大排	Dàpái	—	山	禄步镇西北部	禄步镇
狗𤜭蛤	Gǒunǎhá	—	山	禄步镇北部	禄步镇
北山屋角	Běishānwūjiǎo	—	山	禄步镇西北部	禄步镇
太平坑山	Tàipíngkēng Shān	—	山	禄步镇西北部	禄步镇
大松山	Dàsōng Shān	—	山	禄步镇西北部	禄步镇
双汉山	Shuānghàn Shān	—	山	禄步镇北部	禄步镇
飞天燕	Fēitiānyàn	—	山	禄步镇东北部	禄步镇
黄风坟	Huángfēngfén	—	山	禄步镇西北部	禄步镇
老山计	Lǎoshānjì	—	山	禄步镇东北部	禄步镇
木薯坑山	Mùshǔkēng Shān	—	山	禄步镇西北部	禄步镇
麻眉坑	Máméi Kēng	—	山	禄步镇西南部	禄步镇
石冲面	Shíchōngmiàn	—	山	禄步镇西北部	禄步镇
留坑顶	Liúkēng Dǐng	—	山	禄步镇北部	禄步镇
村前山	Cūnqián Shān	—	山	禄步镇东北部	禄步镇
石壁尾	Shíbìwěi	—	山	禄步镇西部	禄步镇
山厂角	Shānchǎngjiǎo	—	山	禄步镇西北部	禄步镇
大化尾	Dàhuàwěi	—	山	禄步镇西部	禄步镇
牛湖坳	Niúhú Ào	—	山	禄步镇西北部	禄步镇
旱坑顶	Hànkēng Dǐng	—	山	禄步镇西南部	禄步镇
上罗萌顶	Shàngluóméng Dǐng	—	山	禄步镇北部	禄步镇
大竹埇	Dàzhúyǒng	—	山	禄步镇东北部	禄步镇
蓝青顶	Lánqīng Dǐng	—	山	禄步镇东北部	禄步镇
大地尾	Dàdìwěi	—	山	禄步镇北部	禄步镇
马股团	Mǎgǔtuán	—	山	禄步镇北部	禄步镇
仙桥伯公科	Xiānqiáo Bógōngkē	—	山	禄步镇西北部	禄步镇
公王坑顶	Gōngwángkēng Dǐng	—	山	禄步镇西北部	禄步镇
卜船	Bochuán	—	山	禄步镇西北部	禄步镇
大座山	Dàzuò Shān	—	山	禄步镇西南部	禄步镇

（续上表）

标准名称	汉语拼音	别名	地名类别	相对位置	所在（跨）行政区
屋脊坪	Wūjǐ Píng	——	山	禄步镇北部	禄步镇
山雾顶	Shānwù Dǐng	——	山	禄步镇东北部	禄步镇
茅坪坳	Máopíng Ào	——	山	禄步镇东北部	禄步镇
黄惊坑山	Huángjīngkēng Shān	——	山	禄步镇西北部	禄步镇
下崩	Xiàbēng	——	山	禄步镇北部	禄步镇
西水坳	Xīshuǐ Ào	——	山	禄步镇西北部	禄步镇
太婆山	Tàipó Shān	——	山	禄步镇西南部	禄步镇
横惊坑	Héngjīng Kēng	——	山	禄步镇西北部	禄步镇
桂树窝	Guìshùwō	——	山	禄步镇东北部	禄步镇
桂油厂背	Guìyóuchǎngbèi	——	山	禄步镇西北部	禄步镇
大了山	Dàle Shān	——	山	禄步镇西南部	禄步镇
老虎级	Lǎohǔjí	——	山	禄步镇北部	禄步镇
猪屎笼尾	Zhūshǐlóngwěi	——	山	禄步镇东北部	禄步镇
正降坑顶	Zhèngjiàngkēng Dǐng	——	山	禄步镇西北部	禄步镇
凤凰山	Fènghuáng Shān	——	山	禄步镇北部	禄步镇
九曲岭	Jiǔqǔ Lǐng	——	山	禄步镇西南部	禄步镇
狐狸窿坳	Húlílóng Ào	——	山	禄步镇北部	禄步镇
大坪口	Dàpíngkǒu	——	山	禄步镇西南部	禄步镇
扇面	Shànmiàn	——	山	禄步镇东北部	禄步镇
罗文坑顶	Luówénkēng Dǐng	——	山	禄步镇西北部	禄步镇
围湖顶	Wéihú Dǐng	——	山	禄步镇北部	禄步镇
青山	Qīngshān	——	山	禄步镇北部	禄步镇
大坪	Dàpíng	——	山	禄步镇西南部	禄步镇
湴坑尾	Bànkēngwěi	——	山	禄步镇西北部	禄步镇
下九坑山	Xiàjiǔkēng Shān	——	山	禄步镇东北部	禄步镇
大坪	Dàpíng	——	山	禄步镇西南部	禄步镇
上蓝湖	Shànglán Hú	——	山	禄步镇西北部	禄步镇
青山顶	Qīngshān Dǐng	——	山	禄步镇北部	禄步镇
凤凰顶	Fènghuáng Dǐng	——	山	禄步镇北部	禄步镇

（续上表）

标准名称	汉语拼音	别名	地名类别	相对位置	所在(跨)行政区
三脚香炉顶	Sānjiǎo Xiānglú Dǐng	——	山	禄步镇北部	禄步镇
五大窝顶	Wǔdàwō Dǐng	——	山	禄步镇北部	禄步镇
马中顶	Mǎzhōng Dǐng	——	山	禄步镇北部	禄步镇
趁圩坳顶	Chènxū'ào Dǐng	——	山	禄步镇北部	禄步镇
雪顶	Xuědǐng	——	山	禄步镇西部	禄步镇
香炉坑顶	Xiānglúkēng Dǐng	——	山	禄步镇东北部	禄步镇
大屋背顶	Dàwūbèi Dǐng	——	山	禄步镇东北部	禄步镇
下丫山	Xiàyā Shān	——	山	禄步镇东北部	禄步镇
长坑山	Chángkēng Shān	——	山	禄步镇东北部	禄步镇
鸡打	Jīdǎ	——	山	禄步镇西北部	禄步镇
过江龙	Guòjiānglóng	——	山	禄步镇政府驻地北部	禄步镇
白水降	Báishuǐjiàng	——	山	禄步镇东北部	禄步镇
马岗	Mǎgǎng	——	山	南岸街道办西南部	南岸街道
大松顶	Dàsōng Dǐng	——	山	南岸街道办南部	南岸街道
夏岗山	Xiàgǎng Shān	——	山	南岸街道办西南部	南岸街道
庙边岗	Miàobiān Gǎng	——	山	南岸街道办西南部	南岸街道
霞坑	Xiákēng	——	山	镇政府驻地东南部	南岸街道
岗灶社区后龙山	Gǎngzàoshèqū Hòulóng Shān	——	山	南岸街道办西南部	南岸街道
蛇头	Shétóu	——	山	南岸街道办西南部	南岸街道
蚬岗	Xiǎngǎng	——	山	南岸街道办西南部	南岸街道
长山	Chángshān	——	山	南岸街道办西南部	南岸街道
松岗	Sōnggǎng	——	山	南岸街道办西南部	南岸街道
下坑山	Xiàkēng Shān	——	山	南岸街道办西南部	南岸街道
腊茶坑	Làchá Kēng	——	山	南岸街道办东南部	南岸街道
飞鹰岗	Fēiyīng Gǎng	——	山	南岸街道办西南部	南岸街道
牛头山	Niútóu Shān	——	山	南岸街道办西南部	南岸街道
石屋	Shíwū	——	山	南岸街道办西南部	南岸街道
龟山	Guīshān	——	山	南岸街道办西部	南岸街道

（续上表）

标准名称	汉语拼音	别名	地名类别	相对位置	所在（跨）行政区
虎山	Hǔshān	—	山	南岸街道办西南部	南岸街道
猪乸山	Zhūnǎ Shān	—	山	南岸街道办西部	南岸街道
大门山	Dàmén Shān	—	山	南岸街道办东南部	南岸街道
牛头岗	Niútóu Gǎng	—	山	南岸街道办西南部	南岸街道
乌石坑	Wūshí Kēng	—	山	南岸街道办西部	南岸街道
镇塘村后龙山	Zhèntángcūn Hòulóng Shān	—	山	南岸街道办东南部	南岸街道
丁心坑	Dīngxīn Kēng	—	山	南岸街道办西部	南岸街道
金星	Jīnxīng	—	山	南岸街道办西部	南岸街道
谷脊山	Gǔjǐ Shān	—	山	南岸街道办西部	南岸街道
马安芝麻山	Mǎ'ānzhīmá Shān	—	山	南岸街道办西部	南岸街道
蛇头咀	Shétóuzuǐ	—	山	南岸街道办西部	南岸街道
田螺山	Tiánluó Shān	—	山	南岸街道办南部	南岸街道
横坑仔	Héngkēngzǎi	—	山	南岸街道办西部	南岸街道
石九山	Shíjiǔ Shān	—	山	南岸街道办东部	南岸街道
大坑山	Dàkēng Shān	—	山	南岸街道办南部	南岸街道
文仙岗	Wénxiān Gǎng	—	山	南岸街道办东部	南岸街道
金鱼岗	Jīnyú Gǎng	—	山	南岸街道办西部	南岸街道
沙头岭	Shātóu Lǐng	—	山	南岸街道办西部	南岸街道
侧塘山	Cètáng Shān	—	山	南岸街道办西部	南岸街道
科德社区后龙山	Kēdéshèqū Hòulóng Shān	—	山	南岸街道办西部	南岸街道
蛇山	Shéshān	—	山	南岸街道办西部	南岸街道
凤田山	Fèngtián Shān	—	山	南岸街道办东部	南岸街道
大旗山	Dàqí Shān	—	山	南岸街道办西部	南岸街道
黎坑山	Líkēng Shān	—	山	南岸街道办西部	南岸街道
旗山	Qíshān	—	山	南岸街道办西南部	南岸街道
棚寮山	Péngliáo Shān	—	山	南岸街道办西南部	南岸街道
乌榕村后龙山	Wūróngcūn Hòulóng Shān	—	山	南岸街道办东部	南岸街道

（续上表）

标准名称	汉语拼音	别名	地名类别	相对位置	所在(跨)行政区
大塘山	Dàtáng Shān	—	山	南岸街道办西部	南岸街道
石头山	Shítóu Shān	—	山	南岸街道办西部	南岸街道
牛岭	Niúlǐng	—	山	南岸街道办西部	南岸街道
章坑山	Zhāngkēng Shān	—	山	南岸街道办西部	南岸街道
飞鹅山	Fēi'é Shān	—	山	南岸街道办西部	南岸街道
塘头山	Tángtóu Shān	—	山	南岸街道办南部	南岸街道
鹤山顶	Hèshān Dǐng	—	山	南岸街道办西南部	南岸街道
正咀山	Zhèngzuǐ Shān	—	山	南岸街道办西部	南岸街道
象山	Xiàngshān	—	山	南岸街道办西南部	南岸街道
坦场村后龙山	Tǎnchǎngcūn Hòulóng Shān	—	山	南岸街道办东南部	南岸街道
猪坟	Zhūfén	—	山	南岸街道办东南部	南岸街道
科德山	Kēdé Shān	—	山	南岸街道办西部	南岸街道
杉坑山	Shānkēng Shān	—	山	南岸街道办西部	南岸街道
大面山	Dàmiàn Shān	—	山	南岸街道办西部	南岸街道
南坑山	Nánkēng Shān	—	山	南岸街道办西部	南岸街道
丁心山	Dīngxīn Shān	—	山	南岸街道办西部	南岸街道
象山	Xiàngshān	—	山	南岸街道办西南部	南岸街道
五指弹琴山	Wǔzhǐtánqín Shān	—	山	南岸街道办西部	南岸街道
鲤鱼咀	Lǐyúzuǐ	—	山	南岸街道办西部	南岸街道
牛渡山	Niúdù Shān	—	山	南岸街道办西南部	南岸街道
松山	Sōngshān	—	山	南岸街道办西部	南岸街道
香炉岗	Xiānglú Gǎng	—	山	南岸街道办西南部	南岸街道
后龙岗	Hòulóng Gǎng	—	山	南岸街道办西南部	南岸街道
大白老	Dàbáilǎo	—	山	南岸街道办西部	南岸街道
大坑山	Dàkēng Shān	—	山	南岸街道办西部	南岸街道
担水坑	Dānshuǐ Kēng	—	山	南岸街道办西部	南岸街道
白坟山	Báifén Shān	—	山	南岸街道办西部	南岸街道
黎坑顶	Líkēng Dǐng	—	山	南岸街道办西部	南岸街道

(续上表)

标准名称	汉语拼音	别名	地名类别	相对位置	所在(跨)行政区
湖竹塘顶	Húzhútáng Dǐng	——	山	南岸街道办西南部	南岸街道
崩烂山	Bēnglàn Shān	——	山	南岸街道办西部	南岸街道
文笔顶	Wénbǐ Dǐng	——	山	南岸街道办东南部	南岸街道
大坑山	Dàkēng Shān	——	山	南岸街道办西部	南岸街道
灯心塘顶	Dēngxīntáng Dǐng	——	山	南岸街道办西部	南岸街道
挡盘山	Dǎngpán Shān	——	山	水南镇东南部	水南镇
河背岭	Hébèi Lǐng	——	山	水南镇东北部	水南镇
三元岗	Sānyuán Gǎng	——	山	水南镇东南部	水南镇
老鼠围	Lǎoshǔwéi	——	山	水南镇东北部	水南镇
横丫山	Héngyā Shān	——	山	水南镇南部	水南镇
伯公湾	Bógōng Wān	——	山	水南镇南部	水南镇
罗沙山	Luóshā Shān	——	山	水南镇西北部	水南镇
新田顶	Xīntián Dǐng	——	山	水南镇南部	水南镇
盘龙岗	Pánlóng Gǎng	——	山	水南镇北部	水南镇
庙坑山	Miàokēng Shān	——	山	水南镇西南部	水南镇
坑仔尾	Kēngzǎiwěi	——	山	水南镇南部	水南镇
长坑尾山顶	Chángkēngwěi Shāndǐng	——	山	水南镇东南部	水南镇
凤塘山	Fèngtáng Shān	——	山	水南镇北部	水南镇
大播庙	Dàbō Miào	——	山	水南镇北部	水南镇
塘头山	Tángtóu Shān	——	山	水南镇东北部	水南镇
大郁	Dàyù	——	山	水南镇北部	水南镇
高竹山	Gāozhú Shān	——	山	水南镇东南部	水南镇
小油茶山	Xiǎoyóuchá Shān	——	山	水南镇东部	水南镇
塘坑	Tángkēng	——	山	水南镇东部	水南镇
白鸡𡜵	Báijīnǎ	——	山	水南镇东北部	水南镇
石角湾	Shíjiǎo Wān	——	山	水南镇东北部	水南镇
石龙山	Shílóng Shān	——	山	水南镇西北部	水南镇
沙碌黄泥坑山	Shālùhuángníkēng Shān	——	山	水南镇西北部	水南镇

（续上表）

标准名称	汉语拼音	别名	地名类别	相对位置	所在(跨)行政区
禾地背	Hédìbèi	——	山	水南镇北部	水南镇
后背山	Hòubèi Shān	——	山	水南镇北部	水南镇
坑门口	Kēngménkǒu	——	山	水南镇南部	水南镇
石坳屋背山	Shíàowūbèi Shān	——	山	水南镇东部	水南镇
细报山	Xìbào Shān	——	山	水南镇西北部	水南镇
沉甘坑山	Chéngānkēng Shān	——	山	水南镇北部	水南镇
过坳塘	Guò'ào Táng	——	山	水南镇北部	水南镇
大王见	Dàwángjiàn	——	山	水南镇东北部	水南镇
对面窝	Duìmiànwō	——	山	水南镇东北部	水南镇
芋夹尾山	Yùjiáwěi Shān	——	山	水南镇东部	水南镇
马栏坑山	Mǎlánkēng Shān	——	山	水南镇东北部	水南镇
罗企坑山	Luóqǐkēng Shān	——	山	水南镇东北部	水南镇
伯公见	Bógōngjiàn	——	山	水南镇东北部	水南镇
飞鹅头竹山	Fēi'étóuzhú Shān	——	山	水南镇西北部	水南镇
坑口屋背山	Kēngkǒu Wūbèi Shān	——	山	水南镇北部	水南镇
大林坑山	Dàlínkēng Shān	——	山	水南镇北部	水南镇
山仔岭	Shānzǎi Lǐng	——	山	水南镇北部	水南镇
大降坑山	Dàjiàngkēng Shān	——	山	水南镇东北部	水南镇
坑桂山	Kēngguì Shān	——	山	水南镇西南部	水南镇
大黄排	Dàhuángpái	——	山	水南镇东北部	水南镇
沉朵西丫	Chénduǒxīyā	——	山	水南镇北部	水南镇
高降尾	Gāojiàngwěi	——	山	水南镇北部	水南镇
犁头嘴	Lítóuzuǐ	——	山	水南镇东北部	水南镇
河木岗背	Hémùgǎngbèi	——	山	水南镇北部	水南镇
石排窝	Shípái Wō	——	山	水南镇东部	水南镇
双標顶	Shuāngbiāo Dǐng	——	山	水南镇北部	水南镇
大坪岭	Dàpíng Lǐng	——	山	水南镇北部	水南镇
果仔山	Guǒzǎi Shān	——	山	水南镇西南部	水南镇

（续上表）

标准名称	汉语拼音	别名	地名类别	相对位置	所在（跨）行政区
上垌山	Shàngdòng Shān	——	山	水南镇东南部	水南镇
亚林迳顶	Yàlínjìng Dǐng	——	山	水南镇北部	水南镇
江壁	Jiāngbì	——	山	水南镇北部	水南镇
双壬屋背山	Shuāngrén Wūbèi Shān	——	山	水南镇东北部	水南镇
双富岭	Shuāngfù Lǐng	——	山	水南镇北部	水南镇
石村岭	Shícūn Lǐng	——	山	水南镇东部	水南镇
松山	Sōngshān	——	山	水南镇东南部	水南镇
大坑岭	Dàkēng Lǐng	——	山	水南镇东南部	水南镇
黄泥坑右边	Huángníkēng Yòubiān	——	山	水南镇东部	水南镇
田丫尾	Tiányāwěi	——	山	水南镇南部	水南镇
竹瓦山	Zhúwǎ Shān	——	山	水南镇东南部	水南镇
禽劳岗	Qínláo Gǎng	——	山	水南镇东北部	水南镇
大袍山	Dàpáo Shān	——	山	水南镇东部	水南镇
湖洋口	Húyángkǒu	——	山	水南镇东部	水南镇
高坑顶	Gāokēng Dǐng	——	山	水南镇东部	水南镇
稔塘石硖排	Rěntángshíxiápái	——	山	水南镇西部	水南镇
大冷水	Dàlěngshuǐ	——	山	水南镇北部	水南镇
鹅瘤岗	Éliú Gǎng	——	山	水南镇北部	水南镇
梅坑口	Méikēngkǒu	——	山	水南镇东南部	水南镇
独田坑山	Dútiánkēng Shān	——	山	水南镇东部	水南镇
高圳窝	Gāozhènwō	——	山	水南镇东北部	水南镇
松油丫	Sōngyóuyā	——	山	水南镇东北部	水南镇
稔塘顶	Rěntáng Dǐng	——	山	水南镇西部	水南镇
罗独坑	Luódú Kēng	——	山	水南镇东北部	水南镇
石壁坑顶	Shíbìkēng Dǐng	——	山	水南镇北部	水南镇
坑花山	Kēnghuā Shān	——	山	水南镇西南部	水南镇
黄豆窝	Huángdòu Wō	——	山	水南镇北部	水南镇
坪头岗	Píngtóu Gǎng	——	山	水南镇东北部	水南镇

（续上表）

标准名称	汉语拼音	别名	地名类别	相对位置	所在(跨)行政区
炭窝	Tànwō	——	山	水南镇东部	水南镇
鸡笼坑顶	Jīlóngkēng Dǐng	——	山	水南镇西北部	水南镇
范背垄	Fànbèilǒng	——	山	水南镇北部	水南镇
梭罗坑顶	Suōluókēng Dǐng	——	山	水南镇北部	水南镇
细项	Xìxiàng	——	山	水南镇北部	水南镇
油房山	Yóufáng Shān	——	山	水南镇北部	水南镇
冲坑顶	Chōngkēng Dǐng	——	山	水南镇东北部	水南镇
黎坑顶	Líkēng Dǐng	——	山	水南镇北部	水南镇
大崀	Dàlàng	——	山	水南镇北部	水南镇
岭仔头	Lǐngzǎitóu	——	山	水南镇东部	水南镇
水洋坑山	Shuǐyángkēng Shān	——	山	水南镇东部	水南镇
庙对门山顶	Miàoduìmén Shāndǐng	——	山	水南镇东部	水南镇
后背山	Hòubèi Shān	——	山	水南镇东北部	水南镇
企岭	Qǐlǐng	——	山	水南镇东部	水南镇
大茶坑山	Dàchákēng Shān	——	山	水南镇东北部	水南镇
樟木坑口	Zhāngmù Kēngkǒu	——	山	水南镇东北部	水南镇
对面山	Duìmiàn Shān	——	山	水南镇南部	水南镇
双任山	Shuāngrèn Shān	——	山	水南镇北部	水南镇
白石岗顶	Báishígǎng Dǐng	——	山	水南镇东部	水南镇
秋风坑山	Qiūfēngkēng Shān	——	山	水南镇东北部	水南镇
山塘上	Shāntángshàng	——	山	水南镇东北部	水南镇
牛湖下山	Niúhúxià Shān	——	山	水南镇东部	水南镇
石见顶	Shíjiàn Dǐng	——	山	水南镇东部	水南镇
黄瓜坳	Huángguā Ào	——	山	水南镇东北部	水南镇
拥坑山	Yōngkēng Shān	——	山	水南镇北部	水南镇
谢坑山	Xièkēng Shān	——	山	水南镇南部	水南镇
下坪屋背顶	Xiàpíng Wūbèi Dǐng	——	山	水南镇东部	水南镇
瑶斗尾	Yáodǒuwěi	——	山	水南镇东南部	水南镇

（续上表）

标准名称	汉语拼音	别名	地名类别	相对位置	所在(跨)行政区
刁仔坑山	Diāozǎikēng Shān	—	山	水南镇东北部	水南镇
半岭排	Bànlǐngpái	—	山	水南镇东北部	水南镇
倒寮山	Dǎoliáo Shān	—	山	水南镇北部	水南镇
大坪顶	Dàpíng Dǐng	—	山	水南镇东南部	水南镇
旱窝	Hànwō	—	山	水南镇东北部	水南镇
坭程顶	Níchéng Dǐng	—	山	水南镇东北部	水南镇
大岭	Dàlǐng	—	山	水南镇北部	水南镇
石槁窝	Shígǎo Wō	—	山	水南镇南部	水南镇
大排山	Dàpái Shān	—	山	水南镇东北部	水南镇
新田窝	Xīntián Wō	—	山	水南镇东南部	水南镇
黄松头	Huángsōngtóu	—	山	水南镇北部	水南镇
石头坪	Shítóu Píng	—	山	水南镇东南部	水南镇
大磅	Dàpáng	—	山	水南镇西北部	水南镇
油房背	Yóufángbèi	—	山	水南镇东南部	水南镇
山疗山	Shānliáo Shān	—	山	水南镇南部	水南镇
黄竹科	Huángzhúkē	—	山	水南镇东部	水南镇
葫芦田背	Húlútiánbèi	—	山	水南镇东北部	水南镇
金刀岭	Jīndāo Lǐng	—	山	水南镇东部	水南镇
云篗顶	Yúnlóng Dǐng	—	山	水南镇东部	水南镇
石田岭	Shítián Lǐng	—	山	水南镇东南部	水南镇
山朱坑对面山	Shānzhū Kēng Duìmiàn Shān	—	山	水南镇东南部	水南镇
刁仔地	Diāozǎidì	—	山	水南镇东部	水南镇
龙颈根	Lóngjǐnggēn	—	山	水南镇东南部	水南镇
鬼翻石	Guǐfānshí	—	山	水南镇东部	水南镇
罗林坑山	Luólínkēng Shān	—	山	水南镇东北部	水南镇
偷鸡尾	Tōujīwěi	—	山	水南镇北部	水南镇
学校背	Xuéxiàobèi	—	山	水南镇东南部	水南镇
大石鼓	Dàshígǔ	—	山	水南镇东南部	水南镇
倒装尾山	Dǎozhuāngwěi Shān	—	山	水南镇东北部	水南镇

（续上表）

标准名称	汉语拼音	别名	地名类别	相对位置	所在(跨)行政区
独岗	Dúgǎng	——	山	水南镇北部	水南镇
葵扇尾	Kuíshànwěi	——	山	水南镇东北部	水南镇
围豪顶	Wéiháo Dǐng	——	山	水南镇南部	水南镇
大陂头屋背顶	Dàbēitóu Wūbèi Dǐng	——	山	水南镇东北部	水南镇
旱窝见	Hànwōjiàn	——	山	水南镇东北部	水南镇
留文台	Liúwéntái	——	山	水南镇东北部	水南镇
龙勾咀	Lónggōuzuǐ	——	山	水南镇东部	水南镇
何九排顶	Héjiǔpái Dǐng	——	山	水南镇东部	水南镇
罗企顶	Luóqǐ Dǐng	——	山	水南镇东北部	水南镇
打石山	Dǎshí Shān	——	山	水南镇东南部	水南镇
石牙头山	Shíyátóu Shān	——	山	水南镇东北部	水南镇
大项	Dàxiàng	——	山	水南镇北部	水南镇
花香炉	Huāxiānglú	——	山	水南镇东部	水南镇
上下坟坪	Shàngxiàfén Píng	——	山	水南镇东北部	水南镇
大排降	Dàpáijiàng	——	山	水南镇东北部	水南镇
先峰顶	Xiānfēng Dǐng	——	山	水南镇东北部	水南镇
羊丫田山	Yángyātián Shān	——	山	水南镇东北部	水南镇
老虎尾	Lǎohǔwěi	——	山	水南镇东南部	水南镇
黄榄坑山	Huánglǎnkēng Shān	——	山	水南镇东北部	水南镇
烂书房顶	Lànshūfáng Dǐng	——	山	水南镇东部	水南镇
企坑顶	Qǐkēng Dǐng	——	山	水南镇东部	水南镇
当丫头山	Dāngyātóu Shān	——	山	水南镇东南部	水南镇
花生坪	Huāshēng Píng	——	山	水南镇东南部	水南镇
牛栏坑顶	Niúlánkēng Dǐng	——	山	水南镇北部	水南镇
姜地坑山	Jiāngdìkēng Shān	——	山	水南镇东北部	水南镇
云泥坑山	Yúnníkēng Shān	——	山	水南镇东北部	水南镇
林场屋顶	Línchǎngwū Dǐng	——	山	水南镇东北部	水南镇
石鼓窝	Shígǔ Wō	——	山	水南镇东部	水南镇
长江坑山	Chángjiāngkēng Shān	——	山	水南镇东北部	水南镇

（续上表）

标准名称	汉语拼音	别名	地名类别	相对位置	所在（跨）行政区
大弯顶	Dàwān Dǐng	—	山	水南镇东部	水南镇
雷公松顶	Léigōngsōng Dǐng	—	山	水南镇东部	水南镇
姓蓝背	Xìnglánbèi	—	山	水南镇东南部	水南镇
下岭脚	Xiàlǐngjiǎo	—	山	水南镇东南部	水南镇
高尾肚	Gāowěidù	—	山	水南镇北部	水南镇
大湾坑山	Dàwānkēng Shān	—	山	水南镇东部	水南镇
波罗坑脊	Bōluókēngjǐ	—	山	水南镇东南部	水南镇
松山窝	Sōngshān Wō	—	山	水南镇东南部	水南镇
牛栏顶	Niúlán Dǐng	—	山	水南镇北部	水南镇
茅坪	Máo Píng	—	山	水南镇东部	水南镇
石川坑山	Shíchuānkēng Shān	—	山	水南镇东北部	水南镇
山姜窝	Shānjiāng Wō	—	山	水南镇东南部	水南镇
下门口	Xiàménkǒu	—	山	水南镇北部	水南镇
乌倒坑山	Wūdǎokēng Shān	—	山	水南镇东北部	水南镇
烂屋坪	Lànwū Píng	—	山	水南镇东部	水南镇
打石排	Dǎshípái	—	山	水南镇东南部	水南镇
河树窝顶	Héshùwō Dǐng	—	山	水南镇东南部	水南镇
双任坑山	Shuāngrènkēng Shān	—	山	水南镇东部	水南镇
翻茨顶	Fāncí Dǐng	—	山	水南镇东北部	水南镇
一村对面山	Yīcūn Duìmiàn Shān	—	山	水南镇东部	水南镇
下湖洋	Xiàhúyáng	—	山	水南镇东北部	水南镇
隔坑口	Gékēngkǒu	—	山	水南镇东部	水南镇
下山顶	Xiàshān Dǐng	—	山	水南镇东部	水南镇
朱肇峰山	Zhūzhàofēng Shān	—	山	水南镇东部	水南镇
石坳顶	Shí'ào Dǐng	—	山	水南镇东部	水南镇
龙顶岗	Lóngdǐng Gǎng	—	山	水南镇东部	水南镇
陆仔地	Lùzǎidì	—	山	水南镇东北部	水南镇
上湖洋	Shànghúyáng	—	山	水南镇东北部	水南镇
印头山	Yìntóu Shān	—	山	水南镇东部	水南镇

（续上表）

标准名称	汉语拼音	别名	地名类别	相对位置	所在(跨)行政区
云泥顶	Yúnní Dǐng	——	山	水南镇东北部	水南镇
桃仔窝	Táozǎi Wō	——	山	水南镇东部	水南镇
横岗顶	Hénggǎng Dǐng	——	山	水南镇东北部	水南镇
阿麻窝见	Āmáwōjiàn	——	山	水南镇东南部	水南镇
长见排	Chángjiànpái	——	山	水南镇东北部	水南镇
大顶	Dàdǐng	——	山	水南镇东部	水南镇
沙坑岗顶	Shākēnggǎng Dǐng	——	山	水南镇东部	水南镇
高降	Gāojiàng	——	山	水南镇东部	水南镇
乌石坳脚	Wūshí'àojiǎo	——	山	水南镇东南部	水南镇
胜靠石	Shèngkàoshí	——	山	水南镇东北部	水南镇
大崩岗	Dàbēng Gǎng	——	山	水南镇东北部	水南镇
冷水顶	Lěngshuǐ Dǐng	——	山	水南镇北部	水南镇
围毫顶	Wéiháo Dǐng	——	山	水南镇东北部	水南镇
南蛇岭	Nánshé Lǐng	——	山	水南镇西部	水南镇
竹窝寒山	Zhúwōhán Shān	——	山	水南镇东部	水南镇
桂窝	Guìwō	——	山	水南镇东部	水南镇
大窝尾	Dàwōwěi	——	山	水南镇东部	水南镇
龙陂鼻顶	Lóngbēibí Dǐng	——	山	水南镇东北部	水南镇
高降顶	Gāojiàng Dǐng	——	山	水南镇东部	水南镇
火烧见	Huǒshāojiàn	——	山	水南镇东部	水南镇
二坑顶	Èrkēng Dǐng	——	山	水南镇西部	水南镇
大坎	Dàkǎn	——	山	水南镇东部	水南镇
湖洋窝	Húyángwō	——	山	水南镇东部	水南镇
湖洋山	Húyáng Shān	——	山	水南镇东北部	水南镇
更古楼山	Gènggǔlóu Shān	——	山	水南镇东部	水南镇
石坑底	Shíkēngdǐ	——	山	水南镇东部	水南镇
屋背田龙窝	Wūbèitián Lóngwō	——	山	水南镇东部	水南镇
石马头	Shímǎtóu	——	山	水南镇东北部	水南镇
石壁窝	Shíbì Wō	——	山	水南镇东南部	水南镇

（续上表）

标准名称	汉语拼音	别名	地名类别	相对位置	所在(跨)行政区
直水窝山	Zhíshuǐwō Shān	——	山	水南镇东部	水南镇
蛇颈	Shéjǐng	——	山	水南镇东部	水南镇
阿任窝	Ārèn Wō	——	山	水南镇东南部	水南镇
白石岭	Báishí Lǐng	——	山	水南镇东北部	水南镇
大排	Dàpái	——	山	水南镇东北部	水南镇
中心见	Zhōngxīnjiàn	——	山	水南镇东部	水南镇
大猪坪	Dàzhū Píng	——	山	水南镇东部	水南镇
企壁顶	Qǐbì Dǐng	——	山	水南镇东北部	水南镇
石塘顶	Shítáng Dǐng	——	山	水南镇东部	水南镇
对面岗	Duìmiàn Gǎng	——	山	水南镇东北部	水南镇
黄榄头	Huánglǎntóu	——	山	水南镇东南部	水南镇
田寮山	Tiánliáo Shān	——	山	水南镇东部	水南镇
观音座莲	Guānyīnzuòlián	——	山	水南镇东部	水南镇
癞痢石山	Làilìshí Shān	——	山	水南镇东北部	水南镇
石狮坳	Shíshī Ào	——	山	水南镇东部	水南镇
麻竹窝顶	Mázhúwō Dǐng	——	山	水南镇东部	水南镇
杉山	Shānshān	——	山	水南镇东北部	水南镇
长见咀	Zhǎngjiànzuǐ	——	山	水南镇东部	水南镇
大坪托	Dàpíngtuō	——	山	水南镇东部	水南镇
大石鼓	Dàshígǔ	——	山	水南镇东部	水南镇
旧厂顶	Jiùchǎng Dǐng	——	山	水南镇东南部	水南镇
黄牛凸	Huángniútū	——	山	水南镇东部	水南镇
对门山	Duìmén Shān	——	山	水南镇东部	水南镇
大岗顶	Dàgǎng Dǐng	——	山	水南镇东南部	水南镇
坑花顶	Kēnghuā Dǐng	——	山	水南镇西部	水南镇
白公坳	Báigōng Ào	——	山	水南镇东北部	水南镇
牛湖坳顶	Niúhú'ào Dǐng	——	山	水南镇东部	水南镇
竹仔顶	Zhúzǎi Dǐng	——	山	水南镇东部	水南镇
杉田岗排	Shāntiángǎngpái	——	山	水南镇东南部	水南镇
大坪窝	Dàpíng Wō	——	山	水南镇东北部	水南镇

（续上表）

标准名称	汉语拼音	别名	地名类别	相对位置	所在(跨)行政区
涨水窝顶	Zhǎngshuǐwō Dǐng	——	山	水南镇东部	水南镇
上岭背	Shànglǐngbèi	——	山	水南镇东部	水南镇
黄豆坪顶	Huángdòupíng Dǐng	——	山	水南镇东部	水南镇
洋七窝	Yángqī Wō	——	山	水南镇东南部	水南镇
四方峰	Sìfāngfēng	——	山	水南镇东部	水南镇
上贡顶	Shànggòng Dǐng	——	山	水南镇东部	水南镇
崩光窝	Bēngguāng Wō	——	山	水南镇东部	水南镇
田尾顶	Tiánwěi Dǐng	——	山	水南镇东南部	水南镇
大王顶	Dàwáng Dǐng	——	山	水南镇东北部	水南镇
双杞顶	Shuāngqǐ Dǐng	——	山	水南镇东部	水南镇
石狮坑	Shíshī Kēng	——	山	水南镇东部	水南镇
瑶老坪	Yáolǎo Píng	——	山	水南镇东部	水南镇
正坑尾	Zhèngkēngwěi	——	山	水南镇东部	水南镇
狮苗排	Shīmiáopái	——	山	水南镇东部	水南镇
寒山	Hánshān	——	山	水南镇东部	水南镇
杉田岗排	Shāntiángǎngpái	——	山	水南镇东南部	水南镇
葫芦顶	Húlú Dǐng	——	山	水南镇东北部	水南镇
大排	Dàpái	——	山	水南镇东部	水南镇
高斜顶	Gāoxié Dǐng	——	山	水南镇东部	水南镇
乌石坳顶	Wūshí'ào Dǐng	——	山	水南镇东南部	水南镇
高角排	Gāojiǎopái	——	山	水南镇东部	水南镇
牛角窝顶	Niújiǎowō Dǐng	——	山	水南镇东南部	水南镇
圆见山	Yuánjiàn Shān	——	山	水南镇东部	水南镇
焦刀窝顶	Jiāodāowō Dǐng	——	山	水南镇东南部	水南镇
围城顶	Wéichéng Dǐng	——	山	水南镇东北部	水南镇
网草窝顶	Wǎngcǎowō Dǐng	——	山	水南镇东部	水南镇
石羊顶	Shíyáng Dǐng	——	山	水南镇东部	水南镇
天顶	Tiāndǐng	——	山	水南镇东部	水南镇
鲩鱼状坳	Huànyúzhuàng Ào	——	山	水南镇东部	水南镇
新田岗	Xīntián Gǎng	——	山	水南镇东南部	水南镇

（续上表）

标准名称	汉语拼音	别名	地名类别	相对位置	所在（跨）行政区
大排顶	Dàpái Dǐng	—	山	水南镇东部	水南镇
横窝顶	Héngwō Dǐng	—	山	水南镇东部	水南镇
西坑尾顶	Xīkēngwěi Dǐng	—	山	水南镇东部	水南镇
屙屎坳顶	Kēshǐ'ào Dǐng	—	山	水南镇东部	水南镇
三丫顶	Sānyā Dǐng	—	山	水南镇东部	水南镇
七星顶	Qīxīng Dǐng	—	山	水南镇东部	水南镇
坳头顶	Àotóu Dǐng	—	山	水南镇东部	水南镇
花果山	Huāguǒ Shān	—	山	水南镇南部	水南镇
旧灰山	Jiùhuī Shān	—	山	蚬岗镇西部	蚬岗镇
五马归槽	Wǔmǎguīcáo	—	山	蚬岗镇南部	蚬岗镇
范山后岗	Fànshān Hòugǎng	—	山	蚬岗镇西北部	蚬岗镇
秃头岗	Tūtóu Gǎng	—	山	蚬岗镇西南部	蚬岗镇
飞鹅洲	Fēi'ézhōu	—	山	蚬岗镇东北部	蚬岗镇
罗下山	Luóxià Shān	—	山	蚬岗镇西部	蚬岗镇
大拼山	Dàpīn Shān	—	山	蚬岗镇西部	蚬岗镇
村头后龙山	Cūntóu Hòulóng Shān	—	山	蚬岗镇西部	蚬岗镇
仙人顶	Xiānrén Dǐng	—	山	蚬岗镇西部	蚬岗镇
狮脑	Shīnǎo	—	山	蚬岗镇西南部	蚬岗镇
围博山脚	Wéibó Shānjiǎo	—	山	蚬岗镇西南部	蚬岗镇
围博顶	Wéibó Dǐng	—	山	蚬岗镇西南部	蚬岗镇
蛇山尾	Shéshānwěi	—	山	蚬岗镇南部	蚬岗镇
牙鹰咀	Yáyīngzuǐ	—	山	蚬岗镇西部	蚬岗镇
双山	Shuāngshān	—	山	蚬岗镇南部	蚬岗镇
大窝山	Dàwō Shān	—	山	蚬岗镇南部	蚬岗镇
金鸡山	Jīnjī Shān	—	山	蚬岗镇西北部	蚬岗镇
下挂灯	Xiàguàdēng	—	山	蚬岗镇西南部	蚬岗镇
上挂灯	Shàngguàdēng	—	山	蚬岗镇西南部	蚬岗镇
狮脊	Shījǐ	—	山	蚬岗镇西部	蚬岗镇
猫儿山	Māo'ér Shān	—	山	蚬岗镇西部	蚬岗镇

（续上表）

标准名称	汉语拼音	别名	地名类别	相对位置	所在(跨)行政区
榄坑山	Lǎnkēng Shān	—	山	蚬岗镇西南部	蚬岗镇
猪𡎒围	Zhūnǎwéi	—	山	蚬岗镇西部	蚬岗镇
蛇尾山	Shéwěi Shān	—	山	蚬岗镇西部	蚬岗镇
马山	Mǎshān	—	山	蚬岗镇西南部	蚬岗镇
猛虎山	Měnghǔ Shān	—	山	蚬岗镇西南部	蚬岗镇
矮山	Ǎi shān	—	山	蚬岗镇南部	蚬岗镇
竹婆山	Zhúpó Shān	—	山	蚬岗镇西南部	蚬岗镇
老鼠岗	Lǎoshǔ Gǎng	—	山	蚬岗镇西北部	蚬岗镇
围路坑	Wéilù Kēng	—	山	蚬岗镇西北部	蚬岗镇
大岗头	Dàgǎngtóu	—	山	蚬岗镇北部	蚬岗镇
芙蓉山	Fúróng Shān	—	山	蚬岗镇西南部	蚬岗镇
大山	Dàshān	—	山	蚬岗镇南部	蚬岗镇
大石顶	Dàshí Dǐng	—	山	蚬岗镇西部	蚬岗镇
金寺顶	Jīnsì Dǐng	—	山	蚬岗镇西南部	蚬岗镇
白石山	Báishí Shān	—	山	蚬岗镇西南部	蚬岗镇
良坑小回龙	Liángkēng Xiǎohuílóng	—	山	蚬岗镇西南部	蚬岗镇
东瓜山	Dōngguā Shān	—	山	蚬岗镇西南部	蚬岗镇
围博大回龙	Wéibó Dàhuílóng	—	山	蚬岗镇西南部	蚬岗镇
牛项山	Niúxiàng Shān	—	山	蚬岗镇西北部	蚬岗镇
罗坟	Luófén	—	山	蚬岗镇西部	蚬岗镇
三后岗顶	Sānhòugǎng Dǐng	—	山	蚬岗镇东南部	蚬岗镇
雷公背顶	Léigōngbèi Dǐng	—	山	蚬岗镇西南部	蚬岗镇
大金顶	Dàjīn Dǐng	—	山	蚬岗镇南部	蚬岗镇
大踏岭	Dàtà Lǐng	—	山	蚬岗镇北部	蚬岗镇
公山	Gōngshān	—	山	蚬岗镇东南部	蚬岗镇
长岭	Chánglǐng	—	山	蚬岗镇北部	蚬岗镇
企石碧	Qǐshíbì	—	山	蚬岗镇东南部	蚬岗镇
牛项顶	Niúxiàng Dǐng	—	山	蚬岗镇西北部	蚬岗镇
将军顶	Jiāngjūn Dǐng	—	山	蚬岗镇东南部	蚬岗镇

（续上表）

标准名称	汉语拼音	别名	地名类别	相对位置	所在(跨)行政区
石托	Shítuō	——	山	蚬岗镇西北部	蚬岗镇
船尾楼	Chuánwěilóu	——	山	蚬岗镇北部	蚬岗镇
栏柯山	Lánkēshān	腐柯山、斧柯山	山	金渡镇北部	金渡镇
担水坑	Dānshuǐ Kēng	——	山	小湘镇西部	小湘镇
云带尾	Yúndàiwěi	——	山	小湘镇北部	小湘镇
白云山	Báiyún Shān		山	小湘镇政府驻地西北部	小湘镇
禾地背	Hédìbèi		山	小湘镇政府驻地北部	小湘镇
平岗	Pínggǎng		山	小湘镇西部	小湘镇
麦坑	Màikēng		山	小湘镇政府驻地西部	小湘镇
庙岭头	Miàolǐngtóu		山	小湘镇政府驻地西北部	小湘镇
黄泥咀	Huángnízuǐ		山	小湘镇政府驻地西北部	小湘镇
杉坑	Shānkēng		山	小湘镇政府驻地北部	小湘镇
松树窝屋背	Sōngshùwō Wūbèi		山	小湘镇政府驻地北部	小湘镇
饭堂岗	Fàntáng Gǎng		山	小湘镇政府驻地西北部	小湘镇
罗岗山	Luógǎng Shān		山	小湘镇政府驻地西北部	小湘镇
大坪顶	Dàpíng Dǐng		山	小湘镇政府驻地北部	小湘镇
羊补拿顶	Yángbǔná Dǐng		山	小湘镇政府驻地北部	小湘镇
云带坑尾	Yúndài Kēngwěi		山	小湘镇政府驻地北部	小湘镇
牛尾巴	Niúwěibā		山	小湘镇政府驻地北部	小湘镇
芒山	Mángshān		山	小湘镇政府驻地北部	小湘镇
九尾山	Jiǔwěi Shān		山	小湘镇政府驻地北部	小湘镇
猫头山	Māotóu Shān		山	小湘镇政府驻地西北部	小湘镇
猪山	Zhūshān		山	小湘镇政府驻地北部	小湘镇
大田岗	Dàtián Gǎng		山	小湘镇政府驻地西部	小湘镇
岗谷地	Gǎnggǔdì		山	小湘镇政府驻地西北部	小湘镇
太平围村后龙山	Tàipíngwéicūn Hòulóng Shān		山	小湘镇政府驻地西北部	小湘镇
长空湾	Chángkōng Wān		山	小湘镇政府驻地北部	小湘镇
由甲塘山	Yóuyuētáng Shān		山	小湘镇政府驻地北部	小湘镇

（续上表）

标准名称	汉语拼音	别名	地名类别	相对位置	所在(跨)行政区
大洲山	Dàzhōu Shān	——	山	小湘镇政府驻地西北部	小湘镇
大埌山	Dàlàng Shān	——	山	小湘镇政府驻地西北部	小湘镇
老鼠岗	Lǎoshǔ Gǎng	——	山	小湘镇政府驻地西北部	小湘镇
偷鸡坳山	Tōujī'ào Shān	——	山	小湘镇政府驻地北部	小湘镇
罗岗咀	Luógǎngzuǐ	——	山	小湘镇政府驻地西北部	小湘镇
观音岭	Guānyīn Lǐng	——	山	小湘镇政府驻地北部	小湘镇
麻泥壁	Mánníbì	——	山	小湘镇政府驻地东北部	小湘镇
水井茅儿鸦	Shuǐjǐng Máo'ér'yā	——	山	小湘镇政府驻地北部	小湘镇
茅岗岭	Máogǎng Lǐng	——	山	小湘镇政府驻地西部	小湘镇
二顶	Èrdǐng	——	山	小湘镇政府驻地西北部	小湘镇
五指山	Wǔzhǐ Shān	——	山	小湘镇政府驻地西北部	小湘镇
蛇坑口	Shékēngkǒu	——	山	小湘镇政府驻地东北部	小湘镇
海背	Hǎibèi	——	山	小湘镇政府驻地西南部	小湘镇
蒲岗	Púgǎng	——	山	小湘镇政府驻地西北部	小湘镇
四月坟	Sìyuèfén	——	山	小湘镇政府驻地西北部	小湘镇
篱笛塘	Lídí Táng	——	山	小湘镇政府驻地北部	小湘镇
塱口村后龙山	Lǎngkǒucūn Hòulóng Shān	——	山	小湘镇政府驻地北部	小湘镇
洼坑	Wākēng	——	山	小湘镇政府驻地北部	小湘镇
燕子山	Yànzǐ Shān	——	山	小湘镇政府驻地西北部	小湘镇
牙鹰石	Yáyīngshí	——	山	小湘镇政府驻地北部	小湘镇
庙后岗	Miàohòu Gǎng	——	山	小湘镇政府驻地北部	小湘镇
蛇坎	Shékǎn	——	山	小湘镇政府驻地北部	小湘镇
佛仔前坑	Fózǎiqián Kēng	——	山	小湘镇政府驻地北部	小湘镇
西瓜坪	Xīguā Píng	——	山	小湘镇政府驻地北部	小湘镇
琴劳牙	Qínláoyá	——	山	小湘镇政府驻地北部	小湘镇
庙仔角	Miàozǎijiǎo	——	山	小湘镇政府驻地北部	小湘镇
山塘山	Shāntáng Shān	——	山	小湘镇政府驻地北部	小湘镇
高板见	Gāobǎnjiàn	——	山	小湘镇政府驻地北部	小湘镇

（续上表）

标准名称	汉语拼音	别名	地名类别	相对位置	所在(跨)行政区
蓝氹窝山	Lándàngwō Shān	——	山	小湘镇政府驻地北部	小湘镇
边侧顶	Biāncè Dǐng	——	山	小湘镇政府驻地北部	小湘镇
大新后龙山	Dàxīn Hòulóng Shān	——	山	小湘镇政府驻地东北部	小湘镇
横坑	Héngkēng	——	山	小湘镇政府驻地北部	小湘镇
月塘顶	Yuètáng Dǐng	——	山	小湘镇西北部	小湘镇
村屋背山	Cūnwūbèi Shān	——	山	小湘镇政府驻地西南部	小湘镇
傍竹山顶	Bàngzhú Shāndǐng	——	山	小湘镇政府驻地西部	小湘镇
屋背岭	Wūbèi Lǐng	——	山	小湘镇政府驻地北部	小湘镇
山龙坪	Shānlóng Píng	——	山	小湘镇政府驻地东北部	小湘镇
庙岗	Miàogǎng	——	山	小湘镇政府驻地西北部	小湘镇
新田排	Xīntiánpái	——	山	小湘镇政府驻地北部	小湘镇
南蛇头	Nánshétóu	——	山	小湘镇政府驻地北部	小湘镇
掘坑顶	Juékēng Dǐng	——	山	小湘镇政府驻地北部	小湘镇
沉塘底	Chéntángdǐ	——	山	小湘镇政府驻地西北部	小湘镇
牛湖凹	Niúhú Āo	——	山	小湘镇政府驻地北部	小湘镇
梯横	Tīhéng	——	山	小湘镇政府驻地西部	小湘镇
大白村屋背岭	Dàbáicūn Wūbèi Lǐng	——	山	小湘镇政府驻地北部	小湘镇
大社背后山	Dàshèbèihòu Shān	——	山	小湘镇政府驻地东北部	小湘镇
石龙船	Shílóngchuán	——	山	小湘镇政府驻地北部	小湘镇
崩山	Bēngshān	——	山	小湘镇政府驻地北部	小湘镇
塘坑仔	Tángkēngzǎi	——	山	小湘镇政府驻地北部	小湘镇
白石岗顶	Báishígǎng Dǐng	——	山	小湘镇政府驻地北部	小湘镇
曾长山	Céngzhǎng Shān	——	山	小湘镇政府驻地西北部	小湘镇
矮岗顶	Ǎigǎng Dǐng	——	山	小湘镇政府驻地北部	小湘镇
长岭	Chánglǐng	——	山	小湘镇政府驻地北部	小湘镇
桔子山	Júzǐ Shān	——	山	小湘镇政府驻地北部	小湘镇
龙坐崀	Lóngzuòlàng	——	山	小湘镇政府驻地北部	小湘镇
连更坑	Liángèng Kēng	——	山	小湘镇政府驻地北部	小湘镇

（续上表）

标准名称	汉语拼音	别名	地名类别	相对位置	所在(跨)行政区
麦坑西	Màikēngxī	——	山	小湘镇政府驻地北部	小湘镇
牛头山	Niútóu Shān	——	山	小湘镇政府驻地北部	小湘镇
油甘圻	Yóugānbù	——	山	小湘镇政府驻地北部	小湘镇
茅丫山	Máoyā Shān	——	山	小湘镇政府驻地北部	小湘镇
富郎岗	Fùláng Gǎng	——	山	小湘镇政府驻地北部	小湘镇
洪坑顶	Hóngkēng Dǐng	——	山	小湘镇东北部	小湘镇
小坟坑	Xiǎofén Kēng	——	山	小湘镇政府驻地北部	小湘镇
上坑排	Shàngkēngpái	——	山	小湘镇政府驻地北部	小湘镇
牛栏坑山	Niúlánkēng Shān	——	山	小湘镇政府驻地东北部	小湘镇
西牛头	Xīniútóu	——	山	小湘镇政府驻地东北部	小湘镇
朱石九	Zhūshíjiǔ	——	山	小湘镇政府驻地西北部	小湘镇
大花地	Dàhuādì	——	山	小湘镇政府驻地北部	小湘镇
山楂头	Shānzhātóu	——	山	小湘镇政府驻地北部	小湘镇
莴咀山	Niǎozuǐ Shān	——	山	小湘镇政府驻地北部	小湘镇
黄泥岗	Huángní Gǎng	——	山	小湘镇政府驻地西部	小湘镇
黄牛山	Huángniú Shān	——	山	小湘镇政府驻地西部	小湘镇
范仕岗	Fànshì Gǎng	——	山	小湘镇政府驻地西北部	小湘镇
狮子顶	Shīzǐ Dǐng	——	山	小湘镇政府驻地西北部	小湘镇
鸡公坑	Jīgōng Kēng	——	山	小湘镇政府驻地北部	小湘镇
扫杆坑	Sǎogǎn Kēng	——	山	小湘镇政府驻地东北部	小湘镇
庙顶	Miàodǐng	——	山	小湘镇政府驻地东北部	小湘镇
老鼠咀山	Lǎoshǔzuǐ Shān	——	山	小湘镇政府驻地东北部	小湘镇
狗咀岭	Gǒuzuǐ Lǐng	——	山	小湘镇北部	小湘镇
猪乸山	Zhūnǎ Shān		山	小湘镇政府驻地西北部	小湘镇
大塘村后龙山	Dàtángcūn Hòulóng Shān		山	小湘镇政府驻地北部	小湘镇
穗仔坑	Suìzǎi Kēng	——	山	小湘镇政府驻地北部	小湘镇
高岗顶	Gāogǎng Dǐng	——	山	小湘镇政府驻地北部	小湘镇
傍头科	Bàngtóukē	——	山	小湘镇政府驻地北部	小湘镇
松坑排	Sōngkēngpái	——	山	小湘镇政府驻地北部	小湘镇

（续上表）

标准名称	汉语拼音	别名	地名类别	相对位置	所在(跨)行政区
桔隆	Júlóng	——	山	小湘镇政府驻地北部	小湘镇
官坑山顶	Guānkēng Shāndǐng	——	山	小湘镇政府驻地北部	小湘镇
山厂坑	Shānchǎng Kēng	——	山	小湘镇政府驻地东北部	小湘镇
天狗窟	Tiāngǒukū	——	山	小湘镇政府驻地北部	小湘镇
风坑山顶	Fēngkēng Shāndǐng	——	山	小湘镇政府驻地北部	小湘镇
长度屋背	Chángdùwūbèi	——	山	小湘镇政府驻地东北部	小湘镇
伯公排	Bógōngpái	——	山	小湘镇政府驻地东北部	小湘镇
墨斗仔坑	Mòdǒuzǎi Kēng	——	山	小湘镇政府驻地东北部	小湘镇
蕉坑口	Jiāokēngkǒu	——	山	小湘镇政府驻地西部	小湘镇
九妹屋角头	Jiǔmèiwūjiǎotóu	——	山	小湘镇政府驻地北部	小湘镇
大坑山	Dàkēng Shān	——	山	小湘镇政府驻地北部	小湘镇
竹坑塘山	Zhúkēngtáng Shān	——	山	小湘镇政府驻地西北部	小湘镇
文社山	Wénshè Shān	——	山	小湘镇政府驻地西北部	小湘镇
杉棍顶	Shāngùn Dǐng	——	山	小湘镇东北部	小湘镇
长坑	Chángkēng	——	山	小湘镇政府驻地北部	小湘镇
洼坑山	Wākēng Shān	——	山	小湘镇政府驻地北部	小湘镇
联星社区后龙山	Liánxīngshèqū Hòulóng Shān	——	山	小湘镇政府驻地北部	小湘镇
大窝肚	Dàwōdù	——	山	小湘镇政府驻地北部	小湘镇
斩船坳顶	Zhǎnchuán'ào Dǐng	——	山	小湘镇政府驻地东北部	小湘镇
大堡山	Dàbǎo Shān	——	山	小湘镇政府驻地西部	小湘镇
落地山顶	Luòdì Shāndǐng	——	山	小湘镇政府驻地西部	小湘镇
蛇田坑	Shétián Kēng	——	山	小湘镇政府驻地东部	小湘镇
白石岭	Báishí Lǐng	——	山	小湘镇政府驻地北部	小湘镇
东风车山	Dōngfēngchē Shān	——	山	小湘镇政府驻地北部	小湘镇
木患背岗	Mùhuànbèi Gǎng	——	山	小湘镇政府驻地东北部	小湘镇
马脊山	Mǎjǐ Shān	——	山	小湘镇政府驻地西部	小湘镇
板坑东则	Bǎnkēngdōngzé	——	山	小湘镇政府驻地北部	小湘镇
板坑西则	Bǎnkēngxīzé	——	山	小湘镇政府驻地北部	小湘镇

（续上表）

标准名称	汉语拼音	别名	地名类别	相对位置	所在(跨)行政区
黄茅坪	Huángmáo Píng	——	山	小湘镇政府驻地北部	小湘镇
新竹坑顶	Xīnzhúkēng Dǐng	——	山	小湘镇政府驻地北部	小湘镇
豆腐山	Dòufǔ Shān	——	山	小湘镇政府驻地西部	小湘镇
杂柴窝	Zácháiwō	——	山	小湘镇政府驻地东南部	小湘镇
官坑尾	Guānkēngwěi	——	山	小湘镇政府驻地北部	小湘镇
伯公岭顶	Bógōnglǐng Dǐng	——	山	小湘镇政府驻地北部	小湘镇
黄坭头	Huángnítóu	——	山	小湘镇政府驻地东南部	小湘镇
新宝龙	Xīnbǎolóng	——	山	小湘镇政府驻地西北部	小湘镇
大肚岭	Dàdù Lǐng	——	山	小湘镇政府驻地西部	小湘镇
黄榄头	Huánglǎntóu	——	山	小湘镇政府驻地北部	小湘镇
石稿窝	Shígǎowō	——	山	小湘镇政府驻地北部	小湘镇
南蛇坑	Nánshé Kēng	——	山	小湘镇政府驻地北部	小湘镇
大头竹丫顶	Dàtóuzhúyādǐng	——	山	小湘镇政府驻地北部	小湘镇
雷公坑	Léigōng Kēng	——	山	小湘镇政府驻地北部	小湘镇
盘古顶	Pángǔ Dǐng	——	山	小湘镇北部	小湘镇
大芒棵	Dàmángkē	——	山	小湘镇北部	小湘镇
猪头山	Zhūtóu Shān	——	山	小湘镇政府驻地西部	小湘镇
山厂坑尾	Shānchǎng Kēngwěi	——	山	小湘镇政府驻地东北部	小湘镇
茶山	Cháshān	——	山	小湘镇政府驻地西南部	小湘镇
猪仔坑	Zhūzǎi Kēng	——	山	小湘镇政府驻地北部	小湘镇
新路顶	Xīnlù Dǐng	——	山	小湘镇政府驻地北部	小湘镇
太公山	Tàigōng Shān	——	山	小湘镇政府驻地西部	小湘镇
飞鹅山	Fēi'é Shān	——	山	小湘镇政府驻地西北部	小湘镇
崩塘	Bēngtáng	——	山	小湘镇政府驻地西北部	小湘镇
交椅	Jiāoyǐ	——	山	小湘镇政府驻地东部	小湘镇
下象	Xiàxiàng	——	山	小湘镇政府驻地东北部	小湘镇
雷公坑山	Léigōngkēng Shān	——	山	小湘镇政府驻地东北部	小湘镇
石子见	Shízǐjiàn	——	山	小湘镇政府驻地北部	小湘镇
挖坑顶	Wākēng Dǐng	——	山	小湘镇政府驻地北部	小湘镇

（续上表）

标准名称	汉语拼音	别名	地名类别	相对位置	所在(跨)行政区
桔榄顶	Júlǎn Dǐng	——	山	小湘镇政府驻地北部	小湘镇
三角湖	Sānjiǎohú	——	山	小湘镇政府驻地东北部	小湘镇
黄任岭	Huángrèn Lǐng	——	山	小湘镇政府驻地西北部	小湘镇
竹鸡叫	Zhújījiào	——	山	小湘镇政府驻地东北部	小湘镇
廖角窝	Liàojiǎowō	——	山	小湘镇政府驻地东北部	小湘镇
彭村顶	Péngcūn Dǐng	——	山	小湘镇北部	小湘镇
杨梅头	Yángméitóu	——	山	小湘镇政府驻地北部	小湘镇
白鹤山	Báihè Shān	——	山	小湘镇政府驻地西部	小湘镇
细马坑	Xìmǎ Kēng	——	山	小湘镇北部	小湘镇
红葵岭	Hóngkuí Lǐng	——	山	小湘镇政府驻地西北部	小湘镇
四块田山	Sìkuàitián Shān	——	山	小湘镇政府驻地北部	小湘镇
屋背坑顶	Wūbèikēng Dǐng	——	山	小湘镇政府驻地南部	小湘镇
杉坑顶	Shānkēng Dǐng	——	山	小湘镇政府驻地北部	小湘镇
冰塘坑顶	Bīngtángkēng Dǐng	——	山	小湘镇政府驻地北部	小湘镇
大东田窝	Dàdōngtián Wō	——	山	小湘镇政府驻地东北部	小湘镇
水翁坑山	Shuǐwēngkēng Shān	——	山	小湘镇政府驻地西北部	小湘镇
斑鸠寨	Bānjiūzhài	——	山	小湘镇政府驻地北部	小湘镇
勒石坑	Lèshí Kēng	——	山	小湘镇政府驻地东部	小湘镇
高板山	Gāobǎn Shān	——	山	小湘镇政府驻地东北部	小湘镇
翁仔背	Wēngzǎibèi	——	山	小湘镇政府驻地东北部	小湘镇
黄塘坑东	Huángtáng Kēngdōng	——	山	小湘镇政府驻地东北部	小湘镇
庙坑山	Miàokēng Shān	——	山	小湘镇政府驻地北部	小湘镇
黄猄凼	Huángjīngdàng	——	山	小湘镇政府驻地北部	小湘镇
大蕉坑山	Dàjiāokēng Shān	——	山	小湘镇政府驻地北部	小湘镇
第一顶	Dìyī Dǐng	——	山	小湘镇政府驻地东北部	小湘镇
竹庆排	Zhúqìngpái	——	山	小湘镇政府驻地东北部	小湘镇
塘坑仔坑	Tángkēngzǎi Kēng	——	山	小湘镇东北部	小湘镇
马脊	Mǎjí	——	山	小湘镇政府驻地西部	小湘镇
桔葡岗	Júpú Gǎng	——	山	小湘镇北部	小湘镇
旱塘顶	Hàntáng Dǐng	——	山	小湘镇北部	小湘镇

(续上表)

标准名称	汉语拼音	别名	地名类别	相对位置	所在(跨)行政区
九龙山	Jiǔlóng Shān	——	山	小湘镇西南部	小湘镇
蓝头环	Lántóuhuán	——	山	小湘镇政府驻地东北部	小湘镇
白芒坑顶	Báimáng Kēngdǐng	——	山	小湘镇政府驻地东北部	小湘镇
东风车山顶	Dōngfēngchē Shāndǐng	——	山	小湘镇政府驻地北部	小湘镇
旱坑	Hànkēng	——	山	小湘镇政府驻地东北部	小湘镇
水塘面	Shuǐtángmiàn	——	山	小湘镇政府驻地东北部	小湘镇
桐仔窝山	Tóngzǎiwō Shān	——	山	小湘镇政府驻地东北部	小湘镇
对叉坑口	Duìchā Kēngkǒu	——	山	小湘镇政府驻地东北部	小湘镇
鸡公路	Jīgōnglù	——	山	小湘镇政府驻地东部	小湘镇
狮仔顶	Shīzǎi Dǐng	——	山	小湘镇政府驻地北部	小湘镇
石螺坑	Shíluó Kēng	——	山	小湘镇政府驻地北部	小湘镇
正坑山	Zhèngkēng Shān	——	山	小湘镇政府驻地西北部	小湘镇
黄果排	Huángguǒpái	——	山	小湘镇政府驻地北部	小湘镇
大王见	Dàwángjiàn	——	山	小湘镇政府驻地北部	小湘镇
菜仔见	Càizǎijiàn	——	山	小湘镇政府驻地东北部	小湘镇
老岗坪	Lǎogǎng Píng	——	山	小湘镇政府驻地东北部	小湘镇
三凤坑	Sānfèng Kēng	——	山	小湘镇政府驻地北部	小湘镇
姓杨屋对面	Xìngyángwū Duìmiàn	——	山	小湘镇政府驻地北部	小湘镇
坦尾侧	Tǎnwěicè	——	山	小湘镇政府驻地西南部	小湘镇
茶坑尾	Chákēngwěi	——	山	小湘镇政府驻地南部	小湘镇
大浪排	Dàlàngpái	——	山	小湘镇政府驻地东北部	小湘镇
石头坑顶	Shítóukēng Dǐng	——	山	小湘镇政府驻地北部	小湘镇
白沙山	Báishā Shān	——	山	小湘镇政府驻地西部	小湘镇
禾楼山	Hélóu Shān	——	山	小湘镇政府驻地西北部	小湘镇
粪箕窝	Fènjīwō	——	山	小湘镇政府驻地北部	小湘镇
大山	Dàshān	——	山	小湘镇政府驻地北部	小湘镇
半坑仔顶	Bànkēngzǎi Dǐng	——	山	小湘镇政府驻地东北部	小湘镇
饭进坑	Fànjìn Kēng	——	山	小湘镇政府驻地北部	小湘镇

(续上表)

标准名称	汉语拼音	别名	地名类别	相对位置	所在(跨)行政区
掘头陇侧	Juétóulǒngcè	—	山	小湘镇政府驻地北部	小湘镇
利和龙	Lìhélóng	—	山	小湘镇政府驻地北部	小湘镇
企岗	Qǐgǎng	—	山	小湘镇东北部	小湘镇
旱丫坪	Hànyā Píng	—	山	小湘镇政府驻地北部	小湘镇
黄泥岭	Huángní Lǐng	—	山	小湘镇政府驻地北部	小湘镇
旱坑仔	Hànkēngzǎi	—	山	小湘镇政府驻地北部	小湘镇
葡竹坑	Púzhú Kēng	—	山	小湘镇政府驻地北部	小湘镇
料坑山	Liàokēng Shān	—	山	小湘镇北部	小湘镇
亚群山	Yàqún Shān	—	山	小湘镇政府驻地北部	小湘镇
磨刀坑山	Módāokēng Shān	—	山	小湘镇政府驻地北部	小湘镇
沙坝山	Shābà Shān	—	山	小湘镇政府驻地北部	小湘镇
新旺屋脊	Xīnwàngwūjǐ	—	山	小湘镇政府驻地东北部	小湘镇
众人社	Zhòngrénshè	—	山	小湘镇政府驻地西南部	小湘镇
大崩	Dàbēng	—	山	小湘镇政府驻地西南部	小湘镇
高岗坑	Gāogǎng Kēng	—	山	小湘镇政府驻地东部	小湘镇
下横水	Xiàhéngshuǐ	—	山	小湘镇政府驻地北部	小湘镇
横水坳	Héngshuǐ Ào	—	山	小湘镇政府驻地北部	小湘镇
伙木屋背	Huǒmùwūbèi	—	山	小湘镇政府驻地北部	小湘镇
石涧顶	Shíjiàn Dǐng	—	山	小湘镇政府驻地北部	小湘镇
大排脚	Dàpáijiǎo	—	山	小湘镇政府驻地北部	小湘镇
松球顶	Sōngqiú Dǐng	—	山	小湘镇东北部	小湘镇
马大坪	Mǎdà Píng	—	山	小湘镇政府驻地西部	小湘镇
屙屎坳顶	Kēshǐ'ào Dǐng	—	山	小湘镇政府驻地西南部	小湘镇
石斜排	Shíxiépái	—	山	小湘镇政府驻地东北部	小湘镇
撒麻坑山	Sāmákēng Shān	—	山	小湘镇政府驻地东部	小湘镇
珍竹塘磅	Zhēnzhútángpáng	—	山	小湘镇政府驻地北部	小湘镇
大崩岗	Dàbēng Gǎng	—	山	小湘镇政府驻地北部	小湘镇
桔葡坑山	Júpúkēng Shān	—	山	小湘镇政府驻地北部	小湘镇
大坪顶	Dàpíng Dǐng	—	山	小湘镇政府驻地西部	小湘镇
塘坑顶	Tángkēng Dǐng	—	山	小湘镇政府驻地北部	小湘镇

（续上表）

标准名称	汉语拼音	别名	地名类别	相对位置	所在(跨)行政区
担柴坑顶	Dāncháikēng Dǐng	—	山	小湘镇东北部	小湘镇
横坑墩	Héngkēngdūn	—	山	小湘镇政府驻地北部	小湘镇
鸡爷田顶	Jīyétián Dǐng	—	山	小湘镇东北部	小湘镇
青草排	Qīngcǎopái	—	山	小湘镇政府驻地东北部	小湘镇
高碑面	Gāobēimiàn	—	山	小湘镇政府驻地北部	小湘镇
高板	Gāobǎn	—	山	小湘镇政府驻地北部	小湘镇
山厂坑山	Shānchǎngkēng Shān	—	山	小湘镇政府驻地北部	小湘镇
树山顶	Shùshān Dǐng	—	山	小湘镇北部	小湘镇
山猪窝见	Shānzhūwōjiàn	—	山	小湘镇政府驻地东北部	小湘镇
禾地头	Hédìtóu	—	山	小湘镇政府驻地东北部	小湘镇
飞鹅凹	Fēi'é Āo	—	山	小湘镇政府驻地北部	小湘镇
横窝	Héngwō	—	山	小湘镇政府驻地北部	小湘镇
象牙塘	Xiàngyá Táng	—	山	小湘镇政府驻地北部	小湘镇
杨桃山	Yángtáo Shān	—	山	小湘镇政府驻地北部	小湘镇
黄竹窝对门	Huángzhúwō Duìmén	—	山	小湘镇政府驻地北部	小湘镇
蕉坑山	Jiāokēng Shān	—	山	小湘镇政府驻地北部	小湘镇
桂树窝	Guìshù Wō	—	山	小湘镇政府驻地东北部	小湘镇
山磅	Shānpáng	—	山	小湘镇政府驻地东部	小湘镇
新屋坪	Xīnwū Píng	—	山	小湘镇政府驻地北部	小湘镇
屋角窝	Wūjiǎowō	—	山	小湘镇政府驻地北部	小湘镇
萝卜山	Luóbo Shān	—	山	小湘镇政府驻地西南部	小湘镇
干坑山	Gànkēng Shān	—	山	小湘镇政府驻地西南部	小湘镇
山顶	Shāndǐng	—	山	小湘镇政府驻地西南部	小湘镇
风吹罗带顶	Fēngchuī Luódài Dǐng	—	山	小湘镇政府驻地东北部	小湘镇
摇斗窝	Yáodǒuwō	—	山	小湘镇政府驻地北部	小湘镇
九源村屋背顶	Jiǔyuáncūn Wūbèi Dǐng	—	山	小湘镇政府驻地北部	小湘镇
社爷坑顶	Shèyékēng Dǐng	—	山	小湘镇北部	小湘镇
罗纹地	Luówéndì	—	山	小湘镇政府驻地东部	小湘镇

（续上表）

标准名称	汉语拼音	别名	地名类别	相对位置	所在（跨）行政区
马尾球	Mǎwěiqiú	——	山	小湘镇政府驻地西部	小湘镇
独田仔	Dútiánzǎi	——	山	小湘镇政府驻地东北部	小湘镇
大松顶	Dàsōng Dǐng	——	山	小湘镇政府驻地西南部	小湘镇
种菜坑顶	Zhòngcàikēng Dǐng	——	山	小湘镇政府驻地东北部	小湘镇
火烧人	Huǒshāorén	——	山	小湘镇政府驻地北部	小湘镇
伯公窝	Bógōng Wō	——	山	小湘镇政府驻地北部	小湘镇
华光顶	Huáguāng Dǐng	——	山	小湘镇西北部	小湘镇
蓝湖坪	Lánhú Píng	——	山	小湘镇政府驻地东北部	小湘镇
石壁尾	Shíbìwěi	——	山	小湘镇政府驻地北部	小湘镇
狗麻坑顶	Gǒumákēng Dǐng	——	山	小湘镇政府驻地东北部	小湘镇
打石坪	Dǎshí Píng	——	山	小湘镇政府驻地北部	小湘镇
西瓜荖顶	Xīguālǎo Dǐng	——	山	小湘镇政府驻地北部	小湘镇
波萝坑	Bōluó Kēng	——	山	小湘镇政府驻地东北部	小湘镇
山厂山	Shānchǎng Shān	——	山	小湘镇政府驻地东北部	小湘镇
石口尾顶	Shíkǒuwěi Dǐng	——	山	小湘镇政府驻地北部	小湘镇
大山	Dàshān	——	山	小湘镇政府驻地西部	小湘镇
学田山	Xuétián Shān	——	山	小湘镇政府驻地西部	小湘镇
狮子顶	Shīzǐ Dǐng	——	山	小湘镇北部	小湘镇
大坑大坪	Dàkēng Dàpíng	——	山	小湘镇政府驻地东北部	小湘镇
冲坑岗	Chōngkēng Gǎng	——	山	小湘镇政府驻地北部	小湘镇
对面山	Duìmiàn Shān	——	山	小湘镇北部	小湘镇
飞鹰	Fēiyīng	——	山	小湘镇西南部	小湘镇
鱼良坑顶	Yúliángkēng Dǐng	——	山	小湘镇北部	小湘镇
对门山	Duìmén Shān	——	山	小湘镇政府驻地北部	小湘镇
水井窝	Shuǐjǐng Wō	——	山	小湘镇政府驻地东北部	小湘镇
犁地背	Lídìbèi	——	山	小湘镇政府驻地东部	小湘镇
婆爱屋背岗	Póàiwūbèi Gǎng	——	山	小湘镇政府驻地东北部	小湘镇
山蕉尾	Shānjiāowěi	——	山	小湘镇政府驻地北部	小湘镇
毛尚书	Máoshàngshū	——	山	小湘镇西北部	小湘镇

（续上表）

标准名称	汉语拼音	别名	地名类别	相对位置	所在(跨)行政区
对面岗	Duìmiàn Gǎng	——	山	小湘镇政府驻地西南部	小湘镇
大岭山	Dàlǐng Shān	——	山	小湘镇政府驻地西部	小湘镇
蓝湖星	Lánhúxīng	——	山	小湘镇政府驻地北部	小湘镇
猪仔窝	Zhūzǎi Wō	——	山	小湘镇政府驻地东北部	小湘镇
牛坑尾山	Niúkēngwěi Shān	——	山	小湘镇政府驻地北部	小湘镇
猪笼顶	Zhūlóng Dǐng	——	山	小湘镇政府驻地北部	小湘镇
吊钟窝	Diàozhōng Wō	——	山	小湘镇政府驻地北部	小湘镇
大岭窝	Dàlǐng Wō	——	山	小湘镇政府驻地东北部	小湘镇
大坑山	Dàkēng Shān	——	山	小湘镇政府驻地东北部	小湘镇
柯木树	Kēmùshù	——	山	小湘镇政府驻地西南部	小湘镇
高江坝	Gāojiāngbà	——	山	小湘镇政府驻地东部	小湘镇
昂天海螺	Ángtiānhǎiluó	——	山	小湘镇政府驻地北部	小湘镇
小坟口	Xiǎofénkǒu	——	山	小湘镇政府驻地北部	小湘镇
稔坑岭	Rěnkēng Lǐng	——	山	小湘镇政府驻地东北部	小湘镇
簸箕笃	Bòjīdǔ	——	山	小湘镇政府驻地南部	小湘镇
根竹排	Gēnzhúpái	——	山	小湘镇政府驻地北部	小湘镇
学田顶	Xuétián Dǐng	——	山	小湘镇政府驻地西北部	小湘镇
长蛇岭	Chángshé Lǐng	——	山	小湘镇政府驻地西部	小湘镇
竹山	Zhúshān	——	山	小湘镇政府驻地西部	小湘镇
南蛇降	Nánshéjiàng	——	山	小湘镇政府驻地西部	小湘镇
对面坪	Duìmiàn Píng	——	山	小湘镇政府驻地东部	小湘镇
简竹头	Jiǎnzhútóu	——	山	小湘镇政府驻地西部	小湘镇
新路面	Xīnlùmiàn	——	山	小湘镇政府驻地北部	小湘镇
荷木头	Hémùtóu	——	山	小湘镇政府驻地东北部	小湘镇
八步山	Bābù Shān	——	山	小湘镇政府驻地东部	小湘镇
垌田顶	Dòngtián Dǐng	——	山	小湘镇政府驻地西部	小湘镇
林家山顶	Línjiā Shāndǐng	——	山	小湘镇南部	小湘镇
蕉坑	Jiāokēng	——	山	小湘镇政府驻地北部	小湘镇
铁炉山顶	Tiělú Shāndǐng	——	山	小湘镇政府驻地东北部	小湘镇
山猪咀	Shānzhūzuǐ	——	山	小湘镇政府驻地北部	小湘镇

（续上表）

标准名称	汉语拼音	别名	地名类别	相对位置	所在(跨)行政区
山顶山	Shāndǐng Shān	——	山	小湘镇政府驻地西部	小湘镇
大氹尾	Dàdàngwěi	——	山	小湘镇政府驻地北部	小湘镇
大坪	Dàpíng	——	山	小湘镇政府驻地北部	小湘镇
银塔石	Yíntǎshí	——	山	小湘镇南部	小湘镇
杉坑见	Shānkēngjiàn	——	山	小湘镇政府驻地北部	小湘镇
大坑山	Dàkēng Shān	——	山	小湘镇政府驻地北部	小湘镇
黄水仔	Huángshuǐzǎi	——	山	小湘镇政府驻地东北部	小湘镇
高岗山顶	Gāogǎng Shāndǐng	——	山	小湘镇政府驻地东部	小湘镇
水秧窝	Shuǐyāng Wō	——	山	小湘镇政府驻地北部	小湘镇
伯公见	Bógōngjiàn	——	山	小湘镇政府驻地北部	小湘镇
松树窝见	Sōngshùwōjiàn	——	山	小湘镇政府驻地北部	小湘镇
冲仔山	Chōngzǎi Shān	——	山	小湘镇政府驻地西南部	小湘镇
竹古岭	Zhúgǔ Lǐng	——	山	小湘镇东北部	小湘镇
高斜	Gāoxié	——	山	小湘镇北部	小湘镇
高岗顶	Gāogǎng Dǐng	——	山	小湘镇政府驻地东部	小湘镇
大氹	Dàdàng	——	山	小湘镇政府驻地北部	小湘镇
岭咀岗	Lǐngzuǐ Gǎng	——	山	小湘镇政府驻地北部	小湘镇
蟮坑顶	Shànkēng Dǐng	——	山	小湘镇南部	小湘镇
崩塘坑	Bēngtáng Kēng	——	山	小湘镇政府驻地北部	小湘镇
磨刀坑则	Módāo Kēngzé	——	山	小湘镇政府驻地西南部	小湘镇
烂屋背	Lànwūbèi	——	山	小湘镇政府驻地东部	小湘镇
船底窝	Chuándǐ Wō	——	山	小湘镇政府驻地东北部	小湘镇
石屋顶	Shíwū Dǐng	——	山	小湘镇政府驻地北部	小湘镇
荔枝尾	Lìzhīwěi	——	山	小湘镇政府驻地东南部	小湘镇
横岗	Hénggǎng	——	山	小湘镇政府驻地东部	小湘镇
南蛇坑尾	Nánshé Kēngwěi	——	山	小湘镇政府驻地北部	小湘镇
老蟹崦	Lǎoxièyān	——	山	小湘镇政府驻地北部	小湘镇
大屋地园山	Dàwūdìyuán Shān	——	山	小湘镇政府驻地西北部	小湘镇
鹧鸪尖	Zhègūjiān	——	山	小湘镇东北部	小湘镇

（续上表）

标准名称	汉语拼音	别名	地名类别	相对位置	所在(跨)行政区
将军坑顶	Jiāngjūnkēng Dǐng	——	山	小湘镇政府驻地西部	小湘镇
大皇见	Dàhuángjiàn	——	山	小湘镇政府驻地东部	小湘镇
大山岭	Dàshān Lǐng	——	山	小湘镇政府驻地西北部	小湘镇
大凼顶	Dàdàng Dǐng	——	山	小湘镇西南部	小湘镇
菠萝顶	Bōluó Dǐng	——	山	小湘镇政府驻地东北部	小湘镇
石龙塘	Shílóng Táng	——	山	小湘镇政府驻地东部	小湘镇
鸡关岭	Jīguān Lǐng	——	山	小湘镇政府驻地西北部	小湘镇
长坑山	Chángkēng Shān	——	山	小湘镇政府驻地西北部	小湘镇
黄牛塱	Huángniúlǎng	——	山	小湘镇政府驻地北部	小湘镇
槟榔坳高坪	Bīnláng'ào Gāopíng	——	山	小湘镇政府驻地北部	小湘镇
苦竹排	Kǔzhúpái	——	山	小湘镇政府驻地北部	小湘镇
犁壁岭	Líbì Lǐng	——	山	小湘镇政府驻地北部	小湘镇
大山顶	Dàshān Dǐng	——	山	小湘镇西北部	小湘镇
黄泥见	Huángníjiàn	——	山	小湘镇政府驻地北部	小湘镇
大排尾	Dàpáiwěi	——	山	小湘镇政府驻地北部	小湘镇
松山仔	Sōngshānzǎi	——	山	小湘镇政府驻地东北部	小湘镇
大窝顶	Dàwō Dǐng	——	山	小湘镇政府驻地东部	小湘镇
河树坳	Héshù Ào	——	山	小湘镇政府驻地北部	小湘镇
正坑尾	Zhèngkēngwěi	——	山	小湘镇政府驻地东南部	小湘镇
大窝肚	Dàwōdù	——	山	小湘镇政府驻地北部	小湘镇
三石顶	Sānshí Dǐng	——	山	小湘镇政府驻地东北部	小湘镇
高山尖	Gāoshānjiān	——	山	小湘镇政府驻地西北部	小湘镇
黎坑顶	Líkēng Dǐng	——	山	小湘镇东部	小湘镇
上营见	Shàngyíngjiàn	——	山	小湘镇东部	小湘镇
孖髻顶	Mājì Dǐng	——	山	小湘镇政府驻地西北部	小湘镇
单简顶	Dānjiǎn Dǐng	——	山	小湘镇政府驻地北部	小湘镇
雷公坑顶	Léigōngkēng Dǐng	——	山	小湘镇政府驻地北部	小湘镇
俺鸡仔山	Ǎnjīzǎi Shān	——	山	小湘镇政府驻地北部	小湘镇
下坑口山	Xiàkēngkǒu Shān	——	山	小湘镇政府驻地北部	小湘镇

（续上表）

标准名称	汉语拼音	别名	地名类别	相对位置	所在(跨)行政区
麻桐坑顶	Mátóngkēng Dǐng	——	山	小湘镇政府驻地东北部	小湘镇
大崩岗尾	Dàbēnggǎngwěi	——	山	小湘镇政府驻地北部	小湘镇
黎梯顶	Lítī Dǐng	——	山	小湘镇西部	小湘镇
大氹顶	Dàdàng Dǐng	——	山	小湘镇政府驻地北部	小湘镇
长尾岭	Chángwěi Lǐng	——	山	小湘镇政府驻地北部	小湘镇
五百两顶	Wǔbǎiliǎng Dǐng	——	山	小湘镇南部	小湘镇
大皇见尾	Dàhuángjiànwěi	——	山	小湘镇政府驻地东部	小湘镇
正尾	Zhèngwěi	——	山	小湘镇北部	小湘镇
两头川	Liǎngtóuchuān	——	山	小湘镇北部	小湘镇
荔枝岗尾	Lìzhīgǎngwěi	——	山	小湘镇政府驻地东南部	小湘镇
仙人山	Xiānrén Shān	——	山	小湘镇政府驻地西部	小湘镇
烂头岭	Làntóu Lǐng	——	山	小湘镇政府驻地北部	小湘镇
牛湖	Niúhú	——	山	小湘镇政府驻地北部	小湘镇
捉蛇坑	Zhuōshé Kēng	——	山	小湘镇政府驻地东北部	小湘镇
旱坑顶	Hànkēng Dǐng	——	山	小湘镇东部	小湘镇
桐仔坑顶	Tóngzǎikēng Dǐng	——	山	小湘镇政府驻地北部	小湘镇
牛角窝	Niújiǎowō	——	山	小湘镇政府驻地北部	小湘镇
大崩岗顶	Dàbēnggǎng Dǐng	——	山	小湘镇北部	小湘镇
坑尾窝	Kēngwěi Wō	——	山	小湘镇政府驻地北部	小湘镇
大坪	Dàpíng	——	山	小湘镇政府驻地北部	小湘镇
鸡公髻顶	Jīgōngjì Dǐng	——	山	小湘镇北部	小湘镇
企叉顶	Qǐchā Dǐng	——	山	小湘镇政府驻地东部	小湘镇
感龙坳	Gǎnlóng Ào	——	山	小湘镇政府驻地东南部	小湘镇
山厂尾坑	Shānchǎngwěi Kēng	——	山	小湘镇政府驻地北部	小湘镇
飞鹅顶	Fēi'é Dǐng	——	山	小湘镇政府驻地东部	小湘镇
大窝山	Dàwō Shān	——	山	小湘镇北部	小湘镇
旱山	Hànshān	——	山	小湘镇政府驻地北部	小湘镇
菜园坑	Càiyuán Kēng	——	山	小湘镇北部	小湘镇
老虎窝	Lǎohǔ Wō	——	山	小湘镇政府驻地北部	小湘镇
桐油山	Tóngyóu Shān	——	山	小湘镇政府驻地东北部	小湘镇

（续上表）

标准名称	汉语拼音	别名	地名类别	相对位置	所在(跨)行政区
石榻	Shítà	——	山	小湘镇政府驻地西部	小湘镇
鬼嫲坑顶	Guǐnǎkēng Dǐng	——	山	小湘镇政府驻地北部	小湘镇
陈子坑	Chénzǐ Kēng	——	山	小湘镇政府驻地北部	小湘镇
牙鹰石顶	Yáyīngshí Dǐng	——	山	小湘镇北部	小湘镇
大崩岗	Dàbēng Gǎng	——	山	小湘镇北部	小湘镇
乌石坳	Wūshí Ào	——	山	小湘镇北部	小湘镇
山厂尾	Shānchǎngwěi	——	山	小湘镇政府驻地北部	小湘镇
油茶窝	Yóuchá Wō	——	山	小湘镇政府驻地北部	小湘镇
蓝湖窝	Lánhú Wō	——	山	小湘镇政府驻地北部	小湘镇
大五顶	Dàwǔ Dǐng	——	山	小湘镇政府驻地北部	小湘镇
白坟地	Báiféndì	——	山	小湘镇政府驻地北部	小湘镇
桐油顶	Tóngyóu Dǐng	——	山	小湘镇北部	小湘镇
石牙顶	Shíyá Dǐng	——	山	小湘镇政府驻地东部	小湘镇
西坑坳	Xīkēng Ào	——	山	小湘镇西部	小湘镇
林场面	Línchǎngmiàn	——	山	小湘镇政府驻地北部	小湘镇
大坪顶	Dàpíng Dǐng	——	山	小湘镇北部	小湘镇
塘婆顶	Tángpó Dǐng	——	山	小湘镇北部	小湘镇
牛角窝顶	Niújiǎowō Dǐng	——	山	小湘镇北部	小湘镇
牙鹰石	Yáyīngshí	——	山	小湘镇东部	小湘镇
灯心坑山	Dēngxīnkēng Shān	——	山	小湘镇北部	小湘镇
抓蛇坑山	Zhuāshékēng Shān	——	山	小湘镇政府驻地东北部	小湘镇
麻风墩顶	Máfēngdūn Dǐng	——	山	小湘镇政府驻地北部	小湘镇
鸡笼山	Jīlóng Shān	——	山	小湘镇东部	小湘镇
鸡龙山口	Jīlóng Shānkǒu	——	山	小湘镇政府驻地东北部	小湘镇
鸡龙山顶	Jīlóng Shāndǐng	——	山	小湘镇东部	小湘镇
白坟地顶	Báiféndì Dǐng	——	山	小湘镇政府驻地北部	小湘镇
上托顶	Shàngtuō Dǐng	——	山	小湘镇政府驻地北部	小湘镇
葫芦顶	Húlú Dǐng	——	山	小湘镇政府驻地北部	小湘镇
茅竹窝山	Máozhúwō Shān	——	山	小湘镇政府驻地北部	小湘镇
黄草傍	Huángcǎobàng	——	山	小湘镇西北部	小湘镇

（续上表）

标准名称	汉语拼音	别名	地名类别	相对位置	所在(跨)行政区
蕉窝	Jiāowō	——	山	小湘镇北部	小湘镇
雪顶	Xuědǐng	——	山	小湘镇政府驻地西部	小湘镇
龙刨山	Lóngpáo Shān	——	山	新桥镇政府驻地西部	新桥镇
老鼠仔	Lǎoshǔzǎi	——	山	新桥镇政府驻地西部	新桥镇
放牛山	Fàngniú Shān	——	山	新桥镇政府驻地西南部	新桥镇
九榄山	Jiǔlǎn Shān	——	山	新桥镇政府驻地西部	新桥镇
卜船岗	Bochuán Gǎng	——	山	新桥镇政府驻地西部	新桥镇
麦塘岗	Màitáng Gǎng	——	山	新桥镇政府驻地西部	新桥镇
火烧岗	Huǒshāo Gǎng	——	山	新桥镇政府驻地北部	新桥镇
庙前山	Miàoqián Shān	——	山	新桥镇政府驻地北部	新桥镇
塘基山后龙山	Tángjīshān Hòulóng Shān	——	山	新桥镇政府驻地东北部	新桥镇
乌珠岗	Wūzhū Gǎng	——	山	新桥镇政府驻地西北部	新桥镇
禾地岗	Hédì Gǎng	——	山	新桥镇政府驻地西北部	新桥镇
山仔	Shānzǎi	——	山	新桥镇政府驻地西部	新桥镇
龙船坳	Lóngchuán Ào	——	山	新桥镇政府驻地西部	新桥镇
狮岗	Shīgǎng	——	山	新桥镇政府驻地东北部	新桥镇
亚公岗	Yàgōng Gǎng	——	山	新桥镇政府驻地东北部	新桥镇
张屋后龙山	Zhāngwū Hòulóng Shān	——	山	新桥镇政府驻地北部	新桥镇
庙山	Miàoshān	——	山	新桥镇政府驻地东部	新桥镇
文先岗	Wénxiān Gǎng	——	山	新桥镇政府驻地东北部	新桥镇
凤岗	Fènggǎng	——	山	新桥镇政府驻地东北部	新桥镇
牛绳岗	Niúshéng Gǎng	——	山	新桥镇政府驻地北部	新桥镇
塘边后龙山	Tángbiān Hòulóng Shān	——	山	新桥镇政府驻地北部	新桥镇
沉涝岗	Chénlào Gǎng	——	山	新桥镇政府驻地东北部	新桥镇
岗养	Gǎngyǎng	——	山	新桥镇政府驻地东北部	新桥镇
牛渡后龙山	Niúdù Hòulóng Shān	——	山	新桥镇政府驻地西部	新桥镇
多等后龙山	Duōděng Hòulóng Shān	——	山	新桥镇政府驻地西南部	新桥镇

（续上表）

标准名称	汉语拼音	别名	地名类别	相对位置	所在(跨)行政区
樟岗后背山	Zhānggǎng Hòubèi Shān	——	山	新桥镇政府驻地西部	新桥镇
炮岗	Pàogǎng	——	山	新桥镇政府驻地北部	新桥镇
塱底山	Lǎngdǐ Shān	——	山	新桥镇政府驻地东北部	新桥镇
赤坎后龙山	Chìkǎn Hòulóng Shān	——	山	新桥镇政府驻地北部	新桥镇
马头岗	Mǎtóu Gǎng	——	山	新桥镇政府驻地东部	新桥镇
狗头山	Gǒutóu Shān	——	山	新桥镇政府驻地东部	新桥镇
北岗山	Běigǎng Shān	——	山	新桥镇政府驻地西南部	新桥镇
大头岗	Dàtóu Gǎng	——	山	新桥镇政府驻地西部	新桥镇
杨梅山	Yángméi Shān	——	山	新桥镇政府驻地西部	新桥镇
高山	Gāoshān	——	山	新桥镇政府驻地西部	新桥镇
井头岗山	Jǐngtóugǎng Shān	——	山	新桥镇政府驻地西部	新桥镇
半山岗	Bànshān Gǎng	——	山	新桥镇政府驻地西部	新桥镇
杨梅咀	Yángméizuǐ	——	山	新桥镇政府驻地西部	新桥镇
零岗仔	Línggǎngzǎi	——	山	新桥镇政府驻地西部	新桥镇
龙塘山	Lóngtáng Shān	——	山	新桥镇政府驻地西部	新桥镇
大山顶	Dàshān Dǐng	——	山	新桥镇政府驻地北部	新桥镇
赤木山	Chìmù Shān	——	山	新桥镇政府驻地北部	新桥镇
大山岗	Dàshān Gǎng	——	山	新桥镇政府驻地西部	新桥镇
瓦窑岗	Wǎyáo Gǎng	——	山	新桥镇政府驻地北部	新桥镇
牛岗山	Niúgǎng Shān	——	山	新桥镇政府驻地东部	新桥镇
新屋山	Xīnwū Shān	——	山	新桥镇政府驻地东部	新桥镇
半平岗	Bànpíng Gǎng	——	山	新桥镇政府驻地东北部	新桥镇
南坳山	Nán'ào Shān	——	山	新桥镇政府驻地西部	新桥镇
朝天龙	Cháotiānlóng	——	山	新桥镇政府驻地西部	新桥镇
猪山	Zhūshān	——	山	新桥镇政府驻地西部	新桥镇
龟背山	Guībèi Shān	——	山	新桥镇政府驻地北部	新桥镇
黄泥迳	Huángníjìng	——	山	新桥镇政府驻地北部	新桥镇
边塘山	Biāntáng Shān	——	山	新桥镇政府驻地西部	新桥镇

（续上表）

标准名称	汉语拼音	别名	地名类别	相对位置	所在(跨)行政区
增仔岗	Zēngzǎi Gǎng	——	山	新桥镇政府驻地西部	新桥镇
铜锣山	Tóngluó Shān	——	山	新桥镇政府驻地西部	新桥镇
大岗围	Dàgǎngwéi	——	山	新桥镇政府驻地东北部	新桥镇
坑塘后龙山	Kēngtáng Hòulóng Shān	——	山	新桥镇政府驻地北部	新桥镇
蛇山咀	Shéshānzuǐ	——	山	新桥镇政府驻地北部	新桥镇
土地岗	Tǔdì Gǎng	——	山	新桥镇政府驻地东部	新桥镇
亚计山	Yàjì Shān	——	山	新桥镇政府驻地西部	新桥镇
零角头	Língjiǎotóu	——	山	新桥镇政府驻地西部	新桥镇
牛山	Niúshān	——	山	新桥镇政府驻地西部	新桥镇
布塘后龙山	Bùtáng Hòulóng Shān	——	山	新桥镇政府驻地北部	新桥镇
大岗头	Dàgǎngtóu	——	山	新桥镇政府驻地东北部	新桥镇
围岭顶	Wéilǐng Dǐng	——	山	新桥镇政府驻地东部	新桥镇
杉坑	Shānkēng	——	山	新桥镇政府驻地西部	新桥镇
大石头	Dàshítóu	——	山	新桥镇政府驻地西部	新桥镇
大眼坑	Dàyǎn Kēng	——	山	新桥镇政府驻地北部	新桥镇
高山	Gāoshān	——	山	新桥镇政府驻地西北部	新桥镇
牛头岗	Niútóu Gǎng	——	山	新桥镇政府驻地北部	新桥镇
旱坑山	Hànkēng Shān	——	山	新桥镇政府驻地东北部	新桥镇
大牛轭	Dàniú'è	——	山	新桥镇政府驻地北部	新桥镇
牛湖	Niúhú	——	山	新桥镇政府驻地北部	新桥镇
大圳	Dàzhèn	——	山	新桥镇政府驻地北部	新桥镇
天子岗	Tiānzǐ Gǎng	——	山	新桥镇政府驻地北部	新桥镇
马山	Mǎshān	——	山	新桥镇政府驻地北部	新桥镇
将军山	Jiāngjūn Shān	——	山	新桥镇政府驻地北部	新桥镇
元武塘	Yuánwǔ Táng	——	山	新桥镇政府驻地北部	新桥镇
后龙山顶	Hòulóng Shāndǐng	——	山	新桥镇政府驻地北部	新桥镇
坑尾	Kēngwěi	——	山	新桥镇政府驻地北部	新桥镇
正咀顶	Zhèngzuǐ Dǐng	——	山	新桥镇政府驻地北部	新桥镇

（续上表）

标准名称	汉语拼音	别名	地名类别	相对位置	所在(跨)行政区
象山	Xiàngshān	—	山	新桥镇政府驻地北部	新桥镇
早禾塘	Zǎohé Táng	—	山	大湾镇政府驻地西北部	大湾镇
大银氹	Dàyíndàng	—	山	白诸镇政府驻地东南部	白诸镇
罗留	Luóliú	—	山	白诸镇北部	白诸镇
鲶鱼头	Niányútóu	—	山	白土镇政府驻地西北部	白土镇
月岗	Yuègǎng	—	山	金利镇西南部	金利镇
侧岗	Cègǎng	—	山	白诸镇政府驻地北部	白诸镇
坡犁岗	Pōlí Gǎng	—	山	白诸镇政府驻地北部	白诸镇
大岗	Dàgǎng	—	山	回龙镇东北部	回龙镇
岗仔	Gǎngzǎi	—	山	蛟塘镇北部	蛟塘镇
狗头岗	Gǒutóu Gǎng	—	山	金利镇东南部	金利镇
塘贫岭山	Tángpínlǐng Shān	—	山	蛟塘镇北部	蛟塘镇
长岭嘴	Chánglǐngzuǐ	—	山	蛟塘镇西北部	蛟塘镇
牛山	Niúshān	—	山	白诸镇政府驻地北部	白诸镇
下浅山	Xiàqiǎn Shān	—	山	白诸镇政府驻地北部	白诸镇
上廖坑	Shàngliào Kēng	—	山	白诸镇政府驻地北部	白诸镇
大岗背	Dàgǎngbèi	—	山	回龙镇西北部	回龙镇
长连岗	Chánglián Gǎng	—	山	回龙镇东北部	回龙镇
青岗山	Qīnggǎng Shān	—	山	回龙镇东北部	回龙镇
大移山	Dàyí Shān	—	山	回龙镇东北部	回龙镇
芒果山	Mángguǒ Shān	—	山	白土镇政府驻地东部	白土镇
老丫塘	Lǎoyā Táng	—	山	白土镇政府驻地西部	白土镇
运塘岗	Yùntáng Gǎng	—	山	大湾镇政府驻地西部	大湾镇
文先山	Wénxiān Shān	—	山	白土镇政府驻地西北部	白土镇
龙头岗	Lóngtóu Gǎng	—	山	金利镇南部	金利镇
庙大岗	Miàodà Gǎng	—	山	蛟塘镇北部	蛟塘镇
牛头	Niútóu	—	山	蛟塘镇北部	蛟塘镇
平山仔	Píngshānzǎi	—	山	白诸镇政府驻地北部	白诸镇
月半围	Yuèbànwéi	—	山	白诸镇政府驻地北部	白诸镇
罗鼓坟头	Luógǔféntóu	—	山	白诸镇政府驻地北部	白诸镇

（续上表）

标准名称	汉语拼音	别名	地名类别	相对位置	所在(跨)行政区
上世后龙山	Shàngshì Hòulóng Shān	—	山	白诸镇政府驻地西部	白诸镇
绵狗山	Miángǒu Shān	—	山	白诸镇政府驻地西部	白诸镇
茅旱	Máohàn	—	山	白诸镇政府驻地西北部	白诸镇
锁钥头	Suǒyàotóu	—	山	白诸镇政府驻地西北部	白诸镇
金交椅	Jīnjiāoyǐ	—	山	白诸镇政府驻地西北部	白诸镇
一区岗	Yīqū Gǎng	—	山	白诸镇政府驻地北部	白诸镇
香仔会	Xiāngzǎihuì	—	山	白诸镇政府驻地南部	白诸镇
牛角山	Niújiǎo Shān	—	山	白诸镇政府驻地北部	白诸镇
水鬼氹	Shuǐguǐdàng	水龟氹	山	白诸镇政府驻地西北部	白诸镇
鹅头岗	Étóu Gǎng	—	山	白诸镇政府驻地北部	白诸镇
豆宅	Dòuzhái	—	山	白诸镇政府驻地西北部	白诸镇
复船岗	Fùchuán Gǎng	—	山	白诸镇政府驻地西部	白诸镇
细星岗	Xìxīng Gǎng	—	山	回龙镇北部	回龙镇
门前岗	Ménqián Gǎng	—	山	回龙镇北部	回龙镇
南木塘山	Nánmùtáng Shān	—	山	回龙镇东北部	回龙镇
羊便岗	Yángbiàn Gǎng	—	山	回龙镇东部	回龙镇
潭岗坑	Tángǎng Kēng	—	山	白土镇政府驻地西部	白土镇
下东心岗	Xiàdōngxīn Gǎng	—	山	白土镇政府驻地西部	白土镇
后岗	Hòugǎng	—	山	金利镇北部	金利镇
引龙岗	Yǐnlóng Gǎng	—	山	白土镇政府驻地南部	白土镇
大岗	Dàgǎng	—	山	金利镇南部	金利镇
冼塘岭	Xiǎntáng Lǐng	—	山	蛟塘镇西北部	蛟塘镇
南蛇岗	Nánshé Gǎng	—	山	蛟塘镇西部	蛟塘镇
罗园尾	Luóyuánwěi	—	山	蛟塘镇北部	蛟塘镇
清湖岭	Qīnghú Lǐng	—	山	蛟塘镇西部	蛟塘镇
旧村岗	Jiùcūn Gǎng	—	山	蛟塘镇北部	蛟塘镇
虎头岗	Hǔtóu Gǎng	—	山	白诸镇政府驻地北部	白诸镇
鱼山	Yúshān	—	山	白诸镇政府驻地北部	白诸镇
斑鱼山	Bānyú Shān	—	山	白诸镇政府驻地北部	白诸镇

（续上表）

标准名称	汉语拼音	别名	地名类别	相对位置	所在(跨)行政区
虎山	Hǔshān	——	山	白诸镇政府驻地北部	白诸镇
沙路山	Shālù Shān	——	山	白诸镇政府驻地北部	白诸镇
牛头山	Niútóu Shān	——	山	白诸镇政府驻地西部	白诸镇
围岗	Wéigǎng	——	山	白诸镇政府驻地北部	白诸镇
上罗山	Shàngluó Shān	——	山	白诸镇政府驻地北部	白诸镇
下狗山	Xiàgǒu Shān	——	山	白诸镇政府驻地北部	白诸镇
新社山	Xīnshè Shān	——	山	白诸镇政府驻地北部	白诸镇
上浅山	Shàngqiǎn Shān	——	山	白诸镇政府驻地北部	白诸镇
鸭为头山	Yāwéitóu Shān	——	山	白诸镇政府驻地北部	白诸镇
牛栏头	Niúlántóu	——	山	白诸镇政府驻地北部	白诸镇
禾地岗	Hédì Gǎng	岗顶山	山	白诸镇政府驻地北部	白诸镇
蛇岗	Shégǎng	——	山	白诸镇政府驻地西部	白诸镇
红珠山	Hóngzhū Shān	——	山	白诸镇政府驻地西部	白诸镇
蟹眼	Xièyǎn	——	山	回龙镇东北部	回龙镇
高坎	Gāokǎn	——	山	回龙镇东部	回龙镇
樟木山	Zhāngmù Shān	——	山	白土镇政府驻地北部	白土镇
鸡爪咀	Jīzhǎozuǐ	——	山	白土镇政府驻地北部	白土镇
葫芦岗	Húlú Gǎng	——	山	白土镇政府驻地东部	白土镇
香炉顶	Xiānglú Dǐng	——	山	蛟塘镇北部	蛟塘镇
马池岗	Mǎchí Gǎng	——	山	蛟塘镇北部	蛟塘镇
岗顶	Gǎngdǐng	——	山	蛟塘镇北部	蛟塘镇
长腰岭	Chángyāo Lǐng	——	山	蛟塘镇北部	蛟塘镇
塘面岗	Tángmiàn Gǎng	——	山	回龙镇东北部	回龙镇
埇尾岗顶	Yǒngwěigǎng Dǐng	——	山	回龙镇东部	回龙镇
金岗	Jīngǎng	——	山	白土镇政府驻地东北部	白土镇
便岗	Biàngǎng	——	山	白土镇政府驻地西北部	白土镇
坑屈庙	Kēngqū Miào	——	山	白土镇政府驻地西部	白土镇
大岗	Dàgǎng	——	山	白土镇政府驻地西部	白土镇
龙坑侧	Lóngkēngcè	——	山	白土镇政府驻地南部	白土镇
石坑	Shíkēng	——	山	白土镇政府驻地西南部	白土镇

（续上表）

标准名称	汉语拼音	别名	地名类别	相对位置	所在(跨)行政区
坎塘岗	Kǎntáng Gǎng	—	山	白土镇政府驻地西部	白土镇
大岗园	Dàgǎngyuán	—	山	白土镇政府驻地西部	白土镇
圣堂山	Shèngtáng Shān	—	山	白土镇政府驻地西北部	白土镇
龙葵山	Lóngkuí Shān	—	山	白土镇政府驻地西北部	白土镇
大山	Dàshān	—	山	白土镇政府驻地西北部	白土镇
后岗	Hòugǎng	—	山	金利镇西南部	金利镇
后岗	Hòugǎng	—	山	金利镇南部	金利镇
金鸡嘴	Jīnjīzuǐ	—	山	回龙镇东北部	回龙镇
马头岗	Mǎtóu Gǎng	—	山	金渡镇政府驻地东北部	金渡镇
鹰岗	Yīnggǎng	—	山	金利镇北部	金利镇
冲岗仔	Chōnggǎngzǎi	—	山	金利镇北部	金利镇
猪暗岗	Zhū'àn Gǎng	—	山	蛟塘镇西北部	蛟塘镇
大牛岗布	Dàniúgǎngbù	—	山	蛟塘镇北部	蛟塘镇
牛角埇	Niújiǎoyǒng	—	山	蛟塘镇西北部	蛟塘镇
大崩岗	Dàbēng Gǎng	—	山	蛟塘镇西北部	蛟塘镇
花岭	Huālǐng	—	山	蛟塘镇西北部	蛟塘镇
长岭咀	Chánglǐngzuǐ	—	山	蛟塘镇西北部	蛟塘镇
细洲岗	Xìzhōu Gǎng	—	山	大湾镇政府驻地西部	大湾镇
鸡肾岗	Jīshèn Gǎng	—	山	大湾镇政府驻地西部	大湾镇
马腰岗	Mǎyāo Gǎng	—	山	金利镇南部	金利镇
大岗	Dàgǎng	—	山	金利镇北部	金利镇
岗坑边	Gǎngkēngbiān	—	山	白诸镇政府驻地南部	白诸镇
屋背山	Wūbèi Shān	—	山	白诸镇政府驻地南部	白诸镇
白沙后龙山	Báishāhòulóng Shān	—	山	白诸镇政府驻地南部	白诸镇
罗官山	Luóguān Shān	—	山	白诸镇政府驻地西北部	白诸镇
虾山	Xiāshān	—	山	白诸镇政府驻地北部	白诸镇
挖蛇头	Wāshétóu	—	山	白诸镇政府驻地北部	白诸镇
飞鹰	Fēiyīng	—	山	白诸镇政府驻地北部	白诸镇
南蛇坑	Nánshé Kēng	—	山	白诸镇政府驻地北部	白诸镇

(续上表)

标准名称	汉语拼音	别名	地名类别	相对位置	所在(跨)行政区
大岗坳山	Dàgǎng'ào Shān	——	山	白诸镇政府驻地北部	白诸镇
园岗仔	Yuángǎngzǎi	——	山	白诸镇政府驻地西南部	白诸镇
红山仔	Hóngshānzǎi	——	山	白诸镇政府驻地东部	白诸镇
格岗	Gégǎng	——	山	白诸镇政府驻地西部	白诸镇
大松山	Dàsōng Shān	——	山	白诸镇政府驻地西部	白诸镇
猫山	Māoshān	——	山	白诸镇政府驻地西部	白诸镇
凤多后龙山	Fèngduō Hòulóng Shān	——	山	白诸镇政府驻地北部	白诸镇
二头山	Èrtóu Shān	——	山	白诸镇政府驻地北部	白诸镇
禾狸岗	Hélí Gǎng	——	山	白诸镇政府驻地北部	白诸镇
福船岗	Fúchuán Gǎng	——	山	白诸镇政府驻地南部	白诸镇
坪岗山	Pínggǎng Shān	——	山	白诸镇政府驻地北部	白诸镇
排石山	Páishí Shān	——	山	白诸镇政府驻地北部	白诸镇
山岗山	Shān Gǎng Shān	——	山	白诸镇政府驻地西北部	白诸镇
复塘岗	Fùtáng Gǎng	——	山	白诸镇政府驻地西北部	白诸镇
油麻岗	Yóumá Gǎng	——	山	白诸镇政府驻地北部	白诸镇
桃仔山	Táozǎi Shān	——	山	白诸镇政府驻地北部	白诸镇
白榄山	Báilǎn Shān	——	山	白诸镇政府驻地北部	白诸镇
圆珠岗	Yuánzhū Gǎng	——	山	白诸镇政府驻地南部	白诸镇
草皮岗	Cǎopí Gǎng	——	山	白诸镇政府驻地西部	白诸镇
三塱岗	Sānlǎng Gǎng	——	山	白诸镇政府驻地西部	白诸镇
狮岗头	Shī Gǎngtóu	——	山	白诸镇政府驻地西部	白诸镇
长头岗	Chángtóu Gǎng	——	山	白诸镇政府驻地南部	白诸镇
边岗咀	Biān Gǎngzuǐ	——	山	白诸镇政府驻地西南部	白诸镇
大坳	Dà'ào	——	山	回龙镇东北部	回龙镇
水井涌岗	Shuǐjǐngyǒng Gǎng	——	山	回龙镇东北部	回龙镇
东丫岗	Dōngyā Gǎng	——	山	回龙镇东北部	回龙镇
细涌岗	Xìyǒng Gǎng	——	山	回龙镇东北部	回龙镇
对面岗	Duìmiàn Gǎng	——	山	回龙镇东北部	回龙镇
黄岭大岗	Huánglǐngdà Gǎng	——	山	回龙镇东部	回龙镇

（续上表）

标准名称	汉语拼音	别名	地名类别	相对位置	所在(跨)行政区
白头岗	Báitóu Gǎng	—	山	蛟塘镇北部	蛟塘镇
细山岗	Xìshān Gǎng	—	山	回龙镇东北部	回龙镇
公埇山	Gōngyǒng Shān	—	山	回龙镇东部	回龙镇
便山	Biànshān	—	山	白土镇政府驻地西部	白土镇
石湾岗	Shíwān Gǎng	—	山	白土镇政府驻地西部	白土镇
烂岗	Làn Gǎng	—	山	白土镇政府驻地西部	白土镇
舞狮岗	Wǔshī Gǎng	—	山	白土镇政府驻地西部	白土镇
文先岗	Wénxiān Gǎng	—	山	白土镇政府驻地西部	白土镇
上文仙岗	Shàngwénxiān Gǎng	—	山	白土镇政府驻地西部	白土镇
河九岗	Héjiǔ Gǎng	—	山	白土镇政府驻地西部	白土镇
大屈	Dàqū	—	山	白土镇政府驻地西部	白土镇
狗巷顶	Gǒuxiàng Dǐng	—	山	白土镇政府驻地北部	白土镇
南北岗	Nánběi Gǎng	—	山	大湾镇政府驻地西部	大湾镇
后岗	Hòugǎng	—	山	金利镇南部	金利镇
黄岗	Huánggǎng	—	山	金利镇北部	金利镇
蛇尾岗	Shéwěi Gǎng	—	山	金利镇北部	金利镇
大岗	Dàgǎng	—	山	金利镇东北部	金利镇
指天岗	Zhǐtiān Gǎng	—	山	金利镇南部	金利镇
中心岗	Zhōngxīn Gǎng	—	山	金利镇北部	金利镇
竹园岗	Zhúyuán Gǎng	—	山	金利镇东北部	金利镇
疏冲岗	Shūchōng Gǎng	—	山	蛟塘镇西北部	蛟塘镇
烂狮	Lànshī	—	山	蛟塘镇西北部	蛟塘镇
黄布大岗	Huángbùdà Gǎng	—	山	蛟塘镇西北部	蛟塘镇
车冲顶	Chēchōng Dǐng	—	山	蛟塘镇北部	蛟塘镇
大山	Dàshān	—	山	蛟塘镇北部	蛟塘镇
田螺山	Tiánluó Shān	—	山	蛟塘镇北部	蛟塘镇
大沙岭	Dàshā Lǐng	—	山	蛟塘镇西北部	蛟塘镇
沙岭	Shālǐng	—	山	蛟塘镇西北部	蛟塘镇
金龙山	Jīnlóng Shān	—	山	蛟塘镇西北部	蛟塘镇
叁岗山	Sāngǎng Shān	—	山	白诸镇政府驻地西部	白诸镇

（续上表）

标准名称	汉语拼音	别名	地名类别	相对位置	所在(跨)行政区
禾杆山	Hégǎn Shān	—	山	白诸镇政府驻地西部	白诸镇
葫芦岗	Húlú Gǎng	—	山	白诸镇政府驻地西北部	白诸镇
花果山	Huāguǒ Shān	—	山	白诸镇政府驻地西北部	白诸镇
禾地岗	Hédì Gǎng	—	山	白诸镇政府驻地西北部	白诸镇
上塘山	Shàngtáng Shān	—	山	白诸镇政府驻地西北部	白诸镇
禾地岗	Hédì Gǎng	—	山	白诸镇政府驻地南部	白诸镇
区塘大山	Qūtáng Dàshān	—	山	白诸镇政府驻地北部	白诸镇
狗山	Gǒushān	—	山	白诸镇政府驻地北部	白诸镇
洞旗山	Dòngqí Shān	—	山	白诸镇政府驻地北部	白诸镇
大山嘴	Dàshānzuǐ	—	山	白诸镇政府驻地西南部	白诸镇
长江山	Chángjiāng Shān	—	山	白诸镇政府驻地西南部	白诸镇
罗扇岗	Luóshàn Gǎng	—	山	白诸镇政府驻地西部	白诸镇
山册口	Shāncèkǒu	—	山	白诸镇政府驻地东北部	白诸镇
狮子山	Shīzǐ Shān	—	山	白诸镇政府驻地东北部	白诸镇
禾干山	Hégàn Shān	—	山	白诸镇政府驻地西部	白诸镇
上宣山	Shàngxuān Shān	—	山	白诸镇政府驻地西部	白诸镇
泥初岗山	Níchūgǎng Shān	—	山	白诸镇政府驻地北部	白诸镇
六区坑	Liùqū Kēng	—	山	白诸镇政府驻地北部	白诸镇
高围	Gāowéi	—	山	白诸镇政府驻地南部	白诸镇
下场山	Xiàchǎng Shān	—	山	白诸镇政府驻地北部	白诸镇
荔枝山头	Lìzhī Shāntóu	—	山	白诸镇政府驻地西北部	白诸镇
屋背山	Wūbèi Shān	—	山	白诸镇政府驻地北部	白诸镇
沉山	Chénshān	—	山	白诸镇政府驻地北部	白诸镇
孔岗山	Kǒnggǎng Shān	后龙山	山	白诸镇政府驻地北部	白诸镇
龙湖山	Lónghú Shān	—	山	白诸镇政府驻地北部	白诸镇
后底头	Hòudǐtóu	—	山	白诸镇政府驻地北部	白诸镇
旧村坑	Jiùcūn Kēng	—	山	白诸镇政府驻地北部	白诸镇
新排后龙山	Xīnpái Hòulóng Shān	—	山	白诸镇政府驻地西部	白诸镇
细雾岗	Xìwù Gǎng	—	山	白诸镇政府驻地西部	白诸镇

（续上表）

标准名称	汉语拼音	别名	地名类别	相对位置	所在(跨)行政区
屋宅山	Wūzhái Shān	——	山	白诸镇政府驻地西部	白诸镇
大龟	Dàguī	——	山	白诸镇政府驻地西部	白诸镇
长冲岗	Chángchōng Gǎng	——	山	回龙镇东北部	回龙镇
黄草岗	Huángcǎo Gǎng	——	山	白土镇政府驻地西部	白土镇
大荒岗	Dàhuāng Gǎng	——	山	白土镇政府驻地西部	白土镇
掘冲背	Juéchōngbèi	——	山	白土镇政府驻地北部	白土镇
高田岭山	Gāotiánlǐng Shān	——	山	蛟塘镇西部	蛟塘镇
大岭背	Dàlǐngbèi	——	山	蛟塘镇北部	蛟塘镇
大湴山	Dàbàn Shān	——	山	回龙镇东部	回龙镇
大洲岗	Dàzhōu Gǎng	——	山	白土镇政府驻地西北部	白土镇
茅岗头	Máogǎngtóu	——	山	白土镇政府驻地西部	白土镇
东心岗	Dōngxīn Gǎng	——	山	白土镇政府驻地西部	白土镇
大岗	Dàgǎng	——	山	白土镇政府驻地西部	白土镇
长腰大石栏	Chángyāodàshílán	——	山	白土镇政府驻地西南部	白土镇
燕子驳横梁	Yànzǐbóhéngliáng	——	山	白土镇政府驻地西南部	白土镇
长布岗	Chángbù Gǎng	——	山	白土镇政府驻地西南部	白土镇
虎爪岗	Hǔzhǎo Gǎng	——	山	白土镇政府驻地西南部	白土镇
印岗	Yìngǎng	——	山	蛟塘镇西北部	蛟塘镇
铁屎岗	Tiěshǐ Gǎng	——	山	蛟塘镇西北部	蛟塘镇
远征队	Yuǎnzhēngduì	——	山	蛟塘镇西北部	蛟塘镇
松岗	Sōnggǎng	——	山	大湾镇政府驻地西部	大湾镇
林子坑	Línzǐ Kēng	——	山	金利镇南部	金利镇
荔枝头	Lìzhītóu	——	山	白诸镇政府驻地西部	白诸镇
芹塘山	Qíntáng Shān	——	山	白诸镇政府驻地南部	白诸镇
莫坑山	Mòkēng Shān	——	山	白诸镇政府驻地南部	白诸镇
牛尾氹	Niúwěidàng	——	山	白诸镇政府驻地西北部	白诸镇
大头山	Dàtóu Shān	——	山	白诸镇政府驻地南部	白诸镇
庙山	Miàoshān	——	山	白诸镇政府驻地南部	白诸镇

（续上表）

标准名称	汉语拼音	别名	地名类别	相对位置	所在(跨)行政区
凤亦	Fèngyì	——	山	白诸镇政府驻地北部	白诸镇
老鸦咀	Lǎoyāzuǐ	——	山	白诸镇政府驻地西部	白诸镇
石坑岗	Shíkēng Gǎng	——	山	白诸镇政府驻地东北部	白诸镇
罗明山	Luómíng Shān	——	山	白诸镇政府驻地西部	白诸镇
蛇嘴	Shézuǐ	——	山	白诸镇政府驻地北部	白诸镇
麦塘坦	Màitángtǎn	——	山	白诸镇政府驻地南部	白诸镇
岭脚山	Lǐngjiǎo Shān	——	山	白诸镇政府驻地北部	白诸镇
大崩岗	Dàbēng Gǎng	——	山	白诸镇政府驻地北部	白诸镇
田登山	Tiándēng Shān	——	山	白诸镇政府驻地北部	白诸镇
大山	Dàshān	——	山	白诸镇政府驻地北部	白诸镇
大石山	Dàshí Shān	——	山	白诸镇政府驻地北部	白诸镇
狗山	Gǒushān	——	山	白诸镇政府驻地北部	白诸镇
福将岗	Fújiāng Gǎng	福钟岗	山	白诸镇政府驻地北部	白诸镇
坑塘山	Kēngtáng Shān	——	山	白诸镇政府驻地南部	白诸镇
金鸡山	Jīnjī Shān	——	山	白诸镇政府驻地南部	白诸镇
文先岗	Wénxiān Gǎng	——	山	白诸镇政府驻地西部	白诸镇
禾差托	Héchàtuō	——	山	白诸镇政府驻地西部	白诸镇
苏岗	Sūgǎng	——	山	白诸镇政府驻地西部	白诸镇
大湾山	Dàwān Shān	——	山	白诸镇政府驻地西部	白诸镇
水山岗	Shuǐshān Gǎng	——	山	白诸镇政府驻地南部	白诸镇
冬瓜山	Dōngguā Shān	——	山	白诸镇政府驻地西南部	白诸镇
复船岗	Fùchuán Gǎng	——	山	白诸镇政府驻地南部	白诸镇
簕坑山	Lèkēng Shān	——	山	白诸镇政府驻地南部	白诸镇
佛仔前	Fózǎiqián	——	山	白诸镇政府驻地南部	白诸镇
大竹园	Dàzhúyuán	——	山	白诸镇政府驻地西南部	白诸镇
茶亭山	Chátíng Shān	——	山	白诸镇政府驻地西部	白诸镇
岭咀	Lǐngzuǐ	——	山	白诸镇政府驻地西北部	白诸镇
燕斗	Yàndǒu	——	山	回龙镇东北部	回龙镇
三星岗	Sānxīng Gǎng	——	山	回龙镇东北部	回龙镇
圆头岗	Yuántóu Gǎng	——	山	白土镇政府驻地东北部	白土镇

（续上表）

标准名称	汉语拼音	别名	地名类别	相对位置	所在(跨)行政区
田岭大岗	Tiánlǐngdà Gǎng	——	山	蛟塘镇北部	蛟塘镇
石仔坳	Shízǎi Ào	——	山	回龙镇东部	回龙镇
枝岗	Zhīgǎng	——	山	回龙镇东部	回龙镇
登高岗	Dēnggāo Gǎng	——	山	回龙镇东部	回龙镇
坑伸后龙山	Kēngshēn Hòulóng Shān	——	山	白土镇政府驻地西部	白土镇
禾枪岗	Héqiāng Gǎng	——	山	白土镇政府驻地西部	白土镇
独田大岗	Dútiándà Gǎng	——	山	白土镇政府驻地西南部	白土镇
大塘岗	Dàtáng Gǎng	——	山	白土镇政府驻地西南部	白土镇
竹岭	Zhúlǐng	——	山	白土镇政府驻地南部	白土镇
吕岭大侧	Lǚlǐngdàcè	——	山	蛟塘镇西北部	蛟塘镇
深水塘岗	Shēnshuǐtáng Gǎng	——	山	蛟塘镇西北部	蛟塘镇
小塘岗	Xiǎotáng Gǎng	——	山	蛟塘镇西北部	蛟塘镇
更楼山	Gènglóu Shān	——	山	蛟塘镇西南部	蛟塘镇
碑嶂岗	Bēitíng Gǎng	——	山	蛟塘镇北部	蛟塘镇
庙岗	Miàogǎng	——	山	蛟塘镇西北部	蛟塘镇
猪古岗	Zhūgǔ Gǎng	——	山	蛟塘镇西部	蛟塘镇
恋狗	Liàngǒu	——	山	蛟塘镇东南部	蛟塘镇
龟岗	Guīgǎng	——	山	金利镇南部	金利镇
大镇岗	Dàzhèn Gǎng	——	山	金利镇西南部	金利镇
濑山	Làishān	——	山	白诸镇政府驻地西北部	白诸镇
禾枪咀	Héqiāngzuǐ	——	山	白诸镇政府驻地西北部	白诸镇
禾头山	Hétóu Shān	——	山	白诸镇政府驻地西北部	白诸镇
麻鸡山	Májī Shān	——	山	白诸镇政府驻地西北部	白诸镇
金瓜山	Jīnguā Shān	——	山	白诸镇政府驻地南部	白诸镇
塘坑山	Tángkēng Shān	——	山	白诸镇政府驻地南部	白诸镇
象山	Xiàngshān	——	山	白诸镇政府驻地北部	白诸镇
盘蛇山	Pánshé Shān	——	山	白诸镇政府驻地北部	白诸镇
松咀后龙山	Sōngzuǐhòulóng Shān	——	山	白诸镇政府驻地西南部	白诸镇

（续上表）

标准名称	汉语拼音	别名	地名类别	相对位置	所在(跨)行政区
茶坑山	Chákēng Shān	——	山	白诸镇政府驻地西南部	白诸镇
横塘山	Héngtáng Shān	——	山	白诸镇政府驻地西南部	白诸镇
庙脊	Miàojǐ	——	山	白诸镇政府驻地西南部	白诸镇
麻蓝坑山	Málánkēng Shān	——	山	白诸镇政府驻地东北部	白诸镇
赤坑岗	Chìkēng Gǎng	——	山	白诸镇政府驻地东北部	白诸镇
桥头山	Qiáotóu Shān	——	山	白诸镇政府驻地西部	白诸镇
雁红珠	Yànhóngzhū	——	山	白诸镇政府驻地西部	白诸镇
黄鹤岗	Huánghè Gǎng	——	山	白诸镇政府驻地西部	白诸镇
庙角塘	Miàojiǎo Táng	——	山	白诸镇政府驻地北部	白诸镇
座仙岗	Zuòxiān Gǎng	——	山	白诸镇政府驻地北部	白诸镇
社山顶	Shèshān Dǐng	——	山	白诸镇政府驻地北部	白诸镇
石头坑山	Shítóukēng Shān	——	山	白诸镇政府驻地北部	白诸镇
水龟山	Shuǐguī Shān	——	山	白诸镇政府驻地北部	白诸镇
猪腰山	Zhūyāo Shān	——	山	白诸镇政府驻地北部	白诸镇
饿龟咀	Èguīzuǐ	——	山	白诸镇政府驻地西北部	白诸镇
湾头后龙山	Wāntóu Hòulóng Shān	——	山	白诸镇政府驻地南部	白诸镇
柴林坪	Cháilín Píng	——	山	白诸镇政府驻地南部	白诸镇
扇面山	Shànmiàn Shān	——	山	白诸镇政府驻地西部	白诸镇
大湖岗	Dàhú Gǎng	——	山	白诸镇政府驻地西部	白诸镇
放牛岗	Fàngniú Gǎng	——	山	白诸镇政府驻地西部	白诸镇
九连荒	Jiǔliánhuāng	——	山	白诸镇政府驻地西部	白诸镇
镜山	Jìngshān	——	山	白诸镇政府驻地西部	白诸镇
马山	Mǎshān	——	山	白诸镇政府驻地西部	白诸镇
大岗山	Dàgǎng Shān	——	山	白诸镇政府驻地南部	白诸镇
禾地岗山	Hédìgǎng Shān	——	山	白诸镇政府驻地南部	白诸镇
牛肚顶	Niúdù Dǐng	——	山	白诸镇政府驻地南部	白诸镇
边坑后龙山	Biānkēng Hòulóng Shān	——	山	白诸镇政府驻地南部	白诸镇
龟仔山	Guīzǎi Shān	——	山	白诸镇政府驻地西北部	白诸镇

（续上表）

标准名称	汉语拼音	别名	地名类别	相对位置	所在（跨）行政区
大砵头咀	Dàbōtóuzuǐ	——	山	白土镇政府驻地西部	白土镇
茅石岗	Máoshí Gǎng	——	山	白土镇政府驻地西部	白土镇
大松岗	Dàsōng Gǎng	——	山	白土镇政府驻地北部	白土镇
红军大岗	Hóngjūndà Gǎng	——	山	蛟塘镇北部	蛟塘镇
黄其山	Huángqí Shān	——	山	回龙镇东北部	回龙镇
梨仔岗	Lízǎi Gǎng	——	山	回龙镇东部	回龙镇
猫儿岗	Māo'ér Gǎng	——	山	白土镇政府驻地东北部	白土镇
蚬山	Xiǎnshān	——	山	白土镇政府驻地西北部	白土镇
牛围坪	Niúwéi Píng	——	山	白土镇政府驻地西部	白土镇
清湖山	Qīnghú Shān	——	山	白土镇政府驻地西南部	白土镇
猪洲岗	Zhūzhōu Gǎng	——	山	大湾镇政府驻地西部	大湾镇
新围后龙山	Xīnwéi Hòulóng Shān	——	山	大湾镇政府驻地西部	大湾镇
大肚山	Dàdù Shān	——	山	大湾镇政府驻地西部	大湾镇
社头岗	Shètóu Gǎng	——	山	金利镇南部	金利镇
后岗	Hòugǎng	——	山	金利镇南部	金利镇
金龙大岗	Jīnlóng Dàgǎng	——	山	蛟塘镇西北部	蛟塘镇
吕洞坑屋背	Lǚdòngkēng Wūbèi	——	山	蛟塘镇西北部	蛟塘镇
屋岗	Wūgǎng	——	山	蛟塘镇西北部	蛟塘镇
面先岗	Miànxiān Gǎng	——	山	蛟塘镇西南部	蛟塘镇
大山驳	Dàshānbó	——	山	金利镇南部	金利镇
隔岗	Gégǎng	——	山	金利镇南部	金利镇
老爷山	Lǎoyé Shān	——	山	白诸镇政府驻地西部	白诸镇
垃塌咀	Lātāzuǐ	——	山	白诸镇政府驻地西部	白诸镇
岗坳山	Gǎng'ào Shān	——	山	白诸镇政府驻地西部	白诸镇
蛇颈山	Shéjǐng Shān	——	山	白诸镇政府驻地东南部	白诸镇
井头岗	Jǐngtóu Gǎng	——	山	白诸镇政府驻地南部	白诸镇
牛栏岗	Niúlán Gǎng	——	山	白诸镇政府驻地南部	白诸镇
多栏山	Duōlán Shān	——	山	白诸镇政府驻地南部	白诸镇

（续上表）

标准名称	汉语拼音	别名	地名类别	相对位置	所在(跨)行政区
竹坑山	Zhúkēng Shān	——	山	白诸镇政府驻地南部	白诸镇
对面山	Duìmiàn Shān	——	山	白诸镇政府驻地西北部	白诸镇
猪乸山	Zhūnǎ Shān	——	山	白诸镇政府驻地南部	白诸镇
竹坑山	Zhúkēng Shān	——	山	白诸镇政府驻地南部	白诸镇
大岗围	Dàgǎngwéi	——	山	白诸镇政府驻地北部	白诸镇
面前山	Miànqián Shān	——	山	白诸镇政府驻地西南部	白诸镇
根养岗头山	Gēnyǎnggǎngtóu Shān	——	山	白诸镇政府驻地西南部	白诸镇
半坑山	Bànkēng Shān	——	山	白诸镇政府驻地西南部	白诸镇
岭头	Lǐngtóu	——	山	白诸镇政府驻地西南部	白诸镇
金星山	Jīnxīng Shān	——	山	活道镇政府驻地西北部	活道镇
庙岗咀	Miàogǎngzuǐ	——	山	活道镇政府驻地北部	活道镇
阿婆岗山	Āpógǎng Shān	——	山	白诸镇政府驻地西部	白诸镇
竹山仔	Zhúshānzǎi	——	山	白诸镇政府驻地东部	白诸镇
黄蛇山	Huángshé Shān	——	山	白诸镇政府驻地东部	白诸镇
黄塘	Huángtáng	——	山	白诸镇政府驻地西部	白诸镇
马头岗	Mǎtóugǎng	——	山	白诸镇政府驻地北部	白诸镇
围脚	Wéijiǎo	——	山	白诸镇政府驻地北部	白诸镇
牛角山	Niújiǎo Shān	——	山	白诸镇政府驻地北部	白诸镇
照镜山	Zhàojìng Shān	——	山	白诸镇政府驻地北部	白诸镇
鬼坑	Guǐkēng	——	山	白诸镇政府驻地西北部	白诸镇
瓦灶岗	Wǎzào Gǎng	——	山	白诸镇政府驻地南部	白诸镇
饭盖岗	Fàngài Gǎng	——	山	白诸镇政府驻地西部	白诸镇
黎坑塘山	Líkēngtáng Shān	——	山	白诸镇政府驻地西部	白诸镇
明窝晒谷	Míngwōshàigǔ	——	山	白诸镇政府驻地西部	白诸镇
金元后龙山	Jīnyuán Hòulóng Shān	——	山	白诸镇政府驻地南部	白诸镇
乌榄坪	Wūlǎn Píng	——	山	白诸镇政府驻地西南部	白诸镇
石塘山	Shítáng Shān	——	山	白诸镇政府驻地南部	白诸镇
围岗	Wéigǎng	围岗山	山	白诸镇政府驻地西部	白诸镇

（续上表）

标准名称	汉语拼音	别名	地名类别	相对位置	所在(跨)行政区
罗根岗	Luógēn Gǎng	——	山	白诸镇政府驻地西部	白诸镇
岭咀	Lǐngzuǐ	——	山	白诸镇政府驻地西北部	白诸镇
黄蛇脊	Huángshéjǐ	——	山	白诸镇政府驻地西北部	白诸镇
栗子岗后龙山	Lìzǐgǎng Hòulóng Shān	——	山	白诸镇政府驻地西部	白诸镇
旱坑岗	Hànkēng Gǎng	——	山	白土镇政府驻地西部	白土镇
长坑岗咀	Chángkēng Gǎngzuǐ	——	山	白土镇政府驻地西部	白土镇
驼罗岗	Tuóluó Gǎng	——	山	白土镇政府驻地西部	白土镇
古碌岗	Gǔlù Gǎng	波碌岗	山	蛟塘镇西部	蛟塘镇
长肚岭	Chángdù Lǐng	——	山	蛟塘镇西部	蛟塘镇
冲测岗	Chōngcè Gǎng	——	山	回龙镇东部	回龙镇
天鹅塘	Tiān'é Táng	——	山	白土镇政府驻地东部	白土镇
狮岗	Shīgǎng	——	山	白土镇政府驻地东部	白土镇
小柏木	Xiǎobǎimù	——	山	大湾镇政府驻地北部	大湾镇
长坑后山	Chángkēnghòu Shān	——	山	金利镇东南部	金利镇
大石岗	Dàshí Gǎng	——	山	金利镇西北部	金利镇
老虎岗	Lǎohǔ Gǎng	——	山	大湾镇政府驻地西部	大湾镇
沙岗屋背	Shāgǎngwūbèi	——	山	蛟塘镇西南部	蛟塘镇
大山坳	Dàshān Ào	——	山	蛟塘镇西部	蛟塘镇
无名岗	Wúmíng Gǎng	——	山	蛟塘镇北部	蛟塘镇
后岗	Hòugǎng	——	山	蛟塘镇西部	蛟塘镇
中心岗	Zhōngxīn Gǎng	——	山	蛟塘镇西部	蛟塘镇
边坑岗	Biānkēng Gǎng	——	山	蛟塘镇西部	蛟塘镇
崩塘侧	Bēngtángcè	——	山	蛟塘镇西部	蛟塘镇
竹围对面山	Zhúwéiduìmiàn Shān	——	山	大湾镇政府驻地西部	大湾镇
猫耳坑	Māo'ěr Kēng	——	山	大湾镇政府驻地西部	大湾镇
黄垌岭	Huángdòng Lǐng	——	山	蛟塘镇东北部	蛟塘镇
黄碑尖山	Huángbēijiān Shān	——	山	蛟塘镇西南部	蛟塘镇
圆岗顶	Yuángǎng Dǐng	——	山	蛟塘镇西南部	蛟塘镇

（续上表）

标准名称	汉语拼音	别名	地名类别	相对位置	所在（跨）行政区
山塘尾	Shāntángwěi	——	山	蛟塘镇东部	蛟塘镇
赤上后龙山	Chìshàng Hòulóng Shān	——	山	蛟塘镇西北部	蛟塘镇
弯九坑山	Wānjiǔkēng Shān	——	山	活道镇政府驻地东南部	活道镇
沉中咀	Chénzhōngzuǐ	——	山	白诸镇政府驻地西部	白诸镇
河里坑山	Hélǐkēng Shān	——	山	白诸镇政府驻地南部	白诸镇
梳山	Shūshān	——	山	白诸镇政府驻地西北部	白诸镇
狗山	Gǒushān	——	山	白诸镇政府驻地西北部	白诸镇
十二丘山仔	Shí'èrqiū Shānzǎi	——	山	白诸镇政府驻地西北部	白诸镇
蛇山	Shéshān	——	山	白诸镇政府驻地西北部	白诸镇
门口山	Ménkǒu Shān	——	山	白诸镇政府驻地南部	白诸镇
塘边山	Tángbiān Shān	——	山	白诸镇政府驻地西南部	白诸镇
大塘坑山	Dàtángkēng Shān	——	山	白诸镇政府驻地西南部	白诸镇
岗边路山	Gǎngbiānlù Shān	——	山	白诸镇政府驻地西南部	白诸镇
斑鱼塘山	Bānyútáng Shān	——	山	活道镇政府驻地西北部	活道镇
罗古后龙山	Luógǔ Hòulóng Shān	——	山	白诸镇政府驻地西部	白诸镇
旱坑山	Hànkēng Shān	——	山	白诸镇政府驻地西部	白诸镇
西坑山	Xīkēng Shān	——	山	白诸镇政府驻地西部	白诸镇
白坟前	Báifénqián	——	山	白诸镇政府驻地东部	白诸镇
屋背山	Wūbèi Shān	——	山	白诸镇政府驻地南部	白诸镇
牛㖞山	Niúǎ Shān	——	山	白诸镇政府驻地西部	白诸镇
大灶山	Dàzào Shān	——	山	白诸镇政府驻地西部	白诸镇
九连山	Jiǔlián Shān	——	山	白诸镇政府驻地西部	白诸镇
鹅佬山	Élǎo Shān	——	山	白诸镇政府驻地西部	白诸镇
长磅	Chángpáng	——	山	白诸镇政府驻地西部	白诸镇
禾地山	Hédì Shān	——	山	白诸镇政府驻地南部	白诸镇
禾地岗	Hédì Gǎng	——	山	白诸镇政府驻地西部	白诸镇
屈甲山	Qūjiǎ Shān	——	山	金渡镇政府驻地东部	金渡镇
百花山	Bǎihuā Shān	——	山	活道镇政府驻地北部	活道镇

（续上表）

标准名称	汉语拼音	别名	地名类别	相对位置	所在(跨)行政区
庙山	Miàoshān	—	山	活道镇政府驻地北部	活道镇
牛山	Niúshān	—	山	活道镇政府驻地北部	活道镇
狗头山	Gǒutóu Shān	—	山	活道镇政府驻地北部	活道镇
碑头岗	Bēitóu Gǎng	—	山	回龙镇东北部	回龙镇
长坑岗	Chángkēng Gǎng	—	山	白土镇政府驻地西部	白土镇
崩岗	Bēnggǎng	—	山	蛟塘镇西南部	蛟塘镇
禾昌岗	Héchāng Gǎng	—	山	回龙镇东南部	回龙镇
企山	Qǐshān	—	山	白土镇政府驻地西部	白土镇
长塘大岗	Chángtáng Dàgǎng	—	山	白土镇政府驻地西南部	白土镇
大岗山	Dàgǎng Shān	—	山	大湾镇政府驻地西部	大湾镇
车爷岗	Chēyé Gǎng	—	山	大湾镇政府驻地西部	大湾镇
白石坪山	Báishípíng Shān	—	山	蛟塘镇西南部	蛟塘镇
村对面山	Cūnduìmiàn Shān	—	山	蛟塘镇西南部	蛟塘镇
象拔山	Xiàngbá Shān	—	山	蛟塘镇西南部	蛟塘镇
庙岗	Miàogǎng	—	山	蛟塘镇西部	蛟塘镇
长腰岗	Chángyāo Gǎng	—	山	蛟塘镇西部	蛟塘镇
大顶	Dàdǐng	—	山	蛟塘镇西部	蛟塘镇
飞耙山	Fēipá Shān	—	山	大湾镇政府驻地西南部	大湾镇
饭盖岭	Fàngài Lǐng	—	山	蛟塘镇西南部	蛟塘镇
山背	Shānbèi	—	山	蛟塘镇西南部	蛟塘镇
乌仔岗	Wūzǎi Gǎng	—	山	蛟塘镇西南部	蛟塘镇
南蛇头	Nánshétóu	—	山	蛟塘镇西部	蛟塘镇
石头塘	Shítóu Táng	—	山	活道镇政府驻地西部	活道镇
茶坑顶	Chákēng Dǐng	—	山	白诸镇政府驻地西部	白诸镇
火烧山	Huǒshāo Shān	—	山	白诸镇政府驻地南部	白诸镇
大松坳	Dàsōng Ào	—	山	白诸镇政府驻地东南部	白诸镇
林科山	Línkē Shān	—	山	白诸镇政府驻地西北部	白诸镇
井岗头	Jǐnggǎngtóu	—	山	白诸镇政府驻地西北部	白诸镇
围岗	Wéigǎng	—	山	白诸镇政府驻地西南部	白诸镇
龙虎坑山	Lónghǔ Kēngshān	—	山	白诸镇政府驻地北部	白诸镇

（续上表）

标准名称	汉语拼音	别名	地名类别	相对位置	所在(跨)行政区
山塘山顶	Shāntáng Shāndǐng	——	山	白诸镇政府驻地西南部	白诸镇
白沙岭	Báishā Lǐng	——	山	白诸镇政府驻地西南部	白诸镇
水围山	Shuǐwéi Shān	——	山	白诸镇政府驻地西部	白诸镇
长坑山	Chángkēng Shān	——	山	白诸镇政府驻地西部	白诸镇
麻坑山	Mákēng Shān	——	山	白诸镇政府驻地西部	白诸镇
山底塱	Shāndǐlǎng	——	山	白诸镇政府驻地西部	白诸镇
木鹤顶	Mùhè Dǐng	——	山	白诸镇政府驻地西部	白诸镇
高塱	Gāolǎng	——	山	白诸镇政府驻地西部	白诸镇
下狗山	Xiàgǒu Shān	——	山	白诸镇政府驻地北部	白诸镇
庙前山	Miàoqián Shān	——	山	白诸镇政府驻地南部	白诸镇
狮子山	Shīzǐ Shān	——	山	白诸镇政府驻地北部	白诸镇
深涆	Shēnbàn	——	山	白诸镇政府驻地北部	白诸镇
打石窝山	Dǎshíwō Shān	——	山	白诸镇政府驻地北部	白诸镇
猫山	Māoshān	——	山	白诸镇政府驻地北部	白诸镇
牛皮桐	Niúpítóng	——	山	白诸镇政府驻地北部	白诸镇
岗头山	Gǎngtóu Shān	——	山	白诸镇政府驻地南部	白诸镇
大就岗	Dàjiù Gǎng	——	山	白诸镇政府驻地西部	白诸镇
新围后龙山	Xīnwéi Hòulóng Shān	——	山	白诸镇政府驻地西部	白诸镇
众人山	Zhòngrén Shān	——	山	白诸镇政府驻地西南部	白诸镇
牛栏山	Niúlán Shān	——	山	白诸镇政府驻地西北部	白诸镇
白坟坑	Báifén Kēng	——	山	白诸镇政府驻地西部	白诸镇
土地公山	Tǔdìgōng Shān	——	山	白诸镇政府驻地西部	白诸镇
岗仔头	Gǎngzǎitóu	——	山	白诸镇政府驻地西部	白诸镇
狮尾山	Shīwěi Shān	——	山	回龙镇东南部	回龙镇
横木顶	Héngmù Dǐng	——	山	白土镇政府驻地西部	白土镇
南拨坑崩岗	Nánbōkēng Bēnggǎng	——	山	蛟塘镇西南部	蛟塘镇
运门月	Yùnményuè	——	山	回龙镇东部	回龙镇
象山	Xiàngshān	——	山	回龙镇东南部	回龙镇

（续上表）

标准名称	汉语拼音	别名	地名类别	相对位置	所在(跨)行政区
庙山	Miàoshān	——	山	白土镇政府驻地西北部	白土镇
石碑山	Shíbēi Shān	——	山	白土镇政府驻地西北部	白土镇
旱石壁	Hànshíbì	——	山	白土镇政府驻地西南部	白土镇
西路头	Xīlùtóu	——	山	白土镇政府驻地西南部	白土镇
大笨象山	Dàbènxiàng Shān	——	山	白土镇政府驻地西南部	白土镇
禄岸村后龙山	Lù'àncūn Hòulóng Shān	——	山	大湾镇政府驻地西部	大湾镇
烂崩岗	Lànbēng Gǎng	——	山	蛟塘镇西南部	蛟塘镇
马头岗	Mǎtóu Gǎng	——	山	蛟塘镇西部	蛟塘镇
公路侧	Gōnglùcè	——	山	蛟塘镇西部	蛟塘镇
大坪	Dàpíng	——	山	蛟塘镇西部	蛟塘镇
来龙岭	Láilóng Lǐng	——	山	活道镇政府驻地东南部	活道镇
长腰岭	Chángyāo Lǐng	——	山	活道镇政府驻地东南部	活道镇
村头岗	Cūntóu Gǎng	——	山	大湾镇政府驻地西部	大湾镇
田螺岗	Tiánluó Gǎng	——	山	大湾镇政府驻地西部	大湾镇
马布山仔	Mǎbùshānzǎi	——	山	大湾镇政府驻地西部	大湾镇
冼涌坑山	Xiǎnyǒngkēng Shān	——	山	蛟塘镇东南部	蛟塘镇
大塱山	Dàlǎng Shān	——	山	蛟塘镇东部	蛟塘镇
陂豆山	Bēidòu Shān	——	山	蛟塘镇东北部	蛟塘镇
鬼㙟山	Guǐnǎ Shān	——	山	蛟塘镇西部	蛟塘镇
金丝岭	Jīnsī Lǐng	——	山	活道镇政府驻地东南部	活道镇
三角金星山	Sānjiǎo Jīnxīng Shān	——	山	活道镇政府驻地北部	活道镇
牛山	Niúshān	——	山	白诸镇政府驻地西部	白诸镇
白狗脊	Báigǒujǐ	——	山	白诸镇政府驻地西部	白诸镇
沉獭山	Chéntǎ Shān	——	山	白诸镇政府驻地西部	白诸镇
早山坑顶	Zǎoshānkēng Dǐng	——	山	白诸镇政府驻地西部	白诸镇
洋村山	Yángcūn Shān	——	山	白诸镇政府驻地西部	白诸镇
坟前山	Fénqián Shān	——	山	白诸镇政府驻地西部	白诸镇
探塘	Tàntáng	——	山	白诸镇政府驻地南部	白诸镇

（续上表）

标准名称	汉语拼音	别名	地名类别	相对位置	所在（跨）行政区
罗沉顶	Luóchén Dǐng	——	山	白诸镇政府驻地西北部	白诸镇
山边山	Shānbiān Shān	——	山	白诸镇政府驻地南部	白诸镇
云槎后背山	Yúnchá Hòubèi Shān	——	山	白诸镇政府驻地西南部	白诸镇
狗仔山	Gǒuzǎi Shān	——	山	活道镇政府驻地北部	活道镇
狮山	Shīshān	——	山	活道镇政府驻地北部	活道镇
下坑后龙山	Xiàkēng Hòulóng Shān	——	山	白诸镇政府驻地西部	白诸镇
马路	Mǎlù	——	山	白诸镇政府驻地西部	白诸镇
簪耙坑山	Tánpákēng Shān	——	山	白诸镇政府驻地西部	白诸镇
福船岗	Fúchuán Gǎng	——	山	白诸镇政府驻地西部	白诸镇
油麻山	Yóumá Shān	——	山	白诸镇政府驻地西部	白诸镇
六社山	Liùshè Shān	——	山	白诸镇政府驻地东部	白诸镇
围墙山	Wéiqiáng Shān	——	山	白诸镇政府驻地东北部	白诸镇
鹅山	Éshān	——	山	白诸镇政府驻地西北部	白诸镇
大田头山	Dàtiántóu Shān	——	山	白诸镇政府驻地西部	白诸镇
榄岗脊	Lǎngǎngjǐ	——	山	白诸镇政府驻地西部	白诸镇
七区	Qīqū	——	山	白诸镇政府驻地北部	白诸镇
大迳咀	Dàjìngzuǐ	——	山	白诸镇政府驻地北部	白诸镇
滩面	Tānmiàn	——	山	白诸镇政府驻地北部	白诸镇
芹塘山	Qíntáng Shān	——	山	白诸镇政府驻地南部	白诸镇
长山	Chángshān	——	山	活道镇政府驻地北部	活道镇
麻岗顶	Mágǎng Dǐng	——	山	活道镇政府驻地北部	活道镇
麻甩岭	Máshuǎi Lǐng	——	山	回龙镇东北部	回龙镇
崩坑山	Bēngkēng Shān	——	山	蛟塘镇西南部	蛟塘镇
小天湖	Xiǎotiān Hú	——	山	回龙镇东北部	回龙镇
水迳大岗	Shuǐjìng Dàgǎng	——	山	回龙镇东南部	回龙镇
杨梅坑山	Yángméikēng Shān	——	山	回龙镇东南部	回龙镇
大石鼓	Dàshígǔ	——	山	白土镇政府驻地西南部	白土镇
鸡乸岭	Jīnǎ Lǐng	——	山	白土镇政府驻地西南部	白土镇

（续上表）

标准名称	汉语拼音	别名	地名类别	相对位置	所在(跨)行政区
鱼鳅坑岗	Yúqiūkēng Gǎng	——	山	白土镇政府驻地西南部	白土镇
南边岗	Nánbiān Gǎng	——	山	白土镇政府驻地西南部	白土镇
猪笼堡	Zhūlóng Bǎo	——	山	白土镇政府驻地北部	白土镇
红泥岭	Hóngní Lǐng	——	山	大湾镇政府驻地北部	大湾镇
马口岗	Mǎkǒu Gǎng	——	山	金利镇东北部	金利镇
吕洞坑山	Lǚdòngkēng Shān	——	山	蛟塘镇西北部	蛟塘镇
宝鸭仔	Bǎoyāzǎi	——	山	蛟塘镇西部	蛟塘镇
庙岭	Miàolǐng	——	山	蛟塘镇西部	蛟塘镇
尖坪	Jiānpíng	——	山	蛟塘镇西部	蛟塘镇
大肚佛	Dàdùfó	——	山	蛟塘镇西部	蛟塘镇
田螺坑	Tiánluó Kēng	——	山	活道镇政府驻地东南部	活道镇
西尾坑	Xīwěi Kēng	——	山	蛟塘镇东部	蛟塘镇
村口岗	Cūnkǒu Gǎng	——	山	蛟塘镇东南部	蛟塘镇
石壁	Shíbì	——	山	蛟塘镇西南部	蛟塘镇
岗仔	Gǎngzǎi	——	山	蛟塘镇西南部	蛟塘镇
高围山	Gāowéi Shān	——	山	蛟塘镇西南部	蛟塘镇
矮岗	Āigǎng	——	山	蛟塘镇西部	蛟塘镇
河坑山	Hékēng Shān	——	山	活道镇政府驻地西部	活道镇
大岭	Dàlǐng	——	山	活道镇政府驻地东南部	活道镇
文先岗	Wénxiān Gǎng	——	山	白诸镇政府驻地西部	白诸镇
鹅间咀	Éjiānzuǐ	——	山	白诸镇政府驻地东部	白诸镇
猫头山	Māotóu Shān	——	山	白诸镇政府驻地南部	白诸镇
菠萝坑	Bōluó Kēng	——	山	白诸镇政府驻地南部	白诸镇
细坑顶	Xìkēng Dǐng	——	山	白诸镇政府驻地西南部	白诸镇
文先岗	Wénxiān Gǎng	——	山	活道镇政府驻地西北部	活道镇
孖仔石	Māzǎishí	——	山	活道镇政府驻地北部	活道镇
鹿颈	Lùjǐng	——	山	白诸镇政府驻地西部	白诸镇
对坑山	Duìkēng Shān	——	山	白诸镇政府驻地西部	白诸镇
双板横坑	Shuāngbǎnhéng Kēng	——	山	白诸镇政府驻地西部	白诸镇
二区岗	Èrqū Gǎng	——	山	白诸镇政府驻地北部	白诸镇

(续上表)

标准名称	汉语拼音	别名	地名类别	相对位置	所在(跨)行政区
百根松	Bǎigēnsōng	——	山	白诸镇政府驻地北部	白诸镇
猫眼山	Māoyǎn Shān	——	山	白诸镇政府驻地北部	白诸镇
白花山	Báihuā Shān	——	山	白诸镇政府驻地西部	白诸镇
大雾岗	Dàwù Gǎng	——	山	白诸镇政府驻地西部	白诸镇
上洞后龙山	Shàngdòng Hòulóng Shān	——	山	白诸镇政府驻地西部	白诸镇
猫衣岗	Māoyī Gǎng	——	山	白诸镇政府驻地西部	白诸镇
马山	Mǎshān	——	山	白诸镇政府驻地西部	白诸镇
茶坑山	Chákēng Shān	——	山	白诸镇政府驻地西部	白诸镇
沙咀	Shāzuǐ	——	山	白诸镇政府驻地南部	白诸镇
龟头岗	Guītóu Gǎng	龟山	山	白诸镇政府驻地西部	白诸镇
佛姆岭	Fómǔ Lǐng	——	山	金渡镇政府驻地东部	金渡镇
谷堆岗	Gǔduī Gǎng	——	山	回龙镇东北部	回龙镇
罗针山	Luózhēn Shān	——	山	蛟塘镇西南部	蛟塘镇
马尾岗	Mǎwěi Gǎng	——	山	蛟塘镇西南部	蛟塘镇
欧阳山	Ōuyáng Shān	——	山	回龙镇东北部	回龙镇
坪岭	Pínglǐng	——	山	回龙镇南部	回龙镇
钟馗岭	Zhōngkuí Lǐng	——	山	回龙镇西南部	回龙镇
石托山	Shítuō Shān	——	山	金渡镇政府驻地东部	金渡镇
大岗脚	Dàgǎngjiǎo	——	山	金渡镇政府驻地西南部	金渡镇
松山脚	Sōngshānjiǎo	——	山	河台镇东北部	河台镇
上塘后山	Shàngtáng Hòushān	——	山	金利镇东南部	金利镇
风门坳	Fēngmén Ào	——	山	蛟塘镇西南部	蛟塘镇
鱿鱼岭	Yóuyú Lǐng	——	山	蛟塘镇西南部	蛟塘镇
猪啼山	Zhūtí Shān	——	山	活道镇政府驻地东南部	活道镇
辣哒塱山	Làdālǎng Shān	——	山	活道镇政府驻地东南部	活道镇
林洞	Líndòng	——	山	大湾镇政府驻地西部	大湾镇
砖窑	Zhuānyáo	——	山	蛟塘镇东南部	蛟塘镇
禾地嘴	Hédìzuǐ	——	山	蛟塘镇西南部	蛟塘镇
虎爪	Hǔzhǎo	——	山	蛟塘镇西南部	蛟塘镇

（续上表）

标准名称	汉语拼音	别名	地名类别	相对位置	所在(跨)行政区
棯华山	Shěnhuá Shān	——	山	蛟塘镇西南部	蛟塘镇
长腰岭	Chángyāo Lǐng	——	山	活道镇政府驻地东部	活道镇
卜木壳山	Bomùké Shān	——	山	活道镇政府驻地西北部	活道镇
猪嫲咀	Zhūnǎzuǐ	——	山	活道镇政府驻地西部	活道镇
新圩后龙山	Xīnxū Hòulóng Shān	——	山	白诸镇政府驻地西部	白诸镇
土地罗群	Tǔdìluóqún	——	山	白诸镇政府驻地南部	白诸镇
大榜	Dàbǎng	——	山	白诸镇政府驻地南部	白诸镇
猫山	Māoshān	——	山	白诸镇政府驻地北部	白诸镇
长坑山	Chángkēng Shān	——	山	白诸镇政府驻地西南部	白诸镇
上氹山	Shàngdàng Shān	——	山	白诸镇政府驻地南部	白诸镇
咸鱼坑山	Xiányúkēng Shān	——	山	白诸镇政府驻地西南部	白诸镇
船坑山	Chuánkēng Shān	——	山	白诸镇政府驻地西南部	白诸镇
塘步山	Tángbù Shān	——	山	活道镇政府驻地西北部	活道镇
银坪坑山	Yínpíngkēng Shān	——	山	活道镇政府驻地西北部	活道镇
横石头	Héngshítóu	——	山	白诸镇政府驻地西部	白诸镇
东坑山	Dōngkēng Shān	——	山	白诸镇政府驻地西部	白诸镇
老虎头	Lǎohǔtóu	——	山	白诸镇政府驻地西部	白诸镇
上狗坑	Shànggǒu Kēng	——	山	白诸镇政府驻地北部	白诸镇
多松岗	Duōsōng Gǎng	——	山	白诸镇政府驻地北部	白诸镇
松仔顶	Sōngzǎi Dǐng	——	山	白诸镇政府驻地南部	白诸镇
元仔坟	Yuánzǎifén	——	山	白诸镇政府驻地北部	白诸镇
竹山顶	Zhúshān Dǐng	——	山	白诸镇政府驻地南部	白诸镇
麦坑山	Màikēng Shān	——	山	白诸镇政府驻地南部	白诸镇
罗塘山	Luótáng Shān	——	山	白诸镇政府驻地南部	白诸镇
坑劣茅咀	Kēnglièmáozuǐ	——	山	白诸镇政府驻地南部	白诸镇
牛尾坑山	Niúwěikēng Shān	——	山	白诸镇政府驻地西南部	白诸镇
稳裕后龙山	Wěnyù Hòulóng Shān	——	山	白诸镇政府驻地西南部	白诸镇
榄根塱	Lǎngēnlǎng	——	山	白诸镇政府驻地西部	白诸镇

（续上表）

标准名称	汉语拼音	别名	地名类别	相对位置	所在(跨)行政区
沉坑顶	Chénkēng Dǐng	——	山	活道镇政府驻地北部	活道镇
象岗	Xiànggǎng	——	山	活道镇政府驻地东南部	活道镇
庙岗	Miàogǎng	——	山	活道镇政府驻地东部	活道镇
狮子顶	Shīzǐ Dǐng	——	山	回龙镇东北部	回龙镇
新埇山	Xīnyǒng Shān	——	山	蛟塘镇西南部	蛟塘镇
山塘	Shāntáng	——	山	回龙镇东部	回龙镇
撒蛇	Sāshé	——	山	回龙镇东南部	回龙镇
长坑山	Chángkēng Shān	——	山	回龙镇南部	回龙镇
松岭咀	Sōnglǐngzuǐ	——	山	白土镇政府驻地东北部	白土镇
老邓后龙山	Lǎodèng Hòulóng Shān	——	山	白土镇政府驻地西北部	白土镇
围坑口	Wéikēngkǒu	——	山	大湾镇政府驻地西部	大湾镇
梳妆	Shūzhuāng	——	山	蛟塘镇西南部	蛟塘镇
红六岗	Hóngliù Gǎng	——	山	蛟塘镇西南部	蛟塘镇
黄坪	Huángpíng	——	山	蛟塘镇西部	蛟塘镇
崩岗车	Bēnggǎngchē	——	山	活道镇政府驻地东南部	活道镇
走鹿岗	Zǒulù Gǎng	——	山	大湾镇政府驻地南部	大湾镇
青塘山	Qīngtáng Shān	——	山	蛟塘镇东南部	蛟塘镇
长南坡	Chángnánpō	——	山	活道镇政府驻地西部	活道镇
荔枝仔山	Lìzhīzǎi Shān	——	山	活道镇政府驻地西部	活道镇
黄泥坳	Huángní Ào	——	山	活道镇政府驻地东部	活道镇
松根咀屋背山	Sōnggēnzuǐ Wūbèi Shān	——	山	活道镇政府驻地东部	活道镇
松头岭	Sōngtóu Lǐng	——	山	活道镇政府驻地东部	活道镇
黄泥地	Huángnídì	——	山	活道镇政府驻地东部	活道镇
李拐塘	Lǐguǎi Táng	——	山	活道镇政府驻地东部	活道镇
三丫岭	Sānyā Lǐng	——	山	活道镇政府驻地东南部	活道镇
猪㦬岭	Zhūnǎ Lǐng	——	山	活道镇政府驻地南部	活道镇
乌石山	Wūshí Shān	——	山	白诸镇政府驻地西北部	白诸镇
羊咩屋	Yángmiēwū	——	山	白诸镇政府驻地西北部	白诸镇

（续上表）

标准名称	汉语拼音	别名	地名类别	相对位置	所在(跨)行政区
南丫山	Nányā Shān	——	山	白诸镇政府驻地北部	白诸镇
细牛山	Xìniú Shān	——	山	白诸镇政府驻地南部	白诸镇
猪𡾋引仔	Zhūnǎiyǐnzǎi	——	山	白诸镇政府驻地东南部	白诸镇
瓦窑坑顶	Wǎyáokēng Dǐng	——	山	白诸镇政府驻地西南部	白诸镇
沉满坑山	Chénmǎnkēng Shān	——	山	白诸镇政府驻地西南部	白诸镇
猫山	Māoshān	——	山	活道镇政府驻地西北部	活道镇
崩山	Bēngshān	——	山	白诸镇政府驻地西部	白诸镇
浦坑山	Pǔkēng Shān	——	山	白诸镇政府驻地西部	白诸镇
探坑	Tànkēng	——	山	白诸镇政府驻地西部	白诸镇
勒菜坑山	Lècàikēng Shān	——	山	白诸镇政府驻地西部	白诸镇
山咀山	Shānzuǐ Shān	——	山	白诸镇政府驻地西部	白诸镇
六区	Liùqū	——	山	白诸镇政府驻地北部	白诸镇
三步岗	Sānbù Gǎng	——	山	白诸镇政府驻地北部	白诸镇
大焕	Dàhuàn	——	山	白诸镇政府驻地北部	白诸镇
石夹山	Shíjiá Shān	——	山	白诸镇政府驻地西部	白诸镇
牛栏坑山	Niúlánkēng Shān	——	山	白诸镇政府驻地西部	白诸镇
老虎头	Lǎohǔtóu	——	山	白诸镇政府驻地西南部	白诸镇
大扇面	Dàshànmiàn	——	山	白诸镇政府驻地南部	白诸镇
小牛山	Xiǎoniú Shān	——	山	白诸镇政府驻地南部	白诸镇
珠山	Zhūshān	——	山	白诸镇政府驻地西部	白诸镇
岗园	Gǎngyuán	——	山	白诸镇政府驻地西部	白诸镇
后门	Hòumén	——	山	白诸镇政府驻地西部	白诸镇
水翁塘	Shuǐwēng Táng	——	山	活道镇政府驻地东南部	活道镇
马鞍腰	Mǎ'ānyāo	——	山	活道镇政府驻地东南部	活道镇
黄坪舞龙岗	Huángpíng Wǔlóng Gǎng	——	山	蛟塘镇西南部	蛟塘镇
下路埇顶	Xiàlùyǒng Dǐng	——	山	蛟塘镇西南部	蛟塘镇
开口狮	Kāikǒushī	——	山	回龙镇东部	回龙镇
龟山	Guīshān	——	山	回龙镇东部	回龙镇
大天湖	Dàtiānhú	——	山	回龙镇东北部	回龙镇

(续上表)

标准名称	汉语拼音	别名	地名类别	相对位置	所在(跨)行政区
鹤肚	Hèdù	——	山	回龙镇东南部	回龙镇
塘坑大岗	Tángkēng Dàgǎng	——	山	回龙镇东南部	回龙镇
黄塘山	Huángtáng Shān	——	山	金渡镇政府驻地南部	金渡镇
大洞对面山	Dàdòngduìmiàn Shān	——	山	金渡镇政府驻地南部	金渡镇
茶亭山	Chátíng Shān	——	山	白土镇政府驻地西部	白土镇
马岭岗	Mǎlǐng Gǎng	——	山	白土镇政府驻地西部	白土镇
大岗坪	Dàgǎng Píng	——	山	白土镇政府驻地西部	白土镇
松鸡山	Sōngjī Shān	——	山	白土镇政府驻地北部	白土镇
湾梳山	Wānshū Shān	——	山	大湾镇政府驻地南部	大湾镇
了哥屈顶	Legēqū Dǐng	——	山	白土镇政府驻地西部	白土镇
八岭	Bālǐng	——	山	白土镇政府驻地西部	白土镇
扒船岭	Bāchuán Lǐng	——	山	金利镇南部	金利镇
榄山坳	Lǎnshān Ào	——	山	蛟塘镇西南部	蛟塘镇
土塘坳	Tǔtáng Ào	——	山	蛟塘镇西部	蛟塘镇
葫芦咀	Húlúzuǐ	——	山	活道镇政府驻地东南部	活道镇
通三洲	Tōngsānzhōu	——	山	活道镇政府驻地东南部	活道镇
大廉坑	Dàlián Kēng	——	山	大湾镇政府驻地西部	大湾镇
蕉坑山	Jiāokēng Shān	——	山	蛟塘镇东部	蛟塘镇
狮山	Shīshān	——	山	蛟塘镇西南部	蛟塘镇
新瓦窑	Xīnwǎyáo	——	山	蛟塘镇西南部	蛟塘镇
马鞍头	Mǎ'āntóu	——	山	蛟塘镇西南部	蛟塘镇
弯狗山	Wāngǒu Shān	——	山	蛟塘镇西部	蛟塘镇
仙洞村屋背底	Xiāndòngcūn Wūbèidǐ	——	山	活道镇政府驻地东部	活道镇
黄泥咀	Huángnízuǐ	——	山	活道镇政府驻地西部	活道镇
松山底岭	Sōngshāndǐ Lǐng	——	山	活道镇政府驻地东南部	活道镇
禾地岗山	Hédìgǎng Shān	——	山	活道镇政府驻地东南部	活道镇
马头山	Mǎtóu Shān	——	山	活道镇政府驻地西部	活道镇
猪头岗	Zhūtóu Gǎng	——	山	金利镇南部	金利镇

（续上表）

标准名称	汉语拼音	别名	地名类别	相对位置	所在(跨)行政区
荔枝坑顶	Lìzhīkēng Dǐng	—	山	白诸镇政府驻地西部	白诸镇
马城坳	Mǎchéng Ào	—	山	白诸镇政府驻地北部	白诸镇
老鼠仔	Lǎoshǔzǎi	—	山	白诸镇政府驻地西北部	白诸镇
茶坑顶	Chákēng Dǐng	—	山	白诸镇政府驻地南部	白诸镇
沉蕨山	Chénjué Shān	—	山	白诸镇政府驻地西南部	白诸镇
黄蜂龙	Huángfēnglóng	—	山	白诸镇政府驻地东南部	白诸镇
芝麻山	Zhīmá Shān	—	山	活道镇政府驻地西部	活道镇
榄根	Lǎngēn	—	山	白诸镇政府驻地西部	白诸镇
崀坑顶	Làngkēng Dǐng	—	山	白诸镇政府驻地西部	白诸镇
牛耳南	Niú'ěrnán	—	山	白诸镇政府驻地北部	白诸镇
长坑尾	Chángkēngwěi	—	山	白诸镇政府驻地北部	白诸镇
对鸡山	Duìjī Shān	—	山	白诸镇政府驻地北部	白诸镇
龟头塘山	Guītóutáng Shān	—	山	白诸镇政府驻地北部	白诸镇
二坝山	Èrbà Shān	—	山	白诸镇政府驻地北部	白诸镇
正丫后龙山	Zhèngyā Hòulóng Shān	—	山	白诸镇政府驻地北部	白诸镇
乌石坑顶	Wūshíkēng Dǐng	—	山	白诸镇政府驻地南部	白诸镇
桂塘顶	Guìtáng Dǐng	—	山	白诸镇政府驻地南部	白诸镇
福船岗	Fúchuán Gǎng	—	山	白诸镇政府驻地西部	白诸镇
大王岗	Dàwáng Gǎng	—	山	白诸镇政府驻地西部	白诸镇
大坑山	Dàkēng Shān	—	山	白诸镇政府驻地西南部	白诸镇
官田后龙山	Guāntián Hòulóng Shān	—	山	活道镇政府驻地北部	活道镇
仓边山	Cāngbiān Shān	—	山	活道镇政府驻地东部	活道镇
赤土尾顶	Chìtǔwěi Dǐng	—	山	白土镇政府驻地西部	白土镇
金山岗	Jīnshān Gǎng	—	山	蛟塘镇西南部	蛟塘镇
猪公埇岗	Zhūgōngyǒng Gǎng	—	山	蛟塘镇西南部	蛟塘镇
尖坑大崩	Jiānkēng Dàbēng	—	山	蛟塘镇西南部	蛟塘镇
吊钟岭	Diàozhōng Lǐng	—	山	蛟塘镇西南部	蛟塘镇
南坑	Nánkēng	—	山	回龙镇东南部	回龙镇

（续上表）

标准名称	汉语拼音	别名	地名类别	相对位置	所在(跨)行政区
过凹山	Guò'āo Shān	——	山	回龙镇南部	回龙镇
中山	Zhōngshān	——	山	回龙镇南部	回龙镇
蜈蚣山	Wúgōng Shān	——	山	金渡镇政府驻地南部	金渡镇
大洞后龙山	Dàdònghòulóng Shān	——	山	金渡镇政府驻地南部	金渡镇
后岗	Hòugǎng	——	山	白土镇政府驻地东部	白土镇
新村后龙山	Xīncūnhòulóng Shān	——	山	白土镇政府驻地西北部	白土镇
将军春顶	Jiāngjūnchūn Dǐng	——	山	白土镇政府驻地西南部	白土镇
大岭岗	Dàlǐng Gǎng	——	山	白土镇政府驻地西部	白土镇
倒茶	Dǎochá	——	山	大湾镇政府驻地北部	大湾镇
槎酒岗	Chájiǔ Gǎng	——	山	大湾镇政府驻地西部	大湾镇
铁炉坑顶	Tiělúkēng Dǐng	——	山	白土镇政府驻地西部	白土镇
船塘背	Chuántángbèi	——	山	河台镇东北部	河台镇
南坑山	Nánkēng Shān	——	山	金利镇东南部	金利镇
松岭咀	Sōnglǐngzuǐ	——	山	蛟塘镇西南部	蛟塘镇
风吹罗带	Fēngchuīluódài	——	山	蛟塘镇西部	蛟塘镇
崩坎山	Bēngkǎn Shān	——	山	蛟塘镇西南部	蛟塘镇
沙塘坪	Shātáng Píng	——	山	蛟塘镇西南部	蛟塘镇
昂天罗	Ángtiānluó	——	山	活道镇政府驻地东南部	活道镇
北岭	Běilǐng	——	山	蛟塘镇东北部	蛟塘镇
象岗	Xiànggǎng	——	山	蛟塘镇东部	蛟塘镇
白石坑	Báishí Kēng	——	山	蛟塘镇东南部	蛟塘镇
葫芦棚	Húlú Péng	——	山	蛟塘镇西部	蛟塘镇
分界石	Fènjièshí	——	山	蛟塘镇西南部	蛟塘镇
大头坑山	Dàtóukēng Shān	——	山	蛟塘镇西南部	蛟塘镇
崩岗坑山	Bēnggǎngkēng Shān	——	山	蛟塘镇西南部	蛟塘镇
后背龙山	Hòubèilóng Shān	——	山	蛟塘镇西部	蛟塘镇
平岗	Pínggǎng	——	山	蛟塘镇西部	蛟塘镇
上仙岭	Shàngxiān Lǐng	——	山	活道镇政府驻地东南部	活道镇

（续上表）

标准名称	汉语拼音	别名	地名类别	相对位置	所在（跨）行政区
山塘仔	Shāntángzǎi	——	山	活道镇政府驻地东部	活道镇
青山	Qīngshān	——	山	活道镇政府驻地东南部	活道镇
石桥头	Shíqiáotóu	——	山	活道镇政府驻地北部	活道镇
下文塱后龙山	Xiàwénlǎng Hòulóng Shān	——	山	活道镇政府驻地北部	活道镇
石岐山	Shíqí Shān	——	山	活道镇政府驻地东南部	活道镇
庙岗山	Miàogǎng Shān	——	山	白诸镇政府驻地西部	白诸镇
石山口	Shíshānkǒu	——	山	白诸镇政府驻地西部	白诸镇
萝卜坑顶	Luóbokēng Dǐng	——	山	白诸镇政府驻地西部	白诸镇
罗岗	Luógǎng	——	山	白诸镇政府驻地西北部	白诸镇
细坑山	Xìkēng Shān	——	山	白诸镇政府驻地东南部	白诸镇
长岭	Chánglǐng	——	山	白诸镇政府驻地北部	白诸镇
法洞村后龙山	Fǎdòngcūn Hòulóng Shān	——	山	活道镇政府驻地东部	活道镇
大木坑山	Dàmùkēng Shān	——	山	活道镇政府驻地西北部	活道镇
干坑山	Gànkēng Shān	——	山	活道镇政府驻地西部	活道镇
凤咀	Fèngzuǐ	——	山	活道镇政府驻地北部	活道镇
白鸡	Báijī	——	山	白诸镇政府驻地西部	白诸镇
大岗山	Dàgǎng Shān	——	山	白诸镇政府驻地东部	白诸镇
茅南水碗	Máonánshuǐwǎn	——	山	白诸镇政府驻地西部	白诸镇
三区岗	Sānqū Gǎng	——	山	白诸镇政府驻地北部	白诸镇
狮子头	Shīzǐtóu	——	山	白诸镇政府驻地西北部	白诸镇
鬼打鼓	Guǐdǎgǔ	——	山	白诸镇政府驻地北部	白诸镇
大芋地	Dàyùdì	——	山	白诸镇政府驻地西部	白诸镇
上坑山	Shàngkēng Shān	——	山	活道镇政府驻地东南部	活道镇
放牛山	Fàngniú Shān	——	山	活道镇政府驻地东部	活道镇
林塘山	Líntáng Shān	——	山	活道镇政府驻地东部	活道镇
庙竹冲	Miàozhúchōng	——	山	活道镇政府驻地东北部	活道镇
三友岗	Sānyǒu Gǎng	——	山	回龙镇东北部	回龙镇
班船出海	Bānchuánchūhǎi	——	山	回龙镇东南部	回龙镇

（续上表）

标准名称	汉语拼音	别名	地名类别	相对位置	所在(跨)行政区
舞龙岗	Wǔlóng Gǎng	——	山	回龙镇东南部	回龙镇
金山顶	Jīnshān Dǐng	——	山	蛟塘镇西部	蛟塘镇
大脚山	Dàjiǎo Shān	——	山	回龙镇东部	回龙镇
分水口	Fēnshuǐkǒu	——	山	回龙镇东南部	回龙镇
荒埇山	Huāngyǒng Shān	——	山	回龙镇东部	回龙镇
金鸡山	Jīnjī Shān	——	山	回龙镇东南部	回龙镇
禾留坑山	Héliúkēng Shān	——	山	金渡镇政府驻地南部	金渡镇
区坑山	Qūkēng Shān	——	山	金渡镇政府驻地南部	金渡镇
燕子斗	Yànzǐdǒu	——	山	白土镇政府驻地西部	白土镇
营顶山	Yíngdǐng Shān	——	山	大湾镇政府驻地南部	大湾镇
压水管顶	Yāshuǐguǎn Dǐng	——	山	白土镇政府驻地西部	白土镇
榕矮岗	Róng'ǎi Gǎng	——	山	白土镇政府驻地西部	白土镇
金山	Jīnshān	——	山	蛟塘镇西南部	蛟塘镇
牛咀	Niúzuǐ	——	山	活道镇政府驻地东南部	活道镇
底龙	Dǐlóng	——	山	活道镇政府驻地东南部	活道镇
牛岭山	Niúlǐng Shān	——	山	大湾镇政府驻地西部	大湾镇
频步岭	Pínbù Lǐng	——	山	蛟塘镇东部	蛟塘镇
飞天马	Fēitiānmǎ	——	山	蛟塘镇东部	蛟塘镇
大碑顶	Dàbēi Dǐng	——	山	蛟塘镇西部	蛟塘镇
上环屋背山	Shànghuán Wūbèi Shān	——	山	活道镇政府驻地西部	活道镇
办坳山	Bàn'ào Shān	——	山	活道镇政府驻地东南部	活道镇
南蛇头	Nánshétóu	——	山	活道镇政府驻地东南部	活道镇
石坑山	Shíkēng Shān	——	山	活道镇政府驻地东南部	活道镇
细牛山	Xìniú Shān	——	山	活道镇政府驻地东南部	活道镇
龙尾	Lóngwěi	——	山	活道镇政府驻地东部	活道镇
虎山	Hǔ Shān	——	山	活道镇政府驻地东部	活道镇
十黄殿	Shíhuángdiàn	——	山	活道镇政府驻地东南部	活道镇
牛过坳	Niúguò Ào	——	山	活道镇政府驻地东南部	活道镇
龙尾	Lóngwěi	——	山	活道镇政府驻地东南部	活道镇

（续上表）

标准名称	汉语拼音	别名	地名类别	相对位置	所在(跨)行政区
浦塘咀	Pǔtángzuǐ	——	山	活道镇政府驻地南部	活道镇
晒草岭	Shàicǎo Lǐng	——	山	活道镇政府驻地南部	活道镇
鹅公坑山	Égōngkēng Shān	——	山	活道镇政府驻地南部	活道镇
里坑山	Lǐkēng Shān	——	山	河台镇东部	河台镇
河里背	Hélǐbèi	——	山	河台镇东部	河台镇
燕子岭	Yànzǐ Lǐng	——	山	河台镇东部	河台镇
凤凰岗	Fènghuáng Gǎng	——	山	金利镇西南部	金利镇
饭盖顶	Fàngài Dǐng	——	山	白诸镇政府驻地西北部	白诸镇
五屋山	Wǔwū Shān	——	山	白诸镇政府驻地南部	白诸镇
陈坑山	Chénkēng Shān	——	山	活道镇政府驻地北部	活道镇
长坑顶	Chángkēng Dǐng	——	山	活道镇政府驻地西北部	活道镇
石门山	Shímén Shān	——	山	白诸镇政府驻地西部	白诸镇
高崀	Gāolàng	——	山	白诸镇政府驻地北部	白诸镇
大肚佛	Dàdùfó	——	山	白诸镇政府驻地西部	白诸镇
叫猫	Jiàomāo	——	山	白诸镇政府驻地西部	白诸镇
力竹根山	Lìzhúgēn Shān	——	山	白诸镇政府驻地西部	白诸镇
岭脚	Lǐngjiǎo	——	山	白诸镇政府驻地西部	白诸镇
凤门岗	Fēngmén Gǎng	——	山	回龙镇东南部	回龙镇
狮山	Shīshān	——	山	回龙镇东南部	回龙镇
料贝岗	Liàobèi Gǎng	——	山	蛟塘镇西南部	蛟塘镇
田坑大岗	Tiánkēng Dàgǎng	——	山	蛟塘镇西南部	蛟塘镇
猪肝吊胆	Zhūgāndiàodǎn	——	山	回龙镇东北部	回龙镇
石古塘	Shígǔ Táng	——	山	回龙镇东南部	回龙镇
细宅	Xìzhái	——	山	回龙镇东南部	回龙镇
水湖山	Shuǐhú Shān	——	山	金渡镇政府驻地西南部	金渡镇
李坑山	Lǐkēng Shān	——	山	金渡镇政府驻地南部	金渡镇
长坑山	Chángkēng Shān	——	山	白土镇政府驻地西部	白土镇
西岸	Xī'àn	——	山	白土镇政府驻地西部	白土镇
南青山	Nánqīng Shān	——	山	蛟塘镇西南部	蛟塘镇
猪山	Zhūshān	——	山	蛟塘镇西南部	蛟塘镇

（续上表）

标准名称	汉语拼音	别名	地名类别	相对位置	所在(跨)行政区
竹园背	Zhúyuánbèi	——	山	蛟塘镇西南部	蛟塘镇
屋宅	Wūzhái	——	山	蛟塘镇西南部	蛟塘镇
交椅山	Jiāoyǐ Shān	——	山	蛟塘镇西南部	蛟塘镇
新妇岭	Xīnfù Lǐng	——	山	蛟塘镇东北部	蛟塘镇
矮岭仔	Ǎilǐngzǎi	——	山	蛟塘镇东北部	蛟塘镇
水塘岭	Shuǐtáng Lǐng	——	山	活道镇政府驻地东南部	活道镇
圆岭仔	Yuánlǐngzǎi	——	山	活道镇政府驻地东部	活道镇
后岗	Hòugǎng	——	山	蛟塘镇东部	蛟塘镇
叶坑	Yèkēng	——	山	蛟塘镇东部	蛟塘镇
屋背山	Wūbèi Shān	——	山	蛟塘镇西南部	蛟塘镇
中心岗	Zhōngxīn Gǎng	——	山	蛟塘镇西部	蛟塘镇
上环对面山	Shànghuán Duìmiàn Shān	——	山	活道镇政府驻地西部	活道镇
高看山	Gāokàn Shān	——	山	活道镇政府驻地南部	活道镇
禾昌岗	Héchāng Gǎng	——	山	活道镇政府驻地东部	活道镇
长沙岭	Chángshā Lǐng	——	山	活道镇政府驻地东部	活道镇
石狮	Shíshī	——	山	活道镇政府驻地东南部	活道镇
塘仔尾	Tángzǎiwěi	——	山	活道镇政府驻地西北部	活道镇
岭龙山	Lǐnglóng Shān	——	山	活道镇政府驻地北部	活道镇
大步岭	Dàbù Lǐng	——	山	河台镇西部	河台镇
大园墩	Dàyuándūn	——	山	河台镇东部	河台镇
河潮山	Hécháo Shān	——	山	河台镇东部	河台镇
复船岗	Fùchuán Gǎng	——	山	河台镇西北部	河台镇
塘角围	Tángjiǎowéi	——	山	河台镇南部	河台镇
水利坑山	Shuǐlìkēng Shān	——	山	白诸镇政府驻地西部	白诸镇
白鸦	Báiyā	——	山	白诸镇政府驻地北部	白诸镇
迳山	Jìngshān	——	山	白诸镇政府驻地北部	白诸镇
四区岗	Sìqū Gǎng	——	山	白诸镇政府驻地北部	白诸镇
围群顶	Wéiqún Dǐng	——	山	白诸镇政府驻地北部	白诸镇
大窑岗	Dàyáo Gǎng	——	山	白诸镇政府驻地西部	白诸镇

（续上表）

标准名称	汉语拼音	别名	地名类别	相对位置	所在(跨)行政区
炭坑顶	Tànkēng Dǐng	—	山	活道镇政府驻地北部	活道镇
大佛岭	Dàfó Lǐng	—	山	活道镇政府驻地东南部	活道镇
石田岗	Shítián Gǎng	—	山	白土镇政府驻地西部	白土镇
象山岗	Xiàngshān Gǎng	—	山	蛟塘镇西南部	蛟塘镇
猪公埇尾	Zhūgōngyǒngwěi	—	山	蛟塘镇西南部	蛟塘镇
白石坑山	Báishíkēng Shān	—	山	回龙镇东南部	回龙镇
罗板岗	Luóbǎn Gǎng	—	山	白土镇政府驻地东部	白土镇
三胎咀	Sāntāizuǐ	—	山	白土镇政府驻地西部	白土镇
倒挂灯	Dǎoguàdēng	—	山	白土镇政府驻地西部	白土镇
对面岗	Duìmiàn Gǎng	—	山	蛟塘镇西南部	蛟塘镇
笑天龙	Xiàotiānlóng	—	山	蛟塘镇西南部	蛟塘镇
崩岗顶	Bēnggǎng Dǐng	—	山	蛟塘镇西南部	蛟塘镇
龙岭顶	Lónglǐng Dǐng	—	山	蛟塘镇西南部	蛟塘镇
冲头钵仔	Chōngtóubōzǎi	—	山	蛟塘镇西南部	蛟塘镇
石仔岭	Shízǎi Lǐng	—	山	蛟塘镇西南部	蛟塘镇
大王岭	Dàwáng Lǐng	—	山	蛟塘镇西部	蛟塘镇
鲶鱼塘山	Niányútáng Shān	—	山	活道镇政府驻地东部	活道镇
旧村后龙山	Jiùcūn Hòulóng Shān	—	山	大湾镇政府驻地西部	大湾镇
木间岗	Mùjiān Gǎng	—	山	大湾镇政府驻地西南部	大湾镇
六垌坑	Liùdòng Kēng	—	山	蛟塘镇南部	蛟塘镇
南蛇山	Nánshé Shān	—	山	蛟塘镇西南部	蛟塘镇
鹰头山	Yīngtóu Shān	—	山	蛟塘镇西南部	蛟塘镇
波碌尾	Bōlùwěi	—	山	蛟塘镇西南部	蛟塘镇
大灶屈	Dàzàoqū	—	山	蛟塘镇西南部	蛟塘镇
牛山	Niúshān	—	山	蛟塘镇西部	蛟塘镇
茶地顶	Chádì Dǐng	—	山	蛟塘镇西部	蛟塘镇
龙咀	Lóngzuǐ	—	山	蛟塘镇西部	蛟塘镇
大山	Dàshān	—	山	活道镇政府驻地东南部	活道镇
松坪	Sōngpíng	—	山	活道镇政府驻地东部	活道镇

（续上表）

标准名称	汉语拼音	别名	地名类别	相对位置	所在(跨)行政区
蕃薯坑山	Fānshǔkēng Shān	——	山	活道镇政府驻地东部	活道镇
六围山	Liùwéi Shān	——	山	活道镇政府驻地东部	活道镇
牛岭	Niúlǐng	——	山	活道镇政府驻地东部	活道镇
敖仔浪	Áozǎilàng	——	山	活道镇政府驻地北部	活道镇
片塘咀岭	Piàntángzuǐ Lǐng	——	山	活道镇政府驻地东南部	活道镇
片塘屋背山	Piàntáng Wūbèi Shān	——	山	活道镇政府驻地东南部	活道镇
白水塘山	Báishuǐtáng Shān	——	山	活道镇政府驻地东南部	活道镇
岗咀围	Gǎngzuǐwéi	——	山	河台镇东部	河台镇
河良后龙岭	Héliáng Hòulóng Lǐng	——	山	河台镇东部	河台镇
好洞后龙山	Hǎodòng Hòulóng Shān	——	山	活道镇政府驻地西北部	活道镇
鸡蛽根	Jīnǎgēn	——	山	白诸镇政府驻地西部	白诸镇
牛栏坑山	Niúlánkēng Shān	——	山	白诸镇政府驻地北部	白诸镇
肇坑山	Zhàokēng Shān	——	山	白诸镇政府驻地南部	白诸镇
乌石围	Wūshíwéi	——	山	白诸镇政府驻地西部	白诸镇
长坑山	Chángkēng Shān	——	山	白诸镇政府驻地西南部	白诸镇
横坑山	Héngkēng Shān	——	山	活道镇政府驻地北部	活道镇
麻甩石	Máshuǎishí	——	山	回龙镇东北部	回龙镇
鹤斗岗	Hèdǒu Gǎng	——	山	回龙镇东北部	回龙镇
柏木山	Bǎimù Shān	——	山	回龙镇东北部	回龙镇
凹脚山	Āojiǎo Shān	——	山	回龙镇南部	回龙镇
大坑山	Dàkēng Shān	——	山	回龙镇南部	回龙镇
崖鹰石	Yáyīngshí	——	山	回龙镇南部	回龙镇
黎竹坑山	Lízhúkēng Shān	——	山	金渡镇政府驻地南部	金渡镇
新塘尾	Xīntángwěi	——	山	大湾镇政府驻地西部	大湾镇
对面门	Duìmiànmén	——	山	大湾镇政府驻地西部	大湾镇
瓦田岗	Wǎtián Gǎng	——	山	大湾镇政府驻地西部	大湾镇
川坑岭	Chuānkēng Lǐng	——	山	白土镇政府驻地西部	白土镇
平斗南顶	Píngdǒunán Dǐng	——	山	蛟塘镇西南部	蛟塘镇

(续上表)

标准名称	汉语拼音	别名	地名类别	相对位置	所在(跨)行政区
杉山	Shānshān	——	山	蛟塘镇西南部	蛟塘镇
山排	Shānpái	——	山	蛟塘镇西南部	蛟塘镇
后岗山	Hòugǎng Shān	——	山	蛟塘镇西南部	蛟塘镇
明窝晒谷	Míngwōshàigǔ	——	山	蛟塘镇西南部	蛟塘镇
耗塘山	Hàotáng Shān	——	山	蛟塘镇西南部	蛟塘镇
铁脚坑顶	Tiějiǎokēng Dǐng	——	山	蛟塘镇东部	蛟塘镇
阿公埇顶	Āgōngyǒng Dǐng	——	山	蛟塘镇东南部	蛟塘镇
大湾坑山	Dàwānkēng Shān	——	山	蛟塘镇西南部	蛟塘镇
水分岭	Shuǐfèn Lǐng	——	山	蛟塘镇西部	蛟塘镇
大屋顶	Dàwū Dǐng	——	山	蛟塘镇西部	蛟塘镇
山脚村后龙山	Shānjiǎocūn Hòulóng Shān	——	山	活道镇政府驻地西部	活道镇
丁财顶	Dīngcái Dǐng	——	山	活道镇政府驻地西部	活道镇
佛仔坳	Fózǎi Ào	——	山	活道镇政府驻地西部	活道镇
大岭脚	Dàlǐngjiǎo	——	山	活道镇政府驻地南部	活道镇
蕉坑顶	Jiāokēng Dǐng	——	山	活道镇政府驻地东部	活道镇
金星顶	Jīnxīng Dǐng	——	山	活道镇政府驻地东部	活道镇
马岭	Mǎlǐng	——	山	活道镇政府驻地东南部	活道镇
北岭	Běilǐng	——	山	金利镇西北部	金利镇
浸山顶	Jìnshān Dǐng	——	山	活道镇政府驻地北部	活道镇
新村仔	Xīncūnzǎi	——	山	活道镇政府驻地东南部	活道镇
蚊仔坳山	Wénzǎi'ào Shān	——	山	活道镇政府驻地东南部	活道镇
河辉山	Héhuī Shān	——	山	河台镇东部	河台镇
马城山	Mǎchéng Shān	——	山	白诸镇政府驻地北部	白诸镇
河山	Héshān	——	山	白诸镇政府驻地南部	白诸镇
白坟	Báifén	——	山	活道镇政府驻地东部	活道镇
大竹坑顶	Dàzhúkēng Dǐng	——	山	白诸镇政府驻地西部	白诸镇
塘角顶	Tángjiǎo Dǐng	——	山	白诸镇政府驻地西部	白诸镇
旱坑山	Hànkēng Shān	——	山	白诸镇政府驻地北部	白诸镇
长坑山	Chángkēng Shān	——	山	白诸镇政府驻地北部	白诸镇

（续上表）

标准名称	汉语拼音	别名	地名类别	相对位置	所在（跨）行政区
坑仔顶	Kēngzǎi Dǐng	——	山	白诸镇政府驻地西部	白诸镇
岗下	Gǎngxià	——	山	白诸镇政府驻地西部	白诸镇
鸡心山	Jīxīn Shān	——	山	金渡镇政府驻地东南部	金渡镇
牛栏石	Niúlánshí	——	山	活道镇政府驻地西北部	活道镇
观音岭	Guānyīn Lǐng	——	山	回龙镇东北部	回龙镇
大禾屋	Dàhéwū	——	山	回龙镇东南部	回龙镇
猪公埇岗顶	Zhūgōngyǒnggǎng Dǐng	——	山	蛟塘镇西南部	蛟塘镇
石仔岗	Shízǎi Gǎng	——	山	回龙镇东部	回龙镇
寨顶	Zhài Dǐng	——	山	回龙镇东部	回龙镇
佛仔顶	Fózǎi Dǐng	——	山	大湾镇政府驻地北部	大湾镇
细播	Xìbō	——	山	大湾镇政府驻地西部	大湾镇
落坑顶	Luòkēng Dǐng	——	山	白土镇政府驻地西部	白土镇
金古顶	Jīngǔ Dǐng	——	山	金利镇西南部	金利镇
双二坑	Shuāng'èr Kēng	——	山	河台镇西部	河台镇
波置山	Bōzhì Shān	——	山	河台镇东南部	河台镇
大丫顶	Dàyā Dǐng	——	山	蛟塘镇西南部	蛟塘镇
明窝晒谷	Míngwōshàigǔ	——	山	蛟塘镇西南部	蛟塘镇
黄竹塘山	Huángzhútáng Shān	——	山	蛟塘镇西部	蛟塘镇
黄岗头猪嬲咀	Huánggǎngtóu Zhūnǎozuǐ	——	山	蛟塘镇西部	蛟塘镇
白眉岭	Báiméi Lǐng	——	山	蛟塘镇西南部	蛟塘镇
对面山	Duìmiàn Shān	——	山	蛟塘镇西南部	蛟塘镇
猛虎仔	Měnghǔzǎi	——	山	蛟塘镇西南部	蛟塘镇
大岭背	Dàlǐngbèi	——	山	蛟塘镇西南部	蛟塘镇
屈龙	Qūlóng	——	山	蛟塘镇西南部	蛟塘镇
纹纹顶	Wénwén Dǐng	——	山	蛟塘镇西南部	蛟塘镇
大林尾	Dàlínwěi	——	山	活道镇政府驻地东部	活道镇
老虎头	Lǎohǔtóu	——	山	大湾镇政府驻地西南部	大湾镇
罗坑顶	Luókēng Dǐng	——	山	蛟塘镇西南部	蛟塘镇

(续上表)

标准名称	汉语拼音	别名	地名类别	相对位置	所在(跨)行政区
天塘尾山	Tiāntángwěi Shān	——	山	蛟塘镇西南部	蛟塘镇
金鸡罩	Jīnjīzhào	——	山	蛟塘镇西部	蛟塘镇
大崩	Dàbēng	——	山	蛟塘镇西部	蛟塘镇
大山塘	Dàshān Táng	——	山	活道镇政府驻地东南部	活道镇
大牛山	Dàniú Shān	——	山	活道镇政府驻地东南部	活道镇
老鸦塘山	Lǎoyātáng Shān	——	山	活道镇政府驻地东部	活道镇
水母塘山	Shuǐmǔtáng Shān	——	山	活道镇政府驻地东南部	活道镇
猛古坑顶	Měnggǔkēng Dǐng	——	山	活道镇政府驻地北部	活道镇
双坑山	Shuāngkēng Shān	——	山	活道镇政府驻地西部	活道镇
坳塘山	Àotáng Shān	——	山	活道镇政府驻地西部	活道镇
大坪	Dàpíng	——	山	活道镇政府驻地东南部	活道镇
明村后龙山	Míngcūn Hòulóng Shān	——	山	活道镇政府驻地南部	活道镇
河伯崀山	Hébólàng Shān	——	山	河台镇西南部	河台镇
河岭头	Hélǐngtóu	——	山	河台镇南部	河台镇
都权后龙岭	Dōuquán Hòulóng Lǐng	——	山	河台镇西北部	河台镇
围岭	Wéilǐng	——	山	河台镇北部	河台镇
榄坑顶	Lǎnkēng Dǐng	——	山	白诸镇政府驻地西部	白诸镇
大坑山	Dàkēng Shān	——	山	白诸镇政府驻地南部	白诸镇
庙山	Miàoshān	——	山	活道镇政府驻地西北部	活道镇
乌石围	Wūshíwéi	——	山	白诸镇政府驻地西部	白诸镇
烂山	Lànshān	——	山	白诸镇政府驻地北部	白诸镇
横坑山	Héngkēng Shān	——	山	白诸镇政府驻地西部	白诸镇
布章后龙山	Bùzhāng Hòulóng Shān	——	山	白诸镇政府驻地南部	白诸镇
火烧茶	Huǒshāochá	——	山	活道镇政府驻地东部	活道镇
丝线路	Sīxiànlù	——	山	回龙镇东北部	回龙镇
船尾	Chuánwěi	——	山	回龙镇东南部	回龙镇
六仔坑山	Liùzǎikēng Shān	——	山	回龙镇东南部	回龙镇
田坑顶	Tiánkēng Dǐng	——	山	蛟塘镇西南部	蛟塘镇

（续上表）

标准名称	汉语拼音	别名	地名类别	相对位置	所在(跨)行政区
高塱山	Gāolǎng Shān	——	山	金渡镇政府驻地南部	金渡镇
大光山	Dàguāng Shān	——	山	金渡镇政府驻地东部	金渡镇
崩岗	Bēnggǎng	——	山	大湾镇政府驻地西部	大湾镇
麦岭坪	Màilǐng Píng	——	山	大湾镇政府驻地西北部	大湾镇
吊天龙	Diàotiānlóng	——	山	金利镇西南部	金利镇
山塘基	Shāntángjī	——	山	蛟塘镇西南部	蛟塘镇
人形顶	Rénxíng Dǐng	——	山	蛟塘镇西部	蛟塘镇
东叶林山	Dōngyèlín Shān	——	山	活道镇政府驻地东部	活道镇
飞蛾铲草	Fēi'échǎncǎo	——	山	活道镇政府驻地东南部	活道镇
东坑顶	Dōngkēng Dǐng	——	山	大湾镇政府驻地西部	大湾镇
大皇面	Dàhuángmiàn	——	山	蛟塘镇东部	蛟塘镇
叶坑顶	Yèkēng Dǐng	——	山	蛟塘镇东部	蛟塘镇
大裆	Dàdāng	——	山	蛟塘镇西南部	蛟塘镇
犁口嘴山	Líkǒuzuǐ Shān	——	山	蛟塘镇西南部	蛟塘镇
竹寨	Zhúzhài	——	山	蛟塘镇西部	蛟塘镇
禾地面	Hédìmiàn	——	山	蛟塘镇西部	蛟塘镇
马山	Mǎshān	——	山	蛟塘镇西部	蛟塘镇
凤顶	Fèngdǐng	——	山	蛟塘镇西部	蛟塘镇
针坑顶	Zhēnkēng Dǐng	——	山	活道镇政府驻地西部	活道镇
长坑山	Chángkēng Shān	——	山	活道镇政府驻地西部	活道镇
六洲山	Liùzhōu Shān	——	山	活道镇政府驻地南部	活道镇
河劣咀	Hélièzuǐ	——	山	河台镇西南部	河台镇
大岭头	Dàlǐngtóu	——	山	河台镇南部	河台镇
多宝后龙岭	Duōbǎo Hòulóng Lǐng	——	山	河台镇西部	河台镇
河兵顶	Hébīng Dǐng	——	山	河台镇东南部	河台镇
白鸡嫲	Báijīnǎ	——	山	白诸镇政府驻地西南部	白诸镇
七祖坑山顶	Qīzǔkēng Shāndǐng	——	山	白诸镇政府驻地南部	白诸镇
崩岗背	Bēnggǎngbèi	——	山	活道镇政府驻地西部	活道镇

(续上表)

标准名称	汉语拼音	别名	地名类别	相对位置	所在(跨)行政区
霞坑	Xiákēng	—	山	活道镇政府驻地北部	活道镇
横坑仔	Héngkēngzǎi	—	山	白诸镇政府驻地西部	白诸镇
黄大岗	Huángdà Gǎng	—	山	白诸镇政府驻地西部	白诸镇
钊板岭	Zhāobǎn Lǐng	—	山	白诸镇政府驻地北部	白诸镇
庙脊	Miàojǐ	—	山	白诸镇政府驻地南部	白诸镇
云九大山	Yúnjiǔ Dàshān	—	山	白诸镇政府驻地西南部	白诸镇
云九后龙山	Yúnjiǔ Hòulóng Shān	—	山	白诸镇政府驻地西南部	白诸镇
坑尾	Kēngwěi	—	山	白诸镇政府驻地西部	白诸镇
飞鹅咀	Fēi'ézuǐ	—	山	金渡镇政府驻地东北部	金渡镇
冷水坑岗	Lěngshuǐkēng Gǎng	—	山	回龙镇东北部	回龙镇
礼坑顶	Lǐkēng Dǐng	—	山	回龙镇东南部	回龙镇
珍珠坑岗	Zhēnzhūkēng Gǎng	—	山	回龙镇东南部	回龙镇
号岭	Hàolǐng	—	山	白土镇政府驻地北部	白土镇
东坑大岗	Dōngkēng Dàgǎng	—	山	回龙镇东南部	回龙镇
到顶	Dàodǐng	—	山	白土镇政府驻地东部	白土镇
大石山	Dàshí Shān	—	山	白土镇政府驻地东部	白土镇
九墩坳	Jiǔdūn Ào	—	山	蛟塘镇西南部	蛟塘镇
倒桩啰	Dǎozhuāngluō	—	山	蛟塘镇西南部	蛟塘镇
对丫尾顶	Duìyāwěi Dǐng	—	山	蛟塘镇西南部	蛟塘镇
村咀岭	Cūnzuǐ Lǐng	—	山	活道镇政府驻地东部	活道镇
杉根	Shāngēn	—	山	大湾镇政府驻地南部	大湾镇
乌石岗	Wūshí Gǎng	—	山	大湾镇政府驻地西南部	大湾镇
沥山	Lìshān	—	山	大湾镇政府驻地西南部	大湾镇
桂枝山	Guìzhī Shān	—	山	大湾镇政府驻地西部	大湾镇
尖峰岭	Jiānfēng Lǐng	—	山	蛟塘镇西南部	蛟塘镇
马咀山	Mǎzuǐ Shān	—	山	蛟塘镇西部	蛟塘镇
深尾山	Shēnwěi Shān	—	山	蛟塘镇西部	蛟塘镇
白坟塘顶	Báiféntáng Dǐng	—	山	活道镇政府驻地东部	活道镇
高岭山	Gāolǐng Shān	—	山	金利镇南部	金利镇

(续上表)

标准名称	汉语拼音	别名	地名类别	相对位置	所在(跨)行政区
葫芦山	Húlú Shān	—	山	金利镇南部	金利镇
峡塘山	Xiátáng Shān	—	山	活道镇政府驻地西部	活道镇
猪背岭	Zhūbèi Lǐng	—	山	活道镇政府驻地东南部	活道镇
飞天马	Fēitiānmǎ	—	山	活道镇政府驻地西部	活道镇
石人塘	Shírén Táng	—	山	河台镇西部	河台镇
隔木头	Gémùtóu	—	山	河台镇西部	河台镇
双湖则	Shuānghúzé	—	山	河台镇南部	河台镇
了指顶	Lezhǐ Dǐng	—	山	河台镇东南部	河台镇
井边顶	Jǐngbiān Dǐng	—	山	河台镇东南部	河台镇
后崀屋背岭	Hòulàng Wūbèi Lǐng	—	山	河台镇东南部	河台镇
新田背山	Xīntiánbèi Shān	—	山	河台镇东北部	河台镇
松窝尾	Sōngwōwěi	—	山	河台镇东北部	河台镇
竹仔山	Zhúzǎi Shān	—	山	活道镇政府驻地东部	活道镇
柴岭	Chálǐng	—	山	活道镇政府驻地西部	活道镇
步山口	Bùshānkǒu	—	山	活道镇政府驻地西北部	活道镇
活道村后龙山	Huódàocūn Hòulóng Shān	—	山	活道镇政府驻地东北部	活道镇
间坑山	Jiānkēng Shān	—	山	活道镇政府驻地西南部	活道镇
茶地山	Chádì Shān	—	山	白诸镇政府驻地北部	白诸镇
亚婆抱孙	Yàpóbàosūn	—	山	白诸镇政府驻地北部	白诸镇
马山	Mǎshān	—	山	白诸镇政府驻地西部	白诸镇
五片根山	Wǔpiàngēn Shān	—	山	白诸镇政府驻地西部	白诸镇
围塘山	Wéitáng Shān	—	山	活道镇政府驻地北部	活道镇
埇头岗	Yǒngtóu Gǎng	—	山	回龙镇南部	回龙镇
大洞岗	Dàdòng Gǎng	—	山	回龙镇东南部	回龙镇
小东坑顶	Xiǎodōngkēng Dǐng	—	山	白土镇政府驻地西部	白土镇
山塘大岗	Shāntáng Dàgǎng	—	山	蛟塘镇西南部	蛟塘镇
将军岭	Jiāngjūn Lǐng	—	山	回龙镇东北部	回龙镇
金坑山	Jīnkēng Shān	—	山	金渡镇政府驻地南部	金渡镇

(续上表)

标准名称	汉语拼音	别名	地名类别	相对位置	所在(跨)行政区
虎额顶	Hǔ'é Dǐng	—	山	白土镇政府驻地东北部	白土镇
大岗顶	Dàgǎng Dǐng	—	山	金利镇东南部	金利镇
桥坑山	Qiáokēng Shān	—	山	蛟塘镇西南部	蛟塘镇
屋背顶	Wūbèi Dǐng	—	山	蛟塘镇西南部	蛟塘镇
鬼斗尾	Guǐdǒuwěi	—	山	蛟塘镇西南部	蛟塘镇
床头山	Chuángtóu Shān	—	山	蛟塘镇西部	蛟塘镇
竹冲埌	Zhúchōnglàng	—	山	蛟塘镇西部	蛟塘镇
蚊仔坳	Wénzǎi Ào	—	山	活道镇政府驻地东部	活道镇
荒塘山	Huāngtáng Shān	—	山	活道镇政府驻地东南部	活道镇
燕子尾	Yànzǐwěi	—	山	蛟塘镇东部	蛟塘镇
横坑山	Héngkēng Shān	—	山	蛟塘镇西南部	蛟塘镇
猫塱山	Māolǎng Shān	—	山	蛟塘镇西南部	蛟塘镇
黄桐坑山	Huángtóngkēng Shān	—	山	活道镇政府驻地东南部	活道镇
榄树岭	Lǎnshù Lǐng	—	山	活道镇政府驻地东部	活道镇
马岭	Mǎlǐng	—	山	活道镇政府驻地东南部	活道镇
锦鱼岭	Jǐnyú Lǐng	—	山	活道镇政府驻地东南部	活道镇
雷公塘山	Léigōngtáng Shān	—	山	活道镇政府驻地南部	活道镇
塘仔岭	Tángzǎi Lǐng	—	山	河台镇南部	河台镇
土地咀山	Tǔdìzuǐ Shān	—	山	河台镇南部	河台镇
大山岭	Dàshān Lǐng	—	山	河台镇南部	河台镇
崀仔山	Làngzǎi Shān	—	山	河台镇东部	河台镇
杉坑山	Shānkēng Shān	—	山	河台镇东部	河台镇
上独留	Shàngdúliú	—	山	河台镇东北部	河台镇
竹坑咀	Zhúkēngzuǐ	—	山	河台镇东北部	河台镇
大岗	Dàgǎng	—	山	河台镇西南部	河台镇
五念丫	Wǔniànyā	—	山	河台镇西部	河台镇
锄盘岭	Chúpán Lǐng	—	山	河台镇西部	河台镇
鲤鱼尾	Lǐyúwěi	—	山	河台镇西北部	河台镇
罗金顶	Luójīn Dǐng	—	山	河台镇东南部	河台镇
大塘屋背	Dàtáng Wūbèi	—	山	河台镇东北部	河台镇

（续上表）

标准名称	汉语拼音	别名	地名类别	相对位置	所在(跨)行政区
石桥头	Shíqiáotóu	——	山	河台镇东北部	河台镇
岭塘山	Lǐngtáng Shān	——	山	白诸镇政府驻地南部	白诸镇
迳塘山	Jìngtáng Shān	——	山	活道镇政府驻地东部	活道镇
下塱后龙山	Xiàlǎng Hòulóng Shān	——	山	活道镇政府驻地西部	活道镇
马嘴顶	Mǎzuǐ Dǐng	——	山	白诸镇政府驻地北部	白诸镇
樟木化	Zhāngmùhuà	——	山	白诸镇政府驻地北部	白诸镇
五指弹琴	Wǔzhǐtánqín	——	山	白诸镇政府驻地西部	白诸镇
长坑山	Chángkēng Shān	——	山	白诸镇政府驻地西部	白诸镇
西头社区后龙山	Xītóushèqū Hòulóng Shān	——	山	金渡镇政府驻地东部	金渡镇
大蛇山	Dàshé Shān	——	山	金渡镇政府驻地东部	金渡镇
鸡公胁	Jīgōngxié	——	山	回龙镇东北部	回龙镇
石桥坑	Shíqiáo Kēng	——	山	回龙镇东南部	回龙镇
仙人鞋	Xiānrénxié	——	山	回龙镇东南部	回龙镇
凹顶	Āodǐng	——	山	回龙镇南部	回龙镇
牛牯头山	Niúgǔtóu Shān	——	山	大湾镇政府驻地北部	大湾镇
文洲尾顶	Wénzhōuwěi Dǐng	——	山	白土镇政府驻地西部	白土镇
树良地	Shùliángdì	——	山	蛟塘镇西南部	蛟塘镇
后背山	Hòubèi Shān	——	山	蛟塘镇西南部	蛟塘镇
金鸡山	Jīnjī Shān	——	山	活道镇政府驻地东部	活道镇
回头狮	Huítóushī	——	山	活道镇政府驻地东部	活道镇
水天湖山	Shuǐtiānhú Shān	——	山	活道镇政府驻地东部	活道镇
冲坑顶	Chōngkēng Dǐng	——	山	大湾镇政府驻地西部	大湾镇
马迳山	Mǎjìng Shān	——	山	大湾镇政府驻地西部	大湾镇
狮子伴儿	Shīzǐbàn'ér	——	山	蛟塘镇东部	蛟塘镇
下签	Xiàqiān	——	山	蛟塘镇西部	蛟塘镇
龟仔顶	Guīzǎi Dǐng	——	山	蛟塘镇西部	蛟塘镇
鲤鱼山	Lǐyú Shān	——	山	活道镇政府驻地西部	活道镇
浆底后龙山	Jiàngdǐ Hòulóng Shān	——	山	活道镇政府驻地西部	活道镇

(续上表)

标准名称	汉语拼音	别名	地名类别	相对位置	所在(跨)行政区
西就坑屋背山	Xījiùkēng Wūbèi Shān	——	山	活道镇政府驻地西部	活道镇
伍家山	Wǔjiā Shān	——	山	活道镇政府驻地东南部	活道镇
马面排	Mǎmiànpái	——	山	活道镇政府驻地东南部	活道镇
平山头	Píngshāntóu	——	山	活道镇政府驻地东部	活道镇
蛇金郎	Shéjīnláng	——	山	金利镇北部	金利镇
扒船岭	Bāchuán Lǐng	——	山	金利镇南部	金利镇
王古坑顶	Wánggǔkēng Dǐng	——	山	活道镇政府驻地北部	活道镇
下蕨坑后龙山	Xiàjuékēng Hòulóng Shān	——	山	活道镇政府驻地西部	活道镇
狮头山	Shītóu Shān	——	山	河台镇西部	河台镇
风坑塘	Fēngkēng Táng	——	山	河台镇东部	河台镇
蛇岭	Shélǐng	——	山	河台镇东南部	河台镇
竹洞岭	Zhúdòng Lǐng	——	山	金利镇南部	金利镇
统岗	Tǒnggǎng	——	山	金利镇南部	金利镇
山仔背山	Shānzǎibèi Shān	——	山	河台镇西南部	河台镇
茶山	Cháshān	——	山	河台镇西南部	河台镇
双么坑岭	Shuāngmekēng Lǐng	——	山	河台镇西部	河台镇
桂树排	Guìshùpái	——	山	河台镇东北部	河台镇
罗伯山	Luóbó Shān	——	山	河台镇东北部	河台镇
槟榔髻	Bīnlǎngjì	——	山	白诸镇政府驻地东南部	白诸镇
大观山	Dàguān Shān	——	山	白诸镇政府驻地北部	白诸镇
牛淹	Niúyān	——	山	活道镇政府驻地东部	活道镇
黄坭弯山	Huángníwān Shān	——	山	活道镇政府驻地东部	活道镇
牛头屈	Niútóuqū	——	山	活道镇政府驻地东部	活道镇
李公坑山	Lǐgōngkēng Shān	——	山	活道镇政府驻地南部	活道镇
虹蚣岭	Hónggōng Lǐng	——	山	白诸镇政府驻地北部	白诸镇
芋地岗	Yùdì Gǎng	——	山	白诸镇政府驻地西南部	白诸镇
九录岗	Jiǔlù Gǎng	走录岗 桔录岗	山	白诸镇政府驻地西北部	白诸镇

（续上表）

标准名称	汉语拼音	别名	地名类别	相对位置	所在(跨)行政区
文殊屋背山	Wénshū Wūbèi Shān	——	山	金渡镇政府驻地东北部	金渡镇
虎头山	Hǔtóu Shān	——	山	活道镇政府驻地北部	活道镇
扇面山	Shànmiàn Shān	——	山	活道镇政府驻地东部	活道镇
牛牯岭	Niúgǔ Lǐng	——	山	回龙镇东北部	回龙镇
观音坐莲	Guānyīnzuòlián	——	山	白土镇政府驻地西部	白土镇
箣挂山	Lèguà Shān	——	山	回龙镇东北部	回龙镇
金鸡咀	Jīnjīzuǐ	——	山	白土镇政府驻地东部	白土镇
大岗坪顶	Dàgǎngpíng Dǐng	——	山	白土镇政府驻地西部	白土镇
笑天龙	Xiàotiānlóng	——	山	白土镇政府驻地西部	白土镇
密松猪麻咀	Mìsōng Zhūnǎzuǐ	——	山	蛟塘镇西部	蛟塘镇
对面岭	Duìmiàn Lǐng	——	山	蛟塘镇西部	蛟塘镇
竹坑岭	Zhúkēng Lǐng	——	山	蛟塘镇西部	蛟塘镇
金勾仔	Jīngōuzǎi	——	山	蛟塘镇西南部	蛟塘镇
蚊仔坳顶	Wénzǎi'ào Dǐng	——	山	活道镇政府驻地东南部	活道镇
围坪	Wéipíng	——	山	大湾镇政府驻地西北部	大湾镇
上塘山	Shàngtáng Shān	——	山	蛟塘镇西部	蛟塘镇
大坡冲	Dàpōchōng	——	山	蛟塘镇西部	蛟塘镇
南坑顶	Nánkēng Dǐng	——	山	活道镇政府驻地西部	活道镇
对面岗顶	Duìmiàngǎng Dǐng	——	山	活道镇政府驻地西部	活道镇
瓦窑坪	Wǎyáo Píng	——	山	活道镇政府驻地南部	活道镇
蛤蟆头	Háchántóu	——	山	活道镇政府驻地东部	活道镇
中心岭	Zhōngxīn Lǐng	——	山	金利镇西北部	金利镇
周嘴山	Zhōuzuǐ Shān	——	山	金利镇西北部	金利镇
龙辈屈山	Lóngkàoqū Shān	——	山	活道镇政府驻地北部	活道镇
金瓜山	Jīnguā Shān	——	山	活道镇政府驻地北部	活道镇
陈车坪	Chénchē Píng	——	山	河台镇南部	河台镇
双笔山	Shuāngbǐ Shān	——	山	河台镇东北部	河台镇
双先山	Shuāngxiān Shān	——	山	河台镇东北部	河台镇

（续上表）

标准名称	汉语拼音	别名	地名类别	相对位置	所在(跨)行政区
下独留	Xiàdúliú	——	山	河台镇东北部	河台镇
北岭	Běilǐng	——	山	金利镇西部	金利镇
厘笛山	Lídí Shān	——	山	河台镇西南部	河台镇
骑牛凹	Qíniú Āo	——	山	河台镇南部	河台镇
焦坑仔山	Jiāokēngzǎi Shān	——	山	活道镇政府驻地西部	活道镇
狗坑山	Gǒukēng Shān	——	山	活道镇政府驻地西部	活道镇
城村后龙山	Chéngcūn Hòulóng Shān	——	山	活道镇政府驻地南部	活道镇
崩岗	Bēnggǎng	——	山	活道镇政府驻地东部	活道镇
仙人乃	Xiānrénnǎi	——	山	活道镇政府驻地东部	活道镇
鼻哥棵	Bígēkē	——	山	白诸镇政府驻地西部	白诸镇
五区	Wǔqū	——	山	白诸镇政府驻地北部	白诸镇
矮山仔	Ǎishānzǎi	——	山	白诸镇政府驻地北部	白诸镇
岭顶	Lǐngdǐng	——	山	白诸镇政府驻地西部	白诸镇
大岗顶	Dàgǎng Dǐng	——	山	活道镇政府驻地西北部	活道镇
牛训山	Niúxùn Shān	——	山	回龙镇东北部	回龙镇
东坑山	Dōngkēng Shān	——	山	白土镇政府驻地西部	白土镇
金岗顶	Jīngǎng Dǐng	——	山	回龙镇东北部	回龙镇
担竹坑山	Dānzhúkēng Shān	——	山	金渡镇政府驻地南部	金渡镇
白石岭	Báishí Lǐng	——	山	白土镇政府驻地东北部	白土镇
冲咀顶	Chōngzuǐ Dǐng	——	山	白土镇政府驻地东北部	白土镇
梁坑山	Liángkēng Shān	凉口坑山	山	白土镇政府驻地西部	白土镇
白马山	Báimǎ Shān	——	山	大湾镇政府驻地西部	大湾镇
虾苏	Xiāsū	——	山	大湾镇政府驻地西部	大湾镇
佛仔坳	Fózǎi Ào	——	山	大湾镇政府驻地西北部	大湾镇
下塘	Xiàtáng	——	山	大湾镇政府驻地西部	大湾镇
尖峰山	Jiānfēng Shān	——	山	白土镇政府驻地西部	白土镇
白鸡嫲	Báijīmá	移动	山	河台镇西北部	河台镇
茅迳坑顶	Máojìngkēng Dǐng	——	山	活道镇政府驻地东南部	活道镇

（续上表）

标准名称	汉语拼音	别名	地名类别	相对位置	所在（跨）行政区
亚婆髻	Yàpójì	——	山	大湾镇政府驻地西部	大湾镇
长坑尾	Chángkēngwěi	——	山	蛟塘镇西部	蛟塘镇
稔岗坑山	Rěngǎngkēng Shān	——	山	蛟塘镇西南部	蛟塘镇
云路后龙山	Yúnlù Hòulóng Shān	——	山	蛟塘镇西部	蛟塘镇
旗顶	Qídǐng	——	山	蛟塘镇西部	蛟塘镇
大石岩山	Dàshíyán Shān	——	山	蛟塘镇西部	蛟塘镇
牛路山	Niúlù Shān	——	山	蛟塘镇西部	蛟塘镇
杉坑顶	Shānkēng Dǐng	——	山	活道镇政府驻地东南部	活道镇
塘坑对面山	Tángkēngduìmiàn Shān	——	山	活道镇政府驻地东南部	活道镇
麦坑顶	Màikēng Dǐng	——	山	活道镇政府驻地东南部	活道镇
咚鼓岭	Dōnggǔ Lǐng	——	山	金利镇西北部	金利镇
长田排	Chángtiánpái	——	山	活道镇政府驻地西部	活道镇
风田坑山	Fēngtiánkēng Shān	——	山	活道镇政府驻地西部	活道镇
山塘山	Shāntáng Shān	——	山	活道镇政府驻地西部	活道镇
大顶	Dàdǐng	——	山	活道镇政府驻地南部	活道镇
大坪	Dàpíng	——	山	活道镇政府驻地南部	活道镇
龙村屋背山	Lóngcūn Wūbèi Shān	——	山	河台镇西北部	河台镇
古渡山	Gǔdù Shān	——	山	河台镇西南部	河台镇
南蛇坑顶	Nánshékēng Dǐng	——	山	河台镇西部	河台镇
格木顶	Gémù Dǐng	——	山	河台镇西南部	河台镇
双桂山	Shuāngguì Shān	——	山	河台镇东北部	河台镇
围岭头	Wéilǐngtóu	——	山	河台镇西部	河台镇
竹山	Zhúshān	——	山	河台镇西南部	河台镇
牛眠山	Niúmián Shān	——	山	金利镇北部	金利镇
双户山	Shuānghù Shān	——	山	河台镇北部	河台镇
大雄塘山	Dàxióngtáng Shān	——	山	河台镇西部	河台镇
大塘边	Dàtángbiān	——	山	河台镇西部	河台镇
古龙坳山	Gǔlóng'ào Shān	——	山	河台镇西部	河台镇

（续上表）

标准名称	汉语拼音	别名	地名类别	相对位置	所在(跨)行政区
庙坑山	Miàokēng Shān	——	山	河台镇东部	河台镇
石罗山	Shíluó Shān	——	山	河台镇东北部	河台镇
大石底	Dàshídǐ	——	山	白诸镇政府驻地东南部	白诸镇
大坑山	Dàkēng Shān	——	山	白诸镇政府驻地南部	白诸镇
石燕屈	Shíyànqū	——	山	白诸镇政府驻地北部	白诸镇
鹤咀村屋背山	Hèzuǐcūn Wūbèi Shān	——	山	活道镇政府驻地东部	活道镇
茶地顶	Chádì Dǐng	——	山	活道镇政府驻地东部	活道镇
崩岗顶	Bēnggǎng Dǐng	——	山	活道镇政府驻地东部	活道镇
大塘山后龙山	Dàtángshān Hòulóng Shān	——	山	活道镇政府驻地东部	活道镇
同元面前岗	Tóngyuánmiànqián Gǎng	——	山	活道镇政府驻地东部	活道镇
大岭山	Dàlǐng Shān	——	山	活道镇政府驻地西部	活道镇
和尚头	Héshàngtóu	——	山	白诸镇政府驻地北部	白诸镇
塔石坑	Tǎshí Kēng	——	山	白诸镇政府驻地北部	白诸镇
鑫岗岭	Xīngǎng Lǐng	金岗岭	山	白诸镇政府驻地西部	白诸镇
大坪二档	Dàpíng'èrdāng	——	山	白诸镇政府驻地西部	白诸镇
禾尚台	Héshàngtái	——	山	白诸镇政府驻地西部	白诸镇
大岗	Dàgǎng	——	山	回龙镇东南部	回龙镇
天子山	Tiānzǐ Shān	——	山	回龙镇东南部	回龙镇
礼坑尾	Lǐkēngwěi	——	山	回龙镇南部	回龙镇
佛仔岭	Fózǎi Lǐng	——	山	金渡镇政府驻地东南部	金渡镇
横马	Héngmǎ	——	山	白土镇政府驻地西部	白土镇
东坑山	Dōngkēng Shān	——	山	大湾镇政府驻地东南部	大湾镇
石降排	Shíjiàngpái	——	山	蛟塘镇西部	蛟塘镇
孖比树	Mābǐshù	——	山	大湾镇政府驻地西部	大湾镇
三龙坑顶	Sānlóngkēng Dǐng	——	山	大湾镇政府驻地西部	大湾镇
大岭	Dàlǐng	——	山	蛟塘镇西部	蛟塘镇
干谷坪	Gàngǔ Píng	——	山	蛟塘镇西部	蛟塘镇
半坑山	Bànkēng Shān	——	山	活道镇政府驻地东南部	活道镇

（续上表）

标准名称	汉语拼音	别名	地名类别	相对位置	所在(跨)行政区
鲤鱼山	Lǐyú Shān	—	山	活道镇政府驻地南部	活道镇
饭盖岭	Fàngài Lǐng	—	山	活道镇政府驻地东南部	活道镇
大槐顶	Dàhuái Dǐng	—	山	金利镇西南部	金利镇
下简	Xiàjiǎn	—	山	蛟塘镇西部	蛟塘镇
园珠岗	Yuánzhū Gǎng	—	山	活道镇政府驻地西南部	活道镇
三眼塘山	Sānyǎntáng Shān	—	山	活道镇政府驻地北部	活道镇
罗闪后龙岭	Luóshǎn Hòulóng Lǐng	—	山	河台镇西部	河台镇
金鸡后龙山	Jīnjī Hòulóng Shān	—	山	河台镇西部	河台镇
猪屎岭	Zhūshǐ Lǐng	—	山	河台镇南部	河台镇
沉木崀	Chénmùlàng	—	山	河台镇南部	河台镇
马古坑山	Mǎgǔkēng Shān	—	山	河台镇东部	河台镇
猪桔塘	Zhūjú Táng	—	山	河台镇东部	河台镇
塘尾屋背山	Tángwěi Wūbèi Shān	—	山	河台镇东北部	河台镇
大王墩	Dàwángdūn	—	山	河台镇东北部	河台镇
耙齿山	Páchǐ Shān	—	山	河台镇东北部	河台镇
竹坑山	Zhúkēng Shān	—	山	河台镇西部	河台镇
大凤坪	Dàfēng Píng	—	山	河台镇东北部	河台镇
沉渣山	Chénzhā Shān	—	山	河台镇东北部	河台镇
豆腐塘	Dòufù Táng	—	山	河台镇东北部	河台镇
双害顶	Shuānghài Dǐng	—	山	河台镇东北部	河台镇
龟坑顶	Guīkēng Dǐng	—	山	白诸镇政府驻地西部	白诸镇
竹迳口	Zhújìngkǒu	—	山	活道镇政府驻地南部	活道镇
大山	Dàshān	—	山	活道镇政府驻地南部	活道镇
长坑顶	Chángkēng Dǐng	—	山	活道镇政府驻地东部	活道镇
田寮	Tiánliáo	—	山	白诸镇政府驻地北部	白诸镇
山猪屈	Shānzhūqū	—	山	白诸镇政府驻地北部	白诸镇
大头蒙	Dàtóuméng	—	山	白诸镇政府驻地西部	白诸镇
亚婆抱孙	Yàpóbàosūn	—	山	活道镇政府驻地西北部	活道镇

（续上表）

标准名称	汉语拼音	别名	地名类别	相对位置	所在(跨)行政区
大坪围顶	Dàpíngwéi Dǐng	—	山	白土镇政府驻地西部	白土镇
东坑顶	Dōngkēng Dǐng	—	山	回龙镇东南部	回龙镇
中心岭	Zhōngxīn Lǐng	—	山	金渡镇政府驻地东部	金渡镇
黄茅屋背岗	Huángmáowūbèi Gǎng	—	山	大湾镇政府驻地西部	大湾镇
凤髯	Fèngrán	—	山	白土镇政府驻地西部	白土镇
毛丹顶	Máodān Dǐng	—	山	河台镇南部	河台镇
狗屎丫	Gǒushǐyā	—	山	河台镇东部	河台镇
上黄泥咀	Shànghuángnízuǐ	—	山	蛟塘镇西部	蛟塘镇
枇杷岭	Pībǎ Lǐng	—	山	活道镇政府驻地南部	活道镇
桑园山	Sāngyuán Shān	—	山	活道镇政府驻地南部	活道镇
天基坳顶	Tiānjī'ào Dǐng	—	山	蛟塘镇东部	蛟塘镇
茶山尾顶	Cháshānwěi Dǐng	—	山	蛟塘镇西部	蛟塘镇
大坑山	Dàkēng Shān	—	山	蛟塘镇西部	蛟塘镇
东坑口后龙山	Dōngkēngkǒu Hòulóng Shān	—	山	活道镇政府驻地西部	活道镇
东坑尾屋背山	Dōngkēngwěi Wūbèi Shān	—	山	活道镇政府驻地西部	活道镇
乌榄坑山	Wūlǎnkēng Shān	—	山	活道镇政府驻地东部	活道镇
鲤鱼仔	Lǐyúzǎi	—	山	金利镇南部	金利镇
迳心村后龙山	Jìngxīncūn Hòulóng Shān	—	山	活道镇政府驻地西部	活道镇
大顶	Dàdǐng	—	山	活道镇政府驻地东南部	活道镇
大王顶	Dàwáng Dǐng	—	山	河台镇西南部	河台镇
潭布仔	Tánbùzǎi	—	山	河台镇东北部	河台镇
沉砧山	Chénzhēn Shān	—	山	河台镇东北部	河台镇
庙前山	Miàoqián Shān	—	山	河台镇东北部	河台镇
鸡心岭	Jīxīn Lǐng	—	山	河台镇东北部	河台镇
横坑岗顶	Héngkēnggǎng Dǐng	—	山	金利镇西南部	金利镇
地塘岗	Dìtáng Gǎng	—	山	金利镇南部	金利镇
迦口	Jiākǒu	—	山	河台镇东南部	河台镇

（续上表）

标准名称	汉语拼音	别名	地名类别	相对位置	所在(跨)行政区
竹塘对面山	Zhútáng Duìmiàn Shān	——	山	河台镇北部	河台镇
雨伞排	Yǔsǎnpái	——	山	河台镇东北部	河台镇
兵田坑山	Bīngtiánkēng Shān	——	山	白诸镇政府驻地西南部	白诸镇
崩塘顶	Bēngtáng Dǐng	——	山	活道镇政府驻地东部	活道镇
大佛山	Dàfó Shān	——	山	活道镇政府驻地西部	活道镇
鸡花路	Jīhuālù	——	山	活道镇政府驻地西南部	活道镇
大碌围顶	Dàlùwéi Dǐng	——	山	白诸镇政府驻地西部	白诸镇
盐坑山	Yánkēng Shān	——	山	白诸镇政府驻地北部	白诸镇
牛围脊	Niúwéijǐ	——	山	白诸镇政府驻地西南部	白诸镇
大洋	Dàyáng	——	山	白诸镇政府驻地西南部	白诸镇
竹船坑岗	Zhúchuánkēng Gǎng	——	山	回龙镇东南部	回龙镇
竹山	Zhúshān	——	山	大湾镇政府驻地西北部	大湾镇
牛湖坪	Niúhú Píng	——	山	大湾镇政府驻地西部	大湾镇
金鱼山	Jīnyú Shān	——	山	大湾镇政府驻地西部	大湾镇
本村岗	Běncūn Gǎng	——	山	活道镇政府驻地北部	活道镇
瘦狗脊	Shòugǒujǐ	——	山	蛟塘镇东部	蛟塘镇
和尚庵	Héshàng Ān	——	山	蛟塘镇西部	蛟塘镇
飞天禽炉	Fēitiānqínlú	——	山	蛟塘镇西部	蛟塘镇
龟塘顶	Guītáng Dǐng	——	山	蛟塘镇西部	蛟塘镇
鲤鱼丫	Lǐyúyā	——	山	活道镇政府驻地西南部	活道镇
长坑山	Chángkēng Shān	——	山	活道镇政府驻地南部	活道镇
屈龙顶	Qūlóng Dǐng	——	山	活道镇政府驻地东部	活道镇
南塘山	Nántáng Shān	——	山	活道镇政府驻地东部	活道镇
凤山	Fèngshān	——	山	金利镇西北部	金利镇
禾地岗	Hédì Gǎng	——	山	蛟塘镇西部	蛟塘镇
大山顶	Dàshān Dǐng	——	山	活道镇政府驻地西部	活道镇
大松崀	Dàsōnglàng	——	山	活道镇政府驻地北部	活道镇
大岗老顶	Dàgǎnglǎo Dǐng	——	山	活道镇政府驻地西部	活道镇
罗替山	Luótán Shān	——	山	河台镇西南部	河台镇

（续上表）

标准名称	汉语拼音	别名	地名类别	相对位置	所在(跨)行政区
连塘坑	Liántáng Kēng	——	山	河台镇西南部	河台镇
石边诺	Shíbiānnuò	——	山	河台镇北部	河台镇
担水坑口山	Dānshuǐkēngkǒu Shān	——	山	河台镇西南部	河台镇
背后岗	Bèihòu Gǎng	——	山	河台镇西部	河台镇
迳山	Jìngshān	——	山	河台镇西部	河台镇
水母坑	Shuǐmǔ Kēng	——	山	河台镇东南部	河台镇
罗玉排	Luóyùpái	——	山	河台镇南部	河台镇
荔枝坑顶	Lìzhīkēng Dǐng	——	山	白诸镇政府驻地西部	白诸镇
青竹湾	Qīngzhú Wān	——	山	活道镇政府驻地南部	活道镇
落船岗	Luòchuán Gǎng	——	山	活道镇政府驻地南部	活道镇
马山顶	Mǎshān Dǐng	——	山	活道镇政府驻地西北部	活道镇
担干山	Dāngàn Shān	——	山	活道镇政府驻地东部	活道镇
陈家山	Chénjiā Shān	——	山	活道镇政府驻地东部	活道镇
钱坑山	Qiánkēng Shān	——	山	活道镇政府驻地西部	活道镇
双灶	Shuāngzào	——	山	白诸镇政府驻地西部	白诸镇
二斗五山	Èrdǒuwǔ Shān	——	山	白诸镇政府驻地西部	白诸镇
横窝顶	Héngwō Dǐng	——	山	金渡镇政府驻地东北部	金渡镇
大坑顶	Dàkēng Dǐng	——	山	活道镇政府驻地东北部	活道镇
婆根山	Pógēn Shān	——	山	回龙镇东北部	回龙镇
石寨	Shízhài	——	山	回龙镇东部	回龙镇
双飞燕	Shuāngfēiyàn	——	山	回龙镇东北部	回龙镇
银坑山	Yínkēng Shān	——	山	回龙镇东部	回龙镇
石堆山	Shíduī Shān	——	山	白土镇政府驻地西北部	白土镇
牛牯岗	Niúgǔ Gǎng	——	山	大湾镇政府驻地西部	大湾镇
南杀	Nánshā	——	山	蛟塘镇东部	蛟塘镇
五念凹	Wǔniàn Āo	——	山	活道镇政府驻地西部	活道镇
将军岭	Jiāngjūn Lǐng	——	山	蛟塘镇西南部	蛟塘镇
大松头	Dàsōngtóu	——	山	活道镇政府驻地南部	活道镇
崩岗	Bēnggǎng	——	山	活道镇政府驻地南部	活道镇

(续上表)

标准名称	汉语拼音	别名	地名类别	相对位置	所在(跨)行政区
石壁岭	Shíbì Lǐng	——	山	活道镇政府驻地东南部	活道镇
珍竹坑山	Zhēnzhúkēng Shān	——	山	蛟塘镇西南部	蛟塘镇
公仔顶	Gōngzǎi Dǐng	——	山	蛟塘镇西南部	蛟塘镇
富竹坳	Fùzhú Ào	富竹尾	山	蛟塘镇西部	蛟塘镇
掘头坑顶	Juétóukēng Dǐng	——	山	活道镇政府驻地西部	活道镇
水冲岗	Shuǐchōng Gǎng	——	山	活道镇政府驻地西南部	活道镇
塘仔山	Tángzǎi Shān	——	山	活道镇政府驻地南部	活道镇
油麻坑山	Yóumákēng Shān	——	山	活道镇政府驻地西部	活道镇
后背山	Hòubèi Shān	——	山	活道镇政府驻地南部	活道镇
大坪顶	Dàpíng Dǐng	——	山	活道镇政府驻地南部	活道镇
禾岭咀	Hélǐngzuǐ	——	山	河台镇西北部	河台镇
坑头崀	Kēngtóulàng	——	山	河台镇西北部	河台镇
大沙岭	Dàshā Lǐng	——	山	河台镇西北部	河台镇
大崀头	Dà'ěntóu	——	山	河台镇北部	河台镇
南蛇坑山	Nánshékēng Shān	——	山	河台镇西部	河台镇
深塘岭	Shēntáng Lǐng	——	山	河台镇西南部	河台镇
大坑崀屋背	Dàkēnglàng Wūbèi	——	山	河台镇东北部	河台镇
门前山	Ménqián Shān	——	山	河台镇西北部	河台镇
割井坑山	Gējǐngkēng Shān	——	山	河台镇西南部	河台镇
大山	Dàshān	——	山	河台镇西部	河台镇
松山坪	Sōngshān Píng	——	山	河台镇西部	河台镇
石苟崀排	Shígǒulàngpái	——	山	河台镇东北部	河台镇
彭湖仔	Pénghúzǎi	——	山	白诸镇政府驻地西北部	白诸镇
树山仔	Shùshānzǎi	——	山	活道镇政府驻地东部	活道镇
步山顶	Bùshān Dǐng	——	山	活道镇政府驻地西北部	活道镇
碑头岗	Bēitóu Gǎng	——	山	活道镇政府驻地西南部	活道镇
活村村屋背山	Huócūn Cūnwūbèi Shān	——	山	活道镇政府驻地南部	活道镇
荷木坑山	Hémùkēng Shān	——	山	活道镇政府驻地西南部	活道镇
金星顶	Jīnxīng Dǐng	——	山	活道镇政府驻地东部	活道镇

（续上表）

标准名称	汉语拼音	别名	地名类别	相对位置	所在(跨)行政区
大坪顶	Dàpíng Dǐng	——	山	白诸镇政府驻地西部	白诸镇
大牛山	Dàniú Shān	——	山	白诸镇政府驻地南部	白诸镇
大石鼓	Dàshígǔ	——	山	金渡镇政府驻地东北部	金渡镇
虎爪咀	Hǔzhǎozuǐ	——	山	活道镇政府驻地西南部	活道镇
高岗	Gāogǎng	——	山	回龙镇东北部	回龙镇
长埇山	Chángyǒng Shān	——	山	回龙镇东北部	回龙镇
大良始祖	Dàliángshǐzǔ	——	山	回龙镇东北部	回龙镇
萝岗	Luógǎng	——	山	大湾镇政府驻地东南部	大湾镇
冷水坑	Lěngshuǐ Kēng	——	山	河台镇西部	河台镇
雷公顶	Léigōng Dǐng	——	山	河台镇南部	河台镇
山崩	Shānbēng	——	山	河台镇西部	河台镇
荔枝尾	Lìzhīwěi	——	山	蛟塘镇西部	蛟塘镇
严村后龙山	Yáncūn Hòulóng Shān	——	山	活道镇政府驻地南部	活道镇
梨岗	Lígǎng	——	山	活道镇政府驻地南部	活道镇
仰天螺	Yǎngtiānluó	——	山	活道镇政府驻地东南部	活道镇
香炉寺大墩	Xiānglúsìdàdūn	——	山	蛟塘镇西南部	蛟塘镇
岭头岗	Lǐngtóu Gǎng	——	山	蛟塘镇西部	蛟塘镇
稳迳山	Wěnjìng Shān	——	山	活道镇政府驻地西南部	活道镇
深塘山	Shēntáng Shān	——	山	活道镇政府驻地南部	活道镇
蛇咀山	Shézuǐ Shān	——	山	活道镇政府驻地西南部	活道镇
南冲坑山	Nánchōngkēng Shān	——	山	活道镇政府驻地西部	活道镇
长坑	Chángkēng	——	山	活道镇政府驻地南部	活道镇
大浛槎	Dàhánchá	——	山	河台镇西部	河台镇
坑仔见	Kēngzǎijiàn	——	山	河台镇东部	河台镇
双窝塘岭	Shuāngwōtáng Lǐng	——	山	河台镇北部	河台镇
廊源屋背山	Lángyuán Wūbèi Shān	——	山	河台镇东北部	河台镇
牙鹰顶	Yáyīng Dǐng	——	山	河台镇西部	河台镇
西坑坳	Xīkēng Ào	——	山	河台镇西部	河台镇

（续上表）

标准名称	汉语拼音	别名	地名类别	相对位置	所在(跨)行政区
陈岗顶	Chéngǎng Dǐng	——	山	金利镇西南部	金利镇
书惠山	Shūhuì Shān	——	山	河台镇北部	河台镇
白连坑山	Báiliánkēng Shān	——	山	河台镇北部	河台镇
塱岩山	Lǎngyán Shān	——	山	河台镇西部	河台镇
上选塘岭	Shàngxuǎntáng Lǐng	——	山	河台镇西部	河台镇
大榄顶	Dàlǎn Dǐng	——	山	河台镇东南部	河台镇
大洞汶	Dàdòngwèn	——	山	白诸镇政府驻地西北部	白诸镇
灯笼尾	Dēnglóngwěi	——	山	活道镇政府驻地南部	活道镇
虎仔	Hǔzǎi	——	山	活道镇政府驻地西南部	活道镇
斑鱼塘	Bānyú Táng	——	山	活道镇政府驻地西南部	活道镇
大崩岗	Dàbēng Gǎng	——	山	活道镇政府驻地西南部	活道镇
山坑顶	Shānkēng Dǐng	——	山	活道镇政府驻地东部	活道镇
正岗田	Zhènggǎngtián	——	山	白诸镇政府驻地西部	白诸镇
庙背岗	Miàobèi Gǎng	——	山	活道镇政府驻地西南部	活道镇
龟岗	Guīgǎng	——	山	活道镇政府驻地西南部	活道镇
大松头	Dàsōngtóu	——	山	活道镇政府驻地东部	活道镇
小王姜顶	Xiǎowángjiāng Dǐng	——	山	回龙镇东南部	回龙镇
龙口	Lóngkǒu	——	山	回龙镇东部	回龙镇
露天朴	Lùtiānpǔ	——	山	回龙镇东部	回龙镇
仙人抱鼓	Xiānrénbàogǔ	——	山	回龙镇东北部	回龙镇
树岭	Shùlǐng	——	山	金渡镇政府驻地东部	金渡镇
上降山	Shàngjiàng Shān	——	山	河台镇东北部	河台镇
崩塘山	Bēngtáng Shān	——	山	活道镇政府驻地南部	活道镇
狗头	Gǒutóu	——	山	活道镇政府驻地西南部	活道镇
庙岗	Miàogǎng	——	山	大湾镇政府驻地西部	大湾镇
村黄后龙岗	Cūnhuáng Hòulóng Gǎng	——	山	大湾镇政府驻地西部	大湾镇
龙公塘顶	Lónggōngtáng Dǐng	——	山	大湾镇政府驻地西部	大湾镇
十字迳	Shízìjìng	——	山	活道镇政府驻地东南部	活道镇
大崩岗	Dàbēng Gǎng	——	山	活道镇政府驻地东部	活道镇

（续上表）

标准名称	汉语拼音	别名	地名类别	相对位置	所在(跨)行政区
真竹排	Zhēnzhúpái	——	山	蛟塘镇西部	蛟塘镇
庙岗	Miàogǎng	——	山	活道镇政府驻地西南部	活道镇
山仔岭	Shānzǎi Lǐng	——	山	河台镇西北部	河台镇
河众岭	Hézhòng Lǐng	——	山	河台镇西南部	河台镇
刘三妹顶	Liúsānmèi Dǐng	——	山	河台镇西南部	河台镇
大田屋背	Dàtiánwūbèi	——	山	河台镇东北部	河台镇
粪箕凹	Fènjī Āo	——	山	河台镇北部	河台镇
大积	Dàjī	——	山	河台镇东南部	河台镇
高婆髻	Gāopójì	——	山	金利镇西部	金利镇
路竹坑山	Lùzhúkēng Shān	——	山	河台镇西部	河台镇
沉砧尾	Chénzhēnwěi	——	山	河台镇东北部	河台镇
山寨	Shānzhài	——	山	白诸镇政府驻地西北部	白诸镇
狗仔岗	Gǒuzǎi Gǎng	——	山	活道镇政府驻地西南部	活道镇
斑鱼仔	Bānyúzǎi	——	山	活道镇政府驻地东部	活道镇
文头树	Wéntóushù	——	山	活道镇政府驻地东部	活道镇
坭狗水顶	Nígǒushuǐ Dǐng	——	山	活道镇政府驻地东部	活道镇
掘冲顶	Juéchōng Dǐng	——	山	活道镇政府驻地东部	活道镇
老虎岩	Lǎohǔyán	——	山	活道镇政府驻地西北部	活道镇
一堂	Yītáng	——	山	白诸镇政府驻地西南部	白诸镇
芋地岗	Yùdì Gǎng	——	山	活道镇政府驻地西南部	活道镇
大心木	Dàxīnmù	——	山	回龙镇东北部	回龙镇
石带岗	Shídài Gǎng	——	山	回龙镇东南部	回龙镇
暗罗顶	Ànluó Dǐng	——	山	大湾镇政府驻地西部	大湾镇
村前山	Cūnqián Shān	——	山	大湾镇政府驻地西部	大湾镇
象岗	Xiànggǎng	——	山	大湾镇政府驻地西部	大湾镇
大彤	Dàtóng	——	山	蛟塘镇西部	蛟塘镇
小迳底	Xiǎojìngdǐ	——	山	活道镇政府驻地南部	活道镇
牛角岗	Niújiǎo Gǎng	——	山	活道镇政府驻地南部	活道镇
官塘坑顶	Guāntángkēng Dǐng	——	山	活道镇政府驻地南部	活道镇
彭苟岗	Pénggǒu Gǎng	——	山	活道镇政府驻地西南部	活道镇

(续上表)

标准名称	汉语拼音	别名	地名类别	相对位置	所在(跨)行政区
龙窝山	Lóngwō Shān	——	山	大湾镇政府驻地北部	大湾镇
大崀	Dàlàng	——	山	蛟塘镇西部	蛟塘镇
牛栏岭	Niúlán Lǐng	——	山	蛟塘镇西部	蛟塘镇
村心洞门口岗	Cūnxīn Dòng Ménkǒu Gǎng	——	山	活道镇政府驻地南部	活道镇
大顶	Dàdǐng	——	山	活道镇政府驻地东部	活道镇
榄坑尾后龙山	Lǎnkēngwěi Hòulóng Shān	——	山	蛟塘镇西部	蛟塘镇
松明岗	Sōngmíng Gǎng	——	山	活道镇政府驻地西南部	活道镇
横坑屋背岭	Héngkēng Wūbèi Lǐng	——	山	河台镇西部	河台镇
云岭山	Yúnlǐng Shān	——	山	河台镇西南部	河台镇
长江坳	Chángjiāng Ào	——	山	河台镇南部	河台镇
井水见	Jǐngshuǐjiàn	——	山	河台镇东部	河台镇
河叉	Héchā	——	山	河台镇西部	河台镇
石降面	Shíjiàngmiàn	——	山	河台镇北部	河台镇
寻宝岭	Xúnbǎo Lǐng	——	山	河台镇南部	河台镇
香炉头	Xiānglútóu	——	山	活道镇政府驻地西部	活道镇
禾地侧	Hédìcè	——	山	活道镇政府驻地东部	活道镇
杨梅根	Yángméigēn	——	山	活道镇政府驻地南部	活道镇
金鸡山	Jīnjī Shān	——	山	金渡镇政府驻地东部	金渡镇
拦岗山	Lángǎng Shān	——	山	活道镇政府驻地西南部	活道镇
长坑山	Chángkēng Shān	——	山	回龙镇东部	回龙镇
杉坑山	Shānkēng Shān	——	山	大湾镇政府驻地西部	大湾镇
大田头	Dàtiántóu	——	山	大湾镇政府驻地西北部	大湾镇
黄鱼头山	Huángyútóu Shān	——	山	大湾镇政府驻地东南部	大湾镇
鲤鱼山	Lǐyú Shān	——	山	河台镇南部	河台镇
灯挂	Dēngguà	——	山	蛟塘镇西部	蛟塘镇
姚村面前岗	Yáocūn Miànqián Gǎng	——	山	活道镇政府驻地南部	活道镇
铁坑	Tiěkēng	——	山	大湾镇政府驻地西部	大湾镇

（续上表）

标准名称	汉语拼音	别名	地名类别	相对位置	所在（跨）行政区
芝麻坑山	Zhīmákēng Shān	——	山	活道镇政府驻地南部	活道镇
龙石岗	Lóngshí Gǎng	——	山	活道镇政府驻地西南部	活道镇
石达	Shídá	——	山	活道镇政府驻地西南部	活道镇
刘村后龙山	Liúcūn Hòulóng Shān	——	山	活道镇政府驻地西南部	活道镇
窑坑顶	Yáokēng Dǐng	——	山	活道镇政府驻地西南部	活道镇
西坑尾顶	Xīkēngwěi Dǐng	——	山	活道镇政府驻地西部	活道镇
崩口岭	Bēngkǒu Lǐng	——	山	河台镇西南部	河台镇
双坝山	Shuāngbà Shān	——	山	河台镇东部	河台镇
担米坑	Dānmǐ Kēng	——	山	河台镇东部	河台镇
芙崀屋背山	Fúlàng Wūbèi Shān	——	山	河台镇北部	河台镇
崀仔头	Làngzǎitóu	——	山	河台镇北部	河台镇
下江山	Xiàjiāng Shān	——	山	金利镇北部	金利镇
长坑山	Chángkēng Shān	——	山	河台镇北部	河台镇
蕉坑仔山	Jiāokēngzǎi Shān	——	山	河台镇北部	河台镇
双丞岭	Shuāngdàng Lǐng	——	山	河台镇西部	河台镇
双扣岭	Shuāngkòu Lǐng	——	山	河台镇西部	河台镇
桐油根	Tóngyóugēn	——	山	河台镇东南部	河台镇
大蛇尾	Dàshéwěi	——	山	活道镇政府驻地东部	活道镇
琴劳仔	Qínláozǎi	——	山	活道镇政府驻地东部	活道镇
庙门岗	Miàomén Gǎng	——	山	活道镇政府驻地西南部	活道镇
围运顶	Wéiyùn Dǐng	——	山	活道镇政府驻地西南部	活道镇
马山	Mǎshān	——	山	活道镇政府驻地东南部	活道镇
狗仔坑顶	Gǒuzǎikēng Dǐng	——	山	活道镇政府驻地东部	活道镇
竹山	Zhúshān	——	山	白诸镇政府驻地西部	白诸镇
大迳山	Dàjìng Shān	——	山	白诸镇政府驻地北部	白诸镇
银瓶围	Yínpíngwéi	——	山	白诸镇政府驻地西部	白诸镇
大泥山	Dàní Shān	——	山	活道镇政府驻地西南部	活道镇
围旺顶	Wéiwàng Dǐng	——	山	活道镇政府驻地西南部	活道镇

（续上表）

标准名称	汉语拼音	别名	地名类别	相对位置	所在（跨）行政区
企岗尾	Qǐgǎngwěi	——	山	活道镇政府驻地西南部	活道镇
罗斗顶	Luódǒu Dǐng	——	山	白土镇政府驻地东北部	白土镇
石厂	Shíchǎng	——	山	大湾镇政府驻地西部	大湾镇
鬼㜮杯	Guǐnǎbēi	——	山	蛟塘镇西部	蛟塘镇
花石岗	Huāshí Gǎng	——	山	活道镇政府驻地南部	活道镇
牛栏坑顶	Niúlánkēng Dǐng	——	山	活道镇政府驻地西南部	活道镇
凤山	Fèngshān	——	山	蛟塘镇西部	蛟塘镇
大石头	Dàshítóu	——	山	蛟塘镇西部	蛟塘镇
岗边	Gǎngbiān	——	山	活道镇政府驻地西南部	活道镇
沙岗后龙山	Shāgǎng Hòulóng Shān	——	山	活道镇政府驻地西南部	活道镇
和尚顶	Héshàng Dǐng	——	山	活道镇政府驻地东南部	活道镇
新迳坑顶	Xīnjìngkēng Dǐng	——	山	活道镇政府驻地东南部	活道镇
笑天狮	Xiàotiānshī	——	山	活道镇政府驻地南部	活道镇
石降	Shíjiàng	——	山	活道镇政府驻地南部	活道镇
筋竹头	Jīnzhútóu	——	山	蛟塘镇西部	蛟塘镇
屋地塘山	Wūdìtáng Shān	——	山	活道镇政府驻地西南部	活道镇
石灰岭顶	Shíhuīlǐng Dǐng	——	山	活道镇政府驻地南部	活道镇
红岭头	Hónglǐngtóu	飞鼠岭	山	河台镇西南部	河台镇
双落坑山	Shuāngluòkēng Shān	——	山	河台镇东北部	河台镇
大侧	Dàcè	——	山	河台镇西南部	河台镇
狮子楼台	Shīzǐlóutái	——	山	镇政府驻地西北部	白诸镇
虎爪	Hǔzhǎo	——	山	活道镇政府驻地东部	活道镇
石人头	Shírén tóu	——	山	镇政府驻地西部	白诸镇
香炉坪	Xiānglú Píng	——	山	活道镇政府驻地西南部	活道镇
大塘岗	Dàtáng Gǎng	——	山	活道镇政府驻地西南部	活道镇
灯笼山	Dēnglóng Shān	——	山	大湾镇政府驻地北部	大湾镇
真竹村屋背山	Zhēnzhúcūn Wūbèi Shān	——	山	活道镇政府驻地西南部	活道镇
村尾山	Cūnwěi Shān	——	山	大湾镇政府驻地西部	大湾镇

（续上表）

标准名称	汉语拼音	别名	地名类别	相对位置	所在(跨)行政区
大坪顶	Dàpíng Dǐng	——	山	大湾镇政府驻地西北部	大湾镇
白石坑尾	Báishí Kēngwěi	——	山	蛟塘镇西部	蛟塘镇
罗保社顶	Luóbǎoshè Dǐng	——	山	蛟塘镇西部	蛟塘镇
太平坑山	Tàipíngkēng Shān	——	山	活道镇政府驻地南部	活道镇
长坑山	Chángkēng Shān	——	山	活道镇政府驻地南部	活道镇
竹山	Zhúshān	——	山	活道镇政府驻地南部	活道镇
马岗山	Mǎgǎng Shān	——	山	活道镇政府驻地南部	活道镇
蛤蟆咀	Hánǎzuǐ	——	山	活道镇政府驻地南部	活道镇
禾地坳	Hédì Ào	——	山	活道镇政府驻地南部	活道镇
长头江山	Chángtóujiāng Shān	——	山	活道镇政府驻地西部	活道镇
横坑仔	Héngkēngzǎi	——	山	活道镇政府驻地南部	活道镇
黄焦仔丫	Huángjiāozǎiyā	——	山	河台镇南部	河台镇
凉井水	Liángjǐngshuǐ	——	山	河台镇西北部	河台镇
双底坑	Shuāngdǐ Kēng	——	山	河台镇东北部	河台镇
菊花山	Júhuā Shān	——	山	河台镇北部	河台镇
后背山	Hòubèi Shān	——	山	河台镇北部	河台镇
地豆坪	Dìdòu Píng	——	山	河台镇西部	河台镇
石壁	Shíbì	——	山	河台镇西部	河台镇
牙鹰山	Yáyīng Shān	——	山	白诸镇政府驻地西部	白诸镇
石弄顶	Shínòng Dǐng	——	山	活道镇政府驻地东北部	活道镇
马山	Mǎshān	——	山	活道镇政府驻地东部	活道镇
云衿后龙山	Yúnjīn Hòulóng Shān	——	山	白诸镇政府驻地西部	白诸镇
豆角顶	Dòujiǎo Dǐng	——	山	金渡镇政府驻地东南部	金渡镇
望夫归	Wàngfūguī	——	山	金渡镇政府驻地东北部	金渡镇
牛古岗	Niúgǔ Gǎng	——	山	活道镇政府驻地西南部	活道镇
狗尾山	Gǒuwěi Shān	——	山	活道镇政府驻地西南部	活道镇
牛栏坑	Niúlán Kēng	——	山	活道镇政府驻地西南部	活道镇
禾枪岗	Héqiāng Gǎng	——	山	活道镇政府驻地西南部	活道镇
大和山	Dàhé Shān	——	山	回龙镇东北部	回龙镇

（续上表）

标准名称	汉语拼音	别名	地名类别	相对位置	所在(跨)行政区
麦岭	Màilǐng	——	山	大湾镇政府驻地西北部	大湾镇
风吹大顶	Fēngchuīdà Dǐng	——	山	大湾镇政府驻地西部	大湾镇
牛㘵	Niú'ào	——	山	大湾镇政府驻地西部	大湾镇
河木裆	Hémùdāng	——	山	活道镇政府驻地南部	活道镇
田界坑顶	Tiánjièkēng Dǐng	——	山	活道镇政府驻地南部	活道镇
羊背坑顶	Yángbèikēng Dǐng	——	山	蛟塘镇西部	蛟塘镇
大坑山	Dàkēng Shān	——	山	活道镇政府驻地西南部	活道镇
松坑村屋背山	Sōngkēngcūn Wūbèi Shān	——	山	活道镇政府驻地西南部	活道镇
老虎㘵	Lǎohǔ Ào	——	山	活道镇政府驻地东南部	活道镇
竹㘵山	Zhúnáng Shān	——	山	活道镇政府驻地南部	活道镇
盲婆凹	Mángpó Āo	——	山	活道镇政府驻地西南部	活道镇
蝗蜞斗顶	Huángqídǒu Dǐng	——	山	活道镇政府驻地西南部	活道镇
三角侧	Sānjiǎocè	——	山	河台镇东北部	河台镇
马颈岭	Mǎjǐng Lǐng	——	山	河台镇南部	河台镇
黄泥方崩	Huángnífāngbēng	——	山	河台镇西北部	河台镇
屋背顶	Wūbèi Dǐng	——	山	河台镇西北部	河台镇
三竹崩	Sānzhúbēng	——	山	河台镇西南部	河台镇
鸭塘顶	Yātáng Dǐng	——	山	河台镇西南部	河台镇
合水口	Héshuǐkǒu	——	山	河台镇南部	河台镇
塘基下屋背	Tángjī Xiàwūbèi	——	山	河台镇东北部	河台镇
大坪岭	Dàpíng Lǐng	——	山	河台镇东北部	河台镇
罗坪背	Luópíngbèi	——	山	河台镇北部	河台镇
尾仔山	Wěizǎi Shān	——	山	河台镇北部	河台镇
庙背头	Miàobèitóu	——	山	河台镇西部	河台镇
后龙山	Hòulóng Shān	——	山	河台镇西部	河台镇
树坑山	Shùkēng Shān	——	山	河台镇西部	河台镇
塘坪	Tángpíng	——	山	河台镇南部	河台镇
双会坑	Shuānghuì Kēng	——	山	河台镇南部	河台镇

（续上表）

标准名称	汉语拼音	别名	地名类别	相对位置	所在(跨)行政区
出米岭	Chūmǐ Lǐng	——	山	河台镇南部	河台镇
水云楼后龙山	Shuǐyúnlóu Hòulóng Shān	——	山	活道镇政府驻地东部	活道镇
河木坑山	Hémùkēng Shān	——	山	活道镇政府驻地南部	活道镇
井坑	Jǐngkēng	——	山	活道镇政府驻地南部	活道镇
崩岗背顶	Bēnggǎngbèi Dǐng	——	山	活道镇政府驻地西南部	活道镇
天湖顶	Tiānhú Dǐng	——	山	白诸镇政府驻地北部	白诸镇
横坑山	Héngkēng Shān	——	山	白诸镇政府驻地西南部	白诸镇
黄山	Huángshān	——	山	活道镇政府驻地西南部	活道镇
企岗	Qǐgǎng	——	山	活道镇政府驻地西南部	活道镇
松坑顶	Sōngkēng Dǐng	——	山	活道镇政府驻地东北部	活道镇
大围头	Dàwéitóu	——	山	大湾镇政府驻地西部	大湾镇
大冲尾	Dàchōngwěi	——	山	蛟塘镇西部	蛟塘镇
路边山顶	Lùbiān Shāndǐng	——	山	活道镇政府驻地西南部	活道镇
八仙洞	Bāxiān Dòng	——	山	大湾镇政府驻地西部	大湾镇
寨顶	Zhàidǐng	——	山	蛟塘镇西南部	蛟塘镇
茶地脚顶	Chádìjiǎo Dǐng	——	山	蛟塘镇西部	蛟塘镇
东坑山	Dōngkēng Shān	——	山	活道镇政府驻地西部	活道镇
槟榔桂顶	Bīnlángguì Dǐng	——	山	活道镇政府驻地东南部	活道镇
马山面	Mǎshānmiàn	——	山	活道镇政府驻地西南部	活道镇
大岗面	Dàgǎngmiàn	——	山	活道镇政府驻地西南部	活道镇
蕉坑顶	Jiāokēng Dǐng	——	山	活道镇政府驻地西部	活道镇
吉田塱后龙山	Jítiánlǎng Hòulóng Shān	——	山	活道镇政府驻地西部	活道镇
牛头顶	Niútóu Dǐng	——	山	河台镇西北部	河台镇
大石垌山	Dàshídòng Shān	——	山	河台镇西北部	河台镇
木鱼湾	Mùyú Wān	——	山	河台镇西部	河台镇
芋仔岭	Yùzǎi Lǐng	——	山	河台镇西部	河台镇
杨梅坪屋背山	Yángméipíng Wūbèi Shān	——	山	河台镇北部	河台镇
荷木根山	Hémùgēn Shān	——	山	河台镇西北部	河台镇

（续上表）

标准名称	汉语拼音	别名	地名类别	相对位置	所在(跨)行政区
双宝坑山	Shuāngbǎokēng Shān	——	山	河台镇西部	河台镇
望天狮	Wàngtiānshī	——	山	金利镇西南部	金利镇
亚公山	Yàgōng Shān	——	山	白诸镇政府驻地西南部	白诸镇
企水	Qǐshuǐ	——	山	白诸镇政府驻地西部	白诸镇
擒芦坪	Qínlú Píng	——	山	活道镇政府驻地西南部	活道镇
牛角塘	Niújiǎo Táng	——	山	活道镇政府驻地西南部	活道镇
大岗塘顶	Dàgǎngtáng Dǐng	——	山	活道镇政府驻地西南部	活道镇
观音山	Guānyīn Shān	——	山	活道镇政府驻地西南部	活道镇
蛤蟆头	Háchántóu	——	山	活道镇政府驻地西南部	活道镇
石带尾顶	Shídàiwěi Dǐng	——	山	回龙镇东南部	回龙镇
马眼岭	Mǎyǎn Lǐng	——	山	回龙镇东部	回龙镇
大蛇岭	Dàshé Lǐng	——	山	大湾镇政府驻地西部	大湾镇
大坑顶	Dàkēng Dǐng	——	山	大湾镇政府驻地西部	大湾镇
石狮山	Shíshī Shān	——	山	蛟塘镇西部	蛟塘镇
黄泥塘	Huángní Táng	——	山	活道镇政府驻地南部	活道镇
尖高顶	Jiāngāo Dǐng	——	山	活道镇政府驻地东部	活道镇
茶厂屋背山	Cháchǎng Wūbèi Shān	——	山	蛟塘镇西部	蛟塘镇
围运顶	Wéiyùn Dǐng	——	山	活道镇政府驻地西部	活道镇
山边岭	Shānbiān Lǐng	——	山	河台镇西南部	河台镇
鸡啼岭	Jītí Lǐng	——	山	河台镇北部	河台镇
石赢	Shíyíng	——	山	河台镇西部	河台镇
第三岭	Dìsān Lǐng	——	山	金利镇北部	金利镇
黄泥岭	Huángní Lǐng	——	山	金利镇北部	金利镇
上牛坑顶	Shàngniúkēng Dǐng	——	山	河台镇南部	河台镇
细相思山	Xìxiàngsī Shān	——	山	河台镇东南部	河台镇
水茅棵	Shuǐmáokē	——	山	活道镇政府驻地北部	活道镇
麦湖坑山	Màihúkēng Shān	——	山	活道镇政府驻地西南部	活道镇
耕楼顶	Gēnglóu Dǐng	——	山	白诸镇政府驻地北部	白诸镇
梅坑岭	Méikēng Lǐng	——	山	活道镇政府驻地西南部	活道镇

（续上表）

标准名称	汉语拼音	别名	地名类别	相对位置	所在(跨)行政区
水山岗	Shuǐshān Gǎng	——	山	活道镇政府驻地西南部	活道镇
山崀岗	Shānlàng Gǎng	——	山	活道镇政府驻地西南部	活道镇
梁栋崩	Liángdòngbēng	——	山	活道镇政府驻地西南部	活道镇
凤凰山	Fènghuáng Shān	——	山	大湾镇政府驻地西部	大湾镇
牛坳坑	Niú'ào Kēng	——	山	大湾镇政府驻地西部	大湾镇
老鼠岩	Lǎoshǔyán	——	山	活道镇政府驻地南部	活道镇
龙盆顶	Lóngpén Dǐng	——	山	大湾镇政府驻地西部	大湾镇
狮子岭坪	Shīzǐlǐng Píng	——	山	大湾镇政府驻地西部	大湾镇
凤田后龙山	Fèngtián Hòulóng Shān	——	山	蛟塘镇西部	蛟塘镇
大旱顶	Dàhàn Dǐng	——	山	活道镇政府驻地西部	活道镇
坑顶	Kēngdǐng	——	山	活道镇政府驻地南部	活道镇
看简坑山	Kànjiǎnkēng Shān	——	山	活道镇政府驻地南部	活道镇
鹅搏	É bó	——	山	金利镇西北部	金利镇
大顶	Dàdǐng	——	山	河台镇西北部	河台镇
双窝塘山	Shuāngwōtáng Shān	——	山	河台镇北部	河台镇
双砖山	Shuāngzhuān Shān	——	山	河台镇东北部	河台镇
天山顶	Tiānshān Dǐng	——	山	河台镇东北部	河台镇
双群山	Shuāngqún Shān	——	山	河台镇东南部	河台镇
务水坑山	Wùshuǐkēng Shān	——	山	河台镇西部	河台镇
大磅顶	Dàpáng Dǐng	——	山	白诸镇政府驻地西部	白诸镇
石降	Shíjiàng	——	山	活道镇政府驻地东部	活道镇
钓鱼台顶	Diàoyútái Dǐng	——	山	活道镇政府驻地东部	活道镇
坑塘顶	Kēngtáng Dǐng	——	山	白诸镇政府驻地西部	白诸镇
马头岗	Mǎtóu Gǎng	——	山	活道镇政府驻地西南部	活道镇
牛牯岭	Niúgǔ Lǐng	——	山	回龙镇东部	回龙镇
地豆坪	Dìdòu Píng	——	山	河台镇西部	河台镇
什板塘山	Shíbǎntáng Shān	——	山	活道镇政府驻地南部	活道镇
坑仔顶	Kēngzǎi Dǐng	——	山	活道镇政府驻地西部	活道镇
木头塘顶	Mùtóutáng Dǐng	——	山	活道镇政府驻地西南部	活道镇

(续上表)

标准名称	汉语拼音	别名	地名类别	相对位置	所在(跨)行政区
长圳顶	Chángzhèn Dǐng	——	山	活道镇政府驻地北部	活道镇
杉坑顶	Shānkēng Dǐng	——	山	活道镇政府驻地南部	活道镇
对门山	Duìmén Shān	——	山	河台镇北部	河台镇
降面顶	Jiàngmiàn Dǐng	——	山	河台镇东北部	河台镇
塞水岗	Sāishuǐ Gǎng	——	山	白诸镇政府驻地西部	白诸镇
大山脖	Dàshānbó	——	山	回龙镇东北部	回龙镇
望君楼	Wàngjūn Lóu	——	山	回龙镇东北部	回龙镇
后岗	Hòugǎng	——	山	回龙镇东部	回龙镇
双笔顶	Shuāngbǐ Dǐng	——	山	河台镇东北部	河台镇
浪当园山	Làngdāngyuán Shān	——	山	活道镇政府驻地南部	活道镇
黄花山脉	Huánghuā Shānmài	——	山	大湾镇政府驻地西南部	大湾镇
庙坑山顶	Miàokēng Shāndǐng	——	山	大湾镇政府驻地西北部	大湾镇
大岗山	Dàgǎng Shān	——	山	大湾镇政府驻地西北部	大湾镇
黄峰山顶	Huángfēng Shāndǐng	——	山	活道镇政府驻地西部	活道镇
成功坑山	Chénggōngkēng Shān	——	山	活道镇政府驻地南部	活道镇
石降塘	Shíjiàng Táng	——	山	活道镇政府驻地西部	活道镇
槟榔桂顶	Bīnlángguì Dǐng	——	山	活道镇政府驻地西部	活道镇
大角山	Dàjiǎo Shān	——	山	活道镇政府驻地南部	活道镇
塘窝顶	Tángwō Dǐng	——	山	河台镇西北部	河台镇
狮子腰	Shīzǐyāo	——	山	河台镇南部	河台镇
大王丫坪	Dàwángyā Píng	——	山	河台镇南部	河台镇
坑仔山	Kēngzǎi Shān	——	山	河台镇西部	河台镇
鹅尾	Éwěi	——	山	河台镇西北部	河台镇
龟头岭	Guītóu Lǐng	——	山	河台镇西部	河台镇
大麻坪	Dàmá Píng	——	山	河台镇西部	河台镇
松幸	Sōngxìng	——	山	河台镇南部	河台镇
焦子窝	Jiāozǐ Wō	——	山	河台镇东南部	河台镇
双泽山	Shuāngzé Shān	——	山	河台镇东北部	河台镇
下堀屋脊	Xiàkūwūjǐ	——	山	河台镇北部	河台镇
大坑顶	Dàkēng Dǐng	——	山	河台镇西南部	河台镇

（续上表）

标准名称	汉语拼音	别名	地名类别	相对位置	所在(跨)行政区
洪崩岗顶	Hóngbēnggǎng Dǐng	—	山	白诸镇政府驻地西部	白诸镇
青棚山	Qīngpéng Shān	—	山	白诸镇政府驻地西南部	白诸镇
大枝坑山	Dàzhīkēng Shān	—	山	白诸镇政府驻地西南部	白诸镇
木斗顶	Mùdǒu Dǐng	—	山	活道镇政府驻地西部	活道镇
狗头岗	Gǒutóu Gǎng	—	山	活道镇政府驻地西部	活道镇
象山	Xiàngshān	—	山	活道镇政府驻地东部	活道镇
仙人骑白鹤	Xiānrénqíbáihè	—	山	回龙镇东南部	回龙镇
后龙	Hòulóng	—	山	河台镇西北部	河台镇
大坑顶	Dàkēng Dǐng	—	山	活道镇政府驻地西部	活道镇
粪箕山	Fènjī Shān	—	山	河台镇西北部	河台镇
黄茅坪	Huángmáo Píng	—	山	河台镇南部	河台镇
田崀头山	Tiánlàngtóu Shān	—	山	河台镇北部	河台镇
区家山	Qūjiā Shān	—	山	白诸镇政府驻地西南部	白诸镇
蛤蟆头	Hánǎtóu	—	山	金渡镇政府驻地东北部	金渡镇
德坑屋背山	Dékēngwūbèi Shān	—	山	河台镇东南部	河台镇
黄茅坪	Huángmáo Píng	—	山	蛟塘镇西部	蛟塘镇
对门山	Duìmén Shān	—	山	大湾镇政府驻地西部	大湾镇
大坑山	Dàkēng Shān	—	山	蛟塘镇西部	蛟塘镇
正尾	Zhèngwěi	—	山	蛟塘镇西部	蛟塘镇
落龙后龙山	Luòlóng Hòulóng Shān	—	山	蛟塘镇西部	蛟塘镇
上下坑	Shàngxià Kēng	—	山	蛟塘镇西部	蛟塘镇
乌石头	Wūshítóu	—	山	蛟塘镇西部	蛟塘镇
大山顶	Dàshān Dǐng	—	山	活道镇政府驻地西部	活道镇
白鹤顶	Báihè Dǐng	—	山	活道镇政府驻地西部	活道镇
和尚坪	Héshàng Píng	—	山	河台镇南部	河台镇
大鹰顶	Dàyīng Dǐng	—	山	河台镇东北部	河台镇
下丫岭	Xiàyā Lǐng	—	山	河台镇南部	河台镇
大石底岭	Dàshídǐ Lǐng	—	山	河台镇西南部	河台镇

（续上表）

标准名称	汉语拼音	别名	地名类别	相对位置	所在(跨)行政区
树山	Shù Shān	——	山	河台镇北部	河台镇
金星顶	Jīnxīng Dǐng	——	山	活道镇政府驻地东北部	活道镇
禾昌岗顶	Héchānggǎng Dǐng	——	山	活道镇政府驻地东部	活道镇
姜地坑顶	Jiāngdìkēng Dǐng	——	山	活道镇政府驻地东部	活道镇
琴锣飞天	Qínluófēitiān	飞天琴锣	山	白诸镇政府驻地西南部	白诸镇
鸡乸仔顶	Jīnǎzǎi Dǐng	——	山	白诸镇政府驻地西部	白诸镇
黄泥坑	Huángní Kēng	——	山	活道镇政府驻地西南部	活道镇
白石坑山	Báishíkēng Shān	——	山	活道镇政府驻地西南部	活道镇
鹅蒙	Éméng	——	山	活道镇政府驻地西南部	活道镇
豆腐磨	Dòufǔmó	——	山	活道镇政府驻地西南部	活道镇
岗梅坪	Gǎngméi Píng	——	山	活道镇政府驻地东部	活道镇
陂仔山	Bēizǎi Shān	——	山	活道镇政府驻地东部	活道镇
摆火顶	Bǎihuǒ Dǐng	——	山	回龙镇东北部	回龙镇
大雾顶	Dàwù Dǐng	——	山	回龙镇东部	回龙镇
屋头坑尾	Wūtóu Kēngwěi	——	山	活道镇政府驻地西南部	活道镇
鹅乸山	Énǎ Shān	——	山	蛟塘镇西部	蛟塘镇
大山	Dàshān	——	山	活道镇政府驻地西南部	活道镇
石梯岭	Shítī Lǐng	——	山	活道镇政府驻地南部	活道镇
梅仔坑山	Méizǎikēng Shān	——	山	活道镇政府驻地西部	活道镇
水冲屈	Shuǐchōngqū	——	山	河台镇西北部	河台镇
马屁股	Mǎpìgǔ	——	山	河台镇西北部	河台镇
石澳山	Shí'ào Shān	——	山	河台镇南部	河台镇
河路山	Hélù Shān	——	山	河台镇东北部	河台镇
土主背	Tǔzhǔbèi	——	山	河台镇西北部	河台镇
横岭	Hénglǐng	——	山	河台镇西北部	河台镇
三丫松	Sānyāsōng	——	山	河台镇西部	河台镇
东文龙	Dōngwénlóng	——	山	河台镇东南部	河台镇
樟坑顶	Zhāngkēng Dǐng	——	山	活道镇政府驻地东部	活道镇
禾地岗	Hédì Gǎng	——	山	白诸镇政府驻地西部	白诸镇

（续上表）

标准名称	汉语拼音	别名	地名类别	相对位置	所在(跨)行政区
坭坑尾	Níkēngwěi	——	山	大湾镇政府驻地西部	大湾镇
狮子楼台	Shīzǐlóutái	——	山	大湾镇政府驻地西南部	大湾镇
大龙脊	Dàlóngjǐ	——	山	活道镇政府驻地南部	活道镇
樟木仔山	Zhāngmùzǎi Shān	——	山	活道镇政府驻地西南部	活道镇
大王坑顶	Dàwángkēng Dǐng	——	山	活道镇政府驻地西部	活道镇
大崀背	Dàlàngbèi	——	山	河台镇西北部	河台镇
松油坑尾	Sōngyóu Kēngwěi	——	山	河台镇南部	河台镇
石山头	Shíshāntóu	——	山	河台镇北部	河台镇
佛仔地	Fózǎidì	——	山	河台镇南部	河台镇
麻坑崀对面山	Mákēnglàng Duìmiàn Shān	——	山	河台镇北部	河台镇
大沉坑	Dàchén Kēng	——	山	河台镇南部	河台镇
黄泥坑山	Huángníkēng Shān	——	山	活道镇政府驻地东部	活道镇
高顶	Gāodǐng	——	山	活道镇政府驻地东部	活道镇
九坑坳仔	Jiǔkēng Àozǎi	——	山	活道镇政府驻地西部	活道镇
连墈塘顶	Liánkàntáng Dǐng	——	山	活道镇政府驻地西部	活道镇
马古岗	Mǎgǔ Gǎng	——	山	活道镇政府驻地西部	活道镇
金权宝	Jīnquánbǎo	——	山	白诸镇政府驻地西南部	白诸镇
小洞大顶	Xiǎodòngdà Dǐng	——	山	活道镇政府驻地西南部	活道镇
明科晒谷顶	Míngkēshàigǔ Dǐng	——	山	活道镇政府驻地东部	活道镇
石降白石顶	Shíjiàng Báishí Dǐng	——	山	活道镇政府驻地东北部	活道镇
仙人掌	Xiānrénzhǎng	——	山	回龙镇东部	回龙镇
高尖顶	Gāojiān Dǐng	——	山	金利镇南部	金利镇
大岭头	Dàlǐngtóu	——	山	河台镇西北部	河台镇
坑仔尾	Kēngzǎiwěi	——	山	河台镇南部	河台镇
仙人山	Xiānrén Shān	——	山	活道镇政府驻地南部	活道镇
中洞背山	Zhōngdòngbèi Shān	——	山	蛟塘镇西部	蛟塘镇
华坑仔山	Huákēngzǎi Shān	——	山	河台镇西北部	河台镇
李公坑顶	Lǐgōngkēng Dǐng	——	山	活道镇政府驻地南部	活道镇

(续上表)

标准名称	汉语拼音	别名	地名类别	相对位置	所在(跨)行政区
旱坑山	Hànkēng Shān	——	山	活道镇政府驻地南部	活道镇
洚上村屋背山	Jiàngshàng Cūnwūbèi Shān	——	山	活道镇政府驻地西部	活道镇
狮子头	Shīzǐtóu	——	山	白诸镇政府驻地西南部	白诸镇
马顶	Mǎdǐng	禁山	山	白诸镇政府驻地西部	白诸镇
朝树山	Cháoshù Shān	——	山	活道镇政府驻地西南部	活道镇
水鱼坑山	Shuǐyúkēng Shān	——	山	回龙镇东北部	回龙镇
鲤鱼山	Lǐyú Shān	——	山	金渡镇政府驻地东部	金渡镇
围运	Wéiyùn	——	山	大湾镇政府驻地西北部	大湾镇
八仙坑	Bāxiān Kēng	——	山	大湾镇政府驻地西部	大湾镇
沙田坑顶	Shātiánkēng Dǐng	——	山	活道镇政府驻地西南部	活道镇
干坑顶	Gànkēng Dǐng	——	山	活道镇政府驻地西南部	活道镇
獭山	Tǎshān	——	山	活道镇政府驻地南部	活道镇
河沙旁顶	Héshāpáng Dǐng	——	山	河台镇南部	河台镇
桂枝坪	Guìzhī Píng	——	山	河台镇南部	河台镇
走水坪	Zǒushuǐ Píng	——	山	河台镇南部	河台镇
蟾蜍头	Chánchútóu	——	山	河台镇东北部	河台镇
屋背顶	Wūbèi Dǐng	——	山	河台镇南部	河台镇
老来坑山	Lǎoláikēng Shān	——	山	河台镇南部	河台镇
象山顶	Xiàngshān Dǐng	——	山	河台镇西部	河台镇
屋背岗	Wūbèi Gǎng	——	山	河台镇西北部	河台镇
松崀	Sōnglàng	——	山	河台镇北部	河台镇
南蛇坑	Nánshé Kēng	——	山	河台镇南部	河台镇
平头岭	Píngtóu Lǐng	——	山	河台镇南部	河台镇
观音仔山	Guānyīnzǎi Shān	——	山	活道镇政府驻地东部	活道镇
牛路坑顶	Niúlùkēng Dǐng	——	山	活道镇政府驻地西部	活道镇
虎塅	Hǔduàn	——	山	金渡镇政府驻地东北部	金渡镇
尖峰坑顶	Jiānfēngkēng Dǐng	——	山	回龙镇东南部	回龙镇
鹿颈坑顶	Lùjǐngkēng Dǐng	——	山	河台镇西南部	河台镇
西牛岗	Xīniú Gǎng	——	山	河台镇西南部	河台镇

(续上表)

标准名称	汉语拼音	别名	地名类别	相对位置	所在(跨)行政区
大沉榨	Dàchénzhà	—	山	河台镇西部	河台镇
茶山	Cháshān	—	山	河台镇南部	河台镇
温公坑山	Wēngōngkēng Shān	—	山	河台镇东南部	河台镇
风门凹	Fēngmén Āo	—	山	河台镇东南部	河台镇
金峰顶	Jīnfēng Dǐng	—	山	白诸镇政府驻地西部	白诸镇
石仔坳顶	Shízǎi'ào Dǐng	—	山	活道镇政府驻地东部	活道镇
塱伞顶	Lǎngsǎn Dǐng	—	山	金渡镇政府驻地东部	金渡镇
牵牛岭	Qiānniú Lǐng	—	山	金渡镇政府驻地东北部	金渡镇
打石屋	Dǎshíwū	—	山	活道镇政府驻地西南部	活道镇
大王姜顶	Dàwángjiāng Dǐng	—	山	回龙镇东南部	回龙镇
下坑山	Xiàkēng Shān	—	山	大湾镇政府驻地北部	大湾镇
尖峰坳	Jiānfēng Ào	—	山	大湾镇政府驻地西部	大湾镇
云底坑山	Yúndǐkēng Shān	—	山	大湾镇政府驻地西部	大湾镇
三角针	Sānjiǎozhēn	—	山	河台镇南部	河台镇
高第村后龙山	Gāodìcūn Hòulóng Shān	—	山	大湾镇政府驻地西北部	大湾镇
大塘山	Dàtáng Shān	—	山	活道镇政府驻地西部	活道镇
石坑山	Shíkēng Shān	—	山	河台镇西北部	河台镇
石牙山	Shíyá Shān	—	山	河台镇南部	河台镇
高坪头	Gāopíngtóu	—	山	河台镇西南部	河台镇
竹高围	Zhúgāowéi	—	山	河台镇东北部	河台镇
牛栏坑	Niúlán Kēng	—	山	河台镇西部	河台镇
三塔石	Sāntǎshí	—	山	白诸镇政府驻地西北部	白诸镇
芋夹塘顶	Yùjiátáng Dǐng	—	山	白诸镇政府驻地西部	白诸镇
丫髻岭	Yājì Lǐng	—	山	金渡镇政府驻地东部	金渡镇
黄榄根	Huánglǎngēn	—	山	大湾镇政府驻地西北部	大湾镇
风门坳	Fēngmén Ào	—	山	大湾镇政府驻地西部	大湾镇
高岭	Gāolǐng	—	山	活道镇政府驻地西南部	活道镇
石降上	Shíjiàngshàng	—	山	活道镇政府驻地西南部	活道镇
石狗顶	Shígǒu Dǐng	—	山	活道镇政府驻地西北部	活道镇

（续上表）

标准名称	汉语拼音	别名	地名类别	相对位置	所在(跨)行政区
竹篙咀	Zhúgāozuǐ	——	山	活道镇政府驻地东北部	活道镇
旱降顶	Hànjiàng Dǐng	——	山	河台镇西南部	河台镇
长崩顶	Chángbēng Dǐng	——	山	河台镇北部	河台镇
黄坪顶	Huángpíng Dǐng	——	山	河台镇南部	河台镇
长坑排	Chángkēngpái	——	山	河台镇西北部	河台镇
蓝厂尾	Lánchǎngwěi	——	山	河台镇北部	河台镇
井边头	Jǐngbiāntóu	——	山	河台镇西部	河台镇
松仔坳	Sōngzǎi Ào	——	山	活道镇政府驻地西部	活道镇
水鸡坑山	Shuǐjīkēng Shān	——	山	白诸镇政府驻地西部	白诸镇
官材石	Guāncáishí	——	山	白诸镇政府驻地西南部	白诸镇
老虎鸡	Lǎohǔjī	——	山	白诸镇政府驻地西南部	白诸镇
赤犁尾	Chìlíwěi	——	山	河台镇西北部	河台镇
松仔林	Sōngzǎilín	——	山	大湾镇政府驻地西部	大湾镇
竹篙岭顶	Zhúgāolǐng Dǐng	——	山	大湾镇政府驻地西部	大湾镇
吕坑	Lǔkēng	——	山	蛟塘镇西部	蛟塘镇
蕉坑顶	Jiāokēng Dǐng	——	山	活道镇政府驻地西南部	活道镇
大坪顶	Dàpíng Dǐng	——	山	河台镇南部	河台镇
五升谷	Wǔshēnggǔ	——	山	河台镇西部	河台镇
大氹顶	Dàdàng Dǐng	——	山	河台镇西南部	河台镇
龙坑山	Lóngkēng Shān	——	山	河台镇北部	河台镇
大尾	Dàwěi	——	山	河台镇西部	河台镇
大山尾	Dàshānwěi	——	山	白诸镇政府驻地西北部	白诸镇
牛山	Niúshān	——	山	金渡镇政府驻地东部	金渡镇
大树山	Dàshù Shān	——	山	活道镇政府驻地南部	活道镇
山塘垠	Shāntángyín	——	山	蛟塘镇西部	蛟塘镇
高山	Gāoshān	——	山	活道镇政府驻地西部	活道镇
横荡岗	Héngdàng Gǎng	水边岭	山	河台镇西北部	河台镇
后迳岭	Hòujìng Lǐng	——	山	河台镇东南部	河台镇
白坟山	Báifén Shān	——	山	白诸镇政府驻地西南部	白诸镇
石仔坑山	Shízǎikēng Shān	——	山	活道镇政府驻地西北部	活道镇

（续上表）

标准名称	汉语拼音	别名	地名类别	相对位置	所在(跨)行政区
青草窝	Qīngcǎo Wō	——	山	金渡镇政府驻地东北部	金渡镇
细鹅山	Xì'é Shān	——	山	金渡镇政府驻地东部	金渡镇
降上坑	Jiàngshàng Kēng	——	山	河台镇东南部	河台镇
黄松根顶	Huángsōnggēn Dǐng	——	山	大湾镇政府驻地西南部	大湾镇
石壳顶	Shíké Dǐng	——	山	蛟塘镇西部	蛟塘镇
山桔坑	Shānjú Kēng	——	山	河台镇西北部	河台镇
花生坪	Huāshēng Píng	——	山	河台镇南部	河台镇
三丫屋背山	Sānyā Wūbèi Shān	——	山	河台镇北部	河台镇
黄坑尾背顶	Huángkēng Wěibèi Dǐng	——	山	河台镇南部	河台镇
金峰岭	Jīnfēng Lǐng	——	山	河台镇西北部	河台镇
猪㽵岭	Zhūnǎ Lǐng	——	山	河台镇西部	河台镇
五升谷山	Wǔshēnggǔ Shān	——	山	河台镇西部	河台镇
公牛顶	Gōngniú Dǐng	——	山	河台镇西部	河台镇
长坑	Chángkēng	——	山	活道镇政府驻地西南部	活道镇
上深曹山	Shàngshēncáo Shān	——	山	河台镇西北部	河台镇
蛇坑	Shékēng	——	山	河台镇北部	河台镇
降底坑尾	Jiàngdǐ Kēngwěi	——	山	河台镇北部	河台镇
太子龙床顶	Tàizǐlóngchuáng Dǐng	——	山	蛟塘镇西部	蛟塘镇
大松山	Dàsōng Shān	——	山	活道镇政府驻地东北部	活道镇
背光头	Bèiguāngtóu	——	山	河台镇南部	河台镇
大王岭	Dàwáng Lǐng	——	山	河台镇南部	河台镇
南佈山	Nánbù Shān	——	山	河台镇西部	河台镇
花生坪顶	Huāshēngpíng Dǐng	——	山	河台镇西北部	河台镇
塘仔尾	Tángzǎiwěi	——	山	活道镇政府驻地北部	活道镇
竹塘尾	Zhútángwěi	——	山	大湾镇政府驻地西部	大湾镇
牛问背	Niúwènbèi	——	山	河台镇南部	河台镇
天坪针	Tiānpíngzhēn	——	山	蛟塘镇西部	蛟塘镇
尖山顶	Jiānshān Dǐng	——	山	蛟塘镇西部	蛟塘镇

（续上表）

标准名称	汉语拼音	别名	地名类别	相对位置	所在（跨）行政区
茶楼顶	Chálóu Dǐng	—	山	活道镇政府驻地西部	活道镇
三根杏	Sāngēnxìng	—	山	河台镇南部	河台镇
小勤礼	Xiǎoqínlǐ	—	山	河台镇南部	河台镇
马面山	Mǎmiàn Shān	—	山	河台镇东南部	河台镇
旱窝	Hànwō	—	山	河台镇东南部	河台镇
降下	Jiàngxià	—	山	河台镇东南部	河台镇
大碗顶	Dàwǎn Dǐng	—	山	白诸镇政府驻地西南部	白诸镇
梅仔坑顶	Méizǎikēng Dǐng	—	山	白诸镇政府驻地西南部	白诸镇
正脊顶	Zhèngjǐ Dǐng	—	山	白诸镇政府驻地西南部	白诸镇
将军顶	Jiāngjūn Dǐng	—	山	大湾镇政府驻地东南部	大湾镇
打鼓	Dágǔ	—	山	大湾镇政府驻地西部	大湾镇
长蛇大崩	Chángshé Dàbēng	—	山	大湾镇政府驻地西部	大湾镇
西坑	Xīkēng	—	山	蛟塘镇西部	蛟塘镇
将军带铁帽	Jiāngjūndàitiěmào	—	山	河台镇南部	河台镇
狗㞳坑岭	Gǒunǎkēng Lǐng	—	山	河台镇南部	河台镇
南蛇㞳	Nánshénǎ	—	山	河台镇南部	河台镇
公大地	Gōngdàdì	—	山	河台镇北部	河台镇
高顶	Gāodǐng	—	山	河台镇西北部	河台镇
正坑山	Zhèngkēng Shān	—	山	河台镇北部	河台镇
蓝片坑顶	Lánpiànkēng Dǐng	—	山	河台镇南部	河台镇
大坑山	Dàkēng Shān	—	山	河台镇南部	河台镇
双细顶	Shuāngxì Dǐng	—	山	活道镇政府驻地西部	活道镇
官坑顶	Guānkēng Dǐng	—	山	蛟塘镇西部	蛟塘镇
仙人大座	Xiānréndàzuò	仙人仰睡	山	蛟塘镇西部	蛟塘镇
大平顶	Dàpíng Dǐng	—	山	活道镇政府驻地东北部	活道镇
乌石窝	Wūshí Wō	—	山	河台镇北部	河台镇
降底坑山	Jiàngdǐkēng Shān	—	山	河台镇北部	河台镇
水对窝顶	Shuǐduìwō Dǐng	—	山	河台镇南部	河台镇

(续上表)

标准名称	汉语拼音	别名	地名类别	相对位置	所在(跨)行政区
杨梅坪	Yángméi Píng	——	山	河台镇南部	河台镇
香元地	Xiāngyuándì	——	山	河台镇西部	河台镇
葫芦坑山	Húlúkēng Shān	——	山	河台镇南部	河台镇
茶山	Cháshān	——	山	河台镇西北部	河台镇
木坑顶	Mùkēng Dǐng	——	山	活道镇政府驻地西南部	活道镇
犁式顶	Líèr Dǐng	——	山	大湾镇政府驻地西北部	大湾镇
崩坑山	Bēngkēng Shān	——	山	大湾镇政府驻地西部	大湾镇
三坑顶	Sānkēng Dǐng	——	山	活道镇政府驻地西南部	活道镇
大排顶	Dàpái Dǐng	——	山	河台镇西北部	河台镇
大冬田山	Dàdōngtián Shān	——	山	河台镇北部	河台镇
长塘山	Chángtáng Shān	——	山	河台镇南部	河台镇
老虎炉	Lǎohǔlú	——	山	活道镇政府驻地东部	活道镇
下谷窝	Xiàgǔ Wō	——	山	河台镇南部	河台镇
黑山尾	Hēishānwěi	——	山	河台镇南部	河台镇
五星屋背山	Wǔxīngwūbèi Shān	——	山	河台镇西北部	河台镇
长坑顶	Chǎngkēng Dǐng	——	山	河台镇西北部	河台镇
逢湖岭	Fénghú Lǐng	——	山	活道镇政府驻地西部	活道镇
上坑旧屋侧	Shàngkēngjiùwūcè	——	山	河台镇西北部	河台镇
崀顶山	Làngdǐng Shān	——	山	河台镇西部	河台镇
大岭头	Dàlǐngtóu	——	山	河台镇西南部	河台镇
狐狸坑顶	Húlíkēng Dǐng	——	山	河台镇东南部	河台镇
青棚顶	Qīngpéng Dǐng	——	山	白诸镇政府驻地西南部	白诸镇
稔六尾	Rěnliùwěi	犁六尾	山	白诸镇政府驻地西南部	白诸镇
蕨菜坑山	Juécàikēng Shān	——	山	大湾镇政府驻地北部	大湾镇
老虎坑顶	Lǎohǔkēng Dǐng	——	山	蛟塘镇西部	蛟塘镇
白花坑底	Báihuā Kēngdǐ	——	山	河台镇南部	河台镇
南坑顶	Nánkēng Dǐng	——	山	蛟塘镇西部	蛟塘镇
大香山顶	Dàxiāngshān Dǐng	——	山	蛟塘镇西部	蛟塘镇

（续上表）

标准名称	汉语拼音	别名	地名类别	相对位置	所在(跨)行政区
文笔峰	Wénbǐ Fēng	——	山	活道镇政府驻地西部	活道镇
石壁尾	Shíbìwěi	——	山	河台镇南部	河台镇
劲松二屋背山	Jìnsōng'èr Wūbèi Shān	——	山	河台镇北部	河台镇
锯板坑岭	Jùbǎnkēng Lǐng	——	山	河台镇南部	河台镇
龙排顶	Lóngpái Dǐng	——	山	活道镇政府驻地西南部	活道镇
六暗湖	Liù'àn Hú	——	山	金渡镇政府驻地东北部	金渡镇
马岭脚	Mǎlǐngjiǎo	——	山	河台镇西北部	河台镇
石碑岭	Shíbēi Lǐng	——	山	河台镇西北部	河台镇
石牙头	Shíyátóu	——	山	金渡镇政府驻地东北部	金渡镇
大风丫	Dàfēngyā	——	山	河台镇北部	河台镇
东深坑岭	Dōngshēn Kēnglǐng	——	山	河台镇南部	河台镇
将军岭	Jiāngjūn Lǐng	——	山	金利镇南部	金利镇
蕉窝山	Jiāowō Shān	——	山	金渡镇政府驻地东北部	金渡镇
大旱头	Dàhàntóu	——	山	活道镇政府驻地西南部	活道镇
坑容顶	Kēngróng Dǐng	——	山	大湾镇政府驻地西部	大湾镇
大玉岭	Dàyù Lǐng	——	山	河台镇西北部	河台镇
燕岩尾	Yànyánwěi	——	山	河台镇西北部	河台镇
马岭	Mǎlǐng	——	山	河台镇西北部	河台镇
倒流水山	Dǎoliúshuǐ Shān	——	山	河台镇北部	河台镇
山塘顶	Shāntáng Dǐng	——	山	活道镇政府驻地西部	活道镇
企山脚	Qǐshānjiǎo	——	山	大湾镇政府驻地西北部	大湾镇
崖鹰顶	Yáyīng Dǐng	——	山	蛟塘镇西部	蛟塘镇
何木尾	Hémùwěi	——	山	河台镇西北部	河台镇
柴屋山顶	Cháiwū Shāndǐng	——	山	白诸镇政府驻地西南部	白诸镇
犁岭	Lílǐng	——	山	大湾镇政府驻地西北部	大湾镇
营顶	Yíngdǐng	——	山	大湾镇政府驻地南部	大湾镇
牛湖山	Niúhú Shān	——	山	大湾镇政府驻地西北部	大湾镇
大水坑顶	Dàshuǐkēng Dǐng	——	山	活道镇政府驻地南部	活道镇
大禄坑尾	Dàlù Kēngwěi	——	山	河台镇南部	河台镇

（续上表）

标准名称	汉语拼音	别名	地名类别	相对位置	所在（跨）行政区
大坑排	Dàkēngpái	——	山	河台镇北部	河台镇
二坑坳	Èrkēng Ào	——	山	活道镇政府驻地西部	活道镇
担水坑	Dānshuǐ Kēng	——	山	河台镇西部	河台镇
石根咀	Shígēnzuǐ	——	山	河台镇西北部	河台镇
尖峰顶	Jiānfēng Dǐng	——	山	金利镇北部	金利镇
樟坑顶	Zhāngkēng Dǐng	——	山	活道镇政府驻地西南部	活道镇
观音仔	Guānyīnzǎi	——	山	活道镇政府驻地南部	活道镇
茶山	Cháshān	——	山	河台镇西北部	河台镇
石岗	Shígǎng	——	山	河台镇北部	河台镇
双横顶	Shuānghéng Dǐng	——	山	河台镇北部	河台镇
二坑顶	Èrkēng Dǐng	——	山	活道镇政府驻地西部	活道镇
正坑顶	Zhèngkēng Dǐng	——	山	白诸镇政府驻地西南部	白诸镇
南坑山	Nánkēng Shān	——	山	活道镇政府驻地西部	活道镇
金坑尾岭	Jīnkēng Wěilǐng	——	山	河台镇南部	河台镇
边岗岭	Biāngǎng Lǐng	——	山	河台镇南部	河台镇
石马头	Shímǎtóu	——	山	河台镇南部	河台镇
崩坑	Bēngkēng	——	山	活道镇政府驻地西南部	活道镇
石坟窝	Shífénwō	——	山	河台镇北部	河台镇
大山	Dà Shān	——	山	河台镇北部	河台镇
望天箩顶	Wàngtiānluó Dǐng	——	山	河台镇西部	河台镇
冲坑尾	Chōngkēngwěi	——	山	河台镇西北部	河台镇
地豆地	Dìdòudì	——	山	白诸镇政府驻地西南部	白诸镇
田特对面山	Tiántèduìmiàn Shān	——	山	河台镇南部	河台镇
担对坑	Dānduì Kēng	——	山	河台镇西北部	河台镇
麻坑咀	Mákēngzuǐ	——	山	河台镇西北部	河台镇
后背山	Hòubèi Shān	——	山	河台镇北部	河台镇
白石坳	Báishí Ào	——	山	白诸镇政府驻地西部	白诸镇
新妇岭	Xīnfù Lǐng	——	山	活道镇政府驻地南部	活道镇
单竹窝	Dānzhú Wō	——	山	河台镇北部	河台镇

（续上表）

标准名称	汉语拼音	别名	地名类别	相对位置	所在(跨)行政区
火炭坑山	Huǒtànkēng Shān	——	山	河台镇北部	河台镇
黄京坳	Huángjīng Ào	——	山	河台镇南部	河台镇
云山坳	Yúnshān Ào	——	山	白诸镇政府驻地西南部	白诸镇
泥崩	Níbēng	——	山	大湾镇政府驻地西北部	大湾镇
独松岭	Dúsōng Lǐng	——	山	河台镇南部	河台镇
鸡心顶	Jīxīn Dǐng	——	山	金渡镇政府驻地东部	金渡镇
笔架山	Bǐjià Shān	——	山	大湾镇政府驻地西部	大湾镇
大坪	Dàpíng	——	山	河台镇西南部	河台镇
八仙坑顶	Bāxiānkēng Dǐng	——	山	大湾镇政府驻地西部	大湾镇
高降山	Gāojiàng Shān	——	山	河台镇西北部	河台镇
田特岭	Tiántè Lǐng	——	山	河台镇西南部	河台镇
万土山	Wàntǔ Shān	——	山	河台镇北部	河台镇
磨楼坑山	Mólóukēng Shān	——	山	河台镇西北部	河台镇
红印大山	Hóngyìn Dàshān	——	山	白诸镇政府驻地西南部	白诸镇
位顶	Wèidǐng	——	山	金渡镇政府驻地东部	金渡镇
罗塔罗	Luótǎluó	——	山	活道镇政府驻地西南部	活道镇
石窝口	Shíwōkǒu	——	山	河台镇北部	河台镇
风门坳	Fēngmén Ào	——	山	河台镇南部	河台镇
鸦鹰顶	Yāyīng Dǐng	——	山	河台镇北部	河台镇
角仔坑	Jiǎozǎi Kēng	——	山	河台镇西北部	河台镇
白坟顶	Báifén Dǐng	——	山	活道镇政府驻地东北部	活道镇
牛栏坑山	Niúlánkēng Shān	——	山	大湾镇政府驻地西部	大湾镇
瘦崀岗	Shòulàng Gǎng	——	山	河台镇西北部	河台镇
百花坪	Bǎihuā Píng	——	山	河台镇北部	河台镇
大车岭	Dàchē Lǐng	——	山	河台镇南部	河台镇
白花坑顶	Báihuākēng Dǐng	——	山	河台镇南部	河台镇
老虎爪	Lǎohǔzhǎo	——	山	河台镇西北部	河台镇
龙胫	Lóngjìng	——	山	河台镇西北部	河台镇
旱窝口山	Hànwōkǒu Shān	——	山	河台镇北部	河台镇
旱塘顶	Hàntáng Dǐng	——	山	河台镇北部	河台镇

（续上表）

标准名称	汉语拼音	别名	地名类别	相对位置	所在(跨)行政区
寨下	Zhàixià	——	山	河台镇北部	河台镇
天知罗顶	Tiānzhīluó Dǐng	——	山	白诸镇政府驻地西南部	白诸镇
林湖山	Línhú Shān	——	山	河台镇北部	河台镇
虾公神	Xiāgōngshén	——	山	金渡镇政府驻地东北部	金渡镇
马山	Mǎshān	——	山	大湾镇政府驻地西部	大湾镇
登盏坪	Dēngzhǎn Píng	——	山	河台镇南部	河台镇
狮子口	Shīzǐkǒu	——	山	河台镇西北部	河台镇
南蛇头	Nánshétóu	——	山	河台镇西北部	河台镇
筋笋尾	Jīnsǔnwěi	——	山	河台镇南部	河台镇
豺狗塘	Cháigǒu Táng	——	山	河台镇北部	河台镇
三斤重	Sānjīnzhòng	——	山	河台镇南部	河台镇
尚德后龙岭	Shàngdé Hòulóng Lǐng	——	山	河台镇西北部	河台镇
矛崀	Máolàng	——	山	河台镇西北部	河台镇
飞凤	Fēifèng	——	山	金渡镇政府驻地东北部	金渡镇
新子顶	Xīnzǐ Dǐng	——	山	金渡镇政府驻地东北部	金渡镇
三角针	Sānjiǎozhēn	——	山	河台镇南部	河台镇
大双羌坑顶	Dàshuāngqiāng Kēngdǐng	——	山	河台镇南部	河台镇
牛坳	Niú'ào	——	山	河台镇西北部	河台镇
横岭	Hénglǐng	——	山	河台镇南部	河台镇
上横岭	Shànghéng Lǐng	——	山	河台镇南部	河台镇
大金盆	Dàjīnpén	——	山	河台镇南部	河台镇
窝尾岭	Wōwěi Lǐng	——	山	河台镇北部	河台镇
烧鸡顶	Shāojī Dǐng	——	山	河台镇北部	河台镇
出水屈	Chūshuǐqū	——	山	河台镇南部	河台镇
高山顶	Gāoshān Dǐng	——	山	活道镇政府驻地西部	活道镇
文笔顶	Wénbǐ Dǐng	——	山	活道镇政府驻地西部	活道镇
大岭老顶	Dàlǐnglǎo Dǐng	——	山	金渡镇政府驻地东北部	金渡镇
双横山	Shuānghéng Shān	——	山	河台镇北部	河台镇

（续上表）

标准名称	汉语拼音	别名	地名类别	相对位置	所在(跨)行政区
高窝顶	Gāowō Dǐng	——	山	河台镇北部	河台镇
仙人掌	Xiānrénzhǎng	——	山	金渡镇政府驻地东北部	金渡镇
围寨顶	Wéizhài Dǐng	——	山	河台镇西部	河台镇
掌上摇珠	Zhǎngshàng Yáozhū	——	山	河台镇南部	河台镇
水迳排	Shuǐjìngpái	——	山	河台镇北部	河台镇
大围顶	Dàwéi Dǐng	——	山	河台镇西北部	河台镇
旱坑山	Hànkēng Shān	——	山	河台镇西北部	河台镇
白水降	Báishuǐjiàng	——	山	河台镇南部	河台镇
围湖顶	Wéihú Dǐng	——	山	河台镇南部	河台镇
岭仔头	Lǐngzǎitóu	——	山	河台镇西北部	河台镇
岗梅崀	Gǎngméilàng	——	山	河台镇西北部	河台镇
香炉坑顶	Xiānglúkēng Dǐng	——	山	河台镇西北部	河台镇
大山顶	Dàshān Dǐng	——	山	河台镇北部	河台镇
岑塘屋背岭	Céntáng Wūbèi Lǐng	——	山	河台镇北部	河台镇
白佛岭	Báifó Lǐng	——	山	河台镇南部	河台镇
一斤一两	Yījīnyīliǎng	——	山	河台镇南部	河台镇
高山顶	Gāoshān Dǐng	——	山	河台镇北部	河台镇
下佛顶	Xiàfó Dǐng	——	山	河台镇北部	河台镇
佛土	Fótǔ	——	山	大湾镇政府驻地西部	大湾镇
长车	Chángchē	——	山	河台镇西北部	河台镇
坑尾山	Kēngwěi Shān	——	山	河台镇西北部	河台镇
高山二屋背山	Gāoshān'èrwūbèi Shān	——	山	活道镇政府驻地西南部	活道镇
半月对面山	Bànyuè Duìmiàn Shān	——	山	河台镇北部	河台镇
大红岭顶	Dàhónglǐng Dǐng	——	山	活道镇政府驻地东北部	活道镇
仙人顶	Xiānrén Dǐng	——	山	河台镇东南部	河台镇
大窝肚	Dàwōdù	——	山	河台镇北部	河台镇
沙帽顶	Shāmào Dǐng	——	山	河台镇西北部	河台镇
村对面山	Cūnduìmiàn Shān	——	山	河台镇北部	河台镇

(续上表)

标准名称	汉语拼音	别名	地名类别	相对位置	所在(跨)行政区
走马塘山	Zǒumǎtáng Shān	——	山	河台镇北部	河台镇
高崀山	Gāolàng Shān	——	山	河台镇西北部	河台镇
黄猄岭	Huángjīng Lǐng	——	山	河台镇西北部	河台镇
石马口山	Shímǎkǒu Shān	——	山	河台镇北部	河台镇
山猪斗	Shānzhūdǒu	——	山	河台镇北部	河台镇
半月凹	Bànyuè Āo	——	山	河台镇北部	河台镇
半月田面	Bànyuè Tiánmiàn	——	山	河台镇北部	河台镇
马冲岭	Mǎchōng Lǐng	——	山	大湾镇政府驻地西北部	大湾镇
塘仔顶	Tángzǎi Dǐng	——	山	河台镇北部	河台镇
大旗岭	Dàqí Lǐng	——	山	河台镇西北部	河台镇
牛胡头	Niúhútóu	——	山	河台镇西北部	河台镇
铁墩头	Tiědūntóu	——	山	河台镇西北部	河台镇
青山顶	Qīngshān Dǐng	——	山	河台镇南部	河台镇
老香山	Lǎoxiāng Shān	——	山	活道镇政府驻地南部	活道镇
崩坑顶	Bēngkēng Dǐng	——	山	大湾镇政府驻地西北部	大湾镇
大排山	Dàpái Shān	——	山	河台镇北部	河台镇
龟背山	Guībèi Shān	——	山	河台镇北部	河台镇
水对坑山	Shuǐduìkēng Shān	——	山	河台镇北部	河台镇
对门山	Duìmén Shān	——	山	河台镇北部	河台镇
大旗脊	Dàqíjǐ	——	山	河台镇西北部	河台镇
崩坑山	Bēngkēng Shān	——	山	河台镇西北部	河台镇
白沥泥顶	Báilìní Dǐng	——	山	河台镇西北部	河台镇
围寨顶	Wéizhài Dǐng	——	山	河台镇北部	河台镇
尖峰顶	Jiānfēng Dǐng	——	山	活道镇政府驻地西南部	活道镇
高排顶	Gāopái Dǐng	——	山	河台镇北部	河台镇
牛头岭	Niútóu Lǐng	——	山	河台镇北部	河台镇
石头岭	Shítóu Lǐng	——	山	河台镇北部	河台镇
青塘顶	Qīngtáng Dǐng	——	山	河台镇北部	河台镇
春花岭	Chūnhuā Lǐng	——	山	活道镇政府驻地南部	活道镇
七星岭	Qīxīng Lǐng	——	山	河台镇西北部	河台镇

（续上表）

标准名称	汉语拼音	别名	地名类别	相对位置	所在(跨)行政区
尖峰顶	Jiānfēng Dǐng	—	山	金渡镇政府驻地东北部	金渡镇
黄牛岭	Huángniú Lǐng	—	山	金渡镇政府驻地东北部	金渡镇
企坑山	Qǐkēng Shān	—	山	河台镇北部	河台镇
五排山顶	Wǔpái Shāndǐng	—	山	河台镇北部	河台镇
七星顶	Qīxīng Dǐng	—	山	河台镇西北部	河台镇
三县顶	Sānxiàn Dǐng	—	山	高要市最北端与德庆县、广宁县交界处	河台镇
浦岗	Pǔgǎng	浮岗	山	金利镇政府驻地东南部	金利镇
犁坑顶	Líkēng Dǐng	—	山	河台镇西北部	河台镇
井水殿	Jǐngshuǐdiàn	高山顶	山	活道镇西南部	活道镇
横坑	Héngkēng	—	山	蛟塘镇西南部	蛟塘镇
崩岗科	Bēnggǎngkē	—	山	禄步镇北部	禄步镇
罗文坑尾	Luówén Kēngwěi	—	山	禄步镇西北部	禄步镇
马深坑山	Mǎshēnkēng Shān	—	山	白诸镇政府驻地西北部	白诸镇
乌榄埇	Wūlǎnyǒng	—	山	禄步镇东北部	禄步镇
排石山	Páishí Shān	—	山	白诸镇政府驻地西北部	白诸镇
黄牛山	Huángniú Shān	—	山	白诸镇政府驻地西部	白诸镇
乌石头	Wūshítóu	—	山	白诸镇政府驻地西部	白诸镇
爷狸屈	Yélíqū	—	山	白诸镇政府驻地西部	白诸镇
高崀	Gāolàng	—	山	白诸镇政府驻地西部	白诸镇
绞杯石	Jiǎobēishí	—	山	白诸镇政府驻地西部	白诸镇
挞石	Tàshí	—	山	白诸镇政府驻地西部	白诸镇
杉坑崀	Shānkēnglàng	—	山	禄步镇北部	禄步镇
生产排	Shēngchǎnpái	—	山	禄步镇北部	禄步镇
陈九坑	Chénjiǔ Kēng	—	山	白诸镇政府驻地北部	白诸镇
亚婆背孙	Yàpóbèisūn	—	山	白诸镇政府驻地北部	白诸镇
高车	Gāochē	—	山	河台镇西北部	河台镇
九基山	Jiǔjī Shān	—	山	白诸镇政府驻地北部	白诸镇
黄泥塘	Huángní Táng	—	山	白诸镇政府驻地北部	白诸镇
照镜山	Zhàojìng Shān	—	山	白诸镇政府驻地北部	白诸镇

（续上表）

标准名称	汉语拼音	别名	地名类别	相对位置	所在(跨)行政区
坑仔尾	Kēngzǎiwěi	——	山	禄步镇西北部	禄步镇
松树坳	Sōngshù Ào	——	山	禄步镇东南部	禄步镇
干根尾	Gàngēnwěi	——	山	禄步镇东北部	禄步镇
盐坑	Yánkēng	——	山	白诸镇政府驻地北部	白诸镇
三角头	Sānjiǎotóu	——	山	禄步镇北部	禄步镇
九松根	Jiǔsōnggēn	——	山	河台镇西北部	河台镇
长坑侧	Chángkēngcè	——	山	河台镇西北部	河台镇
岗梅崀杉山	Gǎngméilàngshān Shān	——	山	河台镇西北部	河台镇
河木根	Hémùgēn	——	山	河台镇北部	河台镇
大车禾地	Dàchēhédì	——	山	禄步镇西部	禄步镇
减龙山	Jiǎnlóng Shān	——	山	禄步镇西北部	禄步镇
羊咩辽	Yángmiēliáo	——	山	禄步镇西北部	禄步镇
塘盘山	Tángpán Shān	——	山	禄步镇西部	禄步镇
尚公山	Shànggōng Shān	——	山	河台镇北部	河台镇
长坑岭	Chángkēng Lǐng	——	山	河台镇西北部	河台镇
长坑尾	Chángkēngwěi	——	山	河台镇东南部	河台镇
长崩头	Chángbēngtóu	——	山	河台镇西北部	河台镇
黄蜂石	Huángfēngshí	——	山	河台镇西北部	河台镇
马鞍山	Mǎ'ān Shān	——	山	河台镇西北部	河台镇
乌鸦担渣	Wūyādānzhā	——	山	河台镇西北部	河台镇
牛肚腌	Niúdùyān	——	山	河台镇西北部	河台镇
围脚	Wéijiǎo	——	山	禄步镇东北部	禄步镇
丰坑对见	Fēngkēngduìjiàn	——	山	禄步镇北部	禄步镇
莲花山	Liánhuā Shān	——	山	白诸镇西部	白诸镇
上挂灯	Shàngguàdēng	——	山	鲤鱼尾水库北部	回龙镇
竹山	Zhúshān	——	山	活道镇政府驻地东部	活道镇
雁鹰石	Yànyīngshí	——	山	活道镇南部	活道镇
塘坑顶	Tángkēng Dǐng	——	山	活道镇西部	活道镇
石木岗	Shímù Gǎng	——	山	金渡镇南部	金渡镇

（续上表）

标准名称	汉语拼音	别名	地名类别	相对位置	所在(跨)行政区
望天狮	Wàngtiānshī	——	山	金渡镇东北部	金渡镇
飞凤顶	Fēifèng Dǐng	——	山	金渡镇北部	金渡镇
东坑	Dōngkēng	——	山	金渡镇北部	金渡镇
风门坳	Fēngmén Ào	——	山	金渡镇东北部	金渡镇
田螺山	Tiánluó Shān	——	山	金渡镇西部	金渡镇
虎坑口	Hǔkēngkǒu	——	山	金渡镇北部	金渡镇
大红山	Dàhóng Shān	——	山	金利镇南部	金利镇
马古山	Mǎgǔ Shān	——	山	金利镇西南部	金利镇
石堆顶	Shíduī Dǐng	——	山	金利镇西南部	金利镇
六罗顶	Liùluó Dǐng	——	山	乐城镇南部	乐城镇
围豪顶	Wéiháo Dǐng	——	山	乐城镇东南部	乐城镇
大薯岭	Dàshǔ Lǐng	——	山	莲塘镇政府驻地东部	莲塘镇
竹撒帽顶	Zhúsāmào Dǐng	——	山	禄步镇西北部	禄步镇
凤凰山	Fènghuáng Shān	——	山	河台镇西北部	河台镇
五演坦	Wǔyǎntǎn	——	山	南岸街道办驻地西部	南岸街道
黄牛湾	Huángniúwān	——	山	水南镇政府驻地东北部	水南镇
老君顶	Lǎojūn Dǐng	——	山	蚬岗镇西北部	蚬岗镇
毛毡岭	Máozhān Lǐng	——	山	蚬岗镇西北部	蚬岗镇
马尾岗	Mǎwěi Gǎng	——	山	蚬岗镇北部	蚬岗镇
山咀岗	Shānzuǐ Gǎng	——	山	小湘镇东北部	小湘镇
八仙过河	Bāxiānguòhé	——	山	新桥镇政府驻地西部	新桥镇
槁仔岗	Gǎozǎi Gǎng	——	山	禄步镇西部	禄步镇
佛仔岭	Fózǎi Lǐng	——	山	乐城镇南部	禄步镇
分水界	Fēnshuǐjiè	——	山	禄步镇西南部	禄步镇
荔枝山	Lìzhī Shān	南坑顶	山	蛟塘镇驻地偏南	蛟塘镇
大云顶	Dàyún Dǐng	——	山	河台镇西部	河台镇
步云亭	Bùyún Tíng	——	山	河台镇南部	河台镇
风门坳	Fēngmén Ào	——	山	禄步镇西南部	禄步镇
鲤鱼潭	Lǐyútán	——	山	水南镇北部	水南镇
坳头顶	Àotóu Dǐng	——	山	水南镇东部	水南镇

（续上表）

标准名称	汉语拼音	别名	地名类别	相对位置	所在（跨）行政区
茅坪口	Máopíngkǒu	—	山	小湘镇政府驻地北部	小湘镇
船顶	Chuándǐng	—	山	禄步镇北部	禄步镇
白水带	Báishuǐdài	—	山	小湘镇政府驻地东部	小湘镇
金鸡顶	Jīnjī Dǐng	—	山	禄步镇南部	禄步镇
风门坳	Fēngmén Ào	—	山	小湘镇政府驻地西部	小湘镇
人容坪顶	Rénróngpíng Dǐng	—	山	白诸镇政府驻地西北部	白诸镇
东坑顶	Dōngkēng Dǐng	—	山	大湾镇政府驻地西部	白诸镇
风门坳	Fēngmén Ào	—	山	白诸镇政府驻地北部	白诸镇
牛坳	Niú'ào	—	山	大湾镇政府驻地西部	大湾镇
围坑坳	Wéikēng Ào	—	山	大湾镇政府驻地西部	大湾镇
佛仔坳	Fózǎi Ào	—	山	大湾镇政府驻地北部	大湾镇
风吹帽	Fēngchuīmào	—	山	金利镇西北部	金利镇
风门坳	Fēngmén Ào	—	山	金利镇西北部	金利镇
西坑坳	Xīkēng Ào	—	山	金渡镇政府驻地东北部	金渡镇
狮子顶	Shīzǐ Dǐng	—	山	白诸镇政府驻地西部	白诸镇
长坑	Chángkēng	—	山	莲塘镇政府驻地北部	莲塘镇
大洲岗	Dàzhōu Gǎng	—	山	金利镇西南部	金利镇
牛睡岗	Niúshuì Gǎng	—	山	金利镇西南部	金利镇
猪屎坪	Zhūshǐ Píng	—	山	活道镇政府驻地西部	活道镇
成功坑	Chénggōng Kēng	—	山	活道镇政府驻地南部	活道镇
佛仔坳	Fózǎi Ào	—	山	活道镇政府驻地西部	活道镇

二、历史地名

标准名称	汉语拼音	地名类别	废止时间	相对位置
禄福墓园	Lùfú Mùyuán	人物事件纪念地	2006年	禄步镇政府驻地北部
红旗茶场	Hóngqí Cháchǎng	农区	1990年	河台镇政府驻地北部
南岸农场	Nán'àn Nóngchǎng	农区	2010年	禄步镇政府驻地南部

（续上表）

标准名称	汉语拼音	地名类别	废止时间	相对位置
万有农场	Wànyǒu Nóngchǎng	农区	2010年	金渡镇政府驻地西部
石洞农场	Shídòng Nóngchǎng	农区	2010年	金利镇政府驻地西南部
岗背坑林场	Gǎngbèikēng Línchǎng	林区	2010年	水南镇政府驻地东部
金鸡林场工区	Jīnjī Línchǎng Gōngqū	林区	2010年	禄步镇政府驻地南部
大坑垌林场	Dàkēngdòng Línchǎng	林区	2010年	南岸街道办驻地西部
大洞仔林场	Dàdòngzǎi Línchǎng	林区	2010年	活道镇政府驻地东南部
姚村林场	Yáocūn Línchǎng	林区	2010年	活道镇政府驻地南部
果仔寨林场	Guǒzǎizhài Línchǎng	林区	2010年	活道镇政府驻地南部
大冲山林场	Dàchōngshān Línchǎng	林区	2010年	活道镇政府驻地西南部
罗晚营林场	Luówǎnyíng Línchǎng	林区	2010年	活道镇政府驻地南部
澳林林场	Àolín Línchǎng	林区	2010年	莲塘镇政府驻地东南部
荔枝山林场	Lìzhīshān Línchǎng	林区	2010年	蛟塘镇政府驻地西部
蛟塘林场	Jiāotáng Línchǎng	林区	2010年	蛟塘镇政府驻地西南部
双波林场	Shuāngbō Línchǎng	林区	2010年	水南镇政府驻地东北部
禄步畜牧场	Lùbù Xùmùchǎng	牧区	2010年	禄步镇政府驻地西部
肇庆信息学校	Zhàoqìng Xìnxī Xuéxiào	事业单位	2011年	南岸街道办驻地南部
江口小学	Jiāngkǒu Xiǎoxué	事业单位	2013年	南岸街道办驻地东部
久留小学	Jiǔliú Xiǎoxué	事业单位	2013年	白土镇政府驻地西北部

（续上表）

标准名称	汉语拼音	地名类别	废止时间	相对位置
白诸医院	Báizhū Yīyuàn	事业单位	2000年	白诸镇政府驻地西北部
新星小学	Xīnxīng Xiǎoxué	事业单位	2013年	白诸镇政府驻地西部
上洞文凤希望小学	Shàngdòng Wénfèng Xīwàng Xiǎoxué	事业单位	2013年	白诸镇政府驻地西部
东村学校	Dōngcūn Xuéxiào	事业单位	2013年	白诸镇政府驻地西北部
河洞小学	Hédòng Xiǎoxué	事业单位	2013年	白诸镇政府驻地南部
迳心学校	Jìngxīn Xuéxiào	事业单位	2013年	活道镇政府驻地西部
草塱砖厂	Cǎolǎng Zhuānchǎng	事业单位	2010年	白土镇政府驻地东南部
下山砖场	Xiàshān Zhuānchǎng	企业	2014年	白土镇政府驻地西部
东岸砖厂场	Dōng'àn Zhuānchǎng	企业	2004年	白土镇政府驻地东南部
圩头灰厂	Xūtóu Huīchǎng	企业	2013年	禄步镇政府驻地东北部
高要水泥厂	Gāoyào Shuǐníchǎng	企业	2010年	禄步镇政府驻地东北部
市木材购销部	Shì Mùcái Gòuxiāobù	企业	2002年	金渡镇政府驻地东北部
永胜砖厂	Yǒngshèng Zhuānchǎng	企业	2010年	金渡镇政府驻地东部
平布皮革厂	Píngbù Pígéchǎng	企业	2009年	金渡镇政府驻地东部
富科石场	Fùkē Shíchǎng	企业	2010年	白土镇政府驻地东北部
大旗石场	Dàqí Shíchǎng	企业	2010年	白土镇政府驻地东北部
横岗砖厂	Hénggǎng Zhuānchǎng	企业	2009年	白土镇政府驻地西北部
榄塘广场	Lǎntáng Guǎngchǎng	企业	2010年	金渡镇政府驻地东南部

（续上表）

标准名称	汉语拼音	地名类别	废止时间	相对位置
黄坑养鸡场	Huángkēng Yǎngjīchǎng	企业	2012年	金渡镇政府驻地东北部
乐塘砖厂	Lètáng Zhuānchǎng	企业	2005年	白土镇政府驻地西部
天旗联发砖厂	Tiānqí Liánfā Zhuānchǎng	企业	2004年	白土镇政府驻地东部
草塱砖厂	Cǎolǎng Zhuānchǎng	企业	2000年	白土镇政府驻地东南部
长腰岗砖厂	Chǎngyāogǎng Zhuānchǎng	企业	2000年	白土镇政府驻地东南部
马安砖场	Mǎ'ān Zhuānchǎng	企业	2005年	白土镇政府驻地西南部
金利水泥厂	Jīnlì Shuǐníchǎng	企业	2010年	金利镇政府驻地东部
桂油厂	Guì Yóuchǎng	企业	2014年	乐城镇政府驻地北部
马安煤矿区	Mǎ'ān Méikuàngqū	地片区片	1990年	南岸街道办驻地北部
三峡移民村	Sānxiá Yímíncūn	农村居民点	2010年	大湾镇政府驻地西部
金利煤矿罗客工区	Jīnlì Méikuàng Luókè Gōngqū	工业区	2014年	金利镇政府驻地西南部
市蔬菜批发市场	Shì Shūcài Pīfā Shìchǎng	房屋	2002年	金渡镇政府驻地东部
小湘收费站	Xiǎoxiāng Shōufèizhàn	收费站	2014年	小湘镇政府驻地东南部
西江大桥收费站	Xījiāngdàqiáo Shōufèizhàn	收费站	2009年	南岸街道办驻地西部
肇庆大桥收费站	Zhàoqìngdàqiáo Shōufèizhàn	收费站	2011年	金渡镇政府驻地东北部
金马大桥收费站	Jīnmǎdàqiáo Shōufèizhàn	收费站	2009年	金利镇政府驻地北部
镇西桥	Zhènxī Qiáo	桥梁	2014年	禄步镇政府驻地东北部
金马码头	Jīnmǎ Mǎtóu	河港	2014年	南岸街道办驻地西北部

（续上表）

标准名称	汉语拼音	地名类别	废止时间	相对位置
新材加油站	Xīncái Jiāyóuzhàn	加油站	2009年	禄步镇政府驻地南部

三、地名文化遗产保护

标准名称	汉语拼音	地名类别	建议保护等级	相对位置
文明塔	Wénmíng Tǎ	塔	省级	南岸街道办驻地东南部
巽峰塔	Xùnfēng Tǎ	塔	县（市）级	南岸街道办驻地东部
茅岗建筑遗址	Máogǎng Jiànzhù Yízhǐ	古遗迹	省级	金利镇政府驻地西南部
端石老坑洞遗址	Duānshí Lǎokēngdòng Yízhǐ	古遗迹	省级	西江羚羊峡南岸
三冈古社	Sāngāng Gǔshè	古遗迹	县（市）级	金利镇政府驻地西南部
高要县第一区农民自卫军总部旧址	Gāoyào Xiàn Dìyīqū Nóngmínzìwèijūn Zǒngbù Jiùzhǐ	房屋	县（市）级	乐城镇政府驻地北部
鳌头抗日自卫队成立旧址	Áotóu Kàngrì Zìwèiduì Chénglì Jiùzhǐ	房屋	县（市）级	活道镇政府驻地东南部
布院碉楼	Bùyuàn Diāolóu	房屋	县（市）级	白诸镇政府驻地西部
明新书院	Míngxīn Shūyuàn	房屋	县（市）级	白诸镇政府驻地西部
姚村水楼	Yáocūn Shuǐlóu	房屋	县（市）级	活道镇政府驻地西南部
神符岩摩崖石刻	Shénfúyán Móyáshíkè	石刻	县（市）级	莲塘镇政府驻地东北部
芙罗李氏祠	Fúluó Lǐshì Cí	祠堂	县（市）级	蚬岗镇政府驻地南部
蚬西李氏大宗祠	Xiǎnxī Lǐshì Dàzōngcí	祠堂	县（市）级	蚬岗镇政府驻地西北部
黎槎村	Líchácūn	村落	省级	回龙镇东北部
澄湖村	Chénghúcūn	村落	省级	回龙镇南部

（续上表）

标准名称	汉语拼音	地名类别	建议保护等级	相对位置
蚬一村	Xiǎnyīcūn	村落	省级	蚬岗镇政府驻地西北部
蚬二村	Xiǎnèrcūn	村落	省级	蚬岗镇政府驻地西北部
蚬三村	Xiǎnsāncūn	村落	省级	蚬岗镇政府驻地西北部
槎塘村	Chátángcūn	村落	省级	回龙镇东部
上青湾天主堂	Shàngqīngwān Tiānzhǔtáng	教堂	县（市）级	南岸街道办驻地西部

肇庆市标准地名录　四会市

四会贞山风景区

四会市人民广场

四会奇石河

概 况

四会市位于广东省中部偏西、肇庆市东部,属广东省辖县级市,肇庆市代管。东面与佛山市三水区交界,南面与肇庆市鼎湖区相连,西北与广宁县接壤,东北与清远市清新县毗邻。在北纬23°11′~23°41′、东经112°25′~112°52′之间。2014年辖贞山、城中、东城3个街道,龙甫、大沙、地豆、罗源、威整、迳口、黄田、石狗、下茆、江谷10镇,下辖49社区(含肇庆高新区5个)、113个行政村;土地面积1166平方千米。2014年末户籍人口41.89万人、常住人口48.53万人。有海外华侨、港澳台同胞21万多人,是肇庆市侨乡之一。市人民政府驻东城街道行政中心,邮政编码:526200。

秦朝设置四会县,是广东省4个最早建制县之一,属桂林郡。因多条江河"四方来会"而得名"四会",一直沿用至今。公元前206—公元前112年属南越国,汉元鼎六年(公元前111),汉武帝灭南越国,四会县属南海郡。北宋熙宁六年(1073)属端州。政和八年(1118)属肇庆府。1914—1920年属粤海道。1936年属广东第三行政督察区。1947年属第四行政督察区。1949年属西江专区。1952年与广宁县合并称"广四县",属粤中行政区。1954年恢复原二县建制,并将广宁县江谷、江林、黄田、石狗4乡划归四会。1956年属高要专区。1959年再与广宁合并,称"广四县",属江门专区。1961年恢复四会县,属肇庆专区。1988年属肇庆市。1993年撤县设市。

四会市在珠江三角洲西北边缘,位于绥江、北江和西江的下游。境内地形平面似竖立的桑叶,地势由西北向东南倾斜,北部和西部多为山地,约占总面积的44.3%;中部多丘陵与河谷盆地,约占总面积的31.2%;南部和东部多为冲积平原,约占总面积的24.5%。海拔最高是地豆镇三桂山888米,海拔最低点是-9米的马房牛眠潭。境内共有大小河流17条,均属北江水系,集雨面积在100平方千米以上的河流有绥江、龙江、漫水河等。境内有二广、江肇、肇花等多条高速公路,广茂铁路贯穿全市。

四会市是中国柑桔之乡、中国玉器之乡、中华翡翠加工基地。有矿产种类24种，主要开采矿种有建筑用花岗岩、水泥用灰岩、建筑用沙、砖瓦用黏土、矿泉水。土特产主要有玉器、会纸、人面子、柑桔、茶油鸡、濑粉、江谷窝粉、无笃石螺、罗源腊肉、威整云吞、地豆烧肉和白沙竹笋。主要旅游景点有贞山风景区、威整瀑布奇石河风景区、邓村古法造纸第一村、万兴隆翡翠珠宝城、石狗兰花小镇。有省级文物保护单位江头乡农会旧址、彭泽民故居。省级非物质文化遗产有四会玉雕、古法造纸、贞仙诞。特色民俗有贞仙诞。

2014年，四会市地区生产总值336.32亿元，三次产业比例为12.88∶49.69∶37.43，规模以上工业增加值159.68亿元，人均地区生产总值6.94万元；固定资产投资250.66亿元，社会消费品零售总额107.35亿元，外贸出口总额6.55亿美元，外贸进口总额14.49亿美元，实际吸收外资1.89亿美元；地方一般公共预算收入24.45亿元，城镇常住居民人均收入2.38万元，农村常住居民人均收入1.66万元。

一、现今地名

（一）行政区域类

标准名称	汉语拼音	地名类别	相对位置	政府驻地
四会市	Sìhuì Shì	县级行政区	广东省中部偏西	东城街道商业大道1号
贞山街道	Zhēnshān Jiēdào	乡级行政区	四会市区西南部贞山脚下	贞山路
石狗镇	Shígǒu Zhèn	乡级行政区	四会市西部	政和路
威整镇	Wēizhěng Zhèn	乡级行政区	四会市北部	振兴路002号
迳口镇	Jìngkǒu Zhèn	乡级行政区	四会市东部	人民路13号
罗源镇	Luóyuán Zhèn	乡级行政区	四会市北部	罗源直街103号
龙甫镇	Lóngfǔ Zhèn	乡级行政区	绥江下游范围	龙甫大道1号
地豆镇	Dìdòu Zhèn	乡级行政区	四会市北部	地豆圩镇政府路1号
下茆镇	Xiàmáo Zhèn	乡级行政区	四会市中部	德政路7号
黄田镇	Huángtián Zhèn	乡级行政区	四会市西部	江头新墟黄田大道1号
江谷镇	Jiānggǔ Zhèn	乡级行政区	四会市中部偏西北	石岗庙3号
大沙镇	Dàshā Zhèn	乡级行政区	西江、北江和绥江交汇处	大沙大道27号

（续上表）

标准名称	汉语拼音	地名类别	相对位置	政府驻地
城中街道	Chéngzhōng Jiēdào	乡级行政区	四会市中部	四会大道北
东城街道	Dōngchéng Jiēdào	乡级行政区	四会市东南部	四会大道南

（二）非行政区域类

标准名称	汉语拼音	地名类别	相对位置
振兴花岗岩石场	Zhènxīng Huāgǎngyán Shíchǎng	矿区	四会市南部
丰乐围石场	Fēnglèwéi Shíchǎng	矿区	四会市东南部
黄蜂岗瓷土石场	Huángfēnggǎng Cítǔ Shíchǎng	矿区	四会市西北部
白石坳瓷土石场	Báishí'ào Cítǔ Shíchǎng	矿区	四会市西北部
清东花岗岩石场	Qīngdōng Huāgǎngyán Shíchǎng	矿区	四会市东南部
前进石场	Qiánjìn Shíchǎng	矿区	四会市东南部
根厚瓷砂场	Gēnhòu Císhāchǎng	矿区	四会市西部
上山石场	Shàngshān Shíchǎng	矿区	四会市东北部
石塘石灰厂	Shítáng Shíhuīchǎng	矿区	四会市东北部
华昌陶瓷原料场	Huáchāng Táocí Yuánliàochǎng	矿区	四会市中部
恒利石场	Hénglì Shíchǎng	矿区	四会市中部
新村瓷土场	Xīncūn Cítǔchǎng	矿区	四会市中部
长发花岗岩石场	Chángfā Huāgǎngyán Shíchǎng	矿区	四会市西南部
联进石场	Liánjìn Shíchǎng	矿区	四会市西南部
仁马苗圃场	Rénmǎ Miáopǔchǎng	林区	四会市南部
岭南园艺场	Lǐngnán Yuányìchǎng	林区	四会市东南部
大南山林场	Dànánshān Línchǎng	林区	四会市东部
伟力苗木场	Wěilì Miáomùchǎng	林区	四会市北部
三乐果牧场	Sānlè Guǒmùchǎng	林区	四会市中部
科艺林木苗木场	Kēyì Línmùmiáomùchǎng	林区	四会市南部
上沥花场	Shànglì Huāchǎng	林区	四会市南部
洪记蛇场	Hóngjì Shéchǎng	牧区	四会市东部

（续上表）

标准名称	汉语拼音	地名类别	相对位置
鸿佳猪场	Hóngjiā Zhūchǎng	牧区	四会市西部
李窝猪场	Lǐwō Zhūchǎng	牧区	四会市北部
灵记猪场	Língjì Zhūchǎng	牧区	四会市北部
瑞宝猪场	Ruìbǎo Zhūchǎng	牧区	四会市中部
菠萝山养猪场	Bōluóshān Yǎngzhūchǎng	牧区	四会市中部
松新鸽场	Sōngxīn Gēchǎng	牧区	四会市北部
温氏种猪场	Wēnshì Zhǒngzhūchǎng	牧区	四会市北部
联辉猪场	Liánhuī Zhūchǎng	牧区	四会市北部
南龙猪舍	Nánlóng Zhūshè	牧区	四会市北部
顺利种养殖场	Shùnlì Zhǒngyǎngzhíchǎng	牧区	四会市中部
龙大养猪场	Lóngdà Yǎngzhūchǎng	牧区	四会市中部
娃娃鱼养殖场	Wáwáyú Yǎngzhíchǎng	渔区	四会市西北部
高鼊龟鳖养殖场	Gāobì Guībiē Yǎngzhíchǎng	渔区	四会市东南部
富溪工业园	Fùxī Gōngyèyuán	工业区	四会市东南部
南江工业园	Nánjiāng Gōngyèyuán	工业区	四会市东南部
狮岭工业园	Shīlǐng Gōngyèyuán	工业区	四会市西北部
康荣产业园	Kāngróng Chǎnyèyuán	工业区	四会市西北部
江谷镇精细化工基地	Jiānggǔ Zhèn Jīngxì Huàgōngjīdì	工业区	四会市西北部
冠山工业区	Guànshān Gōngyèqū	工业区	四会市东北部
龙甫工业园	Lóngfǔ Gōngyèyuán	工业区	四会市中部
肇庆市亚洲金属资源再生工业基地	Zhàoqìng Shì Yàzhōu Jīnshǔ Zīyuán Zàishēng Gōngyèjīdì	工业区	四会市中部
下茆工业区	Xiàmáo Gōngyèqū	工业区	四会市西北部
宝信园区	Bǎoxìn Yuánqū	工业区	四会市东南部
华盛工业园	Huáshèng Gōngyèyuán	工业区	四会市东南部
亚洲铝业工业城	Yàzhōu Lǚyè Gōngyèchéng	工业区	四会市东南部
豪成工业园	Háochéng Gōngyèyuán	工业区	四会市东南部
马房工业开发区	Mǎfáng Gōngyè Kāifāqū	开发区	四会市东南部
肇庆国家高新技术产业开发区	Zhàoqìng Guójiā Gāoxīnjìshùchǎnyè Kāifāqū	开发区	四会市东南部

(续上表)

标准名称	汉语拼音	地名类别	相对位置
大碑头	Dàbēitóu	地片	四会市南部
天井塘	Tiānjǐng Táng	地片	四会市南部
北塘	Běitáng	地片	四会市东南部
鲤鱼布	Lǐyúbù	地片	四会市东南部
牛角咀	Niújiǎozuǐ	地片	四会市东南部
牛路塘	Niúlù Táng	地片	四会市东南部
外洲	Wàizhōu	地片	四会市东南部
海子河	Hǎizǐhé	地片	四会市东南部
郭苏沙	Guōsūshā	地片	四会市东南部
蛇咀	Shézuǐ	地片	四会市西北部
对针岭	Duìzhēn Lǐng	地片	四会市西北部
高带坑	Gāodài Kēng	地片	四会市西北部
井栏岗	Jǐnglán Gǎng	地片	四会市东南部
鲤塘口	Lǐtángkǒu	地片	四会市东南部
牛站地	Niúzhàndì	地片	四会市东南部
上西坑	Shàngxī Kēng	地片	四会市东南部
石坳	Shí'ào	地片	四会市东南部
五马岗	Wǔmǎ Gǎng	地片	四会市东南部
小潭坑	Xiǎotán Kēng	地片	四会市东部
吊槽	Diàocáo	地片	四会市东部
吊槽坑	Diàocáo Kēng	地片	四会市东部
三面坑	Sānmiàn Kēng	地片	四会市东部
石门楼	Shíménlóu	地片	四会市东部
白坭口	Báiníkǒu	地片	四会市西部
车径	Chējìng	地片	四会市西部
车路坑	Chēlù Kēng	地片	四会市西部
大办坑口	Dàbàn Kēngkǒu	地片	四会市西部
大径洞	Dàjìng Dòng	地片	四会市西部
大岭岸地	Dàlǐng'àndì	地片	四会市西部
蚨蜞塘	Fúqí Táng	地片	四会市西部

（续上表）

标准名称	汉语拼音	地名类别	相对位置
红旗洞	Hóngqí Dòng	地片	四会市西部
黄獍坑	Huángjīng Kēng	地片	四会市西部
黄坑口	Huángkēngkǒu	地片	四会市西部
火路头	Huǒlùtóu	地片	四会市西部
榄洞塘	Lǎndòng Táng	地片	四会市西部
黎坑	Líkēng	地片	四会市西部
里地园	Lǐdìyuán	地片	四会市西部
凉坑	Liángkēng	地片	四会市西部
廖沙坑	Liàoshā Kēng	地片	四会市西部
廖沙坑口	Liàoshā Kēngkǒu	地片	四会市西部
马将军	Mǎjiāngjūn	地片	四会市西部
麦坑塘	Màikēng Táng	地片	四会市西部
南洞	Nándòng	地片	四会市西部
坭城	Níchéng	地片	四会市西部
沙苟窝	Shāgǒu Wō	地片	四会市西部
山石岗	Shānshí Gǎng	地片	四会市西部
杉凹	Shān'āo	地片	四会市西部
盛坑	Shèngkēng	地片	四会市西部
石蛤坑	Shíhá Kēng	地片	四会市西部
水洞坑	Shuǐdòng Kēng	地片	四会市西部
土地坑	Tǔdì Kēng	地片	四会市西部
下放	Xiàfàng	地片	四会市西部
斜坑	Xiékēng	地片	四会市西部
长坑	Chángkēng	地片	四会市西部
中央岗	Zhōngyāng Gǎng	地片	四会市西部
大路岗田	Dàlùgǎngtián	地片	四会市西北部
岗夼	Gǎngdàng	地片	四会市西北部
坑尾	Kēngwěi	地片	四会市西北部
牛栏窝	Niúlán Wō	地片	四会市西北部
山猪迳	Shānzhūjìng	地片	四会市西北部

（续上表）

标准名称	汉语拼音	地名类别	相对位置
上蓝	Shànglán	地片	四会市西北部
石潭台	Shítántái	地片	四会市西北部
悦安亭	Yuè'āntíng	地片	四会市西北部
张罗坑	Zhāngluó Kēng	地片	四会市西北部
暗迳	Ànjìng	地片	四会市东北部
白贯岗	Báiguàn Gǎng	地片	四会市东北部
赤岗咀	Chìgǎngzuǐ	地片	四会市东北部
独岗坑	Dúgǎng Kēng	地片	四会市东北部
枫树角	Fēngshùjiǎo	地片	四会市东北部
灰窑头	Huīyáotóu	地片	四会市东北部
连塘咀	Liántángzuǐ	地片	四会市东北部
三丫口	Sānyākǒu	地片	四会市东北部
沙迳	Shājìng	地片	四会市东北部
沙子	Shāzǐ	地片	四会市东北部
深塘	Shēntáng	地片	四会市东北部
新村径	Xīncūnjìng	地片	四会市东北部
芋夹塘	Yùjiá Táng	地片	四会市东北部
长尾坑	Chángwěi Kēng	地片	四会市东北部
枕头湾	Zhěntóuwān	地片	四会市东北部
白学坑	Báixué Kēng	地片	四会市中东部
冲洞尾	Chōngdòngwěi	地片	四会市中东部
大路坪	Dàlù Píng	地片	四会市东部
对龙窝	Duìlóng Wō	地片	四会市中东部
里塘堀	Lǐtángkū	地片	四会市中东部
连塘堀	Liántángkū	地片	四会市中东部
乱石坑	Luànshí Kēng	地片	四会市中东部
罗崀	Luólàng	地片	四会市东部
牛腌	Niúyān	地片	四会市东部
平坳	Píng'ào	地片	四会市东部
三伯堀	Sānbókū	地片	四会市东部

（续上表）

标准名称	汉语拼音	地名类别	相对位置
长劈	Chángpī	地片	四会市中东部
小迳	Xiǎojìng	地片	四会市中部
牛嶾泮	Niúnǎbàn	地片	四会市中部
九曲岭	Jiǔqū Lǐng	地片	四会市中部
大坑	Dàkēng	地片	四会市北部
白石	Báishí	地片	四会市西部
布袋尾	Bùdàiwěi	地片	四会市西部
车陂尾	Chēbēiwěi	地片	四会市西部
陈坑迳	Chénkēngjìng	地片	四会市西部
大夹	Dàjiá	地片	四会市西部
大塘坑	Dàtáng Kēng	地片	四会市西部
大碗径	Dàwǎnjìng	地片	四会市西部
大王坑	Dàwáng Kēng	地片	四会市西部
带面	Dàimiàn	地片	四会市西部
担水坑	Dānshuǐ Kēng	地片	四会市西部
都崀迳	Dūlàngjìng	地片	四会市西部
二十四坑	Èrshísì Kēng	地片	四会市西部
飞鹅坳	Fēi'é Ào	地片	四会市西部
敢龙尾	Gǎnlóngwěi	地片	四会市西部
公和厂	Gōnghéchǎng	地片	四会市西部
狗仔坑	Gǒuzǎi Kēng	地片	四会市西部
旱田尾	Hàntiánwěi	地片	四会市西部
合昌厂	Héchāngchǎng	地片	四会市西部
河洞尾	Hédòngwěi	地片	四会市西部
恒合厂	Hénghéchǎng	地片	四会市西部
湖洋尾	Húyángwěi	地片	四会市西部
护林塘	Hùlín Táng	地片	四会市西部
鸡笼迳	Jīlóngjìng	地片	四会市西部
尽坑	Jìnkēng	地片	四会市西部
坑口	Kēngkǒu	地片	四会市西部

（续上表）

标准名称	汉语拼音	地名类别	相对位置
坑尾	Kēngwěi	地片	四会市西部
蓝湖尾	Lánhúwěi	地片	四会市西部
老虎尾	Lǎohǔwěi	地片	四会市西部
冷水坑	Lěngshuǐ Kēng	地片	四会市西部
流半坑	Liúbàn Kēng	地片	四会市西部
流竹	Liúzhú	地片	四会市西部
罗坑尾	Luókēngwěi	地片	四会市西部
麻底窝	Mádǐ Wō	地片	四会市西部
茆崀尾	Máolàngwěi	地片	四会市西部
庙仔迳	Miàozǎijìng	地片	四会市西部
木头湖	Mùtóuhú	地片	四会市西部
木子坑	Mùzǐ Kēng	地片	四会市西部
清水坑	Qīngshuǐ Kēng	地片	四会市西部
缺塘	Quētáng	地片	四会市西部
山猪窝	Shānzhū Wō	地片	四会市西部
杉坑	Shānkēng	地片	四会市西部
杉山尾	Shānshānwěi	地片	四会市西部
上半坑	Shàngbàn Kēng	地片	四会市西部
蛇坑	Shékēng	地片	四会市西部
蛇老厂	Shélǎochǎng	地片	四会市西部
蛇仔坑	Shézǎi Kēng	地片	四会市西部
石崩	Shíbēng	地片	四会市西部
石带坑	Shídài Kēng	地片	四会市西部
水花潭	Shuǐhuātán	地片	四会市西部
水口洞	Shuǐkǒu Dòng	地片	四会市西部
寺崀咀	Sìlàngzuǐ	地片	四会市西部
塘肚尾	Tángdùwěi	地片	四会市西部
细佛山	Xìfóshān	地片	四会市西部
仙馆	Xiānguǎn	地片	四会市西部
杨梅坑	Yángméi Kēng	地片	四会市西部

（续上表）

标准名称	汉语拼音	地名类别	相对位置
中洞	Zhōngdòng	地片	四会市西部
朱家地	Zhūjiādì	地片	四会市西部
兰祥坑	Lánxiáng Kēng	地片	四会市西北
广进	Guǎngjìn	地片	四会市西北
大俱	Dàjù	地片	四会市西部
利坑崀	Lìkēnglàng	地片	四会市西部
三间厂	Sānjiānchǎng	地片	四会市西部
西坑	Xīkēng	地片	四会市西部
板帐	Bǎnzhàng	地片	四会市东南部
大水坑	Dàshuǐ Kēng	地片	四会市东南部
倒庄屈	Dǎozhuāngqū	地片	四会市东南部
河西应	Héxīyīng	地片	四会市东南部
花山塘	Huāshān Táng	地片	四会市东南部
坑尾	Kēngwěi	地片	四会市东南部
牛尾	Niúwěi	地片	四会市东南部
泮浪	Pànlàng	地片	四会市东南部
沙洲	Shāzhōu	地片	四会市东南部
石头坳	Shítóu Ào	地片	四会市东南部
水口坑	Shuǐkǒu Kēng	地片	四会市东南部
塘婆	Tángpó	地片	四会市东南部
拖刁尾	Tuōdiāowěi	地片	四会市东南部
杨梅坑	Yángméi Kēng	地片	四会市东南部
洋洞	Yángdòng	地片	四会市东南部
中坑	Zhōngkēng	地片	四会市东南部
竹筒坑	Zhútǒng Kēng	地片	四会市东南部
羊洞尾	Yángdòngwěi	地片	四会市东南部
石迳	Shíjìng	地片	四会市西南部
黄坑尾	Huángkēngwěi	地片	四会市西南部
小坑	Xiǎokēng	地片	四会市西南部
大岭头	Dàlǐngtóu	地片	四会市西南部

（续上表）

标准名称	汉语拼音	地名类别	相对位置
第一坳	Dìyī Ào	地片	四会市西南部
第二坳	Dì'èr Ào	地片	四会市西南部
第三坳	Dìsān Ào	地片	四会市西南部

（三）群众自治组织类

标准名称	汉语拼音	地名类别	相对位置
白沙村委会	Báishā Cūnwěihuì	村民委员会	四会市政府驻地西北部
高布村委会	Gāobù Cūnwěihuì	村民委员会	四会市政府驻地西北部
河西村委会	Héxī Cūnwěihuì	村民委员会	四会市政府驻地西北部
上沙村委会	Shàngshā Cūnwěihuì	村民委员会	四会市政府驻地西北部
铁场村委会	Tiěchǎng Cūnwěihuì	村民委员会	四会市政府驻地西北部
下布村委会	Xiàbù Cūnwěihuì	村民委员会	四会市政府驻地西北部
安平村委会	Ānpíng Cūnwěihuì	村民委员会	四会市政府驻地东南部
陈冲村委会	Chénchōng Cūnwěihuì	村民委员会	四会市政府驻地南部
村美村委会	Cūnměi Cūnwěihuì	村民委员会	四会市政府驻地西南部
大布村委会	Dàbù Cūnwěihuì	村民委员会	四会市政府驻地东南部
大沙村委会	Dàshā Cūnwěihuì	村民委员会	四会市政府驻地东南部
富溪村委会	Fùxī Cūnwěihuì	村民委员会	四会市政府驻地东南部
岗美村委会	Gǎngměi Cūnwěihuì	村民委员会	四会市政府驻地东南部
江民村委会	Jiāngmín Cūnwěihuì	村民委员会	四会市政府驻地东南部
隆伏村委会	Lóngfú Cūnwěihuì	村民委员会	四会市政府驻地东南部
隆马村委会	Lóngmǎ Cūnwěihuì	村民委员会	四会市政府驻地东南部
马房村委会	Mǎfáng Cūnwěihuì	村民委员会	四会市政府驻地东南部
南江村委会	Nánjiāng Cūnwěihuì	村民委员会	四会市政府驻地东南部
仁马村委会	Rénmǎ Cūnwěihuì	村民委员会	四会市政府驻地西南部
赤草崀村委会	Chìcǎolàng Cūnwěihuì	村民委员会	四会市政府驻地北部
大布洞村委会	Dàbùdòng Cūnwěihuì	村民委员会	四会市政府驻地东北部
大东村委会	Dàdōng Cūnwěihuì	村民委员会	四会市政府驻地北部
邓寨村委会	Dèngzhài Cūnwěihuì	村民委员会	四会市政府驻地西北部
地豆村委会	Dìdòu Cūnwěihuì	村民委员会	四会市政府驻地西北部

（续上表）

标准名称	汉语拼音	地名类别	相对位置
东平村委会	Dōngpíng Cūnwěihuì	村民委员会	四会市政府驻地西北部
连平村委会	Liánpíng Cūnwěihuì	村民委员会	四会市政府驻地西北部
三桂村委会	Sānguì Cūnwěihuì	村民委员会	四会市政府驻地西北部
狮岭村委会	Shīlǐng Cūnwěihuì	村民委员会	四会市政府驻地西北部
水车村委会	Shuǐchē Cūnwěihuì	村民委员会	四会市政府驻地西北部
塔崀村委会	Tǎlàng Cūnwěihuì	村民委员会	四会市政府驻地西北部
下街村委会	Xiàjiē Cūnwěihuì	村民委员会	四会市政府驻地西北部
河东村委会	Hédōng Cūnwěihuì	村民委员会	四会市政府驻地西北部
黄岗村委会	Huánggǎng Cūnwěihuì	村民委员会	四会市政府驻地南部
前进村委会	Qiánjìn Cūnwěihuì	村民委员会	四会市政府驻地东北部
清东村委会	Qīngdōng Cūnwěihuì	村民委员会	四会市政府驻地西北部
黄田村委会	Huángtián Cūnwěihuì	村民委员会	四会市政府驻地西北部
江头村委会	Jiāngtóu Cūnwěihuì	村民委员会	四会市政府驻地西北部
黎崀村委会	Lílàng Cūnwěihuì	村民委员会	四会市政府驻地西北部
万洞村委会	Wàndòng Cūnwěihuì	村民委员会	四会市政府驻地西北部
西岸村委会	Xīàn Cūnwěihuì	村民委员会	四会市政府驻地西北部
燕崀村委会	Yànlàng Cūnwěihuì	村民委员会	四会市政府驻地西北部
大垌村委会	Dàdòng Cūnwěihuì	村民委员会	四会市政府驻地西北部
江和村委会	Jiānghé Cūnwěihuì	村民委员会	四会市政府驻地西北部
榄岗村委会	Lǎngǎng Cūnwěihuì	村民委员会	四会市政府驻地西北部
黎寨村委会	Lízhài Cūnwěihuì	村民委员会	四会市政府驻地西北部
马岗村委会	Mǎgǎng Cūnwěihuì	村民委员会	四会市政府驻地西北部
培崀村委会	Péilàng Cūnwěihuì	村民委员会	四会市政府驻地西北部
清平村委会	Qīngpíng Cūnwěihuì	村民委员会	四会市政府驻地西北部
田心村委会	Tiánxīn Cūnwěihuì	村民委员会	四会市政府驻地西北部
旺塘村委会	Wàngtáng Cūnwěihuì	村民委员会	四会市政府驻地西北部
冼田村委会	Xiǎntián Cūnwěihuì	村民委员会	四会市政府驻地西北部
新屋村委会	Xīnwū Cūnwěihuì	村民委员会	四会市政府驻地西北部
镇郊村委会	Zhènjiāo Cūnwěihuì	村民委员会	四会市政府驻地西北部
竹寨村委会	Zhúzhài Cūnwěihuì	村民委员会	四会市政府驻地西北部

（续上表）

标准名称	汉语拼音	地名类别	相对位置
北乡村委会	Běixiāng Cūnwěihuì	村民委员会	四会市政府驻地东北部
凤山村委会	Fèngshān Cūnwěihuì	村民委员会	四会市政府驻地东北部
迳口村委会	Jìngkǒu Cūnwěihuì	村民委员会	四会市政府驻地东北部
南乡村委会	Nánxiāng Cūnwěihuì	村民委员会	四会市政府驻地东北部
上观村委会	Shàngguān Cūnwěihuì	村民委员会	四会市政府驻地东北部
下寮村委会	Xiàliáo Cūnwěihuì	村民委员会	四会市政府驻地东北部
新围村委会	Xīnwéi Cūnwěihuì	村民委员会	四会市政府驻地东北部
迎头村委会	Yíngtóu Cūnwěihuì	村民委员会	四会市政府驻地东北部
白石塘村委会	Báishítáng Cūnwěihuì	村民委员会	四会市政府驻地北部
芙蓉村委会	Fúróng Cūnwěihuì	村民委员会	四会市政府驻地北部
龙头村委会	Lóngtóu Cūnwěihuì	村民委员会	四会市政府驻地北部
水口村委会	Shuǐkǒu Cūnwěihuì	村民委员会	四会市政府驻地西北部
燕岭村委会	Yànlǐng Cūnwěihuì	村民委员会	四会市政府驻地西北部
蚁田村委会	Yǐtián Cūnwěihuì	村民委员会	四会市政府驻地东北部
营脚村委会	Yíngjiǎo Cūnwěihuì	村民委员会	四会市政府驻地北部
洞心村委会	Dòngxīn Cūnwěihuì	村民委员会	四会市政府驻地东北部
红旗村委会	Hóngqí Cūnwěihuì	村民委员会	四会市政府驻地东北部
罗源村委会	Luóyuán Cūnwěihuì	村民委员会	四会市政府驻地北部
石寨村委会	Shízhài Cūnwěihuì	村民委员会	四会市政府驻地东北部
铁坑村委会	Tiěkēng Cūnwěihuì	村民委员会	四会市政府驻地北部
程村村委会	Chéngcūn Cūnwěihuì	村民委员会	四会市政府驻地西北部
大坪村委会	Dàpíng Cūnwěihuì	村民委员会	四会市政府驻地西北部
带下村委会	Dàixià Cūnwěihuì	村民委员会	四会市政府驻地西北部
都崀村委会	Dōulàng Cūnwěihuì	村民委员会	四会市政府驻地西北部
隔岗村委会	Gégǎng Cūnwěihuì	村民委员会	四会市政府驻地西北部
廻龙村委会	Huílóng Cūnwěihuì	村民委员会	四会市政府驻地西北部
金坑村委会	Jīnkēng Cūnwěihuì	村民委员会	四会市政府驻地西北部
讴坑村委会	Ōukēng Cūnwěihuì	村民委员会	四会市政府驻地西北部
石狗村委会	Shígǒu Cūnwěihuì	村民委员会	四会市政府驻地西北部
石桥村委会	Shíqiáo Cūnwěihuì	村民委员会	四会市政府驻地西北部

（续上表）

标准名称	汉语拼音	地名类别	相对位置
大洲村委会	Dàzhōu Cūnwěihuì	村民委员会	四会市政府驻地北部
红星村委会	Hóngxīng Cūnwěihuì	村民委员会	四会市政府驻地北部
黄洞村委会	Huángdòng Cūnwěihuì	村民委员会	四会市政府驻地北部
南龙村委会	Nánlóng Cūnwěihuì	村民委员会	四会市政府驻地北部
甜竹坑村委会	Tiánzhúkēng Cūnwěihuì	村民委员会	四会市政府驻地北部
瓦屋村委会	Wǎwū Cūnwěihuì	村民委员会	四会市政府驻地北部
威整村委会	Wēizhěng Cūnwěihuì	村民委员会	四会市政府驻地北部
西坑村委会	Xīkēng Cūnwěihuì	村民委员会	四会市政府驻地北部
高崀村委会	Gāolàng Cūnwěihuì	村民委员会	四会市政府驻地西北部
江明村委会	Jiāngmíng Cūnwěihuì	村民委员会	四会市政府驻地西北部
龙湾村委会	Lóngwān Cūnwěihuì	村民委员会	四会市政府驻地西北部
楼脚村委会	Lóujiǎo Cūnwěihuì	村民委员会	四会市政府驻地西北部
马陂村委会	Mǎbēi Cūnwěihuì	村民委员会	四会市政府驻地西北部
南塘村委会	Nántáng Cūnwěihuì	村民委员会	四会市政府驻地西北部
蒲洞村委会	Púdòng Cūnwěihuì	村民委员会	四会市政府驻地西北部
上茆村委会	Shàngmáo Cūnwěihuì	村民委员会	四会市政府驻地西北部
石罗村委会	Shíluó Cūnwěihuì	村民委员会	四会市政府驻地西北部
塘村村委会	Tángcūn Cūnwěihuì	村民委员会	四会市政府驻地西北部
下黄岗村委会	Xiàhuánggǎng Cūnwěihuì	村民委员会	四会市政府驻地西北部
下茆村委会	Xiàmáo Cūnwěihuì	村民委员会	四会市政府驻地西北部
渔云村委会	Yúyún Cūnwěihuì	村民委员会	四会市政府驻地西北部
白龙村委会	Báilóng Cūnwěihuì	村民委员会	四会市政府驻地西北部
大圳村委会	Dàzhèn Cūnwěihuì	村民委员会	四会市政府驻地西北部
柑榄村委会	Gānlǎn Cūnwěihuì	村民委员会	四会市政府驻地西北部
光荣村委会	Guāngróng Cūnwěihuì	村民委员会	四会市政府驻地西北部
金星村委会	Jīnxīng Cūnwěihuì	村民委员会	四会市政府驻地西北部
坑口村委会	Kēngkǒu Cūnwěihuì	村民委员会	四会市政府驻地西北部
龙麟村委会	Lónglín Cūnwěihuì	村民委员会	四会市政府驻地西部
龙头村委会	Lóngtóu Cūnwěihuì	村民委员会	四会市政府驻地西北部
仓岗居委会	Cānggǎng Jūwěihuì	社区居委会	四会市政府驻地西北部

(续上表)

标准名称	汉语拼音	地名类别	相对位置
城北居委会	Chéngběi Jūwěihuì	社区居委会	四会市政府驻地西北部
城东居委会	Chéngdōng Jūwěihuì	社区居委会	四会市政府驻地西北部
城南居委会	Chéngnán Jūwěihuì	社区居委会	四会市政府驻地西部
城中居委会	Chéngzhōng Jūwěihuì	社区居委会	四会市政府驻地西北部
高狮居委会	Gāoshī Jūwěihuì	社区居委会	四会市政府驻地西北部
花街居委会	Huājiē Jūwěihuì	社区居委会	四会市政府驻地西北部
沙尾邨居委会	Shāwěicūn Jūwěihuì	社区居委会	四会市政府驻地西北部
沙尾居委会	Shāwěi Jūwěihuì	社区居委会	四会市政府驻地西北部
渔业居委会	Yúyè Jūwěihuì	社区居委会	四会市政府驻地西部
大沙居委会	Dàshā Jūwěihuì	社区居委会	四会市政府驻地东南部
马房渔业居委会	Mǎfángyúyè Jūwěihuì	社区居委会	四会市政府驻地东南部
誉城居委会	Yùchéng Jūwěihuì	社区居委会	四会市政府驻地西南部
地豆居委会	Dìdòu Jūwěihuì	社区居委会	四会市政府驻地西北部
槎山居委会	Cháshān Jūwěihuì	社区居委会	四会市政府驻地西北部
东方红居委会	Dōngfānghóng Jūwěihuì	社区居委会	四会市政府驻地西北部
窦口居委会	Dòukǒu Jūwěihuì	社区居委会	四会市政府驻地西北部
光辉居委会	Guānghuī Jūwěihuì	社区居委会	四会市政府驻地西北部
黄岗居委会	Huánggǎng Jūwěihuì	社区居委会	四会市政府驻地东南部
马田居委会	Mǎtián Jūwěihuì	社区居委会	四会市政府驻地西北部
前锋居委会	Qiánfēng Jūwěihuì	社区居委会	四会市政府驻地东南部
清塘居委会	Qīngtáng Jūwěihuì	社区居委会	四会市政府驻地西北部
沙田园居委会	Shātiányuán Jūwěihuì	社区居委会	四会市政府驻地西北部
沙头居委会	Shātóu Jūwěihuì	社区居委会	四会市政府驻地东南部
陶冲居委会	Táochōng Jūwěihuì	社区居委会	四会市政府驻地西北部
陶丽居委会	Táolì Jūwěihuì	社区居委会	四会市政府驻地西北部
陶塘居委会	Táotáng Jūwěihuì	社区居委会	四会市政府驻地西北部
玉城居委会	Yùchéng Jūwěihuì	社区居委会	四会市政府驻地西部
黄田居委会	Huángtián Jūwěihuì	社区居委会	四会市政府驻地西北部
江谷居委会	Jiānggǔ Jūwěihuì	社区居委会	四会市政府驻地西北部
江林居委会	Jiānglín Jūwěihuì	社区居委会	四会市政府驻地西北部

（续上表）

标准名称	汉语拼音	地名类别	相对位置
迳口居委会	Jìngkǒu Jūwěihuì	社区居委会	四会市政府驻地东北部
龙甫居委会	Lóngfǔ Jūwěihuì	社区居委会	四会市政府驻地北部
再生园居委会	Zàishēngyuán Jūwěihuì	社区居委会	四会市政府驻地北部
罗源居委会	Luóyuán Jūwěihuì	社区居委会	四会市政府驻地北部
石狗居委会	Shígǒu Jūwěihuì	社区居委会	四会市政府驻地西北部
威整居委会	Wēizhěng Jūwěihuì	社区居委会	四会市政府驻地北部
龙湾居委会	Lóngwān Jūwěihuì	社区居委会	四会市政府驻地西北部
下茆居委会	Xiàmáo Jūwěihuì	社区居委会	四会市政府驻地西北部
碧海湾居委会	Bìhǎiwān Jūwěihuì	社区居委会	四会市政府驻地西北部
邓村居委会	Dèngcūn Jūwěihuì	社区居委会	四会市政府驻地西北部
独岗居委会	Dúgǎng Jūwěihuì	社区居委会	四会市政府驻地西北部
姚沙居委会	Yáoshā Jūwěihuì	社区居委会	四会市政府驻地西部
贞山居委会	Zhēnshān Jūwěihuì	社区居委会	四会市政府驻地西北部
龙湖居委会	Lónghú Jūwěihuì	社区居委会	肇庆高新区西北面
一村居委会	Yīcūn Jūwěihuì	社区居委会	肇庆高新区东北部
正隆居委会	Zhènglóng Jūwěihuì	社区居委会	肇庆高新区东南部
将军岗居委会	Jiāngjūngǎng Jūwěihuì	社区居委会	肇庆高新区中部
城区居委会	Chéngqū Jūwěihuì	社区居委会	肇庆高新区中部
城北居委会	Chéngběi Jūwěihuì	社区居委会	肇庆高新区中部

（四）居民点类

标准名称	汉语拼音	地名类别	相对位置
大同洲	Dàtóngzhōu	城镇	城中街道前进路
龙江里	Lóngjiānglǐ	城镇	城中街道光明大道
沙尾新苑	Shāwěi Xīnyuàn	城镇	城中街道光明大道
兴龙新苑	Xīnglóng Xīnyuàn	城镇	城中街道兴龙街
观涛苑	Guāntāo Yuàn	城镇	城中街道沿江路
华侨新村	Huáqiáo Xīncūn	城镇	城中街道县前街
华清园	Huáqīng Yuàn	城镇	城中街道沿江路
嘉禾苑	Jiāhé Yuàn	城镇	城中街道朝阳街

(续上表)

标准名称	汉语拼音	地名类别	相对位置
朝阳小区	Cháoyáng Xiǎoqū	城镇	城中街道朝阳街
海景花园	Hǎijǐng Huāyuán	城镇	东城街道水仙路
侨阳小区	Qiáoyáng Xiǎoqū	城镇	城中街道朝阳街
汇龙花园	Huìlóng Huāyuán	城镇	城中街道城中路
龙华豪庭	Lónghuá Háotíng	城镇	城中街道新风路
滨江新苑	Bīnjiāng Xīnyuàn	城镇	城中街道沙尾一路
供电小区	Gòngdiàn Xiǎoqū	城镇	城中街道光明大道
广茂花园	Guǎngmào Huāyuán	城镇	城中街道沿江路
拱桥横街小区	Gǒngqiáo Héngjiē Xiǎoqū	城镇	城中街道拱桥直街
金三角	Jīnsānjiǎo	城镇	城中街道沙尾一路
拱桥楼	Gǒngqiáolóu	城镇	城中街道龙江路
广信花苑	Guǎngxìn Huāyuàn	城镇	城中街道县前街
月盈湾	Yuèyíngwān	城镇	城中街道沿江路
洲咀里	Zhōuzuǐlǐ	城镇	城中街道沿江路
金顺豪庭	Jīnshùn Háotíng	城镇	大沙镇321国道
凯旋华庭	Kǎixuán Huátíng	城镇	东城街道观海路
凯逸小区	Kǎiyì Xiǎoqū	城镇	东城街道槎山北路
怡翠豪庭	Yícuì Háotíng	城镇	东城街道龙凤路
华美花园	Huáměi Huāyuán	城镇	东成街道龙凤路
金丽苑十一期小区	Jīnlìyuàn Shíyīqī Xiǎoqū	城镇	东城街道金丽路
聚龙花园	Jùlóng Huāyuán	城镇	东城街道凤山路
科盈花园	Kēyíng Huāyuán	城镇	东城街道龙凤路
黄岗旧圩	Huánggǎng Jiùxū	城镇	东城街道黄岗社区
烟仔园	Yānzǎi Yuán	城镇	东城街道高观东路
碧莲苑	Bìlián Yuàn	城镇	东城街道下高街
新海景花园	Xīnhǎijǐng Huāyuán	城镇	东城街道东成路
雅风花园	Yǎfēng Huāyuán	城镇	东城街道光明南路
紫金广场	Zǐjīn Guǎngchǎng	城镇	东城街道水闸路
清华苑	Qīnghuá Yuàn	城镇	东城街道清塘大道
东城明苑	Dōngchéng Míngyuàn	城镇	东城街道商业大道

（续上表）

标准名称	汉语拼音	地名类别	相对位置
翡翠花园	Fěicuì Huāyuán	城镇	东城街道商业大道
翡翠雅苑	Fěicuì Yǎyuàn	城镇	东城街道商业大道
恒富裕花园	Héngfùyù Huāyuán	城镇	东城街道清东路
恒晖华庭	Hénghuī Huátíng	城镇	东城街道水仙路
恒生花园	Héngshēng Huāyuán	城镇	东城街道卫民路
富庭苑	Fùtíng Yuàn	城镇	东城街道四会大道南
翡翠城小区	Fěicuìchéng Xiǎoqū	城镇	东城街道四会大道南
长江明珠	Chángjiāng Míngzhū	城镇	东城街道观海路
桃源新苑	Táoyuán Xīnyuàn	城镇	东城街道水仙路
互感器厂小区	Hùgǎnqìchǎng Xiǎoqū	城镇	东城街道康宁路
海景花园	Hǎijǐng Huāyuán	城镇	东城街道东成路
雅景居	Yǎjǐng Jū	城镇	东城街道祥和路二街
春江公寓	Chūnjiāng Gōngyù	城镇	东城街道畔台三路
怡雅苑	Yíyǎ Yuàn	城镇	东城街道畔台三路
怡雅茗苑	Yíyǎ Míngyuàn	城镇	东城街道吉照路一街
现代城	Xiàndàichéng	城镇	东城街道江丽路
畔台庭苑	Pàntái Tíngyuàn	城镇	东城街道广场北路
茗雅荟	Míngyǎhuì	城镇	东城街道广场北路
凯旋居	Kǎixuán Jū	城镇	东城街道观海路
金桂苑	Jīnguì Yuàn	城镇	东城街道贵华路
和悦居	Héyuè Jū	城镇	东城街道康宁路
畔台一园	Pàntáiyī Yuàn	城镇	东城街道广场南路
康宁花园	Kāngníng Huāyuán	城镇	四会大道康宁路
凯旋豪庭	Kǎixuán Háotíng	城镇	东城街道丽安路7号
怡景丽苑	Yíjǐng Lìyuàn	城镇	东城街道富华路一街
陶丽新苑小区	Táolì Xīnyuàn Xiǎoqū	城镇	东城街道四会大道中
华星花园	Huáxīng Huāyuán	城镇	东城街道育贤路
中国电信宿舍	Zhōngguó Diànxìn Sùshè	城镇	东城街道四会大道中
电信花园	Diànxìn Huāyuán	城镇	东城街道康宁路
怡翠花园	Yícuì Huāyuán	城镇	东城街道吉照路

(续上表)

标准名称	汉语拼音	地名类别	相对位置
怡翠花园三期	Yícuì Huāyuán Sānqī	城镇	东城街道玫瑰路
怡翠新苑	Yícuì Xīnyuàn	城镇	东城街道水仙路
怡翠皇庭	Yícuì Huángtíng	城镇	东城街道观海路
四会市碧桂园	Sìhuì Shì Bìguì Yuán	城镇	东城街道碧桂路
碧桂园柏丽郡苑	Bìguìyuán Bǎilìjùn Yuàn	城镇	东城街道碧桂路
碧桂园豪园	Bìguìyuán Háoyuán	城镇	东城街道碧桂路
锦绣棕榈园	Jǐnxiù Zōnglǘ Yuán	城镇	东城街道广场南路
臻湖畔岛	Zhēnhúpàndǎo	城镇	东城街道南田景观大道
骏马花园	Jùnmǎ Huāyuán	城镇	东城街道卫民路
丽安花园	Lì'ān Huāyuán	城镇	东城街道丽安路
东城教师楼	Dōngchéng Jiàoshīlóu	城镇	东城街道汇林路
怡翠花园五期	Yícuì Huāyuán Wǔqī	城镇	东城街道丽安路
珠江新城	Zhūjiāng Xīnchéng	城镇	东城街道四会大道南
福源花园	Fúyuán Huāyuán	城镇	东城街道吉照路
亚洲家园	Yàzhōu Jiāyuán	城镇	龙甫镇亚洲金属再生工业园
肇庆扬帆公寓	Zhàoqìng Yángfān Gōngyù	城镇	肇庆高新区滨江路
肇庆蓝领公寓	Zhàoqìng Lánlǐng Gōngyù	城镇	肇庆高新区滨江路
华侨新城	Huáqiáo Xīnchéng	城镇	肇庆高新区建设路
君山公馆	Jūnshān Gōngguǎn	城镇	肇庆高新区建设路
尚林苑	Shànglín Yuàn	城镇	肇庆高新区政德大街
新如意花园	Xīnrúyì Huāyuán	城镇	肇庆高新区建设路
尚城国际	Shàngchéngguójì	城镇	肇庆高新区工业大街
领域八八	Lǐngyùbābā	城镇	肇庆高新区体育东路
珠影广场	Zhūyǐng Guǎngchǎng	城镇	肇庆高新区体育东路
香江豪苑	Xiāngjiāng Háoyuàn	城镇	肇庆高新区景泰二路
天和豪庭	Tiānhé Háotíng	城镇	肇庆高新区福安街
华阳嘉园	Huáyáng Jiāyuán	城镇	肇庆高新区福安街
旺城壹号	Wàngchéng Yīhào	城镇	肇庆高新区福安街
诚德馨园	Chéngdé Xīnyuán	城镇	肇庆高新区福安街
锦信华苑	Jǐnxìn Huáyuàn	城镇	肇庆高新区农场路

（续上表）

标准名称	汉语拼音	地名类别	相对位置
怡翠广场	Yícuì Guǎngchǎng	城镇	肇庆高新区农场路
名仕豪庭	Míngshì Háotíng	城镇	肇庆高新区迎宾大道
联德榕园	Liándé Róngyuán	城镇	肇庆高新区龙湖大道
嘉富华庭	Jiāfù Huátíng	城镇	肇庆高新区龙湖大道
翠景苑	Cuìjǐng Yuàn	城镇	肇庆高新区龙湖大道
德华花园	Déhuá Huāyuán	城镇	肇庆高新区景升南街
政德花园	Zhèngdé Huāyuán	城镇	肇庆高新区政德大街
泰华花园	Tàihuá Huāyuán	城镇	肇庆高新区迎宾大道
如意花园	Rúyì Huāyuán	城镇	肇庆高新区景升南街
香江花园	Xiāngjiāng Huāyuán	城镇	肇庆高新区景升南一路
御景台花园	Yùjǐngtái Huāyuán	城镇	肇庆高新区农场路
富春园	Fùchūn Yuán	城镇	肇庆高新区知青路
水岸花城	Shuǐàn Huāchéng	城镇	肇庆高新区农场路
海印又一城	Hǎiyìn Yòuyīchéng	城镇	肇庆高新区迎宾大道
碧海华庭	Bìhǎi Huátíng	城镇	贞山街道碧海大道
碧海湾御水皇庭	Bìhǎiwān Yùshuǐhuángtíng	城镇	贞山街道碧海大道
碧海湾御水龙庭	Bìhǎiwān Yùshuǐlóngtíng	城镇	贞山街道碧海大道
碧海湾雍华庭	Bìhǎiwān Yōnghuátíng	城镇	贞山街道碧海大道
邓村圩	Dèngcūnxū	城镇	贞山街道邓村社区
教师楼	Jiàoshīlóu	城镇	贞山街道贞山路
美景花园	Měijǐng Huāyuán	城镇	贞山街道河西公路
怡丰花园	Yífēng Huāyuán	城镇	贞山街道河西公路
发现美院	Fāxiànměi Yuàn	城镇	东城街道上元大道
凯怡豪庭	Kǎiyí Háotíng	城镇	东城街道丽安路
幸福城	Xìngfúchéng	城镇	东城街道陶塘路
绿茵豪庭	Lùyīn Háotíng	城镇	东城街道卫民路
盈峰花园	Yíngfēng Huāyuán	城镇	东城街道卫民路
声凯花园	Shēngkǎi Huāyuán	城镇	东城街道四会大道中
阳光未来城	Yángguāng Wèiláichéng	城镇	肇庆高新区迎宾大道
安居苑	Ānjū Yuàn	城镇	城中街道仓岗四巷

（续上表）

标准名称	汉语拼音	地名类别	相对位置
东方巷	Dōngfāngxiàng	城镇	东城街道高观东路
仓岗一巷	Cānggǎngyīxiàng	城镇	城中街道新华路
仓岗三巷	Cānggǎngsānxiàng	城镇	城中街道新华路
仓岗四巷	Cānggǎngsìxiàng	城镇	城中街道新华路
仓岗五巷	Cānggǎngwǔxiàng	城镇	城中街道新华路
仓岗二巷	Cānggǎng'èrxiàng	城镇	城中街道新华路
拱桥八巷	Gǒngqiáobāxiàng	城镇	城中街道龙江路
茶山巷	Cháshānxiàng	城镇	城中街道高观西路
城西路	Chéngxīlù	城镇	城中街道城西路
桥下一至七巷	Qiáoxiàyīzhìqīxiàng	城镇	城中街道城东社区
大隆湾花园	Dàlóngwān Huāyuán	城镇	东城街道四会大道南
水岸名都	Shuǐ'àn Míngdū	城镇	东城街道四会大道南
威整圩居民小组	Wēizhěngxū Jūmínxiǎozǔ	城镇	威整镇威整社区
罗源教育街居民小组	Luóyuán Jiàoyùjiē Jūmínxiǎozǔ	城镇	罗源镇罗源社区
教师文化综合楼	Jiàoshī Wénhuà Zōnghélóu	城镇	江谷镇江林社区
闸寨	Zházhài	农村	四会市政府驻地西北部
宁宅村	Níngzháicūn	农村	四会市政府驻地西北部
冯巷	Féngxiàng	农村	四会市政府驻地西北部
大墩布	Dàdūnbù	农村	四会市政府驻地西北部
六神	Liùshén	农村	四会市政府驻地西北部
车前	Chēqián	农村	四会市政府驻地西北部
邓四	Dèngsì	农村	四会市政府驻地西北部
河边寨	Hébiānzhài	农村	四会市政府驻地西北部
沙腰	Shāyāo	农村	四会市政府驻地西北部
苗村	Miáocūn	农村	四会市政府驻地西北部
黄江咀	Huángjiāngzuǐ	农村	四会市政府驻地西北部
牛巷村	Niúxiàngcūn	农村	四会市政府驻地西北部
白沙	Báishā	农村	四会市政府驻地西北部
林寨	Línzhài	农村	四会市政府驻地西北部

（续上表）

标准名称	汉语拼音	地名类别	相对位置
上滴	Shàngdī	农村	四会市政府驻地西北部
高村头	Gāocūntóu	农村	四会市政府驻地西北部
岗仔头	Gǎngzǎitóu	农村	四会市政府驻地西北部
下迪	Xiàdí	农村	四会市政府驻地西北部
江头村	Jiāngtóucūn	农村	四会市政府驻地西北部
陆巷	Lùxiàng	农村	四会市政府驻地西北部
李围塘	Lǐwéi Táng	农村	四会市政府驻地西北部
新屋	Xīnwū	农村	四会市政府驻地西北部
寨头	Zhàitóu	农村	四会市政府驻地西北部
寨尾	Zhàiwěi	农村	四会市政府驻地西北部
寺边西	Sìbiānxī	农村	四会市政府驻地西北部
新园村	Xīnyuáncūn	农村	四会市政府驻地西北部
古琴塘二村	Gǔqíntáng'èrcūn	农村	四会市政府驻地西北部
古琴塘一村	Gǔqíntángyīcūn	农村	四会市政府驻地西北部
六宅巷	Liùzháixiàng	农村	四会市政府驻地西北部
马头巷	Mǎtóuxiàng	农村	四会市政府驻地西北部
新塘边	Xīntángbiān	农村	四会市政府驻地西北部
寺边东	Sìbiāndōng	农村	四会市政府驻地西北部
高地塘	Gāodì Táng	农村	四会市政府驻地西北部
李崀岗	Lǐlàng Gǎng	农村	四会市政府驻地西北部
庙背	Miàobèi	农村	四会市政府驻地西北部
严巷	Yánxiàng	农村	四会市政府驻地西北部
禾楼	Hélóu	农村	四会市政府驻地西北部
楼巷	Lóuxiàng	农村	四会市政府驻地西北部
沙尾村	Shāwěicūn	农村	四会市政府驻地西北部
寨头新村	Zhàitóu Xīncūn	农村	四会市政府驻地西北部
寨尾新村	Zhàiwěi Xīncūn	农村	四会市政府驻地西北部
西合村	Xīhécūn	农村	四会市政府驻地西北部
姓许巷	Xìngxǔxiàng	农村	四会市政府驻地西北部
龙村	Lóngcūn	农村	四会市政府驻地西北部

（续上表）

标准名称	汉语拼音	地名类别	相对位置
高布三村	Gāobùsāncūn	农村	四会市政府驻地西北部
高布四村	Gāobùsìcūn	农村	四会市政府驻地西北部
高布五村	Gāobùwǔcūn	农村	四会市政府驻地西北部
高布一村	Gāobùyīcūn	农村	四会市政府驻地西北部
天村	Tiāncūn	农村	四会市政府驻地西北部
罗巷	Luóxiàng	农村	四会市政府驻地西北部
万头村	Wàntóucūn	农村	四会市政府驻地西北部
李巷	Lǐxiàng	农村	四会市政府驻地西北部
谭巷	Tánxiàng	农村	四会市政府驻地西北部
邓寨	Dèngzhài	农村	四会市政府驻地西北部
白土二村	Báitǔ'èrcūn	农村	四会市政府驻地西北部
白土六村	Báitǔliùcūn	农村	四会市政府驻地西北部
白土三村	Báitǔsāncūn	农村	四会市政府驻地西北部
白土四村	Báitǔsìcūn	农村	四会市政府驻地西北部
白土五村	Báitǔwǔcūn	农村	四会市政府驻地西北部
白土一村	Báitǔyīcūn	农村	四会市政府驻地西北部
大寨	Dàzhài	农村	四会市政府驻地西北部
下寨	Xiàzhài	农村	四会市政府驻地西北部
沙头	Shātóu	农村	四会市政府驻地西北部
布咀	Bùzuǐ	农村	四会市政府驻地西北部
公泰岗	Gōngtài Gǎng	农村	四会市政府驻地西北部
黎寨	Lízhài	农村	四会市政府驻地西北部
谢村	Xiècūn	农村	四会市政府驻地西北部
新寨	Xīnzhài	农村	四会市政府驻地西北部
北向	Běixiàng	农村	四会市政府驻地西北部
邓巷	Dèngxiàng	农村	四会市政府驻地西北部
高巷	Gāoxiàng	农村	四会市政府驻地西北部
南向	Nánxiàng	农村	四会市政府驻地西北部
寺山	Sìshān	农村	四会市政府驻地西北部
巷口	Xiàngkǒu	农村	四会市政府驻地西北部

（续上表）

标准名称	汉语拼音	地名类别	相对位置
巷心村	Xiàngxīncūn	农村	四会市政府驻地西北部
新巷	Xīnxiàng	农村	四会市政府驻地西北部
塘村二	Tángcūn'èr	农村	四会市政府驻地西南部
塘村一	Tángcūnyī	农村	四会市政府驻地西南部
下罗	Xiàluó	农村	四会市政府驻地西南部
大文村	Dàwéncūn	农村	四会市政府驻地南部
新梁巷	Xīnliángxiàng	农村	四会市政府驻地西南部
陆铁村	Lùtiěcūn	农村	四会市政府驻地西南部
上罗	Shàngluó	农村	四会市政府驻地西南部
唐屋	Tángwū	农村	四会市政府驻地西南部
竹园	Zhúyuán	农村	四会市政府驻地西南部
五桥	Wǔqiáo	农村	大沙镇政府驻地北部
叶屋	Yèwū	农村	大沙镇政府驻地西北部
冲头	Chōngtóu	农村	大沙镇政府驻地西北部
何屋	Héwū	农村	大沙镇政府驻地西北部
会龙	Huìlóng	农村	大沙镇政府驻地西北部
利边	Lìbiān	农村	大沙镇政府驻地西北部
兴贤	Xīngxián	农村	大沙镇政府驻地西北部
张湾	Zhāngwān	农村	大沙镇政府驻地西北部
朱边	Zhūbiān	农村	大沙镇政府驻地西北部
韩村	Háncūn	农村	四会市政府驻地东南部
凤江	Fèngjiāng	农村	四会市政府驻地东南部
上隆	Shànglóng	农村	四会市政府驻地东南部
京步	Jīngbù	农村	四会市政府驻地西南部
联和	Liánhé	农村	四会市政府驻地西南部
罗坑	Luókēng	农村	四会市政府驻地西南部
石仁	Shírén	农村	四会市政府驻地西南部
瓦窑	Wǎyáo	农村	大沙镇政府驻地西北部
赵村	Zhàocūn	农村	四会市政府驻地东南部
下步	Xiàbù	农村	四会市政府驻地东南部

（续上表）

标准名称	汉语拼音	地名类别	相对位置
崀屈村	Làngqūcūn	农村	四会市政府驻地西南部
莫村	Mòcūn	农村	四会市政府驻地南部
梁巷	Liángxiàng	农村	四会市政府驻地东南部
冯屋	Féngwū	农村	四会市政府驻地东南部
沥溪	Lìxī	农村	四会市政府驻地东南部
谭村	Táncūn	农村	四会市政府驻地东南部
张巷	Zhāngxiàng	农村	四会市政府驻地东南部
水边	Shuǐbiān	农村	四会市政府驻地东南部
麻沥	Málì	农村	四会市政府驻地东南部
袁村	Yuáncūn	农村	四会市政府驻地东南部
陈冲村	Chénchōngcūn	农村	四会市政府驻地南部
郭苏	Guōsū	农村	四会市政府驻地东南部
邵村	Shàocūn	农村	四会市政府驻地东南部
中洲	Zhōngzhōu	农村	大沙镇政府驻地西北部
向阳	Xiàngyáng	农村	四会市政府驻地东南部
李元角	Lǐyuánjiǎo	农村	四会市政府驻地东南部
圣厚	Shènghòu	农村	四会市政府驻地东南部
叙龙	Xùlóng	农村	四会市政府驻地东南部
下洲	Xiàzhōu	农村	大沙镇政府驻地西北部
下塘贤	Xiàtángxián	农村	大沙镇政府驻地西北部
为民二	Wéimín'èr	农村	四会市政府驻地东南部
为民一	Wéimínyī	农村	四会市政府驻地东南部
新农村	Xīnnóngcūn	农村	四会市政府驻地东南部
黄屋	Huángwū	农村	四会市政府驻地南部
马屋	Mǎwū	农村	四会市政府驻地东南部
卫东	Wèidōng	农村	四会市政府驻地东南部
新屋	Xīnwū	农村	四会市政府驻地东南部
张屋	Zhāngwū	农村	四会市政府驻地东南部
马村	Mǎcūn	农村	四会市政府驻地东南部
区屋	Ōuwū	农村	四会市政府驻地西南部

（续上表）

标准名称	汉语拼音	地名类别	相对位置
区村	Ōucūn	农村	四会市政府驻地南部
黄牛岭村	Huángniúlǐngcūn	农村	四会市政府驻地西南部
欧岗六村	Ōugǎngliùcūn	农村	四会市政府驻地西南部
欧岗七	Ōugǎngqī	农村	四会市政府驻地西南部
东华	Dōnghuá	农村	四会市政府驻地西南部
林陈	Línchén	农村	四会市政府驻地西南部
竹寨	Zhúzhài	农村	四会市政府驻地西南部
上步	Shàngbù	农村	四会市政府驻地东南部
中步	Zhōngbù	农村	四会市政府驻地东南部
裴村	Péicūn	农村	四会市政府驻地东南部
园心	Yuánxīn	农村	大沙镇政府驻地西北部
横塞	Héngsāi	农村	四会市东南部
始院村	Shǐyuàncūn	农村	四会市政府驻地东南部
塘村三	Tángcūnsān	农村	四会市西南部
永红	Yǒnghóng	农村	四会市政府驻地西南部
坭城村	Níchéngcūn	农村	四会市西南部
下冼	Xiàxiǎn	农村	大沙镇政府驻地西北部
简巷	Jiǎnxiàng	农村	四会市政府驻地东南部
布心村	Bùxīncūn	农村	四会市政府驻地南部
坑黄村	Kēnghuángcūn	农村	四会市政府驻地东南部
罗屋	Luówū	农村	四会市政府驻地西南部
大布村	Dàbùcūn	农村	四会市政府驻地东南部
礼堂	Lǐtáng	农村	四会市政府驻地东南部
贺岗	Hègǎng	农村	四会市政府驻地东南部
大沙园	Dàshāyuán	农村	四会市政府驻地东南部
军营	Jūnyíng	农村	四会市政府驻地西南部
石杰	Shíjié	农村	大沙镇政府驻地西北部
马房	Mǎfáng	农村	四会市政府驻地东南部
黄村	Huángcūn	农村	四会市政府驻地南部
陈村	Chéncūn	农村	四会市政府驻地东南部

（续上表）

标准名称	汉语拼音	地名类别	相对位置
塘美	Tángměi	农村	四会市政府驻地东南部
永东	Yǒngdōng	农村	四会市政府驻地东南部
张元	Zhāngyuán	农村	大沙镇政府驻地西部
挞箔	Tàbó	农村	四会市政府驻地东南部
下沙	Xiàshā	农村	四会市政府驻地南部
上塘贤	Shàngtángxián	农村	大沙镇政府驻地西部
富梓	Fùzǐ	农村	四会市政府驻地西南部
上沙	Shàngshā	农村	四会市政府驻地南部
大坑	Dàkēng	农村	四会市政府驻地东南部
大沙新墟	Dàshāxīnxū	农村	四会市政府驻地东南部
独河渔民村	Dúhé Yúmíncūn	农村	四会市政府驻地东南部
新安二	Xīn'ān'èr	农村	四会市政府驻地西南部
叙贤	Xùxián	农村	四会市政府驻地东南部
邓巷	Dèngxiàng	农村	大沙镇政府驻地西北部
和兴	Héxìng	农村	四会市政府驻地东南部
新江渔民村	Xīnjiāng Yúmíncūn	农村	四会市政府驻地东南部
前进	Qiánjìn	农村	四会市政府驻地西南部
陈家	Chénjiā	农村	四会市政府驻地东南部
刘家	Liújiā	农村	四会市政府驻地东南部
马家	Mǎjiā	农村	四会市政府驻地东南部
赵家	Zhàojiā	农村	四会市政府驻地东南部
新三界市	Xīnsānjièshì	农村	大沙镇政府驻地西北部
南江工业园工人之家	Nánjiāng Gōngyèyuán Gōngrénzhījiā	农村	四会市政府驻地东南部
三江生活区	Sānjiāng Shēnghuóqū	农村	四会市政府驻地东南部
黄屋	Huángwū	农村	四会市政府驻地西南部
旧李	Jiùlǐ	农村	四会市政府驻地西南部
马房渔民新村	Mǎfáng Yúmín Xīncūn	农村	四会市政府驻地东南部
丽坑	Lìkēng	农村	四会市政府驻地西南部
石牌	Shípái	农村	四会市政府驻地西南部

（续上表）

标准名称	汉语拼音	地名类别	相对位置
村心	Cūnxīn	农村	四会市政府驻地东南部
长湾塘	Chángwān Táng	农村	四会市政府驻地东南部
格江	Géjiāng	农村	大沙镇政府驻地西北部
上冼	Shàngxiǎn	农村	大沙镇政府驻地西北部
张家	Zhāngjiā	农村	四会市政府驻地西北部
赤草崀	Chìcǎolàng	农村	四会市政府驻地北部
水车	Shuǐchē	农村	四会市政府驻地北部
狮岭	Shīlǐng	农村	四会市政府驻地西北部
神仙寨	Shénxiānzhài	农村	四会市政府驻地西北部
大板崀	Dàbǎnlàng	农村	四会市政府驻地北部
旧沙巷	Jiùshāxiàng	农村	四会市政府驻地西北部
文光里	Wénguānglǐ	农村	四会市政府驻地西北部
藕塘背	Ǒutángbèi	农村	四会市政府驻地西北部
螺壳岭	Luóké Lǐng	农村	四会市政府驻地西北部
大云脚	Dàyúnjiǎo	农村	四会市政府驻地西北部
黄京坝	Huángjīngbà	农村	四会市政府驻地西北部
青山口	Qīngshānkǒu	农村	四会市政府驻地西北部
大巷口	Dàxiàngkǒu	农村	四会市政府驻地西北部
九坑	Jiǔkēng	农村	四会市政府驻地西北部
牛基甫	Niújīfǔ	农村	四会市政府驻地北部
大纯忠	Dàchúnzhōng	农村	四会市政府驻地北部
禾生	Héshēng	农村	四会市政府驻地北部
格岗山	Gégǎngshān	农村	四会市政府驻地西北部
泥围	Níwéi	农村	四会市政府驻地西北部
崀心	Làngxīn	农村	四会市政府驻地西北部
东安里	Dōng'ānlǐ	农村	四会市政府驻地西北部
白鹤崀	Báihèlàng	农村	四会市政府驻地西北部
邓家	Dèngjiā	农村	四会市政府驻地西北部
碓岩	Duìyán	农村	四会市政府驻地东北部
黄瑞	Huángruì	农村	四会市政府驻地西北部

(续上表)

标准名称	汉语拼音	地名类别	相对位置
黄屋村	Huángwūcūn	农村	四会市政府驻地西北部
坭塘口	Nítángkǒu	农村	四会市政府驻地东北部
大笪	Dàdá	农村	四会市政府驻地东北部
黄家庄	Huángjiāzhuāng	农村	四会市政府驻地东北部
六合	Liùhé	农村	四会市政府驻地东北部
崀抗陂	Làngkàngbēi	农村	四会市政府驻地北部
坑坝村	Kēngbàcūn	农村	四会市政府驻地北部
坑尾头	Kēngwěitóu	农村	四会市政府驻地北部
上明塘	Shàngmíng Táng	农村	四会市政府驻地西北部
福田	Fútián	农村	四会市政府驻地西北部
耙头柄	Pátóubǐng	农村	四会市政府驻地北部
大塘龙	Dàtánglóng	农村	四会市政府驻地北部
大罩	Dàzhào	农村	四会市政府驻地北部
九子里	Jiǔzǐlǐ	农村	四会市政府驻地北部
花草崀	Huācǎolàng	农村	四会市政府驻地西北部
南岭	Nánlǐng	农村	四会市政府驻地西北部
当吉崀	Dāngjílàng	农村	四会市政府驻地西北部
麻子岗	Mázǐ Gǎng	农村	四会市政府驻地西北部
美云	Měiyún	农村	四会市政府驻地西北部
黄芒塘	Huángmáng Táng	农村	四会市政府驻地西北部
旧村塘	Jiùcūn Táng	农村	四会市政府驻地东北部
孔岭村	Kǒnglǐngcūn	农村	四会市政府驻地东北部
李子园	Lǐzǐyuán	农村	四会市政府驻地东北部
角坜	Jiǎolì	农村	四会市政府驻地北部
新塘甫	Xīntángfǔ	农村	四会市政府驻地东北部
迳口寨	Jìngkǒuzhài	农村	四会市政府驻地北部
窝子村	Wōzǐcūn	农村	四会市政府驻地北部
新丰	Xīnfēng	农村	四会市政府驻地东北部
长江咀	Chángjiāngzuǐ	农村	四会市政府驻地北部
芋仔坑	Yùzǎi Kēng	农村	四会市政府驻地西北部

（续上表）

标准名称	汉语拼音	地名类别	相对位置
角塘	Jiǎotáng	农村	四会市政府驻地东北部
花树崀	Huāshùlàng	农村	四会市政府驻地西北部
竹新	Zhúxīn	农村	四会市政府驻地东北部
蝴蝶村	Húdiécūn	农村	四会市政府驻地东北部
塘角崀	Tángjiǎolàng	农村	四会市政府驻地北部
新塘里	Xīntánglǐ	农村	四会市政府驻地北部
守坜	Shǒulì	农村	四会市政府驻地西北部
西基崀	Xījīlàng	农村	四会市政府驻地北部
蛇湾	Shéwān	农村	四会市政府驻地东北部
松山岗	Sōngshān Gǎng	农村	四会市政府驻地西北部
先生岗	Xiānshēng Gǎng	农村	四会市政府驻地西北部
新沙巷	Xīnshāxiàng	农村	四会市政府驻地西北部
西崀	Xīlàng	农村	四会市政府驻地北部
新兴里	Xīnxīnglǐ	农村	四会市政府驻地北部
竹社	Zhúshè	农村	四会市政府驻地北部
营脚	Yíngjiǎo	农村	四会市政府驻地西北部
仙水塘	Xiānshuǐ Táng	农村	四会市政府驻地西北部
姓黄村	Xìnghuángcūn	农村	四会市政府驻地西北部
吴家围	Wújiāwéi	农村	四会市政府驻地往北部
深水坜	Shēnshuǐlì	农村	四会市政府驻地西北部
中间寨	Zhōngjiānzhài	农村	四会市政府驻地西北部
上街	Shàngjiē	农村	四会市政府驻地西北部
石氹	Shídàng	农村	四会市政府驻地西北部
珠子崀	Zhūzǐlàng	农村	四会市政府驻地西北部
小纯忠	Xiǎochúnzhōng	农村	四会市政府驻地北部
杨家	Yángjiā	农村	四会市政府驻地西北部
下明塘	Xiàmíng Táng	农村	四会市政府驻地西北部
虎象塘	Hǔxiàng Táng	农村	四会市政府驻地北部
下街	Xiàjiē	农村	四会市政府驻地西北部
幸福村	Xìngfúcūn	农村	四会市政府驻地西北部

(续上表)

标准名称	汉语拼音	地名类别	相对位置
沙洲	Shāzhōu	农村	四会市政府驻地东北部
罗布	Luóbù	农村	四会市政府驻地西北部
官田	Guāntián	农村	四会市政府驻地北部
岗塔崀	Gǎngtǎlàng	农村	四会市政府驻地西北部
君子甫	Jūnzǐfǔ	农村	四会市政府驻地北部
禾崀岗	Hélàng Gǎng	农村	四会市政府驻地东北部
大东	Dàdōng	农村	四会市政府驻地东北部
高松树	Gāosōngshù	农村	四会市政府驻地西北部
鹅寮	Èliáo	农村	四会市政府驻地西北部
仓田	Cāngtián	农村	四会市政府驻地东北部
王田山	Wángtiánshān	农村	四会市政府驻地西北部
上大坪岗	Shàngdàpíng Gǎng	农村	四会市政府驻地西北部
下大坪岗	Xiàdàpíng Gǎng	农村	四会市政府驻地西北部
地豆圩	Dìdòuxū	农村	四会市政府驻地北部
坳头	Àotóu	农村	四会市政府驻地北部
大崀	Dàlàng	农村	四会市政府驻地东北部
大寨	Dàzhài	农村	四会市政府驻地东北部
红光	Hóngguāng	农村	四会市政府驻地东北部
坑尾	Kēngwěi	农村	四会市政府驻地东北部
崀尾	Làngwěi	农村	四会市政府驻地东北部
新东	Xīndōng	农村	四会市政府驻地东北部
大布崀	Dàbùlàng	农村	四会市政府驻地东北部
新村	Xīncūn	农村	四会市政府驻地东北部
荷木村	Hémùcūn	农村	四会市政府驻地西北部
长安里	Cháng'ānlǐ	农村	四会市政府驻地西北部
长兴	Chángxīng	农村	四会市政府驻地西北部
竹园	Zhúyuán	农村	四会市政府驻地西北部
大塘面	Dàtángmiàn	农村	四会市政府驻地西北部
崀一村	Làngyīcūn	农村	四会市政府驻地西北部
崀二村	Làng'èrcūn	农村	四会市政府驻地西北部

（续上表）

标准名称	汉语拼音	地名类别	相对位置
马崀	Mǎlàng	农村	四会市政府驻地北部
山塘	Shāntáng	农村	四会市政府驻地北部
新陂头	Xīnbēitóu	农村	四会市政府驻地北部
竹坑	Zhúkēng	农村	四会市政府驻地北部
大街东	Dàjiēdōng	农村	四会市政府驻地北部
大街西	Dàjiēxī	农村	四会市政府驻地北部
旧街	Jiùjiē	农村	四会市政府驻地北部
镇府路	Zhènfǔlù	农村	四会市政府驻地北部
地塘	Dìtáng	农村	四会市政府驻地东北部
敦禾里	Dūnhélǐ	农村	四会市政府驻地北部
新上	Xīnshàng	农村	四会市政府驻地东北部
新中	Xīnzhōng	农村	四会市政府驻地东北部
白虎头	Báihǔtóu	农村	四会市政府驻地北部
小东	Xiǎodōng	农村	四会市政府驻地北部
新村	Xīncūn	农村	四会市政府驻地西北部
塘坜	Tánglì	农村	四会市政府驻地西北部
黄思田	Huángsītián	农村	四会市政府驻地西北部
岭背	Lǐngbèi	农村	四会市政府驻地西北部
龙塘	Lóngtáng	农村	四会市政府驻地西北部
藕塘	Ǒutáng	农村	四会市政府驻地西北部
黄泥坎	Huángníkǎn	农村	四会市政府驻地西北部
岭背	Lǐngbèi	农村	四会市政府驻地西北部
欧村	Ōucūn	农村	四会市政府驻地西北部
黄茆坪	Huángmáo Píng	农村	四会市政府驻地西北部
藕围村	Ǒuwéicūn	农村	四会市政府驻地西北部
田寮	Tiánliáo	农村	四会市政府驻地西北部
大寨	Dàzhài	农村	四会市政府驻地西北部
崀仔	Làngzǎi	农村	四会市政府驻地西北部
新屋	Xīnwū	农村	四会市政府驻地西北部
新寨	Xīnzhài	农村	四会市政府驻地西北部

（续上表）

标准名称	汉语拼音	地名类别	相对位置
冲口	Chōngkǒu	农村	四会市政府驻地西北部
大岭	Dàlǐng	农村	四会市政府驻地西北部
邓塘	Dèngtáng	农村	四会市政府驻地西北部
雷家	Léijiā	农村	四会市政府驻地西北部
刘家	Liújiā	农村	四会市政府驻地西北部
三家村	Sānjiācūn	农村	四会市政府驻地西北部
铜鼓岗	Tónggǔ Gǎng	农村	四会市政府驻地西北部
格坑	Gékēng	农村	四会市政府驻地西北部
下村	Xiàcūn	农村	四会市政府驻地西北部
张村	Zhāngcūn	农村	四会市政府驻地西北部
塘坑	Tángkēng	农村	四会市政府驻地西北部
雷家	Léijiā	农村	四会市政府驻地西北部
下洲	Xiàzhōu	农村	四会市政府驻地东北部
大坑一	Dàkēngyī	农村	四会市政府驻地东北部
大坑二	Dàkēng'èr	农村	四会市政府驻地东北部
大坑三	Dàkēngsān	农村	四会市政府驻地东北部
向阳	Xiàngyáng	农村	四会市政府驻地东部
东风	Dōngfēng	农村	四会市政府驻地东南部
黎寨	Lízhài	农村	四会市政府驻地西北部
张洞	Zhāngdòng	农村	四会市政府驻地东南部
寺山	Sìshān	农村	四会市政府驻地东南部
何洞	Hédòng	农村	四会市政府驻地东南部
卫红	Wèihóng	农村	四会市政府驻地东部
香山	Xiāngshān	农村	四会市政府驻地东南部
社坑	Shèkēng	农村	四会市政府驻地东北部
周寨村	Zhōuzhàicūn	农村	四会市政府驻地西北部
沙头	Shātóu	农村	四会市政府驻地东南部
丽岗	Lìgǎng	农村	四会市政府驻地东南部
永红	Yǒnghóng	农村	四会市政府驻地东南部
碟塘	Diétáng	农村	四会市政府驻地东南部

（续上表）

标准名称	汉语拼音	地名类别	相对位置
新屋	Xīnwū	农村	四会市政府驻地东南部
下益	Xiàyì	农村	四会市政府驻地东南部
梁便	Liángbiàn	农村	四会市政府驻地东南部
红旗	Hóngqí	农村	四会市政府驻地东南部
刘屋	Liúwū	农村	四会市政府驻地东南部
蔡便	Càibiàn	农村	四会市政府驻地东南部
烟园	Yānyuán	农村	四会市政府驻地东南部
新寨	Xīnzhài	农村	四会市政府驻地东南部
新寨	Xīnzhài	农村	四会市政府驻地西北部
黄一村	Huángyīcūn	农村	四会市政府驻地西北部
龙田村	Lóngtiáncūn	农村	四会市政府驻地西北部
陈寨	Chénzhài	农村	四会市政府驻地西南部
周村	Zhōucūn	农村	四会市政府驻地西北部
元头布	Yuántóubù	农村	四会市政府驻地西北部
黄二村	Huáng'èrcūn	农村	四会市政府驻地西北部
深巷	Shēnxiàng	农村	四会市政府驻地西北部
胡塘	Hútáng	农村	四会市政府驻地西北部
黎巷	Líxiàng	农村	四会市政府驻地西北部
窑头	Yáotóu	农村	四会市政府驻地西北部
照壁	Zhàobì	农村	四会市政府驻地西北部
新珠	Xīnzhū	农村	四会市政府驻地西北部
新塘	Xīntáng	农村	四会市政府驻地西北部
仙贝	Xiānbèi	农村	四会市政府驻地西北部
邓塘	Dèngtáng	农村	四会市政府驻地西北部
达灰	Dáhuī	农村	四会市政府驻地西北部
罗屋	Luówū	农村	四会市政府驻地西北部
江元	Jiāngyuán	农村	四会市政府驻地西北部
塘前	Tángqián	农村	四会市政府驻地西北部
甫九村	Fǔjiǔcūn	农村	四会市政府驻地西北部
日华	Rìhuá	农村	四会市政府驻地西北部

（续上表）

标准名称	汉语拼音	地名类别	相对位置
莫巷	Mòxiàng	农村	四会市政府驻地西北部
树脚	Shùjiǎo	农村	四会市政府驻地西北部
大路巷	Dàlùxiàng	农村	四会市政府驻地西北部
新巷	Xīnxiàng	农村	四会市政府驻地西北部
旧庄	Jiùzhuāng	农村	四会市政府驻地西北部
汤家	Tāngjiā	农村	四会市政府驻地西北部
地塘岗	Dìtáng Gǎng	农村	四会市政府驻地东北部
里村堀	Lǐcūnkū	农村	四会市政府驻地东北部
山塘口	Shāntángkǒu	农村	四会市政府驻地东北部
岭咀	Lǐngzuǐ	农村	四会市政府驻地东北部
白坭	Báiní	农村	四会市政府驻地东北部
蛤蟆坳	Hánǎ Ào	农村	四会市政府驻地东北部
白苏崀	Báisūlàng	农村	四会市政府驻地东北部
黄泥塘	Huángní Táng	农村	四会市政府驻地东北部
红星	Hóngxīng	农村	四会市政府驻地东北部
新屋	Xīnwū	农村	四会市政府驻地东南部
新屋	Xīnwū	农村	四会市政府驻地东北部
九南	Jiǔnán	农村	四会市政府驻地东北部
新庄	Xīnzhuāng	农村	四会市政府驻地北部
鸦山	Yāshān	农村	四会市政府驻地东北部
矮岗	Ǎigǎng	农村	四会市政府驻地东北部
江村	Jiāngcūn	农村	四会市政府驻地东北部
卫国	Wèiguó	农村	四会市政府驻地东北部
菜坜	Càilì	农村	四会市政府驻地东北部
格江村	Géjiāngcūn	农村	四会市政府驻地东南部
塘基头村	Tángjītóucūn	农村	四会市政府驻地东南部
吉洞村	Jídòngcūn	农村	四会市政府驻地东南部
永安村	Yǒng'āncūn	农村	四会市政府驻地东南部
红岗村	Hónggǎngcūn	农村	四会市政府驻地东南部
严村	Yáncūn	农村	四会市政府驻地东南部

（续上表）

标准名称	汉语拼音	地名类别	相对位置
竹林村	Zhúlíncūn	农村	四会市政府驻地东南部
江头	Jiāngtóu	农村	四会市政府驻地西北部
长宁村	Chángníngcūn	农村	四会市政府驻地东南部
铁岗村	Tiěgǎngcūn	农村	四会市政府驻地东南部
东兴村	Dōngxīngcūn	农村	四会市政府驻地东南部
东兴	Dōngxīng	农村	四会市政府驻地东北部
石塘村	Shítángcūn	农村	四会市政府驻地东南部
塘边	Tángbiān	农村	四会市政府驻地西北部
厚门村	Hòuméncūn	农村	四会市政府驻地西北部
狮爪	Shīzhǎo	农村	四会市政府驻地东北部
周屋村	Zhōuwūcūn	农村	四会市政府驻地东南部
沙沥	Shālì	农村	四会市政府驻地东南部
红村	Hóngcūn	农村	四会市政府驻地东南部
东方红	Dōngfānghóng	农村	四会市政府驻地东部
上洲	Shàngzhōu	农村	四会市政府驻地东北部
石溪	Shíxī	农村	四会市政府驻地东北部
林便	Línbiàn	农村	四会市政府驻地东南部
金鸡	Jīnjī	农村	四会市政府驻地东部
大屈	Dàqū	农村	四会市政府驻地东部
黄寨	Huángzhài	农村	四会市政府驻地西南部
荷村	Hécūn	农村	四会市政府驻地西北部
旱堀	Hànkū	农村	四会市政府驻地东北部
岗尾	Gǎngwěi	农村	四会市政府驻地东南部
平安村	Píng'āncūn	农村	四会市政府驻地东北部
岗头村	Gǎngtóucūn	农村	四会市政府驻地东南部
柑元	Gānyuán	农村	四会市政府驻地西北部
庙口	Miàokǒu	农村	四会市政府驻地西北部
巷尾	Xiàngwěi	农村	四会市政府驻地西北部
新村	Xīncūn	农村	四会市政府驻地西北部
旧寨村	Jiùzhàicūn	农村	四会市政府驻地西北部

(续上表)

标准名称	汉语拼音	地名类别	相对位置
巷尾村	Xiàngwěicūn	农村	四会市政府驻地西北部
怡和村	Yíhécūn	农村	四会市政府驻地西北部
江边村	Jiāngbiāncūn	农村	四会市政府驻地东北部
罗巷	Luóxiàng	农村	四会市政府驻地西北部
昌辉	Chānghuī	农村	四会市政府驻地东部
谢村	Xiècūn	农村	四会市政府驻地西北部
罗四村	Luósìcūn	农村	四会市政府驻地西北部
樊头	Fántóu	农村	四会市政府驻地西北部
大巷	Dàxiàng	农村	四会市政府驻地西北部
低地	Dīdì	农村	四会市政府驻地西北部
岗咀里	Gǎngzuǐlǐ	农村	四会市政府驻地西北部
花瓶新村	Huāpíng Xīncūn	农村	四会市政府驻地西北部
教师村	Jiàoshīcūn	农村	四会市政府驻地西北部
大江村	Dàjiāngcūn	农村	四会市政府驻地东南部
长岗磅	Chánggǎngpáng	农村	四会市政府驻地东北部
新昌	Xīnchāng	农村	四会市政府驻地东南部
苏江一	Sūjiāngyī	农村	四会市政府驻地西南部
苏江二	Sūjiāng'èr	农村	四会市政府驻地西南部
苏江三	Sūjiāngsān	农村	四会市政府驻地西南部
苏江四	Sūjiāngsì	农村	四会市政府驻地西南部
务江	Wùjiāng	农村	四会市政府驻地西北部
元头寨	Yuántóuzhài	农村	四会市政府驻地西北部
大布一	Dàbùyī	农村	四会市政府驻地西北部
大布二	Dàbù'èr	农村	四会市政府驻地西北部
东二村	Dōng'èrcūn	农村	四会市政府驻地西北部
东一村	Dōngyīcūn	农村	四会市政府驻地西北部
巷尾新村	Xiàngwěi Xīncūn	农村	四会市政府驻地西北部
元岗仔	Yuángǎngzǎi	农村	四会市政府驻地东北部
河东新村	Hédōng Xīncūn	农村	四会市政府驻地西北部
鹌岗	Āngǎng	农村	四会市政府驻地东南部

（续上表）

标准名称	汉语拼音	地名类别	相对位置
向东	Xiàngdōng	农村	四会市政府驻地东南部
周元新村	Zhōuyuán Xīncūn	农村	四会市政府驻地西北部
胡深布	Húshēnbù	农村	四会市政府驻地西北部
周寨新村	Zhōuzhài Xīncūn	农村	四会市政府驻地西北部
罗四新村	Luósì Xīncūn	农村	四会市政府驻地西北部
洛口	Luòkǒu	农村	四会市政府驻地西北部
大坑岗	Dàkēng Gǎng	农村	四会市政府驻地西北部
讴公塘	Ōugōng Táng	农村	四会市政府驻地西北部
进步	Jìnbù	农村	四会市政府驻地西北部
住山	Zhùshān	农村	四会市政府驻地西北部
大迳	Dàjìng	农村	四会市政府驻地西北部
旱禾屈	Hànhéqū	农村	四会市政府驻地西北部
王岗	Wánggǎng	农村	四会市政府驻地西北部
水洞坑	Shuǐdòng Kēng	农村	四会市政府驻地西北部
白马崀	Báimǎlàng	农村	四会市政府驻地西北部
塘仔口	Tángzǎikǒu	农村	四会市政府驻地西北部
留塘口	Liútángkǒu	农村	四会市政府驻地西北部
鸡仔屈	Jīzǎiqū	农村	四会市政府驻地西北部
黄洞咀	Huángdòngzuǐ	农村	四会市政府驻地西北部
黄狗崀	Huánggǒulàng	农村	四会市政府驻地西北部
石坳	Shí'ào	农村	四会市政府驻地西北部
正坑	Zhèngkēng	农村	四会市政府驻地西北部
三不坳	Sānbú Ào	农村	四会市政府驻地西北部
麦塘肚	Màitángdù	农村	四会市政府驻地西北部
麦塘口	Màitángkǒu	农村	四会市政府驻地西北部
迳塘	Jìngtáng	农村	四会市政府驻地西北部
燕崀	Yànlàng	农村	四会市政府驻地西北部
星子岗	Xīngzǐ Gǎng	农村	四会市政府驻地西北部
下段	Xiàduàn	农村	四会市政府驻地西北部
圣坑	Shèngkēng	农村	四会市政府驻地西北部

(续上表)

标准名称	汉语拼音	地名类别	相对位置
万洞	Wàndòng	农村	四会市政府驻地西北部
黎坑头	Líkēngtóu	农村	四会市政府驻地西北部
潭坑	Tánkēng	农村	四会市政府驻地西北部
江贝尾	Jiāngbèiwěi	农村	四会市政府驻地西北部
杉坪	Shānpíng	农村	四会市政府驻地西北部
集头岗	Jítóu Gǎng	农村	四会市政府驻地西北部
社岗	Shègǎng	农村	四会市政府驻地西北部
大办山	Dàbànshān	农村	四会市政府驻地西北部
先生塘	Xiānshēng Táng	农村	四会市政府驻地西北部
下洞	Xiàdòng	农村	四会市政府驻地西北部
荔枝岗	Lìzhī Gǎng	农村	四会市政府驻地西北部
栗仔江	Lìzǎijiāng	农村	四会市政府驻地西北部
平头崀	Píngtóulàng	农村	四会市政府驻地西北部
丰饭崀	Fēngfànlàng	农村	四会市政府驻地西北部
龙带	Lóngdài	农村	四会市政府驻地西北部
坑仔洞	Kēngzǎi Dòng	农村	四会市政府驻地西北部
上岗	Shànggǎng	农村	四会市政府驻地西北部
石脚	Shíjiǎo	农村	四会市政府驻地西北部
洞心	Dòngxīn	农村	四会市政府驻地西北部
红旗	Hóngqí	农村	四会市政府驻地西北部
红星	Hóngxīng	农村	四会市政府驻地西北部
新屋	Xīnwū	农村	四会市政府驻地西北部
向阳	Xiàngyáng	农村	四会市政府驻地西北部
村心	Cūnxīn	农村	四会市政府驻地西北部
榄洞	Lǎndòng	农村	四会市政府驻地西北部
牛眠	Niúmián	农村	四会市政府驻地西北部
下岗	Xiàgǎng	农村	四会市政府驻地西北部
章坑村	Zhāngkēngcūn	农村	四会市政府驻地西北部
江咀	Jiāngzuǐ	农村	四会市政府驻地西北部
下寨	Xiàzhài	农村	四会市政府驻地西北部

（续上表）

标准名称	汉语拼音	地名类别	相对位置
凤尾寨	Fèngwěizhài	农村	四会市政府驻地西北部
沙塘坑村	Shātángkēngcūn	农村	四会市政府驻地西北部
上寨	Shàngzhài	农村	四会市政府驻地西北部
迳口	Jìngkǒu	农村	四会市政府驻地西北部
新寨	Xīnzhài	农村	四会市政府驻地西北部
高崀村	Gāolàngcūn	农村	四会市政府驻地西北部
白石咀	Báishízuǐ	农村	四会市政府驻地西北部
龙塘	Lóngtáng	农村	四会市政府驻地西北部
石寨	Shízhài	农村	四会市政府驻地西北部
春长见	Chūnchángjiàn	农村	四会市政府驻地西北部
马迳新村	Mǎjìng Xīncūn	农村	四会市政府驻地西北部
潭坑尾	Tánkēngwěi	农村	四会市政府驻地西北部
西岸	Xī'àn	农村	四会市政府驻地西北部
西岸上寨	Xī'àn Shàngzhài	农村	四会市政府驻地西北部
西岸新屋巷	Xī'àn Xīnwūxiàng	农村	四会市政府驻地西北部
仓前村	Cāngqiáncūn	农村	四会市政府驻地西北部
大陂头	Dàbēitóu	农村	四会市政府驻地西北部
黄坑村	Huángkēngcūn	农村	四会市政府驻地西北部
老鸦岭	Lǎoyā Lǐng	农村	四会市政府驻地西北部
罗扶坳	Luófú Ào	农村	四会市政府驻地西北部
下毫	Xiàháo	农村	四会市政府驻地西北部
竹迳	Zhújìng	农村	四会市政府驻地西北部
卓善村	Zhuóshàncūn	农村	四会市政府驻地西北部
公太营	Gōngtàiyíng	农村	四会市政府驻地西北部
杨村	Yángcūn	农村	四会市政府驻地西北部
老泗塘	Lǎosì Táng	农村	四会市政府驻地西北部
流崀	Liúlàng	农村	四会市政府驻地西北部
张罗坑	Zhāngluó Kēng	农村	四会市政府驻地西北部
张罗口	Zhāngluókǒu	农村	四会市政府驻地西北部
荷菜塘	Hécài Táng	农村	四会市政府驻地西北部

（续上表）

标准名称	汉语拼音	地名类别	相对位置
深坑	Shēnkēng	农村	四会市政府驻地西北部
黄李	Huánglǐ	农村	四会市政府驻地西北部
黄村	Huángcūn	农村	四会市政府驻地西北部
岗尾崀	Gǎngwěilàng	农村	四会市政府驻地西北部
鸡栖坑	Jīqī Kēng	农村	四会市政府驻地西北部
新兴	Xīnxīng	农村	四会市政府驻地西北部
十二带	Shí'èrdài	农村	四会市政府驻地西北部
冼村	Xiǎncūn	农村	四会市政府驻地西北部
游水岗	Yóushuǐ Gǎng	农村	四会市政府驻地西北部
田心	Tiánxīn	农村	四会市政府驻地西北部
大窝江	Dàwōjiāng	农村	四会市政府驻地西北部
高带	Gāodài	农村	四会市政府驻地西北部
建洪尾	Jiànhóngwěi	农村	四会市政府驻地西北部
大拨	Dàbō	农村	四会市政府驻地西北部
木兰	Mùlán	农村	四会市政府驻地西北部
前锋	Qiánfēng	农村	四会市政府驻地西北部
官山二	Guānshān'èr	农村	四会市政府驻地西北部
官山一	Guānshānyī	农村	四会市政府驻地西北部
建洪	Jiànhóng	农村	四会市政府驻地西北部
杀竹	Shāzhú	农村	四会市政府驻地西北部
牛眠村	Niúmiáncūn	农村	四会市政府驻地西北部
红星村	Hóngxīngcūn	农村	四会市政府驻地西北部
井气口	Jǐngqìkǒu	农村	四会市政府驻地西北部
李三寨	Lǐsānzhài	农村	四会市政府驻地西北部
荷群	Héqún	农村	四会市政府驻地西北部
旱塘	Hàntáng	农村	四会市政府驻地西北部
仁兴	Rénxīng	农村	四会市政府驻地西北部
红卫村	Hóngwèicūn	农村	四会市政府驻地西北部
两脚崀	Liǎngjiǎolàng	农村	四会市政府驻地西北部
铺仔	Pùzǎi	农村	四会市政府驻地西北部

（续上表）

标准名称	汉语拼音	地名类别	相对位置
彭村	Péngcūn	农村	四会市政府驻地西北部
雷村	Léicūn	农村	四会市政府驻地西北部
二和巷	Èrhéxiàng	农村	四会市政府驻地西北部
大塘基	Dàtángjī	农村	四会市政府驻地西北部
高陂	Gāobēi	农村	四会市政府驻地西北部
冷脚岩	Lěngjiǎoyán	农村	四会市政府驻地西北部
山大塘	Shāndà Táng	农村	四会市政府驻地西北部
丰文村	Fēngwéncūn	农村	四会市政府驻地西北部
官陂	Guānbēi	农村	四会市政府驻地西北部
榄岗	Lǎngǎng	农村	四会市政府驻地西北部
龙坑	Lóngkēng	农村	四会市政府驻地西北部
马岩	Mǎyán	农村	四会市政府驻地西北部
福厚	Fúhòu	农村	四会市政府驻地西北部
布上崀	Bùshànglàng	农村	四会市政府驻地西北部
梅仔坪	Méizǎi Píng	农村	四会市政府驻地西北部
南寮	Nánliáo	农村	四会市政府驻地西北部
南厂	Nánchǎng	农村	四会市政府驻地西北部
高龙尾	Gāolóngwěi	农村	四会市政府驻地西北部
横岭脚	Hénglǐngjiǎo	农村	四会市政府驻地西北部
顿岗	Dùngǎng	农村	四会市政府驻地西北部
清荣	Qīngróng	农村	四会市政府驻地西北部
藕塘	Ǒutáng	农村	四会市政府驻地西北部
大山口	Dàshānkǒu	农村	四会市政府驻地西北部
刀坑	Dāokēng	农村	四会市政府驻地西北部
邱黄	Qiūhuáng	农村	四会市政府驻地西北部
格田园	Gétiányuán	农村	四会市政府驻地西北部
浩太	Hàotài	农村	四会市政府驻地西北部
林崀	Línlàng	农村	四会市政府驻地西北部
马岗	Mǎgǎng	农村	四会市政府驻地西北部
桥头	Qiáotóu	农村	四会市政府驻地西北部

(续上表)

标准名称	汉语拼音	地名类别	相对位置
车塘下	Chētángxià	农村	四会市政府驻地西北部
大发	Dàfā	农村	四会市政府驻地西北部
范村	Fàncūn	农村	四会市政府驻地西北部
林村	Líncūn	农村	四会市政府驻地西北部
刘村	Liúcūn	农村	四会市政府驻地西北部
带头角	Dàitóujiǎo	农村	四会市政府驻地西北部
墩子	Dūnzǐ	农村	四会市政府驻地西北部
莫崀	Mòlàng	农村	四会市政府驻地西北部
彭坑	Péngkēng	农村	四会市政府驻地西北部
南房坑	Nánfáng Kēng	农村	四会市政府驻地西北部
莫塘	Mòtáng	农村	四会市政府驻地西北部
背夫崀	Bèifūlàng	农村	四会市政府驻地西北部
点菜引	Diǎncàiyǐn	农村	四会市政府驻地西北部
九牛	Jiǔniú	农村	四会市政府驻地西北部
大夫田	Dàfūtián	农村	四会市政府驻地西北部
虎神地	Hǔshéndì	农村	四会市政府驻地西北部
卷头屈	Juàntóuqū	农村	四会市政府驻地西北部
培崀	Péilàng	农村	四会市政府驻地西北部
连子	Liánzǐ	农村	四会市政府驻地西北部
下木良	Xiàmùliáng	农村	四会市政府驻地西北部
钟村	Zhōngcūn	农村	四会市政府驻地西北部
肖家	Xiāojiā	农村	四会市政府驻地西北部
牛牯崀	Niúgǔlàng	农村	四会市政府驻地西北部
横溪	Héngxī	农村	四会市政府驻地西北部
河山	Héshān	农村	四会市政府驻地西北部
三合	Sānhé	农村	四会市政府驻地西北部
高村	Gāocūn	农村	四会市政府驻地西北部
蛤头	Hátóu	农村	四会市政府驻地西北部
古曹	Gǔcáo	农村	四会市政府驻地西北部
里田	Lǐtián	农村	四会市政府驻地西北部

（续上表）

标准名称	汉语拼音	地名类别	相对位置
冬溪	Dōngxī	农村	四会市政府驻地西北部
岭坳	Lǐng'ào	农村	四会市政府驻地西北部
蛇引	Shéyǐn	农村	四会市政府驻地西北部
老榕坝二	Lǎoróngbà'èr	农村	四会市政府驻地西北部
三坑庙	Sānkēngmiào	农村	四会市政府驻地西北部
万新	Wànxīn	农村	四会市政府驻地西北部
西山	Xīshān	农村	四会市政府驻地西北部
新田	Xīntián	农村	四会市政府驻地西北部
布侧	Bùcè	农村	四会市政府驻地西北部
氹田	Dàngtián	农村	四会市政府驻地西北部
黄竹迳	Huángzhújìng	农村	四会市政府驻地西北部
上木良	Shàngmùliáng	农村	四会市政府驻地西北部
大墩	Dàduàn	农村	四会市政府驻地西北部
暗迳	Ànjìng	农村	四会市政府驻地西北部
田脚岭	Tiánjiǎolǐng	农村	四会市政府驻地西北部
上梁	Shàngliáng	农村	四会市政府驻地西北部
上杨	Shàngyáng	农村	四会市政府驻地西北部
上周	Shàngzhōu	农村	四会市政府驻地西北部
大江	Dàjiāng	农村	四会市政府驻地西北部
斗竹	Dòuzhú	农村	四会市政府驻地西北部
芋合塘	Yùhé Táng	农村	四会市政府驻地西北部
杨齐	Yángqí	农村	四会市政府驻地西北部
楼村	Lóucūn	农村	四会市政府驻地西北部
小乐	Xiǎolè	农村	四会市政府驻地西北部
苏坑	Sūkēng	农村	四会市政府驻地西北部
严坑尾	Yánkēngwěi	农村	四会市政府驻地西北部
苏村	Sūcūn	农村	四会市政府驻地西北部
太阶	Tàijiē	农村	四会市政府驻地西北部
佛下杨	Fóxiàyáng	农村	四会市政府驻地西北部
下周	Xiàzhōu	农村	四会市政府驻地西北部

(续上表)

标准名称	汉语拼音	地名类别	相对位置
竹园孔	Zhúyuánkǒng	农村	四会市政府驻地西北部
上榄岗	Shànglǎn Gǎng	农村	四会市政府驻地西北部
塘口	Tángkǒu	农村	四会市政府驻地西北部
天井堂	Tiānjǐngtáng	农村	四会市政府驻地西北部
新洲	Xīnzhōu	农村	四会市政府驻地西北部
曙光	Shǔguāng	农村	四会市政府驻地西北部
水花潭	Shuǐhuātán	农村	四会市政府驻地西北部
蜈蚣崀	Wúgōnglàng	农村	四会市政府驻地西北部
新联	Xīnlián	农村	四会市政府驻地西北部
烟仔地	Yānzǎidì	农村	四会市政府驻地西北部
圳边	Zhènbiān	农村	四会市政府驻地西北部
石仔崀	Shízǎilàng	农村	四会市政府驻地西北部
乡村	Xiāngcūn	农村	四会市政府驻地西北部
下蓝	Xiàlán	农村	四会市政府驻地西北部
上新屋	Shàngxīnwū	农村	四会市政府驻地西北部
水圳头	Shuǐzhèntóu	农村	四会市政府驻地西北部
石仔碑	Shízǎibēi	农村	四会市政府驻地西北部
新二	Xīn'èr	农村	四会市政府驻地西北部
下梁	Xiàliáng	农村	四会市政府驻地西北部
尤鱼寨	Yóuyúzhài	农村	四会市政府驻地西北部
增村	Zēngcūn	农村	四会市政府驻地西北部
塘洞口	Tángdòngkǒu	农村	四会市政府驻地西北部
田螺	Tiánluó	农村	四会市政府驻地西北部
新塘园	Xīntángyuán	农村	四会市政府驻地西北部
水城	Shuǐchéng	农村	四会市政府驻地西北部
养老坑	Yǎnglǎo Kēng	农村	四会市政府驻地西北部
黄松岗	Huángsōng Gǎng	农村	四会市政府驻地西北部
东便闸	Dōngbiànzhá	农村	四会市政府驻地西北部
卢屋	Lúwū	农村	四会市政府驻地西北部
江厂	Jiāngchǎng	农村	四会市政府驻地西北部

（续上表）

标准名称	汉语拼音	地名类别	相对位置
猪仔行	Zhūzǎiháng	农村	四会市政府驻地西北部
石仔岗	Shízǎi Gǎng	农村	四会市政府驻地西北部
长乐	Chánglè	农村	四会市政府驻地西北部
大垌	Dàdòng	农村	四会市政府驻地西北部
新旧屋	Xīnjiùwū	农村	四会市政府驻地西北部
塘洞	Tángdòng	农村	四会市政府驻地西北部
严坑口	Yánkēngkǒu	农村	四会市政府驻地西北部
大岭	Dàlǐng	农村	四会市政府驻地西北部
江边	Jiāngbiān	农村	四会市政府驻地西北部
何村	Hécūn	农村	四会市政府驻地西北部
李村	Lǐcūn	农村	四会市政府驻地西北部
卢村	Lúcūn	农村	四会市政府驻地西北部
王村	Wángcūn	农村	四会市政府驻地西北部
新兴	Xīnxīng	农村	四会市政府驻地西北部
东边布	Dōngbiānbù	农村	四会市政府驻地西北部
马力二	Mǎlì'èr	农村	四会市政府驻地西北部
马力一	Mǎlìyī	农村	四会市政府驻地西北部
谭村	Táncūn	农村	四会市政府驻地西北部
佛上杨	Fóshàngyáng	农村	四会市政府驻地西北部
龙塘	Lóngtáng	农村	四会市政府驻地西北部
麦崀	Màilàng	农村	四会市政府驻地西北部
岗咀	Gǎngzuǐ	农村	四会市政府驻地西北部
周村	Zhōucūn	农村	四会市政府驻地西北部
佛仔坪	Fózǎi Píng	农村	四会市政府驻地西北部
崀头	Làngtóu	农村	四会市政府驻地西北部
黎寨	Lízhài	农村	四会市政府驻地西北部
长江村	Chángjiāngcūn	农村	四会市政府驻地西北部
瓦窑村	Wǎyáocūn	农村	四会市政府驻地西北部
鸦溪村	Yāxīcūn	农村	四会市政府驻地西北部
太平村	Tàipíngcūn	农村	四会市政府驻地西北部

(续上表)

标准名称	汉语拼音	地名类别	相对位置
陂仔	Bēizǎi	农村	四会市政府驻地西北部
高寨	Gāozhài	农村	四会市政府驻地西北部
何村	Hécūn	农村	四会市政府驻地西北部
李村	Lǐcūn	农村	四会市政府驻地西北部
吴村	Wúcūn	农村	四会市政府驻地西北部
谢村	Xiècūn	农村	四会市政府驻地西北部
新村	Xīncūn	农村	四会市政府驻地西北部
岗背二	Gǎngbèi'èr	农村	四会市政府驻地西北部
岗背一	Gǎngbèiyī	农村	四会市政府驻地西北部
清水塘	Qīngshuǐ Táng	农村	四会市政府驻地西北部
下耕	Xiàgēng	农村	四会市政府驻地西北部
象岗	Xiànggǎng	农村	四会市政府驻地西北部
新塘	Xīntáng	农村	四会市政府驻地西北部
中耕	Zhōnggēng	农村	四会市政府驻地西北部
大坪	Dàpíng	农村	四会市政府驻地西北部
何村	Hécūn	农村	四会市政府驻地西北部
王村	Wángcūn	农村	四会市政府驻地西北部
新屋	Xīnwū	农村	四会市政府驻地西北部
塘垌	Tángdòng	农村	四会市政府驻地西北部
培崀新村	Péilàng Xīncūn	农村	四会市政府驻地西北部
旧屋	Jiùwū	农村	四会市政府驻地西北部
藕塘	Ǒutáng	农村	四会市政府驻地西北部
新寨	Xīnzhài	农村	四会市政府驻地西北部
永安	Yǒng'ān	农村	四会市政府驻地西北部
长兴	Chángxīng	农村	四会市政府驻地西北部
竹园	Zhúyuán	农村	四会市政府驻地西北部
虾罗	Xiāluó	农村	四会市政府驻地西北部
布咀	Bùzuǐ	农村	四会市政府驻地西北部
大寨	Dàzhài	农村	四会市政府驻地西北部
丁村	Dīngcūn	农村	四会市政府驻地西北部

（续上表）

标准名称	汉语拼音	地名类别	相对位置
门楼	Ménlóu	农村	四会市政府驻地西北部
马村	Mǎcūn	农村	四会市政府驻地西北部
长布	Chángbù	农村	四会市政府驻地西北部
陈村	Chéncūn	农村	四会市政府驻地西北部
大垌	Dàdòng	农村	四会市政府驻地西北部
大寨	Dàzhài	农村	四会市政府驻地西北部
格坑	Gékēng	农村	四会市政府驻地西北部
大王二	Dàwáng'èr	农村	四会市政府驻地西北部
大王一	Dàwángyī	农村	四会市政府驻地西北部
腐竹坝	Fǔzhúbà	农村	四会市政府驻地西北部
崩岗头	Bēnggǎngtóu	农村	四会市政府驻地西北部
卢村	Lúcūn	农村	四会市政府驻地西北部
新围	Xīnwéi	农村	四会市政府驻地西北部
新寨	Xīnzhài	农村	四会市政府驻地西北部
张村	Zhāngcūn	农村	四会市政府驻地西北部
黄坑	Huángkēng	农村	四会市政府驻地西北部
荔枝园	Lìzhīyuán	农村	四会市政府驻地西北部
新圩	Xīnxū	农村	四会市政府驻地西北部
丁二村	Dīng'èrcūn	农村	四会市政府驻地西北部
丁一村	Dīngyīcūn	农村	四会市政府驻地西北部
龙珠	Lóngzhū	农村	四会市政府驻地西北部
沙街二村	Shājiē'èrcūn	农村	四会市政府驻地西北部
沙街一村	Shājiēyīcūn	农村	四会市政府驻地西北部
新街二村	Xīnjiē'èrcūn	农村	四会市政府驻地西北部
新街一村	Xīnjiēyīcūn	农村	四会市政府驻地西北部
姓刘寨	Xìngliúzhài	农村	四会市政府驻地西北部
李巷	Lǐxiàng	农村	四会市政府驻地西北部
塘尾	Tángwěi	农村	四会市政府驻地西北部
江村	Jiāngcūn	农村	四会市政府驻地西北部
草布	Cǎobù	农村	四会市政府驻地西北部

（续上表）

标准名称	汉语拼音	地名类别	相对位置
竹寨	Zhúzhài	农村	四会市政府驻地西北部
三角塘	Sānjiǎo Táng	农村	四会市政府驻地西北部
麻子村	Mázǐcūn	农村	四会市政府驻地东北部
松子	Sōngzǐ	农村	四会市政府驻地东北部
旧村	Jiùcūn	农村	四会市政府驻地东北部
洞坑	Dòngkēng	农村	四会市政府驻地东北部
坑尾	Kēngwěi	农村	四会市政府驻地东北部
横档	Héngdàng	农村	四会市政府驻地东北部
矮岗	Ǎigǎng	农村	四会市政府驻地东北部
进子崀	Jìnzǐlàng	农村	四会市政府驻地东北部
迎下	Yíngxià	农村	四会市政府驻地东北部
新围	Xīnwéi	农村	四会市政府驻地东北部
凤山	Fèngshān	农村	四会市政府驻地东北部
长下	Chángxià	农村	四会市政府驻地东北部
长上	Chángshàng	农村	四会市政府驻地东北部
蛤蟆屯	Hánǎtún	农村	四会市政府驻地东北部
虎崩	Hǔbēng	农村	四会市政府驻地东北部
岭埂头	Lǐnggěngtóu	农村	四会市政府驻地东北部
河坑	Hékēng	农村	四会市政府驻地东北部
赤坳	Chǐ'ào	农村	四会市政府驻地东北部
茶坑	Chákēng	农村	四会市政府驻地东北部
山塘寨	Shāntángzhài	农村	四会市政府驻地东北部
冠山	Guànshān	农村	四会市政府驻地东北部
建新	Jiànxīn	农村	四会市政府驻地东北部
东兴里	Dōngxìnglǐ	农村	四会市政府驻地东北部
竹尾岭	Zhúwěi Lǐng	农村	四会市政府驻地东北部
迳仔崀	Jìngzǎilàng	农村	四会市政府驻地东北部
迳口村	Jìngkǒucūn	农村	四会市政府驻地东北部
恩岭	Ēnlǐng	农村	四会市政府驻地东北部
金勾	Jīngōu	农村	四会市政府驻地东北部

（续上表）

标准名称	汉语拼音	地名类别	相对位置
新农村	Xīnnóngcūn	农村	四会市政府驻地东北部
狮脑	Shīnǎo	农村	四会市政府驻地东北部
深坜	Shēnlì	农村	四会市政府驻地东北部
蕉坑	Jiāokēng	农村	四会市政府驻地东北部
下岗	Xiàgǎng	农村	四会市政府驻地东北部
独岗	Dúgǎng	农村	四会市政府驻地东北部
祠堂寨	Cítángzhài	农村	四会市政府驻地东北部
三角岭	Sānjiǎo Lǐng	农村	四会市政府驻地东北部
连塘村	Liántángcūn	农村	四会市政府驻地东北部
蛇屋	Shéwū	农村	四会市政府驻地东北部
王村营	Wángcūnyíng	农村	四会市政府驻地东北部
大塘面	Dàtángmiàn	农村	四会市政府驻地东北部
秤钩村	Chènggōucūn	农村	四会市政府驻地东北部
岗顶	Gǎngdǐng	农村	四会市政府驻地东北部
田心	Tiánxīn	农村	四会市政府驻地东北部
三家村	Sānjiācūn	农村	四会市政府驻地东北部
坭塘	Nítáng	农村	四会市政府驻地东北部
新屋	Xīnwū	农村	四会市政府驻地东北部
官田崀	Guāntiánlàng	农村	四会市政府驻地东北部
先锋	Xiānfēng	农村	四会市政府驻地东北部
围墩脚	Wéidūnjiǎo	农村	四会市政府驻地东北部
田车	Tiánchē	农村	四会市政府驻地东北部
程学岭	Chéngxué Lǐng	农村	四会市政府驻地东北部
新田	Xīntián	农村	四会市政府驻地东北部
大崀	Dàlàng	农村	四会市政府驻地东北部
松三	Sōngsān	农村	四会市政府驻地东北部
松青	Sōngqīng	农村	四会市政府驻地东北部
小隘	Xiǎo'ài	农村	四会市政府驻地东北部
圣塘	Shèngtáng	农村	四会市政府驻地东北部
欧岭	Ōulǐng	农村	四会市政府驻地东北部

(续上表)

标准名称	汉语拼音	地名类别	相对位置
大石塱	Dàshílàng	农村	四会市政府驻地东北部
寺边岗	Sìbiān Gǎng	农村	四会市政府驻地东北部
榄树村	Lǎnshùcūn	农村	四会市政府驻地东北部
尤鱼	Yóuyú	农村	四会市政府驻地东北部
三马塱	Sānmǎlàng	农村	四会市政府驻地东北部
罗口	Luókǒu	农村	四会市政府驻地东北部
东来村	Dōngláicūn	农村	四会市政府驻地东北部
牛眠	Niúmián	农村	四会市政府驻地东北部
凤凰村	Fènghuángcūn	农村	四会市政府驻地东北部
孔下岭	Kǒngxià Lǐng	农村	四会市政府驻地东北部
沙迳塱	Shājìnglàng	农村	四会市政府驻地东北部
佃田	Diàntián	农村	四会市政府驻地东北部
小塱	Xiǎolàng	农村	四会市政府驻地东北部
金古塱	Jīngǔlàng	农村	四会市政府驻地东北部
元龙村	Yuánlóngcūn	农村	四会市政府驻地东北部
沙塱	Shālàng	农村	四会市政府驻地东北部
侧塱	Cèlàng	农村	四会市政府驻地东北部
马安	Mǎ'ān	农村	四会市政府驻地东北部
上下河村	Shàngxiàhécūn	农村	四会市政府驻地东北部
布塱	Bùlàng	农村	四会市政府驻地东北部
赤岗边	Chìgǎngbiān	农村	四会市政府驻地东北部
松塱	Sōnglàng	农村	四会市政府驻地东北部
旧石塱	Jiùshílàng	农村	四会市政府驻地东北部
白贯	Báiguàn	农村	四会市政府驻地东北部
新石塱	Xīnshílàng	农村	四会市政府驻地东北部
江北塱	Jiāngběilàng	农村	四会市政府驻地东北部
石坑	Shíkēng	农村	四会市政府驻地东北部
石牙虾	Shíyáxiā	农村	四会市政府驻地东北部
瓦窑塱	Wǎyáolàng	农村	四会市政府驻地东北部
上寨村	Shàngzhàicūn	农村	四会市政府驻地东北部

（续上表）

标准名称	汉语拼音	地名类别	相对位置
桂子境	Guìzǐjìng	农村	四会市政府驻地东北部
下麦岗	Xiàmài Gǎng	农村	四会市政府驻地东北部
竹头崀	Zhútóulàng	农村	四会市政府驻地东北部
会事岗	Huìshì Gǎng	农村	四会市政府驻地东北部
新村	Xīncūn	农村	四会市政府驻地东北部
下寮	Xiàliáo	农村	四会市政府驻地东北部
坭赤崀	Níchìlàng	农村	四会市政府驻地东北部
坑坝	Kēngbà	农村	四会市政府驻地东北部
下田心	Xiàtiánxīn	农村	四会市政府驻地东北部
马路	Mǎlù	农村	四会市政府驻地东北部
迳坑	Jìngkēng	农村	四会市政府驻地东北部
牛角龙	Niújiǎolóng	农村	四会市政府驻地东北部
坳头	Àotóu	农村	四会市政府驻地东北部
大洼	Dàwā	农村	四会市政府驻地东北部
新张田	Xīnzhāngtián	农村	四会市政府驻地东北部
社光磅	Shèguāngpáng	农村	四会市政府驻地东北部
旧张田	Jiùzhāngtián	农村	四会市政府驻地东北部
半坑	Bànkēng	农村	四会市政府驻地东北部
崀仔	Làngzǎi	农村	四会市政府驻地东北部
迎头	Yíngtóu	农村	四会市政府驻地东北部
东兴里	Dōngxìnglǐ	农村	四会市政府驻地东北部
方崀	Fānglàng	农村	四会市政府驻地东北部
沙田	Shātián	农村	四会市政府驻地东北部
大坪	Dàpíng	农村	四会市政府驻地东北部
花楼	Huālóu	农村	四会市政府驻地东北部
蛇尾	Shéwěi	农村	四会市政府驻地东北部
下严	Xiàyán	农村	四会市政府驻地东北部
上严	Shàngyán	农村	四会市政府驻地东北部
竹坑	Zhúkēng	农村	四会市政府驻地东北部
旧寨	Jiùzhài	农村	四会市政府驻地东北部

（续上表）

标准名称	汉语拼音	地名类别	相对位置
新屋村	Xīnwūcūn	农村	四会市政府驻地东北部
龙眼头	Lóngyǎntóu	农村	四会市政府驻地东北部
胜利	Shènglì	农村	四会市政府驻地东北部
中屋	Zhōngwū	农村	四会市政府驻地东北部
新田村	Xīntiáncūn	农村	四会市政府驻地东北部
大东迳	Dàdōngjìng	农村	四会市政府驻地东北部
上麦岗	Shàngmài Gǎng	农村	四会市政府驻地东北部
旧村	Jiùcūn	农村	四会市政府驻地东北部
上坑	Shàngkēng	农村	四会市政府驻地东北部
下坑	Xiàkēng	农村	四会市政府驻地东北部
联红村	Liánhóngcūn	农村	四会市政府驻地东北部
长腰岗村	Chángyāogǎngcūn	农村	四会市政府驻地东北部
前进	Qiánjìn	农村	四会市政府驻地东北部
人民	Rénmín	农村	四会市政府驻地东北部
岗下	Gǎngxià	农村	四会市政府驻地东北部
上排	Shàngpái	农村	四会市政府驻地东北部
白石坳	Báishí Ào	农村	四会市政府驻地东北部
大坳岗	Dà'ào Gǎng	农村	四会市政府驻地东北部
大利	Dàlì	农村	四会市政府驻地东北部
新寨	Xīnzhài	农村	四会市政府驻地东北部
燕子岗	Yànzǐ Gǎng	农村	四会市政府驻地东北部
稔仔窝	Rěnzǎi Wō	农村	四会市政府驻地东北部
下寮圩	Xiàliáoxū	农村	四会市政府驻地东北部
洪塘	Hóngtáng	农村	龙甫镇政府驻地北部
德岗	Dégǎng	农村	龙甫镇政府驻地北部
塘坑咀	Tángkēngzuǐ	农村	龙甫镇政府驻地东北部
麻坳	Má'ào	农村	龙甫镇政府驻地东北部
梅岗	Méigǎng	农村	龙甫镇政府驻地东北部
石头岗	Shítóu Gǎng	农村	龙甫镇政府驻地东北部
进田坑	Jìntián Kēng	农村	龙甫镇政府驻地东北部

（续上表）

标准名称	汉语拼音	地名类别	相对位置
虎板坑	Hǔbǎn Kēng	农村	龙甫镇政府驻地东北部
星仔岗	Xīngzǎi Gǎng	农村	龙甫镇政府驻地东北部
上田心	Shàngtiánxīn	农村	龙甫镇政府驻地东北部
禾地岗	Hédì Gǎng	农村	龙甫镇政府驻地东北部
旺田	Wàngtián	农村	龙甫镇政府驻地北部
冲洞	Chōngdòng	农村	龙甫镇政府驻地西北部
赤岗	Chìgǎng	农村	龙甫镇政府驻地北部
乌石寨	Wūshízhài	农村	龙甫镇政府驻地北部
新乌石	Xīnwūshí	农村	龙甫镇政府驻地北部
治安	Zhì'ān	农村	龙甫镇政府驻地西北部
饭盖岗	Fàngài Gǎng	农村	龙甫镇政府驻地西北部
白水	Báishuǐ	农村	龙甫镇政府驻地北部
盆岗	Péngǎng	农村	龙甫镇政府驻地北部
西向	Xīxiàng	农村	龙甫镇政府驻地北部
杨梅	Yángméi	农村	龙甫镇政府驻地北部
历吉	Lìjí	农村	龙甫镇政府驻地北部
营脚圩	Yíngjiǎoxū	农村	龙甫镇政府驻地东北部
廖家庄	Liàojiāzhuāng	农村	龙甫镇政府驻地北部
仁厚	Rénhòu	农村	龙甫镇政府驻地北部
汤可	Tāngkě	农村	龙甫镇政府驻地北部
坑洲	Kēngzhōu	农村	龙甫镇政府驻地东北部
朱心寨	Zhūxīnzhài	农村	龙甫镇政府驻地东北部
龙头崀	Lóngtóuláng	农村	龙甫镇政府驻地东北部
马步崀	Mǎbùláng	农村	龙甫镇政府驻地东北部
对面岗	Duìmiàn Gǎng	农村	龙甫镇政府驻地北部
中田心	Zhōngtiánxīn	农村	龙甫镇政府驻地东北部
白石塘大寨	Báishítángdàzhài	农村	龙甫镇政府驻地北部
塘旦岗	Tángdàn Gǎng	农村	龙甫镇政府驻地北部
披头岗	Pītóu Gǎng	农村	龙甫镇政府驻地北部
蚁田	Yǐtián	农村	龙甫镇政府驻地东北部

(续上表)

标准名称	汉语拼音	地名类别	相对位置
太平坑	Tàipíng Kēng	农村	龙甫镇政府驻地东北部
鹧鸪	Zhègū	农村	龙甫镇政府驻地北部
长布咀	Chángbùzuǐ	农村	龙甫镇政府驻地东北部
禄村	Lùcūn	农村	龙甫镇政府北部
寺前	Sìqián	农村	龙甫镇政府驻地东北部
路村	Lùcūn	农村	龙甫镇政府驻地北部
曾家	Zēngjiā	农村	龙甫镇政府驻地北部
寺贝	Sìbèi	农村	龙甫镇政府驻地北部
广才塘	Guǎngcái Táng	农村	龙甫镇政府驻地西北部
虎头岗	Hǔtóu Gǎng	农村	龙甫镇政府驻地东北部
庙咀	Miàozuǐ	农村	龙甫镇政府驻地东北部
见子	Jiànzǐ	农村	龙甫镇政府驻地东北部
龙头大寨	Lóngtóudàzhài	农村	龙甫镇政府驻地东北部
佛仔咀	Fózǎizuǐ	农村	龙甫镇政府驻地北部
麦崀	Màilàng	农村	龙甫镇政府驻地东北部
三角塘	Sānjiǎo Táng	农村	龙甫镇政府驻地北部
茅坳	Máo'ào	农村	龙甫镇政府驻地东北部
高洞	Gāodòng	农村	龙甫镇政府驻地东北部
村头	Cūntóu	农村	龙甫镇政府驻地北部
保安	Bǎo'ān	农村	龙甫镇政府驻地北部
大江边	Dàjiāngbiān	农村	龙甫镇政府驻地东部
欧田	Ōutián	农村	龙甫镇政府驻地东部
大江咀	Dàjiāngzuǐ	农村	龙甫镇政府驻地西部
上中	Shàngzhōng	农村	龙甫镇政府驻地东北部
笔架山	Bǐjiàshān	农村	龙甫镇政府驻地东北部
圣塘	Shèngtáng	农村	龙甫镇政府驻地北部
新寨	Xīnzhài	农村	龙甫镇政府驻地北部
江咀	Jiāngzuǐ	农村	龙甫镇政府驻地东北部
新寨	Xīnzhài	农村	龙甫镇政府驻地往北部
佛仔咀	Fózǎizuǐ	农村	龙甫镇政府驻地东北部

（续上表）

标准名称	汉语拼音	地名类别	相对位置
江咀	Jiāngzuǐ	农村	龙甫镇政府驻地北部
新围	Xīnwéi	农村	龙甫镇政府驻地北部
塘头	Tángtóu	农村	龙甫镇政府驻地北部
新屋	Xīnwū	农村	龙甫镇政府驻地西部
白沙岭	Báishā Lǐng	农村	龙甫镇政府驻地北部
白屋	Báiwū	农村	龙甫镇政府驻地北部
燕仔堀	Yànzǎikū	农村	龙甫镇政府驻地西部
新村	Xīncūn	农村	龙甫镇政府驻地东北部
江咀	Jiāngzuǐ	农村	龙甫镇政府驻地东北部
大坑口	Dàkēngkǒu	农村	龙甫镇政府驻地东北部
秀茛	Xiùlàng	农村	龙甫镇政府驻地东北部
江边	Jiāngbiān	农村	龙甫镇政府驻地东北部
茛寨	Làngzhài	农村	龙甫镇政府驻地东北部
茛尾	Làngwěi	农村	龙甫镇政府驻地东北部
高寨	Gāozhài	农村	龙甫镇政府驻地东北部
大坪	Dàpíng	农村	龙甫镇政府驻地东北部
独岗	Dúgǎng	农村	龙甫镇政府驻地东北部
营脚村	Yíngjiǎocūn	农村	龙甫镇政府驻地东北部
坑头	Kēngtóu	农村	龙甫镇政府驻地东北部
下田心	Xiàtiánxīn	农村	龙甫镇政府驻地东北部
营脚下	Yíngjiǎoxià	农村	罗源镇北部
禾景	Héjǐng	农村	罗源镇东南部
长岭咀	Chánglǐngzuǐ	农村	罗源镇中部
瓦窑塘	Wǎyáo Táng	农村	罗源镇北部
学村	Xuécūn	农村	罗源镇南部
塘角	Tángjiǎo	农村	罗源镇南部
沙美	Shāměi	农村	罗源镇南部
仓丰	Cāngfēng	农村	罗源镇西部
姓蓝寨	Xìnglánzhài	农村	罗源镇南部
格坑园	Gékēngyuán	农村	罗源镇东南部

（续上表）

标准名称	汉语拼音	地名类别	相对位置
瓦窑头	Wǎyáotóu	农村	罗源镇东南部
新开田	Xīnkāitián	农村	罗源镇南部
叶寨	Yèzhài	农村	罗源镇东南部
沙南九	Shānánjiǔ	农村	罗源镇东南部
丁寨	Dīngzhài	农村	罗源镇东南部
福禄村	Fúlùcūn	农村	罗源镇东部
铁坑	Tiěkēng	农村	罗源镇西部
马车崀	Mǎchēlàng	农村	罗源镇西部
胜利村	Shènglìcūn	农村	罗源镇东北部
连禾坑	Liánhé Kēng	农村	罗源镇西部
稔水扶	Rěnshuǐfú	农村	罗源镇西部
蟠龙	Pánlóng	农村	罗源镇北部
乌石岗	Wūshí Gǎng	农村	罗源镇东北部
山塘坝	Shāntángbà	农村	罗源镇西部
军田村	Jūntiáncūn	农村	罗源镇西部
门口洞	Ménkǒu Dòng	农村	罗源镇西部
桥子头	Qiáozǐtóu	农村	罗源镇中部
长尾坑	Chángwěi Kēng	农村	罗源镇东南部
曾宅	Zēngzhái	农村	罗源镇东北部
何宅	Hézhái	农村	罗源镇东北部
上王屋	Shàngwángwū	农村	罗源镇中部
下王屋	Xiàwángwū	农村	罗源镇中部
坑氹	Kēngdàng	农村	罗源镇东南部
新圩	Xīnxū	农村	罗源镇东部
冲二	Chōng'èr	农村	罗源镇东北部
冲一	Chōngyī	农村	罗源镇东北部
洞二	Dòng'èr	农村	罗源镇
洞六	Dòngliù	农村	罗源镇
洞七	Dòngqī	农村	罗源镇
洞三	Dòngsān	农村	罗源镇

（续上表）

标准名称	汉语拼音	地名类别	相对位置
洞四	Dòngsì	农村	罗源镇
洞一	Dòngyī	农村	罗源镇
松布	Sōngbù	农村	罗源镇中部
鸭仔扶	Yāzǎifú	农村	罗源镇南部
大坑口	Dàkēngkǒu	农村	罗源镇西北部
田寮	Tiánliáo	农村	罗源镇北部
红光	Hóngguāng	农村	罗源镇中部
南塘	Nántáng	农村	罗源镇中部
陈屋	Chénwū	农村	罗源镇中部
连群村	Liánqúncūn	农村	罗源镇西北部
麻子寨	Mázǐzhài	农村	罗源镇中部
牛角龙	Niújiǎolóng	农村	罗源镇西南部
沙沥	Shālì	农村	罗源镇西部
叶屋	Yèwū	农村	罗源镇中部
林宅	Línzhái	农村	罗源镇政府驻地东南部
花山	Huāshān	农村	罗源镇南部
石寨	Shízhài	农村	罗源镇南部
田心	Tiánxīn	农村	罗源镇南部
新村	Xīncūn	农村	罗源镇东部
礼堂	Lǐtáng	农村	罗源镇南部
岗边寨	Gǎngbiānzhài	农村	罗源镇东南部
三桂堂	Sānguì Táng	农村	罗源镇东南部
门口岭	Ménkǒu Lǐng	农村	罗源镇西部
新屋	Xīnwū	农村	罗源镇西部
淡桥屈	Dànqiáoqū	农村	罗源镇西部
狮子村	Shīzǐcūn	农村	四会市政府驻地西北部
寮畔	Liáopàn	农村	四会市政府驻地西北部
金坑	Jīnkēng	农村	四会市政府驻地西部
江边	Jiāngbiān	农村	四会市政府驻地西北部
大坪	Dàpíng	农村	四会市政府驻地西北部

（续上表）

标准名称	汉语拼音	地名类别	相对位置
隔岗	Gégǎng	农村	四会市政府驻地西北部
勒菜	Lècài	农村	四会市政府驻地西北部
塘边	Tángbiān	农村	四会市政府驻地西北部
马安岗	Mǎ'ān Gǎng	农村	四会市政府驻地西北部
都崀村	Dūlàngcūn	农村	四会市政府驻地西北部
企山寨	Qǐshānzhài	农村	四会市政府驻地西北部
讴坑	Ōukēng	农村	四会市政府驻地西北部
带头	Dàitóu	农村	四会市政府驻地西北部
厚田	Hòutián	农村	四会市政府驻地西部
大坳	Dà'ào	农村	四会市政府驻地西部
五村	Wǔcūn	农村	四会市政府驻地西北部
佛仔	Fózǎi	农村	四会市政府驻地西北部
岭仔岗	Lǐngzǎi Gǎng	农村	四会市政府驻地西北部
猪仔岗	Zhūzǎi Gǎng	农村	四会市政府驻地西北部
公塘	Gōngtáng	农村	四会市政府驻地西北部
石路头	Shílùtóu	农村	四会市政府驻地西北部
红卫	Hóngwèi	农村	四会市政府驻地西北部
新寨	Xīnzhài	农村	四会市政府驻地西北部
浪口	Làngkǒu	农村	四会市政府驻地西北部
背后岗	Bèihòu Gǎng	农村	四会市政府驻地西北部
担江	Dānjiāng	农村	四会市政府驻地西北部
石崩	Shíbēng	农村	四会市政府驻地西北部
石塘坑	Shítáng Kēng	农村	四会市政府驻地西北部
木岗	Mùgǎng	农村	四会市政府驻地西北部
何崀	Hélàng	农村	四会市政府驻地西北部
企田	Qǐtián	农村	四会市政府驻地西北部
车坡洞	Chēpō Dòng	农村	四会市政府驻地西北部
山仔脚	Shānzǎijiǎo	农村	四会市政府驻地西北部
珠沙坑	Zhūshā Kēng	农村	四会市政府驻地西北部
下塘	Xiàtáng	农村	四会市政府驻地西北部

（续上表）

标准名称	汉语拼音	地名类别	相对位置
联和	Liánhé	农村	四会市政府驻地西北部
河洲塘	Hézhōu Táng	农村	四会市政府驻地西北部
上塘	Shàngtáng	农村	四会市政府驻地西北部
庵岗	Āngǎng	农村	四会市政府驻地西北部
良坳	Liáng'ào	农村	四会市政府驻地西北部
新围塘	Xīnwéi Táng	农村	四会市政府驻地西北部
担坑	Dānkēng	农村	四会市政府驻地西北部
上马石	Shàngmǎshí	农村	四会市政府驻地西北部
黄布	Huángbù	农村	四会市政府驻地西北部
粉碧	Fěnbì	农村	四会市政府驻地西北部
陈田	Chéntián	农村	四会市政府驻地西北部
泽村	Zécūn	农村	四会市政府驻地西北部
塘坑	Tángkēng	农村	四会市政府驻地西北部
谢田	Xiètián	农村	四会市政府驻地西北部
莫村	Mòcūn	农村	四会市政府驻地西北部
禾岭	Hélǐng	农村	四会市政府驻地西北部
申角	Shēnjiǎo	农村	四会市政府驻地西北部
邓屋	Dèngwū	农村	四会市政府驻地西北部
对坑	Duìkēng	农村	四会市政府驻地西北部
江珠	Jiāngzhū	农村	四会市政府驻地西北部
石巷	Shíxiàng	农村	四会市政府驻地西北部
瓦窑	Wǎyáo	农村	四会市政府驻地西北部
鸦了洞	Yāledòng	农村	四会市政府驻地西北部
马脚	Mǎjiǎo	农村	四会市政府驻地西北部
凤村	Fèngcūn	农村	四会市政府驻地西北部
马头塘	Mǎtóu Táng	农村	四会市政府驻地西北部
四宅	Sìzhái	农村	四会市政府驻地西北部
梅坑	Méikēng	农村	四会市政府驻地西北部
水口	Shuǐkǒu	农村	四会市政府驻地西北部
罗坑	Luókēng	农村	四会市政府驻地西北部

（续上表）

标准名称	汉语拼音	地名类别	相对位置
永红	Yǒnghóng	农村	四会市政府驻地西北部
船头岗	Chuántóu Gǎng	农村	四会市政府驻地西北部
鸡头岗	Jītóu Gǎng	农村	四会市政府驻地西北部
鹅春窑	Échūnyáo	农村	四会市政府驻地西北部
姓潘寨	Xìngpānzhài	农村	四会市政府驻地西北部
大竹崀	Dàzhúlàng	农村	四会市政府驻地西北部
江咀	Jiāngzuǐ	农村	四会市政府驻地西北部
石夹口	Shíjiákǒu	农村	四会市政府驻地西北部
三丫塘	Sānyā Táng	农村	四会市政府驻地西北部
坑尾	Kēngwěi	农村	四会市政府驻地西北部
廻龙	Huílóng	农村	四会市政府驻地西北部
班鸠尾	Bānjiūwěi	农村	四会市政府驻地西北部
上茅崀	Shàngmáolàng	农村	四会市政府驻地西北部
牛鼻咀	Niúbízuǐ	农村	四会市政府驻地西北部
万安厂	Wàn'ānchǎng	农村	四会市政府驻地西北部
姓李寨	Xìnglǐzhài	农村	四会市政府驻地西北部
姓钟寨	Xìngzhōngzhài	农村	四会市政府驻地西北部
寺田坑	Sìtián Kēng	农村	四会市政府驻地西北部
新屋	Xīnwū	农村	四会市政府驻地西北部
天元	Tiānyuán	农村	四会市政府驻地西北部
祥源	Xiángyuán	农村	四会市政府驻地西北部
隔坑寨	Gékēngzhài	农村	四会市政府驻地西北部
鸭子田	Yāzǐtián	农村	四会市政府驻地西北部
梅心崀	Méixīnlàng	农村	四会市政府驻地西北部
塘肚	Tángdù	农村	四会市政府驻地西北部
高排	Gāopái	农村	四会市政府驻地西北部
昌盛	Chāngshèng	农村	四会市政府驻地西北部
虾蚧蚶	Xiājièhān	农村	四会市政府驻地西北部
姑禾塘	Gūhé Táng	农村	四会市政府驻地西北部
大锅	Dàguō	农村	四会市政府驻地西北部

（续上表）

标准名称	汉语拼音	地名类别	相对位置
巡崀	Xúnlàng	农村	四会市政府驻地西北部
罗群	Luóqún	农村	四会市政府驻地西北部
牛湾角	Niúwānjiǎo	农村	四会市政府驻地西北部
石屈	Shíqū	农村	四会市政府驻地西北部
严坑口	Yánkēngkǒu	农村	四会市政府驻地西部
坑尾	Kēngwěi	农村	四会市政府驻地西部
黎洲	Lízhōu	农村	四会市政府驻地西部
简背	Jiǎnbèi	农村	四会市政府驻地西部
下坳	Xià'ào	农村	四会市政府驻地西部
井头磅	Jǐngtóupáng	农村	四会市政府驻地西部
河洞	Hédòng	农村	四会市政府驻地西部
上墩	Shàngdūn	农村	四会市政府驻地西部
迳口	Jìngkǒu	农村	四会市政府驻地西北部
高排	Gāopái	农村	四会市政府驻地西部
下迳	Xiàjìng	农村	四会市政府驻地西部
三多	Sānduō	农村	四会市政府驻地西部
洞心	Dòngxīn	农村	四会市政府驻地西部
大办	Dàbàn	农村	四会市政府驻地西部
下洞	Xiàdòng	农村	四会市政府驻地西部
新屋	Xīnwū	农村	四会市政府驻地西部
东风	Dōngfēng	农村	四会市政府驻地西部
新兴	Xīnxīng	农村	四会市政府驻地西部
大碗	Dàwǎn	农村	四会市政府驻地西北部
上排	Shàngpái	农村	四会市政府驻地西北部
留田	Liútián	农村	四会市政府驻地西北部
安昌	Ānchāng	农村	四会市政府驻地西北部
风扇崀	Fēngshànlàng	农村	四会市政府驻地西北部
半坑	Bànkēng	农村	四会市政府驻地西北部
松屈	Sōngqū	农村	四会市政府驻地西北部
八斗种	Bādǒuzhǒng	农村	四会市政府驻地西北部

（续上表）

标准名称	汉语拼音	地名类别	相对位置
凭伞	Píngsǎn	农村	四会市政府驻地西北部
益隆	Yìlóng	农村	四会市政府驻地西北部
洋崀	Yánglàng	农村	四会市政府驻地西北部
墩顶	Dūndǐng	农村	四会市政府驻地西北部
黎元头	Líyuántóu	农村	四会市政府驻地西北部
黄山岗	Huángshān Gǎng	农村	四会市政府驻地西北部
下寨	Xiàzhài	农村	四会市政府驻地西北部
福龙	Fúlóng	农村	四会市政府驻地西北部
刁屋	Diāowū	农村	四会市政府驻地西北部
田心	Tiánxīn	农村	四会市政府驻地西北部
谭九	Tánjiǔ	农村	四会市政府驻地西北部
森村	Sēncūn	农村	四会市政府驻地西北部
上新屋	Shàngxīnwū	农村	四会市政府驻地西北部
元墩	Yuándūn	农村	四会市政府驻地西北部
狗耳崀	Gǒu'ěrlàng	农村	四会市政府驻地西北部
官塘	Guāntáng	农村	四会市政府驻地西北部
芦坑	Lúkēng	农村	四会市政府驻地西北部
禾岭脚	Hélǐngjiǎo	农村	四会市政府驻地西北部
陈塘	Chéntáng	农村	四会市政府驻地西北部
路琴	Lùqín	农村	四会市政府驻地西北部
潮坑	Cháokēng	农村	四会市政府驻地西北部
大门口	Dàménkǒu	农村	四会市政府驻地西北部
新庙	Xīnmiào	农村	四会市政府驻地西北部
码石	Mǎshí	农村	四会市政府驻地西北部
大洞尾	Dàdòngwěi	农村	四会市政府驻地西北部
下新屋	Xiàxīnwū	农村	四会市政府驻地西北部
飞鹅塘	Fēi'é Táng	农村	四会市政府驻地西北部
万天崀	Wàntiānlàng	农村	四会市政府驻地西北部
东坑	Dōngkēng	农村	四会市政府驻地西北部
福田	Fútián	农村	四会市政府驻地西北部

（续上表）

标准名称	汉语拼音	地名类别	相对位置
田洞	Tiándòng	农村	四会市政府驻地西北部
光荣	Guāngróng	农村	四会市政府驻地西北部
上旱	Shànghàn	农村	四会市政府驻地西部
上环	Shànghuán	农村	四会市政府驻地西部
下旱	Xiàhàn	农村	四会市政府驻地西部
蒲沙	Púshā	农村	四会市政府驻地西北部
三角市	Sānjiǎoshì	农村	四会市政府驻地西北部
中街	Zhōngjiē	农村	四会市政府驻地西北部
格坑	Gékēng	农村	四会市政府驻地西北部
黄陂	Huángbēi	农村	四会市政府驻地西北部
红锋	Hóngfēng	农村	四会市政府驻地西北部
井头	Jǐngtóu	农村	四会市政府驻地西北部
新寨	Xīnzhài	农村	四会市政府驻地西北部
圩头	Xūtóu	农村	四会市政府驻地西北部
圩尾	Xūwěi	农村	四会市政府驻地西北部
中塘	Zhōngtáng	农村	四会市政府驻地西北部
坑尾	Kēngwěi	农村	四会市政府驻地西部
新田	Xīntián	农村	四会市政府驻地西北部
元昌	Yuánchāng	农村	四会市政府驻地西北部
塘尾	Tángwěi	农村	四会市政府驻地西北部
大寨	Dàzhài	农村	四会市政府驻地西北部
新桥村	Xīnqiáocūn	农村	四会市政府驻地西北部
石狗旧圩	Shígǒujiùxū	农村	四会市政府驻地西北部
黄巷	Huángxiàng	农村	四会市政府驻地西部
邓巷	Dèngxiàng	农村	四会市政府驻地西部
上坳	Shàng'ào	农村	四会市政府驻地西部
黄茆	Huángmáo	农村	四会市政府驻地西北部
罗洞	Luódòng	农村	四会市政府驻地西北部
田心屋	Tiánxīnwū	农村	四会市政府驻地西北部
上新屋	Shàngxīnwū	农村	四会市政府驻地西北部

(续上表)

标准名称	汉语拼音	地名类别	相对位置
木头湖	Mùtóuhú	农村	四会市政府驻地西北部
寺崀咀	Sìlàngzuǐ	农村	四会市政府驻地西北部
江咀	Jiāngzuǐ	农村	四会市政府驻地西北部
锣锅坑	Luóguōkēng	农村	四会市政府驻地西北部
白沙岗	Báishā Gǎng	农村	威整镇政府驻地南部
下闸	Xiàzhá	农村	威整镇东南部
布腰	Bùyāo	农村	威整镇南部
善庆里	Shànqìnglǐ	农村	威整镇南部
金盘里	Jīnpánlǐ	农村	威整镇东部
甜竹坑	Tiánzhú Kēng	农村	威整镇西北部
白带下	Báidàixià	农村	威整镇西北部
源岗坪	Yuángǎng Píng	农村	威整镇北部
老山	Lǎoshān	农村	威整镇东北部
车寮	Chēliáo	农村	威整镇东北部
南龙	Nánlóng	农村	威整镇南部
桥步	Qiáobù	农村	威整镇北部
莫田	Mòtián	农村	威整镇南部
西坑	Xīkēng	农村	威整镇南部
苏屋	Sūwū	农村	威整镇南部
九毛洞	Jiǔmáo Dòng	农村	威整镇南部
六布	Liùbù	农村	威整镇南部
茨菇塘	Cígū Táng	农村	威整镇南部
谢屋	Xièwū	农村	威整镇北部
洲湾	Zhōuwān	农村	威整镇北部
松树塘	Sōngshù Táng	农村	威整镇南部
岗边	Gǎngbiān	农村	威整镇南部
大磅	Dàpáng	农村	威整镇北部
林屋	Línwū	农村	威整镇北部
上蕉坪	Shàngjiāo Píng	农村	威整镇北部
下蕉坪	Xiàjiāo Píng	农村	威整镇北部

（续上表）

标准名称	汉语拼音	地名类别	相对位置
白石布	Báishíbù	农村	威整镇南部
瓦屋崀	Wǎwūlàng	农村	威整镇东北部
联合	Liánhé	农村	威整镇
旱印	Hànyìn	农村	威整镇东北部
笛仔山	Dízǎishān	农村	威整镇北部
冯村	Féngcūn	农村	威整镇北部
芒窝	Mángwō	农村	威整镇北部
朱村	Zhūcūn	农村	威整镇北部
牛过沙	Niúguòshā	农村	威整镇北部
上王岗	Shàngwáng Gǎng	农村	威整镇北部
下王岗	Xiàwáng Gǎng	农村	威整镇北部
鱼尾形	Yúwěixíng	农村	威整镇北部
锦绣	Jǐnxiù	农村	威整镇南部
力棚	Lìpéng	农村	威整镇南部
灰石坑	Huīshí Kēng	农村	威整镇东南部
榄山塘	Lǎnshān Táng	农村	威整镇东南部
白芒坝	Báimángbà	农村	威整镇北部
上官山	Shàngguānshān	农村	威整镇北部
上厘	Shànglí	农村	威整镇东北部
下厘	Xiàlí	农村	威整镇东北部
旧圩	Jiùxū	农村	威整镇北部
双桂坑	Shuāngguì Kēng	农村	威整镇北部
六安	Liù'ān	农村	威整镇南部
沙尾	Shāwěi	农村	威整镇南部
白沙陂	Báishābēi	农村	威整镇西南部
柑元角	Gānyuánjiǎo	农村	威整镇南部
麻地	Mádì	农村	威整镇东部
大树脚	Dàshùjiǎo	农村	威整镇东北部
高基	Gāojī	农村	威整镇东北部
凉水坑	Liángshuǐ Kēng	农村	威整镇东北部

(续上表)

标准名称	汉语拼音	地名类别	相对位置
四杯石	Sìbēishí	农村	威整镇东北部
黄茅咀	Huángmáozuǐ	农村	威整镇南部
马九坜	Mǎjiǔlì	农村	威整镇南部
铺九屈	Pùjiǔqū	农村	威整镇南部
东洲	Dōngzhōu	农村	威整镇南部
佳田	Jiātián	农村	威整镇南部
下官山	Xiàguānshān	农村	威整镇北部
油榨下	Yóuzhàxià	农村	威整镇西北部
银头崀	Yíntóulàng	农村	威整镇南部
上大崀	Shàngdàlàng	农村	威整镇东南部
下大崀	Xiàdàlàng	农村	威整镇东南部
首崀	Shǒulàng	农村	威整镇北部
桐油崀	Tóngyóulàng	农村	威整镇北部
过坑岗	Guòkēnggǎng	农村	威整镇南部
圣塘	Shèngtáng	农村	威整镇南部
新村	Xīncūn	农村	威整镇南部
井仔口	Jǐngzǎikǒu	农村	威整镇南部
丁迎里	Dīngyínglǐ	农村	威整镇南部
前进	Qiánjìn	农村	威整镇北部
坑口	Kēngkǒu	农村	威整镇北部
坑尾	Kēngwěi	农村	威整镇北部
吴村	Wúcūn	农村	威整镇北部
思该下	Sīgāixià	农村	威整镇北部
新村	Xīncūn	农村	威整镇北部
新屋	Xīnwū	农村	威整镇南部
大洲	Dàzhōu	农村	威整镇南部
崀仔	Làngzǎi	农村	威整镇南部
白石	Báishí	农村	威整镇南部
江头	Jiāngtóu	农村	威整镇南部
新田	Xīntián	农村	威整镇南部

(续上表)

标准名称	汉语拼音	地名类别	相对位置
东风	Dōngfēng	农村	威整镇东部
新东	Xīndōng	农村	威整镇中心
新屋	Xīnwū	农村	威整镇南部
永安	Yǒng'ān	农村	威整镇南部
上闸	Shàngzhá	农村	威整镇东南部
田心	Tiánxīn	农村	威整镇南部
大路村	Dàlùcūn	农村	威整镇南部
岗咀	Gǎngzuǐ	农村	四会市政府驻地北部
黎寨	Lízhài	农村	下茆镇政府驻地西部
旱堀	Hànkū	农村	下茆镇政府驻地西北部
邝村	Kuàngcūn	农村	下茆镇政府驻地西部
乌石	Wūshí	农村	下茆镇政府驻地西部
黎元塘	Líyuán Táng	农村	下茆镇政府驻地西偏北
福龙	Fúlóng	农村	下茆镇政府驻地东北部
麦村	Màicūn	农村	下茆镇政府驻地西部
龙口宋	Lóngkǒusòng	农村	下茆镇政府驻地西部
坭坎塘	Níkǎn Táng	农村	下茆镇政府驻地东北部
下长龙	Xiàchánglóng	农村	下茆镇政府驻地西部
黎家	Líjiā	农村	下茆镇政府驻地西部
带仔山	Dàizǎishān	农村	下茆镇政府驻地西北部
六山	Liùshān	农村	下茆镇政府驻地西部
黎坑	Líkēng	农村	下茆镇政府驻地西部
下布崀	Xiàbùlàng	农村	下茆镇政府驻地西部
上长龙	Shàngchánglóng	农村	下茆镇政府驻地西部
金鸡村	Jīnjīcūn	农村	下茆镇政府驻地西部
先桂	Xiānguì	农村	下茆镇镇政府东北部
崩下	Bēngxià	农村	下茆镇政府驻地西北部
雷公塘	Léigōng Táng	农村	下茆镇政府驻地东北部
大崀岗	Dàlàng Gǎng	农村	下茆镇政府驻地西北部
维州	Wéizhōu	农村	下茆镇政府驻地西北部

（续上表）

标准名称	汉语拼音	地名类别	相对位置
龙耳磅	Lóng'ěrpáng	农村	下茆镇政府驻地西偏北部
上肖	Shàngxiāo	农村	下茆镇政府驻地西偏北部
罗汉	Luóhàn	农村	下茆镇政府驻地西偏北部
新围村	Xīnwéicūn	农村	下茆镇政府驻地东北部
辣山口	Làshānkǒu	农村	下茆镇政府驻地东北部
油榨磅	Yóuzhàbàng	农村	下茆镇政府驻地东北部
过路崀	Guòlùlàng	农村	下茆镇政府驻地西偏北部
寺尾	Sìwěi	农村	下茆镇政府驻地西偏北部
担村	Dāncūn	农村	下茆镇政府驻地东北部
红卫	Hóngwèi	农村	下茆镇政府驻地东北部
洲塘	Zhōutáng	农村	下茆镇政府驻地东南部
下堀村	Xiàkūcūn	农村	下茆镇东南部
江脊	Jiāngjǐ	农村	下茆镇东南部
新华	Xīnhuá	农村	下茆镇政府驻地西部
大巷坊	Dàxiàngfāng	农村	下茆镇政府驻地东南
何田	Hétián	农村	下茆镇政府驻地西北部
门口岭	Ménkǒu Lǐng	农村	下茆镇政府驻地北偏东部
新兴	Xīnxīng	农村	下茆镇政府驻地北偏东部
红卫	Hóngwèi	农村	下茆镇政府驻地北偏东部
田心	Tiánxīn	农村	下茆镇政府驻地北偏东部
黄塘	Huángtáng	农村	下茆镇政府驻地东北部
黄竹园	Huángzhúyuán	农村	下茆镇政府驻地北偏东部
盘龙	Pánlóng	农村	下茆镇政府驻地北偏东部
石榴村	Shíliúcūn	农村	下茆镇政府驻地北偏东部
辣山	Làshān	农村	下茆镇政府驻地北偏东部
松木咀	Sōngmùzuǐ	农村	下茆镇政府驻地北偏东部
高崀	Gāolàng	农村	下茆镇政府驻地北偏东部
陂仔	Bēizǎi	农村	下茆镇东北部
下村	Xiàcūn	农村	下茆镇东北部
红星	Hóngxīng	农村	下茆镇东北部

（续上表）

标准名称	汉语拼音	地名类别	相对位置
沙塘	Shātáng	农村	下茆镇东北部
上村	Shàngcūn	农村	下茆镇东北部
新龙	Xīnlóng	农村	下茆镇东北部
新平	Xīnpíng	农村	下茆镇东北部
卢元	Lúyuán	农村	下茆镇东北部
徐村	Xúcūn	农村	下茆镇东北部
欧元	Ōuyuán	农村	下茆镇东北部
七星	Qīxīng	农村	下茆镇东北部
永义	Yǒngyì	农村	下茆镇东北部
上新江	Shàngxīnjiāng	农村	下茆镇北部
下新江	Xiàxīnjiāng	农村	下茆镇东北部
上队	Shàngduì	农村	下茆镇北部
下队	Xiàduì	农村	下茆镇北部
牛咀	Niúzuǐ	农村	下茆镇东北部
上崀	Shànglàng	农村	下茆镇东北部
塘下村	Tángxiàcūn	农村	下茆镇东北部
下巷	Xiàxiàng	农村	下茆镇政府驻地东北部
上巷	Shàngxiàng	农村	下茆镇政府驻地东北部
龙村	Lóngcūn	农村	下茆镇政府驻地东北部
建龙	Jiànlóng	农村	下茆镇政府驻地东北部
一村	Yīcūn	农村	下茆镇政府驻地东北部
西鸦一	Xīyāyī	农村	下茆镇政府驻地东北部
西鸦三	Xīyāsān	农村	下茆镇政府驻地东北部
西鸦二	Xīyā'èr	农村	下茆镇政府驻地东北部
五村	Wǔcūn	农村	下茆镇政府驻地东北部
三村	Sāncūn	农村	下茆镇政府驻地东北部
前布	Qiánbù	农村	下茆镇政府驻地东北部
六村	Liùcūn	农村	下茆镇政府驻地东北部
廖村	Liàocūn	农村	下茆镇政府驻地东北部
格塘	Gétáng	农村	下茆镇政府驻地东北部

(续上表)

标准名称	汉语拼音	地名类别	相对位置
二村	Èrcūn	农村	下茆镇政府驻地东北部
塘西园	Tángxīyuán	农村	下茆镇政府驻地东北部
水尾岜	Shuǐwěilàng	农村	下茆镇政府驻地东北部
岜寨	Làngzhài	农村	下茆镇政府驻地东南部
高龙上寨	Gāolóngshàngzhài	农村	下茆镇政府驻地西偏北
三带坑	Sāndài Kēng	农村	四会市政府驻地西北部
散寨	Sànzhài	农村	四会市政府驻地西北部
坑岜	Kēnglàng	农村	四会市政府驻地西北部
邱家	Qiūjiā	农村	四会市政府驻地西北部
红旗	Hóngqí	农村	下茆镇政府驻地北部
前进	Qiánjìn	农村	下茆镇政府驻地北部
江寨	Jiāngzhài	农村	下茆镇政府驻地北部
大寨	Dàzhài	农村	下茆镇政府驻地北部
新寨	Xīnzhài	农村	下茆镇政府驻地北部
上下巷	Shàngxiàxiàng	农村	下茆镇政府驻地北部
白石坑	Báishí Kēng	农村	下茆镇政府驻地北部
大路坪	Dàlù Píng	农村	下茆镇政府驻地北部
山马村	Shānmǎcūn	农村	下茆镇政府驻地北部
白木洞	Báimù Dòng	农村	下茆镇政府驻地北部
竹斗岗	Zhúdǒu Gǎng	农村	下茆镇政府驻地北部
杉木岗	Shānmù Gǎng	农村	下茆镇政府驻地北部
山口	Shānkǒu	农村	下茆镇政府驻地北部
岜仔岗	Làngzǎi Gǎng	农村	下茆镇政府驻地北部
长龙	Chánglóng	农村	下茆镇政府驻地北部
长江	Chángjiāng	农村	下茆镇政府驻地北部
瓦元咀	Wǎyuánzuǐ	农村	下茆镇政府驻地北部
新兴	Xīnxīng	农村	下茆镇政府驻地东北部
大寨	Dàzhài	农村	下茆镇政府驻地北部
江寨	Jiāngzhài	农村	下茆镇政府驻地东北部
新屋	Xīnwū	农村	下茆镇东北部

（续上表）

标准名称	汉语拼音	地名类别	相对位置
伙崀咀	Huǒlàngzuǐ	农村	下茆镇政府驻地北部
仙子头	Xiānzǐtóu	农村	下茆镇政府驻地北部
孙坳	Sūn'ào	农村	下茆镇政府驻地西北部
江尾	Jiāngwěi	农村	下茆镇政府驻地西部
水寨	Shuǐzhài	农村	下茆镇政府驻地东北部
下江咀	Xiàjiāngzuǐ	农村	下茆镇政府驻地北部
水依塘	Shuǐyī Táng	农村	下茆镇政府驻地西部
南田	Nántián	农村	下茆镇政府驻地北部
苗崀	Miáolàng	农村	下茆镇政府驻地北部
华布	Huábù	农村	下茆镇政府驻地东北部
仙仔新村	Xiānzǎi Xīncūn	农村	下茆镇政府驻地东北部
南田新村	Nántián Xīncūn	农村	下茆镇政府驻地东北部
下江咀新村	Xiàjiāngzuǐ Xīncūn	农村	下茆镇政府驻地北部
张寨	Zhāngzhài	农村	下茆镇政府驻地东北部
丰山口	Fēngshānkǒu	农村	下茆镇政府驻地西部
三坝口	Sānbàkǒu	农村	下茆镇政府驻地西部
军坑	Jūnkēng	农村	下茆镇政府驻地西部
丰迳	Fēngjìng	农村	下茆镇政府驻地西部
蒲洞	Púdòng	农村	下茆镇政府驻地西部
隔坑口	Gékēngkǒu	农村	下茆镇政府驻地西部
公湾	Gōngwān	农村	下茆镇政府驻地西部
迳口	Jìngkǒu	农村	下茆镇政府驻地西偏北部
欧村	Ōucūn	农村	下茆镇政府驻地西北部
谭巷	Tánxiàng	农村	下茆镇政府驻地西部
田心	Tiánxīn	农村	下茆镇政府驻地西部
大洞	Dàdòng	农村	下茆镇政府驻地西偏北部
江氹	Jiāngdàng	农村	下茆镇政府驻地西部
牛岗	Niúgǎng	农村	下茆镇政府驻地西部
欧东村	Ōudōngcūn	农村	下茆镇政府驻地西部
龙口陈	Lóngkǒuchén	农村	下茆镇政府驻地西部

(续上表)

标准名称	汉语拼音	地名类别	相对位置
下巷	Xiàxiàng	农村	下茆镇政府驻地西偏北部
上巷	Shàngxiàng	农村	下茆镇政府驻地西偏北部
门楼	Ménlóu	农村	下茆镇政府驻地北偏西部
吴村	Wúcūn	农村	下茆镇政府驻地西北部
下寨	Xiàzhài	农村	下茆镇政府驻地西北部
佳奕崀	Jiāyìlàng	农村	下茆镇政府驻地西偏北部
红星	Hóngxīng	农村	下茆镇政府驻地东北部
东风	Dōngfēng	农村	下茆镇政府驻地东北部
向阳	Xiàngyáng	农村	下茆镇政府驻地东北部
永红	Yǒnghóng	农村	下茆镇政府驻地东北部
龙办	Lóngbàn	农村	下茆镇政府驻地东北部
卫东	Wèidōng	农村	下茆镇政府驻地东北部
和平	Hépíng	农村	下茆镇政府驻地东北部
连一	Liányī	农村	下茆镇政府驻地东北部
连二	Lián'èr	农村	下茆镇政府驻地东北部
上丰	Shàngfēng	农村	下茆镇政府驻地东北部
下丰	Xiàfēng	农村	下茆镇政府驻地东北部
银江	Yínjiāng	农村	下茆镇政府驻地东北部
马塘	Mǎtáng	农村	下茆镇政府驻地东北部
罗蚌	Luóbàng	农村	下茆镇政府驻地东北部
寺江	Sìjiāng	农村	下茆镇政府驻地东北部
半坑	Bànkēng	农村	下茆镇政府驻地西北部
坑口	Kēngkǒu	农村	下茆镇政府驻地西北部
坑尾	Kēngwěi	农村	下茆镇政府驻地西北部
大崩岗	Dàbēng Gǎng	农村	下茆镇政府驻地西北部
南湖壁	Nánhúbì	农村	下茆镇政府驻地西北部
陈家	Chénjiā	农村	下茆镇政府驻地西北部
打铁坪	Dǎtiě Píng	农村	下茆镇政府驻地西北部
大岗脚	Dàgǎngjiǎo	农村	下茆镇政府驻地西北部
克坑	Kèkēng	农村	下茆镇政府驻地西北部

（续上表）

标准名称	汉语拼音	地名类别	相对位置
上黄岗	Shànghuáng Gǎng	农村	下茆镇政府驻地西北部
盐坑口	Yánkēngkǒu	农村	下茆镇政府驻地西北部
永兴	Yǒngxīng	农村	下茆镇政府驻地西北部
丁村	Dīngcūn	农村	下茆镇东南部
新塘村	Xīntángcūn	农村	下茆镇东南部
下茆旧圩	Xiàmáo Jiùxū	农村	下茆镇政府驻地东部
高龙下寨	Gāolóngxiàzhài	农村	下茆镇府驻地西偏北部
大崀	Dàlàng	农村	下茆镇政府驻地东北部
新寨	Xīnzhài	农村	下茆镇政府驻地东北部
麻布	Mábù	农村	下茆镇政府驻地东北部
新寨	Xīnzhài	农村	四会市政府驻地东北部
东华	Dōnghuá	农村	四会市政府驻地东北部
沙沥五队	Shālìwǔduì	农村	四会市政府驻地东南部
将军岗二队	Jiāngjūngǎng'èrduì	农村	四会市政府驻地东南部
将军岗一队	Jiāngjūngǎngyīduì	农村	四会市政府驻地东南部
三公塘	Sāngōng Táng	农村	四会市政府驻地东部
北围二队	Běiwéi'èrduì	农村	四会市政府驻地东部
北围三队	Běiwéisānduì	农村	四会市政府驻地东北部
将军岗三队	Jiāngjūngǎngsānduì	农村	四会市政府驻地东南部
将军岗八队	Jiāngjūngǎngbāduì	农村	四会市政府驻地东南部
将军岗五队	Jiāngjūngǎngwǔduì	农村	四会市政府驻地东南部
正隆区二队	Zhènglóngqū'èrduì	农村	四会市政府驻地东南部
正隆区六队	Zhènglóngqūliùduì	农村	四会市政府驻地东南部
正隆区三队	Zhènglóngqūsānduì	农村	四会市政府驻地东南部
正隆区一队	Zhènglóngqūyīduì	农村	四会市政府驻地东南部
山塘	Shāntáng	农村	四会市政府驻地东北部
北围一队	Běiwéiyīduì	农村	四会市政府驻地东部
石井尾	Shíjǐngwěi	农村	四会市政府驻地东北部
罗田	Luótián	农村	四会市政府驻地东北部
宋屋	Sòngwū	农村	四会市政府驻地东北部

(续上表)

标准名称	汉语拼音	地名类别	相对位置
葫芦寨	Húlúzhài	农村	四会市政府驻地东北部
花头岭	Huātóu Lǐng	农村	四会市政府驻地东北部
豺狗坑	Cháigǒu Kēng	农村	四会市政府驻地东北部
杨屋	Yángwū	农村	四会市政府驻地东北部
吴振岗	Wúzhèn Gǎng	农村	四会市政府驻地东北部
下刘屋	Xiàliúwū	农村	四会市政府驻地东北部
河村垄	Hécūnlǒng	农村	四会市政府驻地东北部
山口岗	Shānkǒu Gǎng	农村	四会市政府驻地东北部
樟村	Zhāngcūn	农村	四会市政府驻地东北部
塱湖	Lǎnghú	农村	四会市政府驻地东北部
新围	Xīnwéi	农村	四会市政府驻地东部
李坑	Lǐkēng	农村	四会市政府驻地东北部
里塘	Lǐtáng	农村	四会市政府驻地东部
马头营	Mǎtóuyíng	农村	四会市政府驻地东北部
范家	Fànjiā	农村	四会市政府驻地东北部
蒋边	Jiǎngbiān	农村	四会市政府驻地东北部
蒋家	Jiǎngjiā	农村	四会市政府驻地东北部
黎家	Líjiā	农村	四会市政府驻地东北部
猫坑	Māokēng	农村	四会市政府驻地东北部
南塘	Nántáng	农村	四会市政府驻地东北部
崩口村	Bēngkǒucūn	农村	四会市政府驻地东南部
上白沙	Shàngbáishā	农村	四会市政府驻地东南部
瓦窑村	Wǎyáocūn	农村	四会市政府驻地东南部
下白沙	Xiàbáishā	农村	四会市政府驻地东南部
南社村	Nánshècūn	农村	四会市政府驻地东部
周家村	Zhōujiācūn	农村	四会市政府驻地东部
凤岗五队	Fènggǎngwǔduì	农村	四会市政府驻地东部
沙沥一二队	Shālìyī'èrduì	农村	四会市政府驻地东南部
塘村	Tángcūn	农村	四会市政府驻地东部
刘李乐屋	Liúlǐlèwū	农村	四会市政府驻地东北部

（续上表）

标准名称	汉语拼音	地名类别	相对位置
五社队	Wǔshèduì	农村	四会市政府驻地东北部
沙沥三队	Shālìsānduì	农村	四会市政府驻地东南部
凤岗四队	Fènggǎngsìduì	农村	四会市政府驻地东南部
中坎屈	Zhōngkǎnqū	农村	四会市政府驻地东北部
大里村	Dàlǐcūn	农村	四会市政府驻地东北部
曾郭屋	Zēngguōwū	农村	四会市政府驻地东北部
芙蓉办	Fúróngbàn	农村	四会市政府驻地东北部
肖屋	Xiāowū	农村	四会市政府驻地东北部
大良岗旧区部	Dàliánggǎng Jiùqūbù	农村	四会市政府驻地东北部
李家	Lǐjiā	农村	四会市政府驻地东北部
上朱	Shàngzhū	农村	四会市政府驻地东北部
下朱	Xiàzhū	农村	四会市政府驻地东北部
长路村	Chánglùcūn	农村	四会市政府驻地东南部
古塘区一队	Gǔtángqūyīduì	农村	四会市政府驻地东部
古塘区三队	Gǔtángqūsānduì	农村	四会市政府驻地东部
古塘区二队	Gǔtángqū'èrduì	农村	四会市政府驻地东部
叶屋	Yèwū	农村	四会市政府驻地东北部
刘屋	Liúwū	农村	四会市政府驻地东北部
梁巷	Liángxiàng	农村	四会市政府驻地西部
大坑	Dàkēng	农村	四会市政府驻地西北部
龙头	Lóngtóu	农村	四会市政府驻地西北部
江花	Jiānghuā	农村	四会市政府驻地西北部
大湾口	Dàwānkǒu	农村	四会市政府驻地西北部
小布村	Xiǎobùcūn	农村	四会市政府驻地西北部
巷心	Xiàngxīn	农村	四会市政府驻地西北部
陈坑	Chénkēng	农村	四会市政府驻地西北部
半江	Bànjiāng	农村	四会市政府驻地西北部
罗卜崀	Luóbolàng	农村	四会市政府驻地西北部
社塘	Shètáng	农村	四会市政府驻地西北部
迎丰	Yíngfēng	农村	四会市贞山街道

(续上表)

标准名称	汉语拼音	地名类别	相对位置
江上	Jiāngshàng	农村	四会市政府驻地西北部
小潭	Xiǎotán	农村	四会市政府驻地西北部
石塘	Shítáng	农村	四会市政府驻地西北部
石下	Shíxià	农村	四会市政府驻地西北部
下沙村	Xiàshācūn	农村	四会市政府驻地西北部
上沙村	Shàngshācūn	农村	四会市政府驻地西北部
官碑	Guānbēi	农村	四会市政府驻地西北部
松岗	Sōnggǎng	农村	四会市政府驻地西部
曹布	Cáobù	农村	四会市政府驻地西部
鸭乸岭	Yānǎ Lǐng	农村	四会市政府驻地西北部
冲口	Chōngkǒu	农村	四会市政府驻地西部
鸡乸寨	Jīnǎzhài	农村	四会市政府驻地西北部
迳口一村	Jìngkǒuyīcūn	农村	四会市政府驻地西部
迳口二村	Jìngkǒu'èrcūn	农村	四会市政府驻地西部
新寨	Xīnzhài	农村	四会市政府驻地西北部
新寨	Xīnzhài	农村	四会市政府驻地西北部
姚沙村	Yáoshācūn	农村	四会市政府驻地西部
白坟前	Báifénqián	农村	四会市政府驻地西北部
岭脚	Lǐngjiǎo	农村	四会市政府驻地西北部
石溪	Shíxī	农村	四会市政府驻地西北部
长圳坑	Chángzhèn Kēng	农村	四会市政府驻地西部
茅坑	Máokēng	农村	四会市政府驻地西部
上寨	Shàngzhài	农村	四会市政府驻地西部
大布岗	Dàbù Gǎng	农村	四会市政府驻地西北部
下寨	Xiàzhài	农村	四会市政府驻地西北部
下寨	Xiàzhài	农村	四会市政府驻地西北部
榄洞坑	Lǎndòng Kēng	农村	四会市政府驻地西部
坑口	Kēngkǒu	农村	四会市政府驻地西北部
办坑	Bànkēng	农村	四会市政府驻地西北部
连塘布	Liántángbù	农村	四会市政府驻地西北部

（续上表）

标准名称	汉语拼音	地名类别	相对位置
龙塘	Lóngtáng	农村	四会市政府驻地西北部
合坑坝	Hékēngbà	农村	四会市政府驻地西北部
油茶	Yóuchá	农村	四会市政府驻地西北部
竹高塘	Zhúgāo Táng	农村	四会市政府驻地西北部
古寨	Gǔzhài	农村	四会市政府驻地西北部
扶利	Fúlì	农村	四会市政府驻地西北部
赤坭	Chìní	农村	四会市政府驻地西北部
对门	Duìmén	农村	四会市政府驻地西北部
榄布	Lǎnbù	农村	四会市政府驻地西北部
洋坑	Yángkēng	农村	四会市政府驻地西北部
下浪	Xiàlàng	农村	四会市政府驻地西北部
崀仔	Làngzǎi	农村	四会市政府驻地西北部
上兴	Shàngxīng	农村	四会市政府驻地西北部
石坑	Shíkēng	农村	四会市政府驻地西北部
瓦窑	Wǎyáo	农村	四会市政府驻地西北部
禾田坪	Hétián Píng	农村	四会市政府驻地西北部
大圳下	Dàzhènxià	农村	四会市政府驻地西北部
石桥	Shíqiáo	农村	四会市政府驻地西北部
王坑村	Wángkēngcūn	农村	四会市政府驻地西北部
高寨	Gāozhài	农村	四会市政府驻地西北部
田心村	Tiánxīncūn	农村	四会市政府驻地西北部
江备	Jiāngbèi	农村	四会市政府驻地西北部
大湾	Dàwān	农村	四会市政府驻地西北部
小坑尾	Xiǎokēngwěi	农村	四会市政府驻地西北部
坪坑	Píngkēng	农村	四会市政府驻地西北部
仁村	Réncūn	农村	四会市政府驻地西北部
横岗	Hénggǎng	农村	四会市政府驻地西北部
力岗	Lìgǎng	农村	四会市政府驻地西北部
新田	Xīntián	农村	四会市政府驻地西北部
石冲	Shíchōng	农村	四会市政府驻地西北部

(续上表)

标准名称	汉语拼音	地名类别	相对位置
邓企	Dèngqǐ	农村	四会市政府驻地西北部
新种	Xīnzhǒng	农村	四会市政府驻地西北部
芒头窝	Mángtóuwō	农村	四会市政府驻地西北部
清水塘	Qīngshuǐ Táng	农村	四会市政府驻地西北部
新村	Xīncūn	农村	四会市政府驻地西北部
力竹	Lìzhú	农村	四会市政府驻地西北部
坳背	Àobèi	农村	四会市政府驻地西北部
窑仔尾	Yáozǎiwěi	农村	四会市政府驻地西北部
兰坑	Lánkēng	农村	四会市政府驻地西北部
白石	Báishí	农村	四会市政府驻地西北部
黄岑	Huángcén	农村	四会市政府驻地西北部
坑尾	Kēngwěi	农村	四会市政府驻地西北部
陈仔	Chénzǎi	农村	四会市政府驻地西北部
江咀	Jiāngzuǐ	农村	四会市政府驻地西北部
茅坪	Máopíng	农村	四会市政府驻地西北部
盆古	Péngǔ	农村	四会市政府驻地西北部
上厂	Shàngchǎng	农村	四会市政府驻地西北部
布尾寨	Bùwěizhài	农村	四会市政府驻地西北部
田洞头	Tiándòngtóu	农村	四会市政府驻地西北部
王保	Wángbǎo	农村	四会市政府驻地西北部
马崀	Mǎlàng	农村	四会市政府驻地西北部
龙麟	Lónglín	农村	四会市政府驻地西北部
小坑迳	Xiǎokēngjìng	农村	四会市政府驻地西北部
兴隆	Xīnglóng	农村	四会市政府驻地西北部
新屋	Xīnwū	农村	四会市政府驻地西北部
坳顶	Àodǐng	农村	四会市政府驻地西北部
大寨	Dàzhài	农村	四会市政府驻地西北部
对门	Duìmén	农村	四会市政府驻地西北部
满棠村	Mǎntángcūn	农村	四会市政府驻地西部
山脚	Shānjiǎo	农村	四会市政府驻地西北部

（续上表）

标准名称	汉语拼音	地名类别	相对位置
上什	Shàngshí	农村	四会市政府驻地西北部
厘谷	Língǔ	农村	四会市东北部
江围村	Jiāngwéicūn	农村	四会市东北部
下排	Xiàpái	农村	四会市东北部
旺布	Wàngbù	农村	四会市东北部
牛角坝	Niújiǎobà	农村	下茆镇政府西北部
西关二	Xīguān'èr	农村	四会市政府驻地西北部
西关一	Xīguānyī	农村	四会市政府驻地西北部
垌企二	Dòngqǐ'èr	农村	四会市政府驻地西北部
垌企一	Dòngqǐyī	农村	四会市政府驻地西北部
下巷二	Xiàxiàng'èr	农村	四会市政府驻地西北部
下巷一	Xiàxiàngyī	农村	四会市政府驻地西北部
江队	Jiāngduì	农村	四会市政府驻地西北部
寨仔角	Zhàizǎijiǎo	农村	四会市政府驻地西北部
门楼角	Ménlóujiǎo	农村	四会市政府驻地西北部
青砖巷	Qīngzhuānxiàng	农村	四会市政府驻地西北部
格厘山	Gélíshān	农村	四会市政府驻地西北部
黎崀	Líláng	农村	四会市政府驻地西北部
带下村	Dàixiàcūn	农村	四会市政府驻地西北部
下黄岗村	Xiàhuánggǎngcūn	农村	下茆镇政府驻地西北部
转东	Zhuǎndōng	农村	四会市政府驻地西北部
前进	Qiánjìn	农村	四会市政府驻地西北部
黄草	Huángcǎo	农村	四会市政府驻地西北部
联安	Lián'ān	农村	四会市政府驻地西北部
张村	Zhāngcūn	农村	下茆镇政府驻地东北部
洋崀	Yángláng	农村	四会市政府驻地西北部
石坑	Shíkēng	农村	四会市政府驻地东部
陈村	Chéncūn	农村	四会市政府驻地东部
学斗	Xuédǒu	农村	四会市政府驻地西北部
东风侨队	Dōngfēngqiáoduì	农村	四会市政府驻地东部

（续上表）

标准名称	汉语拼音	地名类别	相对位置
新东华	Xīndōnghuá	农村	四会市政府驻地东部
高崀咀	Gāolàngzuǐ	农村	下茆镇政府驻地北部
车下	Chēxià	农村	四会市政府驻地西北部
官寨	Guānzhài	农村	四会市政府驻地西北部
郑坪	Zhèngpíng	农村	四会市政府驻地西北部
佛仔坝	Fózǎibà	农村	四会市政府驻地西北部
虎形崀	Hǔxínglàng	农村	四会市政府驻地西北部
茶地壁	Chádìbì	农村	四会市政府驻地西北部
大沙旧圩	Dàshā Jiùxū	农村	四会市政府驻地东南部
山田	Shāntián	农村	四会市政府驻地东南部
格洞	Gédòng	农村	四会市政府驻地东南部
社堀咀	Shèkūzuǐ	农村	龙甫镇政府驻地西部
坟山咀	Fénshānzuǐ	农村	四会市政府驻地西部
罗湖侨队	Luóhúqiáoduì	农村	四会市政府驻地东部
南塘	Nántáng	农村	四会市政府驻地东部
石溪村	Shíxīcūn	农村	四会市政府驻地西北部
王崀	Wánglàng	农村	四会市政府驻地西北部
五一村	Wǔyīcūn	农村	四会市政府驻地西北部
江咀	Jiāngzuǐ	农村	四会市政府驻地西北部
新寨	Xīnzhài	农村	四会市政府驻地东北部
新苗村	Xīnmiáocūn	农村	四会市政府驻地西北部
大枕	Dàzhěn	农村	四会市政府驻地西北部
葵子田	Kuízǐtián	农村	四会市政府驻地西北部
三楞坪	Sānléng Píng	农村	四会市政府驻地西北部
蛇子引	Shézǐyǐn	农村	四会市政府驻地西北部
台面山	Táimiànshān	农村	四会市政府驻地西北部

（五）交通运输设施类

1. 水上运输

标准名称	汉语拼音	地名类别	相对位置	所在水域
广隆码头	Guǎnglóng Mǎtóu	河港	肇庆高新开发区	北江
四会港	Sìhuì Gǎng	河港	四会市大沙镇	北江
永泰港务有限公司码头	Yǒngtài Gǎngwù Yǒuxiàngōngsī Mǎtóu	河港	四会市大沙镇	北江
汇好生物饲料码头	Huìhǎo Shēngwùsìliào Mǎtóu	河港	四会市大沙镇	北江
南江码头	Nánjiāng Mǎtóu	河港	四会市大沙镇	北江

2. 公路运输、城镇交通运输

标准名称	汉语拼音	别名	地名类别	相对位置	起讫点
广成公路	Guǎngchéng Gōnglù	——	国道	四会市南部	南江—陈冲
珠三角环线高速	Zhūsānjiǎo Huánxiàn Gāosù	——	国道	四会市东南部	澳门—香港
二广高速	Èrguǎng Gāosù	——	国道	四会市西南部	二连浩特市—广州市
岭莲公路	Lǐnglián Gōnglù	——	省道		岭背—莲塘
广四线	Guǎngsì Xiàn	——	省道	四会市中部	迳口—清塘
四莲公路	Sìlián Gōnglù	——	省道	四会市南部	大沙镇大布路口—黄田与广宁县春水分界止
良地公路	Liángdì Gōnglù	——	省道	四会市东北部	良口—地豆
河西公路	Héxī Gōnglù	独石线	县道	四会市东北部	独岗大桥—石狗镇
地塘线	Dìtáng Xiàn	——	县道	四会市西北部	地豆—塘村
红罗公路	Hóngluó Gōnglù	——	县道	四会市东北部	红光—罗源
江谭线	Jiāngtán Xiàn	——	县道	四会市西北部	江谷—谭布
坑邓线	Kēngdèng Xiàn	——	县道	四会市西南部	坑口—龙头
六青线	Liùqīng Xiàn	——	县道	四会市东部	六和—青岐
五大线	Wǔdà Xiàn	——	县道	四会市东南部	五马岗桥—肇庆高新区长路
下迳线	Xiàjìng Xiàn	——	县道	四会市东部	楼脚—观山
芦马线	Lúmǎ Xiàn	——	县道	四会市东南部	芦苞—马房

（续上表）

标准名称	汉语拼音	别名	地名类别	相对位置	起讫点
将大线	Jiāngdà Xiàn	——	县道	四会市东南部	将岸—大旺
广贝线	Guǎngbèi Xiàn	——	县道	四会市南部	广成线—贝水村
龙新线	Lóngxīn Xiàn	——	乡道	四会市西南部	龙麟—新种
下王线	Xiàwáng Xiàn	——	乡道	四会市西部	下段—王坑
营大线	Yíngdà Xiàn	——	乡道	四会市东部	营脚—大坑口
坳佛线	Àofó Xiàn	——	乡道	四会市西北部	坳头—佛子咀
白村线	Báicūn Xiàn	——	乡道	四会市东部	白水—村头村
白大线	Báidà Xiàn	——	乡道	四会市东南部	白马岗—大坑
白佛线	Báifó Xiàn	——	乡道	四会市东部	白石塘—佛仔咀村
白高线	Báigāo Xiàn	——	乡道	四会市中部	白沙—高布
白军线	Báijūn Xiàn	——	乡道	四会市东部	白石塘—军区农场
白廖线	Báiliào Xiàn	——	乡道	四会市东部	白石塘—廖家庄村
白禄线	Báilù Xiàn	——	乡道	四会市东部	白石塘—禄村
白马线	Báimǎ Xiàn	——	乡道	四会市东部	白贯二村—马安坳
白三线	Báisān Xiàn	——	乡道	四会市东部	白石塘—三角塘
白石线	Báishí Xiàn	——	乡道	四会市西南部	白坟前—石场
白鸦线	Báiyā Xiàn	——	乡道	四会市东南部	白坟咀—鸦山
白洋线	Báiyáng Xiàn	——	乡道	四会市西南部	白龙—洋坑尾
北榄线	Běilǎn Xiàn	——	乡道	四会市东部	北乡—榄树寨
变牛线	Biànniú Xiàn	——	乡道	四会市西南部	变电站—牛尾
陈陈线	Chénchén Xiàn	——	乡道	四会市西北部	陈村—陈村果场
陈富线	Chénfù Xiàn	——	乡道	四会市南部	陈冲—富溪
陈黄线	Chénhuáng Xiàn	——	乡道	四会市南部	陈冲陆铁—黄牛岭村
陈仁线	Chénrén Xiàn	——	乡道	四会市南部	陈冲—仁马
程程线	Chéngchéng Xiàn	——	乡道	四会市西部	程村—程村
程元线	Chéngyuán Xiàn	——	乡道	四会市西部	程村—元墩村

（续上表）

标准名称	汉语拼音	别名	地名类别	相对位置	起讫点
赤大线	Chìdà Xiàn	——	乡道	四会市西北部	赤草岽—大塘龙
赤坑线	Chìkēng Xiàn	——	乡道	四会市西北部	赤草岽—坑尾头村
赤尾线	Chìwěi Xiàn	——	乡道	四会市西北部	赤草岽—坑尾
冲会线	Chōnghuì Xiàn	——	乡道	四会市南部	隆马冲头—会龙
大百线	Dàbǎi Xiàn	——	乡道	四会市西南部	大坑—百步梯
大陈线	Dàchén Xiàn	——	乡道	四会市南部	大沙火车站—陈村
大村线	Dàcūn Xiàn	——	乡道	四会市南部	大沙—村美
大大线	Dàdà Xiàn	——	乡道	四会市东南部	大鸿明—大旺
大东线	Dàdōng Xiàn	——	乡道	四会市西部	大坪联和—东坑村
大岗线	Dàgǎng Xiàn	——	乡道	四会市南部	大布—岗美
大河线	Dàhé Xiàn	——	乡道	四会市中部	大务江—河东
大红线	Dàhóng Xiàn	——	乡道	四会市西北部	大东—红卫村
大蝴线	Dàhú Xiàn	——	乡道	四会市西北部	大东—蝴蝶村
大黄线	Dàhuáng Xiàn	——	乡道	四会市东南部	大布黄—黄坭塘
大灰线	Dàhuī Xiàn	——	乡道	四会市北部	大洲—灰石坑
大江线	Dàjiāng Xiàn	——	乡道	四会市南部	大沙园—江民
大兰线	Dàlán Xiàn	——	乡道	四会市西南部	大圳—兰坑
大南线	Dànán Xiàn	——	乡道	四会市西南部	大坑—大南山
大清线	Dàqīng Xiàn	——	乡道	四会市西南部	大坞—清口塘
大三线	Dàsān Xiàn	——	乡道	四会市西北部	大东—三家村
大沙线	Dàshā Xiàn	——	乡道	四会市南部	大沙圲—大沙园
大上线	Dàshàng Xiàn	——	乡道	四会市西北部	大垌—上木良
大谭线	Dàtán Xiàn	——	乡道	四会市西部	大坪—谭九
大田线	Dàtián Xiàn	——	乡道	四会市西北部	大唐—田寮
大小线	Dàxiǎo Xiàn	——	乡道	四会市西部	大碑头—小水
大窑线	Dàyáo Xiàn	——	乡道	四会市西南部	大坞—窑仔尾
大依线	Dàyī Xiàn	——	乡道	四会市南部	大沙—依坑
大长线	Dàcháng Xiàn	——	乡道	四会市西北部	大塘面—长兴村

（续上表）

标准名称	汉语拼音	别名	地名类别	相对位置	起讫点
带坑线	Dàikēng Xiàn	—	乡道	四会市西部	带下—对坑村
带塘线	Dàitáng Xiàn	—	乡道	四会市西部	带下—塘坑
带严线	Dàiyán Xiàn	—	乡道	四会市西北部	带头角—广宁严峒
道南线	Dàonán Xiàn	—	乡道	四会市中部	道槽—南田村
邓官线	Dèngguān Xiàn	—	乡道	四会市西北部	邓寨—官田
邓坑线	Dèngkēng Xiàn	—	乡道	四会市西部	邓村—坑尾
邓坞线	Dèngwù Xiàn	—	乡道	四会市西部	邓村—大坞
邓新线	Dèngxīn Xiàn	—	乡道	四会市南部	邓村—新江
邓圳线	Dèngzhèn Xiàn	—	乡道	四会市南部	邓村—大圳
地岗线	Dìgǎng Xiàn	—	乡道	四会市西北部	地豆—岗塔崀村
洞胜线	Dòngshèng Xiàn	—	乡道	四会市东北部	洞心—胜利村
窦清线	Dòuqīng Xiàn	—	乡道	四会市东部	窦口—清东
独迳线	Dújìng Xiàn	—	乡道	四会市南部	独岗—迳口水库
独农线	Dúnóng Xiàn	—	乡道	四会市南部	独岗—大旺农场
独姚线	Dúyáo Xiàn	—	乡道	四会市西南部	独岗—姚沙
墩凭线	Dūnpíng Xiàn	—	乡道	四会市西部	墩顶—凭伞
二六线	Èrliù Xiàn	—	乡道	四会市东部	二广高速收费站—六九岗
飞进线	Fēijìn Xiàn	—	乡道	四会市西部	飞鹅塘—黄田进步
凤凤线	Fèngfèng Xiàn	—	乡道	四会市南部	凤村—凤岗
凤蛤线	Fènghá Xiàn	—	乡道	四会市东部	凤山—蛤蟆屯村
凤虎线	Fènghǔ Xiàn	—	乡道	四会市东部	凤山长上村—老虎崩
凤江线	Fèngjiāng Xiàn	—	乡道	四会市东部	迳口凤山—罗源石寨江边村
佛马线	Fómǎ Xiàn	—	乡道	四会市西北部	佛仔塘—白力村
佛柑线	Fógān Xiàn	—	乡道	四会市西部	佛仔村—柑场
佛岗线	Fógǎng Xiàn	—	乡道	四会市西北部	佛仔岭—岗塔崀
佛老线	Fólǎo Xiàn	—	乡道	四会市西北部	佛仔塘—老泗塘

（续上表）

标准名称	汉语拼音	别名	地名类别	相对位置	起讫点
佛石线	Fóshí Xiàn	——	乡道	四会市西部	佛子村—石巷村
佛下线	Fóxià Xiàn	——	乡道	四会市西北部	佛子塘—佛下杨村
芙饭线	Fúfàn Xiàn	——	乡道	四会市东部	芙蓉—饭盖岗
芙路线	Fúlù Xiàn	——	乡道	四会市东部	芙蓉—路村
芙圣线	Fúshèng Xiàn	——	乡道	四会市东部	芙蓉—圣塘
芙水线	Fúshuǐ Xiàn	——	乡道	四会市东部	芙蓉—水口
甫河线	Fǔhé Xiàn	——	乡道	四会市东南部	甫九—河西
富简线	Fùjiǎn Xiàn	——	乡道	四会市南部	富溪—简巷
柑高线	Gāngāo Xiàn	——	乡道	四会市中部	柑桔市场—高师李巷
岗安线	Gǎng'ān Xiàn	——	乡道	四会市南部	岗美—安平
岗电线	Gǎngdiàn Xiàn	——	乡道	四会市南部	岗美—电站
岗坑线	Gǎngkēng Xiàn	——	乡道	四会市东部	岗顶—坑尾
岗流线	Gǎngliú Xiàn	——	乡道	四会市西北部	岗边—流岚村
岗张线	Gǎngzhāng Xiàn	——	乡道	四会市南部	岗美—张屋开发区
隔勒线	Gélè Xiàn	——	乡道	四会市西部	隔岗—勒菜
古南线	Gǔnán Xiàn	——	乡道	四会市北部	古槽—南寮
官罗线	Guānluó Xiàn	——	乡道	四会市中部	官者山—罗塘
光官线	Guāngguān Xiàn	——	乡道	四会市西南部	光荣—官碑
光坎线	Guāngkǎn Xiàn	——	乡道	四会市东南部	光辉大道—坎头坑
光寺线	Guāngsì Xiàn	——	乡道	四会市东南部	光辉—寺山
光王线	Guāngwáng Xiàn	——	乡道	四会市东南部	光荣—王坑尾
锅济线	Guōjì Xiàn	——	乡道	四会市北部	锅厂—济角村
韩大线	Hándà Xiàn	——	乡道	四会市南部	韩村—大兴
河李线	Hélǐ Xiàn	——	乡道	四会市中部	河东—李围塘
贺大线	Hèdà Xiàn	——	乡道	四会市南部	贺江—大沙园
红坑线	Hóngkēng Xiàn	——	乡道	四会市东部	红光—坑洲
红营线	Hóngyíng Xiàn	——	乡道	四会市东部	红光—营脚

(续上表)

标准名称	汉语拼音	别名	地名类别	相对位置	起讫点
洪华线	Hónghuá Xiàn	——	乡道	四会市东部	洪塘—华布
黄白线	Huángbái Xiàn	——	乡道	四会市北部	黄洞—白芒坝村
黄对线	Huángduì Xiàn	——	乡道	四会市西南部	黄岑—对坑尾
黄榄线	Huánglǎn Xiàn	——	乡道	四会市西部	黄田—榄洞
黄马线	Huángmǎ Xiàn	——	乡道	四会市西部	黄坑—马坑林场
黄前线	Huángqián Xiàn	——	乡道	四会市东南部	黄岗—前锋
黄铁线	Huángtiě Xiàn	——	乡道	四会市东南部	黄岗墟—铁岗
回巡线	Huíxún Xiàn	——	乡道	四会市西部	回龙—巡崀
回江线	Huíjiāng Xiàn	——	乡道	四会市西部	回龙—江边村
火陈线	Huǒchén Xiàn	——	乡道	四会市南部	火车站—陈村
济河线	Jìhé Xiàn	——	乡道	四会市中部	济广塘—河西
济李线	Jìlǐ Xiàn	——	乡道	四会市中部	济广塘—李围塘
坚南线	Jiānnán Xiàn	——	乡道	四会市北部	坚子村—南龙
江大线	Jiāngdà Xiàn	——	乡道	四会市南部	江民—大沙
江东线	Jiāngdōng Xiàn	——	乡道	四会市西北部	江和—东边布
江佛线	Jiāngfó Xiàn	——	乡道	四会市西北部	江谷—佛仔塘
江谷线	Jiānggǔ Xiàn	——	乡道	四会市西北部	江明—江谷
江龙线	Jiānglóng Xiàn	——	乡道	四会市东部	江咀—龙头大寨
江莫线	Jiāngmò Xiàn	——	乡道	四会市西北部	江林—莫塘
江培线	Jiāngpéi Xiàn	——	乡道	四会市西北部	江谷—培崀
江沙线	Jiāngshā Xiàn	——	乡道	四会市西部	江头—沙塘坑
江水线	Jiāngshuǐ Xiàn	——	乡道	四会市西北部	江谷—水库
江顺线	Jiāngshùn Xiàn	——	乡道	四会市西北部	江林—顺带
江寨线	Jiāngzhài Xiàn	——	乡道	四会市西北部	江谷—竹寨村
江竹线	Jiāngzhú Xiàn	——	乡道	四会市南部	江民—竹坑
蕉迳线	Jiāojìng Xiàn	——	乡道	四会市东部	蕉坑—迳口
蕉六线	Jiāoliù Xiàn	——	乡道	四会市东部	蕉坑—六和
金高线	Jīngāo Xiàn	——	乡道	四会市中部	金宝利—高布
金黎线	Jīnlí Xiàn	——	乡道	四会市西部	金坑—黎州村
金严线	Jīnyán Xiàn	——	乡道	四会市西部	金坑—严坑尾

（续上表）

标准名称	汉语拼音	别名	地名类别	相对位置	起讫点
迳茶线	Jìngchá Xiàn	——	乡道	四会市东部	迳口—茶坑村
迳角线	Jìngjiǎo Xiàn	——	乡道	四会市东部	迳口—角圩
迳三线	Jìngsān Xiàn	——	乡道	四会市东部	迳口—三丫口
迳新线	Jìngxīn Xiàn	——	乡道	四会市东部	迳口—新围
坎大线	Kǎndà Xiàn	——	乡道	四会市东南部	坎头坑—大屈
坑三线	Kēngsān Xiàn	——	乡道	四会市西南部	坑口—三不坳
塘上线	Tángshàng Xiàn	——	乡道	四会市中部	塘村—上丰村
榄大线	Lǎndà Xiàn	——	乡道	四会市西北部	榄岗—大岭脚
榄河线	Lǎnhé Xiàn	——	乡道	四会市西北部	榄岗—河山
崀松线	Làngsōng Xiàn	——	乡道	四会市西北部	崀心—松山岗
老大线	Lǎodà Xiàn	——	乡道	四会市西北部	老洋坝—大坝
黎大线	Lídà Xiàn	——	乡道	四会市西北部	黎寨—大窝岗村
黎凤线	Lífèng Xiàn	——	乡道	四会市东南部	黎铺—凤岗
礼横线	Lǐhéng Xiàn	——	乡道	四会市南部	礼堂—横塞
李塱线	Lǐlǎng Xiàn	——	乡道	四会市东南部	李坑—塱湖
力黄线	Lìhuáng Xiàn	——	乡道	四会市北部	力棚—黄茚咀
丽碟线	Lìdié Xiàn	——	乡道	四会市东南部	丽岗—碟塘
连黄线	Liánhuáng Xiàn	——	乡道	四会市北部	连平—黄村
联培线	Liánpéi Xiàn	——	乡道	四会市西北部	联安—培崀
梁茅线	Liángmáo Xiàn	——	乡道	四会市西南部	姚沙梁巷—茅坑
寮新线	Liáoxīn Xiàn	——	乡道	四会市西部	寮畔—新围塘
林黄线	Línhuáng Xiàn	——	乡道	四会市南部	林陈村—黄牛岭
岭白线	Lǐngbái Xiàn	——	乡道	四会市东南部	岭咀—白坭村
六南线	Liùnán Xiàn	——	乡道	四会市北部	六布—南龙
龙江线	Lóngjiāng Xiàn	——	乡道	四会市西北部	龙江—江谷
龙南线	Lóngnán Xiàn	——	乡道	四会市中部	龙江—南塘
龙生线	Lóngshēng Xiàn	——	乡道	四会市东南部	龙甫—生态园柑场
龙塔线	Lóngtǎ Xiàn	——	乡道	四会市中部	龙湾—塔岗村
隆凤线	Lóngfèng Xiàn	——	乡道	四会市南部	隆伏—凤岗村

（续上表）

标准名称	汉语拼音	别名	地名类别	相对位置	起讫点
隆石线	Lóngshí Xiàn	——	乡道	四会市南部	隆马大道—石杰
罗洞线	Luódòng Xiàn	——	乡道	四会市东北部	罗源—洞心
罗石线	Luóshí Xiàn	——	乡道	四会市东北部	罗源—石寨
罗壮线	Luózhuàng Xiàn	——	乡道	四会市东北部	罗源—壮坑水库
洛荔线	Luòlì Xiàn	——	乡道	四会市西部	洛口—荔枝岗村
禄石线	Lùshí Xiàn	——	乡道	四会市东部	禄村—石场
马白线	Mǎbái Xiàn	——	乡道	四会市中部	马陂—白雾台
马江线	Mǎjiāng Xiàn	——	乡道	四会市南部	马房—江民
马迳线	Mǎjìng Xiàn	——	乡道	四会市西部	马迳—迳塘
马讴线	Mǎ'ōu Xiàn	——	乡道	四会市西部	马迳—讴公塘村
马清线	Mǎqīng Xiàn	——	乡道	四会市中部	马岗—清水塘村
苏东霖大道	Sūdōnglín Dàdào	——	乡道	四会市中部	马陂—白石坑
马水线	Mǎshuǐ Xiàn	——	乡道	四会市东北部	马车崀—水泥厂
马游线	Mǎyóu Xiàn	——	乡道	四会市西北部	马岗—游水岗
麦水线	Màishuǐ Xiàn	——	乡道	四会市西北部	麦崀—水利会
明大线	Míngdà Xiàn	——	乡道	四会市西部	明星—大垌尾
莫荷线	Mòhé Xiàn	——	乡道	四会市西北部	莫塘—荷莱塘村
莫三线	Mòsān Xiàn	——	乡道	四会市西北部	莫塘九牛—三楞坪村
南马线	Nánmǎ Xiàn	——	乡道	四会市西北部	南岭—马力村
南华线	Nánhuá Xiàn	——	乡道	四会市西北部	南塘—华布村
南伙线	Nánhuǒ Xiàn	——	乡道	四会市西北部	南塘—伙崀咀
南孔线	Nánkǒng Xiàn	——	乡道	四会市东部	南乡—孔下村
南水线	Nánshuǐ Xiàn	——	乡道	四会市中部	南塘江尾—水寨
南孙线	Nánsūn Xiàn	——	乡道	四会市中部	南塘—孙坳村
讴集线	Ōují Xiàn	——	乡道	四会市西部	讴坑—集群
讴矿线	Ōukuàng Xiàn	——	乡道	四会市西部	讴坑—煤矿
盘汤线	Pántāng Xiàn	——	乡道	四会市东部	盘岗—汤河村
培烟线	Péiyān Xiàn	——	乡道	四会市西北部	培崀—烟仔村
蒲黄线	Púhuáng Xiàn	——	乡道	四会市西南部	蒲田—黄田咀

（续上表）

标准名称	汉语拼音	别名	地名类别	相对位置	起讫点
浦鸡线	Pǔjī Xiàn	——	乡道	四会市中部	浦鸡—鸡公弯村
七沙线	Qīshā Xiàn	——	乡道	四会市中部	七星岽—沙塘圳
前郭线	Qiánguō Xiàn	——	乡道	四会市东南部	前进—郭洞村
前金线	Qiánjīn Xiàn	——	乡道	四会市东南部	前锋—金鸡
前五线	Qiánwǔ Xiàn	——	乡道	四会市东南部	前锋鹤岗—五马岗
前新线	Qiánxīn Xiàn	——	乡道	四会市东南部	前锋—新江
清山线	Qīngshān Xiàn	——	乡道	四会市东南部	清东—山塘口
清树线	Qīngshù Xiàn	——	乡道	四会市东南部	清塘—树脚村
清虾线	Qīngxiā Xiàn	——	乡道	四会市西北部	清平旧屋—虾罗村
讴分线	Ōufēn Xiàn	——	乡道	四会市西部	讴坑—分界
三金线	Sānjīn Xiàn	——	乡道	四会市中部	三棵榕—金宝利
三塘线	Sāntáng Xiàn	——	乡道	四会市东南部	三公塘—塘村
三新线	Sānxīn Xiàn	——	乡道	四会市西北部	三合—新村
三朱线	Sānzhū Xiàn	——	乡道	四会市南部	——
上程线	Shàngchéng Xiàn	——	乡道	四会市东部	上观—程学岭
上大线	Shàngdà Xiàn	——	乡道	四会市东部	上观—大石岽
上凤线	Shàngfèng Xiàn	——	乡道	四会市东部	上观—凤山
上岗线	Shànggǎng Xiàn	——	乡道	四会市西北部	上街—岗塔岽
上黄线	Shànghuáng Xiàn	——	乡道	四会市中部	上苪—黄岗
上克线	Shàngkè Xiàn	——	乡道	四会市中部	上黄岗—克坑村
上沙线	Shàngshā Xiàn	——	乡道	四会市西北部	上佛岭—沙州
上屋线	Shàngwū Xiàn	——	乡道	四会市西北部	上街—黄屋村
上下线	Shàngxià Xiàn	——	乡道	四会市中部	上苪—下布岽村
深十线	Shēnshí Xiàn	——	乡道	四会市西北部	深坑—十二带
圣大线	Shèngdà Xiàn	——	乡道	四会市北部	圣堂—大洲
圣路线	Shènglù Xiàn	——	乡道	四会市东部	圣塘—路村水库
狮迳线	Shījìng Xiàn	——	乡道	四会市东部	狮脑—迳仔茛
狮罗线	Shīluó Xiàn	——	乡道	四会市西北部	狮岭—罗布
狮神线	Shīshén Xiàn	——	乡道	四会市西北部	狮岭—神仙村

（续上表）

标准名称	汉语拼音	别名	地名类别	相对位置	起讫点
十横线	Shíhéng Xiàn	——	乡道	四会市西北部	十二带—横溪村
石白线	Shíbái Xiàn	——	乡道	四会市西部	隔岗—白石咀
石程线	Shíchéng Xiàn	——	乡道	四会市西部	石狗—程村
石大线	Shídà Xiàn	——	乡道	四会市西北部	石坑—大东迳
石带线	Shídài Xiàn	——	乡道	四会市中部	石罗—带子山
石都线	Shídū Xiàn	——	乡道	四会市西部	石狗—都崀
石丰线	Shífēng Xiàn	——	乡道	四会市西部	石罗—丰坑
石迳线	Shíjìng Xiàn	——	乡道	四会市东部	石灰厂—迳仔崀
石瓦线	Shíwǎ Xiàn	——	乡道	四会市西北部	石潭台—瓦窑村
石洋线	Shíyáng Xiàn	——	乡道	四会市西北部	石潭台—杨崀村
水大线	Shuǐdà Xiàn	——	乡道	四会市西北部	水车—大布洞
水柑线	Shuǐgān Xiàn	——	乡道	四会市西南部	水利会—柑坑
水江线	Shuǐjiāng Xiàn	——	乡道	四会市西部	水利会—江头
水洪线	Shuǐhóng Xiàn	——	乡道	四会市东部	水口—洪塘村
水坭线	Shuǐní Xiàn	——	乡道	四会市西北部	水车—坭塘口
水三线	Shuǐsān Xiàn	——	乡道	四会市南部	水边—三界市
水吴线	Shuǐwú Xiàn	——	乡道	四会市中部	水口庙—吴村
水小线	Shuǐxiǎo Xiàn	——	乡道	四会市西北部	水车—小东
水叙线	Shuǐxù Xiàn	——	乡道	四会市南部	水边—叙龙
水长线	Shuǐcháng Xiàn	——	乡道	四会市西南部	水利会—长圳坑
水鹧线	Shuǐzhè Xiàn	——	乡道	四会市东部	水口—鹧鸪村
顺冬线	Shùndōng Xiàn	——	乡道	四会市西北部	顺带—冬溪
顺小线	Shùnxiǎo Xiàn	——	乡道	四会市西北部	顺带—小东
顺长线	Shùncháng Xiàn	——	乡道	四会市西北部	顺带—长乐
四大线	Sìdà Xiàn	——	乡道	四会市东南部	四会新江—大旺
四马线	Sìmǎ Xiàn	——	乡道	四会市中部	四会—马陂
寺邓线	Sìdèng Xiàn	——	乡道	四会市中部	寺江—邓塘
寺铁线	Sìtiě Xiàn	——	乡道	四会市中部	寺山—铁场
塔黄线	Tǎhuáng Xiàn	——	乡道	四会市西北部	塔崀—黄芒村
谭榄线	Tánlǎn Xiàn	——	乡道	四会市西南部	谭口—榄洞村

（续上表）

标准名称	汉语拼音	别名	地名类别	相对位置	起讫点
潭颈线	Tánjǐng Xiàn	——	乡道	四会市西南部	潭口—颈头石场
塘官线	Tángguān Xiàn	——	乡道	四会市西南部	塘坑—官碑
陶白线	Táobái Xiàn	——	乡道	四会市东部	陶塘学校—白群
陶黄线	Táohuáng Xiàn	——	乡道	四会市东南部	陶塘—黄寨
陶南线	Táonán Xiàn	——	乡道	四会市东南部	陶塘—南田水库
天麻线	Tiānmá Xiàn	——	乡道	四会市北部	天飞庙—麻地
天十线	Tiānshí Xiàn	——	乡道	四会市西北部	天井堂—十二带
田顿线	Tiándùn Xiàn	——	乡道	四会市西北部	田心—顿江
田南线	Tiánnán Xiàn	——	乡道	四会市东部	田寮—南乡
田稔线	Tiánrěn Xiàn	——	乡道	四会市东北部	田寮—稔水夫
田渔线	Tiányú Xiàn	——	乡道	四会市中部	田寮—渔云
铁省线	Tiěshěng Xiàn	——	乡道	四会市中部	铁场—省化安
瓦金线	Wǎjīn Xiàn	——	乡道	四会市北部	瓦屋—金井村
万黎线	Wànlí Xiàn	——	乡道	四会市西部	万洞村—黎崀村
旺大线	Wàngdà Xiàn	——	乡道	四会市西北部	旺塘—大寨
威笛线	Wēidí Xiàn	——	乡道	四会市北部	威整—笛子村
威秦线	Wēiqín Xiàn	——	乡道	四会市北部	威整—秦皇
威上线	Wēishàng Xiàn	——	乡道	四会市北部	威整—上大崀村
威瓦线	Wēiwǎ Xiàn	——	乡道	四会市北部	威整—瓦屋
威下线	Wēixià Xiàn	——	乡道	四会市北部	威整—下闸村
五曾线	Wǔzēng Xiàn	——	乡道	四会市西北部	五一村—曾村
五龙线	Wǔlóng Xiàn	——	乡道	四会市南部	五马岗—龙马
五隆线	Wǔlóng Xiàn	——	乡道	四会市南部	五马岗—隆伏
五沙线	Wǔshā Xiàn	——	乡道	四会市东南部	五马岗—沙历
五瓦线	Wǔwǎ Xiàn	——	乡道	四会市南部	五马岗—瓦窑
五小线	Wǔxiǎo Xiàn	——	乡道	四会市东南部	五马岗—小海口
西沙线	Xīshā Xiàn	——	乡道	四会市中部	西鸦—沙圳
西竹线	Xīzhú Xiàn	——	乡道	四会市西北部	西崀—竹坑
下村线	Xiàcūn Xiàn	——	乡道	四会市东部	下寮—八村
下大线	Xiàdà Xiàn	——	乡道	四会市中部	下布—大墩布村

（续上表）

标准名称	汉语拼音	别名	地名类别	相对位置	起讫点
下官线	Xiàguān Xiàn	——	乡道	四会市中部	下布瓷厂—官者山
下岗线	Xiàgǎng Xiàn	——	乡道	四会市东部	下寮—岗北崀
下金线	Xiàjīn Xiàn	——	乡道	四会市东部	下寮—金古崀
下欧线	Xià'ōu Xiàn	——	乡道	四会市西北部	下街—欧村
下坪线	Xiàpíng Xiàn	——	乡道	四会市东部	下严村—大坪二村
下水线	Xiàshuǐ Xiàn	——	乡道	四会市东部	下狮—水库
下寺线	Xiàsì Xiàn	——	乡道	四会市中部	下布—寺山迳口
下瓦线	Xiàwǎ Xiàn	——	乡道	四会市东部	下寮—瓦窑村
下万线	Xiàwàn Xiàn	——	乡道	四会市中部	下布—万头村
下下线	Xiàxià Xiàn	——	乡道	四会市中部	下茚—下堀
下新线	Xiàxīn Xiàn	——	乡道	四会市东部	下寮—新围
下张线	Xiàzhāng Xiàn	——	乡道	四会市西部	下街—张屋村
冼大线	Xiǎndà Xiàn	——	乡道	四会市西北部	冼田—大垌村
萧窑线	Xiāoyáo Xiàn	——	乡道	四会市中部	萧屋—窑头村
小大线	Xiǎodà Xiàn	——	乡道	四会市西北部	小东—大东
新布线	Xīnbù Xiàn	——	乡道	四会市东部	新围—布崀村
新大线	Xīndà Xiàn	——	乡道	四会市西北部	新风—大岭果场
新对线	Xīnduì Xiàn	——	乡道	四会市西部	新寨—对坑
新旧线	Xīnjiù Xiàn	——	乡道	四会市东部	新围—旧石崀村
新前线	Xīnqián Xiàn	——	乡道	四会市西北部	新屋—前进村
新沙线	Xīnshā Xiàn	——	乡道	四会市东部	新围—沙崀村
新上线	Xīnshàng Xiàn	——	乡道	四会市东部	新围—上河村
新新线	Xīnxīn Xiàn	——	乡道	四会市东南部	新塘—新寨
新庵线	Xīn'ān Xiàn	——	乡道	四会市中部	新江—庵巾塘
新砖线	Xīnzhuān Xiàn	——	乡道	四会市南部	富溪新锦村—砖厂
星罗线	Xīngluó Xiàn	——	乡道	四会市西部	星子岗—罗扶坳
兴大线	Xīngdà Xiàn	——	乡道	四会市南部	大兴农场—大沙园村

（续上表）

标准名称	汉语拼音	别名	地名类别	相对位置	起讫点
严严线	Yányán Xiàn	——	乡道	四会市西北部	严坑大寨—严坑尾
燕白线	Yànbái Xiàn	——	乡道	四会市东部	燕岭—白屋
燕圣线	Yànshèng Xiàn	——	乡道	四会市西部	燕岜—圣坑
杨清线	Yángqīng Xiàn	——	乡道	四会市西北部	杨岜—清水塘
姚迳线	Yáojìng Xiàn	——	乡道	四会市西南部	姚沙—迳口村
姚茅线	Yáomáo Xiàn	——	乡道	四会市西南部	姚沙—茅坑
姚松线	Yáosōng Xiàn	——	乡道	四会市西南部	姚沙—松岗村
姚贞线	Yáozhēn Xiàn	——	乡道	四会市西南部	姚沙—贞山顶
蚁虎线	Yǐhǔ Xiàn	——	乡道	四会市东部	蚁田—虎板坑
蚁石线	Yǐshí Xiàn	——	乡道	四会市东部	蚁田—石场
蚁太线	Yǐtài Xiàn	——	乡道	四会市东部	蚁田—太平坑
迎上线	Yíngshàng Xiàn	——	乡道	四会市东部	迎头—上坑村
迎新线	Yíngxīn Xiàn	——	乡道	四会市东部	迎头—新张田
营红线	Yínghóng Xiàn	——	乡道	四会市东部	营脚—红卫
营茅线	Yíngmáo Xiàn	——	乡道	四会市东部	营脚—茅坳村
营三线	Yíngsān Xiàn	——	乡道	四会市西北部	营脚—三桂
园牛线	Yuánniú Xiàn	——	乡道	四会市南部	园心—牛头岭
增瓦线	Zēngwǎ Xiàn	——	乡道	四会市西北部	增村—瓦窑
张五线	Zhāngwǔ Xiàn	——	乡道	四会市南部	张屋—五马岗
贞鸭线	Zhēnyā Xiàn	——	乡道	四会市西南部	贞山—鸭嶍岭
贞姚线	Zhēnyáo Xiàn	——	乡道	四会市西南部	贞山—姚沙尾
周大线	Zhōudà Xiàn	——	乡道	四会市西部	周村—大坑尾
竹白线	Zhúbái Xiàn	——	乡道	四会市中部	竹斗岗—白木村
卓冼线	Zhuóxiǎn Xiàn	——	乡道	四会市西北部	卓善—冼村
南杨线	Nányáng Xiàn	——	乡道	四会市东南部	南塘—杨屋
甫窑线	Fǔyáo Xiàn	——	乡道	四会市东南部	甫九—窑头
龙一线	Lóngyī Xiàn	——	乡道	四会市东南部	龙湖——村
罗李线	Luólǐ Xiàn	——	乡道	四会市东南部	罗田—李坑
下猫线	Xiàmāo Xiàn	——	乡道	四会市东南部	下朱—猫坑

（续上表）

标准名称	汉语拼音	别名	地名类别	相对位置	起讫点
罗大线	Luódà Xiàn	——	乡道	四会市东南部	罗湖区侨队—大旺华侨农场砖厂
大农线	Dànóng Xiàn	——	乡道	四会市东南部	大旺华侨农场—农场路
古广线	Gǔguǎng Xiàn	——	乡道	四会市东南部	古塘区二队—广隆码头
新旺线	Xīnwàng Xiàn	——	乡道	四会市东南部	新寨—大旺围堤防大旺段
大西线	Dàxī Xiàn	——	乡道	四会市东南部	大旺大桥收费站—西围电排站
将塘线	Jiāngtáng Xiàn	——	乡道	四会市东南部	将军岗八队—塘村
广西线	Guǎngxī Xiàn	——	乡道	四会市东南部	广隆码头—西围电排站
肇大线	Zhàodà Xiàn	——	乡道	四会市东南部	肇庆高新区中心小学—大旺医院
水张线	Shuǐzhāng Xiàn	——	乡道	四会市东南部	水井—张屋
仙龙线	Xiānlóng Xiàn	——	乡道	四会市东南部	仙福墓园—龙王庙水库
旧上林大道	Jiùshànglín Dàdào	——	乡道	四会市东南部	新昌—原前锋砖厂
石龙路	Shílóng Lù	——	乡道	四会市中部	上黄线—石龙
小翁路	Xiǎowēng Lù	——	乡道	四会市西北部	石溪村—三坑店
连群路	Liánqún Lù	——	乡道	四会市东北部	长岭咀—大坑口
六山线	Liùshān Xiàn	——	乡道	四会市东南部	六青线—山口岗
芦南线	Lúnán Xiàn	——	乡道	四会市东南部	芦马线—南塘
马南线	Mǎnán Xiàn	——	乡道	四会市南部	马房桥—南江
金迳线	Jīnjìng Xiàn	——	乡道	四会市西部	金坑—迳塘村
建里线	Jiànlǐ Xiàn	——	乡道	四会市东南部	建设路—里塘
石良线	Shíliáng Xiàn	——	乡道	四会市西部	石狗圩—良坳
壮坑水库路	Zhuàngkēngshuǐkù Lù	——	专用	四会市东北部	354省道—壮坑水库
仁马大道	Rénmǎ Dàdào	——	专用	四会市南部	誉城路—仁马村
隆马大道	Lóngmǎ Dàdào	——	专用	四会市南部	张五线—隆石线

（续上表）

标准名称	汉语拼音	别名	地名类别	相对位置	起讫点
仁聚大道	Rénjù Dàdào	——	专用	四会市南部	大依线—区屋
新二大道	Xīn'èr Dàdào	——	专用	四会市东北部	田心—石寨
运泥路	Yùnní Lù	——	专用	四会市东南部	工业大道—前金线
芙蓉大道	Fúróng Dàdào	——	专用	四会市东部	广四线—芙蓉村
迳口工业大道	Jìngkǒugōngyè Dàdào	——	专用	四会市东部	人民路—变电站
下茆垃圾场道路	Xiàmáolājīchǎng Dàolù	——	专用	四会市中部	岭莲公路—四会市垃圾场
宝胜古寺大道	Bǎoshènggǔsì Dàdào	——	专用	四会市南部	广成线—宝胜古寺
绿道	Lǜdào	——	专用	四会市东南部	小海口桥—广场南路
诗坑水库路	Shīkēng Shuǐkù Lù	——	专用	四会市东北部	崀地公路—诗坑水库
创新大道	Chuàngxīn Dàdào	——	专用	四会市西北部	岭莲公路—江谷镇精细化工基地
广海路	Guǎnghǎi Lù	——	快速路	四会市东南部	——
四会大道北	Sìhuì Dàdàoběi	——	快速路	四会市中部	商业大道—四会加油站
四会大道南	Sìhuì Dàdàonán	——	快速路	四会市中部	四会大道中—永安酒店
四会大道中	Sìhuì Dàdàozhōng	——	快速路	四会市中部	四会大道—泰博汽车配件公司
将军大街	Jiāngjūn Dàjiē	——	快速路	四会市东南部	东城街道光辉社区—肇庆冠华食品有限公司
北江大道	Běijiāng Dàdào	——	快速路	四会市东南部	大旺大桥—亚铝大街
仓丰大道	Cāngfēng Dàdào	——	主干路	四会市中部	四会汽车站—腾业加油站
城中路	Chéngzhōng Lù	——	主干路	四会市中部	汇源路—东茶山桥
光明大道	Guǎngmíng Dàdào	——	主干路	四会市中部	沙尾桥经供电大楼—会城中学正门东侧

（续上表）

标准名称	汉语拼音	别名	地名类别	相对位置	起讫点
汇源路	Huìyuán Lù	—	主干路	四会市中部	前进路—大北路
济广路	Jìguǎng Lù	—	主干路	四会市中部	四会大道城中街道行政中心侧—罗塘关押点侧
金丰大道	Jīnfēng Dàdào	—	主干路	四会市中部	外环路—前进路
龙凤路	Lóngfèng Lù	—	主干路	四会市中部	市邮电局报刊门市部—光明北路
龙江路	Lóngjiāng Lù	—	主干路	四会市中部	中山路—沙尾路
前进路	Qiánjìn Lù	—	主干路	四会市中部	城柑桔市场—龙华酒店
新风路	Xīnfēng Lù	—	主干路	四会市中部	前进路、汇源路—龙凤桥
沿江路	Yánjiāng Lù	—	主干路	四会市中部	汇源路—小海口大桥
工业大道	Gōngyè Dàdào	—	主干路	四会市东南部	大旺将军大街—四会大道
观海路	Guānhǎi Lù	—	主干路	四会市东南部	小海口大桥—荔枝湾
广场南路	Guǎngchǎng Nánlù	—	主干路	四会市东南部	市新行政中心—观海路
清塘大道	Qīngtáng Dàdào	—	主干路	四会市东南部	建设路—商业大道
商业大道	Shāngyè Dàdào	—	主干路	四会市东南部	法院侧—一力药厂门口
水仙路	Shuǐxiān Lù	—	主干路	四会市东南部	陶丽新苑二街—祥和路
水闸路	Shuǐzhá Lù	—	主干路	四会市东南部	龙凤路—东方大厦
体育路	Tǐyù Lù	—	主干路	四会市东南部	水闸路—茶山甫九
新旺大道	Xīnwàng Dàdào	—	主干路	四会市东南部	五马岗桥脚—大旺高新区
龙湖大道	Lónghú Dàdào	—	主干路	四会市东南部	将军大街—北接大旺503县道
建设路	Jiànshè Lù	—	主干路	四会市东南部	肇庆高新区龙湖小学—滨江路

（续上表）

标准名称	汉语拼音	别名	地名类别	相对位置	起讫点
大旺大道	Dàwàng Dàdào	——	主干路	四会市东南部	北江大道—亚铝大街
迎宾大道	Yíngbīn Dàdào	——	主干路	四会市东南部	广成线—肇庆市疾病预防控制中心大旺办事处
黄田大道	Huángtián Dàdào	——	主干路	四会市西部	黄田镇与石狗镇交界—黄田自来水厂
前进路	Qiánjìn Lù	——	主干路	四会市东北部	四会市迳口学校—胜利路
人民路	Rénmín Lù	——	主干路	四会市东北部	胜利路—四会市科驰金属环保资源再生有限公司
北门直街	Běimén Zhíjiē	——	次干路	四会市中部	中山路—县前街
槟榔路	Bīnláng Lù	——	次干路	四会市中部	四会监狱济广关押点门口—红棉路口
朝阳街	Cháoyáng Jiē	——	次干路	四会市中部	中山公园—四会中学门前
大北路	Dàběi Lù	——	次干路	四会市中部	汇源路—龙凤路电影院门口
大同新街	Dàtóng Xīn Jiē	——	次干路	四会市中部	仓岗市场—木材场
东门直街	Dōngmén Zhíjiē	——	次干路	四会市中部	龙江路—朝阳街
高观西路	Gāoguān Xīlù	——	次干路	四会市中部	水闸路—西市人民医院第二门诊部
拱桥直街	Gǒngqiáo Zhíjiē	——	次干路	四会市中部	龙江路—14 码头
海边坊	Hǎibiān Fāng	——	次干路	四会市中部	高观路（高观市场侧）—光明路
红棉路	Hóngmián Lù	——	次干路	四会市中部	四会监狱职工宿舍第 68 幢侧—金芒路
金芒路	Jīnmáng Lù	——	次干路	四会市中部	四会监狱部门口—济广路
南门直街	Nánmén Zhíjiē	——	次干路	四会市中部	县前街—沿江路
桥下路	Qiáoxià Lù	——	次干路	四会市中部	城小学—水闸

（续上表）

标准名称	汉语拼音	别名	地名类别	相对位置	起讫点
沙居一路	Shājū 1 Lù	——	次干路	四会市中部	沿江路—兴龙街
沙尾二路	Shāwěi 2 Lù	——	次干路	四会市中部	拱桥直街—沙尾管理区办事处门口
沙尾一路	Shāwěi 1 Lù	——	次干路	四会市中部	拱桥直街—沙尾桥
诗书街	Shīshū Jiē	——	次干路	四会市中部	朝阳街—北门直街
曙光路	Shǔguāng Lù	——	次干路	四会市中部	城中路—大北路
县前街	Xiànqián Jiē	——	次干路	四会市中部	沿江路（10号码头）—拱桥直街
香樟路	Xiāngzhāng Lù	——	次干路	四会市中部	罗塘关押点门口—济广路
新风三巷	Xīnfēng 3 Xiàng	——	次干路	四会市中部	新风路—新风三巷尾
新风四巷	Xīnfēng 4 Xiàng	——	次干路	四会市中部	仓丰大道—新风三路
新华路	Xīnhuá Lù	——	次干路	四会市中部	仓岗街—光泽鞋厂
兴龙街	Xīnglóng Jiē	——	次干路	四会市中部	聚香楼酒店—市供电局宿舍
中山路	Zhōngshān Lù	——	次干路	四会市中部	沿江路—中山公园门口
紫荆路	Zǐjīng Lù	——	次干路	四会市中部	四会监狱原造纸厂门口—罗塘关押点门口
澳华路	Àohuá Lù	——	次干路	四会市东南部	四莲公路—大岗线
大沙大道	Dàshā Dàdào	——	次干路	四会市东南部	宝胜古寺大道—东坑黄村
南江大道	Nánjiāng Dàdào	——	次干路	四会市东南部	广成线—四会市塘润陶瓷燃料有限公司
南江工业大道	Nánjiāng Gōngyè Dàdào	——	次干路	四会市东南部	广成线—四会市爱的水晶有限公司

（续上表）

标准名称	汉语拼音	别名	地名类别	相对位置	起讫点
思蓬西路横街	Sīpéng Xīlù Héngjiē	——	次干路	四会市东南部	广成线—大沙线
兴旺路	Xīngwàng Lù	——	次干路	四会市东南部	南江大道—广进路
兴业大道	Xīngyè Dàdào	——	次干路	四会市东南部	321国道边—园区
振兴大道	Zhènxīng Dàdào	——	次干路	四会市东南部	富溪工业园端与大沙村委会接壤处—园区规划最西端
大街	Dàjiē	——	次干路	四会市西南部	连黄线—地豆桥
槎山路	Cháshān Lù	——	次干路	四会市东南部	龙凤路—体育路
东成路	Dōngchéng Lù	——	次干路	四会市东南部	建设路—小海口桥
凤山路	Fèngshān Lù	——	次干路	四会市东南部	建设路—龙凤路
富华路	Fùhuá Lù	——	次干路	四会市东南部	四会大道—观海路
光明北路	Guāngmíng Běilù	——	次干路	四会市东南部	清塘大道—火力发电站
光明南路	Guāngmíng Nánlù	——	次干路	四会市东南部	清塘大道—江丽路
广场北路	Guǎngchǎng Běilù	——	次干路	四会市东南部	市新行政中心—观海路
贵华路	Guìhuá Lù	——	次干路	四会市东南部	四会大道—观海路
汇林路	Huìlín Lù	——	次干路	四会市东南部	四会大道中—商业大道
吉照路	Jízhào Lù	——	次干路	四会市东南部	东城街道办事处—玫瑰路
建设路	Jiànshè Lù	——	次干路	四会市东南部	建设路—四会大道北
建设三路	Jiànshè 3 Lù	——	次干路	四会市东南部	马田小学—邓屋园
江丽路	Jiānglì Lù	——	次干路	四会市东南部	四会大道中—东城路

（续上表）

标准名称	汉语拼音	别名	地名类别	相对位置	起讫点
清东路	Qīngdōng Lù	——	次干路	四会市东南部	四会大道—商业大道
商业路	Shāngyè Lù	——	次干路	四会市东南部	沙尾桥—建设路
陶丽新苑二街	Táolìxīnyuàn 2 Jiē	——	次干路	四会市东南部	四会大道中—观海路
陶塘路	Táotáng Lù	——	次干路	四会市东南部	四会大道中—四会市22万伏变电站
卫民路	Wèimín Lù	——	次干路	四会市东南部	四会大道中—商业大道
祥和路	Xiánghé Lù	——	次干路	四会市东南部	珠江新城—玫瑰路
玉器街	Yùqì Jiē	——	次干路	四会市东南部	商业路—四会大道
元兴路	Yuánxīng Lù	——	次干路	四会市东南部	四会大道—商业大道
滨江路	Bīnjiāng Lù	——	次干路	四会市东南部	文德七街—国电肇庆热电有限公司
创业路	Chuàngyè Lù	——	次干路	四会市东南部	迎宾大道—广东精英纺织有限公司
龙王庙大道	Lóngwángmiào Dàdào	——	次干路	四会市东南部	龙王庙水库—广东阿诺诗厨卫有限公司
政德大街	Zhèngdé Dàjiē	——	次干路	四会市东南部	新旺大道—将军岗三队
胜利路	Shènglì Lù	——	次干路	四会市东北部	前进路—迳新线
凤凰大道	Fènghuáng Dàdào	——	次干路	四会市中部	石头岗尾—黄坭塘水库
惠源大道	Huìyuán Dàdào	——	次干路	四会市中部	118省道—东禾地岗尾
前进路	Qiánjìn Lù	——	次干路	四会市中西部	宝华路—东道路尾端
龙湾路	Lóngwān Lù	——	次干路	四会市中西部	龙湾加油站—东龙湾桥

（续上表）

标准名称	汉语拼音	别名	地名类别	相对位置	起讫点
白土村石巷	Báitǔcūn Shí Xiàng	—	支路	四会市城中街道	白土村巷口—水运埗头
北门直街八巷	Běimén Zhíjiē 8 Xiàng	—	支路	四会市中部	门直街—北门八巷尾
北门直街二巷	Běimén Zhíjiē 2 Xiàng	—	支路	四会市中部	门直街—北门二巷尾
北门直街九巷	Běimén Zhíjiē 9 Xiàng	—	支路	四会市中部	门直街—北门九巷尾
北门直街六巷	Běimén Zhíjiē 6 Xiàng	—	支路	四会市中部	门直街—朝阳街
北门直街七巷	Běimén Zhíjiē 7 Xiàng	—	支路	四会市中部	门直街—侨阳小区
北门直街三巷	Běimén Zhíjiē 3 Xiàng	—	支路	四会市中部	门直街—北门三巷尾
北门直街十巷	Běimén Zhíjiē 10 Xiàng	—	支路	四会市中部	门直街—北门十巷尾
北门直街四巷	Běimén Zhíjiē 4 Xiàng	—	支路	四会市中部	门直街—北门四巷尾
北门直街五巷	Běimén Zhíjiē 5 Xiàng	—	支路	四会市中部	门直街—沿江路
北门直街一巷	Běimén Zhíjiē 1 Xiàng	—	支路	四会市中部	门直街—北门一巷尾
步行街	Bùxíng Jiē	—	支路	四会市中部	大路—城中新路
茶山二巷	Cháshān 2 Xiàng	—	支路	四会市中部	龙凤路—东巷尾
茶山六巷	Cháshān 6 Xiàng	—	支路	四会市中部	高观路—茶山五巷
茶山三巷	Cháshān 3 Xiàng	—	支路	四会市中部	巷头—东巷尾
茶山四巷	Cháshān 4 Xiàng	—	支路	四会市中部	高观路—水闸路
茶山五巷	Cháshān 5 Xiàng	—	支路	四会市中部	高观路—茶山四巷
茶山一巷	Cháshān 1 Xiàng	—	支路	四会市中部	龙凤路—水闸路
城中新路	Chéngzhōng Xīnlù	—	支路	四会市中部	城中路—大北路
大同二巷	Dàtóng 2 Xiàng	—	支路	四会市中部	大路—巷尾
大同三巷	Dàtóng 3 Xiàng	—	支路	四会市中部	大路—巷尾

（续上表）

标准名称	汉语拼音	别名	地名类别	相对位置	起讫点
大同四巷	Dàtóng 4 Xiàng	——	支路	四会市中部	大路—巷尾
大同一巷	Dàtóng 1 Xiàng	——	支路	四会市中部	大路—巷尾
登云街	Dēngyún Jiē	——	支路	四会市中部	高观路—登云街尾
东门深巷	Dōngmén Shēnxiàng	——	支路	四会市中部	门直街—西巷尾
东门直街二巷	Dōngmén Zhíjiē 2 Xiàng	——	支路	四会市中部	门直街—东巷尾
东门直街一巷	Dōngmén Zhíjiē 1 Xiàng	——	支路	四会市中部	门直街—东巷尾
高观街	Gāoguān Jiē	——	支路	四会市中部	高观路—清莲渠
拱桥直街二巷	Gǒngqiáo Zhíjiē 2 Xiàng	——	支路	四会市中部	拱桥直街—巷尾
拱桥直街六巷	Gǒngqiáo Zhíjiē 6 Xiàng	——	支路	四会市中部	拱桥直街—巷尾
拱桥直街三巷	Gǒngqiáo Zhíjiē 3 Xiàng	——	支路	四会市中部	拱桥直街—巷尾
拱桥直街四巷	Gǒngqiáo Zhíjiē 4 Xiàng	——	支路	四会市中部	拱桥直街—巷尾
拱桥直街五巷	Gǒngqiáo Zhíjiē 5 Xiàng	——	支路	四会市中部	拱桥直街—巷尾
拱桥直街一巷	Gǒngqiáo Zhíjiē 1 Xiàng	——	支路	四会市中部	拱桥直街—巷尾
黄塘巷	Huángtáng Xiàng	——	支路	四会市中部	门直街—巷尾
汇源二巷	Huìyuán 2 Xiàng	——	支路	四会市中部	汇源路—巷尾
汇源三巷	Huìyuán 3 Xiàng	——	支路	四会市中部	汇源路—巷尾
汇源四巷	Huìyuán 4 Xiàng	——	支路	四会市中部	汇源路—巷尾
汇源一巷	Huìyuán 1 Xiàng	——	支路	四会市中部	汇源路—巷尾
龙江里二巷	Lóngjiāng Lǐ 2 Xiàng	——	支路	四会市中部	沙居一路—巷尾
龙江里一巷	Lóngjiāng Lǐ 1 Xiàng	——	支路	四会市中部	沙居一路—巷尾
南门直街二巷	Nánmén Zhíjiē 2 Xiàng	——	支路	四会市中部	门直街—巷尾

（续上表）

标准名称	汉语拼音	别名	地名类别	相对位置	起讫点
南门直街一巷	Nánmén Zhíjiē 1 Xiàng	——	支路	四会市中部	门直街—巷尾
盘古巷	Pángǔ Xiàng	——	支路	四会市中部	城中路—巷尾
桥下二巷	Qiáoxià 2 Xiàng	——	支路	四会市中部	桥下路—巷尾
桥下六巷	Qiáoxià 6 Xiàng	——	支路	四会市中部	桥下路—桥下三巷
桥下七巷	Qiáoxià 7 Xiàng	——	支路	四会市中部	桥下路—桥下路
桥下三巷	Qiáoxià 3 Xiàng	——	支路	四会市中部	龙江路—桥下四巷
桥下四巷	Qiáoxià 4 Xiàng	——	支路	四会市中部	工区宿舍—新村
桥下五巷	Qiáoxià 5 Xiàng	——	支路	四会市中部	高观市场—新村
桥下一巷	Qiáoxià 1 Xiàng	——	支路	四会市中部	光明大道—西至龙江路，东北至兴龙街
沙堤直街二巷	Shādī Zhíjiē 2 Xiàng	——	支路	四会市中部	沿江路—巷尾
沙堤直街三巷	Shādī Zhíjiē 3 Xiàng	——	支路	四会市中部	沿江路—巷尾
沙堤直街一巷	Shādī Zhíjiē 1 Xiàng	——	支路	四会市中部	沿江路—巷尾
沙尾一路八巷	Shāwěi 1 Lù 8 Xiàng	——	支路	四会市中部	——
沙尾一路二十巷	Shāwěi 1 Lù 20 Xiàng	——	支路	四会市中部	光明大道—人行道
沙尾一路二巷	Shāwěi 1 Lù 2 Xiàng	——	支路	四会市中部	沿江路—沙尾一路
沙尾一路九巷	Shāwěi 1 Lù 9 Xiàng	——	支路	四会市中部	沿江路—沙尾一路
沙尾一路六巷	Shāwěi 1 Lù 6 Xiàng	——	支路	四会市中部	沿江路—沙尾一路
沙尾一路七巷	Shāwěi 1 Lù 7 Xiàng	——	支路	四会市中部	——
沙尾一路三巷	Shāwěi 1 Lù 3 Xiàng	——	支路	四会市中部	沙尾一路二巷—沙尾一路四巷

（续上表）

标准名称	汉语拼音	别名	地名类别	相对位置	起讫点
沙尾一路十八巷	Shāwěi 1 Lù 18 Xiàng	——	支路	四会市中部	光明大道—沿江路
沙尾一路十二巷	Shāwěi 1 Lù 12 Xiàng	——	支路	四会市中部	光明大道—沙尾一路
沙尾一路十九巷	Shāwěi 1 Lù 19 Xiàng	——	支路	四会市中部	光明大道—人行道
沙尾一路十六巷	Shāwěi 1 Lù 16 Xiàng	——	支路	四会市中部	沙尾一路—沿江路
沙尾一路十七巷	Shāwěi 1 Lù 17 Xiàng	——	支路	四会市中部	沿江路—商业路
沙尾一路十三巷	Shāwěi 1 Lù 13 Xiàng	——	支路	四会市中部	沙尾一路—沿江路
沙尾一路十四巷	Shāwěi 1 Lù 14 Xiàng	——	支路	四会市中部	沙尾一路—光明大道
沙尾一路十五巷	Shāwěi 1 Lù 15 Xiàng	——	支路	四会市中部	沙尾一路—沿江路
沙尾一路十巷	Shāwěi 1 Lù 10 Xiàng	——	支路	四会市中部	沙居一路—巷尾
沙尾一路十一巷	Shāwěi 1 Lù 11 Xiàng	——	支路	四会市中部	沙尾一路—沿江路
沙尾一路四巷	Shāwěi 1 Lù 4 Xiàng	——	支路	四会市中部	沙尾一路—巷尾
沙尾一路五巷	Shāwěi 1 Lù 5 Xiàng	——	支路	四会市中部	沙尾一路—巷尾
沙尾一路一巷	Shāwěi 1 Lù 1 Xiàng	——	支路	四会市中部	沙尾一路—巷尾
曙光巷	Shǔguāng Xiàng	——	支路	四会市中部	曙光路—巷尾
县前街二巷	Xiànqián Jiē 2 Xiàng	——	支路	四会市中部	县前街—巷尾
县前街三巷	Xiànqián Jiē 3 Xiàng	——	支路	四会市中部	县前街—巷尾
县前街四巷	Xiànqián Jiē 4 Xiàng	——	支路	四会市中部	县前街—巷尾
县前街一巷	Xiànqián Jiē 1 Xiàng	——	支路	四会市中部	县前街—巷尾
向阳巷	Xiàngyáng Xiàng	——	支路	四会市中部	汇源路—新风路

（续上表）

标准名称	汉语拼音	别名	地名类别	相对位置	起讫点
新风二巷	Xīnfēng 2 Xiàng	—	支路	四会市中部	新风路—四会民政局旧址
新风一巷	Xīnfēng 1 Xiàng	—	支路	四会市中部	新风路—城中新路
新巷	Xīnxiàng	—	支路	四会市中部	汇源路—新风路
民生路	Mínshēng Lù	—	支路	四会市中部	复兴路—广东电网公司肇庆四会供电局
永盛路	Yǒngshèng Lù	—	支路	四会市东南部	兴旺路—工业大道
如意路	Rúyì Lù	—	支路	四会市东南部	南江大道—广源路
恩蓬东路	Ènpéng Dōnglù	—	支路	四会市东南部	恩蓬中路—东巷尾
恩蓬中路	Ènpéng Zhōnglù	—	支路	四会市东南部	巷头—恩蓬东路
发展路	Fāzhǎn Lù	—	支路	四会市东南部	工业大道—527乡道
繁华路	Fánhuá Lù	—	支路	四会市东南部	繁华路—大沙规划管理中心站
繁华西路	Fánhuá Xīlù	—	支路	四会市东南部	繁华路—大沙集贸市场
复康路	Fùkāng Lù	—	支路	四会市东南部	广源路—大业金属制品有限公司
复兴路	Fùxīng Lù	—	支路	四会市东南部	广源路—四会市汇洋科技饲料有限公司
改革路	Gǎigé Lù	—	支路	四会市东南部	工业大道—广源路
广华路	Guǎnghuá Lù	—	支路	四会市东南部	大布村—道路尽头
广汇路	Guǎnghuì Lù	—	支路	四会市东南部	广四线—巷尾
广进路	Guǎngjìn Lù	—	支路	四会市东南部	兴旺路—复兴路
广源路	Guǎngyuán Lù	—	支路	四会市东南部	巷头—巷尾
广源路	Guǎngyuán Lù	—	支路	四会市东南部	兴旺路—北街527乡道

(续上表)

标准名称	汉语拼音	别名	地名类别	相对位置	起讫点
鸿业路	Hóngyè Lù	——	支路	四会市东南部	南江大道—建业路
吉祥路	Jíxiáng Lù	——	支路	四会市东南部	广进路—建业路
建业路	Jiànyè Lù	——	支路	四会市东南部	友谊路—四会市中正陶瓷有限公司
教育路	Jiàoyù Lù	——	支路	四会市东南部	广四线—黄涛中心小学
民乐路	Mínlè Lù	——	支路	四会市东南部	民乐路—趣智幼儿园
民乐西路	Mínlè Xīlù	——	支路	四会市东南部	民乐路—大沙集贸市场
平安路	Píng'ān Lù	——	支路	四会市东南部	江大道—四会市远东电器有限公司
荣芳街	Róngfāng Jiē	——	支路	四会市东南部	三界市荣芳街牌坊—冲会线
诗书路	Shīshū Lù	——	支路	四会市东南部	——
拓展路	Tuòzhǎn Lù	——	支路	四会市东南部	工业大道—南江大道
兴隆路	Xīnglóng Lù	——	支路	四会市东南部	工业大道—马南线
耀华中路	Yàohuá Zhōnglù	——	支路	四会市东南部	巷头—四会市大沙医院
誉城路	Yùchéng Lù	——	支路	四会市东南部	广场路—仁马大道
港口路	Gǎngkǒu Lù	——	支路	四会市东南部	广成线—四会港
友谊东路	Yǒuyì Dōnglù	——	支路	四会市东南部	南江大道—建业路
大街东二路	Dàjiēdōng 2 Lù	——	支路	四会市西南部	竹线—巷尾
大街东路	Dàjiē Dōnglù	——	支路	四会市西南部	政府路—巷尾
敬老路	Jìnglǎo Lù	——	支路	四会市西南部	地豆中心小学—地豆敬老院
商业文化新街	Shāngyè Wénhuà Xīnjiē	——	支路	四会市西南部	岜地公路—政府路

（续上表）

标准名称	汉语拼音	别名	地名类别	相对位置	起讫点
狮岭工业大道	Shīlǐng Gōngyè Dàdào	——	支路	四会市西南部	岭连线—巷尾
市场北二路	Shìchǎngběi 2 Lù	——	支路	四会市西南部	市场街—市场西街
市场西街	Shìchǎng Xījiē	——	支路	四会市西南部	崀地公路—巷尾
市场北三路	Shìchǎngběi 3 Lù	——	支路	四会市西南部	市场街—市场西街
市场北四路	Shìchǎngběi 4 Lù	——	支路	四会市西南部	市场街—市场西街
市场北五路	Shìchǎngběi 5 Lù	——	支路	四会市西南部	市场街—市场西街
市场东街	Shìchǎng Dōngjiē	——	支路	四会市西南部	崀地公路—巷尾
政府路	Zhèngfǔ Lù	——	支路	四会市西南部	地塘线—崀地公路
碧桂路	Bìguì Lù	——	支路	四会市东南部	商业大道—碧桂园
仓岗街	Cānggǎng Jiē	——	支路	四会市东南部	人民医院门前—城北小学
槎山北路	Cháshān Běilù	——	支路	四会市东南部	槎山路—内环路（规划中）
翠丽路	Cuìlì Lù	——	支路	四会市东南部	金丽路—体育路
东成五街一巷	Dōngchéng 5 Jiē 1 Xiàng	——	支路	四会市东南部	东城路—西巷尾
东成二街	Dōngchéng 2 Jiē	——	支路	四会市东南部	东城路—建设路
东成三街	Dōngchéng 3 Jiē	——	支路	四会市东南部	东城路—建设路
东成四街	Dōngchéng 4 Jiē	——	支路	四会市东南部	东城路—建设路
东成五街	Dōngchéng 5 Jiē	——	支路	四会市东南部	东城路—建设路
东成西路	Dōngchéng Xīlù	——	支路	四会市东南部	商业路—东城路
东成一街	Dōngchéng 1 Jiē	——	支路	四会市东南部	建设路—东城路
东华街	Dōnghuá Jiē	——	支路	四会市东南部	同乐路—白田（土名）
东江街	Dōngjiāng Jiē	——	支路	四会市东南部	同乐路—新江敬老院
东林街	Dōnglín Jiē	——	支路	四会市东南部	同乐路—新江卫生院

（续上表）

标准名称	汉语拼音	别名	地名类别	相对位置	起讫点
东升街	Dōngshēng Jiē	——	支路	四会市东南部	同乐路—新江敬老院
东源街	Dōngyuán Jiē	——	支路	四会市东南部	同乐路—新江供电所
东源街一巷	Dōngyuán Jiē 1 Xiàng	——	支路	四会市东南部	同乐路—新江卫生院
窦口街	Dòukǒu Jiē	——	支路	四会市东南部	四会大道—西巷尾
翡翠街	Fěicuì Jiē	——	支路	四会市东南部	四会大道—西巷尾
富华路二街	Fùhuá Lù 2 Jiē	——	支路	四会市东南部	富华路—康宁路
富华路一街	Fùhuá Lù 1 Jiē	——	支路	四会市东南部	富华路—康宁路
高观东黄巷	Gāoguāndōng Huáng Xiàng	——	支路	四会市东南部	——
高观东井屈巷	Gāoguāndōng Jǐngqū Xiàng	——	支路	四会市东南部	——
高观东路	Gāoguāndōng Lù	——	支路	四会市东南部	水闸路—东方大厦
光明横街	Guāngmíng Héngjiē	——	支路	四会市东南部	四会大道—东城中学
光明横街一巷	Guāngmíng Héngjiē 1 Xiàng	——	支路	四会市东南部	玉器街—巷尾
光明横街二巷	Guāngmíng Héngjiē 2 Xiàng	——	支路	四会市东南部	玉器街—巷尾
光明横街三巷	Guāngmíng Héngjiē 3 Xiàng	——	支路	四会市东南部	玉器街—光明横街
光明横街六巷	Guāngmíng Héngjiē 6 Xiàng	——	支路	四会市东南部	光明横街三巷—巷尾
光明横街七巷	Guāngmíng Héngjiē 7 Xiàng	——	支路	四会市东南部	光明横街三巷—巷尾
光明横街四巷	Guāngmíng Héngjiē 4 Xiàng	——	支路	四会市东南部	光明横街三巷—巷尾
光明横街五巷	Guāngmíng Héngjiē 5 Xiàng	——	支路	四会市东南部	光明横街三巷—巷尾
广场北二路	Guǎngchǎng Běi 2 Lù	——	支路	四会市东南部	——

（续上表）

标准名称	汉语拼音	别名	地名类别	相对位置	起讫点
广场北一路	Guǎngchǎng Běi 1 Lù	——	支路	四会市东南部	玉器城—市府大楼
广清路	Guǎngqīng Lù	——	支路	四会市东南部	畔台二、三路交汇点—商业大道
贵华路二街	Guìhuá Lù 2 Jiē	——	支路	四会市东南部	贵华路—富华路
贵华路三街	Guìhuá Lù 3 Jiē	——	支路	四会市东南部	贵华路—富华路
贵华路四街	Guìhuá Lù 4 Jiē	——	支路	四会市东南部	贵华路—富华路
贵华路一街	Guìhuá Lù 1 Jiē	——	支路	四会市东南部	贵华路—富华路
吉照路二街	Jízhào Lù 2 Jiē	——	支路	四会市东南部	吉照路—贵华路
吉照路三街	Jízhào Lù 3 Jiē	——	支路	四会市东南部	吉照路—贵华路
吉照路四街	Jízhào Lù 4 Jiē	——	支路	四会市东南部	吉照路—贵华路
吉照路一街	Jízhào Lù 1 Jiē	——	支路	四会市东南部	吉照路—贵华路
建设二路	Jiànshè 2 Lù	——	支路	四会市东南部	东方大酒店—东苑公园
建设路二巷	Jiànshè Lù 2 Xiàng	——	支路	四会市东南部	商业二街—公路局
建设路横街	Jiànshè Lù Héngjiē	——	支路	四会市东南部	清塘大道—四会市工商行政管理局
建设路一巷	Jiànshè Lù 1 Xiàng	——	支路	四会市东南部	商业一街—公路局
江丽路二街	Jiānglì Lù 2 Jiē	——	支路	四会市东南部	江丽路—景丽路
下高街	Xiàgāo Jiē	——	支路	四会市东南部	商业路—高观东路
江丽路二街一巷	Jiānglì Lù 2 Jiē 1 Xiàng	——	支路	四会市东南部	江丽路一街—景丽路
江丽路二街二巷	Jiānglì Lù 2 Jiē 2 Xiàng	——	支路	四会市东南部	江丽路一街—景丽路
江丽路二街三巷	Jiānglì Lù 2 Jiē 3 Xiàng	——	支路	四会市东南部	江丽路一街—景丽路
江丽路二街四巷	Jiānglì Lù 2 Jiē 4 Xiàng	——	支路	四会市东南部	江丽路一街—景丽路
江丽路一街	Jiānglì Lù 1 Jiē	——	支路	四会市东南部	江丽路—景丽路
金丽路	Jīnlì Lù	——	支路	四会市东南部	龙凤路—水闸路

（续上表）

标准名称	汉语拼音	别名	地名类别	相对位置	起讫点
景丽路	Jǐnglì Lù	——	支路	四会市东南部	光明路—陶冲黎巷村
康宁路	Kāngníng Lù	——	支路	四会市东南部	四会大道中—玫瑰路
丽安路	Lì'ān Lù	——	支路	四会市东南部	四会大道中丽安花园路口—下塘（土名）
龙凤路一街	Lóngfèng Lù 1 Jiē	——	支路	四会市东南部	水闸路—龙凤路
玫瑰路	Méiguī Lù	——	支路	四会市东南部	陶丽新苑二街—祥和路
莫巷路	Mòxiàng Lù	——	支路	四会市东南部	四会大道—莫巷村
南田景观大道	Nántián Jǐngguān Dàdào	——	支路	四会市东南部	汇林路—南田水库
畔台二路	Pàntái 2 Lù	——	支路	四会市东南部	广场路—陶冲苏岗二村
畔台三路	Pàntái 3 Lù	——	支路	四会市东南部	畔台二路—祥和路
畔台一路	Pàntái 1 Lù	——	支路	四会市东南部	广场路—广场北路
清东路三街	Qīngdōng Lù 3 Jiē	——	支路	四会市东南部	商业大道—北至清东路，南至同元街
沙田园二路	Shātiányuán 2 Lù	——	支路	四会市东南部	清塘大道—清东路
沙田园二路二街	Shātiányuán 2 Lù 2 Jiē	——	支路	四会市东南部	沙田园二路—东道路
沙田园二路六街	Shātiányuán 2 Lù 6 Jiē	——	支路	四会市东南部	沙田园二路—商业大道
沙田园二路七街	Shātiányuán 2 Lù 7 Jiē	——	支路	四会市东南部	沙田园二路—商业大道
沙田园二路三街	Shātiányuán 2 Lù 3 Jiē	——	支路	四会市东南部	沙田园二路—商业大道
沙田园二路四街	Shātiányuán 2 Lù 4 Jiē	——	支路	四会市东南部	沙田园二路—沙田园二路五街
沙田园二路五街	Shātiányuán 2 Lù 5 Jiē	——	支路	四会市东南部	沙田园二路—沙田五路

（续上表）

标准名称	汉语拼音	别名	地名类别	相对位置	起讫点
沙田园二路一街	Shātiányuán 2 Lù 1 Jiē	——	支路	四会市东南部	沙田园二路—沙田三路
沙田园三路	Shātiányuán 3 Lù	——	支路	四会市东南部	清塘大道—清东路
沙田园四路	Shātiányuán 4 Lù	——	支路	四会市东南部	清路—巷尾
沙田园五路	Shātiányuán 5 Lù	——	支路	四会市东南部	清路—巷尾
沙田园一路	Shātiányuán 1 Lù	——	支路	四会市东南部	清塘大道—清东路
沙田园一路二街	Shātiányuán 1 Lù 2 Jiē	——	支路	四会市东南部	沙田园一路—沙田园二路
沙田园一路六街	Shātiányuán 1 Lù 6 Jiē	——	支路	四会市东南部	四会大道—商业大道
沙田园一路七街	Shātiányuán 1 Lù 7 Jiē	——	支路	四会市东南部	商业大道—沙田园一路
沙田园一路三街	Shātiányuán 1 Lù 3 Jiē	——	支路	四会市东南部	四会大道—沙田花园
沙田园一路四街	Shātiányuán 1 Lù 4 Jiē	——	支路	四会市东南部	沙田园一路—沙田二路
沙田园一路五街	Shātiányuán 1 Lù 5 Jiē	——	支路	四会市东南部	沙田园一路—沙田二路
沙田园一路一街	Shātiányuán 1 Lù 1 Jiē	——	支路	四会市东南部	沙田园一路—沙田二路
商业二街	Shāngyè 2 Jiē	——	支路	四会市东南部	商业路—马田市场
商业三街	Shāngyè 3 Jiē	——	支路	四会市东南部	商业路—玉器街道
商业一街	Shāngyè 1 Jiē	——	支路	四会市东南部	商业路—马田市场
上元大道	Shàngyuán Dàdào	——	支路	四会市东南部	肇庆大鸿明贵金属有限公司—大旺高新区
陶丽新苑一街	Táolìxīnyuán 1 Jiē	——	支路	四会市东南部	四会大道中—观海路
体育路二街	Tǐyù Lù 2 Jiē	——	支路	四会市东南部	体育路—龙凤路
体育路三街	Tǐyù Lù 3 Jiē	——	支路	四会市东南部	体育路—巷尾
体育路一街	Tǐyù Lù 1 Jiē	——	支路	四会市东南部	巷头—巷尾

（续上表）

标准名称	汉语拼音	别名	地名类别	相对位置	起讫点
通元街	Tōngyuán Jiē	——	支路	四会市东南部	四会大道—商业大道
同乐路	Tónglè Lù	——	支路	四会市东南部	四会大道—原糖厂旧四清公路
祥和路二街	Xiánghé Lù 2 Jiē	——	支路	四会市东南部	祥和路—吉照路
祥和路三街	Xiánghé Lù 3 Jiē	——	支路	四会市东南部	祥和路—吉照路
祥和路四街	Xiánghé Lù 4 Jiē	——	支路	四会市东南部	祥和路—吉照路
祥和路一街	Xiánghé Lù 1 Jiē	——	支路	四会市东南部	祥和路—吉照路
谢村石巷	Xiècūn Shí Xiàng	——	支路	四会市东南部	——
玉珠街	Yùzhū Jiē	——	支路	四会市东南部	四会大道—广场北一路
育贤路	Yùxián Lù	——	支路	四会市东南部	四会大道中—观海路
臻山路	Zhēnshān Lù	——	支路	四会市东南部	南田水库—长坑水库
白沙街	Báishā Jiē	——	支路	四会市东南部	北江大道—国电肇庆热电有限公司
宝石路	Bǎoshí Lù	——	支路	四会市东南部	工业大街—白沙街
宝盈路	Bǎoyíng Lù	——	支路	四会市东南部	建设路—兴隆三街
工业大街	Gōngyè Dàjiē	——	支路	四会市东南部	大旺—肇庆扬帆公寓
公园路	Gōngyuán Lù	——	支路	四会市东南部	大旺公园—政德大街
和平路	Hépíng Lù	——	支路	四会市东南部	文德三街—文德四街
华侨路	Huáqiáo Lù	——	支路	四会市东南部	政德大街—曙光街
景安街	Jǐng'ān Jiē	——	支路	四会市东南部	公园路—道路尽头
景平街	Jǐngpíng Jiē	——	支路	四会市东南部	公园路—道路尽头
景升北街	Jǐngshēng Běijiē	——	支路	四会市东南部	迎宾大道—上元大道

（续上表）

标准名称	汉语拼音	别名	地名类别	相对位置	起讫点
景升南街	Jǐngshēng Nánjiē	——	支路	四会市东南部	迎宾大道—新旺大道
景升南一路	Jǐngshēng Nán 1 Lù	——	支路	四会市东南部	景升街—政德大街
景升南二路	Jǐngshēng Nán 2 Lù	——	支路	四会市东南部	景升街—政德大街
景泰二路	Jǐngtài 2 Lù	——	支路	四会市东南部	政德大街—道路尽头
景泰一路	Jǐngtài 1 Lù	——	支路	四会市东南部	政德大街—道路尽头
康泰街	Kāngtài Jiē	——	支路	四会市东南部	肇庆高宝冷冻设备公司—新浩胶粘纸制品公司
荔园街	Lìyuán Jiē	——	支路	四会市东南部	景泰一路—旺兴街
临安二街	Lín'ān 2 Jiē	——	支路	四会市东南部	龙王庙大道—55国道二广高速
临安一街	Lín'ān 1 Jiē	——	支路	四会市东南部	龙王庙大道—肇庆金高丽化工有限公司
明华路	Mínghuá Lù	——	支路	四会市东南部	工业大街—白沙街
明珠路	Míngzhū Lù	——	支路	四会市东南部	建设路—白沙街
农场路	Nóngcháng Lù	——	支路	四会市东南部	政德大街—北围二队
如意路	Rúyì Lù	——	支路	四会市东南部	政德大街—景升南街
升平街	Shēngpíng Jiē	——	支路	四会市东南部	知青路—道路尽头
曙光街	Shǔguāng Jiē	——	支路	四会市东南部	迎宾大道—天成路
顺景路	Shùnjǐng Lù	——	支路	四会市东南部	文德三街—道路尽头
体育东路	Tǐyù Dōnglù	——	支路	四会市东南部	大旺大道—荔园街

(续上表)

标准名称	汉语拼音	别名	地名类别	相对位置	起讫点
天成路	Tiānchéng Lù	——	支路	四会市东南部	东城街道彤欣幼儿园—肇庆高新区社会工作局
旺兴街	Wàngxīng Jiē	——	支路	四会市东南部	大旺大道—建设路
文德八街	Wéndé 8 Jiē	——	支路	四会市东南部	迎宾大道—道路尽头
文德二街	Wéndé 2 Jiē	——	支路	四会市东南部	迎宾大道—青莲排洪渠
文德六街	Wéndé 6 Jiē	——	支路	四会市东南部	龙王庙大道—道路尽头
文德七街	Wéndé 7 Jiē	——	支路	四会市东南部	迎宾大道—滨江路
文德三街	Wéndé 3 Jiē	——	支路	四会市东南部	——
文德四街	Wéndé 4 Jiē	——	支路	四会市东南部	肇庆新高丽装饰材料公司—肇庆大旺澳美涂装厂
文德五街	Wéndé 5 Jiē	——	支路	四会市东南部	肇庆长龙生物科技公司—青莲排洪渠
文德一街	Wéndé 1 Jiē	——	支路	四会市东南部	龙王庙大道—四会市金菊玻璃工艺制品厂
新寨村石巷道	Xīnzhài Cūn Shíxiàng Dào	——	支路	肇庆高新区	——
兴隆二街	Xīnglóng 2 Jiē	——	支路	四会市东南部	宝石路—肇庆蓝领公寓
兴隆三街	Xīnglóng 3 Jiē	——	支路	四会市东南部	滨江路—北江大道
兴隆四街	Xīnglóng 4 Jiē	——	支路	四会市东南部	滨江路—明珠路
兴隆五街	Xīnglóng 5 Jiē	——	支路	四会市东南部	滨江路—明珠路
兴隆一街	Xīnglóng 1 Jiē	——	支路	四会市东南部	滨江路—明华路
亚铝大街	Yàlǔ Dàjiē	——	支路	四会市东南部	大旺503县道—古塘区
正隆二街	Zhènglóng 2 Jiē	——	支路	四会市东南部	滨江路—明珠路
正隆一街	Zhènglóng 1 Jiē	——	支路	四会市东南部	滨江路—明珠路

（续上表）

标准名称	汉语拼音	别名	地名类别	相对位置	起讫点
知青路	Zhīqīng Lù	——	支路	四会市东南部	政德大街—城区街道办事处综治信访维稳中心
惠福街	Huìfú Jiē	——	支路	四会市东南部	景泰一路—东城街道阳光幼儿园
德育路	Déyù Lù	——	支路	四会市西部	黄田大道—绥江河堤
沿江路	Yánjiāng Lù	——	支路	四会市西部	四莲公路—四莲公路
石脚村石巷	Shíjiǎo Cūn Shí Xiàng	——	支路	四会市西部	——
兴业路	Xīngyè Lù	——	支路	四会市西部	黄田大道—阅江路
燕岗村石巷	Yàngǎng Cūn Shí Xiàng	——	支路	四会市西部	——
阅江路	Yuèjiāng Lù	——	支路	四会市西部	黄田大桥—兴业路
镇江路	Zhènjiāng Lù	——	支路	四会市西部	黄田大道—黄田大桥
新屋巷石巷	Xīnwūxiàng Shí Xiàng	——	支路	黄田镇	——
东便闸街	Dōngbiànzhá Jiē	——	支路	四会市西北部	鹅春地桥—东便闸
莫塘岭古道	Mòtánglǐng Gǔdào	——	支路	四会市西北部	——
居委街	Jūwěi Jiē	——	支路	四会市西北部	江谷圩镇—岭莲线
沙街	Shājiē	——	支路	四会市西北部	便闸—沙街二
新基街	Xīnjī Jiē	——	支路	四会市西北部	东便闸街—道路尽头
新圩街	Xīnxū Jiē	——	支路	四会市西北部	便闸—四会市粮食局粮油管理所
沿江路	Yánjiāng Lù	——	支路	四会市西北部	鹅春地桥—岭莲线
沿江西路	Yánjiāng Xīlù	——	支路	四会市西北部	江谷镇政府—岭莲线
凤山古道	Fèngshān Gǔdào	——	支路	迳口镇	——

(续上表)

标准名称	汉语拼音	别名	地名类别	相对位置	起讫点
府前巷	Fǔqián Xiàng	——	支路	四会市东北部	迳口镇政府—迳口中心幼儿园
冲峒工业路	Chōngdòng Gōngyè Lù	——	支路	四会市中部	广四线—冲峒
凤凰二路	Fènghuáng 2 Lù	——	支路	四会市中部	园区惠源二路—园区生活区宿舍
凤凰三路	Fènghuáng 3 Lù	——	支路	四会市中部	园区惠源三路—园区惠源四路（四会市瀚绅再生资源有限公司）
凤凰一路	Fènghuáng 1 Lù	——	支路	四会市中部	园区惠源一路—园区生活区宿舍
惠源二路	Huìyuán 2 Lù	——	支路	四会市中部	园区凤凰二路—园区凤凰大道
惠源三路	Huìyuán 3 Lù	——	支路	四会市中部	园区凤凰一路—禾地岗尾
惠源五路	Huìyuán 5 Lù	——	支路	四会市中部	亚洲家园—惠源三路
惠源一路	Huìyuán 1 Lù	——	支路	四会市中部	园区凤凰一路—四会市宏泰钢铁结构材料有限公司
沙美村石巷	Shāměi Cūn Shíxiàng	——	支路	罗源镇	——
安宁路	Ānníng Lù	——	支路	四会市西南部	河公路—石狗敬老院
百石迳	Bǎishíjìng	——	支路	四会市西南部	石狗镇—贞山街道
陈坑径	Chénkēngjìng	——	支路	四会市西南部	石狗带下—石狗村
光明路	Guāngmíng Lù	——	支路	四会市西南部	永兴路—道路尽头
康乐路	Kānglè Lù	——	支路	四会市西南部	永兴路—道路尽头
泰安路	Tài'ān Lù	——	支路	四会市西南部	石白线—道路尽头
永盛路	Yǒngshèng Lù	——	支路	四会市西南部	河公路—泰安路

（续上表）

标准名称	汉语拼音	别名	地名类别	相对位置	起讫点
政和路	Zhènghé Lù	——	支路	四会市西南部	河公路—政府大楼
永兴路	Yǒngxīng Lù	——	支路	四会市西南部	河公路—石狗镇行政（便民）服务中心
白带岭古道	Báidàilǐng Gǔdào	——	支路	威整镇	——
车仔路	Chēzǎi Lù	——	支路	四会市北部	威瓦线—巷尾
大洲村石巷	Dàzhōucūn Shíxiàng	——	支路	威整镇	——
农民街	Nóngmín Jiē	——	支路	四会市北部	岭莲线—威下线
新西路	Xīnxī Lù	——	支路	四会市北部	威整桥—泰兴路
新东路	Xīndōng Lù	——	支路	四会市北部	泰兴路—镇街尾部
泰兴路	Tàixīng Lù	——	支路	四会市北部	威整镇新市场—善庆里
宝华路	Bǎohuá Lù	——	支路	四会市中西部	岭莲线—宝华亭
德政路	Dézhèng Lù	——	支路	四会市中西部	岭莲线—下茆镇人民政府
教育路	Jiàoyù Lù	——	支路	四会市中西部	岭莲线—永兴路
民安路	Mín'ān Lù	——	支路	四会市中西部	教育路—镇关路
永兴路	Yǒngxīng Lù	——	支路	四会市中西部	宝华路—镇关路
镇关路	Zhènguān Lù	——	支路	四会市中西部	岭莲线—楼脚村
碧海湾沿江路	Bìhǎiwān Yánjiāng Lù	——	支路	四会市南部	岭莲线—碧海湾御水龙庭
邓村北街	Dèngcūn Běijiē	——	支路	四会市南部	坑邓线—邓村横街
邓村横街	Dèngcūn Héngjiē	——	支路	四会市南部	坑邓线—巷尾
井巷路	Jǐngxiàng Lù	——	支路	四会市南部	坑邓线—连塘布村尾
六祖大道	Liùzǔ Dàdào	——	支路	四会市南部	贞山路—六祖寺
芒头窝古道	Mángtóuwō Gǔdào	——	支路	四会市贞山街道	——
天音路	Tiānyīn Lù	——	支路	四会市南部	贞山路—四连公路

3. 铁路运输

标准名称	汉语拼音	地名类别	相对位置	起讫点
广茂铁路	Guǎngmào Tiělù	铁路	四会市东南部大沙镇	广州—茂名

4. 桥梁

标准名称	汉语拼音	别名	地名类别	相对位置	所在线路	所跨河流（道路等）
济广桥	Jìguǎng Qiáo	——	桥梁	四会市中南部	岭莲公路	一站渠
二站桥	Èrzhàn Qiáo	——	桥梁	四会市中南部	济广路	二站渠
一村桥	Yīcūn Qiáo	——	桥梁	四会市中南部	济广路	——
白沙桥	Báishā Qiáo	——	桥梁	四会市中南部	四莲公路	白沙渠
仓丰桥	Cāngfēng Qiáo	——	桥梁	四会市中南部	济广路	一站渠
龙江桥	Lóngjiāng Qiáo	——	桥梁	四会市中南部	四莲公路	龙江
沙尾新桥	Shāwěi Xīnqiáo	——	桥梁	四会市中南部	沿江路	龙江
沙尾桥	Shāwěi Qiáo	——	桥梁	四会市中南部	商业路	龙江
槎山桥	Cháshān Qiáo	——	桥梁	四会市中南部	城中路	龙江
金宝利天桥	Jīnbǎolì Tiānqiáo	——	桥梁	四会市中南部	四莲公路	——
水闸桥	Shuǐzhá Qiáo	——	桥梁	四会市中南部	水闸路	龙江
龙凤桥	Lóngfèng Qiáo	——	桥梁	四会市中南部	龙凤路	龙江
横塞桥	Héngsāi Qiáo	——	桥梁	四会市东南部	六青线	——
大涌桥	Dàchōng Qiáo	——	桥梁	四会市东南部	广成公路	——
飞鹅岭大桥	Fēi'élǐng Dàqiáo	——	桥梁	四会市东南部	广场南路	绥江
隆伏桥	Lóngfú Qiáo	——	桥梁	四会市东南部	四莲公路	——
北江大桥	Běijiāng Dàqiáo	——	桥梁	四会市东南部	二广高速	北江
大沙桥	Dàshā Qiáo	——	桥梁	四会市东南部	广成公路	青歧涌
旧大涌桥	Jiù Dàchōng Qiáo	——	桥梁	四会市东南部	韩大线	——
大涌桥	Dàchōng Qiáo	——	桥梁	四会市东南部	马江线	——
马房北江大桥	Mǎfáng Běijiāng Dàqiáo	——	桥梁	四会市东南部	广成公路	北江
大兴立交桥	Dàxīng Lìjiāoqiáo	——	桥梁	四会市东南部	广成公路	——
大沙旧桥	Dàshā Jiùqiáo	——	桥梁	四会市东南部	——	青岐涌

（续上表）

标准名称	汉语拼音	别名	地名类别	相对位置	所在线路	所跨河流（道路等）
隆马桥	Lóngmǎ Qiáo	——	桥梁	四会市东南部	五龙线	——
大旺大桥	Dàwàng Dàqiáo	——	桥梁	四会市东南部	六青线	绥江
榄岗大桥	Lǎngǎng Dàqiáo	——	桥梁	四会市东南部	广成公路	马南线
港口中桥	Gǎngkǒuzhōng Qiáo	——	桥梁	四会市东南部	文德七街	东排渠
韩村桥	Háncūn Qiáo	——	桥梁	四会市东南部	广成公路	——
塔崀桥	Tǎlàng Qiáo	——	桥梁	四会市西北部	地塘线	何礼河
鹅寮桥	Éliáo Qiáo	——	桥梁	四会市西北部	——	何礼河
蛇湾桥	Shéwān Qiáo	——	桥梁	四会市西北部	——	水车坑
甫前江桥	Fǔqiánjiāng Qiáo	——	桥梁	四会市西北部	地塘线	田寮坑
大塘桥	Dàtáng Qiáo	——	桥梁	四会市西北部	地塘线	何礼河
水车桥	Shuǐchē Qiáo	——	桥梁	四会市西北部	——	何礼河
小东桥	Xiǎodōng Qiáo	——	桥梁	四会市西北部	水大线	水车坑
沙洲碗厂桥	Shāzhōu Wǎnchǎng Qiáo	——	桥梁	四会市西北部	上沙线	水车坑
狮岭二桥	Shīlǐng 2 Qiáo	——	桥梁	四会市西北部	——	狮神线
竹坑桥	Zhúkēng Qiáo	——	桥梁	四会市西北部	西竹线	牛眠坑
何礼桥	Hélǐ Qiáo	——	桥梁	四会市西北部	——	何礼河
官田桥	Guāntián Qiáo	——	桥梁	四会市西北部	邓官线	何礼河
吴家围桥	Wújiāwéi Qiáo	——	桥梁	四会市西北部	水小线	水车坑
南岭桥	Nánlǐng Qiáo	——	桥梁	四会市西北部	南马线	地豆镇拦洪沟
深水沥桥	Shēnshuǐlì Qiáo	——	桥梁	四会市西北部	大三线	田寮坑
邓塘桥	Dèngtáng Qiáo	——	桥梁	四会市西北部	——	何礼河
马鬃盈桥	Mǎzōngyíng Qiáo	——	桥梁	四会市地豆镇	——	——
黄茆坪桥	Huángmáopíng Qiáo	——	桥梁	四会市西北部	——	红珠坳水渠
大纯忠桥	Dàchúnzhōng Qiáo	——	桥梁	四会市西北部	——	牛眠坑
虎象塘桥	Hǔxiàngtáng Qiáo	——	桥梁	四会市西北部	——	粘米迳坑
长江咀桥	Chángjiāngzuǐ Qiáo	——	桥梁	四会市西北部	——	粘米迳坑
新塘里桥	Xīntánglǐ Qiáo	——	桥梁	四会市西北部	——	牛眠坑
牛基甫桥	Niújīfǔ Qiáo	——	桥梁	四会市西北部	——	牛眠坑

（续上表）

标准名称	汉语拼音	别名	地名类别	相对位置	所在线路	所跨河流（道路等）
敬老桥	Jìnglǎo Qiáo	——	桥梁	四会市西北部	敬老路	牛眠坑
罗布桥	Luóbù Qiáo	——	桥梁	四会市西北部	——	地豆镇拦洪沟
岗坪桥	Gǎngpíng Qiáo	——	桥梁	四会市西北部	——	地豆镇拦洪沟
学校桥	Xuéxiào Qiáo	——	桥梁	四会市西北部	——	何礼河
禾崀岗桥	Hélànggǎng Qiáo	——	桥梁	四会市西北部	赤尾线	——
地豆桥	Dìdòu Qiáo	——	桥梁	四会市西北部	良地公路	牛眠坑
地豆二桥	Dìdòu 2 Qiáo	——	桥梁	四会市西北部	岭莲公路	粘米迳坑
营脚桥	Yíngjiǎo Qiáo	——	桥梁	四会市西北部	岭莲公路	何礼河
下街桥	Xiàjiē Qiáo	——	桥梁	四会市西北部	岭莲公路	——
狮岭桥	Shīlǐng Qiáo	——	桥梁	四会市西北部	岭莲公路	红珠坳水渠
沥利岗桥	Lìlìgǎng Qiáo	——	桥梁	四会市中东部	黄前线	青莲排渠
漠头桥	Mòtóu Qiáo	——	桥梁	四会市中东部	——	大河线
上洲桥	Shàngzhōu Qiáo	——	桥梁	四会市中东部	——	大坑
黄岗桥	Huánggǎng Qiáo	——	桥梁	四会市中东部	前新线	青莲排渠
文德岗桥	Wéndégǎng Qiáo	——	桥梁	四会市中东部	五大线	——
前锋桥	Qiánfēng Qiáo	——	桥梁	四会市中东部	黄前线	大坑
青莲桥	Qīnglián Qiáo	——	桥梁	四会市中东部	四大线	青莲排渠
蕉园桥	Jiāoyuán Qiáo	——	桥梁	四会市中东部	五大线	青莲排渠
清东桥	Qīngdōng Qiáo	——	桥梁	四会市中东部	窦清线	——
狮爪桥	Shīzhǎo Qiáo	——	桥梁	四会市中东部	窦清线	——
大坑桥	Dàkēng Qiáo	——	桥梁	四会市中东部	窦清线	——
丽岗桥	Lìgǎng Qiáo	——	桥梁	四会市中东部	丽碟线	青莲排渠
五马岗绥江大桥	Wǔmǎgǎng Suíjiāng Dàqiáo	——	桥梁	四会市中东部	——	绥江
五马岗大桥	Wǔmǎgǎng Dàqiáo	——	桥梁	四会市东城街道	四莲公路	绥江
白坟咀桥	Báifénzuǐ Qiáo	——	桥梁	四会市中东部	清山线	清东坑
白马岗旧桥	Báimǎgǎng Jiùqiáo	——	桥梁	四会市中东部	白大线	大坑

（续上表）

标准名称	汉语拼音	别名	地名类别	相对位置	所在线路	所跨河流（道路等）
东风桥	Dōngfēng Qiáo	——	桥梁	四会市中东部	——	大坑
东兴旧桥	Dōngxīng Jiùqiáo	——	桥梁	四会市中东部	——	大坑
南田桥	Nántián Qiáo	——	桥梁	四会市中东部	陶南线	清东坑
三墩桥	Sāndūn Qiáo	——	桥梁	四会市中东部	前金线	——
铁岗旧桥	Tiěgǎng Jiùqiáo	——	桥梁	四会市中东部	——	大坑
河东桥	Hédōng Qiáo	——	桥梁	四会市中东部	大河线	龙江
小海口桥	Xiǎohǎikǒu Qiáo	——	桥梁	四会市中东部	——	龙江
青绥特大桥	Qīngsuí Tèdàqiáo	——	桥梁	四会市中东部	珠三角环线高速	绥江
大南山桥	Dànánshān Qiáo	——	桥梁	四会市中东部	六青线	——
二广桥	Èrguǎng Qiáo	——	桥梁	四会市中东部	二广高速	龙江
燕崀桥	Yànlàng Qiáo	——	桥梁	四会市西部	——	小水
燕崀二桥	Yànlàng 2 Qiáo	——	桥梁	四会市西部	——	小水
沙州桥	Shāzhōu Qiáo	——	桥梁	四会市西部	黄榄线	黄田坑
榕杵桥	Róngchǔ Qiáo	——	桥梁	四会市西部	黄榄线	黄田坑
星子岗桥	Xīngzǐgǎng Qiáo	——	桥梁	四会市西部	石白线	小水
小水桥	Xiǎoshuǐ Qiáo	——	桥梁	四会市西部	石白线	小水
黄田大桥	Huángtián Dàqiáo	——	桥梁	四会市西部	——	绥江
黄田黄岗桥	Huángtián Huánggǎng Qiáo	——	桥梁	四会市西部	金迳线	曲水河
黄田黎崀桥	Huángtián Lílàng Qiáo	——	桥梁	四会市西部	金迳线	曲水河
圣坑桥	Shèngkēng Qiáo	——	桥梁	四会市西部	燕圣线	小水
小围桥	Xiǎowéi Qiáo	——	桥梁	四会市西部	——	曲水河
三间屋桥	Sānjiānwū Qiáo	——	桥梁	四会市西部	——	曲水河
石脚桥	Shíjiǎo Qiáo	——	桥梁	四会市西部	万黎线	小水
广贺桥	Guǎnghè Qiáo	——	桥梁	四会市西部	金迳线	廖沙坑
住山桥	Zhùshān Qiáo	——	桥梁	四会市西部	——	小水
元墩桥	Yuándūn Qiáo	——	桥梁	四会市西北部	江潭线	三坑庙坑
马岗桥	Mǎgǎng Qiáo	——	桥梁	四会市西北部	岭涟公路	拱桥坑
圳边桥	Zhènbiān Qiáo	——	桥梁	四会市西北部	——	——

（续上表）

标准名称	汉语拼音	别名	地名类别	相对位置	所在线路	所跨河流（道路等）
龙鸡坑桥	Lóngjīkēng Qiáo	——	桥梁	四会市西北部	江谭线	——
担田桥	Dāntián Qiáo	——	桥梁	四会市西北部	江谭线	——
深坑桥	Shēnkēng Qiáo	——	桥梁	四会市西北部	天十线	拱桥坑
石坑桥	Shíkēng Qiáo	——	桥梁	四会市西北部	天十线	拱桥坑
罗代桥	Luódài Qiáo	——	桥梁	四会市西北部	天十线	拱桥坑
江谷水库桥	Jiānggǔshuǐkù Qiáo	——	桥梁	四会市西北部	江水线	江谷河
拱谭桥	Gǒngtán Qiáo	——	桥梁	四会市西北部	江培线	拱桥坑
杀竹口桥	Shāzhúkǒu Qiáo	——	桥梁	四会市西北部	江培线	——
古槽桥	Gǔcáo Qiáo	——	桥梁	四会市西北部	古南线	古曹坑
新兴桥	Xīnxīng Qiáo	——	桥梁	四会市西北部	江佛线	东坑
谭江桥	Tánjiāng Qiáo	——	桥梁	四会市西北部	龙江线	江谷河
莫崀桥	Mòlàng Qiáo	——	桥梁	四会市西北部	江顺线	——
元岭桥	Yuánlǐng Qiáo	——	桥梁	四会市西北部	冼大线	大坑
马咀桥	Mǎzuǐ Qiáo	——	桥梁	四会市西北部	田顿线	江谷水库左渠
隔坑桥	Gékēng Qiáo	——	桥梁	四会市西北部	田顿线	——
培崀桥	Péilàng Qiáo	——	桥梁	四会市西北部	培烟线	拱桥坑
瓦窑桥	Wǎyáo Qiáo	——	桥梁	四会市西北部	石瓦线	旺塘坑
洋崀桥	Yánglàng Qiáo	——	桥梁	四会市西北部	石洋线	——
严坑尾桥	Yánkēngwěi Qiáo	——	桥梁	四会市西北部	严严线	三坑庙坑
江谷桥	Jiānggǔ Qiáo	——	桥梁	四会市江谷镇	——	江谷河
联安桥	Lián'ān Qiáo	——	桥梁	四会市江谷镇	——	拱桥坑
水花潭桥	Shuǐhuātán Qiáo	——	桥梁	四会市江谷镇	——	拱桥坑
担田桥	Dāntián Qiáo	——	桥梁	四会市西北部	——	大坑
下蓝桥	Xiàlán Qiáo	——	桥梁	四会市西北部	——	大坑
坑口桥	Kēngkǒu Qiáo	——	桥梁	四会市西北部	——	大坑
村委会桥	Cūnwěihuì Qiáo	——	桥梁	四会市西北部	——	三坑庙坑
塘垌桥	Tángdòng Qiáo	——	桥梁	四会市西北部	——	——
大夫田桥	Dàfūtián Qiáo	——	桥梁	四会市西北部	——	三坑庙坑

（续上表）

标准名称	汉语拼音	别名	地名类别	相对位置	所在线路	所跨河流（道路等）
严坑桥	Yánkēng Qiáo	——	桥梁	四会市西北部	江顺线	三坑庙坑
彭坑桥	Péngkēng Qiáo	——	桥梁	四会市西北部	——	三坑庙坑
点菜引桥	Diǎncàiyǐn Qiáo	——	桥梁	四会市西北部	——	三坑庙坑
东楼庙桥	Dōnglóumiào Qiáo	——	桥梁	四会市西北部	田顿线	东坑
中路桥	Zhōnglù Qiáo	——	桥梁	四会市西北部	黎大线	新塘圳
渡槽天桥	Dùcáotiān Qiáo	——	桥梁	四会市西北部	——	江谭线
蛤头下寨桥	Hátóu Xiàzhài Qiáo	——	桥梁	四会市西北部	——	拱桥坑
横坡水闸桥	Héngpō Shuǐzhá Qiáo	——	桥梁	四会市西北部	——	拱桥坑
江和桥	Jiānghé Qiáo	——	桥梁	四会市西北部	——	中心圳
长江桥	Chángjiāng Qiáo	——	桥梁	四会市西北部	——	——
鹅春地桥	Échūndì Qiáo	——	桥梁	四会市西北部	江谷线	江谷河
龙坑桥	Lóngkēng Qiáo	——	桥梁	四会市西北部	麦水线	——
里田桥	Lǐtián Qiáo	——	桥梁	四会市西北部	顺长线	——
大垌村桥	Dàdòngcūn Qiáo	——	桥梁	四会市西北部	——	三坑庙坑
石溪桥	Shíxī Qiáo	——	桥梁	四会市西北部	——	三坑庙坑
黄竹迳桥	Huángzhújìng Qiáo	——	桥梁	四会市西北部	——	三坑庙坑
大坪桥	Dàpíng Qiáo	——	桥梁	四会市西北部	天十线	拱桥坑
榄岗桥	Lǎngǎng Qiáo	——	桥梁	四会市西北部	岭莲公路	东坑
江谷二桥	Jiānggǔ 2 Qiáo	——	桥梁	四会市西北部	岭莲公路	金元角陂
江谷桥	Jiānggǔ Qiáo	——	桥梁	四会市西北部	岭莲公路	江谷河
石潭台桥	Shítántái Qiáo	——	桥梁	四会市西北部	岭莲公路	旺塘坑
新围桥	Xīnwéi Qiáo	——	桥梁	四会市东北部	下新线	下寮河
凤山桥	Fèngshān Qiáo	——	桥梁	四会市东北部	上凤线	——
大畦桥	Dàqí Qiáo	——	桥梁	四会市东北部	下迳线	沙子头坑
北乡桥	Běixiāng Qiáo	——	桥梁	四会市东北部	北榄线	麻布坑
上坑桥	Shàngkēng Qiáo	——	桥梁	四会市东北部	迎上线	沙子头坑
惠济桥	Huìjì Qiáo	——	桥梁	四会市迳口镇	——	下寮河
冠山桥	Guànshān Qiáo	——	桥梁	四会市东北部	下迳线	——
水迳桥	Shuǐjìng Qiáo	——	桥梁	四会市东北部	——	狮脑沙坑

（续上表）

标准名称	汉语拼音	别名	地名类别	相对位置	所在线路	所跨河流（道路等）
洞坑桥	Dòngkēng Qiáo	——	桥梁	四会市东北部	——	沙子头坑
凤山二桥	Fèngshān 2 Qiáo	——	桥梁	四会市东北部	上凤线	沙子头坑
下寮桥	Xiàliáo Qiáo	——	桥梁	四会市东北部	下迳线	独岗坑
横档桥	Héngdàng Qiáo	——	桥梁	四会市东北部	下金线	新围排洪渠
元龙桥	Yuánlóng Qiáo	——	桥梁	四会市东北部	——	新围排洪渠
南乡桥	Nánxiāng Qiáo	——	桥梁	四会市东北部	广四线	渔云河
红光桥	Hóngguāng Qiáo	——	桥梁	四会市中部	红罗公路	芙蓉坑
新围桥	Xīnwéi Qiáo	——	桥梁	四会市中部	——	龙江
白石塘桥	Báishítáng Qiáo	——	桥梁	四会市中部	红罗公路	白石塘坑
龙头桥	Lóngtóu Qiáo	——	桥梁	四会市中部	红罗公路	龙头坑
芙蓉桥	Fúróng Qiáo	——	桥梁	四会市中部	芙蓉大道	芙蓉坑
甫田桥	Fǔtián Qiáo	——	桥梁	四会市中部	芙水线	龙头坑
水口大桥	Shuǐkǒu Dàqiáo	——	桥梁	四会市中部	营红线	龙江
水口桥	Shuǐkǒu Qiáo	——	桥梁	四会市中部	营红线	白石塘坑
营脚桥	Yíngjiǎo Qiáo	——	桥梁	四会市中部	营红线	营脚坑
洪塘桥	Hóngtáng Qiáo	——	桥梁	四会市中部	洪华线	龙江
龙头桥	Lóngtóu Qiáo	——	桥梁	四会市中部	——	龙头坑
龙头崀桥	Lóngtóulàng Qiáo	——	桥梁	四会市中部	江龙线	龙头坑
塘坑咀桥	Tángkēngzuǐ Qiáo	——	桥梁	四会市中部	——	龙头坑
廖家庄桥	Liàojiāzhuāng Qiáo	——	桥梁	四会市中部	——	白石塘坑
禄村桥	Lùcūn Qiáo	——	桥梁	四会市中部	白禄线	——
新村桥	Xīncūn Qiáo	——	桥梁	四会市中部	广四线	——
花山桥	Huāshān Qiáo	——	桥梁	四会市北部	罗石线	——
洞心坑桥	Dòngxīnkēng Qiáo	——	桥梁	四会市北部	罗洞线	——
壮坑桥	Zhuàngkēng Qiáo	——	桥梁	四会市北部	罗壮线	——
洞心桥	Dòngxīn Qiáo	——	桥梁	四会市北部	罗洞线	——
三坑桥	Sānkēng Qiáo	——	桥梁	四会市罗源镇	——	冲二村三坑（小溪）
曲木桥	Qūmù Qiáo	——	桥梁	四会市北部	洞胜线	——

（续上表）

标准名称	汉语拼音	别名	地名类别	相对位置	所在线路	所跨河流（道路等）
蓝村桥	Láncūn Qiáo	——	桥梁	四会市北部	——	——
禾景桥	Héjǐng Qiáo	——	桥梁	四会市北部	罗石线	——
沙美桥	Shāměi Qiáo	——	桥梁	四会市北部	——	——
大坑桥	Dàkēng Qiáo	——	桥梁	四会市北部	——	罗石线
洞心大桥	Dòngxīn Dàqiáo	——	桥梁	四会市北部	洞胜线	——
张楼村桥	Zhānglóucūn Qiáo	——	桥梁	四会市北部	良地公路	——
罗源桥	Luóyuán Qiáo	——	桥梁	四会市北部	良地公路	——
泽村桥	Zécūn Qiáo	——	桥梁	四会市西南部	——	曲水河
石咀桥	Shízuǐ Qiáo	——	桥梁	四会市西南部	石都线	——
都崀桥	Dūlàng Qiáo	——	桥梁	四会市西南部	四莲公路	都崀河
讴坑桥	Ōukēng Qiáo	——	桥梁	四会市西南部	讴矿线	讴坑
寮畔桥	Liáopàn Qiáo	——	桥梁	四会市西南部	寮新线	寮畔河
廻龙桥	Huílóng Qiáo	——	桥梁	四会市西南部	回巡线	寮畔河
石桥一桥	Shíqiáo 1 Qiáo	——	桥梁	四会市西南部	——	石白线
石桥二桥	Shíqiáo 2 Qiáo	——	桥梁	四会市西南部	石白线	寮畔河
金坑桥	Jīnkēng Qiáo	——	桥梁	四会市西南部	石白线	金坑水
大坪桥	Dàpíng Qiáo	——	桥梁	四会市西南部	石白线	路琴坑
大碗桥	Dàwǎn Qiáo	——	桥梁	四会市西南部	石白线	曲水河
红坳桥	Hóng'ào Qiáo	——	桥梁	四会市西南部	金迳线	曲水河
申角桥	Shēnjiǎo Qiáo	——	桥梁	四会市西南部	金迳线	曲水河
么柯头桥	Mekētóu Qiáo	——	桥梁	四会市西南部	金严线	金坑水
旱屈桥	Hànqū Qiáo	——	桥梁	四会市西南部	金严线	金坑水
勒菜桥	Lècài Qiáo	——	桥梁	四会市西南部	隔勒线	曲水河
码石洞桥	Mǎshídòng Qiáo	——	桥梁	四会市西南部	明大线	程村坑
带下桥	Dàixià Qiáo	——	桥梁	四会市西南部	带坑线	曲水河
程村桥	Chéngcūn Qiáo	——	桥梁	四会市西南部	河西公路	程村坑
新厂桥	Xīnchǎng Qiáo	——	桥梁	四会市西南部	周大线	寮畔河
福龙桥	Fúlóng Qiáo	——	桥梁	四会市西南部	石程线	程村坑
潮坑村桥	Cháokēngcūn Qiáo	——	桥梁	四会市西南部	——	程村排洪沟

（续上表）

标准名称	汉语拼音	别名	地名类别	相对位置	所在线路	所跨河流（道路等）
石狗镇竹坑桥	Shígǒu Zhèn Zhúkēng Qiáo	——	桥梁	四会市西南部	——	程村排洪沟
都崀桥	Dūlàng Qiáo	——	桥梁	四会市西南部	石都线	都崀河
讴坑桥	Ōukēng Qiáo	——	桥梁	四会市西南部	四连公路	讴坑
石咀一桥	Shízuǐ 1 Qiáo	——	桥梁	四会市西南部	石都线	都崀河
程村二桥	Chéngcūn 2 Qiáo	——	桥梁	四会市西南部	明大线	程村排洪沟
白沙坡桥	Báishāpō Qiáo	——	桥梁	四会市北部	——	大迳坑
老山桥	Lǎoshān Qiáo	——	桥梁	四会市北部	——	——
瓦屋桥	Wǎwū Qiáo	——	桥梁	四会市北部	威瓦线	威整河
南龙桥	Nánlóng Qiáo	——	桥梁	四会市北部	六南线	滘水河
飞天庙水闸桥	Fēitiānmiào Shuǐzhá Qiáo	——	桥梁	四会市北部	天麻线	威整河
大洲桥	Dàzhōu Qiáo	——	桥梁	四会市北部	大灰线	滘水河
上大崀桥	Shàngdàlàng Qiáo	——	桥梁	四会市北部	威上线	滘水河
锅厂桥	Guōchǎng Qiáo	——	桥梁	四会市北部	锅济线	威整河
带角桥	Dàijiǎo Qiáo	——	桥梁	四会市北部	锅济线	威整水电站渠道
滘坑石桥	Jiàokēng Shíqiáo	——	桥梁	四会市威整镇	——	滘水河
坑口桥	Kēngkǒu Qiáo	——	桥梁	四会市威整镇	威秦线	威整河
桐油崀桥	Tóngyóulàng Qiáo	——	桥梁	四会市北部	——	车公坑
大迳桥	Dàjìng Qiáo	——	桥梁	四会市北部	岭莲公路	——
威整电站桥	Wēizhěng Diànzhàn Qiáo	——	桥梁	四会市北部	——	威整河
崀仔下闸大桥	Làngzǎixiàzhá Dàqiáo	——	桥梁	四会市北部	威下线	滘水河
下闸桥	Xiàzhá Qiáo	——	桥梁	四会市北部	——	滘水河
黄洞桥	Huángdòng Qiáo	——	桥梁	四会市北部	——	威整河
淘金井桥	Táojīnjǐng Qiáo	——	桥梁	四会市北部	瓦金线	芋头坑
威整桥	Wēizhěng Qiáo	——	桥梁	四会市北部	岭莲公路	大迳坑
白带下桥	Báidàixià Qiáo	——	桥梁	四会市北部	岭莲公路	——
双桂坑桥	Shuāngguìkēng Qiáo	——	桥梁	四会市北部	——	威整河

（续上表）

标准名称	汉语拼音	别名	地名类别	相对位置	所在线路	所跨河流（道路等）
彭家庄桥	Péngjiāzhuāng Qiáo	——	桥梁	四会市北部	岭莲公路	滘水河
军坑桥	Jūnkēng Qiáo	——	桥梁	四会市中部	——	下茆河
龙湾桥	Lóngwān Qiáo	——	桥梁	四会市中部	下迳线	江谷河
渔云新桥	Yúyún Xīnqiáo	——	桥梁	四会市中部	红罗公路	渔云河
鱼羊桥	Yúyáng Qiáo	——	桥梁	四会市中部	下迳线	旺塘坑
新江桥	Xīnjiāng Qiáo	——	桥梁	四会市中部	江谷线	江谷河
田寮桥	Tiánliáo Qiáo	——	桥梁	四会市中部	下迳线	何礼河
银江二桥	Yínjiāng 2 Qiáo	——	桥梁	四会市中部	——	何礼河
寺江二桥	Sìjiāng 2 Qiáo	——	桥梁	四会市中部	——	何礼河
辣山桥	Làshān Qiáo	——	桥梁	四会市中部	——	下寮河
黄塘桥	Huángtáng Qiáo	——	桥梁	四会市中部	红罗公路	下寮河
水口庙桥	Shuǐkǒumiào Qiáo	——	桥梁	四会市中部	上黄线	——
上茆桥	Shàngmáo Qiáo	——	桥梁	四会市中部	上黄线	下茆河
龟石桥	Guīshí Qiáo	——	桥梁	四会市中部	上黄线	——
蒲洞桥	Púdòng Qiáo	——	桥梁	四会市中部	上黄线	——
渔云桥	Yúyún Qiáo	——	桥梁	四会市中部	田南线	渔云河
洲塘桥	Zhōutáng Qiáo	——	桥梁	四会市中部	——	下茆河
马陂桥	Mǎbēi Qiáo	——	桥梁	四会市中部	四马线	下茆河
南塘桥	Nántáng Qiáo	——	桥梁	四会市中部	——	龙江
马陂桥	Mǎbēi Qiáo	——	桥梁	四会市中部	岭莲公路	下茆河
旧龟石桥	Jiù Guīshí Qiáo	万安拱桥	桥梁	四会市下茆镇	——	下茆河
罗汉桥	Luóhàn Qiáo	——	桥梁	四会市中部	石丰线	——
道槽桥	Dàocáo Qiáo	——	桥梁	四会市中部	——	下茆河
克坑桥	Kèkēng Qiáo	——	桥梁	四会市中部	——	下茆河
上黄岗桥	Shànghuánggǎng Qiáo	——	桥梁	四会市中部	上黄线	下茆河
蛇坑桥	Shékēng Qiáo	——	桥梁	四会市中部	上黄线	下茆河
凤凰一桥	Fènghuáng 1 Qiáo	——	桥梁	四会市中部	上黄线	下茆河
凤凰二桥	Fènghuáng 2 Qiáo	——	桥梁	四会市中部	上黄线	下茆河

（续上表）

标准名称	汉语拼音	别名	地名类别	相对位置	所在线路	所跨河流（道路等）
隔坑桥	Gékēng Qiáo	——	桥梁	四会市中部	——	下茆河
流塘桥	Liútáng Qiáo	——	桥梁	四会市中部	——	旺塘坑
格间低水桥	Géjiān Dīshuǐ Qiáo	——	桥梁	四会市中部	——	江谷河
张村低水桥	Zhāngcūn Dīshuǐ Qiáo	——	桥梁	四会市中部	——	江谷河
廖村陂大桥	Liàocūnbēi Dàqiáo	——	桥梁	四会市中部	——	江谷河
苏坑桥	Sūkēng Qiáo	——	桥梁	四会市中部	——	渔云河
大沙坝桥	Dàshābà Qiáo	——	桥梁	四会市中部	下迳线	
莲子迳桥	Liánzǐjìng Qiáo	——	桥梁	四会市中部	地塘线	
银江一桥	Yínjiāng 1 Qiáo	——	桥梁	四会市中部		
知青桥	Zhīqīng Qiáo	——	桥梁	四会市中部	塘上线	高崀坑
罗蚌桥	Luóbàng Qiáo	——	桥梁	四会市中部		何礼河
辣山口桥	Làshānkǒu Qiáo	——	桥梁	四会市中部		渔云河
东霖桥	Dōnglín Qiáo	——	桥梁	四会市中部		下茆河
李坑桥	Lǐkēng Qiáo	——	桥梁	四会市东南部	罗李线	——
中学桥	Zhōngxué Qiáo	——	桥梁	四会市东南部	下猫线	
大良岗桥	Dàliánggǎng Qiáo	——	桥梁	四会市东南部	——	排洪道
南塘桥	Nántáng Qiáo	——	桥梁	四会市东南部	六青线	
砖厂桥	Zhuānchǎng Qiáo	——	桥梁	四会市东南部	农场路	
将军岗一桥	Jiāngjūngǎng 1 Qiáo	——	桥梁	四会市东南部	——	——
洪冲桥	Hóngchōng Qiáo	——	桥梁	四会市东南部	工业大街	东排渠
体育系小桥	Tǐyùxì Xiǎoqiáo	——	桥梁	四会市东南部	——	
政德桥	Zhèngdé Qiáo	——	桥梁	四会市东南部	政德大街	
正岗桥	Zhènggǎng Qiáo	——	桥梁	四会市东南部	六青线	独河
水闸桥	Shuǐzhá Qiáo	——	桥梁	四会市东南部		
正隆桥	Zhènglóng Qiáo	——	桥梁	四会市东南部		东排渠
独河大桥	Dúhé Dàqiáo	——	桥梁	四会市东南部	芦马线	独河

（续上表）

标准名称	汉语拼音	别名	地名类别	相对位置	所在线路	所跨河流（道路等）
西排桥	Xīpái Qiáo	——	桥梁	四会市东南部	——	六青线
北排一桥	Běipái 1 Qiáo	——	桥梁	四会市东南部	将大线	北排二支渠
北围桥	Běiwéi Qiáo	——	桥梁	四会市东南部	——	——
龙伦桥	Lónglún Qiáo	——	桥梁	四会市南部	邓坑线	邓村河
大坞桥	Dàwù Qiáo	——	桥梁	四会市南部	邓坞线	邓村河
白龙桥	Báilóng Qiáo	——	桥梁	四会市南部	邓新线	邓村河
独岗大桥	Dúgǎng Dàqiáo	——	桥梁	四会市南部	岭莲公路	绥江
长圳坑桥	Chǎngzhènkēng Qiáo	——	桥梁	四会市南部	河西公路	——
鸭嫲岭桥	Yānǎlǐng Qiáo	——	桥梁	四会市南部	河西公路	大坑
新江桥	Xīnjiāng Qiáo	——	桥梁	四会市南部	邓新线	——
王保桥	Wángbǎo Qiáo	——	桥梁	四会市南部	——	邓村河
坑口一桥	Kēngkǒu 1 Qiáo	——	桥梁	四会市南部	河西公路	塘婆坑
坑口二桥	Kēngkǒu 2 Qiáo	——	桥梁	四会市南部	河西公路	邓村河
柑榄桥	Gānlǎn Qiáo	——	桥梁	四会市南部	河西公路	橄榄坑
江缺口桥	Jiāngquēkǒu Qiáo	——	桥梁	四会市南部	大百线	——
王坑桥	Wángkēng Qiáo	——	桥梁	四会市南部	光官线	塘婆坑
大坞二桥	Dàwù 2 Qiáo	——	桥梁	四会市南部	大窑线	邓村河
大坑桥	Dàkēng Qiáo	——	桥梁	四会市南部	大百线	大坑
兰坑桥	Lánkēng Qiáo	——	桥梁	四会市南部	大兰线	塘婆坑
姚沙桥	Yáoshā Qiáo	——	桥梁	四会市南部	岭莲公路	——
江上桥	Jiāngshàng Qiáo	——	桥梁	四会市南部	——	塘婆坑
双拥桥	Shuāngyōng Qiáo	——	桥梁	四会市南部	邓圳线	邓村河
金星桥	Jīnxīng Qiáo	——	桥梁	四会市南部	——	邓村河
兰坑二村桥	Lánkēng'èr Cūn Qiáo	——	桥梁	四会市南部	——	——
合坑桥	Hékēng Qiáo	——	桥梁	四会市南部	邓圳线	塘婆坑
新光桥	Xīnguāng Qiáo	——	桥梁	四会市南部	邓新线	——
榄布桥	Lǎnbù Qiáo	——	桥梁	四会市南部	——	——
扶利桥	Fúlì Qiáo	——	桥梁	四会市南部	——	——

（续上表）

标准名称	汉语拼音	别名	地名类别	相对位置	所在线路	所跨河流（道路等）
鸭嫲岭桥	Yānǎlǐng Qiáo	—	桥梁	四会市南部	—	大坑
南塘坑桥	Nántángkēng Qiáo	—	桥梁	四会市北部	岭莲公路	潭坑
张洞立交桥	Zhāngdòng Lìjiāoqiáo	—	桥梁	四会市中东部	—	—
大坑桥	Dàkēng Qiáo	—	桥梁	四会市西南部	周大线	
蚁田桥	Yǐtián Qiáo	—	桥梁	四会市中部	—	龙头坑
三大塘桥	Sāndàtáng Qiáo	—	桥梁	四会市西北部	田顿线	东坑
长乐桥	Chánglè Qiáo	—	桥梁	四会市西北部	顺长线	
佛子村桥	Fózǐcūn Qiáo	—	桥梁	四会市西南部	佛柑线	
顺带二桥	Shùndài 2 Qiáo	—	桥梁	四会市西北部	顺冬线	
公园桥	Gōngyuán Qiáo	—	桥梁	四会市南部		
连平桥	Liánpíng Qiáo	—	桥梁	四会市西北部	连黄线	

5. 其他类

标准名称	汉语拼音	地名类别	相对位置
四会汽车站	Sìhuì Qìchēzhàn	长途汽车站	四会市城中街道
槎山客运站	Cháshān Kèyùnzhàn	长途汽车站	四会市龙凤路
罗源客运站	Luóyuán Kèyùnzhàn	长途汽车站	四会市罗源镇
四会汽车站东城站	Sìhuì Qìchēzhàn Dōngchéng Zhàn	长途汽车站	四会市光明南路
下茆客运站	Xiàmáo Kèyùnzhàn	长途汽车站	四会市下茆镇
四会汽车客运服务站威整分站	Sìhuì Qìchē Kèyùnfúwùzhàn Wēizhěng Fēnzhàn	长途汽车站	四会市威整镇
迳口客运站	Jìngkǒu Kèyùnzhàn	长途汽车站	四会市迳口镇
江谷客运站	Jiānggǔ Kèyùnzhàn	长途汽车站	四会市江谷镇
石狗客运站	Shígǒu Kèyùnzhàn	长途汽车站	四会市石狗镇
大旺车站	Dàwàng Chēzhàn	长途汽车站	肇庆高新区政德街
地豆汽车站	Dìdòu Qìchēzhàn	长途汽车站	四会市地豆镇
四会汽车客运服务站地豆分站	Sìhuì Qìchē Kèyùnfúwùzhàn Dìdòu Fēnzhàn	长途汽车站	四会市地豆镇
高狮客运站	Gāoshī Kèyùnzhàn	长途汽车站	四会市城中街道

（续上表）

标准名称	汉语拼音	地名类别	相对位置
四会收费站	Sìhuì Shōufèizhàn	收费站	四会市政府驻地东南部
四会西收费站	Sìhuìxī Shōufèizhàn	收费站	四会市政府驻地西北部
黄田收费站	Huángtián Shōufèizhàn	收费站	四会市政府驻地西北部
大沙收费站	Dàshā Shōufèizhàn	收费站	四会市政府驻地西南部
大旺收费站	Dàwàng Shōufèizhàn	收费站	四会市政府驻地东南部
大旺北收费站	Dàwàngběi Shōufèizhàn	收费站	四会市政府驻地东北部
大沙火车站	Dàshā Huǒchēzhàn	火车站	四会市政府驻地东南部
赤草崀候车亭	Chìcǎolàng Hòuchētíng	公共交通车站	四会市地豆镇
禾崀岗候车亭	Hélànggǎng Hòuchētíng	公共交通车站	四会市地豆镇
大寨候车亭	Dàzhài Hòuchētíng	公共交通车站	四会市下茆镇
高崀候车亭	Gāolàng Hòuchētíng	公共交通车站	四会市下茆镇
下茆便民候车亭	Xiàmáo Biànmín Hòuchētíng	公共交通车站	四会市下茆镇
红卫候车亭	Hóngwèi Hòuchētíng	公共交通车站	四会市下茆镇
江尾候车亭	Jiāngwěi Hòuchētíng	公共交通车站	四会市下茆镇
军坑候车亭	Jūnkēng Hòuchētíng	公共交通车站	四会市下茆镇
龙茆候车亭	Lóngmáo Hòuchētíng	公共交通车站	四会市下茆镇
邓村候车亭	Dèngcūn Hòuchētíng	公共交通车站	四会市贞山街道
龙城候车亭	Lóngchéng Hòuchētíng	公共交通车站	四会市城中街道
新园站候车亭	Xīnyuánzhàn Hòuchētíng	公共交通车站	四会市城中街道
人民医院站候车亭	Rénmínyīyuànzhàn Hòuchētíng	公共交通车站	四会市城中街道
城中小学站候车亭	Chéngzhōngxiǎoxuézhàn Hòuchētíng	公共交通车站	四会市城中街道
车站候车亭	Chēzhàn Hòuchētíng	公共交通车站	四会市城中街道
金沙假日广场候车亭	Jīnshājiàrìguǎngchǎng Hòuchētíng	公共交通车站	四会市大沙镇
下街候车亭	Xiàjiē Hòuchētíng	公共交通车站	四会市地豆镇
东平村候车亭	Dōngpíngcūn Hòuchētíng	公共交通车站	四会市地豆镇
狮岭候车亭	Shīlǐng Hòuchētíng	公共交通车站	四会市地豆镇
华侨中学候车亭	Huáqiáozhōngxué Hòuchētíng	公共交通车站	四会市东城街道
荔枝湾候车亭	Lìzhīwān Hòuchētíng	公共交通车站	四会市东城街道

（续上表）

标准名称	汉语拼音	地名类别	相对位置
龙凤桥候车亭	Lóngfèngqiáo Hòuchētíng	公共交通车站	四会市东城街道
时代广场候车亭	Shídàiguǎngchǎng Hòuchētíng	公共交通车站	四会市东城街道
水闸候车亭	Shuǐzhá Hòuchētíng	公共交通车站	四会市东城街道
碧桂园总站	Bìguìyuán Zǒngzhàn	公共交通车站	四会市东城街道
国际玉器城候车亭	Guójìyùqìchéng Hòuchētíng	公共交通车站	四会市东城街道
马田候车亭	Mǎtián Hòuchētíng	公共交通车站	四会市东城街道
马田总站候车亭	Mǎtiánzǒngzhàn Hòuchētíng	公共交通车站	四会市东城街道
臻湖畔岛候车亭	Zhēnhúpàndǎo Hòuchētíng	公共交通车站	四会市东城街道
陶丽候车亭	Táolì Hòuchētíng	公共交通车站	四会市东城街道
贞山宾馆六路公交站	Zhēnshānbīnguǎn 6 Lù Gōngjiāozhàn	公共交通车站	四会市东城街道
紫金广场候车亭	Zǐjīnguǎngchǎng Hòuchētíng	公共交通车站	四会市东城街道
黄田候车亭	Huángtián Hòuchētíng	公共交通车站	四会市黄田镇
黎寨候车亭	Lízhài Hòuchētíng	公共交通车站	四会市江谷镇
马岗候车亭	Mǎgǎng Hòuchētíng	公共交通车站	四会市江谷镇
榄岗候车亭	Lǎngǎng Hòuchētíng	公共交通车站	四会市江谷镇
桂子镜候车亭	Guìzǐjìng Hòuchētíng	公共交通车站	四会市迳口镇
下寮圩候车亭	Xiàliáoxū Hòuchētíng	公共交通车站	四会市迳口镇
北乡候车亭	Běixiāng Hòuchētíng	公共交通车站	四会市迳口镇
迎头候车亭	Yíngtóu Hòuchētíng	公共交通车站	四会市迳口镇
张公岜路口候车亭	Zhānggōnglàngluùkǒu Hòuchētíng	公共交通车站	四会市迳口镇
麻子寨候车亭	Mázǐzhài Hòuchētíng	公共交通车站	四会市迳口镇
龙甫镇政府候车亭	Lóngfǔzhènzhèngfǔ Hòuchētíng	公共交通车站	四会市龙甫镇
营脚总站候车亭	Yíngjiǎo Zǒngzhàn Hòuchētíng	公共交通车站	四会市龙甫镇
都崀候车亭	Dūlàng Hòuchētíng	公共交通车站	四会市石狗镇
寺江候车亭	Sìjiāng Hòuchētíng	公共交通车站	四会市下茆镇
塘村候车亭	Tángcūn Hòuchētíng	公共交通车站	四会市下茆镇
蒲洞候车亭	Púdòng Hòuchētíng	公共交通车站	四会市下茆镇

（续上表）

标准名称	汉语拼音	地名类别	相对位置
新华候车亭	Xīnhuá Hòuchētíng	公共交通车站	四会市下茆镇
田寮候车亭	Tiánliáo Hòuchētíng	公共交通车站	四会市下茆镇
下黄岗候车亭	Xiàhuánggǎng Hòuchētíng	公共交通车站	四会市下茆镇
上黄岗候车亭	Shànghuánggǎng Hòuchētíng	公共交通车站	四会市下茆镇
大旺正隆总站公交站	Dàwàng Zhènglóngzǒngzhàn Gōngjiāozhàn	公共交通车站	四会市肇庆高新区
贺华商场候车亭	Hèhuáshāngchǎng Hòuchētíng	公共交通车站	四会市肇庆高新区
独岗市场候车亭	Dúgǎngshìchǎng Hòuchētíng	公共交通车站	四会市贞山街道
柑榄村候车亭	Gānlǎncūn Hòuchētíng	公共交通车站	四会市贞山街道
贞山宾馆候车亭	Zhēnshānbīnguǎn Hòuchētíng	公共交通车站	四会市贞山街道
罗源道班	Luóyuán Dàobān	道班	四会市政府驻地东北部
东城道班	Dōngchéng Dàobān	道班	四会市政府驻地东北部
龙湾道班	Lóngwān Dàobān	道班	四会市政府驻地西北部
下茆道班	Xiàmáo Dàobān	道班	四会市政府驻地西北部
贞山道班	Zhēnshān Dàobān	道班	四会市政府驻地西部
迳口道班	Jìngkǒu Dàobān	道班	四会市政府驻地东北部
石狗道班	Shígǒu Dàobān	道班	四会市政府驻地西北部
大东道班	Dàdōng Dàobān	道班	四会市政府驻地北部
地豆道班	Dìdòu Dàobān	道班	四会市政府驻地西北部
大旺道班	Dàwàng Dàobān	道班	四会市政府驻地东北部
龙甫道班	Lóngfǔ Dàobān	道班	四会市政府驻地东北部
星子岗道班	Xīngzǐgǎng Dàobān	道班	四会市政府驻地西北部
兴达加油站	Xīngdá Jiāyóuzhàn	加油站	四会市城中街道
高布加油站	Gāobù Jiāyóuzhàn	加油站	四会市城中街道
仓丰加油站	Cāngfēng Jiāyóuzhàn	加油站	四会市城中街道
腾业加油站	Téngyè Jiāyóuzhàn	加油站	四会市城中街道
岗美加油站	Gǎngměi Jiāyóuzhàn	加油站	四会市大沙镇
格洞加油站	Gédòng Jiāyóuzhàn	加油站	四会市大沙镇
汇通加油站	Huìtōng Jiāyóuzhàn	加油站	四会市大沙镇
安平加油站	Ānpíng Jiāyóuzhàn	加油站	四会市大沙镇
三江加油站	Sānjiāng Jiāyóuzhàn	加油站	四会市政府驻地东南部

（续上表）

标准名称	汉语拼音	地名类别	相对位置
威发加油站	Wēifā Jiāyóuzhàn	加油站	四会市政府驻地东南部
北江加油站	Běijiāng Jiāyóuzhàn	加油站	四会市政府驻地东南部
中油岗美加油站	Zhōngyóu Gǎngměi Jiāyóuzhàn	加油站	四会市大沙镇
华隆加油站	Huálóng Jiāyóuzhàn	加油站	四会市广成线
龙塘加油站	Lóngtáng Jiāyóuzhàn	加油站	四会市大沙镇
广卫加油站	Guǎngwèi Jiāyóuzhàn	加油站	四会市政府驻地东南部
南江加油站	Nánjiāng Jiāyóuzhàn	加油站	四会市大沙镇
地豆加油站	Dìdòu Jiāyóuzhàn	加油站	四会市地豆镇
东城加油站	Dōngchéng Jiāyóuzhàn	加油站	四会市东城街道
四会加油站	Sìhuì Jiāyóuzhàn	加油站	四会市东城街道
展辉加油站	Zhǎnhuī Jiāyóuzhàn	加油站	四会市东城街道
社边加油站	Shèbiān Jiāyóuzhàn	加油站	四会市东城街道
新江加油站	Xīnjiāng Jiāyóuzhàn	加油站	四会市东城街道
南北通加油站	Nánběitōng Jiāyóuzhàn	加油站	四会市政府驻地东南部
黄田加油站	Huángtián Jiāyóuzhàn	加油站	四会市黄田镇
黎寨加油站	Lízhài Jiāyóuzhàn	加油站	四会市江谷镇
江谷加油站	Jiānggǔ Jiāyóuzhàn	加油站	四会市江谷镇
下寮加油站	Xiàliáo Jiāyóuzhàn	加油站	四会市下茆镇
兴财加油站	Xīngcái Jiāyóuzhàn	加油站	四会市迳口镇
龙甫加油站	Lóngfǔ Jiāyóuzhàn	加油站	四会市龙甫大道
燕岭加油站	Yànlǐng Jiāyóuzhàn	加油站	四会市龙甫镇
龙甫北加油站	Lóngfǔběi Jiāyóuzhàn	加油站	四会市龙甫镇
铁坑加油站	Tiěkēng Jiāyóuzhàn	加油站	四会市罗源镇
罗源加油站	Luóyuán Jiāyóuzhàn	加油站	四会市罗源墟
石狗加油站	Shígǒu Jiāyóuzhàn	加油站	四会市石狗镇
威井加油站	Wēijǐng Jiāyóuzhàn	加油站	四会市威整镇
下茅加油站	Xiàmáo Jiāyóuzhàn	加油站	四会市下茆镇
龙湾加油站	Lóngwān Jiāyóuzhàn	加油站	四会市下茆镇
东风加油站	Dōngfēng Jiāyóuzhàn	加油站	四会市政府驻地东北部
禹山加油站	Yúshān Jiāyóuzhàn	加油站	四会市政府驻地东南部

（续上表）

标准名称	汉语拼音	地名类别	相对位置
迎宾加油站	Yíngbīn Jiāyóuzhàn	加油站	肇庆高新区
大旺华侨加油站	Dàwàng Huáqiáo Jiāyóuzhàn	加油站	肇庆高新区
柑榄加油站	Gānlǎn Jiāyóuzhàn	加油站	四会市贞山街道
冠德贞山加油站	Guāndé Zhēnshān Jiāyóuzhàn	加油站	四会市贞山街道
贞山加油站	Zhēnshān Jiāyóuzhàn	加油站	四会市贞山街道
龙甫南加油站	Lóngfǔnán Jiāyóuzhàn	加油站	四会市龙甫镇

（六）水利、电力、通信设施类

标准名称	汉语拼音	地名类别	相对位置
大坑口山塘	Dàkēngkǒu Shāntáng	池塘	四会市政府驻地东北部
月光塘	Yuèguāng Táng	池塘	四会市政府驻地东北部
山尾塘	Shānwěi Táng	池塘	四会市政府驻地北部
冼鸡塘	Xiǎnjī Táng	池塘	四会市政府驻地西北部
烟斗堀	Yāndǒukū	池塘	四会市政府驻地西北部
山塘	Shāntáng	池塘	四会市政府驻地东北部
石塘	Shítáng	池塘	四会市政府驻地东北部
泥塘	Nítáng	池塘	四会市政府驻地西北部
担灰塘	Dānhuī Táng	池塘	四会市政府驻地北部
牛腌塘	Niúyān Táng	池塘	四会市政府驻地北部
泥塘堀	Nítángkū	池塘	四会市政府驻地西北部
东门塘	Dōngmén Táng	池塘	四会市政府驻地西北部
鱼花塘	Yúhuā Táng	池塘	四会市政府驻地西北部
羊塘	Yángtáng	池塘	四会市政府驻地西北部
麦塘	Màitáng	池塘	四会市政府驻地西北部
硫磺潭	Liúhuáng Tán	池塘	四会市政府驻地西北部
留塘	Liútáng	池塘	四会市政府驻地西北部
淋塘	Líntáng	池塘	四会市政府驻地西北部
鲤塘	Lǐtáng	池塘	四会市政府驻地西北部
大崩堀	Dàbēngkū	池塘	四会市政府驻地西北部
山塘	Shāntáng	池塘	四会市政府驻地西北部

(续上表)

标准名称	汉语拼音	地名类别	相对位置
禾花坛	Héhuātán	池塘	四会市政府驻地西北部
长湾塘	Chángwān Táng	池塘	四会市政府驻地东南部
白门塘	Báimén Táng	池塘	四会市政府驻地南部
新基潭	Xīnjī Tán	池塘	四会市政府驻地南部
大友塘	Dàyǒu Táng	池塘	四会市政府驻地南部
黑潭	Hēitán	池塘	四会市政府驻地东南部
深水塘	Shēnshuǐ Táng	池塘	四会市政府驻地西北部
切菜塘	Qiēcài Táng	池塘	四会市政府驻地西部
青塘	Qīngtáng	池塘	四会市政府驻地东北部
大军塘	Dàjūn Táng	池塘	四会市政府驻地东北部
沙迳山塘	Shājìng Shāntáng	池塘	四会市政府驻地东北部
黄迳山塘	Huángjìng Shāntáng	池塘	四会市政府驻地东北部
半坑岗	Bànkēng Gǎng	池塘	四会市政府驻地东北部
社咀坑	Shèzuǐ Kēng	池塘	四会市政府驻地东北部
大山塘	Dàshān Táng	池塘	四会市政府驻地东北部
佛仔坑	Fózǎi Kēng	池塘	四会市政府驻地东北部
张泥坑	Zhāngní Kēng	池塘	四会市政府驻地东北部
威整镇石塘	Wēizhěng Zhèn Shítáng	池塘	四会市政府驻地北部
河水滘	Héshuǐjiào	池塘	四会市政府驻地北部
鸡乸岗	Jīnǎ Gǎng	池塘	四会市政府驻地东北部
九长堀	Jiǔzhǎngkū	池塘	四会市政府驻地东南部
十份塘	Shífèn Táng	池塘	四会市政府驻地西北部
塘基下	Tángjīxià	池塘	四会市政府驻地东南部
鸠屎湖	Jiūshǐ Hú	池塘	四会市政府驻地东南部
旧潭	Jiùtán	池塘	四会市政府驻地东南部
下水沥	Xiàshuǐlì	池塘	四会市政府驻地东南部
白银潭	Báiyín Tán	池塘	四会市政府驻地东南部
大坑口灌区	Dàkēngkǒu Guànqū	灌区	四会市北部
江谷水库灌区	Jiānggǔshuǐkù Guànqū	灌区	四会市西北部
白沙灌区	Báishā Guànqū	灌区	四会市南部

（续上表）

标准名称	汉语拼音	地名类别	相对位置
水迳水库灌区	Shuǐjìngshuǐkù Guànqū	灌区	四会市东部
丰乐灌区	Fēnglè Guànqū	灌区	四会市东南部
牛头渠灌区	Niútóuqú Guànqū	灌区	四会市东南部

（七）纪念地、旅游胜地类

标准名称	汉语拼音	地名类别	相对位置
东苑公园	Dōngyuàn Gōngyuán	公园	马田建设路
槎山公园	Cháshān Gōngyuán	公园	龙凤桥北端
中山公园	Zhōngshān Gōngyuán	公园	四会市中部
大旺公园	Dàwàng Gōngyuán	公园	大旺金海岸商城斜对面
科技公园	Kējì Gōngyuán	公园	四会市政府驻地东南部
白带百步梯	Báidài Bǎibùtī	风景区	威整镇
奇石河景区	Qíshíhé Jǐngqū	风景区	威整镇
邓村中国民间造纸第一村景区	Dèngcūn Zhōngguómínjiānzàozhǐdìyīcūn Jǐngqū	风景区	贞山街道
贞山风景区	Zhēnshān Fēngjǐngqū	风景区	贞山街道
南龙彭氏宗祠	Nánlóng Péngshì Zōngcí	人物纪念地	四会市政府驻地北部
君子甫江氏宗祠	Jūnzǐfǔ Jiāngshì Zōngcí	人物纪念地	四会市政府驻地西北部
赤草崀江氏宗祠	Chìcǎolàng Jiāngshì Zōngcí	人物纪念地	四会市政府驻地北部
薛氏宗祠	Xuēshì Zōngcí	人物纪念地	四会市政府驻地西北部
社塘村高氏宗祠	Shètángcūn Gāoshì Zōngcí	人物纪念地	四会市政府驻地西南部
赵氏大宗祠	Zhàoshì Dàzōngcí	人物纪念地	四会市政府驻地东南部
连塘布陈氏家祠	Liántángbù Chénshì Jiācí	人物纪念地	四会市政府驻地西南部
大沙园黄氏大宗祠	Dàshāyuán Huángshì Dàzōngcí	人物纪念地	四会市政府驻地东南部
下洲村罗氏宗祠	Xiàzhōucūn Luóshì Zōngcí	人物纪念地	四会市政府驻地东南部
四会聚福宝华侨陵园	Sìhuì Jùfúbǎo Huáqiáo Língyuán	人物纪念地	四会市政府驻地西北部
大布黄氏大宗祠	Dàbù Huángshì Dàzōngcí	人物纪念地	四会市政府驻地东南部
大夫彭公祠	Dàfū Pénggōng Cí	人物纪念地	四会市政府驻地西北部
高布村陈氏宗祠	Gāobùcūn Chénshì Zōngcí	人物纪念地	四会市政府驻地西北部

（续上表）

标准名称	汉语拼音	地名类别	相对位置
高布村严氏宗祠	Gāobùcūn Yánshì Zōngcí	人物纪念地	四会市政府驻地西北部
禾楼村黎氏宗祠	Hélóucūn Líshì Zōngcí	人物纪念地	四会市政府驻地西北部
衡南陆公祠	Héngnán Lùgōng Cí	人物纪念地	四会市政府驻地西北部
江头村曾氏宗祠	Jiāngtóucūn Zēngshì Zōngcí	人物纪念地	四会市政府驻地西北部
李围村邓氏宗祠	Lǐwéicūn Dèngshì Zōngcí	人物纪念地	四会市政府驻地西北部
林寨村林氏宗祠	Línzhàicūn Línshì Zōngcí	人物纪念地	四会市政府驻地西北部
陆巷村陆氏宗祠	Lùxiàngcūn Lùshì Zōngcí	人物纪念地	四会市政府驻地西北部
麦氏宗祠	Màishì Zōngcí	人物纪念地	四会市政府驻地西北部
彭泽民故居	Péngzémín Gùjū	人物纪念地	四会市政府驻地西北部
吴应科故居	Wúyīngkē Gùjū	人物纪念地	四会市政府驻地西北部
陈家村陈氏宗祠	Chénjiācūn Chénshì Zōngcí	人物纪念地	四会市政府驻地东南部
村心黄氏宗祠	Cūnxīn Huángshì Zōngcí	人物纪念地	四会市政府驻地东南部
陈村陈氏宗祠	Chéncūn Chénshì Zōngcí	人物纪念地	四会市政府驻地东南部
大沙旧圩欧氏宗祠	Dàshājiùxū Ōushì Zōngcí	人物纪念地	四会市政府驻地东南部
大沙园村李氏宗祠	Dàshāyuáncūn Lǐshì Zōngcí	人物纪念地	四会市政府驻地东南部
大沙园村马氏宗祠	Dàshāyuáncūn Mǎshì Zōngcí	人物纪念地	四会市政府驻地东南部
邵氏大宗祠	Shàoshì Dàzōngcí	人物纪念地	四会市政府驻地东南部
冯氏宗祠	Féngshì Zōngcí	人物纪念地	四会市政府驻地东南部
谭氏宗祠	Tánshì Zōngcí	人物纪念地	四会市政府驻地东南部
迪吉张公祠	Díjí Zhānggōng Cí	人物纪念地	四会市政府驻地东南部
凤岗祠堂	Fènggǎng Cítáng	人物纪念地	四会市政府驻地东南部
格洞龙氏宗祠	Gédòng Lóngshì Zōngcí	人物纪念地	四会市政府驻地东南部
合敬祠	Héjìng Cí	人物纪念地	四会市政府驻地东南部
黄村黄氏宗祠	Huángcūn Huángshì Zōngcí	人物纪念地	四会市政府驻地南部
黄显声烈士墓	Huángxiǎnshēng Lièshìmù	人物纪念地	四会市政府驻地东南部
京步村黄氏宗祠	Jīngbùcūn Huángshì Zōngcí	人物纪念地	四会市政府驻地南部
沥溪黄氏宗祠	Lìxī Huángshì Zōngcí	人物纪念地	四会市政府驻地南部
丽亨村黄氏宗祠	Lìhēngcūn Huángshì Zōngcí	人物纪念地	四会市政府驻地南部

（续上表）

标准名称	汉语拼音	地名类别	相对位置
张巷张氏宗祠	Zhāngxiàng Zhāngshì Zōngcí	人物纪念地	四会市政府驻地南部
罗屋村罗氏宗祠	Luówūcūn Luóshì Zōngcí	人物纪念地	四会市政府驻地南部
马村马氏宗祠	Mǎcūn Mǎshì Zōngcí	人物纪念地	四会市政府驻地东南部
明府谭公祠	Míngfǔ Tángōng Cí	人物纪念地	四会市政府驻地东南部
区氏宗祠	Ōushì Zōngcí	人物纪念地	四会市政府驻地南部
区氏大宗祠	Ōushì Dàzōngcí	人物纪念地	四会市政府驻地南部
山田龙氏宗祠	Shāntián Lóngshì Zōngcí	人物纪念地	四会市政府驻地东南部
圣厚黄氏宗祠	Shènghòu Huángshì Zōngcí	人物纪念地	四会市政府驻地南部
石牌村梁氏宗祠	Shípáicūn Liángshì Zōngcí	人物纪念地	四会市政府驻地南部
世屏陈公祠	Shìpíng Chéngōng Cí	人物纪念地	四会市政府驻地东南部
水边黄氏宗祠	Shuǐbiān Huángshì Zōngcí	人物纪念地	四会市政府驻地东南部
叙贤村黄氏宗祠	Xùxiáncūn Huángshì Zōngcí	人物纪念地	四会市政府驻地东南部
扬名罗公祠	Yángmíng Luógōng Cí	人物纪念地	四会市政府驻地西南部
元吉赵公祠	Yuánjí Zhàogōng Cí	人物纪念地	四会市政府驻地东南部
袁村袁氏宗祠	Yuáncūn Yuánshì Zōngcí	人物纪念地	四会市政府驻地东南部
张屋张氏宗祠	Zhāngwū Zhāngshì Zōngcí	人物纪念地	四会市政府驻地西南部
超松赖宗祠	Chāosōnglài Zōngcí	人物纪念地	四会市政府驻地西北部
彩章吴公祠	Cǎizhāng Wúgōng Cí	人物纪念地	四会市政府驻地西北部
定瓚吴公祠	Dìngzàn Wúgōng Cí	人物纪念地	四会市政府驻地西北部
程氏宗祠	Chéngshì Zōngcí	人物纪念地	四会市政府驻地西北部
冲口村丁氏宗祠	Chōngkǒucūn Dīngshì Zōngcí	人物纪念地	四会市政府驻地西北部
大布洞赖氏宗祠	Dàbùdòng Làishì Zōngcí	人物纪念地	四会市政府驻地北部
大布崀钟氏宗祠	Dàbùlàng Zhōngshì Zōngcí	人物纪念地	四会市政府驻地北部
大笪黄氏宗祠	Dàdá Huángshì Zōngcí	人物纪念地	四会市政府驻地北部
大东刘氏宗祠	Dàdōng Liúshì Zōngcí	人物纪念地	四会市政府驻地北部
大塘面村冯氏宗祠	Dàtángmiàncūn Féngshì Zōngcí	人物纪念地	四会市政府驻地北部
大寨李氏宗祠	Dàzhài Lǐshì Zōngcí	人物纪念地	四会市政府驻地北部
鹅寮潘氏宗祠	Éliáo Pānshì Zōngcí	人物纪念地	四会市政府驻地西北部
欧村欧氏宗祠	Ōucūn Ōushì Zōngcí	人物纪念地	四会市政府驻地西北部
赖必集宗祠	Làibìjí Zōngcí	人物纪念地	四会市政府驻地西北部

（续上表）

标准名称	汉语拼音	地名类别	相对位置
地塘岗墓葬	Dìtánggǎng Mùzàng	人物纪念地	四会市政府驻地西北部
世俊潘公祠	Shìjùn Pāngōng Cí	人物纪念地	四会市政府驻地西北部
水车村刘氏宗祠	Shuǐchēcūn Liúshì Zōngcí	人物纪念地	四会市政府驻地北部
辅卿周公祠	Fǔqīng Zhōugōng Cí	人物纪念地	四会市政府驻地西北部
岗塔崀杨氏宗祠	Gǎngtǎlàng Yángshì Zōngcí	人物纪念地	四会市政府驻地西北部
高松树李家宗祠	Gāosōngshù Lǐjiā Zōngcí	人物纪念地	四会市政府驻地西北部
官田村锡义邓公祠	Guāntiáncūn Xīyì Dènggōng Cí	人物纪念地	四会市政府驻地北部
官田村冼氏宗祠	Guāntiáncūn Xiǎnshì Zōngcí	人物纪念地	四会市政府驻地北部
禾崀岗江氏宗祠	Hélànggǎng Jiāngshì Zōngcí	人物纪念地	四会市政府驻地北部
荷木村定彬冼公祠	Hémùcūn Dìngbīn Xiǎngōng Cí	人物纪念地	四会市政府驻地西北部
荷木村潘氏宗祠	Hémùcūn Pānshì Zōngcí	人物纪念地	四会市政府驻地西北部
花草崀村欧氏宗祠	Huācǎolàngcūn Ōushì Zōngcí	人物纪念地	四会市政府驻地西北部
黄泥坎陈氏宗祠	Huángníkǎn Chénshì Zōngcí	人物纪念地	四会市政府驻地西北部
旧沙巷陈氏宗祠	Jiùshāxiàng Chénshì Zōngcí	人物纪念地	四会市政府驻地西北部
孔岭村必伟赖宗祠	Kǒnglǐngcūn Bìwěilài Zōngcí	人物纪念地	四会市政府驻地西北部
孔岭潘氏宗祠	Kǒnglǐng Pānshì Zōngcí	人物纪念地	四会市政府驻地北部
小东刘氏宗祠	Xiǎodōng Liúshì Zōngcí	人物纪念地	四会市政府驻地西北部
崀心村谭氏宗祠	Làngxīncūn Tánshì Zōngcí	人物纪念地	四会市政府驻地西北部
崀仔村墓葬	Làngzǎicūn Mùzàng	人物纪念地	四会市政府驻地西北部
雷家祠	Léijiā Cí	人物纪念地	四会市政府驻地西北部
练天和宗祠	Liàntiānhé Zōngcí	人物纪念地	四会市政府驻地西北部
远彰吴公祠	Yuǎnzhāng Wúgōng Cí	人物纪念地	四会市政府驻地西北部
藕围村梁氏宗祠	Ǒuwéicūn Liángshì Zōngcí	人物纪念地	四会市政府驻地西北部
红光村江氏宗祠	Hóngguāngcūn Jiāngshì Zōngcí	人物纪念地	四会市政府驻地北部
沙洲赖氏宗祠	Shāzhōu Làishì Zōngcí	人物纪念地	四会市政府驻地北部
沙洲邱氏宗祠	Shāzhōu Qiūshì Zōngcí	人物纪念地	四会市政府驻地西北部
蛇湾赖氏宗祠	Shéwān Làishì Zōngcí	人物纪念地	四会市政府驻地西北部
深水坜许氏宗祠	Shēnshuǐlì Xǔshì Zōngcí	人物纪念地	四会市政府驻地北部

（续上表）

标准名称	汉语拼音	地名类别	相对位置
神仙村黄氏宗祠	Shénxiāncūn Huángshì Zōngcí	人物纪念地	四会市政府驻地西北部
竹新赖氏宗祠	Zhúxīn Làishì Zōngcí	人物纪念地	四会市政府驻地北部
狮岭村吴氏宗祠	Shīlǐngcūn Wúshì Zōngcí	人物纪念地	四会市政府驻地西北部
大江村唐氏宗祠	Dàjiāngcūn Tángshì Zōngcí	人物纪念地	四会市政府驻地东南部
世清江公祠	Shìqīng Jiānggōng Cí	人物纪念地	四会市政府驻地西北部
世琼曾公祠	Shìqióng Zēnggōng Cí	人物纪念地	四会市政府驻地西北部
黎寨村黎氏宗祠	Lízhàicūn Líshì Zōngcí	人物纪念地	四会市政府驻地西北部
松山岗村冯氏宗祠	Sōngshāngǎngcūn Féngshì Zōngcí	人物纪念地	四会市政府驻地西北部
王田山苏氏宗祠	Wángtiánshān Sūshì Zōngcí	人物纪念地	四会市政府驻地西北部
何氏宗祠	Héshì Zōngcí	人物纪念地	四会市政府驻地西北部
周屋村周氏宗祠	Zhōuwūcūn Zhōushì Zōngcí	人物纪念地	四会市政府驻地东南部
新东何氏宗祠	Xīndōng Héshì Zōngcí	人物纪念地	四会市政府驻地北部
新风李氏宗祠	Xīnfēng Lǐshì Zōngcí	人物纪念地	四会市政府驻地北部
新沙巷村周氏宗祠	Xīnshāxiàngcūn Zhōushì Zōngcí	人物纪念地	四会市政府驻地西北部
玉三吴公祠	Yùsān Wúgōng Cí	人物纪念地	四会市政府驻地西北部
金凤周氏宗祠	Jīnfèng Zhōushì Zōngcí	人物纪念地	四会市政府驻地西北部
长安里练氏宗祠	Cháng'ānlǐ Liànshì Zōngcí	人物纪念地	四会市政府驻地西北部
珠子崀许家宗祠	Zhūzǐlàng Xǔjiā Zōngcí	人物纪念地	四会市政府驻地西北部
竹坑村刘氏公祠	Zhúkēngcūn Liúshì Gōngcí	人物纪念地	四会市政府驻地西北部
新洲村翁氏宗祠	Xīnzhōucūn Wēngshì Zōngcí	人物纪念地	四会市政府驻地西北部
竹园村莫氏宗祠	Zhúyuáncūn Mòshì Zōngcí	人物纪念地	四会市政府驻地西北部
蔡便村蔡氏宗祠	Càibiàncūn Càishì Zōngcí	人物纪念地	四会市政府驻地东南部
德炽张公祠	Déchì Zhānggōng Cí	人物纪念地	四会市政府驻地东北部
东城街道刘氏宗祠	Dōngchéngjiēdào Liúshì Zōngcí	人物纪念地	四会市政府驻地东南部
红岗村周氏宗祠	Hónggǎngcūn Zhōushì Zōngcí	人物纪念地	四会市政府驻地东南部
凤凰许氏宗祠	Fènghuáng Xǔshì Zōngcí	人物纪念地	四会市政府驻地北部
江清林烈士墓	Jiāngqīnglín Lièshì Mù	人物纪念地	四会市政府驻地东北部
黎巷村黎氏宗祠	Líxiàngcūn Líshì Zōngcí	人物纪念地	四会市政府驻地西北部

（续上表）

标准名称	汉语拼音	地名类别	相对位置
卢福夫妇墓	Lúfúfūfù Mù	人物纪念地	四会市政府驻地北部
梁便村梁氏大宗祠	Liángbiàncūn Liángshì Dàzōngcí	人物纪念地	四会市政府驻地东南部
林便村林氏宗祠	Línbiàncūn Línshì Zōngcí	人物纪念地	四会市政府驻地东南部
林德昭烈士墓	Líndézhāolièshì Mù	人物纪念地	四会市政府驻地东南部
沙头村陈氏宗祠	Shātóucūn Chénshì Zōngcí	人物纪念地	四会市政府驻地东南部
沙头革命烈士纪念碑	Shātóu Gémìnglièshì Jìniànbēi	人物纪念地	四会市政府驻地东南部
四会革命烈士纪念碑	Sìhuì Gémìnglièshì Jìniànbēi	人物纪念地	四会市政府驻地西北部
苏世杰故居	Sūshìjié Gùjū	人物纪念地	四会市政府驻地东北部
万有冯公祠	Wànyǒu Fénggōng Cí	人物纪念地	四会市政府驻地东南部
巫镜池烈士墓	Wūjìngchí Lièshì Mù	人物纪念地	四会市政府驻地东北部
窑头村吴氏大宗祠	Yáotóucūn Wúshì Dàzōngcí	人物纪念地	四会市政府驻地西北部
窑头村吴氏家族墓	Yáotóucūn Wúshìjiāzú Mù	人物纪念地	四会市政府驻地西北部
元头村李氏宗祠	Yuántóucūn Lǐshì Zōngcí	人物纪念地	四会市政府驻地西北部
张洞张氏祠堂	Zhāngdòng Zhāngshì Cítáng	人物纪念地	四会市政府驻地东部
禄村君英黄公祠堂	Lùcūn Jūnyīng Huánggōng Cítáng	人物纪念地	四会市政府驻地北部
黄氏宗祠	Huángshì Zōngcí	人物纪念地	四会市政府驻地东南部
德月张公祠	Déyuè Zhānggōng Cí	人物纪念地	四会市政府驻地西北部
观卿李公祠	Guānqīng Lǐgōng Cí	人物纪念地	四会市政府驻地西北部
冠邦李公祠	Guànbāng Lǐgōng Cí	人物纪念地	四会市政府驻地西北部
进步村严氏宗祠	Jìnbùcūn Yánshì Zōngcí	人物纪念地	四会市政府驻地西北部
迳口村李氏宗祠	Jìngkǒucūn Lǐshì Zōngcí	人物纪念地	四会市政府驻地西北部
陈伯忠故居	Chénbózhōng Gùjū	人物纪念地	四会市政府驻地西北部
陈伯忠烈士墓	Chénbózhōng Lièshì Mù	人物纪念地	四会市政府驻地西北部
陈子贤烈士墓	Chénzǐxián Lièshì Mù	人物纪念地	四会市政府驻地西北部
现邦李公祠	Xiànbāng Lǐgōng Cí	人物纪念地	四会市政府驻地西北部
以富黄公祠	Yǐfù Huánggōng Cí	人物纪念地	四会市政府驻地西北部

（续上表）

标准名称	汉语拼音	地名类别	相对位置
周公夫妇合葬墓	Zhōugōngfūfù Hézàng Mù	人物纪念地	四会市政府驻地西北部
背夫崀邓氏宗祠	Bèifūlàng Dèngshì Zōngcí	人物纪念地	四会市政府驻地西北部
草布江氏宗祠	Cǎobù Jiāngshì Zōngcí	人物纪念地	四会市政府驻地西北部
存心李公祠	Cúnxīn Lǐgōng Cí	人物纪念地	四会市政府驻地西北部
达庭胡公祠	Dátíng Húgōng Cí	人物纪念地	四会市政府驻地西北部
严坑郑氏宗祠	Yánkēng Zhèngshì Zōngcí	人物纪念地	四会市政府驻地西北部
大墩钟氏宗祠	Dàduàn Zhōngshì Zōngcí	人物纪念地	四会市政府驻地西北部
大夫田林氏宗祠	Dàfūtián Línshì Zōngcí	人物纪念地	四会市政府驻地西北部
大寨张氏宗祠	Dàzhài Zhāngshì Zōngcí	人物纪念地	四会市政府驻地西北部
东约宗祠	Dōngyuē Zōngcí	人物纪念地	四会市政府驻地西北部
公太营村冼氏宗祠	Gōngtàiyíngcūn Xiǎnshì Zōngcí	人物纪念地	四会市政府驻地西北部
官寨官氏宗祠	Guānzhài Guānshì Zōngcí	人物纪念地	四会市政府驻地西北部
贵清周公祠	Guìqīng Zhōugōng Cí	人物纪念地	四会市政府驻地西北部
汉京翁公祠	Hànjīng Wēnggōng Cí	人物纪念地	四会市政府驻地西北部
荷菜塘罗氏宗祠	Hécàitáng Luóshì Zōngcí	人物纪念地	四会市政府驻地西北部
虎神地罗氏宗祠	Hǔshéndì Luóshì Zōngcí	人物纪念地	四会市政府驻地西北部
黄松罗氏宗祠	Huángsōng Luóshì Zōngcí	人物纪念地	四会市政府驻地西北部
建洪翁氏宗祠	Jiànhóng Wēngshì Zōngcí	人物纪念地	四会市政府驻地西北部
黎氏宗祠	Líshì Zōngcí	人物纪念地	四会市政府驻地西北部
禄村玉堂黄公祠堂	Lùcūn Yùtáng Huánggōng Cítáng	人物纪念地	四会市政府驻地北部
近清雷公祠	Jìnqīng Léigōng Cí	人物纪念地	四会市政府驻地西北部
旧屋黄氏宗祠	Jiùwū Huángshì Zōngcí	人物纪念地	四会市政府驻地西北部
雷国光唐钧毅革命烈士纪念碑	Léiguóguāng Tángjūnyì Gémìnglièshì Jìniànbēi	人物纪念地	四会市政府驻地西北部
李邦光夫妇合葬墓	Lǐbāngguāngfūfù Hézàng Mù	人物纪念地	四会市政府驻地西北部
联安曾氏宗祠	Lián'ān Zēngshì Zōngcí	人物纪念地	四会市政府驻地西北部
三角塘邱氏祠堂	Sānjiǎotáng Qiūshì Cítáng	人物纪念地	四会市政府驻地北部
木良萧氏宗祠	Mùliáng Xiāoshì Zōngcí	人物纪念地	四会市政府驻地西北部

（续上表）

标准名称	汉语拼音	地名类别	相对位置
牛牯崀翁氏宗祠	Niúgǔlàng Wēngshì Zōngcí	人物纪念地	四会市政府驻地西北部
天井岗晋墓	Tiānjǐnggǎng Jìnmù	人物纪念地	四会市政府驻地北部
彭坑罗氏宗祠	Péngkēng Luóshì Zōngcí	人物纪念地	四会市政府驻地西北部
三楞坪曾氏宗祠	Sānlèngpíng Zēngshì Zōngcí	人物纪念地	四会市政府驻地西北部
上木良林氏宗祠	Shàngmùliáng Línshì Zōngcí	人物纪念地	四会市政府驻地西北部
上新曾氏宗祠	Shàngxīn Zēngshì Zōngcí	人物纪念地	四会市政府驻地西北部
上杨村杨氏宗祠	Shàngyángcūn Yángshì Zōngcí	人物纪念地	四会市政府驻地西北部
圣觐胡公祠	Shèngjìn Húgōng Cí	人物纪念地	四会市政府驻地西北部
石溪大寨李氏宗祠	Shíxīdàzhài Lǐshì Zōngcí	人物纪念地	四会市政府驻地西北部
水花潭黄氏宗祠	Shuǐhuātán Huángshì Zōngcí	人物纪念地	四会市政府驻地西北部
苏村苏氏宗祠	Sūcūn Sūshì Zōngcí	人物纪念地	四会市政府驻地西北部
孙瑛黄公祠	Sūnyīng Huánggōng Cí	人物纪念地	四会市政府驻地西北部
谭村谭氏宗祠	Táncūn Tánshì Zōngcí	人物纪念地	四会市政府驻地西北部
田西邓氏宗祠	Tiánxī Dèngshì Zōngcí	人物纪念地	四会市政府驻地西北部
闻绍曾公祠	Wénshào Zēnggōng Cí	人物纪念地	四会市政府驻地西北部
冼村冼氏宗祠	Xiǎncūn Xiǎnshì Zōngcí	人物纪念地	四会市政府驻地西北部
肖家村萧氏宗祠	Xiāojiācūn Xiāoshì Zōngcí	人物纪念地	四会市政府驻地西北部
新围曾氏宗祠	Xīnwéi Zēngshì Zōngcí	人物纪念地	四会市政府驻地西北部
新寨村顾氏宗祠	Xīnzhàicūn Gùshì Zōngcí	人物纪念地	四会市政府驻地西北部
沙美村河潮江公祠	Shāměicūn Hécháo Jiānggōng Cí	人物纪念地	四会市政府驻地东北部
鸦溪李氏宗祠	Yāxī Lǐshì Zōngcí	人物纪念地	四会市政府驻地西北部
杨村杨氏宗祠	Yángcūn Yángshì Zōngcí	人物纪念地	四会市政府驻地西北部
芋合塘官氏宗祠	Yùhétáng Guānshì Zōngcí	人物纪念地	四会市政府驻地西北部
占海雷公祠	Zhànhǎi Léigōng Cí	人物纪念地	四会市政府驻地西北部
长乐吴氏宗祠	Chánglè Wúshì Zōngcí	人物纪念地	四会市政府驻地西北部
竹寨村卢氏宗祠	Zhúzhàicūn Lúshì Zōngcí	人物纪念地	四会市政府驻地西北部
白石坳胡氏宗祠	Báishí'ào Húshì Zōngcí	人物纪念地	四会市政府驻地北部
布崀温氏宗祠	Bùlàng Wēnshì Zōngcí	人物纪念地	四会市政府驻地北部

（续上表）

标准名称	汉语拼音	地名类别	相对位置
秤钩湾建新谢氏宗祠	Chènggōuwān Jiànxīn Xièshì Zōngcí	人物纪念地	四会市政府驻地北部
大坪张氏宗祠	Dàpíng Zhāngshì Zōngcí	人物纪念地	四会市政府驻地北部
田心村普田江公祠	Tiánxīncūn Pǔtián Jiānggōng Cí	人物纪念地	四会市政府驻地东北部
岗北崀姚氏宗祠	Gǎngběilàng Yáoshì Zōngcí	人物纪念地	四会市政府驻地北部
海潮胡公祠	Hǎicháo Húgōng Cí	人物纪念地	四会市政府驻地北部
横档村上禄邹公祠	Héngdàngcūn Shànglù Zōugōng Cí	人物纪念地	四会市政府驻地北部
回圣胡公祠	Huíshèng Húgōng Cí	人物纪念地	四会市政府驻地北部
进子崀罗氏宗祠	Jìnzǐlàng Luóshì Zōngcí	人物纪念地	四会市政府驻地北部
旧村陈氏宗祠	Jiùcūnchénshì Zōngcí	人物纪念地	四会市政府驻地北部
爵凰李公祠	Juéhuáng Lǐgōng Cí	人物纪念地	四会市政府驻地北部
榄树村邱氏宗祠	Lǎnshù Cūn Qiūshì Zōngcí	人物纪念地	四会市政府驻地北部
联红黄氏宗祠	Liánhóng Huángshì Zōngcí	人物纪念地	四会市政府驻地北部
罗氏家塾	Luóshì Jiāshú	人物纪念地	四会市政府驻地东北部
珮元谢公祠	Pèiyuán Xiègōng Cí	人物纪念地	四会市政府驻地北部
沙田黄氏宗祠	Shātián Huángshì Zōngcí	人物纪念地	四会市政府驻地北部
上下河村昌凤何公祠	Shàngxiàhécūn Chāngfèng Hégōng Cí	人物纪念地	四会市政府驻地北部
蛇尾泰发李氏宗祠	Shéwěi Tàifā Lǐshì Zōngcí	人物纪念地	四会市政府驻地北部
石坑刘氏宗祠	Shíkēng Liúshì Zōngcí	人物纪念地	四会市政府驻地北部
松山下村大英曾氏公祠	Sōngshānxiàcūn Dàyīng Zēngshì Gōngcí	人物纪念地	四会市政府驻地北部
松子岗刘氏宗祠	Sōngzǐgǎng Liúshì Zōngcí	人物纪念地	四会市政府驻地北部
瓦窑崀陈氏宗祠	Wǎyáolàng Chénshì Zōngcí	人物纪念地	四会市政府驻地北部
文厚姚公祠	Wénhòu Yáogōng Cí	人物纪念地	四会市政府驻地北部
文天祥祖墓	Wéntiānxiáng Zǔmù	人物纪念地	四会市政府驻地北部
闻衡曾公祠	Wénhéng Zēnggōng Cí	人物纪念地	四会市政府驻地北部
新围潘氏宗祠	Xīnwéi Pānshì Zōngcí	人物纪念地	四会市政府驻地北部
新丰雷氏宗祠	Xīnfēng Léishì Zōngcí	人物纪念地	四会市政府驻地北部
永忠李氏宗祠	Yǒngzhōng Lǐshì Zōngcí	人物纪念地	四会市政府驻地北部

(续上表)

标准名称	汉语拼音	地名类别	相对位置
尤鱼社公庙	Yóuyú Shègōng Miào	人物纪念地	四会市政府驻地北部
友楠李公祠	Yǒunán Lǐgōng Cí	人物纪念地	四会市政府驻地北部
竹头崀卢氏宗祠	Zhútóulàng Lúshì Zōngcí	人物纪念地	四会市政府驻地北部
白石塘大寨阁珍黄公祠	Báishítángdàzhài Gézhēn Huánggōng Cí	人物纪念地	四会市政府驻地北部
曾氏祠堂	Zēngshì Cítáng	人物纪念地	四会市政府驻地北部
大奥山卢氏墓地	Dà'àoshān Lúshì Mùdì	人物纪念地	四会市政府驻地北部
洪塘村熊氏宗祠	Hóngtángcūn Xióngshì Zōngcí	人物纪念地	四会市政府驻地北部
江边村邓氏宗祠	Jiāngbiāncūn Dèngshì Zōngcí	人物纪念地	四会市政府驻地北部
江边村罗氏宗祠	Jiāngbiāncūn Luóshì Zōngcí	人物纪念地	四会市政府驻地北部
赖西畴烈士墓	Làixīchóu Lièshì Mù	人物纪念地	四会市政府驻地北部
廖氏祖祠	Liàoshì Zǔcí	人物纪念地	四会市政府驻地北部
梅岗村陈氏祠堂	Méigǎngcūn Chénshì Cítáng	人物纪念地	四会市政府驻地北部
龙头村卢氏宗祠	Lóngtóucūn Lúshì Zōngcí	人物纪念地	四会市政府驻地北部
勒菜良文钟公祠	Lècài Liángwén Zhōnggōng Cí	人物纪念地	四会市政府驻地西北部
卢宅仁墓	Lúzháirén Mù	人物纪念地	四会市政府驻地北部
大洲陈氏祠堂	Dàzhōu Chénshì Cítáng	人物纪念地	四会市政府驻地北部
陈氏祠堂	Chénshì Cítáng	人物纪念地	四会市政府驻地西北部
润生陈公祠	Rùnshēng Chéngōng Cí	人物纪念地	四会市政府驻地北部
江脊村薛氏宗祠	Jiāngjǐcūn Xuēshì Zōngcí	人物纪念地	四会市政府驻地西北部
三角塘天行叶公祠	Sānjiǎotáng Tiānxíng Yègōng Cí	人物纪念地	四会市政府驻地北部
汤可黄公祠	Tāngkě Huánggōng Cí	人物纪念地	四会市政府驻地北部
洞六范氏宗祠	Dòngliù Fànshì Zōngcí	人物纪念地	四会市政府驻地东北部
仍屏祖祠	Réngpíng Zǔcí	人物纪念地	四会市政府驻地东北部
江上寨吴氏宗祠	Jiāngshàngzhài Wúshì Zōngcí	人物纪念地	四会市政府驻地西部
石寨村江氏宗祠	Shízhàicūn Jiāngshì Zōngcí	人物纪念地	四会市政府驻地东北部
世昌学校旧址	Shìchāng Xuéxiào Jiùzhǐ	人物纪念地	四会市政府驻地东北部
仓岗高氏宗祠	Cānggǎng Gāoshì Zōngcí	人物纪念地	四会市政府驻地西北部
闻乔曾公祠	Wénqiáo Zēnggōng Cí	人物纪念地	四会市政府驻地东北部
乌石岗村兴朝何公祠	Wūshígǎngcūn Xīngcháo Hégōng Cí	人物纪念地	四会市政府驻地东北部

（续上表）

标准名称	汉语拼音	地名类别	相对位置
衍荣曾公祠	Yǎnróng Zēnggōng Cí	人物纪念地	四会市政府驻地东北部
昭德曾公祠	Zhāodé Zēnggōng Cí	人物纪念地	四会市政府驻地东北部
昭华曾公祠	Zhāohuá Zēnggōng Cí	人物纪念地	四会市政府驻地东北部
罗洞罗氏宗祠	Luódòng Luóshì Zōngcí	人物纪念地	四会市政府驻地西北部
福田村程氏宗祠	Fútiáncūn Chéngshì Zōngcí	人物纪念地	四会市政府驻地西北部
何崀村刘氏宗祠	Hélàngcūn Liúshì Zōngcí	人物纪念地	四会市政府驻地西北部
张村张氏宗祠	Zhāngcūn Zhāngshì Zōngcí	人物纪念地	四会市政府驻地西北部
梅坑村曾氏宗祠	Méikēngcūn Zēngshì Zōngcí	人物纪念地	四会市政府驻地西北部
谭九村钟氏祠堂	Tánjiǔcūn Zhōngshì Cítáng	人物纪念地	四会市政府驻地西北部
塘边村锡文莫公祠	Tángbiāncūn Xīwén Mògōng Cí	人物纪念地	四会市政府驻地西北部
白带下温氏宗祠	Báidàixià Wēnshì Zōngcí	人物纪念地	四会市政府驻地北部
宾隆饶公祠	Bīnlóng Ráogōng Cí	人物纪念地	四会市政府驻地北部
茨菇塘村邓氏宗祠	Cígūtángcūn Dèngshì Zōngcí	人物纪念地	四会市政府驻地北部
南岭曾氏宗祠	Nánlǐng Zēngshì Zōngcí	人物纪念地	四会市政府驻地西北部
定冼吴公祠	Dìngxiǎn Wúgōng Cí	人物纪念地	四会市政府驻地北部
恩化陈公祠	Ènhuà Chéngōng Cí	人物纪念地	四会市政府驻地北部
奋庸罗公祠	Fènyōng Luógōng Cí	人物纪念地	四会市政府驻地北部
红星叶氏宗祠	Hóngxīng Yèshì Zōngcí	人物纪念地	四会市政府驻地北部
黄茅咀邓氏宗祠	Huángmáozuǐ Dèngshì Zōngcí	人物纪念地	四会市政府驻地北部
六布丁家祠堂	Liùbù Dīngjiā Cítáng	人物纪念地	四会市政府驻地北部
纶轩陈公祠	Lúnxuān Chéngōng Cí	人物纪念地	四会市政府驻地北部
罗纯粹家塾	Luóchúncuì Jiāshú	人物纪念地	四会市政府驻地北部
铺亭陈公祠	Pùtíng Chéngōng Cí	人物纪念地	四会市政府驻地北部
容藩王公祠	Róngfān Wánggōng Cí	人物纪念地	四会市政府驻地北部
罗氏世祠	Luóshì Shìcí	人物纪念地	四会市政府驻地北部
维纲罗公祠	Wéigāng Luógōng Cí	人物纪念地	四会市政府驻地北部
西坑村邓氏宗祠	Xīkēngcūn Dèngshì Zōngcí	人物纪念地	四会市政府驻地北部
下大崀杨氏祠堂	Xiàdàlàng Yángshì Cítáng	人物纪念地	四会市政府驻地北部
下闸村福德祠	Xiàzhácūn Fúdé Cí	人物纪念地	四会市政府驻地北部

(续上表)

标准名称	汉语拼音	地名类别	相对位置
先育罗公祠	Xiānyù Luógōng Cí	人物纪念地	四会市政府驻地北部
谢家祠堂	Xièjiā Cítáng	人物纪念地	四会市政府驻地北部
永安黄氏宗祠	Yǒng'ān Huángshì Zōngcí	人物纪念地	四会市政府驻地北部
有文钟公祠	Yǒuwén Zhōnggōng Cí	人物纪念地	四会市政府驻地北部
毓瑞陈公祠	Yùruì Chéngōng Cí	人物纪念地	四会市政府驻地北部
子恒冼公祠	Zǐhéng Xiǎngōng Cí	人物纪念地	四会市政府驻地北部
祖仰彭公祠	Zǔyǎng Pénggōng Cí	人物纪念地	四会市政府驻地北部
佐朝徐公祠	Zuǒcháo Xúgōng Cí	人物纪念地	四会市政府驻地北部
藕围村雷氏宗祠	Ǒuwéicūn Léishì Zōngcí	人物纪念地	四会市政府驻地西北部
东和堂	Dōnghé Táng	人物纪念地	四会市政府驻地西北部
高地园墓葬	Gāodìyuán Mùzàng	人物纪念地	四会市政府驻地西北部
高崀村罗氏宗祠	Gāolàngcūn Luóshì Zōngcí	人物纪念地	四会市政府驻地北部
邝氏宗祠	Kuàngshì Zōngcí	人物纪念地	四会市政府驻地西北部
郭氏宗祠	Guōshì Zōngcí	人物纪念地	四会市政府驻地西北部
胡德立宗祠	Húdélì Zōngcí	人物纪念地	四会市政府驻地北部
雷氏宗祠	Léishì Zōngcí	人物纪念地	四会市政府驻地西北部
龙口村陈氏宗祠	Lóngkǒucūn Chénshì Zōngcí	人物纪念地	四会市政府驻地西北部
龙湾村张氏宗祠	Lóngwāncūn Zhāngshì Zōngcí	人物纪念地	四会市政府驻地西北部
龙湾村林氏宗祠	Lóngwāncūn Línshì Zōngcí	人物纪念地	四会市政府驻地西北部
水衣塘何氏宗祠	Shuǐyītáng Héshì Zōngcí	人物纪念地	四会市政府驻地西北部
盘龙村徐氏宗祠	Pánlóngcūn Xúshì Zōngcí	人物纪念地	四会市政府驻地北部
蒲洞大寨陈氏宗祠	Púdòngdàzhài Chénshì Zōngcí	人物纪念地	四会市政府驻地北部
蒲洞大寨林氏宗祠	Púdòngdàzhài Línshì Zōngcí	人物纪念地	四会市政府驻地北部
邱氏祠堂	Qiūshì Cítáng	人物纪念地	四会市政府驻地西北部
邱氏宗祠	Qiūshì Zōngcí	人物纪念地	四会市政府驻地西北部
黎寨黎氏宗祠	Lízhài Líshì Zōngcí	人物纪念地	四会市政府驻地西北部
欧氏宗祠	Ōushì Zōngcí	人物纪念地	四会市政府驻地西北部
上下队徐氏宗祠	Shàngxiàduì Xúshì Zōngcí	人物纪念地	四会市政府驻地西北部
上新江陈氏宗祠	Shàngxīnjiāng Chénshì Zōngcí	人物纪念地	四会市政府驻地西北部

（续上表）

标准名称	汉语拼音	地名类别	相对位置
绍先李公祠	Shàoxiān Lǐgōng Cí	人物纪念地	四会市政府驻地西北部
石龙村李氏宗祠	Shílóngcūn Lǐshì Zōngcí	人物纪念地	四会市政府驻地西北部
寺尾熊氏宗祠	Sìwěi Xióngshì Zōngcí	人物纪念地	四会市政府驻地西北部
松木咀江氏宗祠	Sōngmùzuǐ Jiāngshì Zōngcí	人物纪念地	四会市政府驻地西北部
潘氏宗祠	Pānshì Zōngcí	人物纪念地	四会市政府驻地西北部
塘村李氏宗祠	Tángcūn Lǐshì Zōngcí	人物纪念地	四会市政府驻地北部
塘下村罗氏宗祠	Tángxiàcūn Luóshì Zōngcí	人物纪念地	四会市政府驻地西北部
西鸦罗氏宗祠	Xīyā Luóshì Zōngcí	人物纪念地	四会市政府驻地西北部
下布崀邱氏宗祠	Xiàbùlàng Qiūshì Zōngcí	人物纪念地	四会市政府驻地西北部
李氏祠堂	Lǐshì Cítáng	人物纪念地	四会市政府驻地西北部
下新江陈氏宗祠	Xiàxīnjiāng Chénshì Zōngcí	人物纪念地	四会市政府驻地西北部
下长龙宋氏宗祠	Xiàchánglóng Sòngshì Zōngcí	人物纪念地	四会市政府驻地西北部
乡氏宗祠	Xiāngshì Zōngcí	人物纪念地	四会市政府驻地西北部
徐村徐氏宗祠	Xúcūn Xúshì Zōngcí	人物纪念地	四会市政府驻地西北部
严氏宗祠	Yánshì Zōngcí	人物纪念地	四会市政府驻地北部
郑氏宗祠	Zhèngshì Zōngcí	人物纪念地	四会市政府驻地北部
直纪乡公祠	Zhíjì Xiānggōng Cí	人物纪念地	四会市政府驻地北部
萃峰卢公祠	Cuìfēng Lúgōng Cí	人物纪念地	四会市政府驻地东南部
东华村梁氏宗祠	Dōnghuácūn Liángshì Zōngcí	人物纪念地	四会市政府驻地东北部
范家村范氏宗祠	Fànjiācūn Fànshì Zōngcí	人物纪念地	四会市政府驻地东北部
大坪黄氏祠堂	Dàpíng Huángshì Cítáng	人物纪念地	四会市政府驻地西北部
蒋家村蒋氏大宗祠	Jiǎngjiācūn Jiǎngshì Dàzōngcí	人物纪念地	四会市政府驻地东北部
塱湖黎家祠堂	Lǎnghú Líjiā Cítáng	人物纪念地	四会市政府驻地东北部
苏氏宗祠	Sūshì Zōngcí	人物纪念地	四会市政府驻地西北部
仙福墓园	Xiānfú Mùyuán	人物纪念地	四会市政府驻地东北部
樟村松杰吴公祠	Zhāngcūn Sōngjié Wúgōng Cí	人物纪念地	四会市政府驻地东北部
樟村泽南杨公祠	Zhāngcūn Zénán Yánggōng Cí	人物纪念地	四会市政府驻地东北部
曹布三村梁氏宗祠	Cáobùsāncūn Liángshì Zōngcí	人物纪念地	四会市政府驻地西部
范氏宗祠	Fànshì Zōngcí	人物纪念地	四会市政府驻地西部

(续上表)

标准名称	汉语拼音	地名类别	相对位置
扶利村张氏宗祠	Fúlìcūn Zhāngshì Zōngcí	人物纪念地	四会市政府驻地西南部
辑五莫公祠	Jíwǔ Mògōng Cí	人物纪念地	四会市政府驻地西南部
辉吉黄公祠	Huījí Huánggōng Cí	人物纪念地	四会市政府驻地东北部
钱昌瑜宅	Qiánchāngyú Zhái	人物纪念地	四会市政府驻地东南部
申氏宗祠	Shēnshì Zōngcí	人物纪念地	四会市政府驻地西南部
吴春良烈士墓	Wúchūnliáng Lièshì Mù	人物纪念地	四会市政府驻地西北部
伍氏宗祠	Wǔshì Zōngcí	人物纪念地	四会市政府驻地西南部
塔岗墓葬群	Tǎgǎng Mùzàngqún	人物纪念地	四会市政府驻地西北部
野狸岗古人类遗址	Yělígǎng Gǔrénlèi Yízhǐ	人物纪念地	四会市政府驻地西北部
黄屋村黄氏宗祠	Huángwūcūn Huángshì Zōngcí	人物纪念地	四会市政府驻地西北部
白土砖瓦窑遗址	Báitǔ Zhuānwǎyáo Yízhǐ	事件纪念地	四会市政府驻地西北部
曹布村文化室旧址	Cáobùcūn Wénhuàshì Jiùzhǐ	事件纪念地	四会市政府驻地西北部
大岗头寨堡遗址	Dàgǎngtóuzhàibǎo Yízhǐ	事件纪念地	四会市政府驻地西北部
大坞矿遗址	Dàwùkuàng Yízhǐ	事件纪念地	四会市政府驻地西北部
邓村人民公社旧址	Dèngcūn Rénmíngōngshè Jiùzhǐ	事件纪念地	四会市政府驻地西北部
东华村地台护墙遗址	Dōnghuácūn Dìtáihùqiáng Yízhǐ	事件纪念地	四会市政府驻地东部
冈南书院遗址	Gāngnán Shūyuàn Yízhǐ	事件纪念地	四会市政府驻地东南部
广怀森工站旧址	Guǎnghuái Sēngōngzhàn Jiùzhǐ	事件纪念地	四会市政府驻地东南部
花山石灰窑址	Huāshān Shíhuīyáozhǐ	事件纪念地	四会市政府驻地北部
黄冈社学遗址	Huánggāng Shèxué Yízhǐ	事件纪念地	四会市政府驻地东南部
江头乡农会旧址	Jiāngtóuxiāng Nónghuì Jiùzhǐ	事件纪念地	四会市政府驻地西北部
七七抗战建国纪念碑	Qīqīkàngzhàn Jiànguó Jìniànbēi	事件纪念地	四会市政府驻地北部
前锋村武工队战斗旧址	Qiánfēngcūn Wǔgōngduì Zhàndòu Jiùzhǐ	事件纪念地	四会市政府驻地西北部
神仙岗采石场遗址	Shénxiāngǎng Cǎishíchǎng Yízhǐ	事件纪念地	四会市政府驻地东北部
四会血吸虫病防治站旧址	Sìhuì Xuèxīchóngbìngfángzhìzhàn Jiùzhǐ	事件纪念地	四会市政府驻地东南部

（续上表）

标准名称	汉语拼音	地名类别	相对位置
太和酱园旧址	Tàihéjiàngyuán Jiùzhǐ	事件纪念地	四会市政府驻地西北部
挺四儿童教养院旧址	Tǐngsì Értóng Jiàoyǎngyuàn Jiùzhǐ	事件纪念地	四会市政府驻地北部
兴隆粮仓旧址	Xīnglóng Liángcāng Jiùzhǐ	事件纪念地	四会市政府驻地东南部
扎运工会旧址	Zhāyùngōnghuì Jiùzhǐ	事件纪念地	四会市政府驻地西北部
河赖塔遗址	Hélàitǎ Yízhǐ	事件纪念地	四会市政府驻地西北部
宝林寺	Bǎolín Sì	寺	四会市政府驻地西北部
莲花寺	Liánhuā Sì	寺	四会市政府驻地西北部
宝胜古寺	Bǎoshèng Gǔsì	寺	四会市政府驻地东南部
永安寺	Yǒng'ān Sì	寺	四会市政府西南部
六祖天心禅寺	Liùzǔ Tiānxīnchán Sì	寺	四会市政府驻地东北部
白雾台寺	Báiwùtái Sì	寺	四会市政府驻地西北部
六祖寺	Liùzǔ Sì	寺	四会市政府驻地西部
法楼寺遗址	Fǎlóusì Yízhǐ	寺	四会市政府驻地西北部
六祖庵遗址	Liùzǔ'ān Yízhǐ	寺	四会市政府驻地东北部
贞仙祠	Zhēnxiān Cí	庙	四会市政府驻地西部
镇溪庙	Zhènxī Miào	庙	四会市政府驻地北部
懿德仙娘庙	Yìdéxiānniáng Miào	庙	四会市政府驻地西北部
龙王庙	Lóngwáng Miào	庙	四会市政府驻地东北部
北帝庙	Běidì Miào	庙	四会市政府驻地东南部
天圣堂	Tiānshèng Táng	庙	四会市政府驻地西北部
镇龙庙	Zhènlóng Miào	庙	四会市政府驻地东北部
白马庙遗址	Báimǎmiào Yízhǐ	庙	四会市政府驻地西北部
东楼古庙遗址	Dōnglóugǔmiào Yízhǐ	庙	四会市政府驻地西北部
岗下庙遗址	Gǎngxiàmiào Yízhǐ	庙	四会市政府驻地东北部
化成寺遗址	Huāchéngsì Yízhǐ	庙	四会市政府驻地西北部
江边二村逍遥庙遗址	Jiāngbiān'èrcūn Xiāoyáo Miào Yízhǐ	庙	四会市政府驻地东北部
三角塘村盘古庙遗址	Sānjiǎotángcūn Pángǔmiào Yízhǐ	庙	四会市政府驻地北部
三角塘村天下庙遗址	Sānjiǎotángcūn Tiānxiàmiào Yízhǐ	庙	四会市政府驻地西北部

（续上表）

标准名称	汉语拼音	地名类别	相对位置
松甫古庙遗址	Sōngfǔgǔ Miào Yízhǐ	庙	四会市政府驻地西北部
西向村水口庙遗址	Xīxiàngcūn Shuǐkǒumiào Yízhǐ	庙	四会市政府驻地西北部
郑大仙庙遗址	Zhèngdàxiānmiào Yízhǐ	庙	四会市政府驻地西北部
真君古庙遗址	Zhēnjūngǔmiào Yízhǐ	庙	四会市政府驻地东南部
象圃堂遗址	Xiàngpǔtáng Yízhǐ	庙	四会市政府驻地北部
基督教四会市地豆堂	Jīdūjiào Sìhuì Shì Dìdòu Táng	教堂	四会市政府驻地西北部
四会基督教会	Sìhuì Jīdūjiàohuì	教堂	四会市政府驻地西北部
四会市十二带自然保护区	Sìhuì Shì Shí'èrdài Zìránbǎohùqū	自然保护区	四会市政府驻地西北部
四会市绥江鼋自然保护区	Sìhuì Shì Suíjiāngyuán Zìránbǎohùqū	自然保护区	四会市政府驻地西北部

（八）建筑物类

标准名称	汉语拼音	地名类别	相对位置
白沙陂村谢氏民居	Báishābēicūn Xièshì Mínjū	房屋	四会市政府驻地北部
北门直街邓氏大宅	Běiménzhíjiē Dèngshì Dàzhái	房屋	四会市政府驻地西北部
碧海湾社区保安大楼	Bìhǎiwānshèqū Bǎo'ān Dàlóu	房屋	四会市政府驻地西北部
碧海湾新街市	Bìhǎiwān Xīnjiēshì	房屋	四会市政府驻地西北部
缤纷国际商业城	Bīnfēnguójì Shāngyèchéng	房屋	四会市政府驻地西北部
仓丰农贸交易市场	Cāngfēng Nóngmào Jiāoyì Shìchǎng	房屋	四会市政府驻地西北部
仓丰市场	Cāngfēng Shìchǎng	房屋	四会市政府驻地西北部
仓岗五巷严氏大宅	Cānggǎngwǔxiàng Yánshì Dàzhái	房屋	四会市政府驻地西北部
槎山惠民集市	Cháshān Huìmín Jíshì	房屋	四会市政府驻地西北部
常临楼	Chánglín Lóu	房屋	四会市政府驻地东南部
陈恭让家塾	Chéngōngràng Jiāshú	房屋	四会市政府驻地北部
城北农贸市场	Chéngběi Nóngmào Shìchǎng	房屋	四会市政府驻地西北部
大坑口村温氏大宅	Dàkēngkǒucūn Wēnshì Dàzhái	房屋	四会市政府驻地东北部
大利村潘氏民居	Dàlìcūn Pānshì Mínjū	房屋	四会市政府驻地东北部

（续上表）

标准名称	汉语拼音	地名类别	相对位置
大屈下村苏氏大屋	Dàqūxiàcūn Sūshì Dàwū	房屋	四会市政府驻地东部部
大沙集贸市场	Dàshā Jímào Shìchǎng	房屋	四会市政府驻地东南部
大沙粮所旧址	Dàshā Liángsuǒ Jiùzhǐ	房屋	四会市政府驻地东南部
大沙农贸市场	Dàshā Nóngmàoshìchǎng	房屋	四会市政府驻地东南部
大旺金海岸商业城	Dàwàng Jīnhǎi'àn Shāngyèchéng	房屋	四会市政府驻地东南部
大中酒店	Dàzhōng Jiǔdiàn	房屋	四会市政府驻地西南部
大洲村陈氏大宅	Dàzhōucūn Chénshì Dàzhái	房屋	四会市政府驻地北部
大洲村炮楼	Dàzhōucūn Pàolóu	房屋	四会市政府驻地北部
德星楼	Déxīng Lóu	房屋	四会市政府驻地西南部
邓村墟	Dèngcūn Xū	房屋	四会市政府驻地西部
邓村新市场	Dèngcūn Xīnshìchǎng	房屋	四会市政府驻地西部
地豆圩	Dìdòu Xū	房屋	四会市政府驻地北部
地豆综合市场	Dìdòu Zōnghé Shìchǎng	房屋	四会市政府驻地正北部
东城街道维稳计生大楼	Dōngchéngjiēdào Wéiwěnjìshēng Dàlóu	房屋	四会市政府驻地西北部
东方大厦	Dōngfāng Dàshà	房屋	四会市政府驻地东北部
东方巷李氏民居	Dōngfāngxiàng Lǐshì Mínjū	房屋	四会市政府驻地西北部
东明祖厅	Dōngmíng Zǔtīng	房屋	四会市政府驻地东南部
独岗市场	Dúgǎng Shìchǎng	房屋	四会市政府驻地西北部
敦本书室	Dūnběn Shūshì	房屋	四会市政府驻地西北部
恩岭村潘氏民居	Ènlǐngcūn Pānshì Mínjū	房屋	四会市政府驻地东北部
翡翠宫廷酒店	Fěicuì Gōngtíng Jiǔdiàn	房屋	四会市政府驻地西北部
翡翠楼	Fěicuì Lóu	房屋	四会市政府驻地东南部
扶利村张氏大宅	Fúlìcūn Zhāngshì Dàzhái	房屋	四会市政府驻地西北部
福华楼	Fúhuá Lóu	房屋	四会市政府驻地东南部
福祥楼	Fúxiáng Lóu	房屋	四会市政府驻地东南部
富康楼	Fùkāng Lóu	房屋	四会市政府驻地东南部
富民大厦	Fùmín Dàshà	房屋	四会市政府东南部
富溪大楼	Fùxī Dàlóu	房屋	四会市政府驻地东南部

(续上表)

标准名称	汉语拼音	地名类别	相对位置
岗塔崀村杨氏民居	Gǎngtǎlàngcūn Yángshì Mínjū	房屋	四会市政府驻地西北部
高观市场	Gāoguān Shìchǎng	房屋	四会市政府驻地西北部
供电局办公楼	Gòngdiànjú Bàngōnglóu	房屋	四会市政府驻地西北部
井头村炮楼	Jǐngtóucūn Pàolóu	房屋	四会市政府驻地西北部
广文书室	Guǎngwén Shūshì	房屋	四会市政府驻地西北部
国安楼	Guó'ān Lóu	房屋	四会市政府驻地东南部
国宗书室	Guózōng Shūshì	房屋	四会市政府驻地西南部
海湾公寓	Hǎiwān Gōngyù	房屋	四会市政府驻地西北部
豪悦商务酒店	Háoyuè Shāngwù Jiǔdiàn	房屋	四会市政府驻地东南部
好景楼	Hǎojǐng Lóu	房屋	四会市政府驻地东南部
和兴家园	Héxīng Jiāyuán	房屋	四会市政府驻地东南部
红卫村曾氏民居	Hóngwèicūn Zēngshì Mínjū	房屋	四会市政府驻地西北部
鸿丰楼	Hóngfēng Lóu	房屋	四会市政府驻地东南部
鸿福楼	Hóngfú Lóu	房屋	四会市政府驻地东南部
鸿运楼	Hóngyùn Lóu	房屋	四会市政府驻地东南部
华明楼	Huámíng Lóu	房屋	四会市政府驻地东南部
华侨酒店	Huáqiáo Jiǔdiàn	房屋	四会市政府驻地西北部
华盛楼	Huáshèng Lóu	房屋	四会市政府驻地东南部
华泰楼	Huátài Lóu	房屋	四会市政府驻地东南部
华旺楼	Huáwàng Lóu	房屋	四会市政府驻地东南部
华宇楼	Huáyǔ Lóu	房屋	四会市政府驻地东南部
黄岗圩	Huánggǎng Xū	房屋	四会市政府驻地东南部
黄塘巷梁氏大屋	Huángtángxiàng Liángshì Dàwū	房屋	四会市政府驻地西北部
黄田市场	Huángtián Shìchǎng	房屋	四会市政府驻地西北部
黄田圩	Huángtián Xū	房屋	四会市政府驻地西北部
黄巷村黄氏民居	Huángxiàngcūn Huángshì Mínjū	房屋	四会市政府驻地西北部
迴龙五村张氏民居	Huílóngwǔ Cūn Zhāngshì Mínjū	房屋	四会市政府驻地西北部
汇玉堂国际玉文化博物馆	Huìyùtáng Guójì Yùwénhuà Bówùguǎn	房屋	四会市政府驻地东南部
惠轩书室	Huìxuān Shūshì	房屋	四会市政府驻地西北部

（续上表）

标准名称	汉语拼音	地名类别	相对位置
吉祥楼	Jíxiáng Lóu	房屋	四会市政府驻地东南部
家惠大厦	Jiāhuì Dàshà	房屋	四会市政府驻地西北部
嘉豪商务酒店	Jiāháo Shāngwù Jiǔdiàn	房屋	四会市政府驻地西北部
嘉洲公寓	Jiāzhōu Gōngyù	房屋	四会市政府驻地东南部
简巷村简氏大屋	Jiǎnxiàngcūn Jiǎnshì Dàwū	房屋	四会市政府驻地东南部
建材市场	Jiàncái Shìchǎng	房屋	四会市政府驻地东南部
建凤楼	Jiànfèng Lóu	房屋	四会市政府驻地东南部
建屏祖书室	Jiànpíngzǔ Shūshì	房屋	四会市政府驻地东北部
建业大厦	Jiànyè Dàshà	房屋	四会市政府驻地西北部
建业楼	Jiànyè Lóu	房屋	四会市政府驻地东南部
健霖阁	Jiànlín Gé	房屋	四会市政府驻地东南部
江谷镇新市场	Jiānggǔzhèn Xīnshìchǎng	房屋	四会市政府西北部
江林圩	Jiānglín Xū	房屋	四会市政府西北部
江林市场	Jiānglín Shìchǎng	房屋	四会市政府西北部
将军岗北围粮仓旧址	Jiāngjūngǎng Běiwéiliángcāng Jiùzhǐ	房屋	四会市政府驻地东部
金福楼	Jīnfú Lóu	房屋	四会市政府驻地东南部
百威啤酒花园	Bǎiwēipíjiǔ Huāyuán	房屋	四会市政府驻地西北部
锦绣村彭氏民居	Jǐnxiùcūn Péngshì Mínjū	房屋	四会市政府驻地北部
进步村炮楼	Jìnbùcūn Pàolóu	房屋	四会市政府驻地西北部
进步村严氏民居	Jìnbùcūn Yánshì Mínjū	房屋	四会市政府驻地西北部
京步村简氏民居	Jīngbùcūn Jiǎnshì Mínjū	房屋	四会市政府驻地西南部
官碑村炮楼	Guānbēicūn Pàolóu	房屋	四会市政府驻地西部
迳口村李氏民居	Jìngkǒucūn Lǐshì Mínjū	房屋	四会市政府驻地西北部
迳口中心市场	Jìngkǒu Zhōngxīn Shìchǎng	房屋	四会市政府驻地东北部
敬睦书室	Jìngmù Shūshì	房屋	四会市政府驻地西北部
敬业书室	Jìngyè Shūshì	房屋	四会市政府驻地东南部
旧屋炮楼	Jiùwū Pàolóu	房屋	四会市政府驻地西北部
君爵商务酒店	Jūnjué Shāngwù Jiǔdiàn	房屋	四会市政府驻地西北部
俊龙楼	Jùnlóng Lóu	房屋	四会市政府驻地东南部

（续上表）

标准名称	汉语拼音	地名类别	相对位置
骏景大厦	Jùnjǐng Dàshà	房屋	四会市政府驻地西北部
科名书室	Kēmíng Shūshì	房屋	四会市政府西北部
郎官第书室	Lángguāndì Shūshì	房屋	四会市政府驻地西北部
乐群楼	Lèqún Lóu	房屋	四会市政府驻地东南部
勒菜村钟氏围屋	Lècàicūn Zhōngshì Wéiwū	房屋	四会市政府驻地西北部
黎家村黎氏民居	Líjiācūn Líshì Mínjū	房屋	四会市政府驻地东北部
黎寨村黎氏民居	Lízhàicūn Líshì Mínjū	房屋	四会市政府驻地西北部
李慎成堂	Lǐshènchéng Táng	房屋	四会市政府驻地西北部
李围村邓氏民居	Lǐwéicūn Dèngshì Mínjū	房屋	四会市政府驻地西北部
塘布津公厅	Tángbù Jīngōngtīng	房屋	四会市政府驻地西北部
龙甫镇农贸市场	Lóngfǔ Zhèn Nóngmào Shìchǎng	房屋	四会市政府驻地北部
龙头村卢氏大宅	Lóngtóucūn Lúshì Dàzhái	房屋	四会市政府驻地北部
龙湾圩	Lóngwān Xū	房屋	四会市政府驻地西北部
龙湾市场	Lóngwān Shìchǎng	房屋	四会市政府驻地西北部
楼脚村书室	Lóujiǎocūn Shūshì	房屋	四会市政府驻地西北部
陆巷村陆氏大屋	Lùxiàngcūn Lùshì Dàwū	房屋	四会市政府驻地西北部
罗源镇农贸市场	Luóyuán Zhèn Nóngmào Shìchǎng	房屋	四会市政府驻地北部
麻布村练氏民居	Mábùcūn Liànshì Mínjū	房屋	四会市政府驻地西北部
马城酒店	Mǎchéng Jiǔdiàn	房屋	四会市政府驻地西北部
马田市场	Mǎtián Shìchǎng	房屋	四会市政府驻地西部
懋卿书室	Màoqīng Shūshì	房屋	四会市政府驻地西北部
铭盛居	Míngshèng Jū	房屋	四会市政府驻地东南部
莫巷村莫氏大宅	Mòxiàngcūn Mòshì Dàzhái	房屋	四会市政府驻地西北部
南厂村黄氏民居	Nánchǎngcūn Huángshì Mínjū	房屋	四会市政府驻地西北部
南丰楼	Nánfēng Lóu	房屋	四会市政府驻地东南部
南江楼	Nánjiāng Lóu	房屋	四会市政府驻地东南部
南江农贸市场	Nánjiāng Nóngmào Shìchǎng	房屋	四会市政府驻地东南部
南隆楼	Nánlóng Lóu	房屋	四会市政府驻地东南部
宁宅村宁氏民居	Níngzháicūn Níngshì Mínjū	房屋	四会市政府驻地西北部

（续上表）

标准名称	汉语拼音	地名类别	相对位置
培轩楼	Péixuān Lóu	房屋	四会市政府驻地东南部
铺咀寨黄氏民居	Pùzuǐzhài Huángshì Mínjū	房屋	四会市政府驻地西北部
奇石河酒店	Qíshíhé Jiǔdiàn	房屋	四会市政府驻地北部
桥下二巷司马第	Qiáoxià 2 Xiàng Sīmǎdì	房屋	四会市政府驻地西北部
桥下二巷郑氏大宅	Qiáoxià 2 Xiàng Zhèngshì Dàzhái	房屋	四会市政府驻地西北部
桥下李氏民居	Qiáoxià Lǐshì Mínjū	房屋	四会市政府驻地西北部
青云纪念馆	Qīngyún Jìniànguǎn	房屋	四会市政府驻地西北部
清泉书室	Qīngquán Shūshì	房屋	四会市政府驻地西北部
全兴楼	Quánxīng Lóu	房屋	四会市政府驻地东南部
肉菜市场	Ròucài Shìchǎng	房屋	四会市政府驻地西北部
如意楼	Rúyì Lóu	房屋	四会市政府驻地东南部
三角塘炮楼	Sānjiǎotáng Pàolóu	房屋	四会市政府驻地东北部
善庆里罗氏民居	Shànqìnglǐ Luóshì Mínjū	房屋	四会市政府驻地北部
上岗村罗氏民居	Shànggǎngcūn Luóshì Mínjū	房屋	四会市政府驻地西北部
上黄岗文化室	Shànghuánggǎng Wénhuàshì	房屋	四会市政府西北部
上新村曾氏大宅	Shàngxīncūn Zēngshì Dàzhái	房屋	四会市政府驻地西北部
绍进私塾	Shàojìn Sīshú	房屋	四会市政府驻地东北部
圣佐书室	Shèngzuǒ Shūshì	房屋	四会市政府驻地东南部
狮岭便民市场	Shīlǐng Biànmín Shìchǎng	房屋	四会市政府驻地北部
狮爪村罗氏大宅	Shīzhǎocūn Luóshì Dàzhái	房屋	四会市政府驻地东北部
石材综合市场	Shícái Zōnghé Shìchǎng	房屋	四会市政府驻地西北部
石狗圩	Shígǒu Xū	房屋	四会市政府驻地西北部
石狗镇农贸市场	Shígǒu Zhèn Nóngmào Shìchǎng	房屋	四会市政府驻地西北部
石脚村李氏民居	Shíjiǎocūn Lǐshì Mínjū	房屋	四会市政府驻地西北部
石牌村梁氏民居	Shípáicūn Liángshì Mínjū	房屋	四会市政府驻地西南部
石寨村江氏民居	Shízhàicūn Jiāngshì Mínjū	房屋	四会市政府驻地东北部
石寨村同所书室	Shízhàicūn Tóngsuǒ Shūshì	房屋	四会市政府驻地东北部
顺兴楼	Shùnxīng Lóu	房屋	四会市政府驻地东南部
四会大酒店	Sìhuì Dàjiǔdiàn	房屋	四会市政府驻地西部

(续上表)

标准名称	汉语拼音	地名类别	相对位置
四会人民礼堂	Sìhuì Rénmín Lǐtáng	房屋	四会市政府驻地西北部
四会市电信大楼	Sìhuì Shì Diànxìn Dàlóu	房屋	四会市政府驻地西北部
国际玉器城	Guójì Yùqìchéng	房屋	四会市政府驻地东南部
和平综合市场	Hépíng Zōnghé Shìchǎng	房屋	四会市政府驻地东南部
济广市场	Jìguǎng Shìchǎng	房屋	四会市政府驻地西北部
四会市旧市府	Sìhuì Shì Jiùshìfǔ	房屋	四会市政府驻地西北部
四会市农资批发市场	Sìhuì Shì Nóngzīpīfā Shìchǎng	房屋	四会市政府驻地西北部
四会市商业中心	Sìhuì Shì Shāngyèzhōngxīn	房屋	四会市政府驻地西北部
四会市蔬菜综合批发市场	Sìhuì Shì Shūcàizōnghépīfā Shìchǎng	房屋	四会市政府驻地东南部
四会市水果批发市场	Sìhuì Shì Shuǐguǒpīfā Shìchǎng	房屋	四会市政府驻地西北部
四会市图书馆报刊阅览室	Sìhuì Shì Túshūguǎn Bàokān Yuèlǎnshì	房屋	四会市政府驻地西北部
四会市中医院何永生周伙带纪念大楼	Sìhuì Shì Zhōngyīyuàn Héyǒngshēng Zhōuhuǒdài Jìniàn Dàlóu	房屋	四会市政府驻地西北部
四会综合批发市场	Sìhuì Zōnghépīfā Shìchǎng	房屋	四会市政府驻地西北部
苏东霖康乐大楼	Sūdōnglínkānglè Dàlóu	房屋	四会市政府驻地西北部
天巷村陈氏大宅	Tiānxiàngcūn Chénshì Dàzhái	房屋	四会市政府驻地西北部
甜竹坑罗氏大宅	Tiánzhúkēng Luóshì Dàzhái	房屋	四会市政府驻地北部
铁坑村秀水书室	Tiěkēngcūn Xiùshuǐ Shūshì	房屋	四会市政府驻地北部
通联大厦	Tōnglián Dàshà	房屋	四会市政府驻地西北部
万达隆商场	Wàndálóng Shāngchǎng	房屋	四会市政府驻地东南部
万隆水果批发市场	Wànlóng Shuǐguǒpīfā Shìchǎng	房屋	四会市政府驻地西北部
万盈酒店	Wànyíng Jiǔdiàn	房屋	四会市政府驻地西北部
威整圩	Wēizhěng Xū	房屋	四会市政府驻地北部
威整镇新市场	Wēizhěng Zhèn Xīnshìchǎng	房屋	四会市政府驻地北部
圩尾村李氏碉楼	Xūwěicūn Lǐshì Diāolóu	房屋	四会市政府驻地西北部
维兴宾馆	Wéixīng Bīnguǎn	房屋	四会市政府驻地东南部
维垣书室	Wéiyuán Shūshì	房屋	四会市政府驻地东南部
卫东村张氏大屋	Wèidōngcūn Zhāngshì Dàwū	房屋	四会市政府驻地西北部
文宝斋翡翠博物馆	Wénbǎozhāi Fěicuì Bówùguǎn	房屋	四会市政府驻地西南部

（续上表）

标准名称	汉语拼音	地名类别	相对位置
文海书室	Wénhǎi Shūshì	房屋	四会市政府驻地西北部
文俊书室	Wénjùn Shūshì	房屋	四会市政府驻地西北部
文石书室	Wénshí Shūshì	房屋	四会市政府驻地西北部
吴氏洋楼	Wúshì Yánglóu	房屋	四会市政府驻地西北部
五马岗综合市场	Wǔmǎgǎng Zōnghé Shìchǎng	房屋	四会市政府驻地东南部
五星公寓	Wǔxīng Gōngyù	房屋	四会市政府驻地东南部
务江村李氏大宅	Wùjiāngcūn Lǐshì Dàzhái	房屋	四会市政府驻地西北部
下布市场	Xiàbù Shìchǎng	房屋	四会市政府驻地西北部
下浪村炮楼	Xiàlàngcūn Pàolóu	房屋	四会市政府驻地西北部
下茆新圩	Xiàmáo Xīnxū	房屋	四会市政府驻地西北部
下茆镇新市场	Xiàmáo Zhèn Xīnshìchǎng	房屋	四会市政府驻地西北部
下中村炮楼	Xiàzhōngcūn Pàolóu	房屋	四会市政府东北部
下中村叶氏旧居	Xiàzhōngcūn Yèshì Jiùjū	房屋	四会市政府东北部
下洲村罗氏民居	Xiàzhōucūn Luóshì Mínjū	房屋	大沙镇政府驻地东北部
谢村谢氏民居	Xiècūn Xièshì Mínjū	房屋	四会市政府驻地西北部
新丰楼	Xīnfēng Lóu	房屋	四会市政府驻地东南部
新江市场	Xīnjiāng Shìchǎng	房屋	四会市政府驻地东南部
新马田市场	Xīnmǎtián Shìchǎng	房屋	四会市政府驻地西部
新世纪大酒店	Xīnshìjì Dàjiǔdiàn	房屋	四会市政府驻地西北部
新思潮酒店	Xīnsīcháo Jiǔdiàn	房屋	四会市政府驻地西北部
新塘田村李氏大宅	Xīntángtiáncūn Lǐshì Dàzhái	房屋	四会市政府驻地西北部
新塘田村李氏洋楼	Xīntángtiáncūn Lǐshì Yánglóu	房屋	四会市政府驻地西北部
新田园市场	Xīntiányuán Shìchǎng	房屋	四会市政府驻地西北部
新屋巷关氏大宅	Xīnwūxiàng Guānshì Dàzhái	房屋	四会市政府驻地西北部
新屋巷廊屋	Xīnwūxiàng Lángwū	房屋	四会市政府驻地西北部
新屋巷炮楼	Xīnwūxiàng Pàolóu	房屋	四会市政府驻地西北部
新星楼	Xīnxīng Lóu	房屋	四会市政府驻地东南部
新宇楼	Xīnyǔ Lóu	房屋	四会市政府驻地东南部
新寨村李氏民居	Xīnzhàicūn Lǐshì Mínjū	房屋	四会市政府驻地西北部

(续上表)

标准名称	汉语拼音	地名类别	相对位置
新寨村炮楼	Xīnzhàicūn Pàolóu	房屋	四会市政府驻地西北部
新寨村书室	Xīnzhàicūn Shūshì	房屋	四会市政府驻地西北部
兴达楼	Xīngdá Lóu	房屋	四会市政府驻地东南部
雄志大厦	Xióngzhì Dàshà	房屋	四会市政府驻地东南部
叙贤村黄氏民居	Xùxiáncūn Huángshì Mínjū	房屋	四会市政府驻地东南部
学斗村炮楼	Xuédǒucūn Pàolóu	房屋	四会市政府驻地西北部
燕崀村黄氏大宅	Yànlàngcūn Huángshì Dàzhái	房屋	四会市政府驻地西北部
燕崀村炮楼	Yànlàngcūn Pàolóu	房屋	四会市政府驻地西北部
燕翼里李氏民居	Yànyìlǐ Lǐshì Mínjū	房屋	四会市政府驻地东北部
阳光大厦	Yángguāng Dàshà	房屋	四会市政府驻地西北部
洋崀村钟氏围屋	Yánglàngcūn Zhōngshì Wéiwū	房屋	四会市政府驻地西北部
怡翠新苑市场	Yícuìxīnyuàn Shìchǎng	房屋	四会市政府驻地西北部
义利大厦	Yìlì Dàshà	房屋	四会市政府驻地西部
奕仁书舍	Yìrén Shūshè	房屋	四会市政府驻地东北部
迎丰村申氏围屋	Yíngfēngcūn Shēnshì Wéiwū	房屋	四会市政府驻地西部
营脚市场	Yíngjiǎo Shìchǎng	房屋	四会市政府驻地北部
营脚下村李氏民居	Yíngjiǎoxiàcūn Lǐshì Mínjū	房屋	四会市政府驻地东北部
永安村门楼	Yǒng'āncūn Ménlóu	房屋	四会市政府驻地西北部
永昌楼	Yǒngchāng Lóu	房屋	四会市政府驻地东南部
永丰楼	Yǒngfēng Lóu	房屋	四会市政府驻地东南部
永昇楼	Yǒngshēng Lóu	房屋	四会市政府驻地东南部
永兴村炮楼	Yǒngxīngcūn Pàolóu	房屋	四会市政府驻地西北部
友昌盛商行旧址	Yǒuchāngshèng Shāngháng Jiùzhǐ	房屋	四会市政府驻地西北部
玉城快捷商务酒店	Yùchéng Kuàijié Shāngwù Jiǔdiàn	房屋	四会市政府驻地西南部
源安酒店	Yuán'ān Jiǔdiàn	房屋	四会市政府驻地西部
远东楼	Yuǎndōng Lóu	房屋	四会市政府驻地东南部
张屋炮楼	Zhāngwū Pàolóu	房屋	四会市政府驻地东南部
长安里村练氏大宅	Cháng'ānlǐcūn Liànshì Dàzhái	房屋	四会市政府驻地北部

（续上表）

标准名称	汉语拼音	地名类别	相对位置
长旺商贸城	Chángwàng Shāngmàochéng	房屋	四会市政府驻地东南部
赵村赵氏大宅	Zhàocūn Zhàoshì Dàzhái	房屋	四会市政府驻地东南部
珍成楼	Zhēnchéng Lóu	房屋	四会市政府驻地东南部
正志草堂	Zhèngzhì Cǎotáng	房屋	四会市政府驻地西北部
中国电信大楼	Zhōngguódiànxìn Dàlóu	房屋	四会市政府驻地东南部
中兴楼	Zhōngxīng Lóu	房屋	四会市政府驻地东南部
钟村钟氏民居	Zhōngcūn Zhōngshì Mínjū	房屋	四会市政府驻地西北部
周东故居	Zhōudōng Gùjū	房屋	四会市政府驻地东南部
住山村李氏大宅	Zhùshāncūn Lǐshì Dàzhái	房屋	四会市政府驻地西北部
卓善村冼氏大宅	Zhuóshàncūn Xiǎnshì Dàzhái	房屋	四会市政府驻地西北部
卓耀楼	Zhuóyào Lóu	房屋	四会市政府驻地东南部
大旺广场	Dàwàng Guǎngchǎng	房屋	四会市政府驻地东南部
海伦堡城市广场	Hǎilúnbǎo Chéngshì Guǎngchǎng	房屋	四会市政府驻地西北部
富坚广场	Fùjiān Guǎngchǎng	房屋	四会市政府驻地西北部
四会购物广场	Sìhuì Gòuwù Guǎngchǎng	房屋	四会市政府驻地西南部
时代广场	Shídài Guǎngchǎng	房屋	四会市政府驻地西南部
金凤凰广场	Jīnfènghuáng Guǎngchǎng	房屋	四会市政府驻地东南部
碧海湾商业广场	Bìhǎiwān Shāngyè Guǎngchǎng	房屋	四会市政府驻地西北部
金沙假日广场	Jīnshā Jiàrì Guǎngchǎng	房屋	四会市政府驻地东南部
宝华亭	Bǎohuá Tíng	亭	四会市政府驻地西北部
槎山公园亭	Cháshān Gōngyuán Tíng	亭	四会市政府驻地西北部
大旺消灭血吸虫病纪念亭	Dàwàng Xiāomièxuèxīchóngbìng Jìniàn Tíng	亭	四会市政府驻地东南部
护真亭	Hùzhēn Tíng	亭	四会市政府驻地西北部
金鸡亭	Jīnjī Tíng	亭	四会市政府驻地西北部
景雅亭	Jǐngyǎ Tíng	亭	四会市政府驻地西部
兰亭	Lán Tíng	亭	四会市政府驻地西北部
乐也亭	Lèyě Tíng	亭	四会市政府驻地西部
流芳亭	Liúfāng Tíng	亭	四会市政府驻地西北部
龙华苑亭	Lónghuáyuàn Tíng	亭	四会市政府驻地西北部

（续上表）

标准名称	汉语拼音	地名类别	相对位置
罗布六角亭	Luóbù Liùjiǎo Tíng	亭	四会市政府驻地西北部
沙崀八角亭	Shālàng Bājiǎo Tíng	亭	四会市政府驻地东北部
赏鱼亭	Shǎngyú Tíng	亭	四会市政府驻地西部
狮脑亭	Shīnǎo Tíng	亭	四会市政府驻地东北部
仙慈亭	Xiāncí Tíng	亭	四会市政府驻地西部
象山亭	Xiàngshān Tíng	亭	四会市政府驻地西部
耀生亭	Yàoshēng Tíng	亭	四会市政府驻地西北部
英华亭	Yīnghuá Tíng	亭	四会市政府驻地西部
中山公园亭	Zhōngshān Gōngyuán Tíng	亭	四会市政府驻地西北部
水边村黄氏家庙碑	Shuǐbiāncūn Huángshìjiāmiào Bēi	碑	四会市政府驻地南部
大旺消灭血吸虫病纪念碑	Dàwàng Xiāomièxuèxīchóngbìng Jìniànbēi	碑	四会市政府驻地东南部
革命烈士碑	Gémìnglièshì Bēi	碑	四会市政府驻地西部
抗日阵亡之将士纪念碑	Kàngrìzhènwángzhījiàngshì Jìniànbēi	碑	四会市政府驻地西北部
天成塔	Tiānchéng Tǎ	塔	四会市政府驻地东南部
天音塔	Tiānyīn Tǎ	塔	四会市政府驻地西南部
文昌塔	Wénchāng Tǎ	塔	四会市政府驻地西南部
四会人民广场	Sìhuì Rénmín Guǎngchǎng	广场	四会市政府驻地东南部
槎山体育中心	Cháshān Tǐyù Zhōngxīn	体育场	四会市政府驻地西北部
四会市茶山游泳场	Sìhuì Shì Cháshān Yóuyǒngchǎng	体育场	四会市政府驻地西北部
德智体育综合训练馆	Dézhì Tǐyù Zōnghé Xùnliànguǎn	体育场	四会市政府驻地西北部
聚英武术馆	Jùyīng Wǔshùguǎn	体育场	四会市政府驻地西北部
天宇羽毛球馆	Tiānyǔ Yǔmáoqiúguǎn	体育场	四会市政府驻地西南部
龙甫镇体育文化中心	Lóngfǔ Zhèn Tǐyùwénhuà Zhōngxīn	体育场	四会市政府驻地西南部
碧海湾体育馆	Bìhǎiwān Tǐyùguǎn	体育场	四会市政府驻地西部
广东国际赛车场	Guǎngdōng Guójì Sàichēchǎng	体育场	四会市政府驻地东南部

（九）单位类

标准名称	汉语拼音	地名类别	相对位置
广东省渔政总队四会大队	Guǎngdōng Shěng Yúzhèngzǒngduì Sìhuì Dàduì	党政机关	沿江路
四会市卫生和计划生育局	Sìhuì Shì Wèishēnghéjìhuáshēngyùjú	党政机关	城中区中山路9座12号
城中街道办事处	Chéngzhōngjiēdào Bànshìchù	党政机关	四会大道北
城北派出所	Chéngběi Pàichūsuǒ	党政机关	城中区四连线仓丰柑桔市场对面
城中派出所	Chéngzhōng Pàichūsuǒ	党政机关	城中区朝阳街25号
城区国土资源所	Chéngqū Guótǔzīyuánsuǒ	党政机关	城中街道拱桥直街12号
四会市林业局	Sìhuì Shì Línyèjú	党政机关	曙光路22号
四会市民政局	Sìhuì Shì Mínzhèngjú	党政机关	朝阳街13座1号
仓丰市场监督管理所	Cāngfēng Shìchǎngjiāndūguǎnlǐsuǒ	党政机关	城中区仓丰市场四清公路侧
四会市司法局	Sìhuì Shì Sīfǎjú	党政机关	朝阳街13座1号
肇庆市公安局交警支队高速公路二大队	Zhàoqìng Shì Gōng'ānjú Jiāojǐngzhīduì Gāosùgōnglù Èrdàduì	党政机关	城中街道
大沙镇人民政府	Dàshā Zhèn Rénmínzhèngfǔ	党政机关	大沙镇大布村广海路
大沙派出所	Dàshā Pàichūsuǒ	党政机关	大沙镇大沙大道中
大布中队	Dàbù Zhōngduì	党政机关	大沙镇广海中路112号
马房派出所	Mǎfáng Pàichūsuǒ	党政机关	大沙镇南江工业园广肇路9号
南江工业园管委会	Nánjiāng Gōngyèyuán Guǎnwěihuì	党政机关	大沙镇南江村广肇路3号
大沙市场监督管理所	Dàshā Shìchǎngjiāndūguǎnlǐsuǒ	党政机关	大沙镇繁华中路
大沙司法所	Dàshā Sīfǎsuǒ	党政机关	大沙大道东路19号
地豆中队	Dìdòu Zhōngduì	党政机关	地豆镇大街西62号
地豆财政所	Dìdòu Cáizhèngsuǒ	党政机关	地豆镇大街东二路1号附近
地豆镇人民政府	Dìdòu Zhèn Rénmínzhèngfǔ	党政机关	地豆镇政府路1号
地豆派出所	Dìdòu Pàichūsuǒ	党政机关	地豆镇政府路1号
地豆国土资源所	Dìdòu Guótǔzīyuánsuǒ	党政机关	地豆镇人民政府大院侧

(续上表)

标准名称	汉语拼音	地名类别	相对位置
四会市国家税务局	Sìhuì Shì Guójiāshuìwùjú	党政机关	东城街道商业大道与广场北路交叉口西100米处
四会市安全生产监督管理局	Sìhuì Shì Ānquánshēngchǎnjiāndūguǎnlǐjú	党政机关	东城街道广场北路45座1号附近
四会市财政局	Sìhuì Shì Cáizhèngjú	党政机关	东城街道行政中心东侧
四会市水务局	Sìhuì Shì Shuǐwùjú	党政机关	东城区广场北路行政服务中心3楼
四会市地方税务局	Sìhuì Shì Dìfāngshuìwùjú	党政机关	东城街道广场南路10号
东城街道办事处	Dōngchéng Jiēdàobànshìchù	党政机关	东城街道四会大道南附近
四会市公安局	Sìhuì Shì Gōng'ānjú	党政机关	四会大道行政中心
东城派出所	Dōngchéng Pàichūsuǒ	党政机关	东城街道卫民路
四会市公安局交通警察大队市区中队	Sìhuì Shì Gōng'ānjú Jiāotōngjǐngchá Dàduì Shìqū Zhōngduì	党政机关	四会大道中
新江派出所	Xīnjiāng Pàichūsuǒ	党政机关	东城街道新江沥利岗桥
四会市国土资源局	Sìhuì Shì Guótǔzīyuánjú	党政机关	东城街道四会广场东北面
东城国土资源所	Dōngchéng Guótǔzīyuánsuǒ	党政机关	四会大道中33座5-7号
四会市行政服务中心	Sìhuì Shì Xíngzhèngfúwù Zhōngxīn	党政机关	商业大道
四会市环境保护局	Sìhuì Shì Huánjìngbǎohùjú	党政机关	广场南路
四会市交通运输局	Sìhuì Shì Jiāotōngyùnshūjú	党政机关	东城区广场南路建设大楼内
四会市教育局	Sìhuì Shì Jiàoyùjú	党政机关	东城街道广场北路行政中心五馆科技楼4楼
四会市经济和信息化局	Sìhuì Shì Jīngjìhéxìnxīhuàjú	党政机关	广场北路
四会市农业局	Sìhuì Shì Nóngyèjú	党政机关	行政中心广场北路东
四会市气象灾害预测预警中心	Sìhuì Shì Qìxiàngzāihàiyùcèyùjǐngzhōngxīn	党政机关	四会市财政局侧
四会市人民法院	Sìhuì Shì Rénmínfǎyuàn	党政机关	东城街道商业大道

（续上表）

标准名称	汉语拼音	地名类别	相对位置
四会市人民检察院	Sìhuì Shì Rénmín Jiǎncháyuàn	党政机关	东城街道商业大道
四会市人民政府	Sìhuì Shì Rénmínzhèngfǔ	党政机关	四会大道新行政中心
四会市食品药品监督管理局	Sìhuì Shì Shípǐnyàopǐnjiāndūguǎnlǐjú	党政机关	东城街道广场北路45座1号
四会市市场监督管理局	Sìhuì Shì Shìchǎngjiāndūguǎnlǐjú	党政机关	东城区建设路22座1号
高观市场监督管理所	Gāoguān Shìchǎngjiāndūguǎnlǐsuǒ	党政机关	东城街道体育路2座41号
清塘市场监督管理所	Qīngtáng Shìchǎngjiāndūguǎnlǐsuǒ	党政机关	东城区清塘大道27座（春晖小学侧）
四会市市政建设管理局	Sìhuì Shì Shìzhèngjiànshèguǎnlǐjú	党政机关	东城街道广场南路建设大楼附近
四会市住房和城乡规划建设局	Sìhuì Shì Zhùfánghéchéngxiāngguīhuájiànshèjú	党政机关	行政中心建设大楼
黄田财政所	Huángtián Cáizhèngsuǒ	党政机关	黄田镇江头开发区18号
黄田派出所	Huángtián Pàichūsuǒ	党政机关	黄田镇新圩镇江路3号
黄田镇人民政府	Huángtián Zhèn Rénmínzhèngfǔ	党政机关	黄田镇
四会市公安局森林分局江谷派出所	Sìhuì Shì Gōng'ānjú Sēnlín Fēnjú Jiānggǔ Pàichūsuǒ	党政机关	江谷镇建设路22号1座工商行政管理局
江谷财政所	Jiānggǔ Cáizhèngsuǒ	党政机关	江谷镇沿江西路17号
江谷派出所	Jiānggǔ Pàichūsuǒ	党政机关	江谷镇安全路（即江林路口直入50米）
江谷镇人民政府	Jiānggǔ Zhèn Rénmínzhèngfǔ	党政机关	江谷镇石岗庙3号
江谷人民法庭	Jiānggǔ Rénmínfǎtíng	党政机关	江谷镇
江谷市场监督管理所	Jiānggǔ Shìchǎngjiāndūguǎnlǐsuǒ	党政机关	江谷镇江谷大道
江谷司法所	Jiānggǔ Sīfǎsuǒ	党政机关	江谷镇石岗庙3号附近
迳口财政所	Jìngkǒu Cáizhèngsuǒ	党政机关	迳口墟镇
迳口派出所	Jìngkǒu Pàichūsuǒ	党政机关	迳口镇迳口圩胜利路
迳口镇人民政府	Jìngkǒu Zhèn Rénmínzhèngfǔ	党政机关	迳口镇人民路附近
龙甫中队	Lóngfǔ Zhōngduì	党政机关	龙甫镇营脚村委往北300米
龙甫派出所	Lóngfǔ Pàichūsuǒ	党政机关	城区中心东北面

(续上表)

标准名称	汉语拼音	地名类别	相对位置
龙甫镇人民政府	Lóngfǔ Zhèn Rénmínzhèngfǔ	党政机关	龙甫镇龙甫大道2号附近
罗源财政所	Luóyuán Cáizhèngsuǒ	党政机关	罗源镇教育街4号
罗源派出所	Luóyuán Pàichūsuǒ	党政机关	罗源镇罗源直街103号
罗源镇人民政府	Luóyuán Zhèn Rénmínzhèngfǔ	党政机关	罗源镇罗源直街103号
石狗财政所	Shígǒu Cáizhèngsuǒ	党政机关	石狗镇永源横路11号
石狗派出所	Shígǒu Pàichūsuǒ	党政机关	石狗镇石狗村委会圩头4号
石狗国土资源所	Shígǒu Guótǔzīyuánsuǒ	党政机关	石狗镇人民政府大院对面
石狗镇人民政府	Shígǒu Zhèn Rénmínzhèngfǔ	党政机关	石狗镇政和路附近
威整财政所	Wēizhěng Cáizhèngsuǒ	党政机关	威整镇新西路21号
威整派出所	Wēizhěng Pàichūsuǒ	党政机关	威整镇振兴路1号
威整镇人民政府	Wēizhěng Zhèn Rénmínzhèngfǔ	党政机关	威整镇振兴路2号
下茆财政所	Xiàmáo Cáizhèngsuǒ	党政机关	下茆镇宝华路八号
下茆中队	Xiàmáo Zhōngduì	党政机关	四会市政府驻地西北部
龙湾派出所	Lóngwān Pàichūsuǒ	党政机关	下茆镇龙江路123号
下茆派出所	Xiàmáo Pàichūsuǒ	党政机关	下茆镇前进路1号
下茆国土资源所	Xiàmáo Guótǔzīyuánsuǒ	党政机关	下茆镇德政路
下茆镇人民政府	Xiàmáo Zhèn Rénmínzhèngfǔ	党政机关	下茆镇德政路7号
肇庆高新技术产业开发区财政局	Zhàoqìng Gāoxīnjìshùchǎnyè Kāifāqū Cáizhèngjú	党政机关	肇庆高新区迎宾大道附近
肇庆高新技术开发区国家税务局	Zhàoqìng Gāoxīnjìshù Kāifāqū Guójiāshuìwùjú	党政机关	肇庆高新区广正街2号
肇庆市城市管理和综合行政执法局高新区分局	Zhàoqìng Shì Chéngshìguǎnlǐhézōnghéxíngzhèngzhífá jú Gāoxīnqū Fēnjú	党政机关	肇庆高新区体育西路附近
龙湖派出所	Lónghú Pàichūsuǒ	党政机关	将军岗居委会大旺大道33号
肇庆高新区检察室	Zhàoqìng Gāoxīnqū Jiǎncháshì	党政机关	肇庆高新区临江工业园滨江路附近
肇庆市公安局大旺分局	Zhàoqìng Shì Gōng'ānjú Dàwàng Fēnjú	党政机关	肇庆高新区曙光街1号

(续上表)

标准名称	汉语拼音	地名类别	相对位置
城区派出所	Chéngqū Pàichūsuǒ	党政机关	肇庆高新区天成路
肇庆高新技术产业开发区地方税务局	Zhàoqìng Gāoxīn Jìshùchǎnyè Kāifāqū Dìfāngshuìwùjú	党政机关	肇庆高新区景升北街137号
肇庆高新技术产业开发区管理委员会	Zhàoqìng Gāoxīnjìshùchǎnyè Kāifāqū Guǎnlǐ Wěiyuánhuì	党政机关	肇庆高新区政德大街88号
肇庆高新技术产业开发区人居环境建设和管理局	Zhàoqìng Gāoxīnjìshùchǎnyè Kāifāqū Rénjūhuánjìng Jiànshèhéguǎnlǐjú	党政机关	肇庆高新区景升北街105号
肇庆高新技术产业开发区人民武装部	Zhàoqìng Gāoxīnjìshùchǎnyè Kāifāqū Rénmínwǔzhuāngbù	党政机关	肇庆高新区龙湖居委会X503线旁
肇庆高新技术产业开发区社会工作局	Zhàoqìng Gāoxīnjìshùchǎnyè Kāifāqū Shèhuìgōngzuòjú	党政机关	肇庆高新区怡兴小区二座1号
肇庆高新技术产业开发区市场监督管理局	Zhàoqìng Gāoxīnjìshùchǎnyè Kāifāqū Shìchǎngjiāndūguǎnlǐjú	党政机关	肇庆高新区广正街3号
肇庆高新区农林水利管理中心	Zhàoqìng Gāoxīnqū Nónglínshuǐlì Guǎnlǐzhōngxīn	党政机关	四会市政府驻地东南部
肇庆高新区食品药品监督管理局	Zhàoqìng Gāoxīnqū Shípǐnyàopǐnjiāndūguǎnlǐjú	党政机关	肇庆高新区北江大道18号富民大厦
肇庆高新区信访局	Zhàoqìng Gāoxīnqū Xìnfǎngjú	党政机关	肇庆高新区迎宾大道德华花园附近
肇庆市公安局交通警察支队第三大队	Zhàoqìng Shì Gōng'ānjú Jiāotōngjǐngchá Zhīduì Dìsāndàduì	党政机关	肇庆高新区政德大街89号附近
贞山司法所	Zhēnshān Sīfǎsuǒ	党政机关	贞山街道贞山路西50米
贞山街道办事处	Zhēnshān Jiēdàobànshìchù	党政机关	贞山街道316乡道附近
大南山派出所	Dànánshān Pàichūsuǒ	党政机关	贞山街道贞山区旅游区附近（近贞山宾馆）
城中财政所	Chéngzhōng Cáizhèngsuǒ	党政机关	城中街道办事处侧（济广路济塘路口）
东城财政所	Dōngchéng Cáizhèngsuǒ	党政机关	东城区建设三路4座1号
贞山财政所	Zhēnshān Cáizhèngsuǒ	党政机关	贞山大道区府侧
贞山派出所	Zhēnshān Pàichūsuǒ	党政机关	贞山街道河西路17号
贞山市场监督管理所	Zhēnshān Shìchǎngjiāndūguǎnlǐsuǒ	党政机关	贞山街道独岗村

(续上表)

标准名称	汉语拼音	地名类别	相对位置
四会市科学技术协会	Sìhuì Shì Kēxuéjìshù Xiéhuì	民间组织	城中街道拱桥横街附近
乐成幼儿园	Lèchéng Yòu'éryuán	民间组织	县前街4巷1号
金锁匙启萌幼儿园	Jīnsuǒshiqǐméng Yòu'éryuán	民间组织	汇源路46号
明珠幼儿园	Míngzhū Yòu'éryuán	民间组织	沙尾一路7座之一
华南国际珠宝玉雕职业培训学校	Huánán Guójì Zhūbǎoyùdiāo Zhíyèpéixùnxuéxiào	民间组织	城中街道高狮邓寨过境公路1号
苏东霖书画艺术培训中心	Sūdōnglín Shūhuàyìshù Péixùnzhōngxīn	民间组织	汇源路9号（旧市府内）
星华金宝学校	Xīnghuájīnbǎo Xuéxiào	民间组织	三棵榕农业科学研究所内
四会市自行车运动协会	Sìhuì Shì Zìxíngchē Yùndòng Xiéhuì	民间组织	城中区汇源路9号公益组织孵化基地3楼办公室第二排第一卡
同济专科门诊部	Tóngjì Zhuānkē Ménzhěnbù	民间组织	城中路21号
万隆医院	Wànlóng Yīyuàn	民间组织	城中路朝阳街6号
四会中学印刷厂	Sìhuì Zhōngxué Yìnshuāchǎng	民间组织	城中街道拱桥直街县前街路口附近
四会市业余体校	Sìhuì Shì Yèyú Tǐxiào	民间组织	东城街道体育路茶山尾8号
城中幼儿园	Chéngzhōng Yòu'éryuán	民间组织	城中街道县前街74号附近
翰林实验学校	Hànlín Shíyàn Xuéxiào	民间组织	大沙镇江民村
常春藤国际学校	Chángchūnténg Guójì Xuéxiào	民间组织	飞鹅岭誉城路
隆伏围水利会	Lóngfúwéi Shuǐlìhuì	民间组织	大沙镇
大沙镇中心幼儿园	Dàshā Zhèn Zhōngxīn Yòu'éryuán	民间组织	大沙镇大沙新圩大沙大道中侨社1-3号楼
趣智幼儿园	Qùzhì Yòu'éryuán	民间组织	大沙镇诗书街78号
丰乐围水利会	Fēnglèwéi Shuǐlìhuì	民间组织	大沙镇
四会市中文学校	Sìhuì Shì Zhōngwén Xuéxiào	民间组织	大沙镇
春晖实验学校	Chūnhuī Shíyàn Xuéxiào	民间组织	东城区清塘大道27号
百花幼儿园	Bǎihuā Yòu'éryuán	民间组织	东城街道陶冲苏江二村
槎山社区门诊	Cháshānshèqū Ménzhěn	民间组织	东城区龙凤路七座2号

（续上表）

标准名称	汉语拼音	地名类别	相对位置
东城幼儿园	Dōngchéng Yòu'éryuán	民间组织	东城区沙田园三路六街2座1号
凤山幼儿园	Fèngshān Yòu'éryuán	民间组织	东城街道凤山路四巷3座1-12号
红太阳幼儿园	Hóngtàiyáng Yòu'éryuán	民间组织	沙田园一路17座1-2号、五街一巷2座1号
华美幼儿园	Huáměi Yòu'éryuán	民间组织	龙凤路二街21座1号
建业幼儿园	Jiànyè Yòu'éryuán	民间组织	东城街道高观东路83号
健婴幼儿园	Jiànyīng Yòu'éryuán	民间组织	东城街道四会大道北84座6号
茶山幼儿园	Cháshān Yòu'éryuán	民间组织	东城街道茶山路5座1号
马田幼儿园	Mǎtián Yòu'éryuán	民间组织	东城区建设三路618座
陶聪幼儿园	Táocōng Yòu'éryuán	民间组织	东城区商业大道36座1-2号
现代幼儿园	Xiàndài Yòu'éryuán	民间组织	东城区江丽路一街25号
小太阳幼儿园	Xiǎotàiyáng Yòu'éryuán	民间组织	东城区东城西路1座
新星幼儿园	Xīnxīng Yòu'éryuán	民间组织	东城街道清东路二街1号
阳光幼儿园	Yángguāng Yòu'éryuán	民间组织	东城区前锋村前旺路15号
盈峰国际幼儿园	Yíngfēng Guójì Yòu'éryuán	民间组织	东城街道广场北路盈峰国际6座商铺101号
周开泉幼儿园	Zhōukāiquán Yòu'éryuán	民间组织	东城区康宁路2座
四会市实验学校	Sìhuì Shì Shíyàn Xuéxiào	民间组织	四会大道新行政中心内
四会市足球协会	Sìhuì Shì Zúqiú Xiéhuì	民间组织	东城区育贤路1号
桃源幼儿园	Táoyuán Yòu'éryuán	民间组织	四会大道桃源新苑内
窦口幼儿园	Dòukǒu Yòu'éryuán	民间组织	东城街道光明南路28座
黄田镇中心幼儿园	Huángtián Zhèn Zhōngxīn Yòu'éryuán	民间组织	黄田镇沿江路3号

(续上表)

标准名称	汉语拼音	地名类别	相对位置
亚洲金属幼儿园	Yàzhōu Jīnshǔ Yòu'éryuán	民间组织	龙甫镇亚洲金属资源再生工业园生活区D1栋
罗源镇中心幼儿园	Luóyuán Zhèn Zhōngxīn Yòu'éryuán	民间组织	罗源镇罗源村委牛角龙村
石狗镇中心幼儿园	Shígǒu Zhèn Zhōngxīn Yòu'éryuán	民间组织	石狗镇文通路89号
威整镇中心幼儿园	Wēizhěng Zhèn Zhōngxīn Yòu'éryuán	民间组织	威整学校内
下茆镇中心幼儿园	Xiàmáo Zhèn Zhōngxīn Yòu'éryuán	民间组织	下茆镇楼脚村委会楼脚村
龙湾幼儿园	Lóngwān Yòu'éryuán	民间组织	下茆镇龙湾村委会镇东路
大旺国际幼儿园	Dàwàng Guójì Yòu'éryuán	民间组织	肇庆高新区建设二路农贸市场北面
恒心幼儿园	Héngxīn Yòu'éryuán	民间组织	大旺糖厂21座28号
广东外语外贸大学附设肇庆外国语学校	Guǎngdōng Wàiyǔwàimào Dàxué Fùshè Zhàoqìng Wàiguóyǔ Xuéxiào	民间组织	肇庆高新区滨江路16号
广东信息工程职业学院	Guǎngdōng Xìnxīgōngchéng Zhíyè Xuéyuàn	民间组织	肇庆高新区大旺大道21号
大旺实验学校	Dàwàng Shíyàn Xuéxiào	民间组织	肇庆高新区建设路附近
鸿翔双语实验学校	Hóngxiáng Shuāngyǔ Shíyàn Xuéxiào	民间组织	肇庆高新区建设路附近
四会市六祖慈善普济会	Sìhuì Shì Liùzǔ Císhàn Pǔjìhuì	民间组织	贞山区大坑村六祖寺
碧海湾义工协会	Bìhǎiwān Yìgōng Xiéhuì	民间组织	贞山区碧海大道38号
碧海湾学校	Bìhǎiwān Xuéxiào	民间组织	贞山区碧海大道
金色摇篮幼儿园	Jīnsèyáolán Yòu'éryuán	民间组织	贞山街道32栋附近
周开泉中学	Zhōukāiquán Zhōngxué	事业单位	贞山街道四连公路旁
四会市殡仪馆	Sìhuì Shì Bìnyíguǎn	事业单位	城中街道白沙村委白沙头
四会市农业科学研究所	Sìhuì Shì Nóngyè Kēxué Yánjiūsuǒ	事业单位	城中街道三棵榕
江谷水库管理处	Jiānggǔ Shuǐkù Guǎnlǐchù	事业单位	江谷镇佛仔坪

（续上表）

标准名称	汉语拼音	地名类别	相对位置
迳口学校	Jìngkǒu Xuéxiào	事业单位	迳口镇新农村
会城中学	Huìchéng Zhōngxué	事业单位	城中街道海边坊18座侧
岗美小学	Gǎngměi Xiǎoxué	事业单位	大沙镇岗美村
地豆公路养护管理站	Dìdòu Gōnglù Yǎnghù Guǎnlǐzhàn	事业单位	地豆镇粘米迳工业区
肇庆高新区人民医院	Zhàoqìng Gāoxīnqū Rénmínyīyuàn	事业单位	大旺农场场部北面2千米处
中共四会市委党校	Zhōnggòng Sìhuì Shìwěi Dǎngxiào	事业单位	城中街道汇源路44号
贞山街道社区卫生服务中心	Zhēnshānjiēdào Shèqūwèishēng Fúwùzhōngxīn	事业单位	贞山街道独岗村
肇庆市气象公共安全技术支持中心大旺分中心	Zhàoqìng Shì Qìxiàng Gōnggòng'ānquán Jìshùzhīchí zhōngxīn Dàwàng Fēnzhōngxīn	事业单位	高新区景升北街294号
四会市机动车综合性能检测站	Sìhuì Shì Jīdòngchē Zōnghéxìngnéng Jiǎncèzhàn	事业单位	四会大道旁
肇庆高新技术产业开发区创新创业服务中心	Zhàoqìng Gāoxīnjìshùchǎnyè Kāifāqū Chuàngxīnchuàngyè Fúwùzhōngxīn	事业单位	肇庆高新区建设路创业园
新江社区卫生服务中心	Xīnjiāng Shèqūwèishēng Fúwùzhōngxīn	事业单位	东城街道
下茆镇安老院	Xiàmáo Zhèn Ānlǎoyuàn	事业单位	下茆镇前进路6号附近
下茆镇文化服务中心	Xiàmáo Zhèn Wénhuà Fúwùzhōngxīn	事业单位	下茆镇前进路222号
下布学校	Xiàbù Xuéxiào	事业单位	城中街道下布村
下布幼儿园	Xiàbù Yòu'éryuán	事业单位	城中街道下布管理区楼巷村72号
仲泰小学	Zhòngtài Xiǎoxué	事业单位	城中街道拱桥直街34号
威整学校	Wēizhěng Xuéxiào	事业单位	威整镇振兴路附近
陶冲小学	Táochōng Xiǎoxué	事业单位	东城街道陶冲管理区元头布
四会市中医院	Sìhuì Shì Zhōngyīyuàn	事业单位	东城区水仙路4号
四会市文化馆	Sìhuì Shì Wénhuàguǎn	事业单位	城中街道汇源路9号

(续上表)

标准名称	汉语拼音	地名类别	相对位置
四会市图书馆	Sìhuì Shì Túshūguǎn	事业单位	东城街道广场北路行政中心侧
四会市水利水电勘测设计院	Sìhuì Shì Shuǐlìshuǐdiàn Kāncè Shèjìyuàn	事业单位	东城街道玉器街1座5号
四会市人民医院第二门诊部	Sìhuì Shì Rénmínyīyuàn Dì'èrménzhěnbù	事业单位	城中街道高观西路4号
四会市人民医院	Sìhuì Shì Rénmínyīyuàn	事业单位	城中街道前进路3号
四会市疾病预防控制中心慢性病防治站	Sìhuì Shì Jíbìngyùfángkòngzhìzhōngxīn Mànxìngbìng Fángzhìzhàn	事业单位	城中街道前进路128号
四会市口腔疾病防治所	Sìhuì Shì Kǒuqiāngjíbìng Fángzhìsuǒ	事业单位	城中街道中山路111号
四会市人口和计划生育服务站	Sìhuì Shì Rénkǒuhéjìhuáshēngyù Fúwùzhàn	事业单位	东城区康宁路5座1号
四会市公路局	Sìhuì Shì Gōnglùjú	事业单位	建设路123号
东和小学	Dōnghé Xiǎoxué	事业单位	地豆镇邓寨村
江谷中学	Jiānggǔ Zhōngxué	事业单位	江谷镇新屋村
四会市档案局	Sìhuì Shì Dàng'ànjú	事业单位	城中街道汇源路8号
四会市博物馆	Sìhuì Shì Bówùguǎn	事业单位	东城街道广场北路行政服务中心侧
四会市疾病预防控制中心	Sìhuì Shì Jíbìngyùfángkòngzhìzhōngxīn	事业单位	东城街道广场北路
四会市体育局	Sìhuì Shì Tǐyùjú	事业单位	东城区体育路槎山尾8号
四会市广播电视台	Sìhuì Shì Guǎngbōdiànshìtái	事业单位	东城街道四会广场东北面
四会中等专业学校	Sìhuì Zhōngděngzhuānyè Xuéxiào	事业单位	东城街道凤山路68号
四会市城中林业中心站	Sìhuì Shì Chéngzhōng Línyè Zhōngxīnzhàn	事业单位	城中街道前进路129号
四会市幼儿园	Sìhuì Shì Yòu'éryuán	事业单位	城中街道城西路22号
四会市妇幼保健院	Sìhuì Shì Fùyòu Bǎojiànyuàn	事业单位	城中区龙江路海边坊11座
水口分教点	Shuǐkǒu Fēnjiàodiǎn	事业单位	龙甫镇水口村
石狗学校	Shígǒu Xuéxiào	事业单位	石狗镇文通路97号

（续上表）

标准名称	汉语拼音	地名类别	相对位置
石狗公路养护管理站	Shígǒu Gōnglù Yǎnghù Guǎnlǐzhàn	事业单位	石狗镇都崀村
狮岭教学点	Shīlǐng Jiàoxuédiǎn	事业单位	地豆镇
上茆教学点	Shàngmáo Jiàoxuédiǎn	事业单位	下茆镇
前锋小学	Qiánfēng Xiǎoxué	事业单位	东城街道前锋村委侧
上甫教学点	Shàngfǔ Jiàoxuédiǎn	事业单位	龙甫镇上甫乡
河西小学	Héxī Xiǎoxué	事业单位	城中街道高狮长途客运站以北
东城中学	Dōngchéng Zhōngxué	事业单位	东城街道清塘大道3号
清塘小学	Qīngtáng Xiǎoxué	事业单位	东城街道清塘村委会大布谢村
东城社区卫生服务中心	Dōngchéngshèqūwèishēng-fúwùzhōngxīn	事业单位	清塘大道1号
东城街道文化服务中心	Dōngchéngjiēdào Wénhuàfúwù-zhōngxīn	事业单位	东城街道汇林路附近
讴坑分教点	Ōukēng Fēnjiàodiǎn	事业单位	石狗镇
东城中心小学	Dōngchéng Zhōngxīn Xiǎoxué	事业单位	建设路8座1号
马房黄涛学校	Mǎfáng Huángtāo Xuéxiào	事业单位	大沙镇马房村
马房公路养护管理站	Mǎfáng Gōnglùyǎnghùguǎn-lǐzhàn	事业单位	大沙镇马房大桥侧
罗源镇文化服务中心	Luóyuán Zhèn Wénhuà Fúwùzhōngxīn	事业单位	罗源镇
罗源镇敬老院	Luóyuán Zhèn Jìnglǎoyuàn	事业单位	罗源镇罗源墟镇内
隆伏幼儿园	Lóngfú Yòu'éryuán	事业单位	大沙镇
龙麟教学点	Lónglín Jiàoxuédiǎn	事业单位	贞山街道龙麟村
龙甫学校	Lóngfǔ Xuéxiào	事业单位	龙甫镇营脚墟
龙甫镇文化服务中心	Lóngfǔ Zhèn Wénhuà Fúwù-zhōngxīn	事业单位	龙甫镇燕岭村
迳口镇文化服务中心	Jìngkǒu Zhèn Wénhuà Fúwù-zhōngxīn	事业单位	迳口镇圩镇内
迳口镇人力资源和社会保障服务所	Jìngkǒu Zhèn Rénlìzīyuánhé-shèhuìbǎozhàng Fúwùsuǒ	事业单位	迳口镇前进路
大坑口水库管理处	Dàkēngkǒu Shuǐkù Guǎnlǐchù	事业单位	地豆镇东平管理区大云脚村大坑口

（续上表）

标准名称	汉语拼音	地名类别	相对位置
江谷镇水利水电管理站	Jiānggǔ Zhèn Shuǐlìshuǐdiàn Guǎnlǐzhàn	事业单位	江谷镇260省道与376乡道交叉口附近
黄田学校	Huángtián Xuéxiào	事业单位	黄田镇新圩
黄岗教学点	Huánggǎng Jiàoxuédiǎn	事业单位	下茆镇下黄岗村
红光公路养护管理站	Hóngguāng Gōnglùyǎnghù Guǎnlǐzhàn	事业单位	龙甫镇红光村委
四会市机电排灌管理站	Sìhuì Shì Jīdiànpáiguàn Guǎnlǐzhàn	事业单位	东城区四会大道南01号侧
华侨农场农业科学研究所	Huáqiáonóngchǎng Nóngyè Kēxué Yánjiūsuǒ	事业单位	肇庆高新区建设路附近
光荣教学点	Guāngróng Jiàoxuédiǎn	事业单位	贞山街道邓村光荣村
大沙小学	Dàshā Xiǎoxué	事业单位	大沙镇大沙村委格洞村侧
贞山街道中心小学	Zhēnshānjiēdào Zhōngxīn Xiǎoxué	事业单位	贞山街道独岗村
地豆中学	Dìdòu Zhōngxué	事业单位	地豆镇
龙湖小学	Lónghú Xiǎoxué	事业单位	肇庆高新区X503线农科所右侧
邓村学校	Dèngcūn Xuéxiào	事业单位	贞山街道邓村一街1号
贞山林业站	Zhēnshān Línyèzhàn	事业单位	贞山街道橄榄村委会白坟前小组新村22号首层
贞山敬老院	Zhēnshān Jìnglǎoyuàn	事业单位	贞山街道金星村
肇庆高新区实验小学	Zhàoqìng Gāoxīnqū Shíyàn Xiǎoxué	事业单位	大旺城区建设路
肇庆高新区建设工程质量监督站	Zhàoqìng Gāoxīnqū Jiànshègōngchéngzhìliàngjiāndūzhàn	事业单位	肇庆高新区工业大街6号附近
肇庆高新技术产业开发区中心小学	Zhàoqìng Gāoxīnjìshùchǎnyè Kāifāqū Zhōngxīn Xiǎoxué	事业单位	大旺中心区旧糖厂宿舍
大沙镇文化服务中心	Dàshā Zhèn Wénhuà Fúwùzhōngxīn	事业单位	大沙镇繁华路附近
大沙镇中心卫生院	Dàshā Zhèn Zhōngxīn Wèishēngyuàn	事业单位	大沙镇耀华中路12号
清源小学	Qīngyuán Xiǎoxué	事业单位	江谷镇清平村
城中街道中心小学	Chéngzhōngjiēdào Zhōngxīn Xiǎoxué	事业单位	城中街道城中路16号

（续上表）

标准名称	汉语拼音	地名类别	相对位置
城中街道社区卫生服务中心	Chéngzhōngjiēdào Shèqūwèishēng Fúwùzhōngxīn	事业单位	城中街道040乡道侧
仓岗小学	Cānggǎng Xiǎoxué	事业单位	城中街道仓岗五巷76号
工交幼儿园	Gōngjiāo Yòu'éryuán	事业单位	城中街道城中路8号
彭冲湾小学	Péngchōngwān Xiǎoxué	事业单位	城中街道高狮居委会宁宅村
沙尾小学	Shāwěi Xiǎoxué	事业单位	城中街道沙尾2路50号
惠民平价医院	Huìmínpíngjià Yīyuàn	事业单位	城中区中山路113号
白沙学校	Báishā Xuéxiào	事业单位	城中街道白沙村委会陆巷村
财贸幼儿园	Cáimào Yòu'éryuán	事业单位	城中街道一巷11号
城北幼儿园	Chéngběi Yòu'éryuán	事业单位	城中街道仓岗三巷57号
城东小学	Chéngdōng Xiǎoxué	事业单位	城中街道桥下六巷76号
二轻幼儿园	Èrqīng Yòu'éryuán	事业单位	城中街道水闸路27号
四会市婚姻登记处	Sìhuì Shì Hūnyīndēngjìchù	事业单位	城中街道汇源路9号
四会市中医院曙光分院	Sìhuì Shì Zhōngyīyuàn Shǔguāng Fēnyuàn	事业单位	城中街道曙光路12号
四会中学	Sìhuì Zhōngxué	事业单位	城中街道县前街72号
会城航道站	Huìchéng Hángdàozhàn	事业单位	城中街道汇源路39号附近
工人卫生院	Gōngrén Wèishēngyuàn	事业单位	城中街道沿江路
北大公学肇庆实验学校	Běidàgōngxué Zhàoqìng Shíyàn Xuéxiào	事业单位	城中街道仓丰市场对面
村美小学	Cūnměi Xiǎoxué	事业单位	大沙镇村美村
陈冲小学	Chénchōng Xiǎoxué	事业单位	大沙镇陈冲村委会对面
江肇高速管理中心	Jiāngzhào Gāosù Guǎnlǐzhōngxīn	事业单位	大沙镇
肇庆市绥江海事处	Zhàoqìng Shì Suíjiāng Hǎishìchù	事业单位	大沙镇
榄岗小学	Lǎngǎng Xiǎoxué	事业单位	大沙镇南江村委会赵村

(续上表)

标准名称	汉语拼音	地名类别	相对位置
大沙中学	Dàshā Zhōngxué	事业单位	大沙镇贺岗村旁
黄涛中心小学	Huángtāo Zhōngxīn Xiǎoxué	事业单位	大沙镇新圩
大沙镇行政便民服务中心	Dàshā Zhèn Xíngzhèngbiànmín Fúwùzhōngxīn	事业单位	大沙镇大沙大道
大沙交通管理站	Dàshā Jiāotōng Guǎnlǐzhàn	事业单位	大沙镇大布集镇广海路0123号
地豆林业站	Dìdòu Línyèzhàn	事业单位	地豆镇260省道与816县道交叉口西北100米
地豆镇综治信访维稳中心	Dìdòu Zhèn Zōngzhìxìnfǎngwéiwěnzhōngxīn	事业单位	地豆镇
地豆税务分局	Dìdòu Shuìwù Fēnjú	事业单位	地豆镇大街东二路1号
地豆镇文化服务中心	Dìdòu Zhèn Wénhuà Fúwùzhōngxīn	事业单位	地豆镇政府路1号
人口和计划生育服务站四会市地豆镇所	Rénkǒuhéjìhuàshēngyùfúwùzhàn Sìhuì Shì Dìdòu Zhèn Suǒ	事业单位	地豆镇大街东36号附近
地豆敬老院	Dìdòu Jìnglǎoyuàn	事业单位	地豆镇
地豆镇中心卫生院	Dìdòu Zhèn Zhōngxīn Wèishēngyuàn	事业单位	地豆镇大街东12号
地豆交通管理站	Dìdòu Jiāotōng Guǎnlǐzhàn	事业单位	地豆镇大街西
地豆镇中心小学	Dìdòu Zhèn Zhōngxīn Xiǎoxué	事业单位	地豆镇大街东36号附近
东城街道敬老院	Dōngchéngjiēdào Jìnglǎoyuàn	事业单位	东城街道
四会市第二幼儿园	Sìhuì Shì Dì'èr Yòu'éryuán	事业单位	东城街道凤山路68号
四会社会保险基金管理局	Sìhuì Shèhuìbǎoxiǎnjījīnguǎnlǐjú	事业单位	东城街道体育路1号
冯云小学	Féngyún Xiǎoxué	事业单位	东城街道龙凤路64座1号
华侨中学	Huáqiáo Zhōngxué	事业单位	四会大道中12座1号
黄岗小学	Huánggǎng Xiǎoxué	事业单位	东城街道黄岗村委岗头村
黄岗中学	Huánggǎng Zhōngxué	事业单位	东城街道黄岗旧墟
马房水利枢纽库区工程管理处	Mǎfáng Shuǐlìshūniǔ Kùqū Gōngchéng Guǎnlǐchù	事业单位	东城区高观东路2号（旧水务局3楼）
清东小学	Qīngdōng Xiǎoxué	事业单位	东城街道清东辖区

(续上表)

标准名称	汉语拼音	地名类别	相对位置
沙头小学	Shātóu Xiǎoxué	事业单位	东城街道沙头社区
陶塘小学	Táotáng Xiǎoxué	事业单位	东城街道陶塘村
周开泉小学	Zhōukāiquán Xiǎoxué	事业单位	东城街道四会大道中贵华路
四会市建设工程监督检测中心	Sìhuì Shì Jiànshègōngchéng Jiāndūjiǎncèzhōngxīn	事业单位	东城街道四会大道中54座2号（3楼）
四会市机动车检测站	Sìhuì Shì Jīdòngchē Jiǎncèzhàn	事业单位	东城街道清东村委东西坑
四会市住房公积金管理中心	Sìhuì Shì Zhùfánggōngjīn Guǎnlǐzhōngxīn	事业单位	东城街道陶丽一街13座
四会中学高中校区	Sìhuì Zhōngxué Gāozhōng Xiàoqū	事业单位	东城街道观海路附近
五马岗电排站	Wǔmǎgǎng Diànpáizhàn	事业单位	东城街道
黄岗围水利会	Huánggǎngwéi Shuǐlìhuì	事业单位	东城街道
黄田林业站	Huángtián Línyèzhàn	事业单位	黄田旧圩沿江路33号
黄田镇卫生院	Huángtián Zhèn Wèishēngyuàn	事业单位	黄田镇沿江路36号
黄田镇文化服务中心	Huángtián Zhèn Wénhuà Fúwùzhōngxīn	事业单位	黄田镇黄田大桥侧
黄田镇敬老院	Huángtián Zhèn Jìnglǎoyuàn	事业单位	黄田镇
黄田镇综治信访维稳中心	Huángtián Zhèn Zōngzhìxìnfǎngwéiwěnzhōngxīn	事业单位	黄田镇
黄田镇水利水电管理站	Huángtián Zhèn Shuǐlìshuǐdiàn Guǎnlǐzhàn	事业单位	黄田镇
人口和计划生育服务站四会市黄田镇所	Rénkǒuhéjìhuáshēngyùfúwùzhàn Sìhuì Shì Huángtián Zhèn Suǒ	事业单位	黄田镇
黄田镇行政便民服务中心	Huángtián Zhèn Xíngzhèngbiànmín Fúwùzhōngxīn	事业单位	黄田镇
大垌小学	Dàdòng Xiǎoxué	事业单位	江谷镇大垌村委
鸡啼岭水库管理站	Jītílǐng Shuǐkù Guǎnlǐzhàn	事业单位	江谷镇
四会十二带市级自然保护区管理所	Sìhuì Shí'èrdài Shìjí Zìránbǎohùqū Guǎnlǐsuǒ	事业单位	江谷镇十二带
江谷镇敬老院	Jiānggǔ Zhèn Jìnglǎoyuàn	事业单位	江谷镇
江谷交通管理站	Jiānggǔ Jiāotōng Guǎnlǐzhàn	事业单位	江谷镇江林路口直入40米（右侧）

（续上表）

标准名称	汉语拼音	地名类别	相对位置
江谷林业站	Jiānggǔ Línyèzhàn	事业单位	江谷镇石岗庙43号
江谷镇中心卫生院	Jiānggǔ Zhèn Zhōngxīn Wèishēngyuàn	事业单位	江谷镇石岗庙20号
青云小学	Qīngyún Xiǎoxué	事业单位	江谷镇郊村委
迳口林业站	Jìngkǒu Línyèzhàn	事业单位	迳口镇圩镇
迳口镇卫生院	Jìngkǒu Zhèn Wèishēngyuàn	事业单位	迳口镇圩镇
迳口镇敬老院	Jìngkǒu Zhèn Jìnglǎoyuàn	事业单位	迳口镇人民路
迳口镇水利水电管理站	Jìngkǒu Zhèn Shuǐlìshuǐdiàn Guǎnlǐzhàn	事业单位	迳口镇前进路
迳口镇人口和计划生育服务站	Jìngkǒu Zhèn Rénkǒuhéjìhuáshēngyù Fúwùzhàn	事业单位	迳口镇前进路
水迳水库管理处	Shuǐjìng Shuǐkù Guǎnlǐchù	事业单位	迳口镇狮脑村边
迳口镇综治信访维稳中心	Jìngkǒu Zhèn Zōngzhìxìnfǎngwéiwěnzhōngxīn	事业单位	迳口镇前进路
迳口镇中心幼儿园	Jìngkǒu Zhèn Zhōngxīn Yòu'éryuán	事业单位	迳口镇人民路附近
芙蓉教学点	Fúróng Jiàoxuédiǎn	事业单位	龙甫镇芙蓉村
龙甫镇卫生院	Lóngfǔ Zhèn Wèishēngyuàn	事业单位	龙甫镇燕岭居委会对面
龙甫交通管理站	Lóngfǔ Jiāotōng Guǎnlǐzhàn	事业单位	龙甫镇龙甫大道雄鹰厂旁
四会市水土保持监督管理站	Sìhuì Shì Shuǐtǔbǎochí Jiāndū Guǎnlǐzhàn	事业单位	龙甫镇龙头迳
龙甫镇敬老院	Lóngfǔ Zhèn Jìnglǎoyuàn	事业单位	龙甫镇323乡道322乡道路口附近
罗源学校	Luóyuán Xuéxiào	事业单位	罗源镇石寨黄金岜
罗源镇卫生院	Luóyuán Zhèn Wèishēngyuàn	事业单位	罗源镇直街21号
罗源林业站	Luóyuán Línyèzhàn	事业单位	罗源镇罗源直街附近
罗源镇综治信访维稳中心	Luóyuán Zhèn Zōngzhìxìnfǎngwéiwěnzhōngxīn	事业单位	罗源镇罗源直街附近
罗源镇行政便民服务中心	Luóyuán Zhèn Xíngzhèngbiànmín Fúwùzhōngxīn	事业单位	罗源镇罗源直街附近
四会市社会福利院	Sìhuì Shì Shèhuì Fúlìyuàn	事业单位	石狗镇永源路120号
红坳小学	Hóng'ào Xiǎoxué	事业单位	石狗镇金坑村委三棵松

（续上表）

标准名称	汉语拼音	地名类别	相对位置
石狗林业站	Shígǒu Línyèzhàn	事业单位	石狗镇永源路 115 号
石狗镇卫生院	Shígǒu Zhèn Wèishēngyuàn	事业单位	石狗镇新圩内
石狗交通管理站	Shígǒu Jiāotōng Guǎnlǐzhàn	事业单位	石狗镇
石狗敬老院	Shígǒu Jìnglǎoyuàn	事业单位	石狗镇永源路 121 号
石狗镇公共服务中心	Shígǒu Zhèn Gōnggòngfúwùzhōngxīn	事业单位	石狗镇永兴路附近
石狗镇综治信访维稳中心	Shígǒu Zhèn Zōngzhìxìnfǎngwéiwěnzhōngxīn	事业单位	石狗镇交通路附近
石狗镇水利水电管理站	Shígǒu Zhèn Shuǐlìshuǐdiàn Guǎnlǐzhàn	事业单位	石狗镇
南洲小学	Nánzhōu Xiǎoxué	事业单位	威整镇大洲村委会圣塘村
威整林业站	Wēizhěng Línyèzhàn	事业单位	威整镇
威整镇卫生院	Wēizhěng Zhèn Wèishēngyuàn	事业单位	威整镇新西路 11 号
威整敬老院	Wēizhěng Jìnglǎoyuàn	事业单位	威整镇
威整镇综治信访维稳中心	Wēizhěng Zhèn Zōngzhìxìnfǎngwéiwěnzhōngxīn	事业单位	威整镇
下茆林业站	Xiàmáo Línyèzhàn	事业单位	下茆宝华路 15 号
龙湾学校	Lóngwān Xuéxiào	事业单位	下茆镇龙湾马前岗
马陂东霖学校	Mǎbēidōnglín Xuéxiào	事业单位	下茆镇
苏东霖中学	Sudonglín Zhongxué	事业单位	下茆镇
下茆镇卫生院	Xiàmáo Zhèn Wèishēngyuàn	事业单位	下茆镇
下茆镇行政便民服务中心	Xiàmáo Zhèn Xíngzhèngbiànmín Fúwùzhōngxīn	事业单位	下茆镇
下茆镇水利水电管理站	Xiàmáo Zhèn Shuǐlìshuǐdiàn Guǎnlǐzhàn	事业单位	下茆镇前进路 222 号
下茆镇综治信访维稳中心	Xiàmáo Zhèn Zōngzhìxìnfǎngwéiwěnzhōngxīn	事业单位	下茆镇德政路 7 号
肇庆高新技术产业开发区环境保护局	Zhàoqìng Gāoxīnjìshùchǎnyè Kāifāqū Huánjìngbǎohùjú	事业单位	肇庆高新区知青路第二行政区
大旺中学	Dàwàng Zhōngxué	事业单位	肇庆高新区曙光街与迎宾大道交叉口东 300 米处

(续上表)

标准名称	汉语拼音	地名类别	相对位置
肇庆市疾病预防控制中心高新区办事处	Zhàoqìng Shì Jíbìngyùfángkòngzhìzhōngxīn Gāoxīnqū Bànshìchù	事业单位	肇庆高新区曙光街附近
中亚医院	Zhōngyà Yīyuàn	事业单位	肇庆高新区宝信南商业街二期2栋
大旺敬老院	Dàwàng Jìnglǎoyuàn	事业单位	肇庆高新区怡兴小区17座1号
肇庆高新区社区卫生与计生服务中心	Zhàoqìng Gāoxīnqū Shèqūwèishēngyǔjìshēng Fúwùzhōngxīn	事业单位	肇庆高新区福安街38号附近
中国电信肇庆高新区信息化推进办公室	Zhōngguódiànxìn Zhàoqìng Gāoxīnqū Xìnxīhuà Tuījìn Bàngōngshì	事业单位	肇庆高新区政德大街89号
肇庆高新区广播电视中心	Zhàoqìng Gāoxīnqū Guǎngbōdiànshìzhōngxīn	事业单位	肇庆高新区广正街附近
肇庆高新区行政服务中心	Zhàoqìng Gāoxīnqū Xíngzhèngfúwùzhōngxīn	事业单位	肇庆高新区政德大街91号
城区街道办事处综治信访维稳中心	Chéngqūjiēdào Bànshìchù Zōngzhìxìnfǎngwéiwěnzhōngxīn	事业单位	肇庆高新区知青路第二行政区附近
广东工商职业学院	Guǎngdōng Gōngshāng Zhíyè Xuéyuàn	事业单位	肇庆高新区荔园街附近
新光教学点	Xīnguāng Jiàoxuédiǎn	事业单位	贞山街道白龙新光村
贞山风景名胜区	Zhēnshān Fēngjǐngmíngshèngqū	事业单位	贞山街道贞山风景旅游区
贞山街道中心幼儿园	Zhēnshānjiēdào Zhōngxīn Yòu'éryuán	事业单位	贞山街道独岗村委侧
四会航道分局	Sìhuì Hángdào Fēnjú	事业单位	贞山街道河西路附近
四会市残疾人康复中心	Sìhuì Shì Cánjírén Kāngfùzhōngxīn	事业单位	贞山街道四莲路2号附近
贞山街道行政便民服务中心	Zhēnshānjiēdào Xíngzhèngbiànmín Fúwùzhōngxīn	事业单位	贞山街道贞山路西附近
柑榄小学	Gānlǎn Xiǎoxué	事业单位	贞山街道柑榄村
邓村幼儿园	Dèngcūn Yòu'éryuán	事业单位	贞山街道邓村圩镇
姚沙小学	Yáoshā Xiǎoxué	事业单位	贞山街道姚沙村委会冲口村
四会农商银行下茆支行	Sìhuì Nóngshāngyínháng Xiàmáo Zhīháng	企业	下茆镇前进路
四会市电影公司	Sìhuì Shì Diànyǐng Gōngsī	企业	城中街道汇源路6号

（续上表）

标准名称	汉语拼音	地名类别	相对位置
四会市中正陶瓷有限公司	Sìhuì Shì Zhōngzhèng Táocí Yǒuxiàngōngsī	企业	大沙镇南江工业园三江路东侧
广东中顺农牧有限公司	Guǎngdōng Zhōngshùn Nóngmù Yǒuxiàngōngsī	企业	大沙镇南江工业园南江大道22号
广东中亚铝业有限公司	Guǎngdōng Zhōngyà Lǚyè Yǒuxiàngōngsī	企业	肇庆高新区亚铝大街
永华纺织厂	Yǒnghuá Fǎngzhī Chǎng	企业	肇庆高新区创业路3号
广东欣会铝制品有限公司	Guǎngdōng Xīnhuì Lǚzhìpǐn Yǒuxiàngōngsī	企业	大沙镇南江工业园区内
四会市城市污水处理有限公司	Sìhuì Shì Chéngshìwūshuǐchùlǐ Yǒuxiàngōngsī	企业	东城街道新江五马岗
四会市四海染整有限公司	Sìhuì Shì Sìhǎirǎnzhěng Yǒuxiàngōngsī	企业	龙甫镇
四会市锐利机电有限公司	Sìhuì Shì Ruìlì Jīdiàn Yǒuxiàngōngsī	企业	东城街道上林工业区
四会市权盛陶瓷有限公司	Sìhuì Shì Quánshèng Táocí Yǒuxiàngōngsī	企业	龙甫镇工业园内
四会市联泰金属制品公司	Sìhuì Shì Liántài Jīnshǔzhìpǐn Gōngsī	企业	大沙镇南江工业园南江大道36号附近
广东志高科创铜业有限公司	Guǎngdōng Zhìgāo Kēchuàngtóngyè Yǒuxiàngōngsī	企业	迳口镇迳口村委会佛坳脚
四会市金达五金制品厂	Sìhuì Shì Jīndá Wǔjīnzhìpǐnchǎng	企业	下茆镇龙湾田廖
四会市金成金属实业有限公司	Sìhuì Shì Jīnchéng Jīnshǔshíyè Yǒuxiàngōngsī	企业	东城街道新江沙头管理区
四会市华泰纺织染整有限公司	Sìhuì Shì Huátài Fǎngzhīrǎnzhěng Yǒuxiàngōngsī	企业	东城街道
四会市高一手袋有限公司	Sìhuì Shì Gāoyī Shǒudài Yǒuxiàngōngsī	企业	东城街道
岗美气站	Gǎngměi Qìzhàn	企业	大沙镇
四会市飞来峰非金属矿物材料公司	Sìhuì Shì Fēiláifēng Fēijīnshǔkuàngwùcáiliào Gōngsī	企业	大沙镇
四会市墩煌纺织染整有限公司	Sìhuì Shì Dūnhuáng Fǎngzhīrǎnzhěng Yǒuxiàngōngsī	企业	东城街道上元塘
四会市大华香港木器有限公司	Sìhuì Shì Dàhuá Xiānggǎng Mùqì Yǒuxiàngōngsī	企业	贞山街道

（续上表）

标准名称	汉语拼音	地名类别	相对位置
东南大酒店	Dōngnán Dàjiǔdiàn	企业	城中街道汇源路 64 号
广东声凯乐器有限公司	Guǎngdōng Shēngkǎi Yuèqì Yǒuxiàngōngsī	企业	城中街道三棵榕
四会市烟草专卖局	Sìhuì Shì Yāncǎo Zhuānmàijú	企业	城中街道汇源路 56 号
四会农商银行花街支行	Sìhuì Nóngshāngyínháng Huājiē Zhīháng	企业	城中街道城中路 3 号首层
四会农商银行龙江支行	Sìhuì Nóngshāngyínháng Lóngjiāng Zhīháng	企业	城中街道龙江路 6 号之一首层
金丰加工厂	Jīnfēng Jiāgōngchǎng	企业	城中街道
四会市柏高电池有限公司	Sìhuì Shì Bǎigāo Diànchí Yǒuxiàngōngsī	企业	城中街道仓丰大道 2 号附近
四会市超跃木业有限公司	Sìhuì Shì Chāoyuè Mùyè Yǒuxiàngōngsī	企业	城中区下布村委会坑口旱地下布岗
四会市高狮雄权农资有限公司	Sìhuì Shì Gāoshīxióngquán Nóngzī Yǒuxiàngōngsī	企业	城中区前进路 516 号
四会市好一面食品厂	Sìhuì Shì Hǎoyīmiàn Shípǐnchǎng	企业	城中街道河西村委会白土四村下塘
四会市华悦实业有限公司	Sìhuì Shì Huáyuè Shíyè Yǒuxiàngōngsī	企业	城中区高狮管理区（济广塘路口）
四会市利德威服装配件有限公司	Sìhuì Shì Lìdéwēi Fúzhuāngpèijiàn Yǒuxiàngōngsī	企业	城中区新风路 44 号（原厂房）
龙凤大酒店	Lóngfèng Dàjiǔdiàn	企业	城中街道水闸路 1 号
四会市美斯特皮饰有限公司	Sìhuì Shì Měisītè Píshì Yǒuxiàngōngsī	企业	城中街道新华路
四会市民健医药有限公司	Sìhuì Shì Mínjiàn Yīyào Yǒuxiàngōngsī	企业	城中区河西白土四村公路侧南部 1 号
四会市闽峰胶合板厂	Sìhuì Shì Mǐnfēng Jiāohébǎn Chǎng	企业	城中街道
四会市南粤机械有限责任公司	Sìhuì Shì Nányuè Jīxiè Yǒuxiànzérèngōngsī	企业	城中区白沙
四会农商银行仓丰支行	Sìhuì Nóngshāngyínháng Cāngfēng Zhīháng	企业	城中街道前进路 84 号
四会农商银行信华支行	Sìhuì Nóngshāng Yínháng Xìnhuá Zhīháng	企业	城中街道仓丰大道 1 号
四会市农机学校驾驶员培训中心	Sìhuì Shì Nóngjīxuéxiào Jiàshǐyuán Péixùnzhōngxīn	企业	城中区新风路三巷 24 号

（续上表）

标准名称	汉语拼音	地名类别	相对位置
四会市腾业织造有限公司	Sìhuì Shì Téngyè Zhīzào Yǒuxiàngōngsī	企业	城中街道新华路78号
四会市万华童鞋加工厂	Sìhuì Shì Wànhuá Tóngxié Jiāgōngchǎng	企业	城中街道县前街8号
四会市万隆医院有限公司	Sìhuì Shì Wànlóng Yīyuàn Yǒuxiàngōngsī	企业	城中区朝阳街6号
四会市信宇鞋业有限公司	Sìhuì Shì Xìnyǔ Xiéyè Yǒuxiàngōngsī	企业	城中区工业园新华路52号之一
四会市怡源饼铺	Sìhuì Shì Yíyuán Bǐngpù	企业	城中区中山路60号
四会市亿晋服饰有限公司	Sìhuì Shì Yìjìn Fúshì Yǒuxiàngōngsī	企业	城中区工业园新华路68号
影城酒店	Yǐngchéng Jiǔdiàn	企业	城中区大同路2座
四会市邮政局	Sìhuì Shì Yóuzhèngjú	企业	城中街道新风路1-3号
四会市友信纸箱厂	Sìhuì Shì Yǒuxìn Zhǐxiāngchǎng	企业	城中区高狮李巷村
四会市正武封头制造有限公司	Sìhuì Shì Zhèngwǔ Fēngtóuzhìzào Yǒuxiàngōngsī	企业	城中区白沙村（寺菇屈）
迎飞商务酒店	Yíngfēi Shāngwù Jiǔdiàn	企业	城中街道拱桥直街19号
永都鞋面加工厂	Yǒngdōu Xiémiàn Jiāgōngchǎng	企业	城中街道前进路附近
四会市大业有色金属有限公司	Sìhuì Shì Dàyè Yǒusèjīnshǔ Yǒuxiàngōngsī	企业	大沙镇南江工业园内
广东博特动力能源有限公司	Guǎngdōng Bótèdònglì Néngyuán Yǒuxiàngōngsī	企业	大沙镇富溪工业大道3号（厂房A1）
广东国泰求精电器有限公司	Guǎngdōng Guótàiqiújīng Diànqì Yǒuxiàngōngsī	企业	南江工业园如意路3号
广东华尔金属制造有限公司	Guǎngdōng Huá'ěr Jīnshǔzhìzào Yǒuxiàngōngsī	企业	大沙镇南江工业园
广东金瓯机械制造有限公司	Guǎngdōng Jīn'ōu Jīxièzhìzào Yǒuxiàngōngsī	企业	大沙镇富溪工业园2号
广东岭南厨具有限公司	Guǎngdōng Lǐngnán Chújù Yǒuxiàngōngsī	企业	大沙镇南江工业园
广东迈兹铝制品有限公司	Guǎngdōng Màizī Lǚzhìpǐn Yǒuxiàngōngsī	企业	大沙镇南江工业园南江工业园吉祥路2号
广东日鸿电缆有限公司	Guǎngdōng Rìhóng Diànlǎn Yǒuxiàngōngsī	企业	大沙镇南江工业园

（续上表）

标准名称	汉语拼音	地名类别	相对位置
四会市裕龙石业有限公司	Sìhuì Shì Yùlóng Shíyè Yǒuxiàngōngsī	企业	大沙镇南江工业园工业大道43号
四会市国耀铝业有限公司	Sìhuì Shì Guóyào Lǚyè Yǒuxiàngōngsī	企业	大沙镇南江工业区广源路22号
广东亚太新材料科技有限公司	Guǎngdōng Yàtài Xīncáiliàokējì Yǒuxiàngōngsī	企业	南江工业园永盛路11号
广东国力煤炭有限公司	Guǎngdōng Guólì Méitàn Yǒuxiàngōngsī	企业	大沙镇南江工业园南江大道19号之一
书楼五金铸造制品有限公司	Shūlóu Wǔjīnzhùzàozhìpǐn Yǒuxiàngōngsī	企业	大沙镇南江工业园发展路7号
顺业不锈钢有限公司	Shùnyè Búxiùgāng Yǒuxiàngōngsī	企业	大沙镇南江工业园财源路1号
四会大辉金属制品有限公司	Sìhuì Dàhuī Jīnshǔzhìpǐn Yǒuxiàngōngsī	企业	南江工业园工业大道27号
四会桑瑞斯粉末材料有限公司	Sìhuì Sāngruìsī Fěnmòcáiliào Yǒuxiàngōngsī	企业	大沙镇
四会石膏矿	Sìhuì Shígāokuàng	企业	大沙镇江民村
四会市爱达合金材料有限公司	Sìhuì Shì Āidá Héjīncáiliào Yǒuxiàngōngsī	企业	大沙镇南江工业园工业大道41号
四会市爱的水晶有限公司	Sìhuì Shì Āidí Shuǐjīng Yǒuxiàngōngsī	企业	大沙镇工业大道附近
四会市百森食品饮料有限公司	Sìhuì Shì Bǎisēn Shípǐnyǐnliào Yǒuxiàngōngsī	企业	南江工业园南江大道10号
四会市邦得利化工有限公司	Sìhuì Shì Bāngdélì Huàgōng Yǒuxiàngōngsī	企业	大沙镇富溪工业园
四会市彬仲化工机械设备有限公司	Sìhuì Shì Bīnzhòng Huàgōngjīxièshèbèi Yǒuxiàngōngsī	企业	大沙镇永盛路7
四会市昌盛玻璃有限公司	Sìhuì Shì Chāngshèng Bōlí Yǒuxiàngōngsī	企业	大沙镇南江工业园财源路7号
四会市程泰玻璃有限公司	Sìhuì Shì Chéngtài Bōlí Yǒuxiàngōngsī	企业	大沙镇财源路附近
四会市达博文实业有限公司	Sìhuì Shì Dábówén Shíyè Yǒuxiàngōngsī	企业	大沙镇富溪工业园
四会市东南水墨有限公司	Sìhuì Shì Dōngnán Shuǐmò Yǒuxiàngōngsī	企业	大沙镇富溪工业园7、8号地后
四会市东裕藤业制品有限公司	Sìhuì Shì Dōngyù Téngyèzhìpǐn Yǒuxiàngōngsī	企业	大沙镇南江工业园内

（续上表）

标准名称	汉语拼音	地名类别	相对位置
四会市丰顺能源有限公司	Sìhuì Shì Fēngshùn Néngyuán Yǒuxiàngōngsī	企业	大沙镇南江工业园内
四会市高登石英板材料有限公司	Sìhuì Shì Gāodēng Shíyīngbǎncáiliào Yǒuxiàngōngsī	企业	大沙镇马房大桥侧
四会市豪顺水玻璃有限公司	Sìhuì Shì Háoshùn Shuǐbōlí Yǒuxiàngōngsī	企业	南江工业园发展路12号
四会市宏富乳胶制品有限公司	Sìhuì Shì Hóngfù Rǔjiāozhìpǐn Yǒuxiàngōngsī	企业	大沙镇富溪村
四会市鸿远金属制品有限公司	Sìhuì Shì Hóngyuǎn Jīnshǔzhìpǐn Yǒuxiàngōngsī	企业	大沙镇南江工业园三江大道1号（厂房）
四会市华丽玻璃马赛克厂	Sìhuì Shì Huálì Bōlí Mǎsàikèchǎng	企业	大沙镇南江工业园广源路37号
四会市华兴泡沫纸箱厂	Sìhuì Shì Huáxīng Pàomò Zhǐxiāngchǎng	企业	大沙镇南江工业园
四会市晖旺包装材料有限公司	Sìhuì Shì Huīwàng Bāozhuāngcáiliào Yǒuxiàngōngsī	企业	大沙镇富溪工业园
四会市汇洋科技饲料有限公司	Sìhuì Shì Huìyáng Kējìsìliào Yǒuxiàngōngsī	企业	南江工业园第47号之七
四会市佳华工业化工品有限公司	Sìhuì Shì Jiāhuá Gōngyè Huàgōngpǐn Yǒuxiàngōngsī	企业	大沙镇境内
四会市金刚新材料有限公司	Sìhuì Shì Jīngāng Xīncáiliào Yǒuxiàngōngsī	企业	南江工业兴旺路16号
四会市晶宝玻璃有限公司	Sìhuì Shì Jīngbǎo Bōlí Yǒuxiàngōngsī	企业	南江工业园南江大道36号
四会市晶明高分子材料有限公司	Sìhuì Shì Jīngmíng Gāofēnzǐcáiliào Yǒuxiàngōngsī	企业	大沙镇南江工业园工业大道36号
四会市焯立五金搪瓷有限公司	Sìhuì Shì Zhuōlì Wǔjīn Tángcí Yǒuxiàngōngsī	企业	大沙镇南江工业园兴旺路17号附近
四会市利禾五金制品厂	Sìhuì Shì Lìhé Wǔjīnzhìpǐnchǎng	企业	大沙镇富溪工业园
四会市联泰金属制品有限公司	Sìhuì Shì Liántài Jīnshǔzhìpǐn Yǒuxiàngōngsī	企业	大沙镇富溪工业园工业大道31号
四会市龙塑餐饮用具制品有限公司	Sìhuì Shì Lóngsù Cānyǐnyòngjù Zhìpǐn Yǒuxiàngōngsī	企业	大沙镇富溪工业园
四会市闽生建材有限公司	Sìhuì Shì Mǐnshēng Jiàncái Yǒuxiàngōngsī	企业	大沙镇南江工业园总体规划第47号之八

(续上表)

标准名称	汉语拼音	地名类别	相对位置
四会市鹏程冷冻食品有限公司	Sìhuì Shì Péngchéng Lěngdòngshípǐn Yǒuxiàngōngsī	企业	大沙镇
四会市前源能源有限公司	Sìhuì Shì Qiányuán Néngyuán Yǒuxiàngōngsī	企业	大沙镇富溪村
四会市桥邦金属有限公司	Sìhuì Shì Qiáobāng Jīnshǔ Yǒuxiàngōngsī	企业	大沙镇南江工业园财源路2号
四会市盛嘉建材有限公司	Sìhuì Shì Shèngjiā Jiàncái Yǒuxiàngōngsī	企业	大沙镇南江工业园永盛路15号
四会市石兴陶瓷有限公司	Sìhuì Shì Shíxīng Táocí Yǒuxiàngōngsī	企业	大沙镇南江工业园广肇路2号附近
四会市顺兴塑料厂	Sìhuì Shì Shùnxīng Sùliàochǎng	企业	大沙镇南江大道附近
四会市伟邦化工有限公司	Sìhuì Shì Wěibāng Huàgōng Yǒuxiàngōngsī	企业	大沙镇富溪工业园
四会市伟昌金属制品厂	Sìhuì Shì Wěichāng Jīnshǔzhìpǐnchǎng	企业	大沙镇财源路附近
四会市西城玻璃工艺厂	Sìhuì Shì Xīchéng Bōlígōngyìchǎng	企业	大沙镇南江工业园广进路12号
四会市万豪新材料有限公司	Sìhuì Shì Wànháo Xīncáiliào Yǒuxiàngōngsī	企业	大沙镇南江工业园吉祥路28号
四会市兴滨塑料有限公司	Sìhuì Shì Xīngbīn Sùliào Yǒuxiàngōngsī	企业	大沙镇南江工业园内
四会市艺星饰品有限公司	Sìhuì Shì Yìxīng Shìpǐn Yǒuxiàngōngsī	企业	南江工业园永盛路13号
四会市易达塑料有限公司	Sìhuì Shì Yìdá Sùliào Yǒuxiàngōngsī	企业	南江工业园兴旺路23号
四会市益健食品饮料有限公司	Sìhuì Shì Yìjiàn Shípǐnyǐnliào Yǒuxiàngōngsī	企业	大沙镇村委会321国道侧001号
四会市永利布匹定型有限公司	Sìhuì Shì Yǒnglì Bùpǐdìngxíng Yǒuxiàngōngsī	企业	大沙镇富溪工业园8号
四会市友邦卫浴有限公司	Sìhuì Shì Yǒubāng Wèiyù Yǒuxiàngōngsī	企业	大沙镇南江工业园广源路26号之一
四会市源兴纺织品面料加工有限公司	Sìhuì Shì Yuánxīng Fǎngzhīpǐnmiànliàojiāgōng Yǒuxiàngōngsī	企业	大沙镇富溪工业园（晖旺包装材料有限公司内）
四会市智信建材有限公司	Sìhuì Shì Zhìxìn Jiàncái Yǒuxiàngōngsī	企业	大沙镇富溪工业园工业大道11号（车间4）

（续上表）

标准名称	汉语拼音	地名类别	相对位置
四会市雄盛金属有限公司	Sìhuì Shì Xióngshèng Jīnshǔ Yǒuxiàngōngsī	企业	大沙镇
四会市耀华精密机械有限公司	Sìhuì Shì Yàohuá Jīngmìjīxiè Yǒuxiàngōngsī	企业	大沙镇南江工业园工业大道附近
永泰港务有限公司	Yǒngtài Gǎngwù Yǒuxiàngōngsī	企业	大沙镇
肇庆市洪信混凝土有限公司	Zhàoqìng Shì Hóngxìn Húnníngtǔ Yǒuxiàngōngsī	企业	大沙镇陈冲村委欧岗六村321国道边
肇庆湘大骆驼饲料有限公司	Zhàoqìng Xiāngdà Luòtuósìliào Yǒuxiàngōngsī	企业	大沙富溪工业园
肇庆宇培仓储有限公司	Zhàoqìng Yǔpéi Cāngchǔ Yǒuxiàngōngsī	企业	大沙镇
南江工业园污水处理厂	Nánjiāng Gōngyèyuán Wūshuǐchùlǐchǎng	企业	大沙镇321国道侧
四会市得盈五金制品有限公司	Sìhuì Shì Déyíng Wǔjīnzhìpǐn Yǒuxiàngōngsī	企业	地豆镇260省道附近
四会农商银行地豆支行	Sìhuì Nóngshāngyínháng Dìdòu Zhīháng	企业	地豆镇260省道附近
四会市华达衣架有限公司	Sìhuì Shì Huádá Yījià Yǒuxiàngōngsī	企业	地豆镇260省道附近
四会市同力木制品有限公司	Sìhuì Shì Tónglì Mùzhìpǐn Yǒuxiàngōngsī	企业	地豆镇344乡道附近
四会市维力有限公司	Sìhuì Shì Wéilì Yǒuxiàngōngsī	企业	地豆镇260省道附近
兴旺木材厂	Xīngwàng Mùcáichǎng	企业	地豆镇346乡道附近
广东大德特种纸业有限公司	Guǎngdōng Dàdé Tèzhǒngzhǐyè Yǒuxiàngōngsī	企业	四会大道（牌坊第二栋）
广东东岳纺织有限公司	Guǎngdōng Dōngyuè Fǎngzhī Yǒuxiàngōngsī	企业	东城街道新江科技城蕉园
广东恒电电器科技有限公司	Guǎngdōng Héngdiàn Diànqì Kējì Yǒuxiàngōngsī	企业	东城区水仙路8号（原小海口）
深圳市文鼎创数据科技有限公司四会分公司	Shēnzhèn Shì Wéndǐngchuàng Shùjù Kējì Yǒuxiàngōngsī Sìhuì Fēngōngsī	企业	东城街道黄岗社区新旺路6号之二
四会博石陶瓷原料有限公司	Sìhuì Bóshí Táocíyuánliào Yǒuxiàngōngsī	企业	东城区东城街道沙头区五马岗（金成金属实业有限公司厂房）

（续上表）

标准名称	汉语拼音	地名类别	相对位置
四会市彩日包装有限公司	Sìhuì Shì Cǎirì Bāozhuāng Yǒuxiàngōngsī	企业	东城区沙头村委会红村
四会市东城强记煤厂有限公司	Sìhuì Shì Dōngchéng Qiángjì Méichǎng Yǒuxiàngōngsī	企业	东城区清塘清东大道东城工业区
四会市东城液化石油气有限公司	Sìhuì Shì Dōngchéng Yèhuàshíyóuqì Yǒuxiàngōngsī	企业	东城区清东大道
四会市东升电镀有限公司	Sìhuì Shì Dōngshēng Diàndù Yǒuxiàngōngsī	企业	东城街道
四会市丰泽染厂有限公司	Sìhuì Shì Fēngzé Rǎnchǎng Yǒuxiàngōngsī	企业	东城街道新江高新科技城蕉园
四会市广源鞋业有限公司	Sìhuì Shì Guǎngyuán Xiéyè Yǒuxiàngōngsī	企业	东城街道清东路71座（厂房1）
四会市合辉混凝土制品有限公司	Sìhuì Shì Héhuī Hùnníngtǔzhìpǐn Yǒuxiàngōngsī	企业	东城街道东成路附近
四会市恒达混凝土有限公司	Sìhuì Shì Héngdá Hùnníngtǔ Yǒuxiàngōngsī	企业	东城街道清东村委会禾仓岗
四会市宏发鞋业有限公司	Sìhuì Shì Hóngfā Xiéyè Yǒuxiàngōngsī	企业	东城区凤山塘9号楼
四会市鸿基电器有限公司	Sìhuì Shì Hóngjī Diànqì Yǒuxiàngōngsī	企业	东城街道黄岗社区新旺大道16号（生产车间）
四会市华通精工制造有限公司	Sìhuì Shì Huátōng Jīnggōngzhìzào Yǒuxiàngōngsī	企业	东城街道上林工业区
四会市辉煌陶土粉有限公司	Sìhuì Shì Huīhuáng Táotǔfěn Yǒuxiàngōngsī	企业	东城区光辉村委会石坑仙女岭脚
四会市汇佳混凝土有限公司	Sìhuì Shì Huìjiā Hùnníngtǔ Yǒuxiàngōngsī	企业	东城街道325乡道侧
四会市汇隆木业有限公司	Sìhuì Shì Huìlóng Mùyè Yǒuxiàngōngsī	企业	东城街道清东村消息岭
四会市家惠床垫家具有限公司	Sìhuì Shì Jiāhuì Chuángdiànjiājù Yǒuxiàngōngsī	企业	东城区水闸路74号
四会市家利床垫家具有限公司	Sìhuì Shì Jiālì Chuángdiànjiājù Yǒuxiàngōngsī	企业	东城区凤山路17号
四会市捷达鞋业有限公司	Sìhuì Shì Jiédá Xiéyè Yǒuxiàngōngsī	企业	东城区陶塘村委侧（西坑）
四会市金菊玻璃工艺制品厂	Sìhuì Shì Jīnjú Bōlígōngyì Zhìpǐnchǎng	企业	东城街道

(续上表)

标准名称	汉语拼音	地名类别	相对位置
四会市金雅兰家具有限公司	Sìhuì Shì Jīnyǎlán Jiājù Yǒuxiàngōngsī	企业	东城街道新江黄岗管理区永安村
四会市金叶纺织染整有限公司	Sìhuì Shì Jīnyè Fǎngzhīrǎnzhěng Yǒuxiàngōngsī	企业	东城街道四会糖厂内
四会市晋泰印染有限公司	Sìhuì Shì Jìntài Yìnrǎn Yǒuxiàngōngsī	企业	东城街道新江沙头村委会四连公路边五马岗段
四会市妈祖玉器有限公司	Sìhuì Shì Māzǔ Yùqì Yǒuxiàngōngsī	企业	东城区光明南路49座
四会市名华轩家具有限公司	Sìhuì Shì Mínghuáxuān Jiājù Yǒuxiàngōngsī	企业	东城街道新江上林工业区
四会市明润鞋业有限公司	Sìhuì Shì Míngrùn Xiéyè Yǒuxiàngōngsī	企业	东城区清东路57座1号
四会市南业金属塑料制品有限公司	Sìhuì Shì Nányè Jīnshǔsùliàozhìpǐn Yǒuxiàngōngsī	企业	东城街道325乡道侧
四会市日升鞋业有限公司	Sìhuì Shì Rìshēng Xiéyè Yǒuxiàngōngsī	企业	东城区清塘大道125号
四会市肉类联合加工厂有限公司	Sìhuì Shì Ròulèiliánhé Jiāgōngchǎng Yǒuxiàngōngsī	企业	东城区饭盖岗
四会市睿宝婴童用品有限公司	Sìhuì Shì Ruìbǎo Yīngtóngyòngpǐn Yǒuxiàngōngsī	企业	东城区东城街道东方巷7号
四会市生料带厂有限公司	Sìhuì Shì Shēngliàodàichǎng Yǒuxiàngōngsī	企业	东城街道清东路168号
四会市时兴儿童用品有限公司	Sìhuì Shì Shíxīng Értóngyòngpǐn Yǒuxiàngōngsī	企业	东城街道沙田园清东路83座
四会市绥江河畔特色渔业有限公司	Sìhuì Shì Suíjiāng Hépàn Tèsèyúyè Yǒuxiàngōngsī	企业	东城区新江五马岗旧桥侧
四会市泰华珠宝玉器有限公司	Sìhuì Shì Tàihuá Zhūbǎoyùqì Yǒuxiàngōngsī	企业	东城街道黄岗村委会沙洲地段
四会市新美游乐场	Sìhuì Shì Xīnměi Yóulèchǎng	企业	东城区榃山公园
四会市星豪贴花有限公司	Sìhuì Shì Xīngháo Tiēhuā Yǒuxiàngōngsī	企业	四会大道（四连公路边）
四会市兴升交通设施有限公司	Sìhuì Shì Xīngshēng Jiāotōngshèshī Yǒuxiàngōngsī	企业	东城区陶冲陈寨小区规划50号
四会市幸丰鞋业有限公司	Sìhuì Shì Xìngfēng Xiéyè Yǒuxiàngōngsī	企业	东城区凤山路17号

(续上表)

标准名称	汉语拼音	地名类别	相对位置
四会市永宏中基金属构件有限公司	Sìhuì Shì Yǒnghóng Zhōngjī Jīnshǔgòujiàn Yǒuxiàngōngsī	企业	东城街道河东村委会东边
四会市玉如意翡翠城	Sìhuì Shì Yùrúyì Fěicuìchéng	企业	东城区四会大道中19座
四会市粤今塑料有限公司	Sìhuì Shì Yuèjīn Sùliào Yǒuxiàngōngsī	企业	东城街道清东村消息岭
四会市肇水水务有限公司	Sìhuì Shì Zhàoshuǐ Shuǐwù Yǒuxiàngōngsī	企业	东城区四会大道行政中心
四会市中日化工实业有限公司	Sìhuì Shì Zhōngrì Huàgōng Shíyè Yǒuxiàngōngsī	企业	东城区新江大道东3号
四会市中晟机电有限公司	Sìhuì Shì Zhōngshèng Jīdiàn Yǒuxiàngōngsī	企业	东城街道黄岗居委会新旺路东7号
永恒鞋业	Yǒnghéng Xiéyè	企业	东城街道槎山路附近
中国农业发展银行四会市支行	Zhōngguó Nóngyèfāzhǎnyínháng Sìhuì Shì Zhīháng	企业	东城街道吉照路与四会大道南交叉口东100米
四会市阿贝尔胶粘剂技术有限公司	Sìhuì Shì Ābèi'ěr Jiāozhānjìjìshù Yǒuxiàngōngsī	企业	黄田镇
四会市恒通遮阳网厂	Sìhuì Shì Héngtōng Zhēyángwǎngchǎng	企业	黄田镇江头村委会沙塘坑流塘口
四会市恒新环保建材有限公司	Sìhuì Shì Héngxīn Huánbǎojiàncái Yǒuxiàngōngsī	企业	黄田镇
四会市日高电池有限公司	Sìhuì Shì Rìgāo Diànchí Yǒuxiàngōngsī	企业	黄田镇江头新墟工业小区
肇庆沙糖坑农林科技有限公司	Zhàoqìng Shātángkēng Nónglín Kējì Yǒuxiàngōngsī	企业	黄田镇
广东歌丽斯化学有限公司	Guǎngdōng Gēlìsī Huàxué Yǒuxiàngōngsī	企业	江谷镇精细化工区创新大道16号
四会市好易居家具有限公司	Sìhuì Shì Hǎoyìjū Jiājù Yǒuxiàngōngsī	企业	江谷镇441县道附近
四会市康荣电子陶瓷新材料有限公司	Sìhuì Shì Kāngróng Diànzǐtáocíxīncáiliào Yǒuxiàngōngsī	企业	江谷镇黎寨村委会石潭台
四会市中达化工颜料有限公司	Sìhuì Shì Zhōngdá Huàgōngyánliào Yǒuxiàngōngsī	企业	江谷镇精细化工区创新大道5号
永盛家具厂	Yǒngshèng Jiājù Chǎng	企业	江谷镇
肇庆洛德化工科技有限公司	Zhàoqìng Luòdé Huàgōngkējì Yǒuxiàngōngsī	企业	江谷镇江谷化工园区

（续上表）

标准名称	汉语拼音	地名类别	相对位置
四会市森溢黄花梨种植有限公司	Sìhuì Shì Sēnyì Huánghuālízhǒngzhí Yǒuxiàngōngsī	企业	迳口镇403乡道侧
四会市长利建材有限公司	Sìhuì Shì Chánglì Jiàncái Yǒuxiàngōngsī	企业	迳口镇南乡小学
广东欧利雅化工有限公司	Guǎngdōng Ōulìyǎ Huàgōng Yǒuxiàngōngsī	企业	龙甫镇龙甫大道龙甫工业园A区1号
四会市碧洲电镀污水处理有限公司	Sìhuì Shì Bìzhōu Diàndù Wūshuǐchǔlǐ Yǒuxiàngōngsī	企业	龙甫镇118省道侧
四会市成业再生资源有限公司	Sìhuì Shì Chéngyè Zàishēngzīyuán Yǒuxiàngōngsī	企业	龙甫镇肇庆亚洲金属资源再生工业基地E11
四会市大地资源再生有限公司	Sìhuì Shì Dàdì Zīyuánzàishēng Yǒuxiàngōngsī	企业	龙甫镇（亚洲金属资源再生工业基地B12）
四会市得胜电镀厂	Sìhuì Shì Déshèng Diàndùchǎng	企业	龙甫镇工业区内第8号地
四会市东和再生资源有限公司	Sìhuì Shì Dōnghé Zàishēngzīyuán Yǒuxiàngōngsī	企业	龙甫镇惠源大道7号
四会市广丰源资源再生科技有限公司	Sìhuì Shì Guǎngfēngyuán Zīyuánzàishēngkējì Yǒuxiàngōngsī	企业	龙甫镇（亚洲金属资源再生工业基地）
四会市广盛源再生资源有限公司	Sìhuì Shì Guǎngshèngyuán Zàishēngzīyuán Yǒuxiàngōngsī	企业	龙甫镇亚洲金属资源再生工业基地D13
四会市广有再生资源有限公司	Sìhuì Shì Guǎngyǒu Zàishēngzīyuán Yǒuxiàngōngsī	企业	龙甫镇（亚洲金属资源再生工业基地B20）
四会市国源再生资源有限公司	Sìhuì Shì Guóyuán Zàishēngzīyuán Yǒuxiàngōngsī	企业	龙甫镇凤凰二路3号
四会市海创再生资源有限公司	Sìhuì Shì Hǎichuàng Zàishēngzīyuán Yǒuxiàngōngsī	企业	龙甫镇（亚洲金属资源再生工业基地B09）
四会市瀚绅再生资源有限公司	Sìhuì Shì Hànshēn Zàishēngzīyuán Yǒuxiàngōngsī	企业	龙甫镇（亚洲金属资源再生工业基地D-08）
四会市瀚升铝业有限公司	Sìhuì Shì Hànshēng Lǚyè Yǒuxiàngōngsī	企业	龙甫镇（亚洲金属资源再生工业基地D22）
四会市鸿辉再生资源有限公司	Sìhuì Shì Hónghuī Zàishēngzīyuán Yǒuxiàngōngsī	企业	龙甫镇（亚洲金属资源再生工业基地A05）
四会市华兴电镀有限公司	Sìhuì Shì Huáxīng Diàndù Yǒuxiàngōngsī	企业	龙甫镇工业园电镀厂区第5号地
四会市华业电镀厂	Sìhuì Shì Huáyè Diàndùchǎng	企业	龙甫镇工业园电镀区内

（续上表）

标准名称	汉语拼音	地名类别	相对位置
四会市华永兴再生资源有限公司	Sìhuì Shì Huáyǒngxīng Zàishēngzīyuán Yǒuxiàngōngsī	企业	龙甫镇（亚洲金属资源再生工业基地 E09）
四会市辉煌金属制品有限公司	Sìhuì Shì Huīhuáng Jīnshǔzhìpǐn Yǒuxiàngōngsī	企业	龙甫镇（亚洲金属资源再生工业基地 E17）
四会市汇高鞋厂	Sìhuì Shì Huìgāo Xiéchǎng	企业	龙甫镇 118 省道侧
四会市加汇再生资源有限公司	Sìhuì Shì Jiāhuì Zàishēngzīyuán Yǒuxiàngōngsī	企业	龙甫镇（亚洲金属资源再生工业基地 D01）
四会市坚泰铝业有限公司	Sìhuì Shì Jiāntài Lǚyè Yǒuxiàngōngsī	企业	龙甫镇（亚洲金属资源再生工业基地 F11）
四会市建业五金电镀厂	Sìhuì Shì Jiànyè Wǔjīn Diàndùchǎng	企业	龙甫镇龙甫电镀基地 22 号
四会市江华电镀厂	Sìhuì Shì Jiānghuá Diàndùchǎng	企业	龙甫镇龙甫工业区电镀厂区内第 7 号地
四会市金丰工艺电镀厂	Sìhuì Shì Jīnfēng Gōngyì Diàndùchǎng	企业	龙甫工业园电镀厂区内第 11 号之一
四会市金轮电镀厂	Sìhuì Shì Jīnlún Diàndùchǎng	企业	龙甫电镀基地主道第 23 号
四会市金源再生资源有限公司	Sìhuì Shì Jīnyuán Zàishēngzīyuán Yǒuxiàngōngsī	企业	龙甫镇
四会市京统金属资源再生有限公司	Sìhuì Shì Jīngtǒng Jīnshǔzīyuánzàishēng Yǒuxiàngōngsī	企业	龙甫镇凤凰大道
四会市科田精工电镀有限公司	Sìhuì Shì Kētián Jīnggōngdiàndù Yǒuxiàngōngsī	企业	龙甫镇工业电镀区
四会市利华达印染有限公司	Sìhuì Shì Lìhuádá Yìnrǎn Yǒuxiàngōngsī	企业	龙甫工业园 A 区
四会市沥中电镀厂	Sìhuì Shì Lìzhōng Diàndùchǎng	企业	龙甫镇电镀基地主道路 25 号
四会市荔星电镀厂	Sìhuì Shì Lìxīng Diàndùchǎng	企业	龙甫镇工业园电镀区内第 6 号地之一
四会市联发电镀厂	Sìhuì Shì Liánfā Diàndùchǎng	企业	龙甫镇工业区电镀厂区第 18 号地
四会市联盛电镀厂	Sìhuì Shì Liánshèng Diàndùchǎng	企业	龙甫工业区电镀区内第 14 号地
四会市龙翔金属资源有限公司	Sìhuì Shì Lóngxiáng Jīnshǔzīyuán Yǒuxiàngōngsī	企业	龙甫镇（亚洲金属资源再生工业基地 D19）
四会市仁源铜铝业有限公司	Sìhuì Shì Rényuán Tónglǚyè Yǒuxiàngōngsī	企业	龙甫镇（亚洲金属资源再生工业基地 D26）

（续上表）

标准名称	汉语拼音	地名类别	相对位置
四会市荣业电镀厂	Sìhuì Shì Róngyè Diàndùchǎng	企业	龙甫工业区电镀区内第12号地
四会市森洋铝业有限公司	Sìhuì Shì Sēnyáng Lǚyè Yǒuxiàngōngsī	企业	龙甫镇（亚洲金属资源再生工业基地E06）
四会市生益电镀厂有限公司	Sìhuì Shì Shēngyì Diàndùchǎng Yǒuxiàngōngsī	企业	龙甫镇电镀工业园区内（第4号地）
四会市胜利电镀厂	Sìhuì Shì Shènglì Diàndùchǎng	企业	龙甫镇电镀工业区
四会市世华金属再生资源有限公司	Sìhuì Shì Shìhuá Jīnshǔzàishēngzīyuán Yǒuxiàngōngsī	企业	龙甫镇（亚洲金属资源再生工业基地B10、B11）
四会市水蓝天新能源科技有限公司	Sìhuì Shì Shuǐlántiān Xīnnéngyuánkējì Yǒuxiàngōngsī	企业	龙甫镇蚁田区（鹧鸪迳）
四会市新蓝鸿金属制品有限公司	Sìhuì Shì Xīnlánhóng Jīnshǔzhìpǐn Yǒuxiàngōngsī	企业	龙甫镇电镀小区内第20号地之一
四会市兴源再生资源有限公司	Sìhuì Shì Xīngyuán Zàishēngzīyuán Yǒuxiàngōngsī	企业	龙甫镇（亚洲金属资源再生工业基地B14）
四会市宜和成再生资源有限公司	Sìhuì Shì Yíhéchéng Zàishēngzīyuán Yǒuxiàngōngsī	企业	龙甫镇（亚洲金属资源再生工业基地C11）
四会市亿和铝业有限公司	Sìhuì Shì Yìhé Lǚyè Yǒuxiàngōngsī	企业	龙甫镇（亚洲金属资源再生工业区E25）
四会市亿泰再生资源有限公司	Sìhuì Shì Yìtài Zàishēngzīyuán Yǒuxiàngōngsī	企业	龙甫镇（亚洲金属资源再生工业基地B23）
四会市益安再生资源有限公司	Sìhuì Shì Yì'ān Zàishēngzīyuán Yǒuxiàngōngsī	企业	龙甫镇惠源大道8号
四会市永鑫金属资源再生有限公司	Sìhuì Shì Yǒngxīn Jīnshǔzīyuánzàishēng Yǒuxiàngōngsī	企业	龙甫镇（亚洲金属资源再生工业基地E20）
四会市裕恒金属有限公司	Sìhuì Shì Yùhéng Jīnshǔ Yǒuxiàngōngsī	企业	龙甫镇（亚洲金属资源再生工业基地A10）
四会市月晖再生资源有限公司	Sìhuì Shì Yuèhuī Zàishēngzīyuán Yǒuxiàngōngsī	企业	龙甫镇（亚洲金属资源再生工业基地B18）
益万家生活超市	Yìwànjiā Shēnghuó Chāoshì	企业	龙甫镇118省道侧
肇庆迪森生物能源技术有限公司	Zhàoqìng Dísēn Shēngwùnéngyuánjìshù Yǒuxiàngōngsī	企业	龙甫镇（亚洲金属资源再生工业基地F12）
肇庆南都再生铝业有限公司	Zhàoqìng Nándū Zàishēng Lǚyè Yǒuxiàngōngsī	企业	龙甫镇（亚洲金属资源再生工业基地E10）
肇庆市广贺高速公路有限公司	Zhàoqìng Shì Guǎnghè Gāosùgōnglù Yǒuxiàngōngsī	企业	龙甫镇

(续上表)

标准名称	汉语拼音	地名类别	相对位置
肇庆市金顺达再生资源有限公司	Zhàoqìng Shì Jīnshùndá Zàishēngzīyuán Yǒuxiàngōngsī	企业	龙甫镇凤凰二路 5 号
肇庆市力高再生资源有限公司	Zhàoqìng Shì Lìgāo Zàishēngzīyuán Yǒuxiàngōngsī	企业	龙甫镇亚洲金属工业园凤凰大道 12 号
肇庆市俐源金属有限公司	Zhàoqìng Shì Lìyuán Jīnshǔ Yǒuxiàngōngsī	企业	龙甫镇
肇庆市盛林再生资源有限公司	Zhàoqìng Shì Shènglín Zàishēngzīyuán Yǒuxiàngōngsī	企业	龙甫镇惠源三路附近
肇庆市顺金再生资源有限公司	Zhàoqìng Shì Shùnjīn Zàishēngzīyuán Yǒuxiàngōngsī	企业	龙甫镇惠源三路 6 号
中国邮政	Zhōngguó Yóuzhèng	企业	龙甫镇
永安自来水有限公司	Yǒng'ān Zìláishuǐ Yǒuxiàngōngsī	企业	罗源镇壮坑水库管理站边
四会市鹏程五金有限公司	Sìhuì Shì Péngchéng Wǔjīn Yǒuxiàngōngsī	企业	罗源镇红旗村
四会金润丰油品有限公司	Sìhuì Jīnrùnfēng Yóupǐn Yǒuxiàngōngsī	企业	石狗镇石桥村委会原石桥小学
四会市科技示范园	Sìhuì Shì Kējì Shìfànyuán	企业	石狗镇江咀村
四会市天天邦健中药饮片有限公司	Sìhuì Shì Tiāntiānbāngjiàn Zhōngyàoyǐnpiàn Yǒuxiàngōngsī	企业	石狗镇工业园区
四会瀑布奇石旅游开发有限公司	Sìhuì Pùbù Qíshí Lǚyóukāifā Yǒuxiàngōngsī	企业	威整镇红星村民委员会洲湾村（仅供办公使用）
四会市飞达衣架有限公司	Sìhuì Shì Fēidá Yījià Yǒuxiàngōngsī	企业	威整镇西坑村彭家庄牌坊对面
四会市华风乐器有限公司	Sìhuì Shì Huáfēng Yuèqì Yǒuxiàngōngsī	企业	威整镇松仔岗
四会市兴志金属材料有限公司	Sìhuì Shì Xīngzhì Jīnshǔcáiliào Yǒuxiàngōngsī	企业	威整镇威整村委（原威整吉他厂旧址）
四会市亿隆衣架有限公司	Sìhuì Shì Yìlóng Yījià Yǒuxiàngōngsī	企业	威整镇瓦屋村（原金杏小学）
四会市志广电工材料有限公司	Sìhuì Shì Zhìguǎng Diàngōngcáiliào Yǒuxiàngōngsī	企业	威整镇工业开发区
广东普邦苗木种养有限公司	Guǎngdōng Pǔbāng Miáomùzhǒngyǎng Yǒuxiàngōngsī	企业	下茆镇
四会市实强铝业有限公司	Sìhuì Shì Shíqiáng Lǚyè Yǒuxiàngōngsī	企业	下茆镇

（续上表）

标准名称	汉语拼音	地名类别	相对位置
四会市成昌助剂厂有限公司	Sìhuì Shì Chéngchāng Zhùjìchǎng Yǒuxiàngōngsī	企业	下茆镇
四会市诚兴隆塑胶色母有限公司	Sìhuì Shì Chéngxīnglóng Sùjiāosèmǔ Yǒuxiàngōngsī	企业	下茆镇福龙工业区（第二期）
四会市峰谷畜牧有限公司	Sìhuì Shì Fēnggǔ Xùmù Yǒuxiàngōngsī	企业	下茆镇马陂管理区火连岗（土名）
四会市和顺铝型材厂	Sìhuì Shì Héshùn Lǚxíngcáichǎng	企业	下茆镇福龙工业区内
四会市恒基硅胶材料厂	Sìhuì Shì Héngjī Guījiāo Cáiliàochǎng	企业	下茆镇工业区（原宏锡有色金属公司）
四会市华力金属加工有限公司	Sìhuì Shì Huálì Jīnshǔjiāgōng Yǒuxiàngōngsī	企业	下茆镇第一工业园
四会市惠农蔬菜种植加工专业合作社	Sìhuì Shì Huìnóng Shūcàizhòngzhíjiāgōng Zhuānyè Hézuòshè	企业	下茆镇440县道侧
四会市惠之村畜牧养殖有限公司	Sìhuì Shì Huìzhīcūn Xùmùyǎngzhí Yǒuxiàngōngsī	企业	下茆镇楼脚村浸岗山地
四会市晋辉金属熔铸有限公司	Sìhuì Shì Jìnhuī Jīnshǔróngzhù Yǒuxiàngōngsī	企业	下茆镇高崀村委（旧四清公路黄塘村路段）
四会市南鹰高新材料有限公司	Sìhuì Shì Nányīng Gāoxīncáiliào Yǒuxiàngōngsī	企业	下茆镇福龙工业区
四会市荣华涂料有限公司	Sìhuì Shì Rónghuá Túliào Yǒuxiàngōngsī	企业	下茆镇
四会市山鹰无机合成材料有限公司	Sìhuì Shì Shānyīng Wújīhéchéngcáiliào Yǒuxiàngōngsī	企业	下茆镇
四会市生源农业发展有限公司	Sìhuì Shì Shēngyuán Nóngyè Fāzhǎn Yǒuxiàngōngsī	企业	下茆镇渔云村委禾尚塘
四会市石易金陶瓷原料有限公司	Sìhuì Shì Shíyìjīn Táocíyuánliào Yǒuxiàngōngsī	企业	下茆镇第一工业开发区内厂房
四会市双盈高新材料有限公司	Sìhuì Shì Shuāngyíng Gāoxīn Cáiliào Yǒuxiàngōngsī	企业	下茆镇福龙工业区（原洪昌金属表面处理厂）
四会市四大金属塑料制品有限公司	Sìhuì Shì Sìdàjīnshǔ Sùliào Zhìpǐn Yǒuxiàngōngsī	企业	下茆镇福龙工业园
四会市湘丰包装有限公司	Sìhuì Shì Xiāngfēng Bāozhuāng Yǒuxiàngōngsī	企业	下茆镇马陂村委会（竹斗岗）
四会市扬兴化工有限公司	Sìhuì Shì Yángxīng Huàgōng Yǒuxiàngōngsī	企业	下茆镇龙湾福龙工业园

(续上表)

标准名称	汉语拼音	地名类别	相对位置
四会市中南物资再生利用有限公司	Sìhuì Shì Zhōngnán Wùzīzàishēnglìyòng Yǒuxiàngōngsī	企业	下茆镇梅子岗龙湾公路边
肇庆乐华陶瓷洁具有限公司	Zhàoqìng Lèhuá Táocíjiéjù Yǒuxiàngōngsī	企业	下茆镇
肇庆市法恩陶瓷洁具有限公司	Zhàoqìng Shì Fǎ'ēn Táocíjiéjù Yǒuxiàngōngsī	企业	下茆镇
肇庆市美加宝畜牧有限公司	Zhàoqìng Shì Měijiābǎo Xùmù Yǒuxiàngōngsī	企业	下茆镇
肇庆高新区粤海水务有限公司	Zhàoqìng Gāoxīnqū Yuèhǎi Shuǐwù Yǒuxiàngōngsī	企业	肇庆高新区将军岗大街
肇庆市安顺达水上用品有限公司	Zhàoqìng Shì Ānshùndá Shuǐshàngyòngpǐn Yǒuxiàngōngsī	企业	肇庆高新区城中工业园内
广东阿诺诗厨卫有限公司	Guǎngdōng Ānuòshī Chúwèi Yǒuxiàngōngsī	企业	肇庆高新区龙湖大道与文德六街交叉口东南300米
广东昂锐机械制造有限公司	Guǎngdōng Ángruì Jīxièzhìzào Yǒuxiàngōngsī	企业	肇庆高新区建设路附近
广东奥瑞金包有限公司	Guǎngdōng Àoruìjīn Bāozhuāng Yǒuxiàngōngsī	企业	四会市政府驻地东南部
广东宝龙汽车有限公司	Guǎngdōng Bǎolóng Qìchē Yǒuxiàngōngsī	企业	肇庆高新区创业路8号
广东贝斯特电气有限公司	Guǎngdōng Bèisītè Diànqì Yǒuxiàngōngsī	企业	肇庆高新区正隆一街附近
广东博晖机电有限公司	Guǎngdōng Bóhuī Jīdiàn Yǒuxiàngōngsī	企业	肇庆高新区工业大街6号
广东创科交通设施有限公司	Guǎngdōng Chuàngkē Jiāotōngshèshī Yǒuxiàngōngsī	企业	肇庆高新区临江工业宝石路15号
广东达利食品有限公司	Guǎngdōng Dálì Shípǐn Yǒuxiàngōngsī	企业	肇庆高新区将军大街东1号
广东达洋宠物用品实业有限公司	Guǎngdōng Dáyáng Chǒngwùyòngpǐn Shíyè Yǒuxiàngōngsī	企业	肇庆高新区宝信南商业街4号
广东广试试剂科技有限公司	Guǎngdōng Guǎngshì Shìjìkējì Yǒuxiàngōngsī	企业	肇庆高新区文德四街沙沥工业区
广东海融环保科技有限公司	Guǎngdōng Hǎiróng Huánbǎokējì Yǒuxiàngōngsī	企业	肇庆高新区将军大街东1号附近
广东合普动力科技有限公司	Guǎngdōng Hépǔ Dònglìkējì Yǒuxiàngōngsī	企业	肇庆高新区迎宾大道26号

（续上表）

标准名称	汉语拼音	地名类别	相对位置
广东华鼎机械有限公司	Guǎngdōng Huádǐng Jīxiè Yǒuxiàngōngsī	企业	肇庆高新区迎宾大道6号
广东华峰聚氨酯有限公司	Guǎngdōng Huáfēng Jù'ānzhǐ Yǒuxiàngōngsī	企业	肇庆高新区文德五街6号
广东华途仕建材实业有限公司	Guǎngdōng Huátúshì Jiàncái Shíyè Yǒuxiàngōngsī	企业	肇庆高新区建设路17号
广东康神医疗科技有限公司	Guǎngdōng Kāngshén Yīliáokējì Yǒuxiàngōngsī	企业	肇庆高新区文德一街新丰环保材料公司西北90米
广东雷诺丽特实业有限公司	Guǎngdōng Léinuòlìtè Shíyè Yǒuxiàngōngsī	企业	肇庆高新区滨江路17号
广东利氏智能科技有限公司	Guǎngdōng Lìshì Zhìnéng kējì Yǒuxiàngōngsī	企业	肇庆高新区迎宾大道荔园街1号
广东玛西尔电动科技有限公司	Guǎngdōng Mǎxī'ěr Diàndòngkējì Yǒuxiàngōngsī	企业	肇庆高新区临江工业园北江大道
广东南曦液压机械有限公司	Guǎngdōng Nánxī Yèyājīxiè Yǒuxiàngōngsī	企业	肇庆高新区宝石路7号
广东清茹日用品有限公司	Guǎngdōng Qīngrú Rìyòngpǐn Yǒuxiàngōngsī	企业	肇庆高新区迎宾大道11号
广东日昌实业有限公司	Guǎngdōng Rìchāng Shíyè Yǒuxiàngōngsī	企业	肇庆高新区文德三街1号
广东三浦车库股份有限公司	Guǎngdōng Sānpǔ Chēkù Gǔfènyǒuxiàngōngsī	企业	肇庆高新区临江工业园滨江路兴隆三街三浦工业园
广东台菱电梯有限公司	Guǎngdōng Táilíng Diàntī Yǒuxiàngōngsī	企业	肇庆高新区正隆一街7号
广东台日电梯有限公司	Guǎngdōng Táirì Diàntī Yǒuxiàngōngsī	企业	肇庆高新区白沙街临江工业园21号
广东现代工程塑料有限公司	Guǎngdōng Xiàndài Gōngchéng Sùliào Yǒuxiàngōngsī	企业	肇庆高新区迎宾大道5号
广东艺华不锈钢铝业有限公司	Guǎngdōng Yìhuá Búxiùgāng Lǚyè Yǒuxiàngōngsī	企业	肇庆高新区临江工业园建设51号
广东聿津食品有限公司	Guǎngdōng Yùjīn Shípǐn Yǒuxiàngōngsī	企业	肇庆高新区旺兴街2号
广东镭宝光电科技有限公司	Guǎngdōng Léibǎo Guāngdiànkējì Yǒuxiàngōngsī	企业	肇庆高新区宝石路
国电肇庆热电有限公司	Guódiàn Zhàoqìng Rèdiàn Yǒuxiàngōngsī	企业	肇庆高新区工业园白沙街1号

（续上表）

标准名称	汉语拼音	地名类别	相对位置
广东金宗机械有限公司	Guǎngdōng Jīnzōng Jīxiè Yǒuxiàngōngsī	企业	肇庆高新区康泰街3号
肇庆高新区金纳纺织有限公司	Zhàoqìng Gāoxīnqū Jīnnà Fǎngzhī Yǒuxiàngōngsī	企业	肇庆高新区工业大街附近
广东雅道生物科技有限公司	Guǎngdōng Yǎdào Shēngwùkējì Yǒuxiàngōngsī	企业	肇庆高新区建设南路附近
永旺纺织公司	Yǒngwàng Fǎngzhī Gōngsī	企业	肇庆高新区文德四街
永旺汽车维修厂	Yǒngwàng Qìchē Wéixiūchǎng	企业	肇庆高新区迎宾大道33号
永业金属实业公司	Yǒngyè Jīnshǔ Shíyè Gōngsī	企业	肇庆高新区龙王庙大道17号
肇庆奥迪威传感科技有限公司	Zhàoqìng Àodíwēi Chuángǎnkējì Yǒuxiàngōngsī	企业	肇庆高新区和平路2号
肇庆澳华铝业有限公司	Zhàoqìng Àohuá Lǚyè Yǒuxiàngōngsī	企业	肇庆高新区明珠路附近
肇庆柏力车辆配件有限公司	Zhàoqìng Bǎilì Chēliàngpèijiàn Yǒuxiàngōngsī	企业	肇庆高新区创业路9号
肇庆迪彩日化科技有限公司	Zhàoqìng Dícǎi Rìhuàkējì Yǒuxiàngōngsī	企业	肇庆高新区建设路9号
肇庆东洋铝业有限公司	Zhàoqìng Dōngyáng Lǚyè Yǒuxiàngōngsī	企业	肇庆高新区兴隆五街1号
肇庆福田化学工业有限公司	Zhàoqìng Fútián Huàxuégōngyè Yǒuxiàngōngsī	企业	肇庆高新区建设路20号
肇庆高新区鸿胜模具制造有限公司	Zhàoqìng Gāoxīnqū Hóngshèng Mójùzhìzào Yǒuxiàngōngsī	企业	肇庆高新区建设路48号
肇庆科伦纸业有限公司	Zhàoqìng Kēlún Zhǐyè Yǒuxiàngōngsī	企业	肇庆高新区宝石路与白沙街交叉口北50米
肇庆关西圣联粉末涂料科技有限公司	Zhàoqìng Guānxī Shènglián Fěnmòtúliàokējì Yǒuxiàngōngsī	企业	肇庆高新区宝盈路
肇庆冠华食品有限公司	Zhàoqìng Guànhuá Shípǐn Yǒuxiàngōngsī	企业	肇庆高新区将军大街5号
肇庆浩宏新材料有限公司	Zhàoqìng Hàohóng Xīncáiliào Yǒuxiàngōngsī	企业	肇庆高新区文德三街1号附近
肇庆恒达科技有限公司	Zhàoqìng Héngdá Kējì Yǒuxiàngōngsī	企业	肇庆高新区临江工业园正隆一街19号
肇庆红蜻蜓实业有限公司	Zhàoqìng Hóngqīngtíng Shíyè Yǒuxiàngōngsī	企业	肇庆高新区临江工业园工业大街26号

（续上表）

标准名称	汉语拼音	地名类别	相对位置
肇庆焕发生物科技有限公司	Zhàoqìng Huànfā Shēngwùkējì Yǒuxiàngōngsī	企业	肇庆高新区滨江路附近
肇庆汇丰实业有限公司	Zhàoqìng Huìfēng Shíyè Yǒuxiàngōngsī	企业	肇庆高新区文德三街
肇庆金高丽化工有限公司	Zhàoqìng Jīngāolì Huàgōng Yǒuxiàngōngsī	企业	肇庆高新区文德六街2号
肇庆金丽鞋业有限公司	Zhàoqìng Jīnlì Xiéyè Yǒuxiàngōngsī	企业	肇庆高新区工业大街3号
肇庆金三江硅材料有限公司	Zhàoqìng Jīnsānjiāng Guīcáiliào Yǒuxiàngōngsī	企业	肇庆高新区文德三街附近
肇庆金鑫祥不锈钢制品有限公司	Zhàoqìng Jīnxīnxiáng Búxiùgāng zhìpǐn Yǒuxiàngōngsī	企业	肇庆高新区将军大街东1号附近
肇庆理士电源技术有限公司	Zhàoqìng Lǐshì Diànyuánjìshù Yǒuxiàngōngsī	企业	肇庆高新区工业大街27号
肇庆利达包装材料厂有限公司	Zhàoqìng Lìdá Bāozhuāngcáiliàochǎng Yǒuxiàngōngsī	企业	肇庆高新区工业大街1号
肇庆鲁卡建材有限公司	Zhàoqìng Lǔkǎ Jiàncái Yǒuxiàngōngsī	企业	肇庆高新区文德三街
肇庆美凌环保机械科技有限公司	Zhàoqìng Měilíng Huánbǎojīxièkējì Yǒuxiàngōngsī	企业	肇庆高新区创业路
肇庆明河制衣有限公司	Zhàoqìng Mínghé Zhìyī Yǒuxiàngōngsī	企业	肇庆高新区临江工业园宝盈路3号
肇庆匹思通机械有限公司	Zhàoqìng Pǐsītōng Jīxiè Yǒuxiàngōngsī	企业	肇庆高新区临江工业园正隆一街
肇庆千江高新材料科技股份公司	Zhàoqìng Qiānjiāng Gāoxīncáiliàokējì Gǔfèngōngsī	企业	肇庆高新区正隆二街
肇庆瑞利辉玻璃科技有限公司	Zhàoqìng Ruìlìhuī Bōlí Kējì Yǒuxiàngōngsī	企业	肇庆高新区文德二街附近
肇庆始兴旺反光材料有限公司	Zhàoqìng Shǐxīngwàng Fǎnguāngcáiliào Yǒuxiàngōngsī	企业	肇庆高新区迎宾大道2号
肇庆市必得机械有限公司	Zhàoqìng Shì Bìdé Jīxiè Yǒuxiàngōngsī	企业	肇庆高新区创业路10号
肇庆市丰佳电热电器有限公司	Zhàoqìng Shì Fēngjiā Diànrèdiànqì Yǒuxiàngōngsī	企业	肇庆高新区工业大街16号
肇庆市衡艺实业有限公司	Zhàoqìng Shì Héngyì Shíyè Yǒuxiàngōngsī	企业	肇庆高新区沙沥工业区和平路5号

（续上表）

标准名称	汉语拼音	地名类别	相对位置
肇庆市宏基化工科技有限公司	Zhàoqìng Shì Hóngjī Huàgōngkējì Yǒuxiàngōngsī	企业	肇庆高新区龙王庙大道6
肇庆市鸿伟环保建筑材料有限公司	Zhàoqìng Shì Hóngwěi Huánbǎojiànzhùcáiliào Yǒuxiàngōngsī	企业	肇庆高新区滨江路附近
肇庆市居都邦化学工业有限公司	Zhàoqìng Shì Jūdūbāng Huàxuégōngyè Yǒuxiàngōngsī	企业	肇庆高新区龙王庙大道5号
肇庆市凯捷科技有限公司	Zhàoqìng Shì Kǎijié Kējì Yǒuxiàngōngsī	企业	肇庆高新区文德四街1-A
肇庆市联力化工有限公司	Zhàoqìng Shì Liánlì Huàgōng Yǒuxiàngōngsī	企业	肇庆高新区广东阿诺诗厨卫有限公司附近
肇庆市茂盛房地产开发有限公司	Zhàoqìng Shì Màoshèng Fángdìchǎnkāifā Yǒuxiàngōngsī	企业	肇庆高新区龙湖大道
肇庆市耐佳卫浴有限公司	Zhàoqìng Shì Nàijiā Wèiyù Yǒuxiàngōngsī	企业	肇庆高新区文德三街
肇庆市森美金属有限公司	Zhàoqìng Shì Sēnměi Wèiyù Wèiyù Yǒuxiàngōngsī	企业	肇庆高新区临江工业园正隆一街17号
肇庆市鑫航金属有限公司	Zhàoqìng Shì Xīnháng Jīnshǔ Yǒuxiàngōngsī	企业	肇庆高新区文德五街与迎宾大道十字路口向西100米路南
肇庆市中大科技有限公司	Zhàoqìng Shì Zhōngdà Kējì Yǒuxiàngōngsī	企业	肇庆高新区正隆二街5号
肇庆天和铝钢制品有限公司	Zhàoqìng Tiānhé Lǔgāngzhìpǐn Yǒuxiàngōngsī	企业	肇庆高新区滨江路77号
肇庆威和有限公司	Zhàoqìng Wēihé Yǒuxiàngōngsī	企业	肇庆高新区迎宾大道19号
肇庆鑫盈装饰材料有限公司	Zhàoqìng Xīnyíng Zhuāngshìcáiliào Yǒuxiàngōngsī	企业	肇庆高新区建设路7号
肇庆兴亿海洋生物工程有限公司	Zhàoqìng Xīngyì Hǎiyángshēngwùgōngchéng Yǒuxiàngōngsī	企业	肇庆高新区顺景路
肇庆宣伟涂料有限公司	Zhàoqìng Xuānwěi Túliào Yǒuxiàngōngsī	企业	肇庆高新区正隆二街174号宣伟涂料公司西边100米
肇庆伊莉丝家纺用品有限公司	Zhàoqìng Yīlìsī Jiāfǎng yòngpǐn Yǒuxiàngōngsī	企业	肇庆高新区建设路8号
肇庆远境自动化设备有限公司	Zhàoqìng Yuǎnjìng Zìdònghuàshèbèi Yǒuxiàngōngsī	企业	肇庆高新区宝石路附近

（续上表）

标准名称	汉语拼音	地名类别	相对位置
中国农业银行肇庆永安支行	Zhōngguónóngyèyínháng Zhàoqìng Yǒng'ān Zhīháng	企业	肇庆高新区曙光街
肇庆豪成实业有限公司	Zhàoqìng Háochéng Shíyè Yǒuxiàngōngsī	企业	肇庆高新区龙湖大道3号
广东众合建材有限公司	Guǎngdōng Zhònghé Jiàncái Yǒuxiàngōngsī	企业	贞山街道独岗村委上沙六村河西公路南边
四会市奥塑实业有限公司	Sìhuì Shì Àosù Shíyè Yǒuxiàngōngsī	企业	贞山工业开发区独岗河西公路侧
四会市澳得塑料五金制品有限公司	Sìhuì Shì Àodé Sùliàowǔjīnzhìpǐn Yǒuxiàngōngsī	企业	贞山工业开发区
四会市柏利吸塑包装有限公司	Sìhuì Shì Bǎilì Xīsùbāozhuāng Yǒuxiàngōngsī	企业	贞山区河西路16号（红棉印刷厂内）
四会市包装彩印有限公司	Sìhuì Shì Bāozhuāngcǎiyìn Yǒuxiàngōngsī	企业	贞山街道四莲路六号
四会市高达塑胶五金材料有限公司	Sìhuì Shì Gāodá Sùjiāowǔjīncáiliào Yǒuxiàngōngsī	企业	贞山工业开发区
四会市红力新型建材厂	Sìhuì Shì Hónglì Xīnxíng Jiàncáichǎng	企业	贞山街道
四会市会兴机电工程有限公司	Sìhuì Shì Huìxīng Jīdiàngōngchéng Yǒuxiàngōngsī	企业	贞山街道316乡道侧
四会市金圆回转支承有限公司	Sìhuì Shì Jīnyuán Huízhuǎnzhīchéng Yǒuxiàngōngsī	企业	贞山区邓村坑口
四会市利荣包装材料有限公司	Sìhuì Shì Lìróng Bāozhuāngcáiliào Yǒuxiàngōngsī	企业	贞山街道柑榄村（白沙水电站侧）
四会市日成皮件有限责任公司	Sìhuì Shì Rìchéng Píjiàn Yǒuxiànzérèngōngsī	企业	贞山区独岗里布莲四公路旁
四会市日丰丝印贴花有限公司	Sìhuì Shì Rìfēng Sīyìntiēhuā Yǒuxiàngōngsī	企业	贞山区四连线公路15号
四会市顺景液化石油气钢瓶检验有限公司	Sìhuì Shì Shùnjǐng Yèhuàshíyóuqìgāngpíngjiǎnyàn Yǒuxiàngōngsī	企业	贞山区坑口村委会佛子石场
四会市新华印刷厂	Sìhuì Shì Xīnhuá Yìnshuāchǎng	企业	贞山街道独岗社区居民委员会下沙二村四莲路4号（永信鞋厂右侧）
四会市新南粤包装彩印有限公司	Sìhuì Shì Xīnnányuè Bāozhuāngcǎiyìn Yǒuxiàngōngsī	企业	贞山区河西路15号

（续上表）

标准名称	汉语拼音	地名类别	相对位置
四会市星邦衣架有限公司	Sìhuì Shì Xīngbāng Yījià Yǒuxiàngōngsī	企业	贞山区独岗村里布
银星假日酒店	Yínxīngjiàrì Jiǔdiàn	企业	贞山区贞山大道旁
四会市颖利地毯有限公司	Sìhuì Shì Yǐnglì Dìtǎn Yǒuxiàngōngsī	企业	贞山区独岗河西公路（奥塑实业有限公司内北面厂房）
四会市御丰玻璃有限公司	Sìhuì Shì Yùfēng Bōlí Yǒuxiàngōngsī	企业	贞山区独岗河西公路边（奥塑实业有限公司内厂房）
四会市长江印刷厂有限公司	Sìhuì Shì Chángjiāng Yìnshuāchǎng Yǒuxiàngōngsī	企业	贞山街道河西路19号
永信鞋厂	Yǒngxìn Xiéchǎng	企业	贞山街道独岗村委下沙二村竹仔园
威龙鞋厂	Wēilóng Xiéchǎng	企业	贞山街道439县道侧
勇记山庄	Yǒngjì Shānzhuāng	企业	贞山街道贞山六祖庙左侧入口
肇庆仁修堂医药有限公司	Zhàoqìng Rénxiūtáng Yīyào Yǒuxiàngōngsī	企业	贞山街道河西公路33号

（十）陆地水系类

1. 河流

标准名称	汉语拼音	地名类别	相对位置	发源地	所在(跨)行政区
青岐涌	Qīngqí Chōng	河流	四会市东南部	四会市大沙镇仁马村陶冶口	大沙镇
大坑	Dàkēng	河流	四会市南部	四会市天光塘	大沙镇
小迳坑	Xiǎojìng Kēng	河流	四会市南部	贞山林场	大沙镇
何礼河	Hélǐ Hé	河流	四会市北部	地豆镇三桂山、莲子迳	地豆镇
水车坑	Shuǐchē Kēng	河流	四会市北部	四会市黄帝岭	地豆镇
田寮坑	Tiánliáo Kēng	河流	四会市北部	企岭	地豆镇
清东坑	Qīngdōng Kēng	河流	四会市东部	四会市长江畔	东城街道
坭城坑	Níchéng Kēng	河流	四会市东北部	大南山	东城街道
黄田坑	Huángtián Kēng	河流	四会市西北部	四会市百寮头	黄田镇
龙带水	Lóngdàishuǐ	河流	四会市西北部	小水河新塘山	黄田镇

（续上表）

标准名称	汉语拼音	地名类别	相对位置	发源地	所在(跨)行政区
讴坑	Ōukēng	河流	四会市西北部	黄田镇带面	黄田镇
小水	Xiǎoshuǐ	河流	四会市西北部	四会市鸡𡎒头	黄田镇
廖沙坑	Liàoshā Kēng	河流	四会市西北部	小水区	黄田镇
东坑	Dōngkēng	河流	四会市西北部	江谷镇鸡啼坑	江谷镇
拱桥坑	Gǒngqiáo Kēng	河流	四会市西北部	江林圩高龙顶	江谷镇
江谷河	Jiānggǔ Hé	河流	四会市西北部	江林老杨坝	江谷镇
三坑庙坑	Sānkēng Miào Kēng	河流	四会市西北部	四会市高龙顶	江谷镇
旺塘坑	Wàngtáng Kēng	河流	四会市西北部	四会市百足岗	江谷镇
鸡啼坑	Jītí Kēng	河流	四会市西北部	江谷镇鸡啼岭	江谷镇
陆村坑	Lùcūn Kēng	河流	四会市北部	马力一二村	江谷镇
十二带坑	Shí'èrdài Kēng	河流	四会市西北部	江谷镇十二带	江谷镇
古曹坑	Gǔcáo Kēng	河流	四会市西北部	四会市三伏乳	江谷镇
大坑	Dàkēng	河流	四会市西北部	——	江谷镇
独岗坑	Dúgǎng Kēng	河流	四会市北部	四会市黄帝岭	迳口镇
沙子头坑	Shāzǐtóu Kēng	河流	四会市北部	迳口镇尾坑石牛栏	迳口镇
狮脑沙坑	Shīnǎo Shākēng	河流	四会市北部	长圳塘	迳口镇
下寮河	Xiàliáo Hé	河流	四会市北部	四会市石牛栏	迳口镇
麻布坑	Mábù Kēng	河流	四会市北部	龙江茶场	迳口镇
芙蓉坑	Fúróng Kēng	河流	四会市北部	四会市灯岭	龙甫镇
龙头坑	Lóngtóu Kēng	河流	四会市北部	四会市亚婆	龙甫镇
营脚坑	Yíngjiǎo Kēng	河流	四会市北部	四会市营脚村	龙甫镇
白石塘坑	Báishítáng Kēng	河流	四会市北部	龙甫镇白石塘	龙甫镇
冲洞坑	Chōngdòng Kēng	河流	四会市北部	白石塘、塘鸡线	龙甫镇
上甫坑	Shàngfǔ Kēng	河流	四会市西北部	四会市张圳山	龙甫镇
高洞坑	Gāodòng Kēng	河流	四会市西北部	大南山林场	龙甫镇
罗锅坑	Luóguō Kēng	河流	四会市西北部	横档尾山	石狗镇
程村坑	Chéngcūn Kēng	河流	四会市西部	四会市大王山	石狗镇
大洼水	Dàwāshuǐ	河流	四会市西部	四会市大坳	石狗镇
金坑水	Jīnkēngshuǐ	河流	四会市西部	石狗镇金坑圩的严坑尾	石狗镇

（续上表）

标准名称	汉语拼音	地名类别	相对位置	发源地	所在(跨)行政区
寮畔河	Liáopàn Hé	河流	四会市西部	放光岭	石狗镇
曲水河	Qūshuǐ Hé	河流	四会市西部	石狗镇鸡乸头（皆嘛英）	石狗镇
江珠坑	Jiāngzhū Kēng	河流	四会市西北部	石狗隔岗	石狗镇
路琴坑	Lùqín Kēng	河流	四会市西北部	鸡乸头	石狗镇
都崀河	Dūlàng Hé	河流	四会市西北部	四会市公婆山	石狗镇
北江	Běijiāng	河流	四会市东南部	江西省信丰县石碣大茅山	四会市
龙江	Lóngjiāng	河流	四会市中北部	广宁县平岗垌十排山	四会市
绥江	Suíjiāng	河流	四会市西南部	广东连山壮族瑶族自治县加田乡的正坑顶（又称擒鸦岭）	四会市
车公坑	Chēgōng Kēng	河流	四会市北部	清远市秦皇镇车岗	四会市
潭坑	Tánkēng	河流	四会市北部	三桂山	威整镇
威整河	Wēizhěng Hé	河流	四会市北部	广宁县江屯镇禾叉坳西麓	威整镇
大迳坑	Dàjìng Kēng	河流	四会市北部	三桂山	威整镇
滘水河	Jiàoshuǐ Hé	河流	四会市北部	四会市三桂山	威整镇
角坑	Jiǎokēng	河流	四会市北部	——	威整镇
九坑	Jiǔkēng	河流	四会市北部	风门坳	威整镇
坪坑尾	Píngkēngwěi	河流	四会市北部	——	威整镇
羊角坑	Yángjiǎo Kēng	河流	四会市北部	——	威整镇
芋头坑	Yùtóu Kēng	河流	四会市北部	竹屈仔山	威整镇
担村坑	Dāncūn Kēng	河流	四会市北部	龙湾新寨	下茆镇
高崀坑	Gāolàng Kēng	河流	四会市北部	红卫	下茆镇
下布坑	Xiàbù Kēng	河流	四会市西北部	三浪	下茆镇
南塘坑	Nántáng Kēng	河流	四会市北部	水寨	下茆镇
下茆河	Xiàmáo Hé	河流	四会市西北部	四会市百寨头	下茆镇
渔云河	Yúyún Hé	河流	四会市北部	四会市圣坑山	下茆镇

（续上表）

标准名称	汉语拼音	地名类别	相对位置	发源地	所在(跨)行政区
独河	Dúhé	河流	四会市东南部	三水区原六和镇大岭	东城街道
榄洞坑	Lǎndòng Kēng	河流	四会市西北部	风门坳	贞山街道
龙麟坑	Lónglínkēng	河流	四会市西部	茅坪	贞山街道
邓村河	Dèngcūn Hé	河流	四会市西部	四会市黄牛头山	贞山街道
塘婆坑	Tángpó Kēng	河流	四会市西部	四会市羊古顶	贞山街道
王坑	Wángkēng	河流	四会市西部	王坑村	贞山街道
大坑	Dàkēng	河流	四会市西部	冷水坑	贞山街道
苗坑	Miáokēng	河流	四会市北部	苗坑水库	威整镇

2. 湖泊、陆地岛屿、瀑布、泉

标准名称	汉语拼音	地名类别	相对位置
海心洲	Hǎixīn Zhōu	洲、河岛	四会市西北部
海心洲	Hǎixīn Zhōu	洲、河岛	四会市东南部
西岸洲	Xī'àn Zhōu	洲、河岛	四会市西北部
榄岗洲	Lǎngǎng Zhōu	洲、河岛	四会市东南部
簕竹洲	Lèzhú Zhōu	洲、河岛	四会市东南部
讴公塘洲	Ōugōngtáng Zhōu	洲、河岛	四会市西北部

（十一）陆地地形类

标准名称	汉语拼音	别名	地名类别	相对位置	所在(跨)行政区
风柜口	Fēngguìkǒu	——	山口、关隘	四会市政府驻地东南部	东城街道
长乐凹	Chánglè Āo	——	山口、关隘	四会市政府驻地西北部	江谷镇
佛坳	Fó'ào	——	山口、关隘	四会市政府驻地西北部	江谷镇
佛坳	Fó'ào	——	山口、关隘	四会市政府驻地西南部	贞山街道
澜石坳	Lánshí Ào	——	山口、关隘	四会市政府驻地西北部	下茆镇
风门坳	Fēngmén Ào	——	山口、关隘	四会市政府驻地西北部	石狗镇
鸡公堀	Jīgōng Kū	——	山谷、谷地	四会市政府驻地西北部	下茆镇
鸡乸堀	Jīnǎ Kū	——	山谷、谷地	四会市政府驻地西北部	下茆镇
沙路圳	Shālùzhèn	——	山谷、谷地	四会市政府驻地西北部	下茆镇

（续上表）

标准名称	汉语拼音	别名	地名类别	相对位置	所在(跨)行政区
蕉坑	Jiāokēng	—	山谷、谷地	四会市政府驻地西北部	地豆镇
直坑	Zhíkēng	—	山谷、谷地	四会市政府驻地西北部	地豆镇
矮山尾	Ǎishānwěi	—	山谷、谷地	四会市政府驻地西南部	贞山街道
南山尾	Nánshānwěi	—	山谷、谷地	四会市政府驻地西南部	贞山街道
黄迳	Huángjìng	—	山谷、谷地	四会市政府驻地东北部	迳口镇
马崩坑	Mǎbēng Kēng	—	山谷、谷地	四会市政府驻地东北部	威整镇
白花尾	Báihuāwěi	—	山谷、谷地	四会市政府驻地西南部	贞山街道
白花坑	Báihuā Kēng	—	山谷、谷地	四会市政府驻地西南部	贞山街道
龙獜坑	Lónglín Kēng	—	山谷、谷地	四会市政府驻地西南部	贞山街道
水瓮坪	Shuǐwèng Píng	—	山谷、谷地	四会市政府驻地西南部	贞山街道
塘婆坑	Tángpó Kēng	—	山谷、谷地	四会市政府驻地西南部	贞山街道
老鸦坑	Lǎoyā Kēng	—	山谷、谷地	四会市政府驻地西南部	贞山街道
三桂山	Sānguì Shān	—	山峰	四会市政府驻地西北部	地豆镇
岗坳山	Gǎng'ào Shān	—	山	四会市政府驻地西北部	城中街道
高岗	Gāogǎng	—	山	四会市政府驻地西北部	城中街道
龟咀山	Guīzuǐ Shān	—	山	四会市政府驻地西北部	城中街道
横坑山	Héngkēng Shān	—	山	四会市政府驻地西北部	城中街道
角仔坑	Jiǎozǎi Kēng	—	山	四会市政府驻地西北部	城中街道
井坑山	Jǐngkēng Shān	—	山	四会市政府驻地西北部	城中街道
仓岗山	Cānggǎng Shān	—	山	四会市政府驻地西北部	城中街道
罗围	Luówéi	—	山	四会市政府驻地西北部	城中街道
南蛇山	Nánshé Shān	—	山	四会市政府驻地西北部	城中街道
泥城	Níchéng	—	山	四会市政府驻地西北部	城中街道
屈洞山	Qūdòng Shān	—	山	四会市政府驻地西北部	城中街道
上寨头	Shàngzhàitóu	—	山	四会市政府驻地西北部	城中街道
下角山	Xiàjiǎo Shān	—	山	四会市政府驻地西北部	城中街道
羊栏顶	Yánglán Dǐng	—	山	四会市政府驻地西北部	城中街道
野狸岗	Yělí Gǎng	—	山	四会市政府驻地西北部	城中街道
竹头坑顶	Zhútóu Kēngdǐng	—	山	四会市政府驻地西北部	城中街道
细佛仔	Xìfózǎi	—	山	四会市政府驻地西北部	城中街道

（续上表）

标准名称	汉语拼音	别名	地名类别	相对位置	所在(跨)行政区
金鸡岗	Jīnjī Gǎng	——	山	四会市政府驻地西北部	城中街道
大坑岗	Dàkēng Gǎng	——	山	四会市政府驻地东南部	大沙镇
马岗山	Mǎgǎng Shān	——	山	四会市政府驻地东南部	大沙镇
尖峰岭	Jiānfēng Lǐng	——	山	四会市政府驻地西南部	大沙镇
鸦鹰顶	Yāyīng Dǐng	——	山	四会市政府驻地西南部	大沙镇
狮脑顶	Shīnǎo Dǐng	——	山	四会市政府驻地东北部	地豆镇
大云顶	Dàyún Dǐng	——	山	四会市政府驻地东北部	地豆镇
对门岭	Duìmén Lǐng	——	山	四会市政府驻地东北部	地豆镇
高岭	Gāolǐng	——	山	四会市政府驻地东北部	地豆镇
尖引顶	Jiānyǐn Dǐng	——	山	四会市政府驻地西北部	地豆镇
分水坳	Fēnshuǐ Ào	——	山	四会市政府驻地东北部	地豆镇
长岭	Chánglǐng	——	山	四会市政府驻地东北部	地豆镇
虫子岭	Chóngzǐ Lǐng	——	山	四会市政府驻地东北部	地豆镇
簕竹塘岭	Lèzhútáng Lǐng	——	山	四会市政府驻地东北部	地豆镇
塘子窝岭	Tángzǐwō Lǐng	——	山	四会市政府驻地东北部	地豆镇
淌耙岭	Tǎngpá Lǐng	——	山	四会市政府驻地东北部	地豆镇
翻背山	Fānbèi Shān	——	山	四会市政府驻地东北部	地豆镇
猄竹坑	Jīngzhú Kēng	——	山	四会市政府驻地东北部	地豆镇
红路岭	Hónglù Lǐng	——	山	四会市政府驻地东北部	地豆镇
黄草岭	Huángcǎo Lǐng	——	山	四会市政府驻地东北部	地豆镇
犁成顶	Líchéng Dǐng	——	山	四会市政府驻地西北部	地豆镇
南蛇坑	Nánshé Kēng	——	山	四会市政府驻地西北部	地豆镇
大坑顶	Dàkēng Dǐng	——	山	四会市政府驻地西北部	地豆镇
九曲岭	Jiǔqū Lǐng	——	山	四会市政府驻地西北部	地豆镇
尖峰岭	Jiānfēng Lǐng	——	山	四会市政府驻地西北部	地豆镇
牛栏窝	Niúlán Wō	——	山	四会市政府驻地西北部	地豆镇
企山	Qǐshān	——	山	四会市政府驻地西北部	地豆镇
蛇头坑	Shétóu Kēng	——	山	四会市政府驻地西北部	地豆镇
虾公钳	Xiāgōngqián	——	山	四会市政府驻地西北部	地豆镇
大壁山	Dàbì Shān	——	山	四会市政府驻地西北部	地豆镇

(续上表)

标准名称	汉语拼音	别名	地名类别	相对位置	所在(跨)行政区
大帽顶	Dàmào Dǐng	—	山	四会市政府驻地西北部	地豆镇
大云顶	Dàyún Dǐng	—	山	四会市政府驻地西北部	地豆镇
高桥岭	Gāoqiáo Lǐng	—	山	四会市政府驻地西北部	地豆镇
尖峯岭	Jiānfēng Lǐng	—	山	四会市政府驻地西北部	地豆镇
尖峰顶	Jiānfēng Dǐng	—	山	四会市政府驻地西北部	地豆镇
马鬃引	Mǎzōngyǐn	—	山	四会市政府驻地西北部	地豆镇
火烧岭	Huǒshāo Lǐng	—	山	四会市政府驻地西北部	地豆镇
种竹岭	Zhǒngzhú Lǐng	—	山	四会市政府驻地西北部	地豆镇
虎神岭	Hǔshén Lǐng	—	山	四会市政府驻地西北部	地豆镇
蛤蚧岭	Hájiè Lǐng	—	山	四会市政府驻地西北部	地豆镇
爆岭坑	Bàolǐng Kēng	—	山	四会市政府驻地西北部	地豆镇
山塘窝	Shāntáng Wō	—	山	四会市政府驻地西北部	地豆镇
蛇坑	Shékēng	—	山	四会市政府驻地西北部	地豆镇
鼻公梗山	Bígōnggěng Shān	—	山	四会市政府驻地西北部	地豆镇
七头古山	Qītóugǔ Shān	—	山	四会市政府驻地西北部	地豆镇
牛头山	Niútóu Shān	—	山	四会市政府驻地西北部	地豆镇
大枕顶	Dàzhěn Dǐng	—	山	四会市政府驻地西北部	地豆镇
石夹尾	Shíjiáwěi	—	山	四会市政府驻地西北部	地豆镇
山塘坳	Shāntáng Ào	—	山	四会市政府驻地西北部	地豆镇
大山	Dàshān	—	山	四会市政府驻地西北部	地豆镇
青山坳	Qīngshān Ào	—	山	四会市政府驻地西北部	地豆镇
高人顶	Gāorén Dǐng	—	山	四会市政府驻地西北部	地豆镇
长颈顶	Chángjǐng Dǐng	—	山	四会市政府驻地西北部	地豆镇
高伦顶	Gāolún Dǐng	—	山	四会市政府驻地西北部	地豆镇
大坪顶	Dàpíng Dǐng	—	山	四会市政府驻地西北部	地豆镇
松屋顶	Sōngwū Dǐng	—	山	四会市政府驻地西北部	地豆镇
龟仔岗	Guīzǎi Gǎng	—	山	四会市政府驻地西北部	地豆镇
高顶	Gāodǐng	—	山	四会市政府驻地西北部	地豆镇
阿带岭	Ādài Lǐng	—	山	四会市政府驻地西北部	地豆镇
粪岗路	Fèngǎng Lù	—	山	四会市政府驻地西北部	地豆镇

（续上表）

标准名称	汉语拼音	别名	地名类别	相对位置	所在(跨)行政区
负正岗	Fùzhèng Gǎng	——	山	四会市政府驻地西北部	地豆镇
七头古岭	Qītóugǔ Lǐng	——	山	四会市政府驻地西北部	地豆镇
针板岭	Zhēnbǎn Lǐng	——	山	四会市政府驻地西北部	地豆镇
黄草岭	Huángcǎo Lǐng	——	山	四会市政府驻地西北部	地豆镇
泥城顶	Níchéng Dǐng	——	山	四会市政府驻地西北部	地豆镇
仙人骑鹤	Xiānrénqíhè	——	山	四会市政府驻地西北部	地豆镇
岗松兴	Gǎngsōngxīng	——	山	四会市政府驻地西北部	地豆镇
冰岗坑	Bīnggǎng Kēng	——	山	四会市政府驻地西北部	地豆镇
均坑坳	Jūnkēng Ào	——	山	四会市政府驻地西北部	地豆镇
谭坑尾	Tánkēngwěi	——	山	四会市政府驻地西北部	地豆镇
烂畔坑	Lànpàn Kēng	——	山	四会市政府驻地西北部	地豆镇
长坑仔	Chángkēngzǎi	——	山	四会市政府驻地西北部	地豆镇
必六坑	Bìliù Kēng	——	山	四会市政府驻地西北部	地豆镇
榄树窝山	Lǎnshùwō Shān	——	山	四会市政府驻地西北部	地豆镇
稔子山	Rěnzǐ Shān	——	山	四会市政府驻地西北部	地豆镇
龟岗	Guīgǎng	——	山	四会市政府驻地西北部	地豆镇
地塘岗	Dìtáng Gǎng	——	山	四会市政府驻地西北部	地豆镇
皇帝岭	Huángdì Lǐng	碧落峰	山	四会市政府驻地东北部	地豆镇
六士岭	Liùshì Lǐng	——	山	四会市政府驻地东北部	东城街道
蔡便岗	Càibiàn Gǎng	——	山	四会市政府驻地东北部	东城街道
柴背岗	Cháibèi Gǎng	——	山	四会市政府驻地东北部	东城街道
大山岗仔	Dàshān Gǎngzǎi	——	山	四会市政府驻地东北部	东城街道
观音菴	Guānyīnyǎn	——	山	四会市政府驻地西南部	东城街道
磨刀坑	Módāo Kēng	——	山	四会市政府驻地东北部	东城街道
帽仔尖	Màozǎijiān	——	山	四会市政府驻地西南部	东城街道
白石岗	Báishí Gǎng	——	山	四会市政府驻地东北部	东城街道
氹狗坑	Dànggǒu Kēng	——	山	四会市政府驻地东北部	东城街道
饭盖岗	Fàngài Gǎng	——	山	四会市政府驻地西北部	东城街道
饭盖岗	Fàngài Gǎng	——	山	四会市政府驻地东北部	东城街道
凤从岗	Fèngcóng Gǎng	——	山	四会市政府驻地西北部	东城街道

（续上表）

标准名称	汉语拼音	别名	地名类别	相对位置	所在(跨)行政区
佛坳	Fó'ào	——	山	四会市政府驻地东北部	东城街道
公墓山	Gōngmù Shān	——	山	四会市政府驻地西北部	东城街道
旱窝	Hànwō	——	山	四会市政府驻地东北部	东城街道
禾仓岗	Hécāng Gǎng	——	山	四会市政府驻地东北部	东城街道
虎留岗	Hǔliú Gǎng	虎山岗	山	四会市政府驻地东南部	东城街道
脊岗	Jǐgǎng	——	山	四会市政府驻地东北部	东城街道
牛眠地岗	Niúmiándì Gǎng	——	山	四会市政府驻地东北部	东城街道
三才岭	Sāncái Lǐng	——	山	四会市政府驻地东北部	东城街道
山坑	Shānkēng	——	山	四会市政府驻地东北部	东城街道
山塘	Shāntáng	——	山	四会市政府驻地东北部	东城街道
上岗	Shànggǎng	——	山	四会市政府驻地西南部	东城街道
社坑角山	Shèkēngjiǎo Shān	——	山	四会市政府驻地东北部	东城街道
石古山	Shígǔ Shān	——	山	四会市政府驻地东北部	东城街道
石仔路	Shízǎilù	——	山	四会市政府驻地东北部	东城街道
仙女岭	Xiānnǚ Lǐng	——	山	四会市政府驻地东北部	东城街道
鸭屎坑山	Yāshǐkēng Shān	——	山	四会市政府驻地东北部	东城街道
亚婆树孙	Yàpóshùsūn	——	山	四会市政府驻地东北部	东城街道
长岗	Chánggǎng	——	山	四会市政府驻地西北部	东城街道
折腰岗	Zhéyāo Gǎng	——	山	四会市政府驻地东北部	东城街道
忠塘岗	Zhōngtáng Gǎng	——	山	四会市政府驻地东南部	东城街道
凤门坳	Fēngmén Ào	——	山	四会市政府驻地东北部	东城街道
三角豆腐头	Sānjiǎodòufǔtóu	——	山	四会市政府驻地东北部	东城街道
膝头洞	Xītóu Dòng	——	山	四会市政府驻地东北部	东城街道
冷水坑	Lěngshuǐ Kēng	——	山	四会市政府驻地西南部	东城街道
二坑坪	Èrkēng Píng	——	山	四会市政府驻地西南部	东城街道
茅坑	Máokēng	——	山	四会市政府驻地西南部	东城街道
牛头山	Niútóu Shān	——	山	四会市政府驻地西南部	东城街道
五脚蟹钳	Wǔjiǎoxièqián	——	山	四会市政府驻地西南部	东城街道
鱼翁撒网	Yúwēngsāwǎng	——	山	四会市政府驻地西南部	东城街道

（续上表）

标准名称	汉语拼音	别名	地名类别	相对位置	所在(跨)行政区
饭盖岗	Fàngài Gǎng	——	山	四会市政府驻地西北部	东城街道
牛栏岗	Niúlán Gǎng	——	山	四会市政府驻地东南部	东城街道
崩岗岭	Bēnggǎng Lǐng	——	山	四会市政府驻地东北部	东城街道
矮坭城	Ǎiníchéng	——	山	四会市政府驻地西北部	黄田镇
白芒迳	Báimáng Jìng	——	山	四会市政府驻地西北部	黄田镇
白屈尾	Báiqūwěi	——	山	四会市政府驻地西北部	黄田镇
白石顶	Báishí Dǐng	——	山	四会市政府驻地西北部	黄田镇
白石尾	Báishíwěi	——	山	四会市政府驻地西北部	黄田镇
百寮头	Bǎiliáotóu	——	山	四会市政府驻地西北部	黄田镇
百马头	Bǎimǎtóu	——	山	四会市政府驻地西北部	黄田镇
避世尾	Bìshìwěi	——	山	四会市政府驻地西北部	黄田镇
仓屋山	Cāngwū Shān	——	山	四会市政府驻地西北部	黄田镇
船底窝	Chuándǐwō	——	山	四会市政府驻地西北部	黄田镇
船底窝顶	Chuándǐwō Dǐng	——	山	四会市政府驻地西北部	黄田镇
大碑尾	Dàbēiwěi	——	山	四会市政府驻地西北部	黄田镇
大崩坑	Dàbēng Kēng	——	山	四会市政府驻地西北部	黄田镇
大径屈	Dàjìngqū	——	山	四会市政府驻地西北部	黄田镇
大坑山	Dàkēng Shān	——	山	四会市政府驻地西北部	黄田镇
大排	Dàpái	——	山	四会市政府驻地西北部	黄田镇
大山头	Dàshāntóu	——	山	四会市政府驻地西北部	黄田镇
大石头	Dàshítóu	——	山	四会市政府驻地西北部	黄田镇
大塘	Dàtáng	——	山	四会市政府驻地西北部	黄田镇
大窝山	Dàwō Shān	——	山	四会市政府驻地西北部	黄田镇
单竹坑	Dānzhú Kēng	——	山	四会市政府驻地西北部	黄田镇
邓四尾	Dèngsìwěi	——	山	四会市政府驻地西北部	黄田镇
短见山	Duǎnjiàn Shān	——	山	四会市政府驻地西北部	黄田镇
放坑	Fàngkēng	——	山	四会市政府驻地西北部	黄田镇
富竹	Fùzhú	——	山	四会市政府驻地西北部	黄田镇
狗暖	Gǒunuǎn	——	山	四会市政府驻地西北部	黄田镇
观音岩	Guānyīnyán	——	山	四会市政府驻地西北部	黄田镇

（续上表）

标准名称	汉语拼音	别名	地名类别	相对位置	所在(跨)行政区
火烧岗	Huǒshāo Gǎng	——	山	四会市政府驻地西北部	黄田镇
鸡脚坑	Jījiǎo Kēng	——	山	四会市政府驻地西北部	黄田镇
九曲岭	Jiǔqū Lǐng	——	山	四会市政府驻地西北部	黄田镇
坑吊山	Kēngdiào Shān	——	山	四会市政府驻地西北部	黄田镇
坑子头	Kēngzǐtóu	——	山	四会市政府驻地西北部	黄田镇
孔塘	Kǒngtáng	——	山	四会市政府驻地西北部	黄田镇
老虎眼	Lǎohǔyǎn	——	山	四会市政府驻地西北部	黄田镇
黎城	Líchéng	——	山	四会市政府驻地西北部	黄田镇
埂尾	Gěngwěi	——	山	四会市政府驻地西北部	黄田镇
黎坑尾	Líkēngwěi	——	山	四会市政府驻地西北部	黄田镇
庙寨	Miàozhài	——	山	四会市政府驻地西北部	黄田镇
磨刀坑	Módāo Kēng	——	山	四会市政府驻地西北部	黄田镇
坭城仔	Níchéngzǎi	——	山	四会市政府驻地西北部	黄田镇
牛眠	Niúmián	——	山	四会市政府驻地西北部	黄田镇
三面尾山	Sānmiànwěi Shān	——	山	四会市政府驻地西北部	黄田镇
三丫	Sānyā	——	山	四会市政府驻地西北部	黄田镇
山头岗	Shāntóu Gǎng	——	山	四会市政府驻地西北部	黄田镇
衫凹	Shān'āo	——	山	四会市政府驻地西北部	黄田镇
上托山	Shàngtuō Shān	——	山	四会市政府驻地西北部	黄田镇
深圳山	Shēnzhèn Shān	——	山	四会市政府驻地西北部	黄田镇
石径	Shíjìng	——	山	四会市政府驻地西北部	黄田镇
石人公	Shíréngōng	——	山	四会市政府驻地西北部	黄田镇
石山岗	Shíshān Gǎng	——	山	四会市政府驻地西北部	黄田镇
太堀山	Tàikū Shān	——	山	四会市政府驻地西北部	黄田镇
藤崀山	Ténglàng Shān	——	山	四会市政府驻地西北部	黄田镇
碗坑	Wǎnkēng	——	山	四会市政府驻地西北部	黄田镇
西坑	Xīkēng	——	山	四会市政府驻地西北部	黄田镇
下放犁城	Xiàfànglíchéng	——	山	四会市政府驻地西北部	黄田镇
仙鸡顶	Xiānjī Dǐng	——	山	四会市政府驻地西北部	黄田镇
小粪	Xiǎofèn	——	山	四会市政府驻地西北部	黄田镇

（续上表）

标准名称	汉语拼音	别名	地名类别	相对位置	所在(跨)行政区
新塘口	Xīntángkǒu	——	山	四会市政府驻地西北部	黄田镇
羊鼻山	Yángbí Shān	——	山	四会市政府驻地西北部	黄田镇
园塘	Yuántáng	——	山	四会市政府驻地西北部	黄田镇
泽坑山	Zékēng Shān	——	山	四会市政府驻地西北部	黄田镇
长见山	Chángjiàn Shān	——	山	四会市政府驻地西北部	黄田镇
中塘山	Zhōngtáng Shān	——	山	四会市政府驻地西北部	黄田镇
连带头	Liándàitóu	——	山	四会市政府驻地西北部	黄田镇
大塘山	Dàtáng Shān	——	山	四会市政府驻地东北部	黄田镇
昂天狮	Ángtiānshī	——	山	四会市政府驻地西北部	江谷镇
背夫顶	Bèifū Dǐng	——	山	四会市政府驻地西北部	江谷镇
茶屈岭	Cháqū Lǐng	——	山	四会市政府驻地西北部	江谷镇
大皇岭	Dàhuáng Lǐng	——	山	四会市政府驻地西北部	江谷镇
大岭头	Dàlǐngtóu	——	山	四会市政府驻地西北部	江谷镇
高挂丁	Gāoguàdīng	——	山	四会市政府驻地西北部	江谷镇
高筑顶	Gāozhù Dǐng	——	山	四会市政府驻地西北部	江谷镇
横岗	Hénggǎng	——	山	四会市政府驻地西北部	江谷镇
黄竹迳岭顶	Huángzhú Jìnglǐng Dǐng	——	山	四会市政府驻地西北部	江谷镇
火岭栋	Huǒlǐngdòng	——	山	四会市政府驻地西北部	江谷镇
君子岭	Jūnzǐ Lǐng	——	山	四会市政府驻地西北部	江谷镇
孔坑	Kǒngkēng	——	山	四会市政府驻地西北部	江谷镇
雷公山	Léigōng Shān	——	山	四会市政府驻地西北部	江谷镇
犁城顶	Líchéng Dǐng	——	山	四会市政府驻地西北部	江谷镇
凉风凹	Liángfēng Ào	——	山	四会市政府驻地西北部	江谷镇
林坑	Línkēng	——	山	四会市政府驻地西北部	江谷镇
岭龙山顶	Lǐnglóngshān Dǐng	——	山	四会市政府驻地西北部	江谷镇
龙尾坳	Lóngwěi Ào	——	山	四会市政府驻地西北部	江谷镇
大岗	Dàgǎng	——	山	四会市政府驻地西北部	江谷镇
乌龙岗	Wūlóng Gǎng	——	山	四会市政府驻地西北部	江谷镇
坳顶	Àodǐng	——	山	四会市政府驻地西北部	江谷镇

（续上表）

标准名称	汉语拼音	别名	地名类别	相对位置	所在(跨)行政区
泥城顶	Níchéng Dǐng	—	山	四会市政府驻地西北部	江谷镇
大帽顶	Dàmào Dǐng	—	山	四会市政府驻地西北部	江谷镇
尖峰顶	Jiānfēng Dǐng	—	山	四会市政府驻地西北部	江谷镇
二师顶	Èrshī Dǐng	—	山	四会市政府驻地西北部	江谷镇
杉山	Shānshān	—	山	四会市政府驻地西北部	江谷镇
牛头山	Niútóu Shān	—	山	四会市政府驻地西北部	江谷镇
坳门岭顶	Àoménlǐng Dǐng	—	山	四会市政府驻地西北部	江谷镇
龙岗岭	Lónggǎng Lǐng	—	山	四会市政府驻地西北部	江谷镇
马岭	Mǎlǐng	—	山	四会市政府驻地西北部	江谷镇
马楼岭	Mǎlóu Lǐng	—	山	四会市政府驻地西北部	江谷镇
南房	Nánfáng	—	山	四会市政府驻地西北部	江谷镇
南湖顶	Nánhú Dǐng	—	山	四会市政府驻地西北部	江谷镇
企岭仔	Qǐlǐngzǎi	—	山	四会市政府驻地西北部	江谷镇
企山	Qǐshān	—	山	四会市政府驻地西北部	江谷镇
三伏乳	Sānfúrǔ	—	山	四会市政府驻地西北部	江谷镇
山姜屈	Shānjiāngqū	—	山	四会市政府驻地西北部	江谷镇
山塘凹	Shāntáng Āo	—	山	四会市政府驻地西北部	江谷镇
圣塘岭	Shèngtáng Lǐng	—	山	四会市政府驻地西北部	江谷镇
石牛顶	Shíniú Dǐng	—	山	四会市政府驻地西北部	江谷镇
松山窝	Sōngshān Wō	—	山	四会市政府驻地西北部	江谷镇
虾岗	Xiāgǎng	—	山	四会市政府驻地西北部	江谷镇
秀才头	Xiùcáitóu	—	山	四会市政府驻地西北部	江谷镇
长坑基	Chángkēngjī	—	山	四会市政府驻地西北部	江谷镇
长乐岭	Chánglè Lǐng	—	山	四会市政府驻地西北部	江谷镇
周坑	Zhōukēng	—	山	四会市政府驻地西北部	江谷镇
猪坟岭	Zhūfén Lǐng	—	山	四会市政府驻地西北部	江谷镇
猪古岭	Zhūgǔ Lǐng	—	山	四会市政府驻地西北部	江谷镇
小坑	Xiǎokēng	—	山	四会市政府驻地西北部	江谷镇
岗子头	Gǎngzǐtóu	—	山	四会市政府驻地西北部	江谷镇
佛凹	Fó'āo	—	山	四会市政府驻地西北部	江谷镇

（续上表）

标准名称	汉语拼音	别名	地名类别	相对位置	所在(跨)行政区
茜基头	Qiànjītóu	——	山	四会市政府驻地西北部	江谷镇
阴岭	Yīnlǐng	——	山	四会市政府驻地西北部	江谷镇
长荫坎	Chángyīnkǎn	——	山	四会市政府驻地西北部	江谷镇
曲木坑	Qūmù Kēng	——	山	四会市政府驻地西北部	江谷镇
塘子	Tángzǐ	——	山	四会市政府驻地西北部	江谷镇
双沟椅	Shuānggōuyǐ	——	山	四会市政府驻地西北部	江谷镇
石记顶	Shíjì Dǐng	——	山	四会市政府驻地西北部	江谷镇
石灰坟	Shíhuīfén	——	山	四会市政府驻地西北部	江谷镇
泥城	Níchéng	——	山	四会市政府驻地西北部	江谷镇
担断龙	Dānduànlóng	——	山	四会市政府驻地西北部	江谷镇
泊凉山	Bóliáng Shān	——	山	四会市政府驻地西北部	江谷镇
九曲引	Jiǔqūyǐn	——	山	四会市政府驻地西北部	江谷镇
横岭顶	Hénglǐng Dǐng	——	山	四会市政府驻地西北部	江谷镇
大岭坪	Dàlǐng Píng	——	山	四会市政府驻地西北部	江谷镇
百公山	Bǎigōng Shān	——	山	四会市政府驻地西北部	江谷镇
芋河塘	Yùhé Táng	——	山	四会市政府驻地西北部	江谷镇
百叔岭	Bǎishū Lǐng	——	山	四会市政府驻地西北部	江谷镇
百足岗	Bǎizú Gǎng	——	山	四会市政府驻地西北部	江谷镇
崩江窝	Bēngjiāng Wō	——	山	四会市政府驻地西北部	江谷镇
曾坑	Céngkēng	——	山	四会市政府驻地西北部	江谷镇
冲坑	Chōngkēng	——	山	四会市政府驻地西北部	江谷镇
大板櫈	Dàbǎndèng	——	山	四会市政府驻地西北部	江谷镇
大边岗	Dàbiān Gǎng	——	山	四会市政府驻地西北部	江谷镇
大黄坑	Dàhuáng Kēng	——	山	四会市政府驻地西北部	江谷镇
大浓顶	Dànóng Dǐng	——	山	四会市政府驻地西北部	江谷镇
大坡头	Dàpōtóu	——	山	四会市政府驻地西北部	江谷镇
担水坑	Dānshuǐ Kēng	——	山	四会市政府驻地西北部	江谷镇
佛子坳	Fózǐ Ào	——	山	四会市政府驻地西北部	江谷镇
扶屈顶	Fúqū Dǐng	——	山	四会市政府驻地西北部	江谷镇
横溪山	Héngxī Shān	——	山	四会市政府驻地西北部	江谷镇

（续上表）

标准名称	汉语拼音	别名	地名类别	相对位置	所在(跨)行政区
六珠岭	Liùzhū Lǐng	—	山	四会市政府驻地西北部	江谷镇
螺盘顶	Luópán Dǐng	—	山	四会市政府驻地西北部	江谷镇
牛牯山	Niúgǔ Shān	—	山	四会市政府驻地西北部	江谷镇
山寮	Shānliáo	—	山	四会市政府驻地西北部	江谷镇
忘岗扶	Wànggǎngfú	—	山	四会市政府驻地西北部	江谷镇
增坑岭	Zēngkēng Lǐng	—	山	四会市政府驻地西北部	江谷镇
崩岗坑	Bēnggǎng Kēng	—	山	四会市政府驻地西北部	江谷镇
高龙顶	Gāolóng Dǐng	—	山	四会市政府驻地西北部	江谷镇
坑尾	Kēngwěi	—	山	四会市政府驻地西北部	江谷镇
西坑	Xīkēng	—	山	四会市政府驻地西北部	江谷镇
南峰凹	Nánfēng Āo	—	山	四会市政府驻地西北部	江谷镇
罗岗	Luógǎng	—	山	四会市政府驻地西北部	江谷镇
大壁山	Dàbì Shān	—	山	四会市政府驻地西北部	江谷镇
石仔岗	Shízǎi Gǎng	—	山	四会市政府驻地西北部	江谷镇
虾木岭	Xiāmù Lǐng	—	山	四会市政府驻地西北部	江谷镇
三角岭	Sānjiǎo Lǐng	—	山	四会市政府驻地西北部	江谷镇
九牛台	Jiǔniútái	—	山	四会市政府驻地西北部	江谷镇
细塅坑	Xìduàn Kēng	—	山	四会市政府驻地西北部	江谷镇
高尖顶	Gāojiān Dǐng	—	山	四会市政府驻地西北部	江谷镇
高基排	Gāojīpái	—	山	四会市政府驻地西北部	江谷镇
八角台	Bājiǎotái	—	山	四会市政府驻地西北部	江谷镇
大塘岭顶	Dàtánglǐng Dǐng	—	山	四会市政府驻地西北部	江谷镇
大旺	Dàwàng	—	山	四会市政府驻地西北部	江谷镇
水鲜坑	Shuǐxiān Kēng	—	山	四会市政府驻地西北部	江谷镇
大凹顶	Dà'āo Dǐng	—	山	四会市政府驻地西北部	江谷镇
九牛岭	Jiǔniú Lǐng	—	山	四会市政府驻地西北部	江谷镇
上蓝岭	Shànglán Lǐng	—	山	四会市政府驻地西北部	江谷镇
仙水坑	Xiānshuǐ Kēng	—	山	四会市政府驻地西北部	江谷镇
白石屈	Báishíqū	—	山	四会市政府驻地西北部	江谷镇
神仙岭顶	Shénxiānlǐng Dǐng	—	山	四会市政府驻地西北部	江谷镇

（续上表）

标准名称	汉语拼音	别名	地名类别	相对位置	所在（跨）行政区
深坑	Shēnkēng	——	山	四会市政府驻地西北部	江谷镇
牛瞴山	Niúmǎ Shān	——	山	四会市政府驻地西北部	江谷镇
雷公山	Léigōng Shān	——	山	四会市政府驻地西北部	江谷镇
蚬山	Xiǎnshān	——	山	四会市政府驻地西北部	江谷镇
飞鹅山	Fēi'é Shān	——	山	四会市政府驻地西北部	江谷镇
鸡啼岭	Jītí Lǐng	——	山	四会市政府驻地西北部	江谷镇
虾罗山	Xiāluó Shān	——	山	四会市政府驻地西北部	江谷镇
拱坑	Gǒngkēng	——	山	四会市政府驻地西北部	江谷镇
背夫顶	Bèifū Dǐng	——	山	四会市政府驻地西北部	江谷镇
园墩	Yuándūn	——	山	四会市政府驻地西北部	江谷镇
钟古楼	Zhōnggǔlóu	——	山	四会市政府驻地西北部	江谷镇
野猪坑	Yězhū Kēng	——	山	四会市政府驻地西北部	江谷镇
下龙山果场	Xiàlóngshān Guǒchǎng	——	山	四会市政府驻地西北部	江谷镇
石坳	Shí'ào	——	山	四会市政府驻地西北部	江谷镇
新田岗	Xīntián Gǎng	——	山	四会市政府驻地东北部	迳口镇
田螺龙	Tiánluólóng	——	山	四会市政府驻地东北部	迳口镇
大岭	Dàlǐng	——	山	四会市政府驻地东北部	迳口镇
永忠盐坑山	Yǒngzhōngyánkēng Shān	——	山	四会市政府驻地东北部	迳口镇
永忠军三坑山	Yǒngzhōngjūnsānkēng Shān	——	山	四会市政府驻地东北部	迳口镇
背夫岭	Bèifū Lǐng	——	山	四会市政府驻地东北部	迳口镇
石路岭	Shílù Lǐng	——	山	四会市政府驻地东北部	迳口镇
磨刀坑	Módāo Kēng	——	山	四会市政府驻地东北部	迳口镇
牙较岭	Yájiào Lǐng	——	山	四会市政府驻地东北部	迳口镇
旱坑	Hànkēng	——	山	四会市政府驻地东北部	迳口镇
大崩岭山	Dàbēnglǐng Shān	——	山	四会市政府驻地东北部	迳口镇
上村企坑岭	Shàngcūn Qǐkēng Lǐng	——	山	四会市政府驻地东北部	迳口镇
元岭	Yuánlǐng	——	山	四会市政府驻地东北部	迳口镇

（续上表）

标准名称	汉语拼音	别名	地名类别	相对位置	所在(跨)行政区
沙迳岭	Shājìng Lǐng	——	山	四会市政府驻地东北部	迳口镇
屙尿坳	Ēniào Ào	——	山	四会市政府驻地东北部	迳口镇
求水应	Qiúshuǐyīng	——	山	四会市政府驻地东北部	迳口镇
松马岭	Sōngmǎ Lǐng	——	山	四会市政府驻地东北部	迳口镇
泥牙咀	Níyázuǐ	——	山	四会市政府驻地东北部	迳口镇
三堆坭	Sānduīní	——	山	四会市政府驻地东北部	迳口镇
石人迳	Shírénjìng	——	山	四会市政府驻地东北部	迳口镇
石牛栏	Shíniúlán	——	山	四会市政府驻地东北部	迳口镇
马拉坳	Mǎlā Ào	——	山	四会市政府驻地东北部	迳口镇
圣坑山	Shèngkēng Shān	——	山	四会市政府驻地东北部	迳口镇
尖峰岭顶	Jiānfēnglǐng Dǐng	——	山	四会市政府驻地东北部	迳口镇
连子山	Liánzǐ Shān	——	山	四会市政府驻地东北部	迳口镇
罗口坳	Luókǒu Ào	——	山	四会市政府驻地东北部	迳口镇
蚁窝岭顶	Yǐwōlǐng Dǐng	——	山	四会市政府驻地东北部	迳口镇
狮猫石	Shīmāoshí	——	山	四会市政府驻地东北部	迳口镇
山古顶	Shāngǔ Dǐng	——	山	四会市政府驻地东北部	迳口镇
锅铲岭	Guōchǎn Lǐng	——	山	四会市政府驻地东北部	迳口镇
尖石	Jiānshí	——	山	四会市政府驻地东北部	迳口镇
河坑山	Hékēng Shān	——	山	四会市政府驻地东北部	迳口镇
马古团	Mǎgǔtuán	——	山	四会市政府驻地东北部	迳口镇
黄塘岭	Huángtáng Lǐng	——	山	四会市政府驻地东北部	迳口镇
望面山	Wàngmiàn Shān	——	山	四会市政府驻地东北部	迳口镇
尖峰岭	Jiānfēng Lǐng	——	山	四会市政府驻地东北部	迳口镇
平塘岭	Píngtáng Lǐng	——	山	四会市政府驻地东北部	迳口镇
走马基	Zǒumǎjī	——	山	四会市政府驻地东北部	迳口镇
南坑	Nánkēng	——	山	四会市政府驻地东北部	迳口镇
铁屎岗	Tiěshǐ Gǎng	——	山	四会市政府驻地东北部	迳口镇
鸡㛿岗	Jīnǎ Gǎng	——	山	四会市政府驻地东北部	迳口镇
长岭	Chánglǐng	——	山	四会市政府驻地东北部	迳口镇
穿启窝	Chuānqǐ Wō	——	山	四会市政府驻地东北部	龙甫镇

（续上表）

标准名称	汉语拼音	别名	地名类别	相对位置	所在(跨)行政区
大岭	Dàlǐng	——	山	四会市政府驻地东北部	龙甫镇
亚婆髻	Yàpójì	——	山	四会市政府驻地西南部	龙甫镇
亚婆髻	Yàpójì	——	山	四会市政府驻地西南部	贞山街道
坳仔顶	Àozǎi Dǐng	——	山	四会市政府驻地东北部	龙甫镇
黄婆岭	Huángpó Lǐng	——	山	四会市政府驻地东北部	龙甫镇
石古平顶	Shígǔpíng Dǐng	——	山	四会市政府驻地东北部	龙甫镇
曾家山	Zēngjiā Shān	——	山	四会市政府驻地东北部	龙甫镇
蚁窝岭顶	Yǐwōlǐng Dǐng	——	山	四会市政府驻地东北部	龙甫镇
五指岭	Wǔzhǐ Lǐng	——	山	四会市政府驻地东北部	龙甫镇
狮子岗	Shīzǐ Gǎng	——	山	四会市政府驻地西北部	龙甫镇
神仙岗	Shénxiān Gǎng	——	山	四会市政府驻地东北部	龙甫镇
上帝岗	Shàngdì Gǎng	——	山	四会市政府驻地东北部	龙甫镇
企山岗	Qǐshān Gǎng	——	山	四会市政府驻地西北部	龙甫镇
龙利山	Lónglì Shān	——	山	四会市政府驻地东北部	龙甫镇
白沙岭	Báishā Lǐng	——	山	四会市政府驻地西北部	龙甫镇
金鸡咀	Jīnjīzuǐ	——	山	四会市政府驻地西北部	龙甫镇
尖峰岭顶	Jiānfēnglǐng Dǐng	——	山	四会市政府驻地东北部	龙甫镇
和尚脑	Héshàngnǎo	——	山	四会市政府驻地东北部	龙甫镇
飞龙堀	Fēilóng Kū	——	山	四会市政府驻地西北部	龙甫镇
大江壁	Dàjiāngbì	——	山	四会市政府驻地西北部	龙甫镇
早禾坑山	Zǎohékēng Shān	——	山	四会市政府驻地东北部	龙甫镇
灯盏岭	Dēngzhǎn Lǐng	——	山	四会市政府驻地东北部	龙甫镇
大岭顶	Dàlǐng Dǐng	——	山	四会市政府驻地东北部	龙甫镇
牛皇岗	Niúhuáng Gǎng	——	山	四会市政府驻地西北部	龙甫镇
尖峰顶	Jiānfēng Dǐng	——	山	四会市政府驻地东北部	龙甫镇
岗咀	Gǎngzuǐ	——	山	四会市政府驻地西北部	龙甫镇
梯仔岭	Tīzǎi Lǐng	——	山	四会市政府驻地东北部	罗源镇
石云岭	Shíyún Lǐng	——	山	四会市政府驻地东北部	罗源镇
竹高岭	Zhúgāo Lǐng	——	山	四会市政府驻地东北部	罗源镇
石头坑	Shítóu Kēng	——	山	四会市政府驻地东北部	罗源镇

（续上表）

标准名称	汉语拼音	别名	地名类别	相对位置	所在(跨)行政区
雷打石	Léidǎshí	——	山	四会市政府驻地东北部	罗源镇
鸡公山	Jīgōng Shān	——	山	四会市政府驻地东北部	罗源镇
崩岗山	Bēnggǎng Shān	——	山	四会市政府驻地东北部	罗源镇
战地坪	Zhàndì Píng	——	山	四会市政府驻地东北部	罗源镇
马尿坑	Mǎniào Kēng	——	山	四会市政府驻地东北部	罗源镇
鬼坑	Guǐkēng	——	山	四会市政府驻地东北部	罗源镇
大角岭	Dàjiǎo Lǐng	——	山	四会市政府驻地东北部	罗源镇
五指尾	Wǔzhǐwěi	——	山	四会市政府驻地东北部	罗源镇
瓦窑窝	Wǎyáo Wō	——	山	四会市政府驻地东北部	罗源镇
西坑	Xīkēng	——	山	四会市政府驻地东北部	罗源镇
葡萄岗	Pútáo Gǎng	——	山	四会市政府驻地东北部	罗源镇
芋坑	Yùkēng	——	山	四会市政府驻地东北部	罗源镇
背夫	Bèifū	——	山	四会市政府驻地东北部	罗源镇
麻鹰山	Máyīng Shān	——	山	四会市政府驻地东北部	罗源镇
铁坑山	Tiěkēng Shān	——	山	四会市政府驻地东北部	罗源镇
企山尾	Qǐshānwěi	——	山	四会市政府驻地东北部	罗源镇
马头岭	Mǎtóu Lǐng	——	山	四会市政府驻地东北部	罗源镇
树山尾	Shùshānwěi	——	山	四会市政府驻地东北部	罗源镇
崩岗坑	Bēnggǎng Kēng	——	山	四会市政府驻地东北部	罗源镇
锣鼓径	Luógǔjìng	——	山	四会市政府驻地东北部	罗源镇
蚁迎坟	Yǐyíngfén	——	山	四会市政府驻地西北部	石狗镇
仰天海螺山	Yǎngtiānhǎiluó Shān	——	山	四会市政府驻地西北部	石狗镇
巡崀山	Xúnlàng Shān	——	山	四会市政府驻地西北部	石狗镇
仙人公	Xiānréngōng	——	山	四会市政府驻地西北部	石狗镇
下瓮山	Xiàwèng Shān	——	山	四会市政府驻地西北部	石狗镇
下山塘	Xiàshāntáng	——	山	四会市政府驻地西北部	石狗镇
虾公坑	Xiāgōng Kēng	——	山	四会市政府驻地西北部	石狗镇
围城	Wéichéng	——	山	四会市政府驻地西北部	石狗镇
望海顶	Wànghǎi Dǐng	——	山	四会市政府驻地西北部	石狗镇

（续上表）

标准名称	汉语拼音	别名	地名类别	相对位置	所在(跨)行政区
铁坳山	Tiě'ào Shān	——	山	四会市政府驻地西北部	石狗镇
天平山	Tiānpíng Shān	——	山	四会市政府驻地西北部	石狗镇
塘尾	Tángwěi	——	山	四会市政府驻地西北部	石狗镇
塘塘山	Tángtáng Shān	——	山	四会市政府驻地西北部	石狗镇
谭九岭山	Tánjiǔlǐng Shān	——	山	四会市政府驻地西北部	石狗镇
松仔顶	Sōngzǎi Dǐng	——	山	四会市政府驻地西北部	石狗镇
松仔坳	Sōngzǎi Ào	——	山	四会市政府驻地西北部	石狗镇
松屈	Sōngqū	——	山	四会市政府驻地西北部	石狗镇
石牙头	Shíyátóu	——	山	四会市政府驻地西北部	石狗镇
石狮岭	Shíshī Lǐng	——	山	四会市政府驻地西北部	石狗镇
石狮坳	Shíshī Ào	——	山	四会市政府驻地西北部	石狗镇
石马头	Shímǎtóu	——	山	四会市政府驻地西北部	石狗镇
石蛤坳	Shíhá Ào	——	山	四会市政府驻地西北部	石狗镇
十字岗	Shízì Gǎng	——	山	四会市政府驻地西北部	石狗镇
蛇咀	Shézuǐ	——	山	四会市政府驻地西北部	石狗镇
上黎山	Shànglí Shān	——	山	四会市政府驻地西北部	石狗镇
山咀	Shānzuǐ	——	山	四会市政府驻地西北部	石狗镇
山焦氹	Shānjiāodàng	——	山	四会市政府驻地西北部	石狗镇
三丫顶	Sānyā Dǐng	——	山	四会市政府驻地西北部	石狗镇
榕树顶	Róngshù Dǐng	——	山	四会市政府驻地西北部	石狗镇
牛栏坑	Niúlán Kēng	——	山	四会市政府驻地西北部	石狗镇
牛角窝	Niújiǎo Wō	——	山	四会市政府驻地西北部	石狗镇
牛鼻山	Niúbí Shān	——	山	四会市政府驻地西北部	石狗镇
坭城头	Níchéngtóu	——	山	四会市政府驻地西北部	石狗镇
坭城顶	Níchéng Dǐng	——	山	四会市政府驻地西北部	石狗镇
坭城	Níchéng	——	山	四会市政府驻地西北部	石狗镇
南石坳	Nánshí Ào	——	山	四会市政府驻地西北部	石狗镇
南洞顶	Nándòng Dǐng	——	山	四会市政府驻地西北部	石狗镇
庙地山	Miàodì Shān	——	山	四会市政府驻地西北部	石狗镇
梅子尖	Méizǐjiān	——	山	四会市政府驻地西北部	石狗镇

（续上表）

标准名称	汉语拼音	别名	地名类别	相对位置	所在(跨)行政区
梅心岭	Méixīn Lǐng	—	山	四会市政府驻地西北部	石狗镇
马中头	Mǎzhōngtóu	—	山	四会市政府驻地西北部	石狗镇
马头顶	Mǎtóu Dǐng	—	山	四会市政府驻地西北部	石狗镇
马鞍头	Mǎ'āntóu	—	山	四会市政府驻地西北部	石狗镇
马鞍山	Mǎ'ān Shān	—	山	四会市政府驻地西北部	石狗镇
麻竹尾山	Mázhúwěi Shān	—	山	四会市政府驻地西北部	石狗镇
锣锅坳	Luóguō Ào	—	山	四会市政府驻地西北部	石狗镇
林场山	Línchǎng Shān	—	山	四会市政府驻地西北部	石狗镇
黎城	Líchéng	—	山	四会市政府驻地西北部	石狗镇
雷公打石	Léigōngdǎshí	—	山	四会市政府驻地西北部	石狗镇
金坑	Jīnkēng	—	山	四会市政府驻地西北部	石狗镇
黄塘尾顶	Huángtángwěi Dǐng	—	山	四会市政府驻地西北部	石狗镇
黄猄坳	Huángjīng Ào	—	山	四会市政府驻地西北部	石狗镇
黄狗坑尾	Huánggǒu Kēngwěi	—	山	四会市政府驻地西北部	石狗镇
葫芦岗	Húlú Gǎng	—	山	四会市政府驻地西北部	石狗镇
红松顶	Hóngsōng Dǐng	—	山	四会市政府驻地西北部	石狗镇
横岗屈	Hénggǎngqū	—	山	四会市政府驻地西北部	石狗镇
河背山	Hébèi Shān	—	山	四会市政府驻地西北部	石狗镇
和尚岭	Héshàng Lǐng	—	山	四会市政府驻地西北部	石狗镇
鬼吊尾	Guǐdiàowěi	—	山	四会市政府驻地西北部	石狗镇
狗带坭城	Gǒudàiníchéng	—	山	四会市政府驻地西北部	石狗镇
公虾山	Gōngxiā Shān	—	山	四会市政府驻地西北部	石狗镇
根竹屈	Gēnzhúqū	—	山	四会市政府驻地西北部	石狗镇
高尾顶	Gāowěi Dǐng	—	山	四会市政府驻地西北部	石狗镇
高排顶	Gāopái Dǐng	—	山	四会市政府驻地西北部	石狗镇
岸坑	Ànkēng	—	山	四会市政府驻地西北部	石狗镇
峰炉顶	Fēnglú Dǐng	—	山	四会市政府驻地西北部	石狗镇
荔枝崀	Lìzhīlàng	—	山	四会市政府驻地西北部	石狗镇

（续上表）

标准名称	汉语拼音	别名	地名类别	相对位置	所在(跨)行政区
放光岭	Fàngguāng Lǐng	——	山	四会市政府驻地西北部	石狗镇
二董山	Èrdǒng Shān	——	山	四会市政府驻地西北部	石狗镇
对坑顶	Duìkēng Dǐng	——	山	四会市政府驻地西北部	石狗镇
斗顶	Dǒudǐng	——	山	四会市政府驻地西北部	石狗镇
东坑山	Dōngkēng Shān	——	山	四会市政府驻地西北部	石狗镇
吊巡山	Diàoxún Shān	——	山	四会市政府驻地西北部	石狗镇
倒装口	Dǎozhuāngkǒu	——	山	四会市政府驻地西北部	石狗镇
当天纳竹	Dāngtiānnàzhú	——	山	四会市政府驻地西北部	石狗镇
担水坑	Dānshuǐ Kēng	——	山	四会市政府驻地西北部	石狗镇
大王山	Dàwáng Shān	——	山	四会市政府驻地西北部	石狗镇
大王顶	Dàwáng Dǐng	——	山	四会市政府驻地西北部	石狗镇
大鼓岭	Dàgǔ Lǐng	——	山	四会市政府驻地西北部	石狗镇
大办岭	Dàbàn Lǐng	——	山	四会市政府驻地西北部	石狗镇
大堀山	Dàkū Shān	——	山	四会市政府驻地西北部	石狗镇
大段顶	Dàduàn Dǐng	——	山	四会市政府驻地西北部	石狗镇
大顶	Dàdǐng	——	山	四会市政府驻地西北部	石狗镇
大崩头	Dàbēngtóu	——	山	四会市政府驻地西北部	石狗镇
大碑岭	Dàbēi Lǐng	——	山	四会市政府驻地西北部	石狗镇
大白坟	Dàbáifén	——	山	四会市政府驻地西北部	石狗镇
茶叶头	Cháyètóu	——	山	四会市政府驻地西北部	石狗镇
伯爷公	Bóyégōng	——	山	四会市政府驻地西北部	石狗镇
伯公坑	Bógōng Kēng	——	山	四会市政府驻地西北部	石狗镇
白滞头	Báizhìtóu	——	山	四会市政府驻地西北部	石狗镇
俺迎头	Ǎnyíngtóu	——	山	四会市政府驻地西北部	石狗镇
俺迎坟	Ǎnyíngfén	——	山	四会市政府驻地西北部	石狗镇
阿婆尾	Āpówěi	——	山	四会市政府驻地西北部	石狗镇
西洋坪	Xīyáng Píng	——	山	四会市政府驻地西北部	石狗镇
猪崽山	Zhūzǎi Shān	——	山	四会市政府驻地西北部	石狗镇
牛栏坑	Niúlán Kēng	——	山	四会市政府驻地西北部	石狗镇
山石	Shānshí	——	山	四会市政府驻地西北部	石狗镇

（续上表）

标准名称	汉语拼音	别名	地名类别	相对位置	所在(跨)行政区
南氹坳	Nándàng Ào	——	山	四会市政府驻地西南部	石狗镇
金星岭	Jīnxīng Lǐng	——	山	四会市政府驻地西北部	石狗镇
大氹顶	Dàdàng Dǐng	——	山	四会市政府驻地西北部	石狗镇
南氹坑	Nándàng Kēng	——	山	四会市政府驻地西南部	石狗镇
鸡嫲头	Jīnǎtóu	——	山	四会市政府驻地西北部	石狗镇
坭城顶	Níchéng Dǐng	——	山	四会市政府驻地西北部	威整镇
大顶尾	Dàdǐngwěi	——	山	四会市政府驻地东北部	威整镇
佛仔公	Fózǎigōng	——	山	四会市政府驻地东北部	威整镇
榄山塘背	Lǎnshāntángbèi	——	山	四会市政府驻地东北部	威整镇
松岗屈	Sōnggǎngqū	——	山	四会市政府驻地东北部	威整镇
长岭顶	Chánglǐng Dǐng	——	山	四会市政府驻地东北部	威整镇
纵军山	Zòngjūn Shān	——	山	四会市政府驻地东北部	威整镇
笛仔顶	Dízǎi Dǐng	——	山	四会市政府驻地西北部	威整镇
花岭	Huālǐng	——	山	四会市政府驻地西北部	威整镇
鸡嫲窝	Jīnǎ Wō	——	山	四会市政府驻地西北部	威整镇
洋鼓洞	Yánggǔ Dòng	——	山	四会市政府驻地西北部	威整镇
凹仔	Āozǎi	——	山	四会市政府驻地西北部	威整镇
大石磊	Dàshílěi	——	山	四会市政府驻地西北部	威整镇
四方石顶	Sìfāngshí Dǐng	——	山	四会市政府驻地西北部	威整镇
圆墩	Yuándūn	——	山	四会市政府驻地西北部	威整镇
大坳	Dà'ào	——	山	四会市政府驻地西北部	威整镇
大岭	Dàlǐng	——	山	四会市政府驻地西北部	威整镇
大突顶	Dàtū Dǐng	趁圩岭	山	四会市政府驻地东北部	威整镇
大营山	Dàyíng Shān	——	山	四会市政府驻地东北部	威整镇
粪箕山	Fènjī Shān	——	山	四会市政府驻地东北部	威整镇
岗仔顶	Gǎngzǎi Dǐng	——	山	四会市政府驻地东北部	威整镇
狗尾岭	Gǒuwěi Lǐng	——	山	四会市政府驻地东北部	威整镇
黄草岗	Huángcǎo Gǎng	——	山	四会市政府驻地西北部	威整镇
连仔径	Liánzǎijìng	——	山	四会市政府驻地西北部	威整镇
马坝坑山	Mǎbàkēng Shān	——	山	四会市政府驻地西北部	威整镇

（续上表）

标准名称	汉语拼音	别名	地名类别	相对位置	所在(跨)行政区
茅营岭	Máoyíng Lǐng	——	山	四会市政府驻地东北部	威整镇
煤矿山	Méikuàng Shān	——	山	四会市政府驻地西北部	威整镇
南蛇岭	Nánshé Lǐng	——	山	四会市政府驻地东北部	威整镇
平天窝	Píngtiān Wō	——	山	四会市政府驻地西北部	威整镇
企水劈	Qǐshuǐpī	——	山	四会市政府驻地东北部	威整镇
石厘头	Shílítóu	——	山	四会市政府驻地东北部	威整镇
太公山背	Tàigōngshānbèi	——	山	四会市政府驻地东北部	威整镇
桃仔尾	Táozǎiwěi	——	山	四会市政府驻地东北部	威整镇
特坑山	Tèkēng Shān	——	山	四会市政府驻地东北部	威整镇
仙人肚	Xiānréndù	——	山	四会市政府驻地东北部	威整镇
盐坑山	Yánkēng Shān	——	山	四会市政府驻地西北部	威整镇
六磨岭	Liùmó Lǐng	——	山	四会市政府驻地西北部	威整镇
长坑子	Chǎngkēngzǐ	——	山	四会市政府驻地西北部	威整镇
坳仔岭	Àozǎi Lǐng	——	山	四会市政府驻地西北部	威整镇
把齿朸山	Bǎchǐlì Shān	——	山	四会市政府驻地西北部	威整镇
白毛岭	Báimáo Lǐng	——	山	四会市政府驻地西北部	威整镇
川坳	Chuān'ào	——	山	四会市政府驻地西北部	威整镇
大厂背山	Dàchǎngbèi Shān	——	山	四会市政府驻地西北部	威整镇
大坪顶	Dàpíng Dǐng	——	山	四会市政府驻地西北部	威整镇
大山	Dàshān	——	山	四会市政府驻地西北部	威整镇
大松岭	Dàsōng Lǐng	——	山	四会市政府驻地西北部	威整镇
吊天钟	Diàotiānzhōng	——	山	四会市政府驻地西北部	威整镇
对面岗山	Duìmiàngǎng Shān	——	山	四会市政府驻地西北部	威整镇
高岭顶	Gāolǐng Dǐng	——	山	四会市政府驻地西北部	威整镇
红岭	Hónglǐng	——	山	四会市政府驻地东北部	威整镇
花山	Huāshān	——	山	四会市政府驻地西北部	威整镇
黄坭岭	Huángní Lǐng	——	山	四会市政府驻地西北部	威整镇
济头岭	Jìtóu Lǐng	——	山	四会市政府驻地西北部	威整镇
南房顶	Nánfáng Dǐng	——	山	四会市政府驻地西北部	威整镇

标准名称	汉语拼音	别名	地名类别	相对位置	所在(跨)行政区
泥塑壁山	Nísùbì Shān	——	山	四会市政府驻地西北部	威整镇
企山劈	Qǐshānpī	——	山	四会市政府驻地西北部	威整镇
乌石岗	Wūshí Gǎng	——	山	四会市政府驻地西北部	威整镇
屋顶	Wūdǐng	——	山	四会市政府驻地西北部	威整镇
羊疗背山	Yángliáobèi Shān	——	山	四会市政府驻地西北部	威整镇
罗永堂	Luóyǒngtáng	——	山	四会市政府驻地西北部	威整镇
子原岗	Zǐyuán Gǎng	——	山	四会市政府驻地西北部	威整镇
飞凤顶	Fēifèng Dǐng	——	山	四会市政府驻地东北部	威整镇
风门凹	Fēngmén Āo	——	山	四会市政府驻地东北部	威整镇
黄石	Huángshí	——	山	四会市政府驻地东北部	威整镇
平坑尾	Píngkēngwěi	——	山	四会市政府驻地东北部	威整镇
深坑	Shēnkēng	——	山	四会市政府驻地东北部	威整镇
四方尾	Sìfāngwěi	——	山	四会市政府驻地东北部	威整镇
望天窝	Wàngtiān Wō	——	山	四会市政府驻地东北部	威整镇
羊角尖	Yángjiǎojiān	——	山	四会市政府驻地东北部	威整镇
猪婆堀	Zhūpó Kū	——	山	四会市政府驻地东北部	威整镇
走鸡岭	Zǒujī Lǐng	——	山	四会市政府驻地东北部	威整镇
岗仔头	Gǎngzǎitóu	——	山	四会市政府驻地东北部	威整镇
旱坑山	Hànkēng Shān	——	山	四会市政府驻地东北部	威整镇
林中山	Línzhōng Shān	——	山	四会市政府驻地东北部	威整镇
泥砖顶	Nízhuān Dǐng	——	山	四会市政府驻地东北部	威整镇
契㘉石山	Qìnǎshí Shān	——	山	四会市政府驻地东北部	威整镇
山塘堀	Shāntáng Kū	——	山	四会市政府驻地西北部	威整镇
石砖顶	Shízhuān Dǐng	——	山	四会市政府驻地东北部	威整镇
乌石头	Wūshítóu	——	山	四会市政府驻地东北部	威整镇
茶地头山	Chádìtóu Shān	——	山	四会市政府驻地西北部	威整镇
柴颈岭	Cháijǐng Lǐng	——	山	四会市政府驻地西北部	威整镇
崇鸡朴翼	Chóngjīpǔyì	——	山	四会市政府驻地西北部	威整镇
大竹屈山	Dàzhúqū Shān	——	山	四会市政府驻地西北部	威整镇
佛仔公山	Fózǎigōng Shān	——	山	四会市政府驻地西北部	威整镇

（续上表）

标准名称	汉语拼音	别名	地名类别	相对位置	所在（跨）行政区
岗瓜岭山	Gǎngguālǐng Shān	—	山	四会市政府驻地西北部	威整镇
龟仔岗山	Guīzǎigǎng Shān	—	山	四会市政府驻地西北部	威整镇
红岭山	Hónglǐng Shān	—	山	四会市政府驻地西北部	威整镇
禁山	Jìnshān	—	山	四会市政府驻地西北部	威整镇
九崀山	Jiǔlàng Shān	—	山	四会市政府驻地西北部	威整镇
榄树岭山	Lǎnshùlǐng Shān	—	山	四会市政府驻地西北部	威整镇
烂岭头	Lànlǐngtóu	—	山	四会市政府驻地西北部	威整镇
鹿角山	Lùjiǎo Shān	—	山	四会市政府驻地西北部	威整镇
马中形山	Mǎzhōngxíng Shān	—	山	四会市政府驻地西北部	威整镇
梅仔华山	Méizǎihuá Shān	—	山	四会市政府驻地西北部	威整镇
庙坑	Miàokēng	—	山	四会市政府驻地西北部	威整镇
泥索壁山	Nísuǒbì Shān	—	山	四会市政府驻地西北部	威整镇
企壁山	Qǐbì Shān	—	山	四会市政府驻地西北部	威整镇
企群岭	Qǐqún Lǐng	—	山	四会市政府驻地西北部	威整镇
三角岭	Sānjiǎo Lǐng	—	山	四会市政府驻地西北部	威整镇
杉窝山	Shānwō Shān	—	山	四会市政府驻地西北部	威整镇
深坑仔山	Shēnkēngzǎi Shān	—	山	四会市政府驻地西北部	威整镇
水库尾山	Shuǐkùwěi Shān	—	山	四会市政府驻地西北部	威整镇
松岭山	Sōnglǐng Shān	—	山	四会市政府驻地西北部	威整镇
谭坑	Tánkēng	—	山	四会市政府驻地西北部	威整镇
王牛磅山	Wángniúpáng Shān	—	山	四会市政府驻地西北部	威整镇
长形坑山	Chángxíngkēng Shān	—	山	四会市政府驻地西北部	威整镇
吊天钟	Diàotiānzhōng	—	山	四会市政府驻地东北部	威整镇
独松	Dúsōng	—	山	四会市政府驻地东北部	威整镇
龙颈	Lóngjǐng	—	山	四会市政府驻地西北部	威整镇
梅仔堀	Méizǎi Kū	—	山	四会市政府驻地西北部	威整镇
矮岭	Ǎilǐng	—	山	四会市政府驻地西北部	下茆镇

（续上表）

标准名称	汉语拼音	别名	地名类别	相对位置	所在(跨)行政区
白坟岭	Báifén Lǐng	—	山	四会市政府驻地西北部	下茆镇
百罗顶	Bǎiluó Dǐng	—	山	四会市政府驻地西北部	下茆镇
百足岗	Bǎizú Gǎng	—	山	四会市政府驻地西北部	下茆镇
茶坑山	Chákēng Shān	—	山	四会市政府驻地西北部	下茆镇
上迳大山	Shàngjìng Dàshān	—	山	四会市政府驻地西北部	下茆镇
大崩岗岭垅	Dàbēnggǎng Lǐnglǒng	—	山	四会市政府驻地西北部	下茆镇
大岗顶	Dàgǎng Dǐng	—	山	四会市政府驻地西北部	下茆镇
大岗头	Dàgǎngtóu	—	山	四会市政府驻地西北部	下茆镇
大黄顶	Dàhuáng Dǐng	—	山	四会市政府驻地西北部	下茆镇
大榄平岗	Dàlǎnpíng Gǎng	—	山	四会市政府驻地西北部	下茆镇
大岭	Dàlǐng	—	山	四会市政府驻地西北部	下茆镇
大帽顶	Dàmào Dǐng	—	山	四会市政府驻地西北部	下茆镇
大树山	Dàshù Shān	—	山	四会市政府驻地西北部	下茆镇
冬瓜堀山	Dōngguākū Shān	—	山	四会市政府驻地西北部	下茆镇
分水凹岭垅	Fēnshuǐ'āo Lǐnglǒng	—	山	四会市政府驻地西北部	下茆镇
丰洞坑	Fēngdòng Kēng	—	山	四会市政府驻地西北部	下茆镇
高尖岗	Gāojiān Gǎng	—	山	四会市政府驻地西北部	下茆镇
公湾头	Gōngwāntóu	—	山	四会市政府驻地西北部	下茆镇
公湾尾	Gōngwānwěi	—	山	四会市政府驻地西北部	下茆镇
观音山	Guānyīn Shān	—	山	四会市政府驻地西北部	下茆镇
龟石庙岗	Guīshímiào Gǎng	—	山	四会市政府驻地西北部	下茆镇
黄朝山	Huángcháo Shān	—	山	四会市政府驻地西北部	下茆镇
鸡冠岭	Jīguàn Lǐng	—	山	四会市政府驻地西北部	下茆镇
简深岗	Jiǎnshēn Gǎng	—	山	四会市政府驻地西北部	下茆镇
金鸡岭头	Jīnjī Lǐngtóu	—	山	四会市政府驻地西北部	下茆镇
金祖坟	Jīnzǔfén	—	山	四会市政府驻地西北部	下茆镇
砍断龙	Kǎnduànlóng	—	山	四会市政府驻地西北部	下茆镇
榄树壁	Lǎnshùbì	—	山	四会市政府驻地西北部	下茆镇

（续上表）

标准名称	汉语拼音	别名	地名类别	相对位置	所在(跨)行政区
崀仔岗山	Làngzǎigǎng Shān	——	山	四会市政府驻地西北部	下茆镇
横屈仔	Héngqūzǎi	——	山	四会市政府驻地西北部	下茆镇
黎城岗	Líchéng Gǎng	——	山	四会市政府驻地西北部	下茆镇
鲤塘江	Lǐtángjiāng	——	山	四会市政府驻地西北部	下茆镇
硫铁	Liútiě	——	山	四会市政府驻地西北部	下茆镇
六山坑	Liùshān Kēng	——	山	四会市政府驻地西北部	下茆镇
落岭堀	Luòlǐng Kū	——	山	四会市政府驻地西北部	下茆镇
落马山	Luòmǎ Shān	——	山	四会市政府驻地西北部	下茆镇
马头岭	Mǎtóu Lǐng	——	山	四会市政府驻地西北部	下茆镇
乌链坑	Wūliàn Kēng	——	山	四会市政府驻地西北部	下茆镇
蒲洞岗	Púdòng Gǎng	——	山	四会市政府驻地西北部	下茆镇
全祖坟	Quánzǔfén	——	山	四会市政府驻地西北部	下茆镇
山塘凹	Shāntáng Āo	——	山	四会市政府驻地西北部	下茆镇
山阴岗	Shānyīn Gǎng	——	山	四会市政府驻地西北部	下茆镇
山仔头	Shānzǎitóu	——	山	四会市政府驻地西北部	下茆镇
山猪堀	Shānzhū Kū	——	山	四会市政府驻地东北部	下茆镇
石窝岭顶	Shíwō Lǐngdǐng	——	山	四会市政府驻地西北部	下茆镇
算盘岗	Suànpán Gǎng	——	山	四会市政府驻地西北部	下茆镇
塔岗山	Tǎgǎng Shān	——	山	四会市政府驻地西北部	下茆镇
偷狗尾	Tōugǒuwěi	——	山	四会市政府驻地西北部	下茆镇
文洞口山	Wéndòngkǒu Shān	——	山	四会市政府驻地西北部	下茆镇
文洞尾	Wéndòngwěi	——	山	四会市政府驻地西北部	下茆镇
小夹	Xiǎojiá	——	山	四会市政府驻地西北部	下茆镇
羊咩栏	Yángmiēlán	——	山	四会市政府驻地西北部	下茆镇
羊㧅岗	Yángnǎ Gǎng	——	山	四会市政府驻地西北部	下茆镇
长龙山	Chánglóng Shān	——	山	四会市政府驻地西北部	下茆镇
下崀岗	Xiàlàng Gǎng	——	山	四会市政府驻地西北部	下茆镇
蛇坑尾	Shékēngwěi	——	山	四会市政府驻地西北部	下茆镇

（续上表）

标准名称	汉语拼音	别名	地名类别	相对位置	所在(跨)行政区
上南	Shàngnán	——	山	四会市政府驻地西北部	下茆镇
公婆山	Gōngpó Shān	众佛山	山	四会市政府驻地西北部	下茆镇
大蛇坑	Dàshé Kēng	——	山	四会市政府驻地西北部	下茆镇
大山顶	Dàshān Dǐng	——	山	四会市政府驻地西北部	下茆镇
大铜坑口	Dàtóng Kēngkǒu	——	山	四会市政府驻地西北部	下茆镇
丰山	Fēngshān	——	山	四会市政府驻地西北部	下茆镇
大井岗	Dàjǐng Gǎng	——	山	四会市政府驻地东北部	东城街道
将军岗	Jiāngjūn Gǎng	——	山	四会市政府驻地东南部	东城街道
饭背岗	Fànbèi Gǎng	——	山	四会市政府驻地东北部	东城街道
羊尾坑	Yángwěi Kēng	——	山	四会市政府驻地东北部	东城街道
土虎岭	Tǔhǔ Lǐng	——	山	四会市政府驻地东北部	东城街道
龙头岗	Lóngtóu Gǎng	——	山	四会市政府驻地东北部	东城街道
龙王庙背	Lóngwángmiàobèi	——	山	四会市政府驻地东北部	东城街道
茶亭背	Chátíngbèi	——	山	四会市政府驻地东北部	东城街道
贞山	Zhēnshān	——	山	四会市政府驻地西南部	贞山街道
坭城顶	Níchéng Dǐng	——	山	四会市政府驻地西南部	贞山街道
坪岗	Pínggǎng	——	山	四会市政府驻地西南部	贞山街道
鹤仔山	Hèzǎi Shān	——	山	四会市政府驻地西南部	贞山街道
火烧岗	Huǒshāo Gǎng	——	山	四会市政府驻地西南部	贞山街道
泥城	Níchéng	——	山	四会市政府驻地西南部	贞山街道
大老头	Dàlǎotóu	——	山	四会市政府驻地西南部	贞山街道
大保山	Dàbǎo Shān	——	山	四会市政府驻地西南部	贞山街道
天堂顶	Tiāntáng Dǐng	——	山	四会市政府驻地西南部	贞山街道
平头山	Píngtóu Shān	——	山	四会市政府驻地西南部	贞山街道
鸡公冠顶	Jīgōngguàn Dǐng	——	山	四会市政府驻地西南部	贞山街道
竹高岭	Zhúgāo Lǐng	——	山	四会市政府驻地西南部	贞山街道
富斗山	Fùdòu Shān	——	山	四会市政府驻地西北部	贞山街道
佛山岭顶	Fóshān Lǐngdǐng	——	山	四会市政府驻地西北部	贞山街道
白公背	Báigōngbèi	——	山	四会市政府驻地西北部	贞山街道

（续上表）

标准名称	汉语拼音	别名	地名类别	相对位置	所在(跨)行政区
尖石角	Jiānshíjiǎo	——	山	四会市政府驻地西南部	贞山街道
竹崀	Zhúlàng	——	山	四会市政府驻地西北部	贞山街道
大黄岗	Dàhuáng Gǎng	——	山	四会市政府驻地西南部	贞山街道
竹子尾	Zhúzǐwěi	——	山	四会市政府驻地西北部	贞山街道
倒桩头	Dǎozhuāngtóu	倒装头	山	四会市政府驻地西北部	贞山街道
大岗头	Dàgǎngtóu	——	山	四会市政府驻地西北部	贞山街道
烂岗崩	Làngǎngbēng	——	山	四会市政府驻地西北部	贞山街道
牛头岗	Niútóu Gǎng	——	山	四会市政府驻地西北部	贞山街道
鸦翅背	Yāchìbèi	——	山	四会市政府驻地西北部	贞山街道
平隆山	Pínglóng Shān	——	山	四会市政府驻地西北部	贞山街道
花山顶	Huāshān Dǐng	——	山	四会市政府驻地西北部	贞山街道
蛇咀岗	Shézuǐ Gǎng	——	山	四会市政府驻地西北部	贞山街道
走水岭	Zǒushuǐ Lǐng	——	山	四会市政府驻地西北部	贞山街道
坡角窝顶	Pōjiǎowō Dǐng	——	山	四会市政府驻地西南部	贞山街道
瓦檐跌水	Wǎyándiēshuǐ	——	山	四会市政府驻地西南部	贞山街道
大窝顶	Dàwō Dǐng	——	山	四会市政府驻地西南部	贞山街道
大垌顶	Dàdòng Dǐng	——	山	四会市政府驻地西南部	贞山街道
大排山	Dàpái Shān	——	山	四会市政府驻地西南部	贞山街道
大背山	Dàbèi Shān	——	山	四会市政府驻地西南部	贞山街道
百公排山	Bǎigōngpái Shān	——	山	四会市政府驻地西北部	贞山街道
坭城	Níchéng	——	山	四会市政府驻地西北部	贞山街道
黎成顶	Líchéng Dǐng	——	山	四会市政府驻地西南部	贞山街道
铜鼓岗	Tónggǔ Gǎng	——	山	四会市政府驻地东南部	贞山街道
大南山	Dànán Shān	——	山	四会市政府驻地东北部	东城街道
雷公山顶	Léigōngshān Dǐng	——	山	四会市政府驻地西北部	江谷镇
龙山	Lóngshān	——	山	四会市政府驻地西北部	江谷镇
天贵灯山	Tiānguìdēng Shān	——	山	四会市政府驻地西北部	威整镇
狮路顶	Shīlù Dǐng	——	山	四会市政府驻地西北部	威整镇
茶岗顶	Chágǎng Dǐng	——	山	四会市政府驻地东北部	威整镇
葫芦山	Húlú Shān	——	山	四会市政府驻地西北部	威整镇

（续上表）

标准名称	汉语拼音	别名	地名类别	相对位置	所在(跨)行政区
沙坑山	Shākēng Shān	——	山	四会市政府驻地西北部	威整镇
坳仔山	Àozǎi Shān	——	山	四会市政府驻地西北部	威整镇
八挂山	Bāguà Shān	——	山	四会市政府驻地西北部	威整镇
凤门山	Fèngmén Shān	——	山	四会市政府驻地西北部	威整镇
榄仔山	Lǎnzǎi Shān	——	山	四会市政府驻地西北部	威整镇
带角平顶	Dàijiǎopíng Dǐng	——	山	四会市政府驻地西北部	威整镇
石场山	Shíchǎng Shān	——	山	四会市政府驻地西北部	威整镇
青山仔山	Qīngshānzǎi Shān	——	山	四会市政府驻地西北部	威整镇
竹屈仔山	Zhúqūzǎi Shān	——	山	四会市政府驻地西北部	威整镇
新路山	Xīnlù Shān	——	山	四会市政府驻地西北部	威整镇
松仔山	Sōngzǎi Shān	——	山	四会市政府驻地西北部	威整镇
企壁山	Qǐbì Shān	——	山	四会市政府驻地东北部	威整镇
大松尾山	Dàsōngwěi Shān	——	山	四会市政府驻地西北部	威整镇
马安坝山	Mǎ'ānbà Shān	——	山	四会市政府驻地西北部	威整镇
梯仔山	Tīzǎi Shān	——	山	四会市政府驻地西北部	威整镇
光和山	Guānghé Shān	——	山	四会市政府驻地西北部	威整镇
老山顶	Lǎoshān Dǐng	——	山	四会市政府驻地西北部	威整镇
树山	Shùshān	——	山	四会市政府驻地西北部	威整镇
伯公洞山	Bógōngdòng Shān	——	山	四会市政府驻地西北部	威整镇
大松山	Dàsōng Shān	——	山	四会市政府驻地西北部	威整镇
七山顶	Qīshān Dǐng	——	山	四会市政府驻地西北部	威整镇
山塘顶	Shāntáng Dǐng	——	山	四会市政府驻地西北部	威整镇
南坑顶	Nánkēng Dǐng	——	山	四会市政府驻地东北部	东城街道
坪顶	Píngdǐng	——	山	四会市政府驻地西南部	贞山街道
龙尾顶	Lóngwěi Dǐng	——	山	四会市政府驻地西南部	贞山街道
茅坪背山	Máopíngbèi Shān	——	山	四会市政府驻地西南部	贞山街道
三丫顶	Sānyā Dǐng	——	山	四会市政府驻地东南部	贞山街道
五指山	Wǔzhǐ Shān	——	山	四会市政府驻地西北部	黄田镇
鸦鹰山	Yāyīng Shān	——	山	四会市政府驻地东北部	迳口镇

（续上表）

标准名称	汉语拼音	别名	地名类别	相对位置	所在(跨)行政区
羊牯顶	Yánggǔ Dǐng	——	山	四会市政府驻地西南部	贞山街道
太保山	Tàibǎo Shān	——	山	四会市政府驻地西南部	贞山街道
帐顶	Zhàngdǐng	——	山	四会市政府驻地西南部	贞山街道
寒山顶	Hánshān Dǐng	——	山	四会市政府驻地西南部	贞山街道
苗仔豆	Miáozǎidòu	——	山	四会市西部	黄田镇
崩沙崀	Bēngshālàng	——	山	四会市境中东部	龙甫镇
狮子牙	Shīzǐyá	——	山	四会市境西部	石狗镇
马牯团	Mǎgǔtuán	——	山	四会市境西部	石狗镇
石浬磅	Shílǐpáng	——	山	四会市境西部	石狗镇
石岗磅	Shígǎngpáng	——	山	四会市境西部	石狗镇
大石下	Dàshíxià	——	山	四会市境东南部	贞山街道
大猪坪	Dàzhū Píng	——	山	四会市境西部	石狗镇
亚婆井	Yàpójǐng	——	山	四会市镜西北部	地豆镇
黎坑头	Líkēngtóu	——	山	四会市西部	黄田镇
飞鹅岭	Fēi'é Lǐng	——	山	四会市政府驻地西南部	大沙镇
大饭盖	Dàfàngài	——	山	四会市政府驻地西北部	江谷镇
大头岭	Dàtóu Lǐng	——	山	四会市政府驻地西北部	江谷镇
大石牯	Dàshígǔ	——	山	四会市政府驻地西北部	江谷镇
河山岭	Héshān Lǐng	——	山	四会市政府驻地西北部	江谷镇
瓮缸坑	Wènggāng Kēng	——	山	四会市政府驻地西北部	江谷镇
南木坑	Nánmù Kēng	——	山	四会市政府驻地西北部	江谷镇
担水坑	Dānshuǐ Kēng	——	山	四会市政府驻地西北部	江谷镇
陆柴岭	Lùchái Lǐng	——	山	四会市政府驻地西北部	江谷镇
草草岭	Cǎocǎo Lǐng	——	山	四会市政府驻地东北部	威整镇
白石岭	Báishí Lǐng	——	山	四会市政府驻地东北部	威整镇
柴山坑	Cháishān Kēng	——	山	四会市政府驻地西北部	威整镇
高带岭	Gāodài Lǐng	——	山	四会市政府驻地西北部	威整镇
松岗坪	Sōnggǎng Píng	——	山	四会市政府驻地西北部	威整镇
大岗岭	Dàgǎng Lǐng	——	山	四会市政府驻地东北部	威整镇

（续上表）

标准名称	汉语拼音	别名	地名类别	相对位置	所在(跨)行政区
担米岭	Dānmǐ Lǐng	—	山	四会市政府驻地西北部	威整镇
岗嘴	Gǎngzuǐ	—	山	四会市政府驻地西北部	威整镇
山寮	Shānliáo	—	山	四会市政府驻地西北部	威整镇
根竹岭	Gēnzhú Lǐng	—	山	四会市政府驻地西北部	威整镇
黄坭岭	Huángní Lǐng	—	山	四会市政府驻地西北部	威整镇
关山坳	Guānshān Ào	—	山	四会市政府驻地西北部	威整镇
二栋岭	Èrdòng Lǐng	—	山	四会市政府驻地西北部	威整镇
笛仔岭	Dízǎi Lǐng	—	山	四会市政府驻地西北部	威整镇
三栋岭	Sāndòng Lǐng	—	山	四会市政府驻地西北部	威整镇
鹚鸡石	Cíjīshí	—	山	四会市政府驻地西北部	威整镇
大王岗	Dàwáng Gǎng	—	山	四会市政府驻地西北部	下茆镇
青龙岗	Qīnglóng Gǎng	—	山	四会市政府驻地东南部	东城街道
山口岗	Shānkǒu Gǎng	—	山	四会市政府驻地东北部	东城街道
大平岗	Dàpíng Gǎng	—	山	四会市政府驻地东北部	东城街道
金狮面	Jīnshīmiàn	—	山	四会市政府驻地东北部	东城街道
东面岭	Dōngmiàn Lǐng	—	山	四会市政府驻地东北部	东城街道
天心塘	Tiānxīn Táng	—	山	四会市政府驻地东北部	东城街道
丫髻岭	Yājì Lǐng	—	山	四会市政府驻地东北部	东城街道
石冲	Shíchōng	—	山	四会市政府驻地西南部	贞山街道
鹿仔岗	Lùzǎi Gǎng	—	山	四会市政府驻地西南部	贞山街道
牛岗	Niúgǎng	—	山	四会市政府驻地西南部	贞山街道
黄草岭	Huángcǎo Lǐng	—	山体	四会市政府驻地东北部	迳口镇
通天蜡烛	Tōngtiānlàzhú	冬天烛	山体	四会市政府驻地东北部	迳口镇
次岭	Cìlǐng	—	山体	四会市政府驻地东北部	迳口镇
尼牙咀	Níyázuǐ	—	山体	四会市政府驻地东北部	迳口镇
长腰岗	Chángyāo Gǎng	—	山体	四会市政府驻地东北部	迳口镇
黄牛头	Huángniútóu	—	山体	四会市政府驻地西南部	石狗镇
石古坳	Shígǔ Ào	—	山体	四会市政府驻地西南部	贞山街道
伍坟位	Wǔfénwèi	—	山体	四会市政府驻地西南部	贞山街道
羊古坪	Yánggǔ Píng	—	山体	四会市政府驻地西南部	贞山街道

（续上表）

标准名称	汉语拼音	别名	地名类别	相对位置	所在(跨)行政区
石马坳	Shímǎ Ào	——	山体	四会市政府驻地西南部	贞山街道
下坪	Xiàpíng	——	山体	四会市政府驻地西南部	贞山街道
上坪	Shàngpíng	——	山体	四会市政府驻地西南部	贞山街道
赶龙坳	Gǎnlóng Ào	——	山体	四会市政府驻地西南部	贞山街道
大皇坑	Dàhuáng Kēng	——	山体	四会市政府驻地西南部	贞山街道
大禾谷	Dàhégǔ	——	山体	四会市政府驻地西南部	贞山街道
冲锋坑	Chōngfēng Kēng	——	山体	四会市政府驻地西南部	贞山街道
陈岗咀	Chéngǎngzuǐ	——	山体	四会市政府驻地西南部	贞山街道
金星牌	Jīnxīngpái	——	山体	四会市政府驻地西北部	贞山街道
庙咀	Miàozuǐ	——	山体	四会市政府驻地西南部	贞山街道
平车尾	Píngchēwěi	——	山体	四会市政府驻地西北部	贞山街道
水碓坑	Shuǐduì Kēng	——	山体	四会市政府驻地西南部	贞山街道

二、历史地名

标准名称	汉语拼音	地名类别	废止时间	相对位置
济广塘农场	Jìguǎngtáng Nóngchǎng	农区	1984年	城中街道
江林林场	Jiānglín Línchǎng	林区	2005年	江谷镇
南乡小学	Nánxiāng Xiǎoxué	事业单位	2000年	四会市政府驻地东北方向
市威整锅厂	Shìwēi Zhěngguōchǎng	企业	1982年	——
上林	Shànglín	地片区片	1958年	东城街道
北围作业区	Běiwéi Zuòyèqū	区片	2005年	东城街道
凤岗作业区	Fènggǎng Zuòyèqū	区片	2005年	东城街道
沙沥作业区	Shālì Zuòyèqū	区片	2005年	东城街道
罗湖作业区	Luóhú Zuòyèqū	区片	2006年	东城街道
大良岗作业区	Dàliánggǎng Zuòyèqū	区片	2007年	东城街道
坳背	Àobèi	农村居民点	1983年	地豆镇
百坑尾	Bǎikēngwěi	农村居民点	1984年	地豆镇
半坑	Bànkēng	农村居民点	1983年	地豆镇
茶地坪	Chádì Píng	农村居民点	1983年	地豆镇

（续上表）

标准名称	汉语拼音	地名类别	废止时间	相对位置
船石	Chuánshí	农村居民点	1983年	地豆镇
大林肚	Dàlíndù	农村居民点	1983年	地豆镇
大门楼	Dàménlóu	农村居民点	1983年	地豆镇
带角	Dàijiǎo	农村居民点	1998年	威整镇
毒河口	Dúhékǒu	农村居民点	2011年	东城街道
凤岗三队	Fènggǎngsānduì	农村居民点	2003年	东城街道
虎落坑	Hǔluò Kēng	农村居民点	1983年	地豆镇
虎形地	Hǔxíngdì	农村居民点	1983年	地豆镇
黄沙坑	Huángshā Kēng	农村居民点	1983年	江谷镇
尖引脚	Jiānyǐnjiǎo	农村居民点	1983年	地豆镇
滘水	Jiàoshuǐ	农村居民点	1983年	地豆镇
坑背	Kēngbèi	农村居民点	1983年	地豆镇
坑口	Kēngkǒu	农村居民点	1983年	城中街道
里口屈	Lǐkǒuqū	农村居民点	1983年	龙甫镇
庙坑	Miàokēng	农村居民点	1958年	江谷镇
沙沥六队	Shālìliùduì	农村居民点	2011年	东城街道
雷劈石	Léipīshí	山	2006年	龙甫镇
太平岗	Tàipíng Gǎng	山	1993年	大沙镇
狮子岗	Shīzǐ Gǎng	山	1993年	大沙镇
老虎岗	Lǎohǔ Gǎng	山	1993年	大沙镇

三、地名文化遗产保护

标准名称	汉语拼音	地名类别	建议保护等级	相对位置
宁宅村	Níngzháicūn	名村	县（市）级	四会市政府驻地西北部
贞山	Zhēnshān	名山	县（市）级	四会市政府驻地西南部
三桂山	Sānguì Shān	名山	县（市）级	四会市政府驻地西北部
五马岗绥江大桥	Wǔmǎgǎng Suíjiāng Dàqiáo	名桥	县（市）级	四会市中东部
龟石桥	Guīshí Qiáo	名桥	县（市）级	四会市中部
六祖寺	Liùzǔ Sì	著名建筑物	县（市）级	四会市政府驻地西部
宝胜古寺	Bǎoshèng Gǔsì	著名建筑物	县（市）级	四会市政府驻地东南部

（续上表）

标准名称	汉语拼音	地名类别	建议保护等级	相对位置
绥江	Suíjiāng	其他	县（市）级	四会市西南部
龙江	Lóngjiāng	其他	县（市）级	四会市中北部

肇庆市 11 类地名收录范围

序号	地名类别	收录范围
一	行政区域类	地级行政区、县级行政区、乡级行政区
二	非行政区域类	矿区，农、林、牧、渔区，工业区、开发区，地片、区片
三	群众自治组织类	村民委员会、社区居委会（居委会）
四	居民点类	城镇居民点、农村居民点
五	交通运输设施类	1. 水上运输：海港、河港 2. 公路运输、城镇交通运输：国道、省道、县道、乡道、专用道，快速路、主干道、次干道、支路 3. 铁路运输：铁路 4. 桥梁：桥梁 5. 其他类：长途汽车站、收费站、火车站、公共交通车站、停车场、道班、检查站、环岛路口、加油站
六	水利、电力、通信设施类	井、池塘、海塘、水库、灌区
七	纪念地、旅游胜地类	人物、事件纪念地，宗教纪念地，公园、风景区，自然保护区
八	建筑物类	房屋，亭、台、碑、塔，广场、体育场、城堡、墙
九	单位类	党政机关、民间组织、事业单位、企业
十	陆地水系类	1. 河流 2. 峡谷 3. 湖泊、陆地岛屿、瀑布、泉，湖泊、洲、河岛，湖岛、矶
十一	陆地地形类	山口、关隘，山谷、谷地，山坡，山峰，山，山体

地名分类索引表

高要市 ··· 1275
  一、现今地名 ·· 1278
    （一）行政区域类 ·· 1278
    （二）非行政区域类 ·· 1279
    （三）群众自治组织类 ··· 1375
    （四）居民点类 ··· 1387
    （五）交通运输设施类 ··· 1449
      1. 公路运输、城镇交通运输 ··· 1449
      2. 铁路运输 ·· 1473
      3. 桥梁 ·· 1473
      4. 其他类 ··· 1483
    （六）水利、电力、通信设施类 ······································· 1484
    （七）纪念地、旅游胜地类 ··· 1489
    （八）建筑物类 ··· 1490
    （九）单位类 ·· 1490
    （十）陆地水系类 ·· 1504
      1. 河流 ·· 1504
      2. 峡谷 ·· 1505
    （十一）陆地地形类 ··· 1505
  二、历史地名 ·· 1656
  三、地名文化遗产保护 ·· 1660

四会市 ··· 1663
  一、现今地名 ·· 1666

（一）行政区域类 ……………………………………………………1666
　　（二）非行政区域类 …………………………………………………1667
　　（三）群众自治组织类 ………………………………………………1675
　　（四）居民点类 ………………………………………………………1680
　　（五）交通运输设施类 ………………………………………………1746
　　　　1. 水上运输 ……………………………………………………1746
　　　　2. 公路运输、城镇交通运输 …………………………………1746
　　　　3. 铁路运输 ……………………………………………………1783
　　　　4. 桥梁 …………………………………………………………1783
　　　　5. 其他类 ………………………………………………………1795
　　（六）水利、电力、通信设施类 ……………………………………1800
　　（七）纪念地、旅游胜地类 …………………………………………1802
　　（八）建筑物类 ………………………………………………………1817
　　（九）单位类 …………………………………………………………1828
　　（十）陆地水系类 ……………………………………………………1867
　　　　1. 河流 …………………………………………………………1867
　　　　2. 湖泊、陆地岛屿、瀑布、泉 ………………………………1870
　　（十一）陆地地形类 …………………………………………………1870
二、历史地名 ……………………………………………………………1900
三、地名文化遗产保护 …………………………………………………1901